D1699054

Vorlesebuch Kirche im Dritten Reich

Anpassung und Widerstand

Herausgegeben von
Dieter Petri und Jörg Thierfelder

Unter Mitarbeit von
Susanne Gehrung, Christine Mencke,
Ilse Petri und Helmut Zechner

Kaufmann · Butzon & Bercker

Die Deutsche Bibliothek – CIP-Einheitsaufnahme

Vorlesebuch Kirche im Dritten Reich: Anpassung und
Widerstand / hrsg. von Dieter Petri und Jörg Thierfelder.
Unter Mitarb. von Susanne Gehrung... – Lahr: Kaufmann;
Kevelaer: Butzon und Bercker, 1995
  ISBN 3-7806-2249-1 (Kaufmann) Gb.
  ISBN 3-7666-9951-2 (Butzon und Bercker) Gb.
NE: Petri, Dieter [Hrsg.]

1. Auflage 1995
© 1995 Verlag Ernst Kaufmann, Lahr
Alle Rechte vorbehalten · Printed in Germany
Umschlaggestaltung: JAC
Hergestellt bei Bercker GmbH, Kevelaer
ISBN 3-7806-2249-1 (Kaufmann)
ISBN 3-7666-9951-2 (Butzon & Bercker)

Inhalt

Vorwort 5
Zum Umgang mit diesem Buch 8

Kirche im Zeichen der „Machtergreifung" bis 1934 17

1 Im Kreis der Freunde wie ein Fremdkörper · 2 Großvater · 3 Seine erste Wahl · 4 Jetzt sind wir Juden dran! · 5 Ein ganz normaler Dorfpfarrer · 6 ...den böse Menschen getötet haben · 7 Dorle · 8 Gegen die „Politik der Nadelstiche" · 9 Der Pfarrer · 10 Der Pfarrer versteht die Welt nicht mehr · 11 Familienzwist · 12 Das Dorf auf dem Berge · 13 Der Augapfel Gottes · 14 Ich hatte Angst um meinen Vater · 15 Ein feste Burg ist unser Gott · 16 Am Grab des Hitlerjungen · 17 Ausweisung.

Zwischen Anpassung und Widerstand 1935–1939 77

18 Seines Glaubens leben · 19 Das Ermland: Von der Geschichte wenig verwöhnt · 20 Parteischulung · 21 Ein Singabend und seine Folgen · 22 Man muß der Kirche mehr Rückhalt geben · 23 Dazugehören? 24 Die „neue Zeit" · 25 Onkel Jakobs Rede · 26 Das Versteck im Dom · 27 „Kleine" Kirche in „großer" Zeit · 28 „Deutsch ist die Saar..." · 29 Es war doch alles Wahnsinn! · 30 Geschenktes Leben · 31 Die über 99 %-„Ja-Wahl" · 34 Deutsche Evangelische Woche in Stuttgart 1936 · 35 Die Gemeinde half mit · 36 Bekenntnisgottesdienst vor verschlossener Kirchentür · 37 Erfahrungen eines Pfarrers · 38 Ein jüdischer Lügenpastor gehört nicht auf eine deutsche Kanzel · 39 Das versperrte Pfarrhaus · 40 Frau Poppes Geistesgegenwart · 41 Frau Krauses Safe · 42 Religionsunterricht im „Löwen" · 43 Auch das gab es im Dritten Reich · 44 Wir reiten nicht auf Eseln... 45 Der Judenknecht · 46 Wider den Boykott · 47 Heimkehr nach Zion · 48 Pfarrer Mörike vor dem Sondergericht · 49 Juden unerwünscht · 50 Warum löscht denn keiner?! 51 Pfarrer Julius von Jan · 52 Ein aufregender Schulratsbesuch · 53 Ungleiche Freunde · 54 Ein Brief aus Ostpreußen · 55 Momentaufnahme 1939

**Kirche während des Zweiten Weltkriegs –
daheim, an der Front 1939–1945** 153

56 Verbrecher · 57 Nun danket alle Gott · 58 Wir waren keine Widerstandsgruppe · 59 Heimliche Taufe · 60 Ein gefährlicher Brief · 61 Deportation aus München · 62 Zorn und Scham · 63 Nun hatten wir mit einem Male alles... 64 Weihnachten im Gestapo-Gefängnis · 65 Der Onkel aus Mauthausen · 66 Kain, wo ist dein Bruder? · 67 Die Gestapo · 68 Die Predigt des Grafen von Galen · 69 Wo Radfahren ein Vergehen wurde · 70 Vater ist wieder zu Hause · 71 Kurrendesingen · 72 Die höchste Religion · 73 Die grauen Busse · 74 Die Rettung eines Kindes · 75 Der Jungmännerkreis unter „besonderer" Leitung · 76 Christenlehre · 77 Schwere Zeiten · 78 Ich werde Theologie studieren · 79 Im Zuchthaus · 80 Besuch im Arbeitslager · 81 Den müssen wir die Ratten fressen · 82 Bericht des Kameraden A. über den Tod des Johannes Niermann · 83 Invalidentransport · 84 Geiseln werden erschossen · 85 Im Frauengefängnis · 86 Als Pfarrer Oberscharführer der SS · 87 Solidarität mit Sternträgern · 88 Begegnungen in Tegel · 89 Von guten Mächten... 90 Mit Dietrich Bonhoeffer im Gefängnis · 91 Bericht aus Flossenbürg · 92 Der Gefängnispfarrer · 93 Verurteilt zum Tod durch Erschießen · 94 Tochter eines Staatsfeindes · 95 „Grob ist mir viel lieber, wenn es ehrlich ist" · 96 Im

4 Inhalt

Angesicht des Todes · 97 Das Opfer · 98 Priester Jan Marszalek · 99 Begegnung mit Gertrud Luckner · 100 Ein Christenfest · 101 Nehmet, esset... 102 Im Inferno von Heilbronn · 103 Advent im RADWJ · 104 Kusine Eva · 105 Ein Glück, daß es die Losungen gibt · 106 Beerdigung verweigert

Kirche nach dem Zusammenbruch 1945/46 279

107 Die Amerikaner kommen! · 108 Taufbegehren · 109 Ausgetreten · 110 Ich habe nur das Gute gewollt... · 111 Entnazifizierung · 112 Ein stadtbekannter Judenfreund · 113 Ein Brief an Joël Pottier · 114 Ein Gespräch im deutschen Wald · 115 Familie Müller

Dokumente 311

I/1 NSDAP-Wahlplakat von 1931 · I/2 Punkt 24 des Parteiprogramms der NSDAP · I/3 Richtlinien der Glaubensbewegung „Deutscher Christen" · I/4 NSDAP-Flugblatt von 1932 · I/5 Mainzer Ordinariat zur NS-Mitgliedschaft · I/6 Der Religiöse Sozialist · I/7 Hirtenbrief der Vereinigten Evang.-prot. Landeskirche Badens (29. März 1933) · I/8 Flugblatt der Bekennenden Kirche von 1934 · I/9 Reinhold Krause auf der DC-Sportpalast-Kundgebung · I/10 „Braune" Provinzialsynode · I/11 Fuldaer Bischofskonferenz (28. März 1933) · I/12 Evang. Gemeindeblatt Ludwigsburg (Juni 1933) · I/13 „Judenpfarrer" Hermann Maas · I/14 Die im Konzentrationslager · I/15 Ein Brief in Not · I/16 Aus dem Reichskonkordat · I/17 Theologische Erklärung zur gegenwärtigen Lage der Deutschen Evang. Kirche

II/1 Zehn Punkte gegen die Christliche Lehre · II/2 „Nu hol doch endlich dien Mul!" · II/3 Wie ein Pg. das Reichskonkordat versteht · II/4 Erklärung der 2. Vorläufigen Leitung der Deutschen Evang. Kirche an den Führer und Reichskanzler vom 28. Mai 1936 · II/5 Entfernung des Schulkreuzes · II/6 „Schwarze Fahne" · II/7 „Wir sind die fröhliche Hitlerjugend" · II/8 Die Enzyklika „Mit brennender Sorge" vom 14. März 1937 · II/9 Bußtagspredigt von Helmut Gollwitzer nach dem Synagogenbrand 1938 · II/10 Brief der Gestapo an die Evang. Landesjugendstelle, Stuttgart

III/1 Krieg (Reichsgottesbote, 10. September 1939) · III/2 Kanzelabkündigung zum Erntedankfest 1939 · III/3 Ein Richter fragt den Minister · III/4 Trennung von Kirche und Staat im Warthegau · III/5 Geheimes Rundschreiben des Leiters der Parteikanzlei Martin Bormann vom 9. Juni 1941 an alle Gauleiter der NSDAP · III/6 Schuldbekenntnis der Kirche · III/7 Schuldbekenntnis des Bischofs von Galen (3. August 1941) · III/8 Die Aufgabe des Reichssicherheitshauptamtes in bezug auf die Kirchen · III/9 Aus Hitlers Tischgesprächen · III/10 Granaten an Weihnachten · III/11 Aus Jochen Kleppers Tagebuch · III/12 Brief von Landesbischof D. Wurm an Hitler und die Reichsregierung am 16. Juli 1943 · III/13 Der „Münchner Laienbrief" von 1943 · III/14 Nächstenliebe im KZ? · III/15 Klaus Bonhoeffers Abschiedsbrief an seine Kinder

IV/1 Reinhold Schneider zu Schuld und Neuanfang · IV/2 Hirtenwort des deutschen Episkopats vom 23. August 1945 · IV/3 Die Stuttgarter Erklärung vom 19. Oktober 1945 · IV/4 Konrad Adenauer zu Schuld von Volk und Kirche · IV/5 „Wer unter euch ohne Sünde ist..."

Stichwortregister 412
Übersicht über den Einsatz der Texte in den Altersstufen 419
Autoren- und Titelverzeichnis 420
Quellenverzeichnis 426

Vorwort

Viele Menschen in der Bundesrepublik machen ihre Kritik an den Kirchen heute an deren Verhalten im Dritten Reich fest. Sie verweisen auf die zum Teil euphorische Zustimmung zu Adolf Hitler aus kirchlichen Kreisen gerade zu Beginn des Dritten Reiches, vor allem aber auf das weitgehende öffentliche Schweigen der Kirchen zu den Untaten des Dritten Reiches wie dem Massenmord an der europäischen Judenheit und der Entfesselung des Zweiten Weltkriegs. Überraschend ist bei diesem Angriff auf das Verhalten der Kirchen im Dritten Reich die Schärfe. Sie hängt sicher auch damit zusammen, daß die Kirchen nach dem Krieg ein recht einseitiges Bild ihres Verhaltens im Dritten Reich gezeichnet haben. Auf evangelischer Seite stellte man das einfache Gegenüber des bösen gottlosen und unmenschlichen Regimes Hitlers und der mutigen, entschlossenen und klaren Bekennenden Kirche dar; man berief sich dabei auf die Namen Martin Niemöller, Dietrich Bonhoeffer und auch Theophil Wurm. Doch dieses Bild entsprach weniger der Realität, vielmehr eher den Wünschen der Kirchen, die sich nicht zuletzt den alliierten Besatzungsmächten als Widerstandsbewegung präsentieren wollten, um von diesen eine wohlwollende Behandlung zu erfahren. Zu Recht wies Klaus Scholder darauf hin, daß die Wirklichkeit eben anders aussah: „Da gab es neben den Zweiflern, den Kritikern, den endlich zum Widerstand Entschlossenen, von Hitler begeisterte evangelische Christen in großer Zahl, Theologen, die den Anbruch des Dritten Reiches als Werk Gottes begrüßten, Kirchenleitungen, die die Stunde der evangelischen Kirche gekommen glaubten. Es gab Christen, die den Antisemitismus verurteilten, aber es gab sehr viel mehr, die ihn nicht sehen wollten oder sogar für richtig hielten."*

Das Vorlesebuch „Kirche im Dritten Reich" möchte mit einer Vielzahl von Geschichten und Dokumenten einen Einblick in dieses breite Spektrum kirchlicher Haltungen geben. Dabei soll das Versagen der Kirchen und der einzelnen Christen nicht verschwiegen werden. Das Wort: „Die Wahrheit wird Euch frei machen" gilt im übertragenen Sinn auch für diese so schwierige Epoche. Und vor allem: Das Verdrängen führt nicht weiter. Wenn wir etwas erkannt haben in den 50 Jahren nach dem Krieg, dann die Richtigkeit des Wortes der Evangelischen Kirche in Deutschland von 1983: „Was verdrängt wird, kehrt mit Macht zurück." Neben dem Versagen wollen wir in den Geschichten und Dokumenten aber auch Beispiele des Muts, der Glaubenstreue und der hingebungsvollen Liebe für Verfolgte und Entrechtete aufzeigen, nicht aus apologetischer Absicht, sondern um Mut zu machen, heute

---

* Klaus Scholder, in: E. Röhm/J. Thierfelder, Evangelische Kirche zwischen Kreuz und Hakenkreuz. Stuttgart, ⁴1990, S. 5.

in einer gänzlich anderen Situation als in der Zeit des Dritten Reiches und angesichts ungeheurer neuer Herausforderungen Mut, Glaubenstreue und hingebungsvolle Liebe für Verfolgte und Entrechtete zu zeigen.

Hinzuweisen ist auf spezifische Schwierigkeiten, die sich uns beim Sammeln der Geschichten ergaben. Es war erheblich leichter, Geschichten von überzeugendem Verhalten einzelner evangelischer oder katholischer Christen zu finden als solche der Anpassung. Verständlicherweise wurden mehr Geschichten über bekennende Christen geschrieben als über Deutsche Christen, die Nationalsozialismus und Christentum auf irgendeine Weise miteinander verbinden wollten. Wir haben darum bei den Dokumenten gerade die „Deutschen Christen" besonders zu Wort kommen lassen. Wir haben zunächst mehr Geschichten aus dem evangelischen Raum gefunden als aus dem katholischen. Eine Erklärung hierfür könnte sein, daß die evangelische Kirche während der Zeit des Dritten Reiches ein vielfältigeres und verwirrenderes Bild abgegeben hat als die eher geschlossen wirkende katholische Kirche; so ist eben nur im evangelischen Raum eine Bewegung wie die der Deutschen Christen entstanden, die mit ihren Irrlehren zur großen Herausforderung für Kirchen und Christen wurde.

Trotzdem haben wir eine ganze Reihe von exemplarischen Geschichten auch aus dem Bereich der katholischen Kirche gefunden. Klaus Scholder wies mehrfach auf die großen Schwierigkeiten hin, die sich dem Verständnis gerade des Wegs der Evangelischen Kirche im Dritten Reich entgegenstellen[*]; diese gelten zum Teil auch für die katholische Kirche. Er nannte die unterschiedlichen Leitvorstellungen damals und heute. Die große Bedeutung von Begriffen wie Volk und Nation können wir, trotz mancher nicht unproblematischer Tendenzen in der Gegenwart, heute kaum nachvollziehen. Schwierigkeiten bereitet auch die Differenzierung des deutschen Protestantismus in viele Landeskirchen und Konfessionen. Und schließlich macht die rasante Entwicklung und Veränderung zwischen 1933 und 1945 auch auf dem Gebiet der Kirche das Verständnis nicht einfacher. Wir haben darum jedem Kapitel eine ausführliche Einführung mit einer kleinen Zeittafel vorgeschaltet, die einen ersten Einblick ermöglichen soll.

Mit dem vorliegenden Vorlesebuch lösen wir ein Versprechen ein, das wir im Vorwort zum „Vorlesebuch Drittes Reich" gegeben haben, nämlich ein spezielles „Vorlesebuch Kirche im Dritten Reich" zu erarbeiten. Zu danken ist bei diesem Band ganz besonders dem Verlag Ernst Kaufmann, daß er sich mit uns gemeinsam an das neue Werk herangewagt hat. Beglückend war für uns erneut die Begegnung mit vielen Menschen, die sich „erinnert" und uns mit wertvollen Erzählungen beschenkt haben. Mit jeder Erzählung über

---
[*] a.a.O., S. 6f.

Selbsterlebtes im Dritten Reich läßt ja der Erzähler oder die Erzählerin die Leser teilnehmen an einem Stück des eigenen Lebens. Wir danken unseren bewährten Mitarbeiterinnen Frau Susanne Gehrung, Frau Christine Mencke und Frau Ilse Petri für ihre Beharrlichkeit bei der Sichtung der Literatur und ihre Energie, aus Zeitzeugen Erzählungen „herauszulocken". Schließlich bedanken wir uns ganz herzlich bei unserem Lektor Helmut Zechner, der trotz eines schweren persönlichen Verlustes mit großem Einsatz dafür gesorgt hat, daß alles in gute Ordnung kommt.

Wir geben dieses Vorlesebuch 1995 heraus, in dem Jahr, in dem sich das Kriegsende zum 50. Mal jährt. Möge es beitragen zu einem verantwortungsvollen Umgang mit der Vergangenheit, der Kräfte freisetzt für die Bewältigung der Gegenwart und der Zukunft.

Ludwigsburg/Heidelberg   *Dieter Petri/Jörg Thierfelder*

8 Einleitung

Zum Umgang mit diesem Buch

Dieses Buch erscheint in der Reihe „Vorlesebücher Religion"; es ergänzt das 1993 erschienene „Vorlesebuch Drittes Reich", indem es den Schwerpunkt auf die Kirche im Dritten Reich legt. Auch dieses Vorlesebuch bietet neben „Geschichten von unten", die vom Alltag der Menschen in der Zeit des Dritten Reiches erzählen, Dokumente, die den historischen Hintergrund beleuchten. Diese Dokumente sind gezielt ausgewählt.

Neben dem Einsatz in Schule und Jugendarbeit eignen sich viele Geschichten auch für den Bereich der Erwachsenenbildung. Dabei ist nicht nur an den Religionsunterricht oder die christliche Erwachsenenbildung gedacht. Die Geschichten und Dokumente haben ihren Platz ebenso im Geschichts- und Gemeinschaftskundeunterricht wie auch in Kursen von Volkshochschulen oder anderen Einrichtungen der Bildungsarbeit für Erwachsene.

Jeder Geschichte ist eine Einleitung vorangestellt, die kurz über den Inhalt, das (Mindest-)Alter der Zielgruppe und die durchschnittliche Vorlesezeit informiert. Der Vorspann enthält außerdem Stichworte, die die Zuordnung der Geschichte zu bestimmten Themenbereichen erleichtern.

Die meisten Geschichten sind für den Einsatz ab der Sekundarstufe I gedacht, wenige sind bereits für das Grundschulalter geeignet. Zu nennen ist hier die Geschichte „Frau Poppes Geistesgegenwart" (40), in der erzählt wird, wie die Pfarramtssekretärin bei einer Hausdurchsuchung wichtige Papiere verschluckt, um niemanden zu gefährden. Ebenso ist die Geschichte „Kurrendesingen" (71) für Grundschulkinder geeignet, in der erzählt wird, wie Kinder und Jugendliche in der Adventszeit öffentlich geistliche Lieder singen, desgleichen die Geschichte „Vater ist wieder zu Hause" (70).

Die Geschichten spiegeln die verschiedenen Formen des kirchlichen „Widerstands" (vgl. S. 159) wider. Dabei sind die Grenzen zwischen einem Widerstand zur Sicherung des Bestandes der überkommenen kirchlichen Institutionen und dem Widerstand im Ringen um die Freiheit des Evangeliums fließend. Dies zeigt u. a. die Geschichte „Ich hatte Angst um meinen Vater" (14), die von einem württembergischen Dekan erzählt, der schließlich durch einen deutschchristlichen Pfarrer ersetzt wird. Beide Formen des Widerstandes werden vor allem in den Auseinandersetzungen zwischen der Bekennenden Kirche (BK) und den Deutschen Christen (DC) um die Fragen des Bekenntnisses deutlich, aber auch in Auseinandersetzungen mit der antichristlichen Ideologie von Partei und Parteifunktionären. Dies zeigt die Geschichte, in der Pfarrer Paul Schneider darlegt, warum er gegen die Ansprache des Kreisleiters bei einer christlichen Beerdigung protestiert hat (16). Die Auseinandersetzungen zwischen der BK und den DC bilden z. B. den Hintergrund in der Geschichte „Das versperrte Pfarrhaus" (39); hier kann ein von der württembergischen Landeskirche eingesetzter Pfarrverweser nicht in das Pfarrhaus einziehen, weil es von dem durch den Oberkirchenrat abgesetzten, aber von staatlichen Stellen unterstützten DC-Pfarrer nicht geräumt wird. Der Brief der Bauern aus Ostpreußen (54; vgl. Dok. I/8 [Flugblatt]) zeigt, wie Menschen in einen Konflikt zwischen Vaterlandsliebe und Treue zur Bekennenden Kirche geraten.

Dem Widerstand „im Kampf für das Menschsein des Menschen und für die Rechtsstaatlichkeit des Staates" sind die Geschichten zuzuordnen, die die unterschiedlich stark ausgeprägten Proteste gegenüber den Judenverfolgungen und dem Euthanasieprogramm des Staates zum Thema haben. So schildert die Geschichte „Pfarrer Julius von Jan" (51) den Protest Pfarrer von Jans gegen die Reichspogromnacht aus der Sicht eines Jungen. Die Geschichte „Der Augapfel Gottes"(13) zeigt eine der NS-Ideologie entgegengesetzte Haltung gegenüber dem Volk Israel, ohne daß jedoch daraus konkrete Handlungen erwachsen. Hierher gehören vor allem auch Geschichten, die von konkreten Rettungen jüdischer Menschen, die meist mit großem persönlichen Risiko verbunden waren, berichten. „Kusine Eva" (104) erzählt eine solche Geschichte aus der Sicht der Retterin, „Nun hatten wir mit einem Male alles..." (63) erzählt ein solches Geschehen aus der Sicht der Geretteten.

Der aktive politische Widerstand, der den Sturz des Regimes zum Ziel hat, wird nur durch einzelne Frauen und Männer der Kirche verkörpert und findet z. B. in der Geschichte „Den müssen die Ratten fressen" (81) seinen Niederschlag. Sie erzählt vom Widerstand Kurt Gersteins. Hierher gehören auch die „Texte zu Dietrich Bonhoeffer" (S. 239 ff.).

Daneben gibt es eine Reihe von Geschichten, die davon erzählen, wie Menschen ihr Christsein leben und dadurch dem NS-Regime „widerstehen", ohne Widerstand leisten zu wollen. Eine solche Haltung zeigt z. B. die Geschichte „Ein Singabend und seine Folgen" (21), in der erzählt wird, wie der christliche Frauendienst sich erfolgreich an einer Informationswoche über die Aufgaben des Nationalsozialismus beteiligt. Vgl. auch „Advent im RADWJ" (103).

Viele Geschichten erzählen aber auch von der Anpassung an die NS-Ideologie, andere zeigen, wie Widerstand nicht geleistet wurde, obwohl er nötig und möglich gewesen wäre. „Seines Glaubens leben" (18) erzählt von einer durch die NS-Ideologie durchsetzten Predigt. „Warum löscht denn keiner?!" (50) schildert die Ereignisse des Novemberpogroms in Ludwigsburg. In der Geschichte „Es war doch alles Wahnsinn!" (29) rechtfertigt ein Pfarrer den Kampf gegen den „unheilvollen Einfluß der jüdischen Rasse".

Geschichten haben eine wichtige Funktion zur Erschließung von Geschichte. Sie zeigen, daß es in allen Strukturen immer um Menschen geht, um ihre Ängste und Hoffnungen, um ihre Gefühle und ihr rationales Kalkül. Sie zeigen, daß von politischen Verhältnissen immer auch der einzelne Mensch im Geflecht seiner persönlichen Beziehungen betroffen ist. Obwohl dieses Vorlesebuch Geschichten bietet, ist es jedoch nicht unsere Auffassung, daß Geschichten die Behandlung von Geschichte im klassischen Sinn ersetzen könnte. Die Beschäftigung mit der Geschichte darf sich nicht darin erschöpfen, einzelne Ereignisse aus einer bestimmten Epoche zu erzählen. Daneben bleibt für das richtige Verständnis von Geschichte die Beschäftigung mit Strukturen und Zusammenhängen wichtig; ohne die Kenntnis dieser Zusammenhänge können einzelne Erlebnisse, wie sie die Geschichten bieten, nicht eingeordnet und richtig verstanden werden. Das vorliegende Buch kann diese Gesamtsicht nicht leisten; Hinweise werden jedoch in den Einleitungen zu den einzelnen Kapiteln und durch die Dokumente gegeben. Hilfreich für die Einordnung der Geschichten in die kirchengeschichtliche Entwicklung sind z. B. K. Gotto/K. Repgen (Hg.), Die Katholiken und das Dritte Reich, Mainz, ³1990, und E. Röhm/J. Thierfelder, Evangelische Kirche zwischen Kreuz und Hakenkreuz, Stuttgart ⁴1990. In beiden Büchern finden sich weiterführende Literaturhinweise.

Die Dokumente eignen sich in der Regel nicht zum Vorlesen; hier ist meist eine intensive Textarbeit angebracht. Dazu müssen die Schüler/innen bzw. Erwachsenen den Text vor sich liegen haben. Gezielte Fragen und Impulse helfen bei der Erarbeitung des Dokuments. Um die Einsatzmöglichkeiten der Dokumente möglichst wenig einzuschränken, bietet dieses Buch bewußt keine solchen Fragen und Impulse.

Alle Dokumente sind so ausgewählt, daß sie zu einzelnen Geschichten in Beziehung stehen. Sie können vor oder nach der Erarbeitung der Geschichte eingesetzt werden. Bei den Geschichten, die im Zusammenhang mit den Auseinandersetzungen zwischen Bekennender Kirche und Deutschen Christen stehen, ist es sinnvoll, zunächst die „Richtlinien der Glaubensbewegung ,Deutscher Christen'" (Dok. I/3) zu lesen und die Zeitumstände zu klären und dann zu fragen, wie sich diese Richtlinien für das Leben der Kirche ausgewirkt haben. Damit ist die notwendige Voraussetzung und Aufmerksamkeit geschaffen, um Geschichten wie „Das versperrte Pfarrhaus" (39) oder „Ich hatte Angst um meinen Vater" (14) und andere vorlesen zu können.

Bei den Ereignissen in Ostpreußen kann die Geschichte „Ein Brief aus Ostpreußen" (54) am Anfang stehen; Dok. I/8 (Flugblatt) zeigt dann, daß es sich bei dem geschilderten Ereignis nicht um einen Einzelfall handelte. Zu den Geschichten um Dekan Dörrfuß (44 und 45) und zu der Geschichte „Seines Glaubens leben" (18) kann Dok. I/2 (Punkt 24 des Parteiprogramms der NSDAP) herangezogen werden, um zu zeigen, warum viele Christen dem Nationalsozialismus zunächst positiv gegenüberstanden.

Bei den Geschichten ist jeweils zu bedenken, an welchem Ort einer Unterrichtsveranstaltung sie eingesetzt werden sollen. Manche Geschichten eignen sich als Impuls zum Auftakt einer Unterrichtssequenz. So kann z. B. die Geschichte „Dorle" (7) am Beginn einer Unterrichtseinheit über den Antisemitismus eingesetzt werden. Die Geschichte wirft die weiterführende Frage auf, ob und inwiefern man überhaupt von einer „jüdischen Rasse" reden kann. Ähnliches gilt für die Geschichte „Es war doch alles Wahnsinn!" (29).

Andere Geschichten eignen sich eher dazu, als Zusammenfassung am Ende einer Unterrichtssequenz zu stehen. So kann z. B. die Geschichte über Martin Niemöller „Ich habe nur das Gute gewollt" (109) nur verstanden werden, wenn zuvor die Frage der Mitschuld des einzelnen und der Kirchen an den Verbrechen des Nationalsozialismus behandelt wurde. Ebenso ist es sinnvoll, die Geschichten um Dietrich Bonhoeffer erst einzusetzen, wenn zuvor auf die Stellung der Kirchen zum NS-Staat eingegangen wurde.

Beim Einsatz der Geschichten ist immer zu klären, mit welchem Vorwissen der Schüler/innen bzw. Zuhörer/innen zu rechnen ist. Es ist abzuklären, ob und in welchem Umfang Informationen zur politischen Situation gegeben werden müsen, aus der heraus eine Geschichte zu verstehen ist. Dies ist beispielsweise besonders bei den Geschichten „Deportation aus München" (61) und „Nun danket alle Gott" (57) wichtig.

Je nach Situation der Zielgruppe sollten schwierige Begriffe und Sachverhalte vor der Verwendung einer Geschichte geklärt werden, dies kann mit Hilfe eines Tafelanschriebs oder mit Hilfe eines Overheadprojektors und/oder eines Arbeitsblatts geschehen. So ist es z. B. bei der Geschichte „Man muß der Kirche mehr Rückhalt geben" (22) unabdingbar, vorher Begriffe wie „Bekennende Kirche", „Deutsche Christen" und „KZ" zu klären. Das gleiche gilt für „Das Ermland: Von der Geschichte wenig verwöhnt" (19), hier sind Bezeichnungen wie „Ermland", „katholischer Bürgerverein", „Zentrum" u. a. vorher zu erläutern. Meist wird es auch notwendig sein, die Geschichte in ihren historischen Zusammenhang hineinzustellen.

Das Zuhören kann auch dadurch erleichtert werden, daß Personen- und Ortsnamen an der Tafel oder auf dem Overheadprojektor festgehalten werden; in manchen Fällen ist es auch sinnvoll, die Beziehungen der Personen zueinander graphisch darzustellen.

Gutes Vorlesen bedarf einer intensiven Vorbereitung. Nur wer sich in der Vorbereitung durch mehrmaliges eigenes, möglichst lautes Lesen der Geschichte ganz mit ihr vertraut macht, kann die Spannungsbögen aufspüren, so daß er in der Lage ist, sich beim Vorlesen dem Inhalt und Stil der Geschichte anzupassen. Vorlesen will gestaltet sein. Dabei ist zu bedenken, wo man Pausen einsetzt, wo man eher langsam oder verzögernd liest, wo man lauter oder leiser, wo man eher zurückhaltend vorliest oder emotional begleitet. Unterschiedliche Stimmlagen können dazu beitragen, daß sich die Zuhörer/innen ganz von der Geschichte gefangen nehmen lassen. Wird im Unterricht vorgelesen, so kann – je nach Alter der Schüler/innen – eine Veränderung der Sitzordnung hilfreich sein. In einem Sitzkreis hat der Vorlesende den wichtigen Blickkontakt zu seinen Zuhörern.

Auch wenn der Titel der Reihe „Vorlesebücher" besagt, daß es sich dabei in erster Linie um Texte zum Vorlesen handelt, so ist das Vorlesen keineswegs der einzig sinnvolle Umgang mit den vorgelegten Materialien. Hier verweisen wir auf die Einleitung zum Vorlesebuch „Drittes Reich". Die dort gegebenen methodischen Hinweise lassen sich auch auf das Vorlesebuch „Kirche im Dritten Reich" anwenden; sie werden hier in Kurzfassung wiederholt und sind mit Hinweisen auf das vorliegende Buch versehen. Die folgenden methodischen Wege zur Darbietung der Geschichten bieten sich an:

Erzählen

Manche der hier vorgelegten Geschichten haben eher Berichtscharakter; hier empfiehlt es sich, solche Berichte selbst zu Erzählungen umzufunktionieren. So kann es reizvoll sein, die Episode, wie Kurt Gerstein in der Eisenbahn den schwedischen Gesandtschaftsrat über die Judenvernichtung informiert (81), erzählerisch auszugestalten. Ebenso eignet sich die Geschichte „Nehmet, esset..." (101) zum Erzählen. Bei anderen Geschichten kann man gewisse Passagen vorlesen und andere (schwierigere) erzählen. Dadurch ist es möglich, Geschichten, die für ein höheres Alter gedacht sind, auch jüngeren Schülern darzubieten. Dies gilt z. B. für die Geschichte „Zorn und Scham" (62).

Passagen weglassen

In einigen Geschichten finden sich Passagen, die für einen bestimmten Zuhörerkreis nur schwer verständlich sind; oft kann man solche Passagen oder Sätze einfach weglassen, ohne den Zusammenhang zu stören. Dies gilt z. B. für die Tagebuchtexte „Ein Glück, daß es die Losungen gibt" (105).

Geschichte gliedern

Bei längeren Geschichten haben die Zuhörer/innen manchmal Schwierigkeiten, dem Verlauf der Geschichte zu folgen. Hier kann es sinnvoll sein, solche

Geschichten durch Zwischenüberschriften zu gliedern und diese an die Tafel, auf eine Overhead-Folie oder ein Arbeitsblatt zu schreiben.

Höraufgaben stellen

Bei längeren Geschichten kann die Aufmerksamkeit dadurch gesteigert werden, daß man vor dem Lesen als Impulse Höraufgaben stellt (Tafel oder Arbeitsblatt). Dabei kann man auch arbeitsteilig vorgehen: Verschiedene Gruppen erhalten unterschiedliche Höraufgaben.
    Bei der Geschichte „Warum löscht denn keiner?!" (50) kann man z. B. eine Gruppe damit beauftragen, darauf zu achten, wie sich die Schüler in der Geschichte verhalten. Eine andere Gruppe richtet ihre Aufmerksamkeit auf die SA-Männer und die Hitlerjugend. Eine dritte Gruppe achtet besonders auf die zufällig zuschauenden Bürger.

Arbeitsblatt

Bei Texten, die wichtige, weiter zu bearbeitende Sachverhalte bieten, ist die Verwendung eines Arbeitsblattes sinnvoll. Es enthält bestimmte Fragen und/oder Aufgabenstellungen. Informative Rahmenbedingungen wie Orte und Personen der Geschichte können auf dem Arbeitsblatt vorgegeben werden.

Mit verteilten Rollen lesen

Das Lesen mit verteilten Rollen hat den Vorteil, daß beim Vorlesen mehrere Personen beteiligt sind. Die verschiedenen Stimmen bewirken eine Dramatisierung des Geschehens und fesseln dadurch die Aufmerksamkeit der Zuhörer. Eine zusätzliche Verstärkung der Konzentration läßt sich erreichen, wenn man das Lesen mit verteilten Rollen auf ein Tonband aufnimmt und dann vor der Gruppe anhört. Man kann diese Methode auch weiter ausbauen: Manche der Geschichten eignen sich dazu, sie als Hörszene zu gestalten und auf Tonband aufzunehmen. Als ein Beispiel sei die Geschichte „Ein aufregender Schulratsbesuch" (52) genannt. Bei der Geschichte „Seine erste Wahl" (3) können die Abschnitte über die verschiedenen Parteien jeweils von verschiedenen Sprechern vorgelesen werden.
    Läßt man eine Geschichte von Schüler/innen mit verteilten Rollen lesen, so ist es sinnvoll, die jeweiligen Rollen vorher zu üben.

Einsatz von Bildern

Die Aufmerksamkeit für eine Geschichte kann dadurch gesteigert werden, daß man vor dem Vorlesen oder dem Erarbeiten eines Textes ein passendes Bild einsetzt. Geeignete Bilder finden sich in E. Röhm/J. Thierfelder. Evangelische Kirche zwischen Kreuz und Hakenkreuz, Stuttgart, ⁴1990.

Brief schreiben

Die Aufgabenstellung, einen Brief an eine der handelnden Personen der Geschichte zu schreiben, kann es erleichtern, sich in Personen und Ereignisse hineinzuversetzen. So kann man z. B. bei der Geschichte „Zorn und Scham" (62) an den Autor einen Brief schreiben und dabei auf seine Gefühle eingehen. Ähnliches gilt für „... den böse Menschen getötet haben" (6). Bei anderen Texten ist es möglich, an Personen der Geschichte zu scheiben und ihnen zu raten, wie sie sich verhalten könnten, z. B. einen Brief an Erika (29, „Es war doch alles Wahnsinn!").

Rollenspiel

Das Rollenspiel bietet eine zusätzliche Möglichkeit, sich intensiv in Personen und Ereignisse einer Geschichte hineinzudenken. Die Schüler/innen erhalten Rollenbeschreibungen. Die Ausgangssituation wird kurz dargestellt. Die Schüler/innen spielen dann die Situation mit „ihrer" Lösung durch. Danach wird die Geschichte vorgelesen.

Bei der Geschichte „Warum löscht denn keiner?!" (50) kann man sich in die Rolle eines Zuschauers hineindenken und fragen: „Wie hätte ich mich verhalten?" Bei der Geschichte „Seine erste Wahl" (3) ließe sich das Pro und Kontra hinsichtlich der einzelnen Parteien abwägen: „Wie hätte ich mich entschieden?"

Entscheidungssituationen spielen

Das Rollenspiel ist besonders dann eine geeignete Methode, wenn in einer Geschichte bestimmte Entscheidungssituationen gegeben sind. Die Aufmerksamkeit wird dadurch gesteigert; daß man das Vorlesen der Geschichte vor der „Lösung" abbricht und die Frage stellt: Wie würdet ihr euch entscheiden? Man kann dann Gruppen bilden, die ihre Vorschläge zur Diskussion stellen.

Diese Möglichkeit bietet sich sehr gut bei der Geschichte „Seine erste Wahl" (3) an, um die verschiedenen Standpunkte der Parteien herauszuarbeiten. Je eine Gruppe identifiziert sich mit einer zur Wahl stehenden Partei.

Doppeln

Sehr bewährt hat sich dabei auch die Methode des Doppelns: Ein/e Schüler/in spielt die Person, die sich zum Schluß entscheiden muß. Zu ihrer Linken sitzt ein/e Schüler/in, die Gründe gegen die Ausgangsfrage erwägt. Zur Rechten sitzt ein/e Schüler/in, die Gründe dafür erörtert. Dabei können alle drei Personen „gedoppelt" werden, das heißt: andere Schüler/innen der Klasse können sich hinter die betreffende Person stellen und ihre Argumente einbringen. Der Vorteil dieser Methode besteht u. a. darin, daß sehr viele Personen einer Gruppe zu Wort kommen (vgl. dazu U. Bubenheimer in: entwurf 2/81, S. 6 ff.).

Konfrontationsspiel

Eine weitere Möglichkeit des Rollenspiels ist das Konfrontationsspiel. Hierbei werden einzelne Personen der Geschichte nicht durch Einzelpersonen gespielt, sondern eine Gruppe beschäftigt sich mit einer Argumentation. Dann werden durch einen „Conférencier" die einzelnen Personen (bzw. Gruppen) befragt. Er fragt nach Motiven usw.

Gespräche im Hause der Familie Müller

Eine besondere Gattung von Texten stellen die fiktiven Gespräche im Haus der „Familie Müller" dar. In diesen acht Gesprächen spiegeln sich die Verhältnisse von Evangelischer Kirche und Drittem Reich in der Zeit von 1933 bis 1945 sowie das Stuttgarter Schuldbekenntnis wider. Diese Gespräche eignen sich besonders zum Lesen mit verteilten Rollen und zum Gestalten von Rollenspielen bzw. Hörszenen.

Kirche im Zeichen der „Machtergreifung" bis 1934

18 Kirche im Zeichen der „Machtergreifung" bis 1934

24. 2. 1920	Verkündigung des 25-Punkte-Parteiprogramms
8. 8. 1920	Gründung der NSDAP
8./9. 11. 1923	Mißglückter Putsch in München
23. 11. 1923	Verbot der NSDAP
1. 4. 1924	Verurteilung Hitlers zu 5 Jahren Festungshaft
20. 12. 1924	Vorzeitige Entlassung Hitlers
27. 2. 1925	Wiedergründung der NSDAP
9. 11. 1925	Gründung der SS (Schutz-Staffel)
14. 9. 1930	NSDAP wird mit 107 Mandaten zweitstärkste Fraktion im Deutschen Reichstag
10. 2. 1931	Die bayerische Bischofskonferenz untersagt den Katholiken die aktive Mitgliedschaft in der NSDAP; diesem Verbot schließt sich am 5. 8. die Fuldaer Bischofskonferenz an
13. 3. und 10. 4. 1932	In zwei Wahlgängen kann sich Hindenburg gegen Hitler bei der Wahl zum Reichspräsidenten durchsetzen
31. 7. 1932	NSDAP wird mit 230 Mandaten von 608 Sitzen stärkste Fraktion im Reichstag
13. 8. 1932	Rückgang der NSDAP–Reichstagsmandate auf 196
12. – 14. 11. 1932	Kirchenwahlen in der preußischen Landeskirche; die Deutschen Christen (DC) gewinnen ein Drittel der Sitze
4. 1. 1933	Bei einer Besprechung im Hause des Kölner Bankiers v. Schröder planen v. Papen und Hitler eine Koalition der nationalen Rechten aus NSDAP und Deutschnationalen
30. 1. 1933	Reichspräsident Hindenburg beruft Hitler zum Reichskanzler
27. 2. 1933	Brand des Reichstags: Die Einzeltat des Holländers van der Lubbe wird von der NSDAP den Kommunisten in die Schuhe geschoben
28. 2. 1933	Die Verordnung zum Schutz von Volk und Staat bedeutet Außerkraftsetzung der Bürger- und Menschenrechte
5. 3. 1933	Die letzten halbwegs freien Reichstagswahlen enden mit einem Sieg der NSDAP: 288 Mandate (= 44 % der Stimmen)
21. 3. 1933	„Der Tag von Potsdam": Feierliche Eröffnung des neuen Reichstags in der Potsdamer Garnisonskirche
24. 3. 1933	Emächtigungsgesetz: Abschaffung der parlamentarischen Demokratie

Kirche im Zeichen der „Machtergreifung" bis 1934

28. 3. 1933	Die Fuldaer Bischofskonferenz nimmt die Warnungen vor dem Nationalsozialismus zurück
1. 4. 1933	Boykott jüdischer Geschäfte
7. 4. 1933	Gesetz zur Wiederherstellung des deutschen Berufsbeamtentums („Arierparagraph")
3. – 5. 4. 1933	Erster Reichstag der „Glaubensbewegung Deutsche Christen" in Berlin
8. 4. 1933	Von Papen bietet Rom Konkordatsverhandlungen an
2. 5. 1933	Aufhebung der Gewerkschaften
26./27. 5. 1933	Pastor v. Bodelschwingh wird als Reichsbischof nominiert (Rücktritt: 24. Juni)
22. 6. 1933	SPD im Deutschen Reich verboten
14. 7. 1933	Auf dem Weg zum Einparteienstaat: Gesetz gegen die Neubildung von Parteien
20. 7. 1933	Abschluß des Reichskonkordats mit dem Vatikan
23. 7. 1933	Die Kirchenwahlen in den evangelischen Kirchen enden mit einem triumphalen Sieg der nationalsozialistisch eingestellten Deutschen Christen
5. 9. 1934	„Braune" Synode führt in der preußischen Landeskirche den Arierparagraphen ein
11. 9. 1933	Gründung des Pfarrernotbunds
19. 10. 1933	Deutschland tritt aus dem Völkerbund aus
27. 9. 1933	Wehrkreispfarrer Ludwig Müller wird auf der Nationalsynode in Wittenberg zum Reichsbischof gewählt
12. 11. 1933	Bei den ersten Wahlen im Einparteienstaat erringt die NSDAP 92 % der Stimmen
13. 11. 1933	Sportpalastkundgebung: Die DC fordern u.a. die Abschaffung des Alten Testaments
20. 12. 1933	Eingliederung des Evang. Jugendwerks in die HJ
ab Januar 1934	Es bilden sich „freie" Synoden der Bekennenden Kirche
24. 1. 1934	Alfred Rosenberg wird „Chefideologe" der NSDAP
7. 2. 1934	Rosenbergs „Der Mythus des 20. Jahrhunderts" wird von der katholischen Kirche auf den Index gesetzt
18. 3. 1934	Der „Gemeindetag unter dem Wort" in der Dortmunder Westfalenhalle wendet sich gegen die DC
20. 4. 1934	Heinrich Himmler wird Chef des Geheimen Staatspolizeiamts in Preußen
22. 4. 1934	In Ulm treffen sich zum ersten Mal Vertreter aller Gruppen der kirchlichen Opposition in der evangelischen Kirche

20 Kirche im Zeichen der „Machtergreifung" bis 1934

29./31. 5. 1934	Bekenntnissynode der Evangelischen Kirche in Barmen-Gemarke
25.-30. 6. 1934	Die katholischen Bischöfe verhandeln im Reichsinnenministerium wegen der Auslegung des Reichskonkordats (geschützte und nichtgeschützte katholische Verbände)
30. 6. bis	Der angebliche Putsch des SA-Chefs Röhm wird mit einer Mordaktion gegen Regimegegner beantwortet
2. 8. 1934	Tod Hindenburgs; Hitler macht sich zum „Führer" und Reichskanzler; Vereidigung der Wehrmacht auf Hitler
19./20. 10. 34	Zweite Reichsbekenntnissynode in Berlin-Dahlem: Die Bekennende Kirche (BK) stellt eigene Kirchenleitungen auf
22. 12. 1934	Entlassung Karl Barths als Theologieprofessor in Bonn wegen Verweigerung des Treueids auf Hitler. Rückkehr in die Schweiz

Breit wahrgenommen wurde die NSDAP in den Kirchen erst seit den Reichstagswahlen im September 1930. Damals, als die Folgen der Weltwirtschaftskrise die Deutschen immer mehr bedrückten, wurde die kleine rechtsextreme Splitterpartei plötzlich zur zweitgrößten Fraktion im deutschen Reichstag. Anders als bei den Katholiken, die im Zentrum eine eigene Partei besaßen, hatten die Nationalsozialisten vor allem in überwiegend evangelischen Gebieten großen Anklang gefunden. Viele Protestanten hatten den Untergang der Monarchie und damit des landesherrlichen Kirchenregiments 1918 nicht verwunden. Immer noch fasziniert vom alten Obrigkeitsstaat standen sie der Weimarer Republik mit kühler Distanz gegenüber. Von Hitler erhofften sie sich vor allem die Rettung des Volkes aus der Zerrissenheit, dem Hunger und der schrecklichen Arbeitslosigkeit. Viele traditionell national ausgerichteten Protestanten hielten Hitler am ehesten für fähig, Deutschland wieder groß und mächtig zu machen und so den „Schandfrieden" von Versailles zu revidieren.

Hitler wußte, daß er die Macht in Deutschland auf legalem Weg nie gegen die kirchentreuen Wähler gewinnen konnte. So ging er von einer Politik der Neutralität gegenüber den Kirchen zu einer kirchenfreundlichen Politik über. Die NSDAP wies in ihren Reden auf Art. 24 des Parteiprogramms hin („positives Christentum"; vgl. Dok. I/2). Sie bat Pfarrer zur Teilnahme an Fahnenweihen. Einzelne Sturmabteilungen (SA) besuchten in voller Uniform die Gottesdienste. In einzelnen Landtagen setzten sich NS-Abgeordnete für die Anliegen der Kirchen ein, z. B. für die Bekenntnisschule. Bei der evangelischen Kirche versuchte Hitler vor allem über die Kirchenwahlen Einfluß zu gewinnen. 1932 errangen evangelische Nationalsozialisten in Baden und

Preußen bei Kirchenwahlen beachtliche Erfolge. In Preußen wollten sie ihrer Liste den Namen Evangelische Nationalsozialisten geben. Dies lehnte Hitler ab; er wollte wenigstens den Schein kirchenpolitischer Neutralität wahren. Er erlaubte ihnen den Namen Deutsche Christen (DC). Ihr Wahlprogramm (vgl. Dok. I/3) zeigt vor allem den unheilvollen Einfluß von Hitlers rassischem Antisemitismus. Die preußischen Deutschen Christen konnten auf Anhieb ein Drittel sämtlicher Kirchengemeinderatssitze erobern. Dabei waren sie weniger in traditionelle Wählerschichten eingebrochen, die NSDAP hatte vielmehr die evangelischen Nationalsozialisten zur Wahl kommandiert, auch wenn diese bisher wenig Kontakt zur Kirche gehabt hatten.

Die Beziehungen zur katholischen Kirche entwickelten sich sehr viel schwieriger. Die kirchentreuen Katholiken wählten Zentrum. Hitler verfolgte folgende Taktik: In offiziellen Reden betonte er immer wieder den großen Respekt vor der katholischen Kirche; tatsächlich bewahrte sich Hitler, der ja bekanntlich nie aus der katholischen Kirche ausgetreten ist, auch nicht exkommuniziert wurde, zeitlebens einen großen Respekt vor der mächtigen Institution der katholischen Kirche, während er von dem zersplitterten Protestantismus keine hohe Meinung hatte. Er attackierte aber den *politischen* Katholizismus. Immer wieder betonte er, man habe nichts gegen die katholische Kirche, aber sehr wohl etwas gegen politisierende Pfarrer, die „Schwarzen".

Wie haben nun die Kirchen auf diesen Vertrauensfeldzug der NSDAP reagiert? Eine verhältnismäßig klare Front gegen den Nationalsozialismus richtete nur die katholische Kirche auf. Sie trat mit einigen klaren Erklärungen an die Öffentlichkeit. Am weitesten ging gewiß die Erklärung des Mainzer Ordinariats vom September 1930 (vgl. Dok. I/5) Sie verbot einem Katholiken nicht nur die Mitgliedschaft in der NSDAP, sondern drohte ihm widrigenfalls auch noch die Exkommunikation an. Doch diese klare Linie hielt der deutsche Episkopat im Ganzen nicht durch. Angesichts der von ihm diagnostizierten drohenden kommunistischen Gefahr konnte er sich zu einer generellen Verurteilung des Nationalsozialismus nicht entschließen. Er beließ es bei Warnungen vor dem Nationalsozialismus, „solange und soweit er kulturpolitische Auffassungen kundgibt, die mit der katholischen Lehre nicht vereinbar" seien (vgl. Dok. I/11) Diese Erklärung war erheblich milder als die Mainzer Erklärung. Sie brachte die katholische Kirche übrigens nach der Machtergreifung in Zugzwang, als Hitler nämlich den Kirchen in seiner Regierungserklärung die Erfüllung ihrer kulturpolitischen Forderungen zusagte. Trotzdem blieb die klare Gegnerschaft zwischen katholischer Kirche und Nationalsozialismus bis 1933 bestehen.

Auf evangelischer Seite war die Situation wesentlich unübersichtlicher. Es bestand ein breites Spektrum von Auffassungen. Es gab Gruppen, die den Nationalsozialismus scharf ablehnten, wie z. B. die Religiösen Sozialisten. Sie hatten schon 1930 in ihrer Zeitung getitelt: „Christentum und Faschismus sind unvereinbar." Wegen ihrer Option für die Linksparteien, vor allem für die SPD, hatten die Religiösen Sozialisten im traditionell national und konservativ ausgerichteten Protestantismus keinen großen Rückhalt. Immerhin konnten sie bei Kirchenwahlen in Südwestdeutschland etwa 12 % der Wählerstimmen auf sich vereinigen. Theologen der Dialektischen Theologie um Karl Barth kritisierten vor allem die säkularisierten Heilserwartungen der NSDAP. Auf der anderen Seite warben in einigen Landeskirchen Pfarrergruppen lautstark für Hitlers Ziele. Erste Erfolge konnten solche NS-Pfarrer in Baden und Preußen erzielen (s.o.). Der große Durchbruch dieser Gruppen, die sich Anfang 1933 unter dem Namen „Glaubensbewegung Deutsche Christen" zusammenschlossen, kam freilich erst mit der Machtergreifung, nach der sie selber zur Machtergreifung in der evangelischen Kirche ansetzten. Im Ganzen gesehen waren die Gruppen der entschiedenen Gegner wie der entschiedenen Befürworter des Nationalsozialismus vor der Machtergreifung Randgruppen. Mehrheitsfähig war eher eine Position, wie sie der evangelische Theologe Walther Künneth 1931 bei einer Inneren Missionstagung zu dem Thema „Was wir als evangelische Christen zum Rufe des Nationalsozialismus sagen?" vertreten hatte.* Er äußerste sich darin positiv zum „Dienst (des Nationalsozialismus) am Volk", zu seinem „Willen zur sozialen Neugestaltung" und seinem „Willen zum Christentum". Kritisch fragte er die NS-Rassenlehre an, kulturpolitische Äußerungen wie die nach einer überkonfessionellen Nationalkirche und das politische Rowdytum der NSDAP. An der Antwort auf Künneths Frage: „Sind das bloß Schlacken, Auswüchse einer großen Bewegung oder handelt es sich vielleicht doch um Symptome einer tiefer sitzenden Geistigkeit?", mußten sich die Geister in der evangelischen Kirche scheiden. Viele Protestanten hofften, daß es nur „Schlacken" wären. Viele Pfarrer traten darum auch der NS-Bewegung bei in der Hoffnung, die so junge Bewegung zum „Guten" zu beeinflussen. Doch dies war eine schlimme Fehleinschätzung. Hier gab es nichts zu beeinflussen, waren doch die weltanschaulichen Positionen durch Hitler längst festgezimmert worden. Und der Kern dieser Positionen war eine Rassenlehre, die vor allem für die jüdischen Mitbürger nichts Gutes bedeuten konnte.

Während die Deutschen Christen die „Machtergreifung" Hitlers mit einem Dankgottesdienst feierten, hielten sich die Kirchenleitungen eher zurück. Noch wußten sie nicht, welche Konsequenzen Hitlers Regierungsantritt für die Kirchen haben würde. Zu den Märzwahlen 1933 empfahlen die katholischen Bischöfe erneut die Wahl des Zentrums. Die evangelischen Kirchenleitungen riefen zu einem fairen Wahlkampf auf, was man durchaus als

---

* Vgl. E. Röhm/J. Thierfelder, Evangelische Kirche zwischen Kreuz und Hakenkreuz. Stuttgart 41990, S. 5.

indirekte Kritik an den brutalen Wahlkampfmethoden der NSDAP verstehen konnte. Doch Ende März/Anfang April 1933 mehrten sich in beiden Kirchen die Stimmen, welche die neue Regierung teilweise euphorisch begrüßten. Das lag nicht nur daran, daß Hitler nun die neue Obrigkeit war, der man nach Römer 13 Gehorsam schuldete. Wichtiger war, daß Hitler sich als kirchenfreundliche Alternative zum gottlosen Bolschewismus darstellte. Vor allem gab Hitler den Kirchen in seiner Regierungserklärung vom 23. März 1933 umfangreiche Zusicherungen: „Die nationale Regierung sieht in den beiden christlichen Konfessionen wichtigste Faktoren zur Erhaltung unseres Volkstums. Sie wird die zwischen ihnen und den Ländern abgeschlossenen Verträge respektieren; ihre Rechte sollen nicht angetastet werden."

Unter Hinweis auf Hitlers Zusicherungen nahmen nun auch die katholischen Bischöfe ihre Vorbehalte gegenüber dem Nationalsozialismus zurück.

Was uns von heute her besonders bedrückt, ist die Tatsache, daß die kirchlichen Zustimmungserklärungen zur gleichen Zeit erfolgten, als das neue Regime die parlamentarische Demokratie außer Kraft setzte, politische Gegner wie Kommunisten und Sozialdemokraten in die neu errichteten Konzentrationslager verschwinden ließ und vor allem mit dem Judenboykott vom 1. April 1933 und der Einführung des Arierparagraphen für staatliche Beamte am 7. April die NS-Judenverfolgung begann. Es gab in beiden Kirchen durchaus einzelne, die auf klare Stellungnahmen der Kirchen gegenüber den antisemitischen Aktionen der neuen Machthaber drängten. Doch die Kirchenleitungen schwiegen. Teilweise hielt man es nicht für opportun, das sich anbahnende gute Verhältnis mit der neuen Regierung in Frage zu stellen. Vielfach hielt man auch den Staat für berechtigt, den als zu groß angesehenen Einfluß der Juden in der deutschen Gesellschaft zurückzudrängen.

Anfang April 1933 wurden die beiden entscheidenden Stichworte bekannt, welche die Diskussionen in den beiden Kirchen in den nächsten Monaten bestimmen sollten: Reichskonkordat und Reichskirche. Mit dem Angebot eines Reichskonkordats kam Hitler einem lang ersehnten Wunsch der katholischen Kirche entgegen. In der Weimarer Republik war keine Mehrheit für ein solches Konkordat zu finden gewesen; Kirchenverträge des Vatikans waren nur mit Bayern, Preußen und Baden zustande gekommen. Hitler verfolgte mit dem Reichskonkordat vor allem das Ziel der Ausschaltung des politischen Katholizismus Das Zentrum sollte aufgelöst und die katholische Kirche auf den „religiösen" Bereich beschränkt werden. Dies konnte er u. a. mit Art. 32 des Reichskonkordats weitgehend erreichen, wonach der Heilige Stuhl „Bestimmungen" erließ, „die für die Geistlichen und Ordensleute die Mitgliedschaft in politischen Parteien und die Tätigkeit für solche Parteien ausschließen". Die katholische Kirche erhielt wichtige Zusicherungen wie z. B. die der „Beibehaltung und Neueinrichtung katholischer Bekenntnisschulen" (Art. 23).

In seiner Gesamtwürdigung des Reichskonkordats vor dem Reichkabinett hob Hitler vor allem den Rückzug der Kirche aus dem Parteileben hervor. Daneben war der Vertrag mit dem Vatikan der erste große außenpolitische Erfolg der neuen Regierung, zudem geschlossen mit einer altehrwürdigen hochangesehenen Institution.

Der evangelische Kirchenhistoriker Klaus Scholder wertete das Reichskonkordat in folgender Weise: „Politisch gesehen wird man dem Reichskonkordat ... zubilligen müssen, daß es für die Erhaltung des kirchlichen Bestandes eine wichtige und positive Funktion besessen hat. Theologisch dagegen war der Vertrag der Kirche mit Hitler ... eine der großen Fehlentscheidungen des Jahrhunderts. Die Kirche glaubte, einer außerordentlich schwierigen Situation, die eine geistliche Entscheidung erfordert hätte, mit einem politischen Vertrag begegnen zu können. Das war ein Irrtum, der verständlich war, der aber trotzdem ein Irrtum bleibt."*

Mit der Machtergreifung erfuhren die Deutschen Christen einen großen Aufschwung. Anfang April 1933 traten sie an die Öffentlichkeit mit ihren Forderungen, z. B. der Einführung des Arierparagraphen in der evangelischen Kirche. Keine Christen jüdischer Herkunft sollten in der evangelischen Kirche fortan ein Amt bekleiden dürfen. Eine andere Forderung war die, den in 28 Landeskirchen aufgespaltenen deutschen Protestantismus in einer Reichskirche zu einigen. Diese Forderung war in der evangelischen Kirche – weit über die Deutschen Christen hinaus – sehr populär.

Die Landeskirchen beschlossen, einen Ausschuß einzusetzen, der eine Reichskirchenverfassung ausarbeiten sollte. Der Wehrkreispfarrer Ludwig Müller, den Hitler zu seinem Vertrauensmann für die evangelische Kirche ernannt hatte, nahm an den Ausschußberatungen teil. Schon im Juli 1933 lag die neue Verfassung vor. Am 14. Juli wurde sie vom Reichskabinett akzeptiert. Am 23. Juli fanden in allen Landeskirchen Wahlen statt. Nicht zuletzt aufgrund der massiven Unterstützung durch die Partei und Adolf Hitler brachten diese Wahlen einen grandiosen Sieg der Deutschen Christen. Noch am Vorabend der Wahlen hatte Hitler über den Rundfunk dazu aufgerufen, die Deutschen Christen zu wählen. Schon vorher hatten die Landeskirchen den Leiter der Betheler Anstalten, Friedrich von Bodelschwingh, zum neuen Reichsbischof nominiert. Der trat aber bald zurück, weil ihn nicht nur die DC und die NSDAP ablehnten, sondern auch viele Kirchenführer ihm ihre Unterstützung entzogen. Damit war der Weg frei für Ludwig Müller. Im September 1933 wurde er zum Reichsbischof gewählt. Nun sah es so aus, als ob Hitler mit Hilfe der Deutschen Christen die evangelische Kirche von innen erobert und gleichgeschaltet hätte. Doch die Deutschen Christen verspielten bald ihr

---

* Klaus Scholder, in: ÖKG, Bd. 3, Mainz/München ³1983, S. 285.

Kapital nicht nur mit ihren rüden kirchenpolitischen Methoden, sondern auch mit ihrer offensichtlichen Irrlehre. Empörung löste bei der kirchlichen Opposition die von Reichsbischof Müller und Reichsjugendführer Baldur von Schirach gegen den Wunsch der evangelischen Jugendführer bewerkstelligte Eingliederung der Evangelischen Jugend in die Hitlerjugend aus. Vor allem ihre Forderung nach Einführung des Arierparagraphen in der Kirche sowie nach Abschaffung des Alten Testaments, die sie auf ihrer Sportpalastkundgebung im November 1933 erhoben, empörten viele evangelische Christen und veranlaßten sie, sich der sich nun langsam formierenden kirchlichen Opposition anzuschließen. Der Bonner Theologieprofessor Karl Barth half den evangelischen Christen mit seiner Streitschrift „Theologische Existenz heute", aus ihrem nationalen Rausch aufzuwachen und ganz neu nach Wesen und Auftrag der Kirche zu fragen. Anfang September 1933 gründete der Dahlemer Pfarrer Martin Niemöller den Pfarrernotbund. Jeder, der ihm beitrat, unterschrieb, daß er im Arierparagraphen eine Verletzung des kirchlichen Bekenntnisses sah. Bald hatten sich über ein Drittel der deutschen Pfarrerschaft diesem Notbund angeschlossen. In Gemeinden und Kirchen, die von den Deutschen Christen beherrscht wurden, entstanden bekennende Gemeinden und freie Synoden. Eine große Unterstützung der kirchlichen Opposition bedeutete der Kampf der evangelischen Christen in Bayern und Württemberg. Ludwig Müller wollte nämlich 1934 die neue Reichskirchenverfassung noch zentralistischer gestalten, so daß die Landesbischöfe der Landeskirchen nur noch reine Befehlsempfänger Müllers gewesen wären. Dieses Vorhaben scheiterte an der bayerischen und württembergischen Landeskirche, die im Unterschied zu den anderen Landeskirchen diese „Gleichschaltung" ablehnten. Als der Reichsbischof dann mit Hilfe des NS-Staats die Bischöfe von Bayern und Württemberg absetzte und unter Hausarrest stellen ließ, kam es zu riesigen Demonstrationen in diesen beiden Ländern. Daraufhin wurden die Bischöfe wieder in ihre Ämter eingesetzt. Müllers Vorhaben war gescheitert.

Aus der kirchlichen Opposition entwickelte sich die Bekennende Kirche, die sich auf der ersten Reichsbekenntnissynode in Barmen mit der Barmer Theologischen Erklärung ein Fundament gab. Einige Monate später beschloß die Bekennende Kirche in den Kirchen, die von Deutschen Christen geleitet wurden, eigene Kirchenleitungen einzurichten, die sog. Bruderräte. Es entstand auch eine eigene Kirchenleitung für die ganze evangelische Kirche: die Vorläufige Kirchenleitung der Deutschen Evangelischen Kirche. Der NS-Staat erkannte die Kirchenleitungen der Bekennenden Kirche nie an; später ließ er sie sogar verbieten.

In der katholischen Kirche kam es nach anfänglicher Begeisterung über den Abschluß des Reichskonkordats ab Ende 1933 zu einer zunehmenden

Ernüchterung. Man sah, daß das Reichskonkordat immer wieder verletzt wurde. So wurden z. B. die katholischen Jugendverbände immer wieder angegriffen. Als problematisch erwies es sich jetzt, daß beim Abschluß des Reichskonkordats noch nicht alle Probleme geklärt waren, so vor allem die Frage, welche kirchlichen Vereine unter den Schutz des Reichskonkordats standen und welche nicht. Trotz vieler Verhandlungen zwischen katholischer Kirche und NS-Staat konnte keine befriedigende Regelung gefunden werden.

Im Kreis der Freunde wie ein Fremdkörper 1

Zum Text/ Problemfeldbeschreibung:	Eher aus Unwissenheit oder aus Zufall wählt der Theologiestudent H. P. Claussen die NSDAP, später tritt er der Glaubensbewegung Deutsche Christen bei. Die Sportpalastkundgebung bestätigt dann seine langgehegten Zweifel, und er wird Mitglied der Bekennenden Kirche.
Stichworte:	NSDAP, Deutsche Christen (DC), Sportpalastkundgebung, Bekennende Kirche (BK), Pastor, Brüderschaft, Pfarrernotbund
Vorlesezeit:	10 Minuten
Vorlesealter:	ab 14 Jahren

Als Tübinger Student, soeben 20 Jahre alt geworden und damit wahlberechtigt, hatte ich gleich die Gelegenheit, meiner Wahlpflicht nachzukommen.

Am 20. Mai 1928 war Reichstags- und württembergische Landtagswahl. Auf dem Wahlzettel waren 28 Parteien verzeichnet. Nummer 28 „Menschheitspartei". Das konnte ja im Leben nichts werden. Also Strich durch. Obenan standen die Deutschnationalen und die Deutsche Volkspartei. Das eine waren meine alten Herrschaften gewesen, das andere waren sie im Augenblick. Also gestrichen. Zentrum, die Katholiken? Ökumenische Gefühle hatten sich bei mir noch nicht entwickelt. Demokraten, Sozialdemokratische Partei (SPD) und Kommunistische Partei (KPD) kamen erst recht nicht in Frage. Und alles andere an Gruppen und Grüppchen ließen das Herz nicht höher schlagen. Aber da blieb noch eine Nummer nicht durchgestrichen, die mir bemerkenswert erschien: Nummer neun. Sie begann mit N, also national. Das war ich von Hause aus. Dann folgte das S, sozialistisch. S also sozial wäre mir sympathischer gewesen. Aber schließlich hatten beide Worte ihre gemeinsame Wurzel. Aufgabe der Kirche müßte es dann sein, ihren Akzent besonders auf das Soziale zu legen. NSDAP erschien mir für einen jungen fortschrittlich denkenden Menschen und dazu angehenden Theologen das Richtige zu sein. Also bekam Nummer neun mehr aus Gefühlsgründen mein Kreuz. Abends um 10 Uhr wurden an den Aushängen der Tübinger Chronik die ersten Wahlergebnisse der Stadt bekanntgegeben. Schule 10, mein Wahlbezirk, Partei Nummer neun, NSDAP: eine Stimme. Das war meine! Wie nahmen mich meine Wingolfbrüder auf den Arm. Mich focht das wenig an. Ich war ehrlich überzeugt, daß es mit der damals aus tausend Gründen völlig verfahrenen Lage Deutschlands auf die Dauer so nicht weitergehen könne. Ein neuer Weg mußte gewagt werden.

Auf dem Predigerseminar 1930 (wir waren nur neun Kandidaten unter Leitung von Direktor Pohlmann, Pepi genannt) war die Politik eins der brennendsten Themen. Für die nationalsozialistische Seite plädierten mein Freund und Leibbursche Max Ehmsen, Georg Heß und Kurt Hansen, Hoge Jensen und ich. Die anderen verfochten gegensätzliche Positionen. Hitlers „Mein Kampf" stand oft, aber nur auszugsweise zur Debatte. Leider wurde das Buch nicht gründlich genug gelesen. Aber trotz aller Unterschiede blieben wir doch beieinander. Einem Mann verdanke ich, daß ich nicht in die Partei eintrat, sondern nur „Bewegungsgenosse" blieb. Es war mein Onkel und stellvertretender Vater, Konsistorialrat Pastor Karl Nielsen aus Kiel. Dieser warnte mich. „Du weißt ja gar nicht, in was für eine Gemeinde Du später als Pastor kommst. Willst Du Dir unter Umständen von vornherein zu vielen Häusern den Zugang verschließen? Als Pastor hast Du für alle da zu sein."

Aber Mitglied der Deutschen Christen-Bewegung (DC) wurde ich dann doch und zwar bei der ersten sich bietenden Gelegenheit auf der Gründungsversammlung der DC am 31. März 1933 in Neumünster, auf der es Pastor Nico Christiansen mit einer hinreißenden und so überzeugenden Rede gelang, die etwa 50 bis 60 versammelten Amtsbrüder für den Eintritt in die Glaubensbewegung der Deutschen Christen zu gewinnen und sich ihr als Mitarbeiter zur Verfügung zu stellen. Meine Mitarbeit bestand in bescheidener Vortragstätigkeit in Außendörfern und Nachbargemeinden über Themen wie beispielsweise „Der deutsche Christ und seine Kirche" oder „Die Glaubensbewegung Deutsche Christen" (wie ich sie mir vorstellte und erhoffte) und im Vaterländischen Frauenverein „Die deutsche Frau im neuen Deutschland". Wenig später, noch am 23 und 24. Oktober 1933, Teilnahme an einer DC theologischen Arbeitsgemeinschaft in Lüneburg. Der einzige unter den namhaften Vertretern, der mir zusagte, war der Hamburger Bischof Franz Tügel. Aber im Grunde fühlte ich mich in dem Kreis wie ein Fremdkörper. Meine Freunde Max Ehmsen und Georg Heß bekamen das zu spüren, als ich meine wachsenden Bedenken vor ihnen auspackte, vor allem den mich quälenden Widerspruch zwischen der Idee der Deutschen Christen, so wie ich sie verstand, und dem anstößigen Verhalten mancher Parteigenossen und untergeordneten Dienststelleninhabern gerade auch in kleineren Orten.

Noch im gleichen Monat teilte mir Pastor Reinhard Wester bei einem Besuch in Leck mit, er hätte seinen Austritt aus der DC-Bewegung erklärt und sich dem im Werden befindlichen Pfarrernotbund zugewandt. Um der Brüderlichkeit willen wolle er mir das persönlich sagen. Meine Antwort: Ich hätte für seine Entscheidung volles Verständnis. Bei mir hinge der Apfel auch schon ganz lose am Baum. Es bedurfte nur noch eines geringen Anstoßes. Der folgte im November, und zwar in Form eines sehr kräftigen Anstoßes, der der ganzen DC-Bewegung zum Verhängnis werden sollte. Am 13. November war die berüchtigte Sportpalastkundgebung mit der sagenhaft leichtfertigen und verantwortungslosen Rede des Gauobmanns der DC – Groß Berlin – Dr. Reinhold Krause. Da war der Apfel ab – für mich und zahllose andere. Mit gleicher Post schickte ich zwei Briefe auf den Weg. Erstens meine Austrittserklärung aus der Deutschen Christen-Bewegung unter schärfstem Protest, zweitens mein Aufnahmegesuch in den Pfarrernotbund beziehungsweise die Bekennende Kirche. Eine Wende um 180 Grad? Was ich bei den Deutschen Christen gesucht hatte und was so schmählich verraten ward, suchte und fand ich nun in hohem Maße bei der Bekennenden Kirche (BK). An die Sportpalastkundgebung erinnert mich heute noch ein damals von der Deutschen Reichspost ausgegebener Berliner Sonderstempel.

Daß ich nicht lange danach mit dem Amt eines Propsteivertreters der BK für Südtondern beauftragt wurde, lag zur Hauptsache an der zentralen Lage von Leck, welche Zusammenhalt und Konspiration unter uns BKlern (Pastoren und Nichtgeistlichen) erleichterte. Spannungen zum Propst Fritz Gottfriedsen (DC) waren natürlich nicht zu vermeiden. Aber beide Seiten waren bemüht, sie in Grenzen zu halten. Ich selbst sah als Plus in der oft zeitraubenden Tätigkeit eines Propstvertreters die genauere Kenntnis der Vorgänge in der Landeskirche und im Reich, welche durch die fast monatlichen meist bei Pastor Johann Bielfeldt in Rendsburg stattfindenden Propsteivertreterkonvente vermittelt wurde. Eins vom Besten aber war die Bewährung einer Bruderschaft, die fest zusammenstand, aber auch bereit und fähig war, unterschiedliche Meinungen und gelegentliche Spannungen zu tragen oder auch zu ertragen.

Hans Peter Claussen

Großvater 2

Zum Text/ Problemfeldbeschreibung:	Ein christliches Ehepaar, das freundschaftliche Kontakte zu seinen jüdischen Nachbarn pflegt, wagt es bei einem Besuch des gestrengen Großvaters nicht, dessen antisemitischen Äußerungen zu widersprechen.
Stichworte:	Vorurteile, Antisemitismus, Angst, Zivilcourage, Juden, Familie, Gewissen
Vorlesezeit:	8 Minuten
Vorlesealter:	ab 12 Jahren

Mein Großvater, Mutters Vater, war Eisenbahner. Er reiste viel. Manchmal, wenn er durch unsere Stadt kam und die Fahrt unterbrechen konnte, besuchte er uns. Aber jedesmal meldete er sich vorher durch eine Postkarte an.

Sobald Großvater seinen Besuch ankündigte, begann Mutter aufgeregt, die Wohnung in Ordnung zu bringen. Sie putzte Staub, wo längst keiner mehr lag, und nahm das letzte Geld, um für Großvater Bohnenkaffee zu kaufen.

Mir schrubbte sie die Hände mit einer Wurzelbürste, bis sie mir so weh taten, daß ich nichts mehr damit anfassen konnte. Die Scheitelhaare klebte sie mir mit Leitungswasser an, weil sie sonst wirr durcheinanderstanden.

So erwartete ich im Sonntagsanzug Großvater zur angegebenen Zeit hinter der Flurtür. Es klingelte, ich riß die Tür auf. Mit einer tiefen Verbeugung begrüßte ich ihn: „Guten Tag, lieber Großvater! Herzlich willkommen bei uns!"

Wortlos schritt Großvater an mir vorüber. Rasch ging er durch die Wohnung und schaute in alle Zimmer. Erst im Wohnzimmer machte er halt.

Wir durften ihm die Hand reichen. Von mir ließ er sich die Hände zeigen. Sie waren sauber. Dann mußte ich mich umdrehen und nacheinander beide Füße heben. Großvater wollte wissen, ob der Steg zwischen Sohle und Absatz bei meinen Schuhen mit Schuhkreme geputzt war. Wir kannten diese Schrulle; deshalb fand er nichts zu beanstanden.

Danach nahm Großvater seinen, immer den gleichen Platz am Wohnzimmertisch ein. Er saß hoch aufgerichtet. Vater setzte sich ihm gegenüber; Mutter blieb hinter Großvaters Stuhl stehen, um keinen seiner Wünsche zu überhören.

Ich hockte schweigend in der Ecke, die rotgescheuerten Hände auf den saubergewaschenen Knien. Sobald ich mich bewegte, traf mich Mutters Blick; sie legte den Finger auf die Lippen, um mich ans Schweigen zu erinnern.

Großvater redete wie immer auf Vater ein; er warf ihm vor, sich nicht genügend um Arbeit zu bemühen. Und Vater hörte sich das mit demütig gesenktem Kopf an; denn er wußte, wie das Gespräch endete. Es verlief immer in der gleichen Weise. Am Schluß sagte Großvater regelmäßig: „Wärest du zur Bahn gegangen wie ich, dann hättest du deine Familie nicht in solche Not gebracht!"

Vater nickte ergeben.

„Aber der Junge", fügte Großvater hinzu, „der kommt zur Bahn. Dafür sorge ich. Der Junge soll eine sichere Zukunft und Anspruch auf eine Altersversorgung haben!"

Vater stimmte Großvater zu, er stimmte ihm in allem zu; denn Großvater unterstützte uns. Solange wir nichts als Vaters Arbeitslosenunterstützung hatten, schickte Großvater uns jeden Monat Geld. Der Betrag floß in die Haushaltskasse. Ohne diesen Zuschuß hätten wir noch öfter gehungert. Deswegen gab Vater meinem Großvater immer recht.

Plötzlich bumste es oben, daß die Lampe wackelte.

„Das war Friedrich!" sagte ich vorlaut.

Großvater blickte mich streng an. Dann fragte er Vater: „Wer ist Friedrich?"

Bereitwillig erklärte Vater: „Über uns wohnt eine jüdische Familie, Schneiders. Der Junge heißt Friedrich. Die beiden sind gleich alt; sie sind befreundet."

Großvater hüstelte. „Eine jüdische Familie?"

„Ja", sagte Vater, „nette Leute!"

Großvater schwieg eine Weile, indem er die Lippen fest zusammenpreßte. Dann begann er: „Ich hatte einmal einen Vorgesetzten, Geheimrat Cohn; das war ein Jude. Niemand bei uns mochte ihn. Er lächelte immer, sogar wenn er uns zurechtwies. Wer einen Fehler machte, den bat der Geheimrat katzenfreundlich in sein Arbeitszimmer. Dort erläuterte er alles, was man falsch gemacht hatte, wie bei einem kleinen Schulbuben. Und immer besonders freundlich. Einmal im Sommer habe ich gesehen, daß er unter seinem Hemd einen viereckigen Lappen auf Brust und Rücken trug, ein Gebetstuch mit Fransen. Nicht einmal im Zimmer setzte er den Hut ab. Ich mag mich gar nicht gern an den Geheimrat Cohn erinnern."

Weder Vater noch Mutter äußerten sich zu Großvaters Erzählung.

Großvater blickte uns an. Dann sagte er: „Wir sind Christen. Bedenkt, die Juden haben unsern Herrn ans Kreuz geschlagen."

Da warf Vater dazwischen: „Aber doch nicht Schneiders!" Mutters Gesicht verfärbte sich.

Großvater erhob sich von seinem Stuhl. Mit den Fingerknöcheln stützte er sich auf die Tischplatte. So scharf, daß es zischte, befahl er: „Ich wünsche nicht, daß der Junge mit diesem Judenbuben verkehrt!" Ebenso plötzlich, wie er aufgestanden war, setzte er sich wieder hin.

Vater und Mutter blickten erschreckt. Es war still, furchtbar still im Wohnzimmer.

In diese Stille hinein klingelte es. Mutter lief zur Tür. Draußen hörte ich Friedrichs Stimme: „...darf er bitte zu uns heraufkommen?"

Mutter flüsterte: „... geht nicht ... Großvater ist da."

Sie schloß die Tür und kehrte in das Wohnzimmer zurück.

„Wer war das?" fragte Großvater herrisch.

„Ein Kind aus der Nachbarschaft", antwortete Mutter. „Möchtest du noch eine Tasse Kaffee?"

Hans Peter Richter

3 Seine erste Wahl

Zum Text/ Problemfeldbeschreibung:	Der 21jährige Albert darf am 18. 9. 30 (Reichstagswahl) zum ersten Mal wählen. Um über die verschiedenen politischen Parteien besser informiert zu sein, besucht er ihre Wahlveranstaltungen.
Stichworte:	Reichstagswahl, Deutschnationale Volkspartei, Kommunistische Partei, SPD, NSDAP, Zentrum, Kirche, Juden, Versailler Vertrag, Arbeiter, Arbeitslosigkeit, Löhne, Bekenntnisschulen
Vorlesezeit:	10 Minuten
Vorlesealter:	ab 14 Jahren

Im März 1930 feierte Albert Reutter seinen 21. Geburtstag. Und am 18. September 1930 war Reichstagwahl. Da durfte Albert zum ersten Mal wählen. Albert stammte aus einem gut evangelischen Haus. Jede Woche ging er zu einem evangelischen Jungmännerkreis. In seiner Familie wählten die meisten die Deutschnationale Volkspartei. Auf einem ihrer Wahlplakate stand: „Wir halten fest am Wort Gottes!"

Albert dachte: Bevor ich wähle, gehe ich erst einmal zu den Wahlversammlungen der großen Parteien. Er fing bei den Kommunisten an. Die Turnhalle des Arbeitersportvereins war brechend voll. Der Redner, ein bekannter Reichstagsabgeordneter aus Berlin, griff die Reichsregierung scharf an. Sie tue nichts gegen die Arbeitslosigkeit. Der Kapitalismus müßte abgeschafft, das Privateigentum beseitigt werden. Erst dann gäbe es Hoffnung. Er berichtete von einer Reise in die Sowjetunion. Sie sei das „Paradies der Werktätigen". Den Menschen dort gehe es besser als in Deutschland. Zum Schluß griff er die Kirchen an. Sie seien nichts anderes als Verbündete des Kapitals. Man könne ihnen nur eine Antwort geben: Austritt und Eintritt in den marxistischen Freidenkerverband. Albert wußte sofort: Die kann ich nicht wählen. Wer Kirche und Christentum angreift, erhält meine Stimme nicht.

Einige Tage darauf besuchte Albert eine Wahlversammlung des Zentrums. Der Redner war – das sah er gleich am Priesterkragen – ein katholischer Pfarrer. Er verteidigte die Politik der Reichsregierung. Das muß er ja auch, dachte Albert. Schließlich gehört ja Reichskanzler Brüning dem Zentrum an. Auch in der Politik, sagte der Pfarrer, sollten christliche Grundsätze herrschen. Voller Stolz wies er darauf hin, daß der Versuch der Linken, die Bekenntnisschulen abzuschaffen, am Widerstand des Zentrums gescheitert sei. Albert gefiel nicht schlecht, was der Redner sagte. Aber eine katholische Partei konnte er nicht wählen. Daheim hatte er immer wieder gehört: Die setzen sich doch bloß für die katholischen Belange ein.

Am nächsten Abend ging Albert zur SPD. Ein Reichsminister war aus Berlin angereist, um in Alberts Heimatstadt für die Sozialdemokraten zu werben. Er wies auf die Verdienste der SPD hin. Trotz der riesigen finanziellen Lasten, die die Kriegsgegner im Versailler Vertrag den Deutschen aufgebürdet hätten, stünde Deutschland doch gar nicht so schlecht da. Immer wieder griff der Minister die politischen Gegner an, vor allem die Kommunisten, die Deutschland in den Abgrund führen würden, aber auch die Deutschnationalen, die am liebsten den Kaiser aus dem Exil zurückholen wollten. Nein, die Sozis, die würde Albert nicht wählen. Sein Vater hatte ihm erzählt, daß die schon im Kaiserreich von der Kirche nichts wissen wollten und viele ihrer Abgeordneten aus der Kirche ausgetreten seien.

Zu den Deutschnationalen ging Albert nicht allein. Seine Eltern und ein Bruder kamen mit. Der Redner, ein Fabrikbesitzer aus dem Nachbarort, malte ein düsteres Bild von Deutschland. Die Arbeiter wollten nichts mehr arbeiten. Sie seien immer unzufrieden und hätten ständig Streik im Sinn. Sitte und Anstand würden in Deutschland immer mehr verkommen. In Berlin, diesem Sündenbabel, spielten Negermusiker eine neue schreckliche Musik, genannt Jazz. Schauspiele würden aufgeführt, in denen man sich über Gott und die Kirchen lustig machte. Und erst die Maler: Nichts anderes als furchtbare Szenen vom letzten Krieg und verkommenen Nachtlokalen seien auf ihren Bildern zu sehen. Das sei keine Kunst, sondern Geschmiere. Man müsse endlich wieder zurückkehren zu den alten Werten wie Anstand, Sauberkeit und Gehorsam. Albert sah, wie sein Vater immer wieder mit dem Kopf nickte. Auch ihm gefiel vieles an der Rede. Wenn er sich so umsah, dann sah er vor allem ältere Leute. Was der Redner über die Arbeiter gesagt hatte, gefiel ihm nicht. Er arbeitete auch in einer Fabrik, nicht als Arbeiter, sondern als Buchhalter. Und er wußte, wie gering der Lohn der Arbeiter war und wie sie oft ihre vielköpfigen Familien kaum durchbringen konnten. Ihm stieg der Verdacht auf, daß die Deutschnationalen vielleicht nur den Reichen und Besitzenden helfen wollten, nicht aber dem kleinen Mann.

Die letzte Partei, die Albert besuchte, war bisher gar nicht so bekannt gewesen. Er wäre vielleicht gar nicht zu deren Wahlversammlung gegangen, wenn ihm nicht ein Arbeitskollege gesagt hätte: „Da mußt du unbedingt hin. Ich glaube, die würden auch dir gefallen." Auf dem Weg zur Wahlversammlung sah er ein großes Plakat dieser Partei, der NSDAP, auf dem viele Arbeitslose zu sehen waren und die Worte: „Adolf Hitler – unsere letzte Hoffnung".

Der große Saal im „Roten Ochsen" war bis auf den letzten Platz gefüllt. Braununiformierte Männer sorgten für Ordnung. Der Redner war noch jung. Am Revers seiner Jacke trug er das Abzeichen der Partei: ein schwarzes Hakenkreuz in einem rotumrandeten weißen Kreis. Der Redner sprach sehr gut; er riß seine Hörer mit. Auch er malte ein dunkles Bild von Deutschland. Verantwortlich für die Misere seien die „Novemberverbrecher". Damit meinte er vor allem die Sozialdemokraten. Große Schuld trügen auch die Juden, die als Bankiers, Fabrikbesitzer, Rechtsanwälte und Viehhändler die Leute aussaugten und als Schriftsteller, Musiker und Filmproduzenten Schuld an dem ganzen Schmutz und Schund in den Großstädten trügen. Und dann sprach der Redner von Adolf Hitler. Der hätte ein Programm, um Deutschland wieder groß zu machen. Er würde den Schandfrieden von Versailles beseitigen und auch die Arbeitslosigkeit. Alle müßten die Ärmel aufkrempeln. Es gehe nicht um das Schicksal des einzelnen, sondern um das ganze deutsche Volk. Wichtige Verbündete im Kampf um Deutschlands Wiederaufstieg seien die Kirchen. Die NSDAP habe sich in ihrem Programm für das positive Christentum ausgesprochen. Immer wieder wurde der Redner von Beifallsstürmen unterbrochen.

Als Albert heimging, war er hin- und hergerissen. Gar nicht gefallen hatte ihm, wie gemein und massiv der Redner die politischen Gegner und die Juden angegriffen hatte. Aber in vielem hatte er ihm doch aus dem Herzen gesprochen. Vor allem freuten ihn die so freundlichen Worte über die Kirchen. Für ihn war klar, daß er die NSDAP auf jeden Fall in die engere Wahl ziehen würde.

Jörg Thierfelder

4 Jetzt sind wir Juden dran!

Zum Text/ Problemfeldbeschreibung:	Pfarrer Ernst Flatow, der jüdischer Abstammung ist, gehört Ende der zwanziger Jahre einer konservativen politischen Richtung an. Grotoskerweise ist der Mann seines politischen Vertrauens einer derjenigen, die Hitler stark favorisieren. Flatow kann sich aus theologischen Gründen nicht von seinem „Judesein" distanzieren, und irgendwann wird ihm klar: „Jetzt sind wir Juden dran!"
Stichworte:	NSDAP, Linke, national, Juden, konservativ, jüdisch-christlich
Vorlesezeit:	6 Minuten
Vorlesealter:	ab 16 Jahren

Seit Ernst Flatow in Köln lebt und wirkt, hat er sich kaum noch für die Deutschnationale Volkspartei engagiert, obwohl der Kölner Superindendent Georg Klingenburg eindeutig und mit zunehmender Heftigkeit in der Hochburg der Zentrumspartei als politischer Streiter der DNVP gegen „die roten Gottlosen" ebenso wie gegen die „ultramontanen Katholiken" öffentlich zu Felde zieht. Dabei scheut er sich keineswegs, in Wahlkämpfen auch sein kirchliches Amt eines preußischen Superintendenten als Waffe gegen Linksparteien und Zentrum wirksam einzusetzen.

Auch Ernst Flatow trauert dem Kaiser als dem kirchlich einenden obersten Bischof der preußischen evangelischen Landeskirche nach; auch Ernst Flatow haßt die Linken; auch für Ernst Flatow zählt der Sturz der Regierung des sozialdemokratischen Reichskanzlers Hermann Müller am 27. März 1930 zweifellos zu den schönsten Tagen seines politischen Lebens. Im Unterschied zu seinem Kölner Superintendenten mag sich Ernst Flatow jedoch gegen Ende der zwanziger Jahre nicht mehr mit den überspannten politischen Zielen der Deutschnationalen Volkspartei identifizieren. Die Kumpanei des Parteivorsitzenden Alfred Hugenberg mit den Hitler-Faschisten, deren immer wieder erklärter und praktizierter Judenhaß vor aller Augen ist, erleichtert Ernst Flatow schließlich die Trennung von der DNVP. Sein Mann ist inzwischen Gottfried Treviranus, der protestantische „Volkskonservative" aus dem Lipperland – Kapitänleutnant im Weltkrieg, ab 1924 Mitglied des Reichstages für die DNVP und bekannter „Stahlhelm"-Funktionär, der sich 1929 mit Hugenberg überwarf, mit seiner Splitterpartei die Politik Brünings stützte und als Vertrauensmann Hindenburgs seit dem 30. März 1930 den Brüningschen Präsidialkabinetten angehört. Für den konservativen Pastor Ernst Flatow ist mit Treviranus der rassistische Spuk der Nazi-Partei gebannt und die Niederhaltung der Linken gewährleistet.

Für parteipolitische Tätigkeit bleibt dem Kölner Krankenhausseelsorger ohnehin kaum noch Zeit. Nicht nur das seelsorgerliche Gespräch mit den zahllosen hilfesuchenden Patienten in den linksrheinischen Krankenhäusern Kölns, sondern auch die ständigen Amtshandlungen zur Tages- und Nachtzeit in Notfällen, Sterbefälle und immer wieder Nottaufen in der Kölner Frauenklinik nehmen seine Zeit in Anspruch. Kein Vergleich mit der Arbeit in einer Kirchengemeinde, wie Ernst Flatow sie in Köln-Ehrenfeld kennengelernt hat. So ist es kein Wunder, daß er bis zu Beginn des Jahres 1933 die politische Entwicklung in Deutschland nur sehr lückenhaft wahrnimmt. Es bleibt Ernst Flatow verborgen, daß es ausgerechnet Treviranus ist, der Mann seines politischen Vertrauens, der seine Wohnung zur Verfügung stellt zu einem ersten Treffen des Nazi-Führers Adolf Hitler mit einem konservativen Staatsmann, zum Geheimgespräch Brüning/Hitler am 6. Oktober 1930. Als Ernst Flatow vom letzten Geheimtreff Hitlers mit Reichskanzler a. D. von Papen am 4. Januar 1933 in der Villa des Kölner Bankiers von Schröder am Stadtwaldgürtel 35 zu Köln-Lindenthal – in unmittelbarer Nachbarschaft zu seiner Wohnung – hört, ist es zu spät. Da hat Hitler bereits mit konservativen Politikern und Repräsentanten der deutschen Wirtschaft sowie des Finanzwesens sein Regierungsbündnis geschlossen, da hat Adolf Hitler bereits in der Kölner Bankierswohnung den auch für Ernst Flatow so folgenschweren Satz seines Regierungsprogramms niedergelegt: „Entfernung aller Sozialdemokraten, Kommunisten und Juden aus führenden Stellungen".

Doch als Adolf Hitler am 30. Januar 1933 durch den Reichspräsidenten Paul von Hindenburg zum Reichskanzler und – dem Geheimbündnis vom 4. Januar 1933 entsprechend – Franz von Papen zum Vizekanzler ernannt wird, weiß Ernst Flatow auch ohne Kenntnis all der geheimen Treffen und Absprachen der Politiker, Wirtschaftsführer und Bankiers, was die Stunde geschlagen hat: „Jetzt sind wir Juden dran!"

Die plötzlich aufkommenden theologischen Beschwichtigungen, die „Juden-Christen" seien keine Juden mehr, weil die Taufe sie „entjudet" und zu Gliedern des deutschen Volkes gemacht habe, sind für Pastor Ernst Flatow töricht. Hat er doch durch die evangelische Theologie und Taufe „sein Judesein" wiederentdeckt. So kann er sich aus Gründen der evangelischen Theologie nicht und niemals von seinem jüdischen Volk distanzieren. Den theologischen Helfershelfern des Hitlerfaschismus mit ihren spitzfindigen Unterscheidungen zwischen dem „entarteten Weltjudentum", dem „Asphaltjudentum" und dem „neuen Volk Israel" kann Ernst Flatow nicht beipflichten. Er bleibt auch angesichts des heraufziehenden Hitler-Faschismus mit den Genossen des jüdischen Gottesvolkes solidarisch: „Jetzt sind *wir Juden* dran!"

Hans Prolingheuer

5 Ein ganz normaler Dorfpfarrer

Zum Text/ Problemfeldbeschreibung:	Das politische Durcheinander der dreißiger Jahre wird anhand der Person eines württembergischen Dorfpfarrers beschrieben. Am 1. Mai 1932 wendet er sich erbost gegen die „Roten", die aus Provokation ihre Fahne am Kirchturm befestigt haben. Am 1. Mai 1934 läßt er eine Hakenkreuzfahne am Kirchturm hissen und marschiert als SA-Sanitäter im Maiumzug mit. Wieder später distanziert er sich entschieden von der NS-Politik und tritt aus der SA aus.
Stichworte:	Pfarrer, die „Roten", NSDAP, Hammer und Sichel, Hakenkreuz, 1. Mai, Versailler Vertrag, Weimarer Republik, Wirtschaftskrise, deutscher Gruß, Deutsche Christen, Eid auf den Führer, Judenverfolgung, Religionsunterricht, Frankreichfeldzug
Vorlesezeit:	18 Minuten
Vorlesealter:	ab 14 Jahren

Sie sind wohl nicht umzubringen, diese Schaftstiefel aus bestem Rindsleder – deutsche Wertarbeit, wie man sieht. Noch nach 60 Jahren stehen sie, nur wenig benutzt, auf unserem Dachboden. Vielleicht wird ein reitlustiger Enkel sie noch gebrauchen. Einst trug sie, wenn auch nur kurze Zeit, der Großvater zu seiner SA-Uniform. Er war, um genau zu sein, im Februar 1933 in die Sanitäts-SA eingetreten. Nicht zu dem grobschlächtigen allgemeinen SA-Haufen wollte er. Denn schließlich war er Pfarrer, und Sanitäter war er schon im Ersten Weltkrieg bei Verdun.

In Ötisheim, einem großen Bauern- und Arbeiterdorf bei Pforzheim, tat er seinen anstrengenden Dienst: ein fleißiger und auch ein frommer Mann aus altem Pfarrergeschlecht. Und noch etwas verband ihn mit vielen seiner Amtsbrüder: Er war ein national gesonnener Patriot. 1914 eilte er von sich aus „zu den Fahnen", wie man damals sagte. Und nicht wahr: der König – und Bischof zugleich – war stolz auf die vielen kriegsfreiwilligen Theologen seiner württembergischen Kirche. Doch dann kam die „Schande von Versailles", und die Weimarer Republik hatte es schwer, in den Herzen der kaisertreuen Christen Wurzel zu schlagen. Denn der Kaiser war von oben, von Gottes Gnaden; die zerstrittenen Parteien und das Chaos der Demokratie, sie waren von unten. Auch für den Pfarrer von Ötisheim waren vor allem „die Roten" nicht weit vom Teufel zu Hause.

Die Wogen der Wirtschaftskrise waren längst in unser Dorf gedrungen. Jeder vierte Einwohner war erwerbslos, und es gärte gewaltig in der Arbeiterschaft. Nur so ist erklärlich, was am Sonntag, den 1. Mai – wir schreiben das Jahr 1932 –, an Frevelhaftem geschah.

Am Vorabend waren die Arbeiterkolonnen mit roten Fahnen durch den Ort marschiert. „Brüder, zur Sonne, zur Freiheit..." hatten sie gesungen. Ich schaute ihnen nach, etwas ängstlich und fasziniert zugleich, wie sie zum Sportheim hinauszogen zum jährlichen Tanz in den Mai. Und nun der herrliche, himmelblaue Sonntagmorgen. 1. Mai, „Tag der Arbeit"! Vater sitzt noch im Amtszimmer an der Predigt. In einer Stunde müßten die Glocken läuten. Plötzlich läutet es an der Haustür Sturm. Der Mesner rennt mit hochrotem Kopf ins Haus: „Herr Pfarrer, Herr Pfarrer – aufm Kirchturm hend se die rote Fahn g'hißt – heut nacht – die Kommunischte, ihr rote Fahn!" Vater schnellt entgeistert hoch, läuft aus dem Haus, ich hinterdrein. Es ist nicht zu fassen: Hoch von der Kirchturmspitze weht im lauen Morgenwind, höchst friedlich übrigens, die rote Fahne übers Land, als wäre das schon immer ihr angestammter Platz. Eine tolle, halsbrecherische Leistung jener roten Genossen, die diese Provokation sich ausgedacht hatten. Denn nur von außen, den Blitzableiter hoch und angeseilt, konnten sie des Nachts zur Spitze kommen und dort das Tuch mit Hammer und Sichel am Kreuz befestigen. Hammer und Sichel, Halt und Stütze suchend am Kreuz der Christen?

Meinem Vater verschlug es zunächst die Sprache. Und dann sagte er in fast feierlichem Ton: „Unter dieser Fahne halte ich keinen Gottesdienst. Erst wenn sie entfernt ist, dürfen die Glocken läuten." Der Mesner raufte sich die Haare: „Das kann ich nicht, da hinauf kann ich nicht!" Schließlich machte sich Vater auf den Weg, trieb zwei beherzte Kirchengemeinderäte auf, die von innen den Turm bestiegen, oben mühsam einige Ziegel entfernten. Dann schoben sie unter waghalsigen Verrenkungen eine hakenbewehrte Stange hinauf und rissen die Fahne stückweise herunter.

Mit 1½stündiger Verspätung, nachdem das halbe Dorf zusammengelaufen und dieses Spektakel begafft hatte, begann mit siegesgewissem Geläut der Gottesdienst unter dem von Sünd und Schande gereinigten Kirchendach.

Zwei Jahre danach war der „Führer", der gottgesandte Ersatz-Kaiser, schon 15 Monate am Ruder. Wieder war das ganze Dorf in Bewegung, wieder war 1. Mai und wieder schien die Frühlingssonne vom blauen Himmel aufs Kirchendach und die duftenden Gärten. Dieser Festtag sollte von allen gefeiert werden, als „Tag der Volksgemeinschaft" im neuen, 1000jährigen Reich. Von allen für alle war er gedacht: für die Arbeiter der Faust und die Arbeiter der Stirn. All ihre Berufssymbole, schön gemalt, waren auf den Sprossen des riesigen Maibaums vor dem Rathaus angebracht. Wenn das nicht sozial und christlich in einem war!?

Daß es doch nicht ganz „für alle" war, daß der Viehhändler K. und der Schriftsetzer Wilhelm M. hinter der Post vor vier Wochen frühmorgens geholt worden waren und niemand wußte wohin – der eine ein Jude, der andere Kommunist (er hatte Flugblätter gedruckt) –, wen scherte das schon im allgemeinen Festestaumel?

Alle Häuser waren beflaggt, aus dem Pfarrhausgiebel ragte die alte Reichsfahne in Schwarz-Weiß-Rot, und aus dem Kirchturm hingen gleich zwei: nach Osten, der aufgehenden Sonne zu, eine rote Fahne mit einem schwarzen Hakenkreuz auf weißem Grund, und nach Westen baumelte etwas lustlos die Kirchenfahne mit dem lila Kreuz.

Um halb zehn sollte der Maiumzug beginnen mit allen Formationen: der SA, dem NS-Kraftfahrkorps, dem NS-Reiterkorps, der NS-Frauenschaft, der Hitlerjugend, der NS-Volkswohlfahrt (NSV) und nicht zuletzt der Deutschen Arbeitsfront (DAF). Die Gewerkschaften gab es ja nicht mehr, und auch die Vereine nicht, und die Jugendgruppen und -bünde waren in der HJ – alles nach dem Motto: „Ein Volk, ein Reich, ein Führer". Um elf Uhr war Festgottesdienst in der Kirche angesagt, anschließend sollte auf dem Marktplatz aus dampfenden Gulaschkanonen die Speisung der 3000 zelebriert werden: Alle waren vom Führer zum Eintopfgericht geladen, keine Hausfrau brauchte an diesem Tag, dem 1. Mai 1934, zu kochen.

Eine Stunde vor Beginn des Umzugs hatte meine Mutter erklärt, sie lege keinerlei Wert darauf, bei der NS-Frauenschaft mitzumarschieren. „Überhaupt, was soll das Theater, diese ganze Marschiererei?! Ich bin noch nie marschiert!" Aber Vater bestand darauf. „Das gehört sich so. Wir gehören dazu, und du bist nichts Besonderes." „Aber ich habe keine Uniform! Wo soll ich jetzt einen schwarzen Rock und eine weiße Bluse mit Halstuch herhexen?" „Notfalls gehst du eben so, in deinem hellen Sommerkleid", beendete Vater den Streit, denn Mutters Vorrat an Ausreden war erschöpft.

Kurz vor Umzugsbeginn war unser Wohnzimmer dann noch der Ort einer dramatischen Szene: Vater hatte noch aus seinem Amtszimmer Gebet- und Liederbuch für den Gottesdienst geholt, sich im Schlafzimmer das Braunhemd und ein reithosenähnliches dunkelbraunes Ungetüm übergezogen und hastete nun ins Wohnzimmer: „Wo sind meine Schaftstiefel? Bitte, hol sie mir schnell, ich darf nicht zu spät kommen!" Vater knöpfte sich auf dem Sofa eilig das Braunhemd zu, band den Schlips um, und ich rannte los, fand neben dem Schuhregal nur einen Stiefel, den anderen zog ich keuchend und hocherregt, als gelte es, eine Schlacht zu schlagen, unter dem Schränkchen hervor. Vater riß mir die Langschäfter aus den Händen, senkte die Füße hinein, aber, oh Schreck, die Socken waren zu dick oder die Stiefel unten am Reihen zu eng – und so zogen und schoben wir vereint, Tante Friedel und ich und mein Bruder, an diesen Schäften, und Vater stemmte sich gegen uns, bis endlich, nach einem bebenden Aufstampfen auf den Stubenboden das Werk getan und der SA-Mann gestiefelt war. Doch was wäre ein solcher ohne Koppel und Schulterriemen? Diesmal jagte mein Bruder durch die Wohnung, wurde in der Krawattenschublade fündig, und wir legten dem Vater mit zappligen Händen diese wehrhaften Zutaten um. Tante Friedel brachte die braune SA-Mütze von der Garderobe und krönte die Maskerade, indem sie sie Vater mit einem schwer zu deutenden hintergründigen Lächeln ins Haar drückte. Es war auch allerhöchste Zeit. Wir traten alle aus dem Haus, Vater mußte zum Sammelplatz bei der Schule, reihte sich beim Trupp der Sanitäts-SA ein, Mutter wartete vor dem Haus, bis der Frauenblock vorbeikam, und lief dann im letzten Glied mit finsterer Miene mit, als einzige nicht uniformiert. Dutzende von Fahnenträgern belebten das Bild. Die Leute am Straßenrand hoben immer wieder, vor allem vor den Fahnen, den rechten Arm zum „deutschen Gruß" – um Gottes willen nicht den linken! Die Blaskapelle an der Spitze spielte alle Märsche, die das deutsche Herz begehrt, Punkt 11 Uhr begannen die Kirchenglocken zu dröhnen, und so marschierte alles dem Höhepunkt des Vormittags entgegen.

Der Zug der Menschen, Uniformen und Fahnen näherte sich der Kirche, die Pforten standen weit offen, die Kapelle trat zur Seite, die Fahnenträger sammelten sich an der Spitze und zogen unter dem Klang eines Preußenmarschs ins Kirchenschiff hinein, bildeten Spalier für die Nachrückenden.

Ich war neben dem Zug hergelaufen und verkroch mich jetzt im vergitterten „Pfarrgestühl", seit alters reserviert für die Angehörigen der Pfarrfamilie. Ich war fasziniert von diesem Bild: ein Wald von Fahnen in den Gängen im Chor, unter der Kanzel, rund um den Altar – noch nie gab es das: lauter feurige Farbtupfer in unserer gerappelt vollen Kirche. Rote Fahnen mit Hakenkreuz, schwarzweißrote Fahnen, die Feuerwehrfahne – rot war immer dabei –, und plötzlich sah ich vor meinen Augen jene rote Fahne mit Hammer und Sichel, wie sie vor zwei Jahren auf der Turmspitze wehte und wie man sie dort herunterriß. Warum durfte sie nicht hier herein zu den anderen? Auch eine SS-Fahne erkannte ich hinten im Chor; nur Hammer und Sichel waren nirgends zu sehen, und der Viehhändler K. und Wilhelm M. waren auch nicht zugegen...

Die Glocken klangen aus, der Organist zog alle Register zum Bachpräludium „Wach auf, wach auf, du deutsches Land, du hast genug geschlafen...", und auf einmal stand Vater auf der Kanzel! Er hatte den Talar über die Uniform gezogen – nur vorne an den Ärmeln lugte ein hellbrauner Saum hervor –, und er begann mit einem Lobpreis und Dankgebet, und alle sangen: „Großer Gott, wir loben dich". Vater predigte über das große Geschenk des Aufbruchs, der Wiedergeburt, der Erneuerung des Vaterlands und über die große Gnade, daß Gott uns den Führer schenkte – ihm möge er seinen Geist verleihen, um das gute Werk zu vollenden. Nach dem letzten Loblied sprach die Gemeinde das Vaterunser und Vater den Segen und Amen.

Ja, so war das 1934, und niemand soll sagen, daß die Millionen deutscher Christenmenschen damals gezwungen wurden, begeistert zu sein.

Die schönen Schaftstiefel hat Vater freilich nicht lange getragen: Eine große Ernüchterung machte sich bald unter den „Dienern der Kirche" breit. Als Vater von den Übergriffen der SA gegen Juden in Pforzheim erfuhr und von anderen Willkürakten der neuen Regenten und als die sogenannten „Deutschen Christen" in der Kirche immer mehr Verwirrung stifteten, verließ er unter Protest die Braunhemd-SA, und dazu gehörte Mut, der Mut, nicht mehr mitzulaufen. Wenn er dann durchs Dorf ging und jemanden mit erhobener Hand grüßte, sagte er nicht mehr „Heil Hitler", sondern „Grüß Gott", und das war klug: denn der Schulrektor und der Bürgermeister, die beiden Obernazis im Dorf, sahen dies von weitem, aber sie hörten es nicht und dachten wohl voller Genugtuung: auch der Pfarrer grüßt mit dem deutschen Gruß, so gehört es sich in unserem Dritten Reich.

Auch an riskanter Zivilcourage fehlte es ihm nicht. Als ein jüdischer Professor am Pforzheimer Gymnasium fristlos entlassen und zur Arbeit als Milchkutscher und Totengräber genötigt wurde, ging Vater empört zum Landrat und kam bitter enttäuscht zurück: man müsse froh sein, daß Herr Ascher dank seiner arischen Frau überhaupt im Städtchen bleiben dürfe.

Als später nur noch solchen Pfarrern der Religionsunterricht in der Schule erlaubt war, die einen Eid auf den Führer leisteten, wußte er, was zu tun war: er verweigerte den Eid und unterrichtete lieber im engen, oft ungeheizten Konfirmandenraum.

Doch als die deutschen Truppen in Paris einmarschierten mit großem Tschingderassassa, hat er mit seinen Konfirmanden im fahnengeschmückten Kirchturm die Glockenseile gezogen zu einem ausführlichen, von Pausen unterbrochenen Siegesgeläut.

Wer will, der mag versuchen, dies alles unter einen Hut oder in einen Schaftstiefel zu bringen. Er wird sich wundern: die Verhältnisse, sie waren nicht so, und alles ging, auch in den Köpfen, mächtig durcheinander, und nur wenige waren den Weisen und noch weniger den Helden ähnlich.

Dankwart Zeller

... den böse Menschen getötet haben   6

Zum Text/ Problemfeldbeschreibung:	Der jüdische Professor Joseph Walk, der frühere Leiter des Leo-Baeck-Instituts in Jerusalem, erzählt von einer Kindheitserinnerung in München. Die Geschichte zeigt Schwierigkeiten des gegenseitigen Verstehens von Juden und Christen.
Stichworte:	Neues Testament, Gekreuzigter, Juden und Christen, Ebenbild Gottes
Vorlesezeit:	4 Minuten
Vorlesealter:	ab 14 Jahren

Ich war etwa fünf Jahre alt – jedenfalls noch nicht schulpflichtig –, als meine Eltern eines Abends außer Haus mußten, obwohl das Dienstmädchen, das wir uns damals noch leisten konnten, frei hatte. Um ihr einziges Kind nicht allein zu lassen, übergaben sie mich der Obhut einer nichtjüdischen kinderlosen Nachbarsfamilie.

Die alleinstehenden Eheleute waren zunächst ein wenig ratlos. Spielzeug besaßen sie nicht, und Kinderbücher fehlten in ihrer Bibliothek. Und so ist es wohl zu erklären, daß sie mir ein bebildertes Neues Testament auf den Tisch legten, in dem ich zunächst gelangweilt und verständnislos blätterte. Da blieb plötzlich mein Blick an einem Bild hängen. Es stellte den gekreuzigten Jesus dar, ein Bild, dem ich noch nie begegnet war. Erschreckt und bestürzt fragte ich den Hausherrn nach der Bedeutung dieser Darstellung. Nach einigem Zögern kam die Antwort (man beachte die vorsichtige, ungewöhnliche Formulierung): „Das ist der *liebe Gott*, den *böse Menschen* getötet haben." Ich war entsetzt und verwirrt. Wie konnte sich Gott von Menschenhand töten lassen? Das hieße ja, die Allmacht Gottes in Zweifel ziehen! Ich wagte nicht, weiter zu fragen. Selbst als kurz darauf meine Eltern mich abholten, unterließ ich es, ihnen von meinem aufwühlenden Erlebnis zu berichten. Eine mir unverständliche, unheimliche Furcht hielt mich zurück, selbst die mir Nahestehenden zu befragen.

Mit der Zeit verblaßte die Aussage, das Bild des Gekreuzigten hingegen blieb gegenwärtig. Je tiefer ich in die Geschichte der in seinem Namen verübten Judenverfolgungen der Kirche eindrang, um so mehr verfinsterte und verdüsterte sich der Eindruck des gemordeten Messias. Gleichzeitig kam mir immer deutlicher zum Bewußtsein, welch verheerenden Einfluß dieses Bild auf die Beziehungen zwischen Christen und Juden gehabt hat. Taucht doch in den Kindheitserinnerungen vieler Juden das Trauma der Begegnung mit christlichen Altersgenossen auf, die eines Tages sich von den bisherigen Spielkameraden mit dem Ruf trennten: „Ihr Judde habt Christus gekreuzigt!"

Dagegen entschwand allmählich jene behutsame und rücksichtsvolle Erklärung vom „lieben Gott, den böse Menschen getötet haben". Bis zu jenem Tag, als Auschwitz als die unser Begriffsvermögen übersteigende Inkarnation des Bösen uns entgegentrat. Hier hatten Menschen nicht nur den im „Ebenbild Gottes" erschaffenen „Nächsten" das Leben genommen, sondern auch gleichsam Gott selbst getötet. Mußten die Opfer in ihren letzten Atemzügen auch ihren Glauben an den schützenden und rettenden Gott verlieren, so daß die Mörder ihnen nicht allein ihr Leben, sondern auch ihren Gott raubten. Nun verblaßte das Bild des Gekreuzigten, verlor seine überragende Bedeutung, und an seine Stelle traten die Worte, die jetzt ihre eigentliche Gestalt zu gewinnen schienen: „Das ist der liebe Gott, den böse Menschen getötet haben", getötet in sich und in uns.

Joseph Walk

7 Dorle

Zum Text/ Problemfeldbeschreibung:	Erika wächst in einem spartanischen Haus ohne Mutter auf. Bei den Eltern ihrer Freundin Dorle findet sie Wärme und Geborgenheit. Durch eine boshafte Bemerkung über Dorles Vater, der angeblich Jude sein soll, stellt sich für die Kinder die Frage, woran man einen Juden erkennt.
Stichworte:	Juden, beten, Religionsunterricht
Vorlesezeit:	12 Minuten
Vorlesealter:	ab 10 Jahren

„Du! Kleine! Erika! Komm doch mal mit Dorle rauf!" rief eines Tages eine freundliche Stimme von oben aus dem vierten Stock des anderen Hauses.

Nie war ich vorher allein in eine fremde Wohnung gegangen. Die Großmama hatte bestimmt, mit wem wir verkehren durften. Die konnte ich jetzt aber nicht fragen. So stieg ich zögernd an der Hand der neuen Freundin die vielen Treppen empor.

In der weit geöffneten Wohnungstür stand eine so blonde, so schöne und so elegante Dame, wie es die Puppenstubenmutter war. Im hellen Sonnenschein, der durch ein geöffnetes Fenster hereinfiel, glitzerte ihr Haar wie der Glorienschein eines Weihnachtsengels. Hinter ihr stand, genauso angezogen wie das Puppenstubendienstmädchen, mit rotgestreiftem langen Kleid und weißer Schürze und genauso freundlich lachend, ihr Dienstmädchen Martha.

Ich glaubte ins Paradies zu kommen bei all der Herzlichkeit. Und wie warm und wohlig wurde einem in dieser Wohnung! Im Salon waren Teppich, Vorhänge und Möbelbezüge aus weichem blauen Velours, man fühlte sich darin wie in Wolken gehüllt, und in Dorles Zimmer war alles rosa. Das war aber nur das Spielzimmer. Außerdem besaß sie noch eins zum Schlafen, das hatte weiße Mullvorhänge und eine geblümte helle Seidendecke über dem Bett.

Dorle hieß Dorothea Kühnke. Ihre Mutter war jedoch eine Frau Breslauer, da Dorles richtiger Vater im Krieg gefallen war, noch vor ihrer Geburt, und die Mutter voriges Jahr dessen besten Freund geheiratet hatte. Nun suchte sie in der neuen Stadt für ihr Töchterchen Anschluß an eine nette Freundin. Tagelang hatte sie mit der treuen Martha schon aus dem Fenster geschaut und die Kinder auf der Straße nach Wert oder Unwert, Dorles Freundin zu werden, beobachtet. Martha war es gewesen, welche Frau Breslauer auf mich aufmerksam gemacht hatte: „Die ist die Richtige." Und da ich mich dann im Laufe der Jahre tatsächlich als die Richtige erwies, hatte ich bei Martha immer einen ganz besonderen Stein im Brett.

Von nun an bekam ich so etwas wie eine Heimat, wenn auch eine geliehene. Nach der Schule ging ich immer zunächst in unsere Wohnung, wo ich hastig zu Mittag aß, flüchtig die Schularbeiten erledigte und die unnützen Klavierübungen machte. Dann floh ich hinüber zu Dorle. Bereits morgens vor der Schule traf ich mich mit ihr, und wir machten den langen Schulweg schwätzend und kichernd gemeinsam. Wie hatte ich mir gewünscht, eine Schwester zu haben, die mit mir schwätzte und kicherte!

Frau Breslauer entwickelte mir gegenüber mütterliche Gefühle, sie untersagte es ihrer wohlmeinenden Martha, mir ständig Küchlein in den Mund zu schieben, weil ich zu dick wurde. Aber Dorle hatte in allen Schubladen ihres Kinderzimmers Pralinenschachteln oder Bonbontüten, die dem Einzelkind von Freunden der Eltern mitgebracht wurden. Sie machte sich gar nichts aus Süßigkeiten. „Nimm dir, was du willst, ich mag sie nicht", sagte Dorle, und ich nahm. Zu Hause schadeten Süßigkeiten den Zähnen und waren verboten. Hier wurden sie Balsam für meine Seele.

Ich hatte inzwischen gelernt, meinen Vater zu lieben und zu verehren. Obwohl er kein Mensch war, der Kindern seine Liebe zeigen konnte, spürte ich diese. Mich tröstend auf den Arm oder auf den Schoß zu nehmen, wenn ich weinte und schluchzte, verbot ihm sein Grundsatz, Kinder nicht zu verweichlichen. Er war aber nicht blind für den häufigsten Anlaß der Verzweiflung, der in Annemaries Abweisung bestand. Nur wußte er nicht, wie er das Verhalten seiner Ältesten ändern sollte. Er kannte die Ursachen nicht. Er selbst zog keine der anderen vor. Für ihn war der Juli das Lieblingskind. Von Mädchen wußte er einfach zuwenig. Er meinte, Hausdamen hätten die Pflicht, Kinder körperlich zu pflegen und die Mädchen in ihre spätere Rolle als Hausfrauen und Mütter einzuüben. Das ging nur mit Dressur, das war nun mal so, das ging nicht anders.

Ein weiteres Erziehungsprinzip meines Vaters war es, Kinder materiell nicht zu verwöhnen. Er tat vor uns so, als sei er arm und müsse jeden Pfennig umdrehen. Dabei war er ein Architekt mit zahlreichen Aufträgen geworden. Zu Weihnachten und zum Geburtstag bekamen wir Geschenke, besonders von der Verwandtschaft, aber das schien ihm schon zuviel. So spärlich wie die Wohnung waren auch unsere Spielschränke bestückt. Die Bitte um ein neues Schulheft, um Bleistifte oder Federn wurde meist abgeschlagen; dazu sei das Taschengeld da, über das Buch geführt werden mußte. Bitten um Groschen für die Straßenbahn waren gänzlich unsinnig. „Hast du keine Beine?" fragte er erstaunt und riet freundlich, sich eben etwas früher auf den Weg zu machen. Er selbst hielt sich kein Auto und erledigte alles zu Fuß. Das hält jung. So war er von seinem preußischen Vater erzogen worden, der es damit zu großem Reichtum gebracht hatte.

Beim ersten Geburtstag Dorles, den ich miterlebte, waren auf dem Tisch so viele Sachen aufgebaut, daß es mir die Sprache verschlug. Ich konnte sie nur anstarren, um zu sehen, was sie zu dieser Fülle von Geschenken sagen würde. Dorle jedoch begutachtete den Tisch wie ein Restaurantkunde die Speisen, ohne Freude oder Überraschung. Bei einigen Geschenken sagte sie verärgert: „Was soll ich denn damit?"

Erst mein fassungsloses Staunen machte Dorles Eltern bewußt, daß sie in der Liebe zu ihrem Kind ein wenig über das Ziel hinausgeschossen waren. Sie waren klug genug, den Fehler zu korrigieren. Ja, es kam so weit, daß Dorle sich später gegen alles zur Wehr setzte, was sie mehr bekommen sollte als andere Kinder. Ihr imponierte die spartanische Härte bei uns zu Hause. Sie beneidete mich um meine Geschwister mehr als ich sie um Spielzeug und Süßigkeiten.

Um eines aber beneidete ich sie von ganzem Herzen, um ihre schöne, blonde, zärtliche und herzliche Mutter; und auch daß mein Vater so warm, so humorvoll, so liebevoll, so lebensklug und so weltoffen wäre wie „Väti" Breslauer, hab ich oft gewünscht. Der wußte so viel über Kinder und verstand alles sofort.

Eines Tages sagte eine Hausdame verächtlich: „Na, willst du schon wieder zu diesen Juden?" Ich wußte zuerst gar nicht, wer damit gemeint sein sollte, worauf mir die Hausdame mit Bestimmtheit erklärte, Breslauers, auf jeden Fall aber der Stiefvater Dorles, seien Juden.

Ich wußte vom Religionsunterricht her, daß es Evangelische, Katholische und Juden gab. Sie hatten alle den gleichen Gott, nur glaubten die Evangelischen zusätzlich noch an Jesus und die Katholischen an Maria. Noch nie hatte ich gehört, daß etwas Verächtliches daran sein sollte, Katholik oder Jude zu sein. Im Gegenteil. Jehudi Menuhin, damals zehnjährig, hatte bei Freunden der Großmama, den Mendelssohns, ein Hauskonzert gegeben, und wir hatten in den Pausen mit ihm spielen sollen, was wir dann vor lauter Ehrfurcht nicht konnten. Damals hatte ich gehört, Jehudi sei jüdisch und unter den Juden gebe es prozentual die meisten Genies.

„Dorle ist bestimmt nicht jüdisch", erklärte ich der Hausdame, „sie geht ja mit mir zusammen in den evangelischen Unterricht."

„Der Vater ist es aber", beharrte diese, „ich verstehe nicht, daß dein Vater diesen Verkehr erlaubt."

Ich war ganz entsetzt, daß an Väti Breslauer irgend etwas anrüchig sein sollte. Er war ein so gebildeter Mann! Er wußte auf viel mehr Fragen eine Antwort als mein Vater! Er nahm Dorle auf Konzerte und in Museen mit, wohin ich nie mitgenommen wurde. Viel mehr, als in den Geschichtsbüchern stand, konnte er über die deutsche Geschichte erzählen!

Unter dem Siegel tiefster Verschwiegenheit teilte ich Dorle die Bemerkung des Fräuleins mit und bat sie, mit detektivischem Spürsinn den wahren Sachverhalt herauszufinden. Fragen konnte man ja nicht, wenn es Leute gab, die Juden verachtenswürdig finden. Wir beratschlagten, woran man erkennen könnte, ob Väti evangelisch, katholisch oder jüdisch sei. Ich war sicher, daß Evangelische beim Beten die Hände zusammenfalten wie beim Ballspiel „Bete". „Das tun aber auch die Katholiken", wußte Dorle. „Ja, aber die Katholiken machen vor und nach dem Beten noch mit dem Zeigefinger ein Kreuz in die Luft." – „Stimmt", meinte Dorle, „die bekreuzigen sich, das hab' ich auch schon gesehen." – „Und die Juden? Was machen die Juden?" grübelte ich. „Ach, ich hab's! Die Maria und der Josef, die sind doch noch Juden, als sie nach Bethlehem ziehen. Da können sie ja noch nicht Christen sein, weil Jesus noch nicht geboren ist. Da sieht man doch auf allen Bildern, wie die beten. Die halten die Hände bloß so zusammengelegt vor sich hin, mit gestreckten, nicht mit gefalteten Fingern. Und die Hirten auf dem Felde, die sind auch noch nicht Christen, die tun das auch. Die sind auch noch Juden." – „Klar", bestätigte Dorle, „das sieht man auf jedem Bild." So beschloß man, daß Dorle den Väti abends bitten sollte, mit ihr zu beten. Legte er dabei die Hände ungefaltet aneinander, dann war er Jude, sonst nicht.

Als wir uns am nächsten Morgen beim Gang zur Schule trafen, strahlte Dorle: „Alles in Ordnung! Euer Fräulein hat gelogen. Väti macht ‚Bete' und schlägt kein Kreuz. Er ist evangelisch."

Agnes-Marie Grisebach

8 Gegen die „Politik der Nadelstiche"

Zum Text/ Problemfeldbeschreibung:	Ein junger Pastor der Bekennenden Kirche beginnt kurz nach seiner Ordination voller Elan den Dienst in seiner ersten Gemeinde. Die Arbeit bereitet ihm Freude, und er hat den Eindruck, daß die Gemeindeglieder ihm wohlgesonnen sind. Um so entsetzter ist er, als er bemerkt, daß er von der Gestapo bespitzelt wird.
Stichworte:	Pastor, Gemeinde, Bekennende Kirche, Gestapo, Bespitzelung
Vorlesezeit:	12 Minuten
Vorlesealter:	ab 14 Jahren

Am 13. Mai 1934 wurde ich ordiniert. Der „Marschbefehl" für den ersten Einsatz, den ich schon bei der Mitteilung über das bestandene zweite Examen erhielt, lautete: Kirchengemeinde Rahlstedt in der Propstei Stormarn mit dem Auftrag, Gemeinde zu sammeln in dem kirchlich noch wenig erschlossenen Siedlungsgebiet von Meiendorf-Oldenfelde, einem Stadtteil im Nordosten Hamburgs. Bis zu meinem Dienstantritt hatte Pastor Christian Hoeck neben seinem ohnehin schon zu großen Gemeindebezirk dieses Gebiet, in dem mehrere tausend Neusiedler lebten, zu bearbeiten. Der Kirchenvorstand Rahlstedt hatte deshalb die Errichtung einer neuen Pfarrstelle für diesen Bereich beantragt, und dem Antrag war auch stattgegeben worden.

Also auf nach Meiendorf! Am Tag nach der Ordination meldete ich mich zum Dienstantritt beim Propst in Wandsbek, wie es das Gesetz befahl.

In diesem weiträumigen Gebiet gab es weder eine Kirche noch ein Gemeindehaus, ganz zu schweigen von einem Pastorat.

Um die Gemeinde kennenzulernen, machte ich Hausbesuche, so viele ich nur irgend konnte. Wenn ich mich an der Haustür als Pastor vorstellte, der für die Siedlung zuständig sei, begegnete ich zuerst großem Erstaunen, als wollten die Leute sagen: „So jung und schon Pastor? (Ich war damals noch keine 25 Jahre alt.) Und Kirche? Ach ja, kennen wir doch auch vom Steuerzettel her!" Es waren verhältnismäßig wenige, bei denen die Kontakte zur Kirche tiefer gingen.

Am 27. Mai feierten wir den ersten Gottesdienst in der Siedlung, und zwar in der Meiendorfer Schule. Der Rektor der Schule war aufgeschlossen für meine Arbeit und stellte mir einen Klassenraum zur Verfügung. Zum Gottesdienst erschienen 70 Erwachsene, zum Kindergottesdienst kamen 33 Kinder. Das war für den Anfang eine große Ermutigung. Sehr bald mußte ich, da der Klassenraum zu klein wurde, einen anderen gottesdienstlichen Raum suchen und fand ihn im Saal einer Gastwirtschaft. Außer den regelmäßigen Besuchen in der Gemeinde gab es bald auch die ersten Amtshandlungen. Vor allem hatte ich Taufen und Trauungen zu vollziehen. Beerdigungen gab es verhältnismäßig selten, weil das Durchschnittsalter meiner Gemeindeglieder recht niedrig lag. In der Siedlung wohnten vorwiegend junge Ehepaare und junge Familien. Die Anmeldung der ersten Konfirmanden nahm ich auch entgegen. Insgesamt hatte ich den Eindruck, daß der Dienst, der mir aufgetragen war, mir nicht nur Freude machte, sondern auch in der Gemeinde gute Resonanz fand.

Aber die Freude sollte bald getrübt werden. Am 30. Juni – sechs Wochen nach meinem Dienstantritt, es war ein Sonnabend – erschienen in der Mittagstunde zwei zivil gekleidete Herren bei mir, stellten sich als Beamte der Geheimen Staatspolizei (Gestapo) vor und erklärten, sie hätten den Auftrag, bei mir eine Haussuchung durchzuführen. Auf meine Frage, was sie denn suchten, erhielt ich die Antwort: „Schriftstücke der Bekenntnisgemeinschaft!" Ich half ihnen und gab ihnen mit der Bitte um Rückgabe einige Rundschreiben der Bekennenden Kirche, die mir unverfänglich erschienen. Damit waren die Herren zufrieden und verabschiedeten sich. Die Schriftstücke habe ich selbstverständlich niemals wieder gesehen.

Seit ihrer Begründung gehörte ich zur „Bekenntnisgemeinschaft der evangelisch-lutherischen Landeskirche Schleswig-Holstein". Der Propst in Wandsbek hat davon gewußt. Er selber war überzeugter Deutscher Christ (DC). In meiner Gemeindearbeit habe ich wohl nur gelegentlich einen Gesprächspartner darüber informiert, daß ich zur Bekennenden Kirche (BK) gehörte. Wer richtig hören konnte, hat es sehr genau an meinen Predigten und Ansprachen merken können, wohin ich „kirchenpolitisch" einzuordnen war. – Um die „Bekenntnisgemeinschaft" nicht von vornherein dem Verdacht politischer Reaktion auszusetzen, wurde ich – wie etliche andere Amtsbrüder auch – schon in Husum, als ich noch Vikar war, im Frühjahr 1934 Mitglied der SA. Ein paarmal habe ich den befohlenen Dienst mitgemacht, aber durch meinen Umzug nach Meiendorf ist diese Mitgliedschaft bald erloschen. Über den Status eines „Anwärters" bin ich nicht hinausgekommen.

Die Haussuchung hatte ich bald wieder vergessen. Ich war viel zu sehr beschäftigt mit der Vorbereitung eines Gemeindeabends, der am 2. Juli im Saal des Gasthofes stattfinden sollte. Zu meiner großen Freude waren etwa

200 Menschen gekommen. Ich hatte in meinem Vortrag mit dem Thema „Volk und Kirche" die beiden Thesen entfaltet: Unser Volk braucht das Christentum und unser Volk braucht die Kirche.

Zwei Tage nach diesem Gemeindeabend suchte mich wiederum die Gestapo auf. Diesmal auf eine Weise, die mir deutlich machte, daß ich in meiner Arbeit bespitzelt wurde. Ich war, wie ich es mir zur Regel gemacht hatte, zu Krankenbesuchen in die in meinem Gemeindebezirk gelegene Privatklinik gegangen. Während eines Gesprächs mit einem Patienten wurde an die Tür geklopft. Eine Schwester teilte mit, daß draußen zwei Herren stünden, die mich sprechen möchten. Diese Meldung machte mich sehr stutzig, denn ich hatte zu niemand gesagt, daß ich in die Klinik gehen wollte. Die beiden Herren, die mich zu sprechen wünschten, waren niemand anders als die beiden Gestapo-Beamten, die schon bei mir die Haussuchung durchgeführt hatten. Ihnen war zugetragen worden, daß ich gesagt haben sollte: „Laß sie man kommen, ich habe noch eine ganze Menge!" Gemeint war Schrifttum der Bekennenden Kirche. Natürlich wies ich diesen mir unterstellten Satz mit aller Entschiedenheit zurück. Den Gestapo-Leuten genügte meine Erklärung. Mir aber blieb die Frage nach dem Unbekannten, der mir solche Äußerung unterstellt haben könnte.

In meinem Kopf bohrte von nun an die Frage: Wem habe ich zu verdanken, daß ich so sorgfältig überwacht werde? Was lag näher, als mit dieser Frage zu meinem erfahrenen Amtsbruder Christian Hoeck zu gehen und ihn um Rat zu bitten. Ergebnis unserer Beratung war, ich sollte mich nicht irremachen lassen durch die Bespitzelung, sondern fröhlich und getrost meinen Dienst weiter ausrichten. Der Rat tat mir gut. Ich gab mir Mühe, die Gestapo zu vergessen und unbekümmert weiterzuarbeiten. Am 10. Juli übernahm ich von Pastor Hoeck auch noch die Arbeit in Berne, einem angrenzenden Bezirk, hielt dort einen Begrüßungsabend im sogenannten „Volkshaus" und am 15. Juli meinen ersten Gottesdienst.

Am 30. August nahm ich meinen Dienst in Meiendorf-Oldenfelde und Berne wieder auf. Am 2. September war in Rahlstedt Missionsfest. Ich hatte das Schlußwort zu sprechen. Und wen sehen meine Augen in der Missionsgemeinde? Meine beiden Herren von der Gestapo! Mit einem Schlage stand wieder alles vor mir, was ich doch so gerne vergessen wollte: Bespitzelung, Haussuchung, Verdächtigungen, Unterstellungen und so weiter. Als ich am 30. August 1936 von Viöl aus auf dem Rahlstedter Missionsfest als Gastredner sprechen durfte, habe ich beide „Freunde" von der Gestapo noch einmal wiedergesehen. So treu waren sie mir geblieben!

Inzwischen waren im Kirchenvorstand Pläne geschmiedet worden für den Bau einer Kirche und eines Gemeindehauses im Bezirk Meiendorf-Oldenfelde. Das gab neuen Auftrieb. Dann wurde mir zugetragen, daß möglicherweise der Propst in Wandsbek meine Überwachung durch die Gestapo veranlaßt haben könnte. Dieser Vermutung wollte ich auf den Grund gehen, fuhr also nach vorheriger Terminabsprache zum Propst nach Wandsbek und stellte ihm sehr unvermittelt die Frage: „Herr Propst, habe ich Ihnen zu verdanken, daß ich von der Gestapo in meiner Arbeit überwacht werde?" Der Propst gab keine Antwort. Er hat mich auch nicht hinausgeworfen, schalt auch nicht meine Unverschämtheit, sondern schwieg. Noch heute deute ich dieses Schweigen als Bejahung meiner Frage. Ich beendete das kurze Gespräch mit dem Satz: „Dann wird es wohl besser sein, wenn sich unsere Wege trennen." Ende September oder Anfang Oktober hat diese Begegnung stattgefunden.

Nach Husum gab ich den Bescheid, daß ich wohl bereit wäre, nach Viöl zu gehen, wenn meinem Wechsel der Gemeinde während der Hilfsgeistlichenzeit vom Landeskirchenamt in Kiel zugestimmt werden würde. Man stimmte zu.

Am 14. Oktober – genau fünf Monate hatte ich in der Gemeinde gearbeitet – hielt ich in der Rahlstedter Kirche meinen Abschiedsgottesdienst. Pastor Christian Hoeck überreichte mir zum Abschied eine Kanzelbibel und hielt eine Ansprache über das für mich in dieser Situation beziehungsreiche Wort aus dem 56. Psalm: „Ich will Gottes Wort rühmen; auf Gott will ich hoffen und mich nicht fürchten; was könnten mir Menschen tun?"

Alfred Petersen

Der Pfarrer 9

Zum Text/ Problemfeldbeschreibung:	Christine Brückner schildert ihren Vater, der Pfarrer ist, als einen unbeugsamen Mann, der gegenüber der Obrigkeit Gehorsam zeigt, auch wenn er mit ihr nicht einverstanden ist und deshalb in die innere Emigration geht.
Stichworte:	Ehrfurcht, Obrigkeit, Vertrauen
Vorlesezeit:	5 Minuten
Vorlesealter:	ab 15 Jahren

Der Pfarrer, der mein Vater war, ging ungern aus dem Haus. Er war scheu. Er fühlte sich sicherer in seinem Studierzimmer. Bücherwände, Kachelofen, hochstämmige Rosen und Bienenhaus. Idylle. Die Männer, die zu ihm kamen, um die Pacht für das Kirchenland zu zahlen oder um Stundung zu bitten, zogen im Flur die Schuhe aus, stiegen in Strümpfen die Treppe hinauf, gingen den Flur entlang; ans äußerste Ende des Hauses hatte er sich verzogen. Abstand. Er setzte sich mit seinem Amt gleich, er war das Amt. Er gehörte zu seiner Gemeinde, aber er stand über uns. Das mag auch an der Kanzel überm Altar gelegen haben, zu der eine hohe Treppe führte. Eine alte Kirche, die Innenausstattung barock. Wir blickten zu ihm auf. Vertrauen, nicht Vertraulichkeit, Ehrfurcht, aber nicht Furcht. Aber auch Fälle, wo es hieß: Darüber kann man mit dem Herrn Pastor nicht reden. Über vieles ließ er nicht mit sich reden.

1934, im Herbst, ließ die Gemeinde ihren Pfarrer ziehen. Ungern, aber erleichtert. Er paßte nicht mehr in das Dorf, in dem ein paar junge Erbhofbauern, Mitglieder der SS-Reiterstandarte, nun den Ton angaben; sie versuchten, den alten Pastor zu ihrem „fördernden Mitglied" zu machen, sie wollten seine Stimme, die ihnen recht gab, er gab sie nicht, gab seine Stimme für nichts. Man nahm ihm das Amt des Kirchenrates; eines Nachts fand eine Hausdurchsuchung statt.

Sie wollten sicher vor ihm sein, und sie wollten ihn in Sicherheit wissen, beides. Der Kirchenvorstand stellte sich nicht hinter ihn, erst recht nicht vor ihn. Er mußte gehen. Er war gehorsam gegenüber der Kirchenbehörde, gegenüber jeglicher Obrigkeit. Sein Widerspruch ging nach innen, nicht nach außen. Er litt. Er wurde leidend. „Wenn Erziehung und Ermahnung irgend etwas fruchteten, wie könnte dann Senecas Zögling ein Nero sein." Das Dorf, in dem mein Großvater vier Jahrzehnte als Lehrer gewirkt hatte, in dem mein Vater mehr als drei Jahrzehnte Pfarrer gewesen war, geriet unter den Einfluß einiger SS-Männer.

Er kehrte nie mehr in sein Dorf zurück, obwohl es nur fünfzig Kilometer von seinem späteren Wohnort entfernt lag. Er hat nie wieder eine Kanzel betreten. Er ist wenige Jahre später gestorben. Es war sein Wunsch, in der Heimat begraben zu werden. Es war Krieg, eisiger Dezember. Die SS-Männer standen als Soldaten an den Fronten. Alte Männer trugen den Sarg aus der Kirche bis zum Friedhof am Waldrand. Dort liegt er zwischen denen, die er getauft und konfirmiert und begraben hat. Auf seinem Grabstein stehen der Name und die Lebensdaten. Nicht Titel und nicht Amt, so hat er es gewünscht. Er ist heimgekehrt in das Dorf, in dem er geboren wurde. Vor seinen Gott tritt er nicht als Pfarrer. Er war demütig und ein wenig einsam. „Psalm 119,76" steht unter seinem Namen. „Deine Gnade müsse mein Trost sein, wie du deinem Knecht zugesagt hast." Die Gemeinde nahm ein zweites Mal von ihrem Pastor Abschied. Die Tränen galten nicht nur ihm. Es gab vieles, das zum Weinen war.

Christine Brückner

Der Pfarrer versteht die Welt nicht mehr 10

Zum Text/ Problemfeldbeschreibung:	Während einer Gemeindeversammlung kommt es zu einem heftigen Disput zwischen Pfarrer und Lehrer, weil sich der Pfarrer trotz großer Vorbehalte gegen die Deutschen Christen nicht zu einer Mitgliedschaft bei der Bekennenden Kirche bzw. dem Pfarrernotbund durchringen kann.
Stichworte:	Deutsche Christen, Bekennende Kirche, Pfarrernotbund, Spaltung der Kirche, positives Christentum
Vorlesezeit:	7 Minuten
Vorlesealter:	ab 15 Jahren

Dem Lehrer entkam ein bitteres Auflachen, mit dem für einen Augenblick seine Erregung durchschlug, aber sofort nahm er sich wieder zusammen und verfiel von neuem in die penetrant eintönige Berichterstattung, die der Pfarrer bis zum vorläufigen Ende bei der Konstituierung des Pfarrernotbundes im September nicht mehr unterbrach. Dann erhob er sich zur Erwiderung, dankte für die präzise Darstellung der Vorgänge, bekundete Verständnis; sicher seien die Amtsbrüder vom Pfarrernotbund von ernsten Gewissensfragen bewegt, das wolle er ihnen gar nicht absprechen, nicht das Fragen und Ringen lehne er ab, sondern die Konsequenz – die Spaltung der Kirche. Es gäbe zwei Arten von Denken, deren jede zu ihrer Zeit ihre Berechtigung habe, sagte er, das intellektuelle Denken, das schneidet, trennt, spaltet, seziert und, um der Genauigkeit willen, das Leben austreibt, und das Denken des Herzens, das die Entwicklungen liebend umfängt und zu beeinflussen sucht, indem es die guten Kräfte bestärkt, die bösen hindert, nicht von außen, sondern von innen, durch die Gaben, die Gott verliehen hat: getreue Arbeit am Nächsten, Verkündigung der reinen Lehre, vor allem aber und über allem durch das Gebet.

Er ließ seinen Blick von einem zum anderen gehen und bei dem Lehrer verweilen, der mit ausdrucksloser Miene vor sich hinstarrte, ohne auf die stumme Bitte zu reagieren. Mit einer Andeutung von Kopfschütteln und Seufzen ließ der Pfarrer von ihm ab und fuhr in zuversichtlichem Ton fort: „Wir sind mit unserem Entschluß nicht allein geblieben. Überall in unserer Kirche haben sich Einsichtige von der Glaubensbewegung Deutsche Christen abgewandt. Und nun bitte ich Sie, Ihr Gewissen zu befragen, wie dem Frieden am besten gedient sei, durch Mitarbeit in der Kirche, die sich um Verständigung der widerstreitenden Kräfte bemüht und keinen ausschließt, der guten Willens ist, oder durch pharisäisches Bestehen auf Buchstaben, das zur Spaltung führen muß."

Noch während er sprach, hatte er angefangen, in seinem Testament zu blättern, um ein passendes Schlußwort zu suchen.

Die Presbyter atmeten auf, es war ihnen recht, wenn die Gewissensbefragung nicht hier, unter den Augen des Pfarrers, sondern daheim im Kämmerlein stattfand. Einige schielten schon nach den Mänteln, da stand der Lehrer noch einmal auf und sagte: „Ich bin noch nicht fertig."

Mit störrischer Miene, ohne den Versuch, Kontakt aufzunehmen, wartete er das große Seufzen ab, dann zählte er auf, was noch übrig war: Arierparagraph, Jugendvertrag, Maulkorbverordnung, Verhaftungen. Der Pfarrer demonstrierte seine Ungeduld deutlicher, fuhr mehrmals dazwischen.

„Der Arierparagraph ist doch längst aufgehoben", behauptete er. Der Lehrer widersprach, hatte die Daten im Kopf: 5. September 1933 eingeführt, 16. Dezember ausgesetzt, 3. Januar 1934 wieder in Kraft getreten.

„Das muß mir entgangen sein", sagte der Pfarrer ärgerlich, natürlich sei er dagegen. „Meine Freunde!" Er lehnte sich über den Tisch und versuchte, mit Blicken die Aufmerksamkeit der Zuhörer noch einmal auf sich zu versammeln, was ihm auch gelang: „Vierzehn Jahre lang haben wir allen möglichen Regierungen, roten, schwarzen und indifferenten Loyalität erwiesen, so schwer es uns manchmal auch fiel. Wollen wir nun dieser Regierung, die sich als erste ausdrücklich auf den Boden eines positiven Christentums stellt, wegen einiger Anfangsschwierigkeiten in den Rücken fallen? Wollen wir alles Positive vergessen und uns ans Negative klammern, statt Geduld zu üben und guten Willen zu zeigen, der von seiten der Regierung immer wieder unter Beweis gestellt worden ist? Unsere Kirche hat in der letzten Zeit einen recht erbärmlichen Anblick geboten, teils wegen der Exzesse der Deutschen Christen, teils wegen der verhärteten Position des Pfarrernotbunds. Ist es zu verwundern, daß der Staat versucht hat, Ordnung zu schaffen? Sollten wir nicht, statt uns zu streiten und Fehler gegeneinander aufzurechnen, endlich anfangen, die Einigkeit unserer Kirche wiederherzustellen und auch nach außen hin so deutlich zu demonstrieren, daß der Staat es nicht mehr nötig findet, sich einzumischen?"

Nach diesen Worten hat der Pfarrer sich gleich wieder hingesetzt und den Kopf in die Hand gestützt, als wollte er gar nicht sehen, wie seine Worte wirkten, als hätte er schon beim Reden gespürt, daß die erwartete, gewohnte Zustimmung ausblieb. Die Stille, die über dem Nachklang seiner Worte zusammenwuchs, hat dem Lehrer fast körperlich wehgetan.

Noch nie hatte er den Pfarrer so verloren gesehen, noch nie so deutlich gewußt, daß Zustimmung, Einverständnis, Sympathie das Element war, in dem er sich ein Leben lang bewegt hatte. Nun auf einmal sollte er eine andere Art der Bewegung lernen – im Zwiespalt, in der Gegnerschaft, in der Verlassenheit...

Verstohlene Blicke krochen über die Tischplatte, betasteten seine Hand, die das Testament hielt, seinen gesenkten Kopf. Ein Presbyter schlüpfte mit einer gemurmelten Entschuldigung hinaus und kam nicht zurück. Keiner fand den Mut, das Schweigen durch ein gutes Wort zu beenden. Das mußte am Ende doch wieder der Pfarrer tun.

Mühsam stand er auf unter der Last, die die wortlose Entscheidung auf seinen Rücken gehäuft hatte, sprach, ohne den Blick zu heben, die Bitte aus, die die Jünger auf dem Weg nach Emmaus an den fremden Begleiter richten: „Bleibe bei uns, denn es will Abend werden und der Tag hat sich geneiget..."

Ruth Rehmann

Familienzwist 11

Zum Text/ Problemfeldbeschreibung:	Der 1. April 1933 verschärft den Streit zwischen dem jungen SA-Mann Erich und seinem Vater, einem Hitlergegner. In seiner Gewissensnot sucht Erich das Gespräch mit einem Mönch.
Stichworte:	Boykott jüdischer Geschäfte, SA, Familienstreit, Mönch, Mut, Treue, Juden, Erster Weltkrieg, Gewissen, Schuld, Seelsorge
Vorlesezeit:	25 Minuten
Vorlesealter:	ab 12 Jahren

Am darauffolgenden Samstag, dem 1. April 1933, warf sich mein Bruder Erich schon sehr früh in seine braune Kluft. Keinem von uns verriet er – weshalb.

Gegen Mittag dieses Tages kam unser Vater nach Hause. Johannes Peters, unser großer und starker Vater, zitterte. Er vermochte kaum, seine Pfeife in Brand zu setzen.

„Ich kann nicht essen!" stöhnte er vor unterdrückter Wut und schob den Teller auf die Tischplatte zurück.

„So eine Schande! – So eine Schande!" knirschte er verzweifelt.

„Edeltraud!" brüllte er dann. „Wo ist Edeltraud?"

Voller Schreck eilte die Gerufene aus dem Nebenzimmer herbei.

„Sofort packst du alles zusammen, was Erich, diesem Lumpen, gehört! Schmeiß es auf den Flur oder auf die Straße! Diese Wohnung darf er nicht mehr betreten; nie mehr!"

„Johannes, was ist? Was hat der Junge denn getan?" rief bestürzt unsere Mutter.

„Der Faulenzer Robens und Erich, unser Erich, stehen in ihrer braunen Halunkenuniform vor Sterns Laden und lassen keinen Menschen in das Geschäft hinein! Auf dem Schaufenster steht groß ‚JUDE'! Totschlagen müßte man die Kerle!"

„Sie haben den Befehl bekommen, Vater! Was sollten sie denn anders tun? In der SA ist Gehorchen oberstes Gesetz!" wollte ich mich schützend vor meinen Bruder stellen.

„Wenn ein Funken Anstand in ihm steckte, hätte er ihnen bei diesem Befehl die Uniform vor die Füße geschmissen! Und dieser schmutzige Robens! Im Vorjahr hat er noch einen Mantel bei Stern gekauft, und wetten möchte ich, bis heute ist nicht die Hälfte daran abgezahlt. Es ekelt mich vor diesen Kerlen!"

Unser Vater sprang auf und rannte hinaus.

„Geh ihm nach, Manni, er macht sich unglücklich! Du weißt, wenn Vater wütend wird, verliert er den Verstand!"

Mutters Bitte war unmöglich abzuschlagen. Vor mir ging barhäuptig und mit langen Schritten mein Vater. Er sah sich nicht um und rannte quer über die Straße zu dem kleinen Haus des Juden Badland hinüber. Vor dem Hauseingang standen ebenfalls zwei SA-Männer. Auf dem geschlossenen Hoftor stand in kräftiger, weißer Aufschrift „JUDE"! Die Vorhänge an den Fenstern waren allesamt zugezogen.

Als unser Vater sich der Haustür näherte, stellten sich die beiden SA-Männer nebeneinander und versperrten so den Eingang. Aber sie hatten nicht mit dem Zorn von Johannes Peters gerechnet und mit seiner Kraft.

„Noch gehe ich, wohin ich will!" rief mein Vater. Er schob beide Männer einfach zur Seite. Bevor sich die Uniformierten von ihrer Überraschung erholt hatten, war er im Haus des alten Badland verschwunden. Einem der Wachposten schien dieses Vorgehen gegen die Ehre. Er machte Anstalten, meinem Vater zu folgen. Aber der andere hielt ihn zurück. Ich hörte so etwas wie: „Vater von Peters, unserem Fahnenträger. Die Alten kommen eines Tages auch zur Vernunft!"

Lange hielt sich mein Vater im Hause Badland nicht auf. Unbeachtet ließ er die beiden Posten, zögerte einen Augenblick, als er die Straße betrat, die er dann mit gleich langen Schritten wie zuvor hinabging. Ich folgte ihm auch diesmal.

Wenn er nur nicht in die Hauptstraße einbiegt, wünschte ich ihm, Erich und auch mir. Gott sei Dank, er nahm den Weg zum Rhein. Ich sah ihn noch über den Damm hasten und die Böschung hinunter auf den Wiesenweg, den ich einmal mit dem Mönch gegangen war.

„Das ist gut!" atmete Mutter auf, „da läuft er seinen Zorn aus. Daß unser Erich auch so etwas mitmacht!"

„Soll ich wirklich seine Klamotten auf den Flur hinausschmeißen?" fragte Edeltraud.

„Bist du auch verrückt geworden? Wo soll er denn hin, der arme Junge?"

Für meinen nationalsozialistischen Bruder verlief dieser Tag so:
Als Erich davon erfuhr, daß er vor dem jüdischen Geschäft Stern mit seinem Sturmkameraden Robens Posten zu beziehen habe, sagte er seinem Sturmführer, er und Robens seien für dieses Kaufhaus nicht die Richtigen, weil Robens und auch wir bislang Kunden dieses Geschäftes gewesen seien.

„Dann seid ihr genau die Richtigen! Diese Untermenschen sollen erfahren, daß es für sie in Deutschland keine Freunde mehr gibt! Und, Peters, merken Sie sich: Befehl ist Befehl!" So Erichs Sturmführer.

Bis gegen Mittag schien alles nicht so schlimm, wenigstens nicht für Erich und seinen Nebenmann Robens. Nur wenigen Kauflustigen mußten sie die Absicht, den jüdischen Laden aufzusuchen, ausreden. Und nur ein einziger betrat trotzdem das Geschäft.

Dann stand plötzlich der Mönch vor meinem uniformierten Bruder.

„Oh, Herr Kaplan!" staunte Erich.

„Guten Tag, Erich, wie geht es zu Hause?"

„Wie immer. Was soll es Neues geben?" redete Erich in seiner Verlegenheit dahin.

„Schöne Grüße!" sagte der Mönch und wollte an Erich und SA-Mann Robens vorbei das Kaufhaus Stern betreten.

„Bleiben Sie besser heraus aus diesem Laden!" sagte Robens.

„Warum?" meinte der Mönch freundlich.

„Sie wissen so gut wie jeder in der Stadt, daß es sich um ein jüdisches Geschäft handelt!" trumpfte Robens auf.

„Natürlich weiß ich das!"

„Es wundert mich, ein katholischer Geistlicher und kauft bei einem Juden? Wollen Sie uns etwa provozieren?"

„Mein Freund", sagte der Mönch, und seine Stimme war ohne jede Härte, „hätten Sie jemals Gottes Wort verstanden, wüßten Sie, daß ein guter Christ jegliche Provokation ablehnt; seine Hauptwaffe ist Gebet und Demut. Aber dann gibt es noch die Liebe zum Nächsten, die Gott von uns Menschen erwartet. Sie ist der Hauptgrund, der mich veranlaßt, gerade heute meinen Freund, den Juden Stern, aufzusuchen."

„So? Der Jude Stern ist Ihr Freund?" fragte der schöne SA-Mann Robens ironisch. „Merkwürdig, ein katholischer Kaplan und ein Jude sind Freunde."

„Nicht nur Freunde, mein Lieber, Waffengefährten, Kameraden, oder wie würden Sie sagen, wenn Sie zusammen mit einem Menschen mehr als zwei Jahre fast täglich dem Tod ins Angesicht geschaut hätten; die letzte Schnitte Brot geteilt und den letzten Krümel Tabak?"

„Sie und der Jude?" SA-Mann Robens lachte. Aber aus seinem Lachen hörte man heraus, daß ihm die Richtung des Gesprächs nicht sonderlich zusagte.

„Ja! Isidor Stern und ich. Zwei lange Jahre und in vorderster Front! Im übrigen sehe ich meine Pflicht darin, unschuldig Verfolgten beizustehen. – Tun Sie die Ihre, wenn Sie sie als solche erkannt haben!"

Dann wandte sich der Mönch von den beiden SA-Männern ab. Ganz ohne Hast ging er die drei oder vier Stufen zum Eingang des Geschäftshauses hinauf. Zurück blieben der räsonierende Robens und mein Bruder, der stumm und nachdenklich geworden war.

„Eines Tages werden wir auch den Pfaffen zeigen, wer die wirklichen Herren in Deutschland sind!"

„Ich glaube an keinen lieben Gott", antwortete darauf mein Bruder, „aber der Gedanke, ich müßte wie heute eines Tages vor der Kirchentür Posten stehen, um die Gläubigen von der Messe fernzuhalten, nein, das nicht!"

„Und wenn dann ausgerechnet dein Alter in die Kirche wollte, ich glaube, sogar ich würde seitwärts verschwinden", lachte Robens.

„Der Mönch und der Jude. Ob es stimmt, daß sie Kriegskameraden gewesen sind?" fragte Erich seinen älteren Kameraden.

„Schon möglich, aber Helden waren sie bestimmt keine."

„Wenn sie zwei Jahre in vorderster Front waren, sind es für mich Helden gewesen wie alle anderen auch. Beide könnten sie für Deutschland auf dem Felde der Ehre geblieben sein!"

„Könnten – sind aber nicht, leider; wenigstens im Fall Stern", kommentierte Robens, packte den Arm einer alten Frau, holte sie von der ersten Treppenstufe zurück und sagte: „Komm, Mütterchen, das ist ein Jude, der betrügt dich nur! Kauf deine Wolle woanders!"

„Ha – Ha!" lachte die Frau, „besser sind die auch nicht!" Jedoch der Mut, das Kaufhaus Stern zu betreten, hatte sie verlassen.

Es dauerte mehr als eine Stunde, bis der Mönch wieder in der Ladentür erschien.

„Kopf hoch, Isi, kein Baum wächst in den Himmel!" rief er zurück. Eine Antwort aus dem Ladeninneren kam nicht.

„Wir haben es zur Kenntnis genommen, Herr Seelsorger!" meinte Robens hintergründig, „und werden gelegentlich darauf zurückkommen!"

„Meine Worte und mein Tun werden an anderer Stelle gültig registriert. Dort ist es mir wichtiger", lächelte der Mönch und ging davon.

„Gott sei Dank, da kommt unsere Ablösung!" atmete mein Bruder auf.

Die wenigen Fragen seines Nachfolgers betreffs Boykott jüdischer Geschäfte beantwortete der SA-Mann Peters nur einsilbig. Das Vorhaben seines Kameraden Robens, zuerst der „Wacht am Rhein" einen Besuch abzustatten, kam meinem Bruder gelegen. Er mußte mit sich alleine sein.

Plötzlich befand sich Erich in der Kirchgasse. Am Ende der winzigen Straße stand das alte Gotteshaus. Es hatte das Werden dieser Gemeinde vom unbekannten Fischerdorf zur Industriestadt miterlebt und konnte seit Jahren die Gläubigen nicht mehr fassen. Ganz langsam ging der junge SA-Mann auf das Pfarrhaus zu, das hinter zwei mächtigen Kastanienbäumen in einem Dornröschenschlaf versunken schien.

„Du bist es, Erich, komm nur herein!" begrüßte ihn der Mönch wie selbstverständlich.

„Sie wundern sich, daß ausgerechnet ich zu ihnen komme, Herr Kaplan", sagte mein Bruder. Seine Kehle war wie ausgedörrt.

„Warum soll ich mich wundern? Einmal würdest du kommen, ich kenne dich ja. Nur, daß es so bald geschehen würde und heute, damit habe ich nicht gerechnet."

„Es ist auch nur, weil ich nicht nach Hause gehen mag", sagte Erich.

„Fürchtest du dich vor deinem Vater? Weiß er, was du heute für einen Dienst machen mußtest?"

„Jetzt weiß er es bestimmt. Aber ich fürchte mich nicht vor meinem Vater, fürchten nicht..."

„Mit dem anderen fertig werden, ist freilich viel schwerer, besonders für einen Menschen wie dich, Erich."

„Mit welchem anderen?"

„Mit der Scham im Herzen und mit den Zweifeln."

„Ja, das ist es", nickte mein Bruder. „Ist es wahr, was Sie von dem Juden Stern und von sich erzählt haben?"

Der Mönch öffnete ein Schubfach seines einfachen Schreibtisches. Dann legte er einige Bilder vor meinen Bruder.

„Hier auf dem Bild stehen Isi und ich alleine. Es war am Tag, nachdem wir beide das Eiserne Kreuz I. Klasse erhalten hatten. Wir waren zwei von sechs Freiwilligen, die ein feindliches MG-Nest ausschalteten, das uns seit Tagen nicht mehr erlaubte, auch nur die Hand aus dem Schützengraben zu heben."

„Freiwillig? Auch der Jude – ich meine Herr Stern?"

„Auch der Jude Stern. Er war einer der ersten, die sich meldeten."

Mein stahlharter Bruder stand auf. Auch der Mönch erhob sich und fragte: „Gehst du jetzt ins Rheinviertel hinunter?"

„Ja! Ich will sehen, ob ich in der ‚Wacht am Rhein' meinen Sturmführer antreffe!"

„Nicht heute, Erich. Du solltest erst einige Tage nachdenken", riet der Geistliche meinem Bruder. „Ich habe es immer so gehalten, wenn es möglich war."

„Und heute?"

„Heute stand ich vor einem jener Sonderfälle, die schnelles Handeln erfordern. Mein Gewissen befahl mir, meinen bedrängten Freund aufzusuchen."

„Ich hätte nicht anders gehandelt."

Über das Gesicht des Mönches glitt ein glückliches, wortloses Lächeln. Als er meinem Bruder die Hand reichte, sagte er leise: „Trotzdem, es war ein guter Tag!"

„Nein!" sagte Erich, „auch dann nicht, wenn der Jude Stern der einzige Jude ist, der bereit war, für Deutschland zu sterben!"

„Keine hochtrabenden Worte, mein Freund! So leicht sind wir Menschen dazu nicht bereit."

„Aber Sie würden doch jeden Augenblick für Ihren Gott sterben, wenn es sein müßte?" wollte mein Bruder von dem Mönch wissen.

„Ich will es für mich hoffen, Erich, aber wissen würde ich es erst, wenn die Entscheidung an mich herankäme."

„Glauben Sie nicht felsenfest an Gott?"

„Ja, glauben schon – aber das ist auch alles."

„Ich kann nicht an Ihren Gott glauben!" gestand Erich.

„Ich habe es nicht von dir verlangt, Erich. Wie ich nicht verlangt habe, ihn aus deinem Herzen zu verbannen. Warum quält dich die Frage nach Gott? Sorge dich nicht so sehr darum, denn du wirst ihn wiederfinden. Es geschieht nicht von heute auf morgen, du hast ihn ja auch nicht über Nacht davongejagt."

Als mein Bruder das stille Pfarrhaus verlassen hatte, sah ihm der Mönch gedankenvoll nach. Um die Zukunft und seinen Freund Isidor Stern hätte er sich nicht sorgen müssen, wenn alle, die die braune Bewegung in ihren Bann gezogen hatte, wie Erich Peters gewesen wären. – Dann hatte es der Mönch plötzlich sehr eilig, ins Rheinviertel zu gelangen.

Erich kam an diesem Abend erst spät nach Hause.

„Guten Abend!" sagte er. Ich dachte, ihr wäret längst zu Bett."

„Bis vorhin hatten wir Besuch", sagte Mutter.

„So, wer denn?"

„Der Herr Kaplan und der alte Badland."

Erich gab keine Antwort, sondern ging in unser Schlafzimmer. Als er nach wenigen Minuten daraus zurückkam, trug er seinen Trainingsanzug.

„Bist du deine Uniform schon leid?" fragte Vater.

Da antwortete mein stahlharter Bruder ganz einfach: „Ich weiß es nicht, Vater!"

„Großartig, wie sich unser Führer auf dich verlassen kann!" bemerkte Gustav, unser Ältester.

Diesmal schüttelte nicht nur Vater den Kopf, sondern auch Erich und ich; aber keiner antwortete Gustav.

Diese Bemerkung war nicht das erste Anzeichen für die unerwartete Änderung in der Weltanschauung unseres Großen.

Für mich war es ganz klar, wer dahintersteckte: Elli Biermann. Die Beweggründe, die die Rothaarige dazu veranlaßt hatten, der Nationalsozialistischen Deutschen Arbeiterpartei, kurz NSDAP, beizutreten, werden wohl für immer ein Geheimnis bleiben. Vielleicht war es die Einsamkeit, in der sie mit ihrem sehr gealterten Vater lebte.

Unsere rothaarige Nachbarin hatte eine ganze Menge von dem Dressurtalent ihres Vaters mitbekommen. Leider wandte sie diese Begabung nicht auf die treuen Vierbeiner an, sondern erprobte sie bei den Menschen. In der Bewegung erkannte man ihre Fähigkeit sehr bald und übergab ihr in der Frauenschaft eine kleine, aber ausbaufähige Rolle.

In dieser Zeit kam es zwischen Elli Biermann und meinem Bruder Gustav zu ersten, neuerlichen Annäherungsversuchen. Zwar versuchten die beiden, ihr wieder aufkeimendes Glück vorerst zu verbergen, aber welchem Liebespaar gelang das in der Straße am Rhein lange. Wollte Gustav die wiedergewonnene Liebe nicht ein zweites Mal aufs Spiel setzen, mußte er Ellis neu erwachten politischen Tatendrang teilen. Wie gesagt, Elli Biermann hatte nicht wenig vom Dressurtalent ihres Vaters geerbt.

Noch später als Erich kam an diesem Abend SA-Mann Robens in das Hinterhaus. Schon das Öffnen der Haustür zeigte an, daß er diesen großen Tag in der „Wacht am Rhein" gebührend gefeiert hatte. Er ging auch nicht die Treppe zu seiner Wohnung hinauf, sondern klopfte kräftig an Nachbar Steinmanns Tür. Es dauerte eine Weile, bis Franz ihm öffnete.

„Was willst du denn jetzt, mitten in der Nacht?" hörten wir Steinmann erbost fragen.

„Mit dir und deinem lieben Weib den Sieg feiern!" grölte Robens.

„Feiere gefälligst mit deiner eigenen Alten!" knallte Franz die Tür zu.

Dann klopfte es bei uns. Im Türrahmen erschien unser schöner Hausgenosse Robens. Sein zackig sein sollender Gruß verunglückte. Wäre Gustav nicht hinzugesprungen, der SA-Mann Robens hätte eine Bauchlandung vor unserem Küchenschrank gemacht. Die Schnapsflasche in seiner Linken wäre dabei draufgegangen.

„Laßt uns noch einen trinken!" lallte er. „Mein Kamerad Erich und ich. Auch du, mein Freund Johannes, wenn du auch schwarz wie die dunkelste Nacht bist. Aber, Johannes, du hast Charakter! Jawohl, Charakter hast du. Und ich? Ich – ich bin ein charakterloses Schwein – ein Schwein bin ich!

Schenk aus, Mutter Peters, hier, nimm die Flasche! Du bist die beste aus dem ganzen Rheinviertel! Acht Kinder, Mutter Peters, ich weiß, was das heißt! Aber jetzt bin ich ein SA-Mann, und euer Erich ist mein Kamerad!"

„Komm, geh jetzt schlafen", sagte Erich.

„Nein!" wehrte sich Freund Robens. „Ich muß dir noch etwas verraten, Johannes!" Er warf beide Arme um den Hals meines Vaters. „Du bist mein

Freund! Du hast Charakter! Sie wollen dir ans Fell! Warum? Weil du mit dem Juden Badland und dem Mönch unter einer Decke steckst. Unser Nachrichtendienst ist einwandfrei! Heute abend waren die beiden in deiner Wohnung, stimmt's? Wir erfahren alles! Auch das, was der Kommunist Sartorius treibt, mein Nachbar oben!"

„Komm jetzt! Du bist besoffen!"

Erich packte seinen Sturmkameraden ziemlich unsanft. Aber der schöne Robens wollte nicht.

„Soll ich dir die Fresse vollhauen? Aber dann stehst du vier Wochen nicht mehr auf deinen Beinen!" zischte ihm mein Bruder ins Ohr. Das wirkte. Erich lieferte ihn im ersten Stock ab, dort polterte es noch einige Male, dann kehrte Ruhe ein in das unverputzte Hinterhaus.

„Kerle wie Robens sind nicht wert, daß sie die Uniform des Führers tragen!" sagte Gustav, als Erich zurückkam.

„Gute Nacht!" sagte Erich. Bevor er in sein Zimmer ging, drehte er sich noch einmal um. Am Tisch saß unser Vater, sein Gesicht hielt er in seinen Händen vergraben.

„Gute Nacht, Vater!" sagte Erich.

Vaters Arme fielen auf die gescheuerte Tischplatte.

„Gute Nacht, Erich!" sagte er still.

Peter Berger

12 Das Dorf auf dem Berge

Zum Text/ Problemfeldbeschreibung:	Aus der Sicht eines Dorfbewohners werden die Konflikte zwischen dem Pfarrer, der Mitglied der Bekennenden Kirche ist, und dem nationalsozialistischen Bürgermeister geschildert. Auch die Gemeindeglieder müssen Stellung beziehen.
Stichworte:	Pfarrer, Gottesdienst, politische Predigt, Deutsche Christen, Bekennende Kirche, positives Christentum
Vorlesezeit:	20 Minuten
Vorlesealter:	ab 16 Jahren

Am Sonntag nach dem 30. Januar 1933 sprach der Pfarrer in seiner Predigt davon, er freue sich, daß der Reichskanzler Adolf Hitler in Potsdam sich offen für den Bestand der christlichen Kirchen in Deutschland ausgesprochen habe.

Damit falle manches Bedenken weg. Nicht, daß die Kirche es nötig habe, vom Staat beschützt zu werden. Die Kirche stehe unter ihrem Herrn, der über sie verfüge nach seinem Willen. Aber wenn der Staat anerkenne, daß er von Gott in sein Amt eingesetzt sei, dann erkenne er damit Christus als den über sich an, dem er Verantwortung schulde.

Gleich nach dem Gottesdienst kam der Ortsgruppenleiter in Begleitung des Lehrers ins Pfarrhaus und stellte den Pfarrer zur Rede: er habe eine politische Predigt gehalten, die er sich als Amtsverwalter nicht gefallen lasse. Er habe den Staat angegriffen und das deutsche Volk verächtlich gemächt.

Von wem er denn diese Weisheit habe, fragte der Pfarrer ganz kaltblütig.

Worauf der Lehrer sich rührte und sehr geschraubt vorbrachte, daß die nationale Revolution eine Tat Gottes, und daß der Führer von Gott eingesetzt sei.

„Daran zweifle ich nicht", sagte der Pfarrer, „es geschieht nichts ohne den Willen Gottes!"

Nein, so meine er es nicht, versteifte sich der Lehrer, nicht nur so hintenherum sei die deutsche Revolution entstanden, sondern hier offenbare sich Gott. Mit Hitler sei die Erlösung für Deutschland gekommen, er schaffe das *ewige* unzerstörbare Reich der Deutschen.

„Das wollen wir erst mal sehen", antwortete der Pfarrer, „das muß sich erst weisen"; worauf der Ortsgruppenleiter hochging und brüllte: „Zweifeln sie etwa daran, daß der Führer der von Gott berufene Mann ist?"

„Ganz gewiß", antwortete der Pfarrer, „ist Adolf Hitler von Gott in sein Amt eingesetzt, wie alle Obrigkeit."

Wenn er das glaube, versetzte der Kohler, dann solle er gefälligst die Angriffe auf den Staat sein lassen. Wie der Pfarrer denn meine, daß es der Kirche gegangen wäre, wenn die Bolschewiken die Macht an sich gerissen hätten?

Das habe er ihm ja schon in der heutigen Predigt gesagt, gab der Pfarrer zurück: Die Kirche stehe in der Hand des Herrn.

Jetzt wurde Kohler wütend: „Sie haben die Seelen zu trösten und aufs Jenseits vorzubereiten, etwas anderes steht Ihnen nicht zu!"

Worauf der Pfarrer prompt erwiderte, er hoffe, daß der neue Bürgermeister fleißig seine Predigten besuche, damit er erfahre, was das Amt des Pfarrers sei, denn das scheine er noch nicht recht zu wissen.

Ehe sie gingen, sagte der Lehrer noch: „Wir brauchen keine Belehrungen von Ihnen, und wenn es Ihnen nicht mehr paßt, kann ja ein anderer für mich sonntags die Orgel spielen."

Auf das gab der Pfarrer keinen weiteren Bescheid.

Bald merkte man etwas von jener Richtung, die innerhalb der Kirche auftauchte und die sich den Namen „Deutsche Christen" beilegte.

Das schien nun nichts Neues, denn Deutsche und Christen waren wir ja auch. Aber dann erzählte uns der Pfarrer, was diese Leute wollten und las uns aus einem Flugblatt vor. Darin hieß es, ich hab' mir's noch aufgehoben: „Wir stehen auf dem Boden des positiven Christentums. Wir bekennen uns zu einem bejahenden, artmäßigen Christusglauben, wie es deutschem Luther-Geist und heldischer Frömmigkeit entspricht. Wir wollen das wiedererwachte deutsche Lebensgefühl in unserer Kirche zur Geltung bringen."

Es wollte uns gar nicht einleuchten, daß das nichts Rechtes sein sollte.

Der Mühlbauer sagte: „Das kann ich glatt unterschreiben, was da geschrieben ist. Wir Bauern sind alle hier ansässig gewesen; soweit unser Kirchenbuch reicht; und auch ihr beiden, Holzschuh und Rautter, ihr seid Lindenkopfer Kinder schon von alters her; immer ist hier deutsches Land gewesen, und wir fühlen uns auch als Deutsche!"

Und der alte Rocker sagte: „Sie schreiben ja drin in ihrem Parteiprogramm vom positiven Christentum; das kann doch nichts Schlechtes sein, wenn sie nur dabei bleiben! Es gibt ja nur ein Christentum, und positiv, ich weiß nicht recht, was das heißt, ich denk'mir aber, das heißt ‚richtiges oder ordentliches' Christentum.

Jeder gab seine Meinung zum besten. Auch der Rautter. Der sagte: „Wenn man nur nicht so viel vom Deutschsein reden wollte. Wir Arbeiter sind auch Deutsche, das hat man 1914 gesehen, obwohl wir immer als Stiefkinder behandelt worden sind. Ich verstehe nicht, warum man das Deutsche gerade in einem kirchlichen Aufruf so herausstreicht!"

„Seht ihr", antwortete der Pfarrer, „das ist's ja, da steckt der Pferdefuß! Langsam kommt man dahinter, wenn man diesen Aufruf genau prüft, was damit eigentlich gemeint ist:

Artgemäßer Christusglaube, wie es deutschem Geist entspricht? Versteht ihr, was das heißt? Das heißt, daß Christus, dem alle Macht gegeben ist im Himmel und auf Erden, sich dem deutschen Geist anpassen soll, daß von seinem Wort nur so viel gelten soll, als der deutsche Michel für sich davon brauchen kann, daß wir Deutschen uns aus dem Evangelium herauszupfen wollen, was uns behagt, daß das ‚deutsche Lebensgefühl', wie es hier heißt, Herr sein soll über den Herrn der Welt."

An einem Samstagnachmittag kam der alte Schmelzer, der Kirchendiener, schreiend aus seinem Haus gelaufen. Er war wie kindisch, jammerte mit seiner dünnen Stimme, und man konnte erst gar nichts aus ihm herausbringen.

Schließlich erfuhren wir, der Bürgermeister Kohler sei bei ihm gewesen in Begleitung eines jungen Mannes im Braunhemd und habe den Kirchenschlüssel von ihm verlangt. Daraufhin habe er dem Bürgermeister gesagt, daß er den Schlüssel ohne Einverständnis mit dem Pfarrer nicht herausgeben dürfe. Nun habe der Bürgermeister Krach gemacht und ihn so lange bedroht, bis er nicht mehr anders gekonnt habe und den Schlüssel herausrückte.

Der Alte ließ sich gar nicht beruhigen und klagte, er habe es ja nicht hindern können, sie möchten es ihm doch nicht übel nehmen.

Man brachte den alten Schmelzer in seine Wohnung zurück und sagte ihm, er könne ja nichts dafür und solle sich keine Gedanken mehr darüber machen. Aber er war wie zusammengefallen, so daß man ihn gleich ins Bett steckte.

Nun wußten wir im Dorf, was es geschlagen hatte. Die Nachbarn kamen zu mir gerannt und erzählten mir's, und ich schickte meinen Bub bei den andern Kirchenvorstehern herum und lief selbst zum alten Rocker, um mit ihm die Sache zu besprechen. Im Nu wußten alle Leute davon.

Manche hatten auch den jungen Mann, der bei dem Bürgermeister gewesen, von der Bahn heraufkommen gesehen, und man wußte, daß er im Haus des Kohlers steckte und überlegte, wer es wohl sein könne.

Der Rocker und ich vermuteten, daß es sich um einen Mann von der Geheimen Staatspolizei handle, der gekommen wäre, um dem Bürgermeister Verhaltensregeln zu geben.

Wir beide gingen dann schnell zum Pfarrer hinüber, der gerade über seiner Predigt saß, um mit ihm zu beraten, was zu tun sei.

Der Pfarrer Grund sagte: „Da man den Kirchenschlüssel geholt hat, wird es sich darum handeln, daß man mir den Gottesdienst morgen verbieten will! Das wäre ein Eingriff des Staates in kirchliche Rechte, wenn es vom Bürgermeister ausgeht. Stecken aber die Deutschen Christen dahinter, dann ist das ein Einbruch von ihnen mit Hilfe der Polizei. In beiden Fällen werde ich mich nicht gutwillig fügen. Ich weiche nur der Gewalt!"

„Was soll die Gemeinde aber machen?" fragte der Rocker.

„Das eine", sagte der Pfarrer, „daß der Kirchenvorstand mir im Namen der Gemeinde bestätigt, daß ich euer rechtmäßiger Pfarrer bin, und daß ihr darauf besteht, daß ich predige!"

„Das wird gleich besorgt", sagte der alte Rocker.

„Und dann", sagte der Pfarrer, „sollte man es sich nicht einfach gefallen lassen, daß der Kirchenschlüssel mit Gewalt weggenommen wurde. Ich hielte es für gut, wenn eine Abordnung von euch den Kohler zur Rede stellte."

„Wir wollen uns das überlegen", antwortete der alte Rocker, und dann gaben wir dem Pfarrer die Hand.

Zunächst verständigten wir die andern Kirchenvorsteher, und innerhalb einer Stunde war die vom Pfarrer gewünschte Erklärung mit allen Unterschriften versehen bei ihm.

Inzwischen hatte der alte Rocker und ich uns dahin geeinigt, daß wir beide zum Bürgermeister gehen wollten, und machten uns auf den Weg.

Wie wir bei dem Fahrradgeschäft vom Kohler ankamen, trafen wir nur die Frau, welche uns im Flur anranzte, was wir wollten.

Auf unsere Frage nach dem Bürgermeister sagte sie: „Jetzt ist Samstagabend, da ist er nicht mehr zu sprechen." Da wir aber dringlich wurden, knurrte sie: „Mein Mann ist mit unsrem Besuch weg, und ich weiß nicht, wann sie wieder kommen."

Das erzählten wir dem Pfarrer noch am selben Abend, und er setzte sofort ein Protestschreiben auf an den Bürgermeister, weil er gegen seine Erlaubnis und ohne Einwilligung des Kirchenvorstandes sich der Kirchenschlüssel bemächtigt habe.

Die Kunde aber von dem, was vorgefallen war, hatte sich schnell im Dorf verbreitet, und alle waren sehr erregt.

Am Samstagabend wird ja das Stückchen Straße vor jedem Haus gekehrt, und da standen dann die Leute mit dem Besen in der Hand in Grüppchen beisammen und vergaßen ihre Arbeit. Die Frauen, welche ihren Kuchen vom Bäcker holten, fingen zu jammern an, die Männer, welche vom Felde heimkamen, wurden mit der Neuigkeit überschüttet, hielten ihre Fuhrwerke an und hörten zu, was geredet wurde; truppweise kamen die Gemeindeglieder auch zu mir gelaufen und zu den andern Kirchenvorstehern und wollten Genaueres wissen, und alle waren darin einig, daß von der Gemeinde aus etwas geschehen müsse.

Und ohne daß man sich verabredet hätte, so als wäre schon wochenlang alles vorbereitet gewesen, ergab sich dann im Handumdrehen, was man tun wolle. Und das sprach sich wieder von Haus zu Haus durch und so, daß keiner von denen, die dem Pfarrer nicht gut gesinnt waren, etwas davon erfuhr.

Einige Burschen machten sich einen Spaß, gingen, als es dämmrig geworden war, mit Sensen und Mistgabeln zum Pfarrhaus und paßten die ganze Nacht auf, daß dem Pfarrer nichts zustoße. Aber es passierte dort nichts.

In der Dunkelheit aber, als es schon auf Mitternacht zuging, huschten aus dem und jenem Haus Gestalten heraus und schlichen sich auf verschiedenen Wegen zum Kirchhof. Es waren ca. zehn bis fünfzehn Bauern, die sich vorsichtig umguckten. Als sie die Luft rein fanden, und als auch bei der Kirche kein Mensch zu entdecken war, brachen sie die Kirchtüre auf; zwei faßten Posten bei der Tür, die übrigen hockten sich in die Kirchenbänke und blieben mäuschenstill, und alles war so umsichtig geschehen, daß kein Unberufener etwas davon gemerkt hatte.

Sehr früh am Morgen aber, lange vor der Kirchenzeit, war das ganze Dorf im Aufbruch. Wer nur abkommen konnte, machte sich zum Gottesdienst fertig, und schon eine Stunde vor dem Läuten war die Kirche zum Stecken voll; auf der Empore und in den Gängen standen die Menschen, und die Frau Pfarrer hatte sich schon an die Orgel gesetzt, weil man sich auf den Lehrer ja nicht verlassen konnte. Ein Mann hatte sich in der Nähe vom Bürgermeisterhaus versteckt, der sollte melden, wenn sich dort etwas zeige.

Der alte Rocker stand auf und sagte: bis der Pfarrer käme, wollten wir miteinander Lieder singen, und er gab jedesmal die Gesangbuchnummer an.

Die Frau Pfarrer spielte die Orgel dazu; und wie klangen da nun die alten Choräle, noch aus Luthers Zeit, wie wurde uns das Herz davon voll; wie waren die Worte so, als ob sie grade für diese Stunde gemünzt wären. All die Lieder der Bitte um Erhaltung von Gottes Wort, um Behütung vor falscher Lehre, um Vertrauen auf die gerechte Sache Christi, die wir als Konfirmanden gelernt, dann wieder vergessen und im Kirchenkampf wieder neu gelernt hatten, sie drückten jetzt das aus, was wir auf dem Herzen hatten:

> „Ihr, die ihr Christi Namen nennt,
> Gebt unsrem Gott die Ehre;
> Ihr, die ihr Gottes Macht bekennt,
> Gebt unsrem Gott die Ehre!
> Die falschen Götzen macht zu Spott!
> Der Herr ist Gott, der Herr ist Gott:
> Gebt unsrem Gott die Ehre!"

Unsere Väter, das spürten wir, hatten ja das Gleiche miterlebt, hatten sich auch um Gottes Wort zusammengedrängt, damit es ihnen nicht geraubt werde, hatten auch den Feinden des Evangeliums Trutzlieder entgegengesungen.

Soviel hundert Jahre waren seit der Reformation vorbeigegangen, wieviel Wasser war seitdem unsern Mühlenbach heruntergeflossen, Seuchen und Kriege und Umwälzungen waren über unser Dorf hergezogen, Neues war gekommen und Altes war vergessen worden, aber das Wort Gottes war noch nicht gestorben, ja es zeigte jetzt wieder, wie lebendig es war.

Als wir mitten im Singen waren, kam jemand zum alten Rocker und teilte ihm mit, daß der Bürgermeister mit einem Trupp Nazis und dem jungen Mann von gestern, der einen Talar angezogen hätte und also ein deutschchristlicher Pfarrer wäre, die Obergasse heraufkämen.

Sofort wurde nach dem Pfarrer geschickt und hinter ihm die Sakristeitür zugeschlossen. Er ging dann gleich in die Kirche hinein, und als er eintrat, stand die ganze Gemeinde auf.

Und gerade war der Pfarrer Grund auf die Kanzel gestiegen, hatte das Zeichen zum Niedersetzen gegeben und wollte anfangen zu sprechen, da rüttelte was von draußen an der Kirchentür und schrie: „aufmachen!" Und da keiner sich von der Gemeinde rührte, polterte man heftiger und brüllte von neuem: „aufmachen!"

Sie hatten wohl gemeint, weil sie den Kichenschlüssel in der Hand hatten, wären wir ausgesperrt, und hatten sich daher Zeit gelassen.

Und nun, während der Lärm war, setzte die Orgel ein, und nach einem ganz kurzen Vorspiel fing die Gemeinde an zu singen:
„Ein feste Burg ist unser Gott!"
Mitten im Lied standen wir alle auf, und es war so unter uns, daß man das Weinen kaum unterdrücken konnte.

So etwas hatte unser Dorf noch nicht erlebt: daß das Evangelium alle auf die Beine brachte, daß man sich einmal nicht einschüchtern ließ, daß man sich gegen die Macht stellte; weil uns der Glauben das Wichtigste war, und daß man fest zusammenhielt, um sich zur Kirche zu bekennen.

Das ist auch später so nicht mehr vorgekommen. Es bröckelte unter dem Zwang und Druck doch manches ab. An diesem Sonntag aber waren alle einig, die sich überhaupt zur Kirche zählten.

Otto Bruder

13 Der Augapfel Gottes

Zum Text/ Problemfeldbeschreibung:	Langsam machen sich die Veränderungen im Dorf bemerkbar. Statt „Grüß Gott!" heißt es jetzt „Heil Hitler"! Bettler und Zigeuner verschwinden, jüdische Hausierer werden verspottet. In der Schule wird das Aufsatzthema gestellt: „Wie die Familie vom Juden betrogen wurde". Die Eltern sind entsetzt, für sie bleiben die Juden der „Augapfel Gottes".
Stichworte:	Altes Testament, Bibel, Juden, Kirche, Zigeuner, deutscher Gruß
Vorlesezeit:	6 Minuten
Vorlesealter:	ab 12 Jahren

Das Neue kam fast unmerklich. Die Glocken der nahen Kirche schlugen wie ehedem, die Bettler erhielten weiterhin ihren Pfennig oder ein Vesperbrot, und wenn ein Bärentreiber sein Tier nach dem Schlag des Tamburins vor unserer Haustür tanzen ließ, dann befiel mich dieselbe Mischung aus Angst und Faszination wie früher. Und doch spürte schon das viereinhalbjährige Kind Veränderungen. Bei der Schneeschmelze 1933 baute mir mein knapp elfjähriger Bruder ein kleines Wasserrad in einen Graben. Und dabei zeigte er, wie man jetzt mit erhobenem Arm grüßen müsse. So hatte er es in der Schule gelernt. Aber wir sagten weiterhin „Grüß Gott" zu Nachbarn und Bekannten, auch als der neue Gruß zur Pflicht wurde und jeder in Verdacht geriet, der sich ihm entzog wie meine Mutter. Halb genierte ich mich ihrer, halb hatte ich Angst um sie. Ich glaubte noch als Schüler, der Nationalsozialismus lasse sich mit dem Christentum vereinen. Sie hatte sich längst entschieden: „Du sollst keine anderen Götter neben mir haben."

Doch am Anfang konnte man nicht so sicher urteilen. An manchen Festtagen marschierte die SA mangels Gewehren mit geschulterten Regenschirmen an unserem Haus vorbei in die Kirche. Ungefährlich sahen sie aus, fast lustig, und sie hatten dasselbe sonntägliche Ziel wie meine Mutter und ich. Großen Eindruck machte mir ein Feldgottesdienst mit zivilen und braununiformierten Dörflern unter einer riesigen Eiche. Ganz nahe fühlte ich Gott im feierlichen Schatten des weit ausladenden Baumes. So etwa mußte die Donar-Eiche ausgesehen haben, die Bonifatius bei den Sachsen gefällt hatte als Zeichen des Sieges über das altdeutsche Heidentum. Ich kannte die Geschichte von meinem Bruder. Jetzt dankte unsere Gemeinde dem christlichen Gott unter einer Eiche für die Gaben der Natur und betete um eine gute Ernte.

Die war jedes Jahr nötig, auch wenn Not und Armut im Dorf zurückgingen. Die Menschen fanden Arbeit, die Bettler wurden selten und blieben schließlich aus. Man vermißte sie nicht. Eher schon die exotischen Zigeuner. Wir hatten eine gewisse Angst vor ihrem fremdländischen Aussehen und verschlossen das Haus, wenn wir Kinder allein daheim waren. Aber ein Hauch von Abenteuer umwehte sie und ihre schwarzen Haare. Ihre Pferdewagen verschwanden von der Landstraße. Wir wußten nicht, daß sie ins KZ verschleppt wurden.

Nur die Hausierer kamen immer noch mit Faden und Knöpfen, Schuhbändeln und Gummizügen. Einer war Jude, kriegsversehrt am Bein, das er steif über sein Motorrad schwang. Als verwundeter ehemaliger Soldat wurde er von meinen Eltern besonders zuvorkommend behandelt. Und gerade ihm rief eines Tages ein etwas älterer Dorfjunge einen Spottvers auf die Juden nach. Wie konnte man so etwas tun?

Im Sommer besuchte uns wähend der Ernte eine Base meines Vaters. Sie war bei einem jüdischen Geschäftsmann angestellt und brachte den Sohn des Hauses mit zur Sommerfrische, wie man damals sagte. Er war acht Jahre alt wie ich und hatte ein Geschenk für mich, ein hölzernes Lastauto. Es schien mir so schön, daß ich es als Kostbarkeit in einen Schrank schloß und weiterhin meine alten Sachen zum Spielen mit dem jüdischen Kind und meinen Freunden benutzte. Niemand in der Nachbarschaft nahm Anstoß an unserem Gast. Er gehörte selbstverständlich zur Spielgemeinschaft der Kinder.

Dann kamen zwei neue Lehrer. Der jüngere wohnte bei uns im Haus. Für beide wären wir Schüler durchs Feuer gegangen. Eines Tages erhielten wir eine besondere Hausaufgabe Wir sollten eine Geschichte erzählen, wie unsere Familie einmal von Juden betrogen worden sei. Meine Eltern waren entsetzt. Nie habe ihn ein Jude hereingelegt, fuhr mich mein Vater an, und meine Mutter ergänzte: „Die Juden sind das auserwählte Volk, der Augapfel Gottes."

Damit war das Thema erledigt; vorläufig. Meine Mutter las täglich die Bibel, und mir diente sie als Bilderbuch. Ihre Geschichten waren mir so vertraut wie unser Bauernhof. Sie lag immer in der Stube. Das störte den älteren der Lehrer. Mehrmals geriet er mit meiner Mutter in Streit. Das Neue Testament ließ er gelten, das Alte aber sei ein Judenbuch. Trotz aller Bewunderung für den Lehrer verstand ich ihn nicht. König David mit der Harfe, Ruth beim Ährenlesen, das salomonische Urteil, Mose mit den Tafeln der Zehn Gebote: Was sollte daran verwerflich sein? Das waren Vorbilder. Und wenn jemand Böses tat, ließ Gott seiner nicht spotten. Die Bibel öffnete die Augen auch für das Unrecht der Gegenwart.

Walter Hampele

14 Ich hatte Angst um meinen Vater

Zum Text/ Problemfeldbeschreibung:	M. Hermann beschreibt, wie im Pfarrhaus die Kinder dadurch, daß sie Kurierdienste leisten, in den Widerstand eingebunden werden. Sie hat als Kind Angst um ihren Vater.
Stichworte:	Kreisleiter, Nationalsozialismus, Bischof, Pfarrer
Vorlesezeit:	5 Minuten
Vorlesealter:	ab 12 Jahren

Das Jahr 1933 war für unsere Familie ein wichtiges Jahr. Wir zogen vom Pfarrhaus in Calw ins Dekanat hinüber. Mein Vater war als Dekan berufen worden. Er hatte dem Nationalsozialismus gegenüber zunächst wohl gemischte Gefühle, die aber bald in eine kritische, ja ablehnende Haltung mündeten. Ich erinnere mich, daß er nach einer Wahl für Hitler – es muß 1933 oder 1934 nach dem Tod Hindenburgs gewesen sein – nach Hause kam und meiner Mutter sagte, er habe natürlich mit „Nein" gestimmt, d. h. gegen Hitler. Er hatte beobachtet, daß sein Stimmzettel aus der Urne herausgefischt wurde. Bald darauf war eine große Versammlung auf dem Marktplatz. Der Kreisleiter der NSDAP sprach. Dabei fielen die Sätze: „Der Dekan Hermann muß eben eines Tages im Wald verschwinden!" Es war klar, daß er meinte „Auf Nimmerwiedersehen". Wann mein Vater seines Amtes enthoben wurde, weiß ich nicht mehr. Es war noch im Jahr 1933 oder dann 1934. Ich erinnere mich auch nicht mehr, wie lange dieser Zustand dauerte. Ich war ja noch ein Kind, acht oder neun Jahre alt. Ein deutsch-christlicher Pfarrer aus dem Kirchenbezirk wurde an Vaters Stelle eingesetzt. Er konnte freilich nicht amtieren, weil die Pfarrer des Kirchenbezirks sich weigerten, ihn als ihren vorgesetzten Dekan anzuerkennen. Es gab Haussuchungen im Dekanat. Aber mein Vater wurde jedesmal „vorgewarnt". Mein Patenonkel, Rechtsanwalt und Amtsrat in Calw, teilte es verschlüsselt mit.

Eines Tages wurde ich mit meinem Puppenwagen weggeschickt zu einem Spaziergang. Unter der kleinen Matratze waren Akten versteckt, die der „Politischen Polizei" (später Gestapo) nicht in die Hände fallen sollten. Wichtige Erlasse des Oberkirchenrats oder Ausschreiben von Bischof Wurm wurden durch „Kuriere" in die Pfarrhäuser gebracht. Einmal aber hatten wir für eine eilige Dienstsache keinen Kurier. Es ging um die Enteignung von Vereinseigentum durch den Staat. Der CVJM (Christlicher Verein junger Männer) hatte z. B. außerhalb der Stadt ein Grundstück, Kindergärten gehörten Kindergartenvereinen, Schwesternstationen Evang. Krankenpflegevereinen. Dieses ganze Eigentum sollte konfisziert werden. Der Oberkirchenrat riet den Kirchengemeinden, das vereinseigene Eigentum im Grundbuch auf die Kirchengemeinde übertragen zu lassen. Dann war es dem Zugriff des Staates entzogen. Es ging um eine brandeilige Sache. Mein Vater schickte mich per Zug ins Dekanat nach Leonberg, meinen jüngeren Bruder nach Nagold. Den Weg vom Bahnhof zum jeweiligen Dekanat hatte er uns genau beschrieben. Wir durften ja nicht auffallen und uns nicht erwischen lassen. Mit dem Schulranzen auf dem Rücken fuhren wir los. Die wichtigen Dokumente waren in Schulbüchern versteckt.

Die ganze Zeit des Kirchenkampfes hätte dramatischer und gefährlicher verlaufen können. An anderen Orten war das so. In Calw gab es eine ganze Reihe von Personen, die Schlimmes verhinderten. Der Bürgermeister war zugleich Kirchengemeinderat, und er war nicht in der Partei. Im Postamt saß ein Beamter, der natürlich wußte, daß die Post meines Vaters überwacht wurde. „Verdächtige" Postsachen ließ er durch seine Tochter oft direkt überbringen. Die war Kinderkirchhelferin und sang im „Chörle" mit, das mein Vater leitete. Ich hatte oft Angst um meinen Vater. Es ließ sich nicht verhindern, daß wir hörten, der oder jener Pfarrer sei ins Gefängnis gekommen. Pastor Niemöllers Bild hing an Vaters Schreibtisch. Das Untersuchungsgefängnis unserer Stadt war damals in einem alten Stadtturm auf der Stadtmauer untergebracht, die unseren Garten abschloß. Ein Aufenthalt dort ist meinem Vater erspart geblieben. Das mag auch damit zusammenhängen, daß er keine Kämpfernatur war. Er war geradlinig und hatte seinen Standpunkt.

Maria Hermann

15 Ein feste Burg ist unser Gott

Zum Text/ Problemfeldbeschreibung:	Als in der Gemeinde T. eine kirchliche Versammlung verboten und der zur Bekennenden Kirche gehörende Pfarrer fast verhaftet wird, treffen sich zahlreiche Gemeindeglieder am folgenden Abend vor dem Pfarrhaus, um ihren Pfarrer durch Gesang von Kirchenliedern aufzumuntern. Die Sänger werden von Polizisten tätlich bedroht.
Stichworte:	Deutsche Christen, Bekennende Kirche, Pfarrer, öffentliche Versammlung, Kirchengemeinderat, Gesang, Nationalsozialisten
Vorlesezeit:	5 Minuten
Vorlesealter:	ab 12 Jahren

Pfarrer H. in der Gemeinde T. auf der Schwäbischen Alb war in seinem Leben noch nie in Polizeigewahrsam genommen worden. Aber das sollte sich ändern. Im Herbst 1934 gab es in der württembergischen Landeskirche erbitterte Auseinandersetzungen zwischen Deutschen Christen, die Nationalsozialismus und Christentum miteinander verbinden wollten, und Gliedern der Bekennenden Kirche, die am Evangelium festhielten. Auf dem Höhepunkt dieses Konfliktes wurde gar der Landesbischof abgesetzt und unter Hausarrest gestellt. Pfarrer H. zählte sich zur Bekennenden Kirche. Am Sonntag, den 23. September, wollte er abends seiner Gemeinde über die kirchliche Lage berichten. Aber wie sollte er das tun? Die Behörden hatten zur Unterstützung der Deutschen Christen jede öffentliche Versammlung verboten, in der über die kirchliche Lage berichtet wurde. Pfarrer H. beschloß, eine geschlossene Versammlung abzuhalten. Aus Esslingen hatte er gehört, daß dort eine solche mit 1200 Besuchern abgehalten worden war und niemand sie verboten hatte. Pfarrer H. informierte seinen Kirchengemeinderat und übergab am nächsten Sonntag 15 Gemeindegliedern Handzettel, auf denen zu dieser Versammlung eingeladen wurde. Durch die Art der persönlichen Einladung und Übergabe sollte der Charakter der geschlossenen Versammlung gewahrt werden.

Am Sonntagnachmittag erhielt Kreisleiter K. aus T. von dem Handzettel Kenntnis. Er verbot die Versammlung. Am liebsten hätte er den Pfarrer gleich verhaftet. Am Abend kamen die Gemeindeglieder zum Gemeindehaus, fanden die Tür verschlossen und wurden von einem Polizeibeamten unter Hinweis auf das Verbot weggeschickt. Pfarrer H. hatte am Nachmittag von einem Polizisten von dem Verbot erfahren. Der Bürgermeister brachte ihm das Verbot abends noch schriftlich.

Ohne Wissen des Pfarrers hatten der Kirchenpfleger und die Leiterin des Jungfrauenvereins angeregt, am Montag darauf vor dem Pfarrhaus sich zu treffen und zu singen. Sie wollten damit ihren Pfarrer aufmuntern. Als die Betglocke am Montagabend läutete, waren die Straße und der Platz vor dem

Pfarrhaus dicht gefüllt. Man begann mit „Ein feste Burg ist unser Gott".
Danach folgte ein Sprechchor: „Herr, wir stehen Hand in Hand."
Ein Polizist rief dazwischen und befahl den Leuten, nach Hause zu gehen.
Anwesend war der Stellvertreter des NS-Ortsgruppenleiters mit seinen Parteigenossen, ebenso ein Polizeiaufgebot von auswärts. Die Menge folgte der Anweisung nicht, sondern sang weiter: „Sollt ich meinem Gott nicht singen?" und „Befiehl du deine Wege". Der Pfarrer, der die Gemeinde zum Heimgehen auffordern wollte, kam gar nicht zu Wort; ständig wurde er unterbrochen. Schließlich erhielt Kirchengemeinderat H. das Wort. Langsam löste sich die Versammlung auf. Sie wurde von den Polizisten z. T. mit gezogenem Säbel bedroht. Der Pfarrer wurde durch die Polizei aufs Rathaus gebracht. Kirchengemeinderäte und weitere ehrenamtliche Mitarbeiter der Gemeinde mußten zum Verhör ebenfalls aufs Rathaus. In der Gemeinde entstand große Aufregung. Niemand durfte mehr auf die Straße. Die Gastwirtschaften wurden geschlossen. Drei Gemeindeglieder wurden über Nacht in Arrest gehalten. Pfarrer H. kam am späten Abend wieder frei und wurde vom Bürgermeister nach Hause geleitet.

In der Gemeinde T. hatten die Nationalsozialisten an diesem Tag an Ansehen stark verloren.

Jörg Thierfelder

Am Grab des Hitlerjungen 16

Zum Text/ Problemfeldbeschreibung:	Der BK-Pfarrer Paul Schneider widersetzt sich mit beispielloser Hartnäckigkeit dem NS-Regime und stirbt als erster evangelischer Pfarrer im KZ. Die folgende Geschichte erzählt von einem ideologischen Streit bei der Beerdigung eines Hitlerjungen.
Stichworte:	SA, HJ, BdM, Arbeitsdienst, Kreisleiter, Horst Wessel, Beerdigung, Bekenntnis
Vorlesezeit:	8 Minuten
Vorlesealter:	ab 14 Jahren

Paul sollte sich des teuer erkauften Friedens in Dickenschied nicht lange erfreuen dürfen. Schon am 12. Juni 1934 kam es zu einem Zusammenstoß. Er berichtet selbst darüber:

Vertretungsweise hatte ich im Nachbarort Gemünden, einem kleinen Landstädtchen, eine Beerdigung übernommen. Am Grabe kam es zu einem Zwischenfall. Es war nämlich ein riesiger Parteiapparat aufgeboten worden mit Musik und Fahnen, SA-Spalier, HJ, BdM, Arbeitsdienst, weil es sich um einen Hitlerjungen und Arbeitsdienstwilligen handelte. Nach der liturgischen

Einsegnung folgten dann viele Kranzniederlegungen mit z. T. langen Ansprachen, in denen auch religiöse Anklänge vorkamen. Nachdem der stellvertretende Leiter des Arbeitslagers schon das Schicksal an Stelle des lebendigen Gottes eingeführt hatte, sprach unter den letzten noch der Kreisleiter und versetzte den Verstorbenen frisch-fröhlich in den himmlischen Sturm Horst Wessels. Ich hatte den Segen noch nicht gesprochen, und es war mir klar, daß ich nicht einfach in den Horst-Wessel-Sturm einsegnen könne, so schickte ich, um in mildester Form kirchliche Lehrzucht zu üben, voraus: „Ich weiß nicht, ob es in der Ewigkeit einen Sturm Horst Wessels gibt, aber Gott, der Herr, segne deinen Ausgang aus der Zeit und deinen Eingang in die Ewigkeit. Laßt uns nun in Frieden gehen zu dem Hause des Herrn und Totengedächtnis halten vor Gott und seinem Heiligen Wort." Das ging dem Herrn Kreisleiter gegen die Ehre, und er trat noch einmal vor und stellte es nun als gewisseste Behauptung auf: „Kamerad..., du bist tatsächlich in den Sturm Horst Wessels heimgegangen." Darauf ich: „Ich protestiere. Dies ist eine kirchliche Feier, und ich bin als Pfarrer für die reine Lehre der Hl. Schrift verantwortlich." Die Parteiverbände marschierten darauf an dem Gedächtnisgottesdienst vorbei.

Paul ging nachher in die Wirtschaft zu der SA und suchte den Kreisleiter, um mit ihm persönlich die Sache zu bereden. Er war aber schon abgefahren. Darauf schrieb Paul den folgenden Brief:

Dickenschied, den 13. Juni 1934

Sehr geehrter Herr Kreisleiter!

Zu dem gestrigen Vorfall auf dem Friedhof möchte ich Ihnen, nachdem ich Sie gestern vergeblich zu sprechen suchte, einige Worte schreiben, die Sie bitten wollen, mein Handeln zu verstehen.

Es ist mir persönlich leid, daß es zu diesem Zusammenstoß kam, aber ich handelte in einer Zwangslage. Auch die Friedhoffeier ist eine streng kirchliche Feier, im Namen des dreieinigen Gottes eingeleitet und geschlossen mit dem Segen und der Einladung zum Gotteshaus. Es geht nicht an, daß dabei wer nur will und was er nur will, redet. Dies Verständnis für rechte kirchliche Ordnung darf ich bei Ihnen voraussetzen. Wenn schon der Ersatz des lebendigen heiligen Gottes durch das „Schicksal", das den Jungen abgerufen habe, in einer evangelisch-kirchlichen Feier nicht wohl überhörbar ist, so mußte die Einführung des himmlischen Sturmes Horst Wessels, der übrigens von dem einmal gewesenen Bischof Hossenfelder erfunden worden ist, den die Feier leitenden und für deren kirchlichbekenntnismäßigen Charakter verantwortlichen Pfarrer zum Widerspruch nötigen. Ich tat das in der mildesten Form, die am wenigsten Aufsehen erregen sollte. Ihr nochmaliges Auftreten zwang mich, Protest einzulegen.

Bei einer evangelisch-kirchlichen Feier hat die Stimme Gottes nach der Heiligen Schrift unüberhörbar zu Gehör zu kommen. Unser Kirchenvolk ist wahrhaftig liberalisiert genug, als daß noch länger jede Meinungsäußerung in der Kirche zu ihrem Rechte kommen könnte. Bei einer kirchlichen Beerdigungsfeier insbesondere verträgt es der Ernst der Ewigkeit nicht, mit menschlichen Maßstäben gemessen zu werden. Nicht jeder, der einigermaßen in der HJ oder SA seine Schuldigkeit tut, ist darum seligzusprechen. Den irdischen Sturm Horst Wessels lasse ich sehr wohl gelten, aber darum läßt Gott ihn noch lange nicht geradlinig in die ewige Seligkeit marschieren. Das ist vielleicht „Deutscher Glaube", aber nicht schriftgemäßer christlicher Glaube, der mit der vollen Wirklichkeit der tief in das Herz und Leben der Menschen verflochtenen Sünde Ernst macht.

Ich wende mich außerdem an Ihr Verständnis für Ordnung und Disziplin. Ich darf in einer Parteiversammlung der NSDAP auch nicht auftreten und sagen, was ich will. Mit einer kirchlichen Feier auf dem Friedhof vereinbaren sich allenfalls Kranzniederlegungen mit einem schlichten kurzen Nachruf, aber nicht lange Ansprachen mit glaubensmäßigen Aussagen, zumal wenn vorher nicht das Einverständnis des die Feier leitenden Pfarrers eingeholt wurde.

Es ist wohl jetzt nur eine überflüssige Versicherung, die ich Ihnen gebe, daß mich nicht politische Reaktion leitete, und Sie werden einem aufrechten deutschen Manne und Christenmenschen schon glauben, wenn er sich auf sein pfarrerliches, in Gott gebundenes Gewissen beruft. Im übrigen wäre es mir ein Vergnügen, wenn wir uns über die Sache selbst und die dahinterliegenden Glaubenswirklichkeiten weiter unterhalten dürften.

Mit deutschem Gruß
P. Schneider, Pfarrer

Pauls Freund Langensiepen berichtet: „Drei Tage ließen die politischen Stellen sich Zeit zu der Überlegung, in welcher Weise hier eingegriffen werden müsse, dann stellten sie fest, daß die vielberufene Volksseele am Kochen sei, und nahmen Paul Schneider in Schutzhaft. Wir besuchten ihn in seiner Zelle. Er saß dort gelassen und getrost. Eine Woche lang hielt man ihn fest, dann wurde er entlassen. Die Volksseele hatte ausgekocht."

Margarete Schneider

17 Ausweisung

Zum Text/Problemfeldbeschreibung:	Der BK-Pfarrer Paul Schneider widersetzt sich mit beispielloser Hartnäckigkeit dem NS-Regime und stirbt als erster evangelischer Pfarrer im KZ. Die Geschichte erzählt von seiner Ausweisung aus der Landeskirche.
Stichworte:	Bekennende Kirche, Ausweisung, Widerstand, Verhaftung, Bibel, Pfarrer, Glaube, Treue
Vorlesezeit:	7 Minuten
Vorlesealter:	ab 14 Jahren

Als Junggeselle habe ich die Untugend, häufig zu nachtwächtern. Da steht mir ganz lebendig eine Erinnerung an Pfarrer Schneider vor der Seele, durch die ich tief beeindruckt wurde... Es war eine Nacht von Freitag auf Samstag halb zwei Uhr, und ich will mich gerade entschließen, mein Lager aufzusuchen, da klopft es an mein Fenster. Ich eile zur Haustür und öffne, und Pfarrer Schneider streckt mir zu meinem Erstaunen und meiner großen Freude die Hand entgegen. „Onkel Mettel, haben Sie noch ein Plätzchen, wo ich noch für wenige Stunden rasten kann?" richtet er nach brüderlicher Begrüßung die Frage an mich. Ich bereite noch schnell einen Kaffee, und dann geht's ans Ausfragen. „Woher und wohin?"

Er hatte Gelegenheit, nach seiner Koblenzer Haft nach Hause zu kommen, und will trotz seiner Ausweisung aus dem Rheinland Sonntag in Womrath und Dickenschied predigen.

„Ist das nötig, sich so in Gefahr zu begeben?" So meine Frage! Statt einer Antwort schlägt Pfarrer Schneider seine Taschenbibel auf und liest mit einem Tonfall, den ich nicht wiedergeben könnte: „Ich bin der gute Hirte" (dabei weist er von sich weg in die Höhe, man merkt ihm seine unbedingte Gebundenheit an Ihn an). „Der gute Hirte läßt sein Leben für die Schafe. Der Mietling aber, der nicht Hirte ist, des die Schafe nicht eigen sind, sieht den Wolf kommen und verläßt die Schafe und flieht. Und der Wolf erhascht und zerstreut die Schafe. Der Mietling aber flieht; denn er ist ein Mietling und achtet der Schafe nicht. Ich (und wieder der bedeutungsvolle Fingerzeig aufwärts) bin der gute Hirte."

Nach langem Schweigen sage ich innerlich gepackt: „Dann gehen Sie in Seinem Namen." Und nach gemeinsamem Gebet gehen wir zur Ruhe...

Am anderen Abend führt der Kirner Geschäftsmann Werner, ein Glied der BK, Paul auf unsere Höhe hinauf. Wie gerne hätten wir dem Heimkommenden eine Rast gegönnt! – ihn wenigstens einige Tage daheim „versteckt" –, aber sein Sinn ist auf das Erntedankfest gerichtet. Ein erquickendes Bad, dann schläft er gut und freut sich morgens seiner um ihn krabbelnden Kinder! Der Vormittag ist still, der Gottesdienst ist erst auf den Mittag angesetzt. Der größte Teil der Gemeinde freut sich, den eigenen Pfarrer so überraschend seines Amtes walten zu sehen. Ein jüngerer BK-Bruder spricht zuerst ein kurzes Segenswort... „Nun befehlen wir Dich Gott und dem Wort seiner Gnade."

Paul predigt über die Perikope Psalm 145, 15-21. Die Schlußsätze der Predigt lauten: „*Erntedankfest. Wir rühmen den Reichtum der Güte Gottes in seinen Gaben... Wenn darum unser Weg, liebe Gemeinde, heute so angefochten ist, wie es denn offenbar ist, weil man von eurem Festhalten und Bekennen rundum spricht, weil man das Lob und Bekenntnis des Herrn und seiner Kirche so nicht haben will, so soll uns das eine Ehre sein und eine Ermunterung, fortzufahren auf dem Wege der ihren Herrn laut bekennenden Kirche. Das sei unser Erntedank. Kommt, schließt die Reihen!*"

Der Singkreis singt – alles ist wie sonst! – Aber ein treuer Mann sieht den Pfarrer nach dem Segen auf der Kanzel stehen, in Schmerz und Liebe seine Gemeinde umfassend, dann aber entrückt – vergeistigt. Es ist ihm eigen zumute.

Zum Nachmittagskaffee haben wir alle Presbyter bei uns. Einige Stunden sind wir in aller Ruhe und auch Fröhlichkeit beieinander. Ehe wir mit den Womrather Presbytern zum Abendgottesdienst ins Filial fahren, steht Paul an den Bettchen seiner Kinder und betet mit ihnen den Abendsegen.

Wir fahren mit dem Auto. Von weitem sehe ich auf der Waldstraße ein Licht blinken. Ich ahne es: die Polizei. Die Verhaftung geht schnell vorüber – schnell ihm noch seine Bibel und Gesangbuch zugesteckt! Auch in Dickenschied hat die Polizei inzwischen schon nach Paul gefahndet. Er wird vorderhand im Nachbarstädtchen Kirchberg in Gewahrsam genommen. Am andern Morgen bin ich in der Küche seines Kirchberger „Kerkermeisters". Pauls Zelle ist darüber. Er hört meine Stimme, und nun pfeift er, so laut er kann: „Ein feste Burg ist unser Gott!" Auf der Treppe stehend – er an der Tür seiner Zelle –, sprechen wir einige Worte... „*Sag's den Gemeinden, ich bin und bleibe der Pfarrer von Dickenschied und Womrath!*"

Bruder Mettel

Zwischen Anpassung und Widerstand 1935–1939

Zwischen Anpassung und Widerstand 1935–1939

13. 1. 1935	In einer Abstimmung votieren die Bewohner des Saarlandes für Deutschland
16. 3. 1935	Wiedereinführung der allgemeinen Wehrpflicht
17. – 24. 3. 1935	Kanzelabkündigung in der preußischen Landeskirche gegen NS-Rassenideologie und „Neuheidentum"; etwa 700 Pfarrer werden verhaftet
4. – 6. 6. 1935	3. Reichsbekenntnissynode in Augsburg
16. 7. 1935	Errichtung des Reichskirchenministeriums unter Hanns Kerrl
20. 7. 1935	Staatlicher Erlaß schränkt die Arbeit der katholischen Jugendorganisationen ein
15. 9. 1935	Verkündigung der „Nürnberger Gesetze": Das „Reichsbürgergesetz" stempelt die Juden zu Bürgern zweiter Klasse. Das „Gesetz zum Schutze des deutschen Blutes und der deutschen Ehre" verbietet Eheschließungen zwischen Juden und Deutschen sowie Staatsangehörigen „artverwandten Blutes"
24. 9. 1935	Gesetz zur Sicherung der Deutschen Evangelischen Kirche: Zur „Wiederherstellung geordneter Zustände in der deutschen Evangelischen Kirche" darf der Reichskirchenminister „Verordnungen mit rechtsverbindlicher Kraft" erlassen. Die Evangelische Kirche wird durch die Auseinandersetzungen zwischen Deutschen Christen, die Nationalsozialismus und Christentum miteinander verbinden wollten, und der Bekennenden Kirche, einer kirchlichen Oppositionsbewegung gegen die Deutschen Christen, erschüttert
17. 10. 1935	Reichskirchenausschuß unter Generalsuperintendent Wilhelm Zöllner
9. 11. 1935	„Auferstehungsfeier" der NSDAP an der Feldherrnhalle in München
7. 3. 1936	Remilitarisierung des Rheinlandes; dadurch wird eine weitere Bestimmung des Versailler Vertrages rückgängig gemacht
18. 3. 1936	Spaltung der Bekennenden Kirche in einen entschlossenen und einen kompromißbereiten Flügel
29. 3. 1936	In einer Volksbefragung billigen 99 % der Wähler Hitlers Politik
28. 5. 1936	Denkschrift des entschlossenen Flügels der BK übt scharfe Kritik an Neuheidentum, Führerkult und Antisemitismus. Sie verurteilt die zunehmende Rechts-

Zwischen Anpassung und Widerstand 1935–1939

	unsicherheit infolge der Konzentrationslager und Maßnahmen der Geheimen Staatspolizei
1. 8. 1936	Eröffnung der Olympischen Spiele in Berlin
25. 10. 1936	Deutsch-italienischer Vertrag: Begründung der „Achse Rom-Berlin"
25. 11. 1936	Antikominternpakt zwischen Deutschland und Japan
1. 12. 1936	Gesetz über die Hitlerjugend : HJ wird Staatsjugend
12. 2. 1937	Rücktritt des Reichskirchenausschusses
4. 3. 1937	Die Enzyklika (Rundschreiben) des Papstes „Mit brennender Sorge" übt Kritik am NS-Staat
18. 6. 1937	Der NS-Staat verbietet die Doppelmitgliedschaft in der katholischen Jugend und der Hitlerjugend
1. 7. 1937	Verhaftung Martin Niemöllers, einer der führenden Pfarrer der Bekennenden Kirche. Am 2. 3. 1938 wird Niemöller freigesprochen, anschließend verhaftet und ins KZ Sachsenhausen, später ins KZ Dachau verbracht
4. 7. 1937	Predigt Kardinal Faulhabers gegen die Verfolgung von Geistlichen
29. 8. 1937	Verbot der Ersatzhochschulen und Ausbildungsstätten der Bekennenden Kirche durch Himmler
5. 11. 1937	Hitler enthüllt vor Generälen seine Kriegspläne (Hoßbach-Protokoll)
8. 11. 1937	Eröffnung der Ausstellung „Der Ewige Jude" durch Goebbels in München
13. 1. 1938	Verbot der katholischen Jugendvereine in Bayern
4. 2. 1938	Die Generäle von Blomberg und Fritsch werden entlassen. Bildung des Oberkommandos der Wehrmacht (OKW) unter Hitler; von Ribbentrop wird Reichsaußenminister
13. 3. 1938	Einverleibung („Anschluß") Österreichs
29. 9. 1938	Die Konferenz von München mit Chamberlain (Großbritannien), Daladier (Frankreich), Mussolini (Italien) und Hitler bannt die Kriegsgefahr; Deutschland werden die sudetendeutschen Gebiete zugesprochen
10. 4. 1938	Treueeid der Pfarrer auf Hitler
9./10. 11. 1938	Reichspogromnacht
16. 11. 1938	Bußtagspredigt von Pfarrer Julius von Jan; er verurteilt die Ausschreitungen gegen die Juden
6. 2. 1939	Auflösung des katholischen Jungmännerverbandes durch die Gestapo

10. 2. 1939	Tod von Papst Pius IX.
2. 3. 1939	Kardinalstaatssekretär Pacelli wird als Pius XII. neuer Papst
15. 3. 1939	Einmarsch deutscher Truppen in die Tschechoslowakei
23. 8. 1939	Deutschland und die Sowjetunion schließen Nichtangriffspakt mit Geheimabkommen („Abgrenzung der beiderseitigen Interessensphären in Osteuropa")

Hatte sich der Nationalsozialismus anfangs außerordentlich kirchenfreundlich gegeben, nicht zuletzt um die kirchentreuen Wähler für sich einzunehmen, entwickelte er sich mit der Zeit immer stärker zu einer Art neuen Religion. Glaube an die eigene Rasse, Vergötterung der Nation und ein ausgesprochener Führerkult standen im Mittelpunkt dieser Religion. Die Kirchen bekämpften dieses „Neuheidentum" mit einer Fülle von Schriften, Predigten und Vorträgen. Vor allem setzten sie sich dabei mit dem NS-Ideologen Alfred Rosenberg auseinander, der in seinem Buch „Der Mythus des 20. Jahrhunderts" dieses Neuheidentum besonders propagierte. Es kam damit zur ersten systematischen Auseinandersetzung der Kirchen mit der NS-Weltanschauung. Der Nationalsozialismus nahm diese Angriffe sehr ernst und reagierte mit Verboten und Verhaftungen.

Zunehmend spürten die Kirchen seit 1935, wie sie immer mehr in die Schußlinie des NS-Staates kamen. Da sie die letzten einigermaßen unabhängigen Institutionen im Dritten Reich waren, suchte der Staat sie zunehmend aus der Öffentlichkeit zu verdrängen, gleichsam in ein Getto einzusperren. „Entkonfessionalisierung des öffentlichen Lebens" hieß das entscheidende Schlagwort, das Reichsinnenminister Frick 1935 in einer Rede geprägt hatte. Bisher von den Kirchen betriebene Kindergärten wurden von der Nationalsozialistischen Volkswohlfahrt (= NSV) übernommen. Die kirchliche Presse wurde einer scharfen Zensur unterworfen, so daß sie sich immer mehr auf rein innerkirchliche Probleme beschränken mußte. In vielen Teilen Deutschlands wurden die Bekenntnisschulen abgeschafft und durch Gemeinschaftsschulen ersetzt, d. h. faktisch in nationalsozialistische Konfessionsschulen umgewandelt.

In der katholischen Kirche versuchte der NS-Staat – freilich ohne großen Erfolg – einen Keil zwischen den Klerus und die Gläubigen zu treiben, indem man durch spektakulär aufgemachte Devisen- und Sittlichkeitsprozesse den Klerus unmöglich machen wollte. In Eingaben an Partei und Staat protestierten die Kirchen gegen die antikirchliche Politik des Staates. Ab 1936/37 mischen sich in diese Protestschreiben zunehmend andere Töne, d. h. es werden nicht nur kirchliche Sorgen vorgetragen, sondern Kritik an der NS-Kirchenpolitik, ja am Nationalsozialismus überhaupt geübt. Das herausragende

Zwischen Anpassung und Widerstand 1935–1939 81

Dokument auf evangelischer Seite ist die Denkschrift der Bekennenden Kirche vom 28. Mai 1936, die allerdings nur vom entschlossenen Flügel der BK getragen wurde (s.u.). In ihr wurde gegen Judenhaß und Antisemitismus, den Mißbrauch des Eides, die Manipulation der Wählerstimmen und die Konzentrationslager protestiert. Leider ist diese Klarheit und Präzision in keinem Protestschreiben im Dritten Reich mehr erreicht worden. Auf katholischer Seite war es die päpstliche Enzyklika „Mit brennender Sorge" von Anfang 1937, die scharfe Kritik an der NS-Religionspolitik, ja dem Nationalsozialismus überhaupt übte und Hitler aufs Äußerste ärgerte.

Das Scheitern der Kirchenpolitik von Reichsbischof Müller ließ Hitler nach neuen Möglichkeiten suchen, um die evangelische Kirche „in den Griff" zu bekommen. Er fand sie in der Errichtung eines Reichskirchenministeriums unter Hanns Kerrl. Dieser setzte in den deutschchristlich regierten Landeskirchen sowie in der Reichskirche Kirchenausschüsse ein. Sie waren dazu gedacht, eine einheitliche Kirchenleitung herzustellen. An der Haltung zu diesen Ausschüssen zerbrach die Einheit der Bekennenden Kirche. Der entschlossene Flügel um Martin Niemöller lehnte die Ausschüsse kategorisch ab; der kompromißbereite Flügel um die Landesbischöfe Meiser und Wurm hielten die Ausschüsse für einen diskutablen Weg. Hinter der neuen Vorläufigen Kirchenleitung standen nun nur noch die Bruderräte des entschlossenen BK-Flügels. Anfang 1937 trat der Reichskirchenausschuß zurück. Hoffnung kam in der Bekennenden Kirche auf, als Hitler neue Kirchenwahlen anordnete. Sie wurden freilich nie durchgeführt. So blieb die evangelische Kirche bis zum Kriegsende ohne eine eigene und allgemein anerkannte Ordnung.

Nicht wenige Pfarrer und Laien in beiden Kirchen hatten unter dem NS-Staat zu leiden. In einzelnen Orten kam es zu quälenden Auseinandersetzungen zwischen Pfarrer und Ortsgruppenleiter der NSDAP. In vielen Gottesdiensten saßen Gestapobeamte und kontrollierten, ob der Pfarrer irgendeine Kritik am NS-Staat äußerte. Einzelne Pfarrer wurden verhaftet und bestraft.

Die folgende Statistik aus dem Jahr 1938 zeigt gegen Pfarrer beider Konfessionen verhängte Strafmaßnahmen:

	Verwarnungen	Redeverbote	Aufenthaltsverbote	Schutzhaft	Strafanzeigen	Verurteilungen	Einstellungen
Evang. Geistliche	170	18	61	8	1441	10	2760
Kath. Geistliche	269	19	39	64	815	59	1271
zusammen	439	37	100	72	2256	69	4031

Zum Symbol des kirchlichen Widerstands gegen Hitler wurde immer mehr der Dahlemer Pfarrer Martin Niemöller. Er wurde 1937 verhaftet und 1938 nach seinem Prozeß, den er als freier Mann verlassen konnte, in Schutzhaft genommen. Acht lange Jahre saß er in Konzentrationslagern, zuerst in Sachsenhausen, dann in Dachau.

Es darf freilich nicht übersehen werden, daß sich viele Pfarrer – und ihre Zahl nahm zu – im Dritten Reich weder den Deutschen Christen noch der Bekennenden Kirche anschlossen, sondern eine neutrale Position bezogen. Auch gab es viele Kirchengemeinden, wo es zu keinerlei Auseinandersetzungen zwischen Kirche und Nationalsozialismus kam.

Die Judenverfolgung des NS-Staates verschärfte sich zunehmend: In den Nürnberger Gesetzen von 1935 wurden die jüdischen Mitbürger zu Staatsbürgern 2. Klasse erklärt. In der Reichspogromnacht 1938 wurden hunderte von Synagogen niedergebrannt und etwa 30 000 jüdische Mitbürger in Konzentrationslager verschleppt. Demgegenüber hielt das schreckliche Schweigen der Kirchen in der Öffentlichkeit an. Um so mehr muß das Zeugnis einzelner Christen herausgestellt werden, die die Mauer des Schweigens und der Angst durchbrachen. Der Berliner Dompropst Bernhard Lichtenberg betete am Tag nach der Reichspogromnacht öffentlich für die verfolgten Juden. Der Oberlenninger Pfarrer Julius von Jan verurteilte in einer Predigt am Buß- und Bettag 1938 die an den jüdischen Mitbürgern begangenen Untaten. Er wurde daraufhin schwer mißhandelt und in einem Prozeß vor dem Sondergericht zu Gefängnishaft verurteilt und danach des Landes verwiesen. Beide Kirchen schufen Hilfswerke für die verfolgten Christen „nichtarischer" Herkunft. Auf katholischer Seite sind zu nennen das St. Raffaelswerk, die Caritas-Nothilfe und das Hilfswerk beim Berliner Ordinariat. Besonders herauszustellen sind die beiden Judenretterinnen Dr. Margarethe Sommer und Dr. Gertrud Luckner. Auf evangelischer Seite arbeitete der Berliner Pfarrer Heinrich Grüber mit seinen vielen Mitarbeitern, die vielfach „nichtarischer" Herkunft waren, an der Rettung verfolgter evangelischer Judenchristen.

Seines Glaubens leben 18

Zum Text/ Problemfeldbeschreibung:	Der Pfarrer, ein fröhlicher Rheinländer, hält im Konfirmationsgottesdienst eine von der nationalsozialistischen Ideologie durchsetzte Predigt.
Stichworte:	Blut- und Schicksalsgemeinschaft, Deutsche Christen, Konfirmation, Hitler
Vorlesezeit:	8 Minuten
Vorlesealter:	ab 14 Jahren

„Die Gnade unseres Herrn Jesus Christus und die Liebe Gottes und die Gemeinschaft des heiligen Geistes sei mit euch allen", sagte Pfarrer Steinbach von der Kanzel herunter, und dann begann er zu predigen. Herr Steinbach war ein fröhlicher Rheinländer, so gingen ihm die Wörter Gnade und Liebe recht flott und fröhlich von den Lippen, und wenn er den Namen Gottes und den des Herrn Jesus Christus aussprach, dann hatten wir das Gefühl, als spreche er von Leuten aus der Nachbarschaft, die er gut kenne und von denen er getrost in seiner flotten und fröhlichen Art als von guten Bekannten aus der Gemeinschaft des heiligen Geistes sprechen könne. Nicht etwa, daß Herr Steinbach mit allen seinen ihm zur Verfügung stehenden pastoralen Mitteln versucht hätte, uns Konfirmanden diesen Gott und diesen Jesus Christus auf eine menschliche Weise nahezubringen, nein, er sprach so von ihnen, als seien sie Volks- und Parteigenossen, Jesus ein Ortsgruppenleiter, blond und von naßforscher Art wie er selbst, und Gott eine Art Reichsführer, mit maßvoll gestutztem Bart und einer Stimme, die weithin Achtung gebietet. Und dabei wußten wir genau: Herr Steinbach tat nur so, als kenne er Gott und Jesus Christus persönlich, in Wahrheit waren sie ihm so fremd wie uns, und sein rheinisches Nachbarschaftsgehabe war ein Theaterdonner, der aus tausend anderen herauszuhören war.

Es war das Getöse der Deutschen Christen, das immer mächtiger anschwoll, je höher das Ansehen Adolf Hitlers stieg. Pfarrer Steinbach breitete die Arme, als wolle er ihn segnen, dann schlug er die Hände zusammen und barg sie tief in den Ärmeln seines Talars. Das schwarze Tuch bauschte sich in theatralischen Falten, es wallte und blähte sich, wölbte sich bedrohlich auf, doch erst, wenn die Hände aus dem Dunkel hervorkamen und sich zum Glaubensbekenntnis um den Deckel des Gebetbuchs schlangen, konnten wir sehen, daß weder ein Dolch noch ein Stein in ihnen versteckt gehalten wurde. Das Wort war Herrn Steinbachs Waffe, doch er schleuderte es, wie David den Stein und Petrus das Schwert schwang. Durch Gottes Schöpfung seien wir hineingestellt in die Blut- und Schicksalsgemeinschaft des deutschen Volkes und seien als Träger des Schicksals verantwortlich für seine Zukunft: „Deutschland ist unsere Aufgabe, Christus ist unsere Kraft!"

Es war Konfirmationstag. Wir saßen stumm in unseren Reihen, die Burschen links, die Mädchen rechts, hinter uns die Erwachsenen in gleicher Gruppierung, und es wäre keinem Mann eingefallen, auf die rechte, und keiner Frau, auf die linke Seite zu wechseln.

„Konfirmanden und Konfirmandinnen, die ihr heute vor den Altar tretet", redete Herr Steinbach uns an, erhob seine Stimme und rief: „Dieses Gesetz spricht zu uns in der aus Blut und Boden erwachsenen Geschichte unseres Volkes. Die Treue zu diesem Gesetz fordert von uns den Kampf für Ehre und Freiheit!" Er reckte den Hals aus dem engen Kragenbund, das Beffchen spreizte sich von seinem Talar ab, und die steifen Leinenstreifen strafften sich noch mehr als sonst. Rheinischer Singsang gaukelte durch den hohen Raum und fand Resonanz, denn die Kirche, wie vorher schon lange nicht mehr, war bis in die hinteren Bänke dicht besetzt. Mein Vetter Friedrich hatte einen blauen Anzug bekommen, der war so schön und blau, daß ich voller Neid zu ihm hinsah, als wir beim Abendmahl in feierlicher Reihe nebeneinander knieten. Ich gönnte ihm nicht die beifälligen Blicke, die er empfing, denn sollte eine Hitlerkluft nicht höher im Ansehen stehen als ein noch so blauer und schöner Anzug? Ich hätte diese Aufmerksamkeit auf mich ziehen müssen, denn ich trug die Uniform. Ja, ich trug die Uniform der Hitlerjugend, und jedes Wort aus Pfarrer Steinbachs Mund war anerkennend an mich gerichtet und mahnend an alle anderen, die noch blaue Anzüge trugen und in dekadenten Lackschuhen vor den Altar traten. Der Weg zum Erfüllen der deutschen Bestimmung führe über die gläubige deutsche Gemeinde, sagte der Pfarrer, wofür aber noch so festlich gekleidete Zivilisten nicht gerüstet seien, und Herr Steinbach fügte unmißverständlich hinzu: „Aus dieser Gemeinde Deutscher Christen soll im nationalsozialistischen Staat Adolf Hitlers die das ganze deutsche Volk umfassende ‚Deutsche Christliche Nationalkirche' erwachsen", und flott und fröhlich rief er aus: „Ein Volk! Ein Gott! Ein Reich! Eine Kirche!"

Über unseren Köpfen schwebte der schmiedeeiserne Leuchter mit den Elektrokerzen, ein spärliches Licht fiel auf die Blätter der Gesangbücher, und wer die Liedertexte nicht auswendig konnte, war gezwungen, die Augen dicht an die Buchstaben heranzuführen. „Unsern Ausgang segne Gott, unsern Eingang gleichermaßen", sangen wir und schauten nach den Mädchen, die schon an den Spitzenkragen ihrer Konfirmationskleider zupften und unsere Blicke erwiderten, „segne unser täglich Brot, segne unser Tun und Lassen, segne uns mit sel'gem Sterben und mach uns zu Himmelserben", und dachten an Spaziergänge die Hauptstraße auf und ab, an unaufhörliches Flanieren an kleinen und großen Mädchengruppen entlang bis in den Abend hinein, an kecke Bemerkungen, die hin- und herfliegen, sobald eine Jungengruppe an einer Mädchengruppe vorübergeht; wir dachten an allerlei Scherze und Späße, doch nicht an Sterben und Himmelfahrt. Mehr noch klang jenes Bekenntnis nach, das von arteigenem Gesetz gesprochen hatte, ja, hatte dieses Gesetz von Blut und Boden nicht auch etwas mit dem deutschen Mann und der deutschen Frau zu tun, die dereinst mit Kindern und Kindeskindern in der Kraft ihres Glaubens den Kampf für dieses Gesetz aufnehmen würden aus Ehre und Freiheit um der Treue willen? Mir schwirrte der Kopf von Wörtern, die ich nicht verstand. Waren es überhaupt Wörter, die etwas bedeuteten, und wo lag für einen Halbwüchsigen ihre Erklärung? Vater hatte solche Wörter nie im Mund geführt und Lehrer Peiter auch nicht. Von wem sollte ich mir ihre Erklärung holen?

Da gingen wir hin, nach allen Seiten scheinbar gesichert und gesegnet mit diesen großen Worten, mein Vetter Friedrich in seinem blauen Konfirmationsanzug und ich in der Uniform der Hitlerjugend, er mit akkurat gebügelter Hose und korrekt gebundener Krawatte, ich mit gewichstem Koppel und festlich poliertem Koppelschloß.

Ludwig Harig

Das Ermland: Von der Geschichte wenig verwöhnt 19

Zum Text/ Problemfeldbeschreibung: Im katholischen Ermland ändern sich die Verhältnisse nur langsam. Auch mit der neuen Lage, die durch den Nationalsozialismus gekennzeichnet ist, geht man gelassen um.

Stichworte: Katholischer Bürgerverein, Neudeutschland, NSDAP, Weimarer Republik, Zentrum, Hitler, HJ

Vorlesezeit: 8 Minuten

Vorlesealter ab 14 Jahren

Ich stamme aus einer bürgerlichen ermländischen Familie. Mein Vater war Mitglied des katholischen Bürgervereins und des Kirchenvorstandes und wählte – ohne deren Mitglied zu sein – die Zentrumspartei. Er war „Hoflieferant" des Städtischen Wohlfahrtsamtes, der jüdischen Gemeinde und der Wehrmacht. Um mir die bestmögliche Ausbildung zukommen zu lassen, schickte er mich auf eine jüdische Privatschule, die mich für die Sexta des Staatlichen Gymnasiums vorbereitete, in die ich 1929 einstieg. Gleichzeitig trat ich dem Bund „Neudeutschland" in der katholischen Jugendbewegung bei.

Über Politik wurde zu Hause wenig gesprochen. Die Parteienlandschaft der Weimarer Republik bot sich mir in Schwarz-Weiß-Zeichnung: In der

Mitte stand das Zentrum, der „Turm" – stärkste Partei im Ermland –, rechts davon die Deutschnationalen, als deren „rechter Flügel" man die aufkommende NSDAP sah; links davon die Sozialdemokraten (Schicksalsgefährten aus der Verfolgungszeit durch Bismarck), an ihrem linken Flügel die Kommunisten.

Das Ermland, 1772 von Friedrich dem Großen „besitzergriffen" und zu Preußen „geschlagen", hatte politisch gesehen über diese Stunde hinaus seine „Denkselbständigkeit" bewahrt. Der „Preußenschlag" von Papens, 1932, löste eine gewisse Genugtuung aus, zumal bei uns Jungen, die wir an der Kirchentür dessen „Germania" verkauften. Brüning als Reichskanzler hatte ich – auf der einzigen politischen Kundgebung meines Lebens – persönlich erlebt; Hitlers erster und letzter Besuch in meiner Heimatstadt Allenstein war 1932 eine Katastrophe gewesen. Der polnische Reiseführer in Olsztyn berichtet noch heute davon.

Die Machtübernahme des Jahres 1933 wurde mit dem Bild in der Potsdamer Garnisonkirche angekündigt: Hitler wurde mit dem „Befreier Ostpreußens" und Ehrenbürger der Stadt, von Hindenburg, gezeigt, und in der Schule hatten wir gelernt, daß das Alter dem Menschen Weisheit verleihe. Eine ermländische Zeitung versäumte nicht zu berichten, „der Führer sei katholisch" – wenige Monate später erfolgte der Abschluß des Reichskonkordats mit dem Heiligen Stuhl und ... von Papen stand als „Garant" neben Hitler.

Ich bin noch heute überzeugt, hätten die Ermländer 1933 zwischen Bismarck und Hitler wählen müssen, sie hätten sich für Letzteren entschieden.

Nach 1933 änderte sich für uns vorerst nichts. Wir zogen nach wie vor „mit Banner und Wimpeln" durch die Straßen, in einer Art „Konkurrenzkampf" mit dem Jungvolk und der HJ.

Bei den Reichstagswahlen am 5. März 1933 erzielte die NSDAP in Ostpreußen zwar 56,5 Prozent, nicht aber bei uns im Ermland, wo das Zentrum mit 39,9 Prozent die stärkste Partei blieb. Das Anwachsen der NSDAP auch bei uns auf dem Lande war der allgemeinen Wirtschaftslage zuzuschreiben, die Brüning mit dem „Osthilfe-Gesetz" nur wenig zu ändern vermocht hatte...

Vieles glich einem „Puppentheater", so vor allem die Ernennung Hermann Görings zum preußischen Ministerpräsidenten: ein echter Repräsentant preußischen Größenwahns!

Ein biederer Handwerksmeister kommentierte die Wahlergebnisse so: „Schon wieder die Nazis, jetzt fehlen noch die Zigeuner!" Alles lachte, keiner ermahnte ihn, leise zu sprechen.

Selbst dort, wo der neue Staat „zuschlug", geschah dies nicht mit dem letzten Ernst. Ich entsinne mich einer Hausdurchsuchung bei uns im Jahr

1937, zu der ich vom Arbeitsdienst „beurlaubt" wurde. Nachdem die völlig unkundigen Gestapomänner meine Bibliothek auf den Kopf gestellt hatten, sagte einer zu meinem Vater, der etwas hilflos daneben stand: „Entschuldigen Sie, wir tun doch auch nur unsere Pflicht. Aber ... etwas müssen wir schon mitnehmen." Mein Vater bot jedem eine Zigarre an, die sie dann auch ... mitnahmen.

Das Leben in der Schule zeigte erst unmittelbar vor dem Abitur einen Wandel, als unsere jüdischen Mitschüler uns nacheinander verließen, weil sie „umzogen". Seitens der HJ versuchte man auf uns, die „beiden Letzten", die nicht in der HJ waren, vor dem Abitur Druck auszuüben. Die HJ hatte ihren Mitgliedern versprochen, zu dem traditionellen Abiturumzug ihren Spielmannszug zu stellen, wenn alle Abiturienten Mitglieder wären, obendrein sollte die Fahne der HJ auf der Schule gehißt werden. Es ging 1937 auch ohne Spielmannszug und ohne Fahne!

Mein Vater übte seit Jahren das Ehrenamt eines Schiedsmanns aus. Die Verhandlungen fanden in seinem Büro statt, dessen eine Wand von Akten und Büchern bedeckt, die Stirnwände von Tür und Fenster eingenommen waren und über dem Schreibtisch das Bild der altehrwürdigen St.-Jakobi-Kirche hing. Er wurde eines Tages aufgefordert, das Bild der Kirche durch das des Führers zu ersetzen. Er tat es nicht. Kurz darauf nahm man ihm sein Ehrenamt ab. Er war froh, es los zu sein; denn in letzter Zeit hatten sich immer mehr politische Momente in die Schlichtungsfälle eingeschlichen. Die Rechtsprechung wurde heikler von Tag zu Tag.

Wir zeigten uns in allem gelassen. Durch die Geschichte geprüft, von der Geschichte wenig verwöhnt, sahen wir Ermländer zwar die Niederlage der Demokratie aufdämmern – zumal, als mein Vater nach einer Wahl (als Wahllokalleiter) feststellte, es seien weniger „Nein"-Stimmen ausgezählt als abgegeben worden; doch erkannten wir eigentlich erst 1937 den Sieg der diktatorischen Macht, ich für meine Person, als ich nach bestandenem Abitur meinen Immatrikulationsantrag von der „Gaustudentenführung" – statt von der Albertina – zurückerhielt, mit der Bemerkung, es fehle der Mitgliedsnachweis im NS-Studentenbund, ohne den eine Aufnahme nicht erfolgen könne. Da das „Ostsemester" an der Albertina für das Studium der Ostpreußen verpflichtend war, hieß das nichts anderes als „Studienverbot". Ich meldete mich freiwillig zur Luftwaffe, um dem braunen Zugriff zu entgehen, in der stillen Hoffnung – die sich, wenn auch um fünf Jahre verspätet, erfüllt hat –, danach werde der Spuk verflogen sein.

Georg Hermanowski

20 Parteischulung

Zum Text/ Problemfeldbeschreibung:	Marianne Hamm von Sahr erzählt über einen Schulungsabend der NSDAP für „Deutsche Frauen". Eine Funktionärin der Partei berichtet auf primitive Art über Rassenfragen.
Stichworte:	NSDAP, Rassenlehre
Vorlesezeit:	5 Minuten
Vorlesealter:	ab 12 Jahren

Meine ersten Erlebnisse mit der NSDAP waren erstaunlich. In einem so kleinen Ort wie Dahlen hatte die Partei nicht viel Auswahl. Sie erkor diejenigen zu ihren Gefolgsleuten, die bisher eigentlich immer nur „danebengesessen" hatten. Kein Wunder, daß diesen die Ehre gut tat, nun plötzlich aufzusteigen, einmal andere beherrschen zu können, wichtig genommen zu werden, eine Uniform tragen zu dürfen und etwas zu gelten. Auch der Kalender war eingeteilt in bestimmte Tage, an denen man sich zu beteiligen hatte, am Eintopfsonntag beispielsweise – keineswegs einer schlechten Einrichtung, wie manches, was nun in die Wege geleitet wurde. Wäre bloß nicht alles so „prinzipiell" gewesen, so penetrant „deutsch", so borniert in vieler Hinsicht und nicht so abscheulich wie die Rassenfrage – es hätte manches besser gesteuert werden können.

So erlebte ich einen Abend über Rassenfragen. Eine Vortragende, die aus Dresden kam und das „mittelfeine" Sächsisch beherrschte, war in einem Gasthofsaal bemüht, uns mit Hilfe von Lichtbildern in die Rassenlehre einzuführen. Schon das Vorspiel war grotesk genug. Die Rassenpredigerin packte aus einem großen Kasten einen Vorführapparat aus, ließ ihn aufstellen und an den Strom anschließen. Das Kabel war ein bißchen zu kurz, die Frau des Gastwirts, die alles recht gut machen wollte, stolperte über das Kabel, es wurde dunkel. Jeder schrie nach Licht, es wurde angemacht. Nun ging die Sache von vorne los, ohne Malheur; aber als die Rednerin die Bilder einsteckte und diese nach langem Zurechtrücken und Probieren auf den Schirm brachte, entdeckte sie, daß es Bilder von einem Rhododendronhain in Dresden waren – sie wurden unter allseitigem Bedauern wieder weggetan. Endlich fanden sich doch die richtigen, obwohl anfangs niemand sicher war, was sie bedeuten sollten. Erstes Bild: der Kopf eines Mannes im Profil mit einer riesigen Hakennase. Es wurde nichts dazu erklärt. Der Stock der Dame klopfte, damit ein neues Bild eingesteckt würde. Wieder ein Portrait mit riesiger Nase. „Was meinen Sie wohl, deutsche Frauen, was das ist?" Ich: „Vielleicht ein Mann?" – ganz bescheiden. „Ja", bestätigte die Dame, „nicht nur ein Mann, sondern ein Jude!" „O Gott!" rief ich laut in den Saal, „wie erschüttert mich das! Wenn der Führer das wüßte!" Die Vortragende sagte, ich sollte mich nicht so anstellen, die Welt sei nun mal so, und wir müßten ihr, der Welt, mitten ins Auge sehen. Es folgten nun weitere solche Bilder, mit Nase nach rechts oder nach links. Schließlich kam offensichtlich das Portrait eines Chinesen oder Japaners. „Hier, deutsche Frauen", wurden wir belehrt, „hier sehen Sie einen Asiaten. Das ist eine feine Rasse, edel und gut, aber wir sollen uns davor hüten, unser Blut mit ihr zu vermischen." Ich hob den Finger und fragte die Dame, wie man das eigentlich macht, „das Blut vermischen", ich meinte im allgemeinen, natürlich nicht mit einem Asiaten. Ich bemerkte auch, daß wir hier in Dahlen wohl kaum Gelegenheit haben würden, unser Blut mit einem Asiaten zu vermischen. Darauf die Antwort: „Sagen Sie das nicht, jetzt zur Olympiade trifft man hin und wieder solche Menschen. Natürlich sind sie nun schon wieder abgereist. Ich gebe zu, dieser Film ist nicht mehr der neueste, aber wir müssen es doch wissen." Nun insistierte ich, ich wollte doch zu gerne wissen, wie man „sein Blut vermischen" könne. Da wurde es der Dame schlecht, und sie sagte, es täte ihr leid, daß sie hier Menschen fände, die nicht reif wären für das, was sie uns beizubringen hatte.

Marianne Hamm von Sahr

Ein Singabend und seine Folgen 21

Zum Text/ Problemfeldbeschreibung:	Die Frauengruppen des Kreises Oschatz veranstalten eine Informationswoche und eine Ausstellung zu den Aufgaben des Nationalsozialismus. Der christliche Frauendienst beteiligt sich und stellt ein Lesepult mit einer Bibel aus; er bietet einen Singabend mit einem blinden Kantor an. Dieser Abend ist die bestbesuchte Veranstaltung der ganzen Woche.
Stichworte:	Frauenverbände, christlicher Frauendienst, Ideologie, Bibel, Ortsgruppenleiter, Kreisleiter
Vorlesezeit:	8 Minuten
Vorlesealter:	ab 12 Jahren

Die Frauenverbände des Landkreises Oschatz hatten unter Federführung der Frauenschaft beschlossen, eine Ausstellung ihrer Arbeit in einer großen Reithalle zu veranstalten, in der die nationalsozialistischen Aufgaben verdeutlicht werden sollten. Zur Vorbesprechung lud mich die Kreisfrauenschaftsleiterin deshalb ein, weil ich Bezirksleiterin des Christlichen Frauendienstes für Oschatz war. Man saß also beisammen und rechnete aus, wieviel Platz jede Arbeit für sich als Ausstellungskoje bekommen sollte. Als der Kuchen verteilt war, stellte sich heraus, daß wir überhaupt nicht bedacht worden waren. Obwohl mir persönlich gar nichts daran lag, etwas auszustellen, schien mir dennoch richtig zu erwähnen, daß wir auch noch auf der Welt wären; denn es gehörten fast alle Bäuerinnen und die meisten anderen Frauen zum Christlichen Frauendienst, und ich glaubte, es ihnen schuldig zu sein, wenigstens daran zu erinnern. Als das Versehen nun offenbar wurde, waren sich alle darin einig, daß man doch auch dem Frauendienst wenigstens einen Platz anbieten müsse. Falls dafür kein Platz mehr zur Verfügung stünde, wären sie gerne bereit, etwas von ihrer Koje abzugeben. Die Kreisleiterin, die das Thema von der Tagesordnung absetzen wollte, fand plötzlich noch einen kleinen Winkel, den sie mir anbot. Ich sagte gleich zu, denn wir wären ja eigentlich gar nicht für Ausstellungen. Um keine Schwierigkeiten zu machen, überlegte ich, was ich mit der winzigen Koje, die wegen ihrer Kleinheit aus dem Rahmen fiel, machen sollte. Hier half mir der Urenkel des Bildhauers Rietschel, Sohn unseres Superintendenten, ein begabter Junge. Wir stellten unser Dahlener Lesepult mitten in die Koje, das die Münchener Bildhauerin Silvie Lampe von Bennigsen auf unsere Bitte geschaffen hatte: zwei schreitende, singende Engel aus Holz, auf deren Flügeln die Bibel lag. Einer der Engel mit hoher Stimme, der andere mit tiefer, womit wir sagen wollten, daß wir singen und loben wollten aus Freude oder im Schmerz, weil uns geholfen wird. Nun stand dieses Lesepult in seiner beredten Aussage dort. Ringsherum tiefrote Primeln und an den drei Wänden der Koje in schöner einfacher Schrift: „Jesus Christus – gestern und heute – und derselbe auch in Ewigkeit." Die alte Bibel wurde immer neu aufgeschlagen. Außerdem wurde mir aufgetragen, einen Abend im Rahmen der Festwoche zu „gestalten". Zu diesem Zwecke wurde mir der kleinste Saal in Oschatz zugewiesen, in dem nicht ein Viertel unserer Mitglieder Platz hatte, geschweige denn Gäste.

Das waren recht schwierige Aufgaben, vor denen wir nun standen. Ich erkundigte mich, wer den großen Saal der Landwirtschaftskammer zugeteilt bekommen habe und erfuhr, daß darin die Reiter ihren Abend machen sollten. Diese wiederum waren unglücklich wegen der Größe des Saales und hätten lieber den kleinen gehabt, mit dem wir uns begnügen sollten. Also schien mir ein Tausch angebracht. Ich redete mit den Reitern, versprach ihnen ein Fäßchen Wein, wenn sie uns Platz machen wollten, und errang prompt auf diese Weise den größten Saal des Kreises. Allerdings wurde mir auch gleich himmelangst, denn was sollten wir nun mit dem riesigen Raum machen, wie ihn füllen, was überhaupt tun, um den Sinn unserer Arbeit zu bekunden? Plötzlich fiel mir ein, daß wir einfach einen Singabend machen, d. h. einen besonders guten Singleiter kommen lassen könnten, der mit allen singen sollte.

Ich gewann den Dresdener Kantor Stier, der trotz seiner Blindheit, oder vielleicht gerade deswegen, eine hervorragende musikalische Arbeit machte. Er sagte zu, und nun galt es noch, alle Leute einzuladen und die dazugehörigen Autobusse zu mieten. Ein Wunder geschah. Am besagten Tage kamen mehr als tausend Menschen in vielen Bussen auf dem Markt in Oschatz vor dem Haus der Landwirtschaft an. Bäuerinnen in ihrer runden Gemütlichkeit, als wäre das ganz selbstverständlich. Sie nahmen in den Stuhlreihen Platz, und nachdem auch die Parteiabordnung einmarschiert war, die pflichtgemäß zu jedem der Festabende zu erscheinen hatte, begann Kantor Stier mit uns zu singen. Im Handumdrehen waren wir eine wirkliche Gemeinschaft. Vorher hatte ich eine kurze Einführung gegeben und gleich gesagt, was wir mit dem Christlichen Frauendienst eigentlich meinten. Es waren nur ein paar Sätze, aber sie boten eine gute Gelegenheit, vor den Funktionären der Partei, die nach und nach ganz offen verkündeten, wie schädlich sie die Kirche fanden und wie verkehrt eine solche jüdische Einstellung wäre, zu sagen, daß wir unser Vaterland liebten und selbstverständlich dafür Opfer bringen wollten, daß wir aber gerade deshalb auch wüßten, woher wir dafür die Kraft und die Hoffnung nähmen. Man hörte förmlich das Aufatmen der Bäuerinnen, die längst von solchen Gedanken beseelt waren, denen aber die Gelegenheit fehlte, sie auszusprechen.

Auf der Bühne saßen die dekorierten Kreis- und Ortsgruppenleiter, denen man anmerkte, wie ihnen das alles gegen den Strich ging, aber es geschah ein Wunder, nach kurzer Zeit sah man sie einfach vergnügt mitsingen. Sie waren bereits unter einen Zwang geraten, bombastische Ideologien in sich aufzunehmen, die für sie doch unverdaulich waren und nichts mit Vaterland und Leben zu tun hatten.

Marianne Hamm von Sahr

Man muß der Kirche mehr Rückhalt geben 22

Zum Text/ Problemfeldbeschreibung:	Bernt ist überrascht, daß seine Eltern, obwohl sie der Kirche fernstehen, wünschen, daß er am Konfirmandenunterricht teilnimmt. Seine Eltern sagen, man müsse der Kirche jetzt mehr Rückhalt geben, weil sie die letzte Bastion gegen die Barbarei sei.
Stichworte:	Bekennende Kirche, Deutsche Christen, Konfirmation, KZ, Pfarrernotbund
Vorlesezeit:	5 Minuten
Vorlesealter:	ab 14 Jahren

Meine Eltern zahlten zwar Kirchensteuer und Gemeindeabgaben, spendeten auch bei Hauskollekten, nahmen am Gemeindeleben und an den sonntäglichen Gottesdiensten aber nur äußerst selten teil. Auch ich war nur in Ausnahmefällen zur Kirche gegangen und deshalb um so überraschter, als meine Eltern mir Anfang 1935 geraten hatten, mich zum Konfirmandenunterricht anzumelden und mich „einsegnen" zu lassen.

„Man muß jetzt der Kirche mehr Rückhalt geben", hatte mein Vater dazu bemerkt. „Sie ist die letzte Bastion gegen die Barbarei."

Meine Mutter war etwas präziser. Sie sagte: „Man muß Pfarrer Klötzel, der sich in seinen Predigten sehr mutig gegen die Grausamkeit und Willkür, vor allem auch gegen den Rassenwahn, ausgesprochen hat, unbedingt den Rücken stärken. Wir sollten am Sonntag mal zur Kirche gehen."

Also hatte ich am Konfirmandenunterricht teilgenommen, den Pfarrer Klötzel selbst erteilte und der viel interessanter war, als ich angenommen hatte. Er verstand es sehr gut, der Bibel und dem Katechismus aktuelle Bedeutung zu geben, zwar in vorsichtiger Umschreibung, aber jedem, der nicht allzu begriffsstutzig war, durchaus verständlich. Auch machte Pfarrer Klötzel keinen Hehl daraus, daß er dem „Pfarrer-Notbund" und der „Bekennenden Kirche" angehörte und daß er die von den Nazis geschaffene „Glaubensbewegung Deutsche Christen" entschieden ablehne.

Pfarrer Klötzel, bei dem ich dann im April 1935 konfirmiert wurde, war von Natur aus ein sehr konservativer, vorsichtiger und bedächtiger Mann. Aber in Gewissensfragen war er kompromißlos. „Jeder, auch der Einfältigste, kann Recht und Unrecht unterscheiden", sagte er. „Wenn wir aber sehen, daß schreiendes Unrecht geschieht, wenn wir gar selbst, und sei es auf höheren Befehl, Unrecht tun sollen, dann müssen wir uns dem widersetzen und Gott mehr gehorchen als den Menschen, die möglicherweise verblendet sind."

Im Mai 1935, an einem Spätnachmittag, etwa vierzehn Tage nach meiner Konfirmation, trafen meine Mutter und ich Pfarrer Klötzel auf der Straße. Wir begrüßten uns und sprachen ein paar Worte miteinander. Der Pastor entschuldigte sich dann. Er habe noch einen Hausbesuch bei einer Familie zu machen, der großes Leid widerfahren sei. Außerdem fühle er sich nicht wohl und fürchte, eine Grippe zu bekommen.

Meine Mutter sagte, er solle sich in acht nehmen – die Maiabende seien noch sehr kühl, fügte sie eilig hinzu. Pfarrer Klötzel nickte nur und lächelte. Dann, schon im Weggehen, drehte er sich noch einmal zu uns um und sagte: „Irgendwann wird uns auch wieder die Sonne scheinen..."

Am nächsten Tag hörte ich schon auf dem Weg zur Schule, daß der Pfarrer „abgeholt" worden sei. Dann sah ich seinen Sohn kommen und lief zu ihm. „Ist es wahr?" fragte ich ihn.

„Ja", erwiderte er traurig, „sie kamen mit einem Schutzhaftbefehl. Wegen ‚Kanzelmißbrauchs'... Und er ist gar nicht gut beieinander! Sie haben ihn richtig in den Wagen gestoßen, diese feigen Schurken!"

Einige Wochen später fand in Pastor Klötzels Kirche der Trauergottesdienst für ihn, den im KZ „Verstorbenen" statt. Die Kirche war überfüllt wie nie zuvor, und einige hundert Menschen standen noch vor der Tür. In der Kirche sah ich viele, die fromm katholisch waren, wie Fräulein Bonse, aber auch eine Frau, deren Mann als kommunistischer Funktionär im Zuchthaus saß. Selbst mein Vater, der seit Jahren nicht zur Kirche gegangen war, hatte diesmal dabeisein wollen.

Ein junger Vikar vom „Pfarrer-Notbund" hielt die Predigt. Zum Schluß begann er mit kräftiger Stimme „Ein feste Burg ist unser Gott" zu singen, die Orgel fiel ein, und alle, drinnen wie draußen auf der Straße, sangen mit.

Bernt Engelmann

Dazugehören? 23

Zum Text/ Problemfeldbeschreibung:	M. Hermann erzählt, was es für sie und ihre Geschwister bedeutete, daß sie nicht zur Hitlerjugend gehörten.
Stichworte:	Deutsche Christen, Hitlerjugend, Religionsunterricht, Weltanschauungsunterricht
Vorlesezeit:	4 Minuten
Vorlesealter:	ab 12 Jahren

1935 kam ich ins Gymnasium. Der Samstag war zu jener Zeit „Staatsjugendtag". Alle, die nicht zur Hitlerjugend gehörten, mußten in die Schule. Wir waren nicht viele an jenen Samstagen. Ich erinnere mich, daß die Lehrer den Unterricht für unsere aus allen Klassen zusammengewürfelte Gruppe ausgesprochen interessant gestalteten. Und doch kam ich mir ausgegrenzt vor. Meine Mitschüler sagten oft: „Du bist so anders als wir." Ich war nicht stolz darauf. Ich weiß freilich inzwischen längst, daß wir fünf Geschwister es gut hatten. Wir mußten keine eigenen Entscheidungen fällen, weil wir die Entscheidung unserer Eltern gegen den Nationalsozialismus für richtig hielten.

Nach 1936 gab es freilich keine freie Entscheidung mehr. Wir wurden nicht mehr gefragt, ob wir „Jungmädel" sein wollten oder nicht, und auch unsere Eltern konnten sich nicht mehr dagegen wehren, daß wir mittwochs „Dienst" hatten. Vom Religionsunterricht hatte mein Vater meine beiden jüngeren Brüder abgemeldet, weil der von einem Pfarrer gehalten wurde, der den Deutschen Christen angehörte. Als er versetzt wurde, übernahm ein Lehrer den Unterricht, der ein treues Glied der Kirchengemeinde war. Mein Vater meldete also meine Geschwister wieder an. (Das alles spielte sich 1939 ab.) Unsere Klasse hatte nur noch den sogenannten „Weltanschauungsunterricht".

Der Direktor unserer Schule tobte je eine Stunde lang in der Klasse meiner Geschwister. Sein Toben gipfelte in der Drohung: wenn es meinem Vater nicht passe, könne er uns ja von der Schule schmeißen. Meine Schwester war 10 Jahre alt – sie kam völlig verstört nach Hause. Da wir gute Schüler waren, geschah aber nichts. Eines Tages, ich war wohl 15 oder 16 Jahre alt, wurde ich gefragt, ob ich eine Schar Jungmädel übernehmen würde. Ich sagte: „Ja, unter zwei Bedingungen. Ich werde keine politische Schulung halten und keinen Sonntagsdienst machen, denn da muß ich Kinderkirche halten." Ich bekam die Spielschar übertragen; es gab keine politische Schulung, und nur ganz gelegentlich zogen wir am Sonntagnachmittag zum Heilkräutersammeln aus.

Maria Hermann

24 Die „neue Zeit"

Zum Text/ Problemfeldbeschreibung:	Während einer Übung des Jungvolks, die nun immer häufiger Sonnabende, vor allem aber die Sonntage in Anspruch nehmen, versucht der Fähnleinführer die kirchlichen Aktivitäten einiger Pimpfe lächerlich zu machen. Doch seine Spottiraden bewirken eher das Gegenteil.
Stichworte:	Pimpfe, Jungvolk, Jungzugführer, Fähnleinführer, Führer, Sonntag, Jungschar
Vorlesezeit:	4 Minuten
Vorlesealter:	ab 10 Jahren

Auf dem freien Platz bei der Turnhalle draußen vor der Stadt waren die Pimpfe des Jungvolks angetreten. Ein schriller Pfiff. Da standen sie schon in Reih' und Glied. Die frühe Mittagssonne warf ihre kurzen Schatten. Jeder nestelte noch an seinem Wams. Alles mußte sitzen, das schwarze Halstuch, der Lederknoten, Schulterriemen und Koppel. Die Jungzugführer hatten ein gestrenges Auge. Ordnung mußte sein! – und wenn es auch nur die äußere Ordnung war.

Auf dem Stadtkirchenturm, der von der andern Neckarseite herübergrüßte, schlug es drei Uhr nachmittag. Die Glocken läuteten den Sonntag ein. Aber Sonnabende und Sonntage hatten inzwischen einen neuen Sinn bekommen. Sie wurden zu „Diensttagen", zu Tagen, da Parteidienst abzuleisten

war. Mancher sehnte damals die Zeit herbei, da man wieder ganz Sonntag feiern könnte. Es gab auch andere, die ehrlicherweise sich selbst den Verlust des Sonntags zuschrieben. Sie hatten ihn doch nicht gehalten.
„Achtung! Stillgestanden!" Der Fähnleinführer ergriff das Wort. „Jungvolk, diese Zeit erfordert unsern ganzen Einsatz. Wie die Männer an der Front ihren Kopf hinhalten und den Sieg für uns erkämpfen, so habt ihr euren ganzen Mann zu stellen! Der Führer erwartet von euch ganze Treue und Herzen so fest wie Kruppstahl. Feiglinge und Betschwestern können wir nicht gebrauchen. Ich habe gehört" – ein spöttischer Unteron klang mit – „einige haben zu viel Zeit. Sie meinen, sie müßten ins Vereinshaus gehen, um dort ihre freie Zeit totzuschlagen. Wir haben noch genug freiwillige Dienste zu vergeben." Eine Spannung lag über dem Haufen: „Was wollte er damit wohl sagen?" „Wer es noch für nötig hält, ins Vereinshaus zu gehen, der soll vortreten!" Betretenes Schweigen! Dort stieß einer seinen Nachbarn an: „Geh, melde dich!" Noch rührte sich niemand. „Wo sind sie denn, diese Feiglinge", begann der Fähnleinführer aufs neue, „die nicht geradestehen?" Aber da war Horst schon vorgetreten; und mit ihm Albrecht; Werner, Karl, Rudolf folgten. Das ganze Jungvolk kam in Bewegung: zehn, fünfzehn, zwanzig standen vor der Front. Der Fähnleinführer registrierte sie alle. Das hatte er sich nicht gedacht. „Jungs", die Stimme klang etwas gedämpfter, „überlegt's euch noch einmal, ob das sein muß! Dienst geht immer vor. Versteht ihr mich? Wir können auch noch mehr Dienst ansetzen. Betschwestern zurücktreten!" Keiner lachte. Dieser Spott verfing nicht. Werner wandte sich zu Rudolf, so daß es alle hören konnten: „Im Vereinshaus ist mehr los als hier."

Theo Braun

Onkel Jakobs Rede 25

Zum Text/ Problemfeldbeschreibung: Marion, deren Vater jüdischer Abstammung ist, genießt das Fest ihrer Konfirmation in vollen Zügen. Ihr jüdischer Onkel Jakob hält eine provozierende Rede, in der er sich zu seinen jüdischen Vorfahren bekennt. Alle halten den Atem an, weil auch Mitglieder der NSDAP am Fest teilnehmen.

Stichworte: Konfirmation, jüdische Abstammung, Parteigenossen

Vorlesezeit: 4 Minuten

Vorlesealter: ab 13 Jahren

Als Einsegnungsspruch bei der Konfirmation erhielt ich ein Wort, das ich mir selbst ausgesucht hatte: Alles, was ihr tut, das tut von Herzen als dem Herrn und nicht den Menschen. Er gefiel mir, weil er sagt, daß der Glaube keine Sonntagsverpflichtung ist, sondern das tägliche Leben umfaßt.

Die Konfirmation dauerte ziemlich lang, denn wir waren 138 Konfirmanden. Als wir nach Hause kamen, wartete schon eine Schar von Gratulanten. Dann ging es zum Essen an den lang ausgezogenen Eßtisch. Wir waren vierzehn Personen, darunter Pfarrer Schmidt und seine Frau, dazu Onkel Max und Tante Hella, die Senioren unserer Familie. Dunkel erinnere ich mich, daß Tischreden gehalten wurden. Mein Vater redete, es redete Pfarrer Schmidt, und zuletzt redete auch Onkel Max und konnte am Ende nicht weiter, weil Tränen seine Stimme erstickten. Wir schwiegen und hoben die Gläser als Zeichen des Dankes. Zum Tee gab es dann einen Wechsel. Einige Gäste gingen, andere kamen neu dazu, unter ihnen auch Vaters Bruder Jakob, dazu Alex und Emmi, die beiden Parteimitglieder.

Und bei diesem Tee hielt Onkel Jakob eine Rede. Es ist eine unvergessene Rede, an die auch ich mich, trotz der Festaufregung, gut erinnern kann, und sie hat Staub aufgewirbelt. Onkel Jakob sah, genau wie mein Vater, in meiner Konfirmation einen Anlaß, die Familienzusammengehörigkeit zu demonstrieren. Aber Vater hatte in seiner Rede nur das zum Ausdruck gebracht, was keinen Anstoß erregte. Dagegen trat Jakob entschlossen ins Fettnäpfchen. Er sprach von unseren Vorfahren, den Juden. Er sagte: Wir bekennen uns zu ihnen, und wir sind stolz auf sie. Für Vater war das ein harter Brocken. Sein Problem war ja gerade, daß er nicht stolz war und daß es ihm schwerfiel, sich zu ihnen zu bekennen. Und nun sprach Jakob gerade dies an, sein Lieblingsbruder, sprach es öffentlich und laut an, sogar vor den Ohren von Alex und Emmi, den Parteigenossen. Ich weiß nicht mehr genau, wie es weiterging. Die Gäste nahmen es wohl nicht so tragisch. Vielleicht war Jakobs Rede auch gar nicht so provozierend, denn er war ein guter Redner, und seine Tischreden gereichten jedem Fest zur Zierde. Er wußte die Wahrheiten, die er aussprechen wollte, geschickt zu verpacken.

Mit Alex, dem Parteigenossen, sprach Vater am nächsten Tag unter vier Augen. Auch Alex nahm es nicht so tragisch. Er sagte, unter anderen Umständen hätte er eine derartige Äußerung zur Anzeige bringen müssen. Aber da er Jakob als einen, wie man damals sagte, anständigen Mann kenne – sie waren ja beide Anwälte –, könne er mit gutem Gewissen davon absehen. Bleibt die Frage, warum Jakob diese Rede überhaupt hielt. Ich weiß es nicht. Aber ich kann mir vorstellen, daß er sich einfach einmal Luft schaffen mußte. Und vielleicht reizte ihn auch, daß mein Vater sich seiner jüdischen Abstammung schämte, und er wollte ihm einen kleinen Denkzettel verpassen.

Marlies Flesch-Thebesius

Das Versteck im Dom 26

Zum Text/ Problemfeldbeschreibung;	Georg ist aus dem KZ Westhofen geflohen. Die Flucht zehrt alle seine Kräfte auf. Der Zufall führt den Gehetzten eines Abends in einen Dom, wo er ein sicheres Versteck für die Nacht zu haben glaubt. Aber anstatt Ruhe und Schlaf zu finden, werden für den überzeugten Atheisten plötzlich die Figuren des Doms „lebendig".
Stichworte:	KZ, Flucht, Gefahr, Dom, Ruhe, Finsternis, Angst
Vorlesezeit:	10 Minuten
Vorlesealter:	ab 16 Jahren

Die plötzliche Stille auf dem Platz, da auch das Zittern aufhörte in der Mauer, an der er lehnte, als ob sie gleichsam von neuem versteinerte, brachte ihm nochmals zum Bewußtsein, wie stark und mächtig das Geläute gewesen war. Er trat sogar weg und sah nach den Türmen hinauf. Es wurde ihm schwindlig, bevor er die oberste aller Spitzen gefunden hatte, denn über den beiden nahen gedrungenen Türmen erhob sich noch ein einzelner Turm in den Herbstabendhimmel mit einer solchen mühelosen Kühnheit und Leichtigkeit, daß es ihn schmerzte. Dann aber dachte er plötzlich, daß es in einem so großen Haus nicht an Stühlen fehlen könnte. Er suchte sich einen Eingang. Eine Tür, kein Tor. Er wunderte sich, daß er wirklich hineingelangte. Er fiel auf das nächste Ende der nächsten Bank. Hier, dachte er, kann ich mich ausruhen. Er sah sich dann erst um. So winzig war er sich nicht einmal unter dem weiten Himmel vorgekommen. Wie er die drei, vier Frauen entdeckte, da und dort, so winzig wie er selber, und den Abstand begriff zwischen sich und dem nächsten Pfeiler und den Abstand zwischen den einzelnen Pfeilern und von seinem Platz aus kein Ende sah, weder über sich noch vor sich, sondern nur Raum und wieder Raum, da staunte er ein wenig; und das war vielleicht an allem das Staunenswerteste, daß er sich einen Augenblick vergaß.

Der Küster aber, fest auftretend, da ihm der Ort ja gewohnt war, und weil er tat, was sein Beruf war, machte dem Staunen sogleich ein Ende. Er trabte zwischen den Pfeilern daher und verkündete laut und fast ärgerlich: „Schließung des Doms", und zu den Frauen, die sich von ihrem Gebet nicht trennen konnten, sagte er mehr belehrend als tröstend, der Herrgott sei auch noch morgen da. Georg war vor Schreck aufgesprungen. Die Frauen gingen langsam hinaus durch eine ihnen nähere Tür an dem Küster vorüber. Georg ging zurück zu der Tür, durch die er gekommen war. Diese Tür war aber bereits geschlossen, und er mußte sich eilen, um quer durch das Hauptschiff den Frauen nachzukommen. Da zuckte es ihm durch den Kopf. Statt vorzulaufen, duckte er sich hinter einem großen Taufstein und ließ den Küster abschließen.

Als der Küster fortgegangen und die Haupttür verschlossen und auch der letzte Schall in einem Gewölbe zersplittert war, da begriff Georg, daß er jetzt eine Gnadenfrist hatte, einen so gewaltigen Aufschub, daß er ihn fast mit Rettung verwechselte. Ein heißes Gefühl der Sicherheit erfüllte ihn zum erstenmal seit seiner Flucht, ja seit seiner Gefangenschaft. So heftig dieses Gefühl war, so kurz war es. In diesem Loch, sagte er sich, ist es aber verdammt kalt.

Die Dämmerung war so tief, daß die Farben in den Fenstern erloschen. Sie hatten inzwischen den Grad erreicht, wo die Mauern zurückweichen, die Gewölbe sich heben und die Pfeiler sich endlos aneinanderreihen und hochwachsen ins Ungewisse, daß vielleicht nichts ist, vielleicht die Unendlichkeit. Georg fühlte sich plötzlich beobachtet. Er kämpfte mit diesem Gefühl, das ihm Körper und Seele lähmte. Er streckte den Kopf unter dem Taufbecken heraus. Fünf Meter von ihm entfernt, vom nächsten Pfeiler, traf ihn der Blick eines Mannes, der dort mit Stab und Mitra an seiner Grabplatte lehnte. Die Dämmerung löste den Prunk seiner Kleider auf, die von ihm wegflossen, aber nicht seine Züge, die klar, einfach und böse waren. Seine Augen verfolgten Georg, der an ihm vorbeikroch.

Die Dämmerung drang nicht von außen ein wie an gewöhnlichen Abenden. Der Dom selbst schien sich aufzulösen und zu entsteinern. Die paar Weinranken an den Pfeilern und die Fratzengesichter und dort ein zerstochener Fuß waren Einbildungen und Rauch, alles Steinerne war am Verdunsten, und nur Georg war vor Schreck versteinert. Er schloß die Augen. Er tat ein paar Atemzüge, dann war es vorbei, oder die Dämmerung war noch ein wenig dichter geworden und dadurch beruhigender. Er suchte sich ein Versteck. Er sprang von einem Pfeiler zum andern. Er duckte sich, als sei er noch immer beobachtet. An dem Pfeiler, vor dem er jetzt hockte, lehnte gleichmütig aus seiner Grabplatte über ihn hinwegsehend ein runder gesunder Mann, auf seinem vollen Gesicht das dreiste Lächeln der Macht. In jeder Hand eine Krone, unbemerkt von Georg, krönte er unablässig zwei Zwerge, die Gegenkönige des Interregnums. Georg sprang in einem Satz, als seien die Zwischenräume belauert, zu dem nächsten Pfeiler. Er sah an dem Mann hinauf, dessen Kleider so reich waren, daß er sich hätte hineinwickeln können. Er fuhr zusammen. Ein menschliches Angesicht, das sich über ihn beugte voller Trauer und Besorgnis. Was willst du denn noch, mein Sohn, gib auf, du bist schon am Anfang zu Ende. Dein Herz klopft, deine kranke Hand klopft. Er entdeckte einen geeigneten Ort, eine Mauernische, rutschte quer durch das Seitenschiff, unter den Blicken von sechs Erzkanzlern des Heiligen Reichs, mit einer abgespreizten Hand wie ein Hund, der sich eine Pfote geklemmt hat. Er setzte sich zurecht. Er rieb das Gelenk seiner kranken Hand, das sich versteift hatte. Er rieb seine Kniegelenke, seine Knöchel und Zehen.

Er konnte noch immer von seinem Platz aus den Mann am Eckpfeiler erkennen. Trotz der Dunkelheit war das Gesicht von weitem eher noch klarer. Auf den gekrümmten Lippen das letzte, das äußerste Angebot: Friede statt Todesangst. Gnade statt Gerechtigkeit.

Er mußte im Einschlafen gewesen sein. Er erwachte vor Schreck. Der Dom dröhnte. Ein heller Lichtsein flog quer durch den ganzen Dom – über seinen vorgestreckten Fuß weg. Sollte er fliehen? War noch Zeit? Wohin? Die Tore waren alle verschlossen bis auf eines, aus dem das Licht fiel. Er konnte vielleicht noch unbemerkt in eine der Seitenkapellen entkommen. Er stemmte sich auf seine kranke Hand, schrie auf und knickte zusammen. Er wagte jetzt nicht mehr, über das Lichtband wegzukriechen. Die Stimme des Küsters erschallte: „Ihr Schlampen, ihr Weibsbilder, jeden Tag was andres!" Die Worte dröhnten wie Urteilsverkündigungen des Jüngsten Gerichts. Eine alte Frau, die Mutter des Küsters, rief: „Da steht sie ja, deine Tasche." Die Stimme der Küstersfrau setzte ein, von Mauern und Pfeilern zurückgeworfen, ein wahres Triumphgeheul: „Ich hab ja gewußt, daß ich sie beim Putzen zwischen die Bänke gestellt hab." Die beiden Frauen zogen ab. Es klang, als ob Riesinnen schlurften. Das Tor wurde abermals abgeschlossen. Von allem blieb bloß noch Schall zurück, zerschlug sich und dröhnte noch einmal laut, als wollte er gar nicht versiegen, verhallte im entferntesten Teil und zitterte immer noch, als Georg schon zu zittern aufgehört hatte.

Er lehnte sich wieder an seine Wand. Die Lider waren ihm schwer. Jetzt war es vollkommen dunkel. So schwach war der Schimmer der einzelnen Lampe, die irgendwo in der Dunkelheit schwebte, daß er kein Gewölbe mehr erhellte, sondern einem nur zeigte, daß diese Finsternis schlechthin undurchdringlich war. Und Georg, der sich vorhin nichts anderes gewünscht hatte, atmete schwer und beklommen.

Anna Seghers

27 „Kleine" Kirche in „großer" Zeit

Zum Text/ Problemfeldbeschreibung:	Zwei benachbarte Dörfer nehmen im Dritten Reich sehr verschiedene Positionen zu Kirche und Nationalsozialismus ein.
Stichworte:	Kirche, Nationalsozialismus, Bekennende Kirche, Deutsche Christen, Pietismus, Mitläufer, Entscheidung, Kritik, Kirchgang
Vorlesezeit:	10 Minuten
Vorlesealter:	ab 12 Jahren

Der kaum 600 Seelen zählende Bauernort am Rande des Schwarzwaldes, in dem von vier Pferdebauern und ein paar Handwerkern abgesehen alle Männer in die einige Kilometer entfernte Waffenfabrik gingen, während die Frauen mit den Kindern die kleine Landwirtschaft umtrieben, war alles andere als eine Bastion gegen den Nationalsozialismus. Nicht, als ob die Begeisterung für die Braunhemden auffallend groß gewesen wäre, aber eigentlich gab es außer dem Bäcker, der mit einem Lungensteckschuß aus dem Ersten Weltkrieg heimgekommen war und von den „Verbrechern" redete, die wieder einen Krieg anzetteln würden, keinerlei handlungs- oder argumentationsfähige Gegenposition. Man machte eben so mit und hoffte, Hitler werde die Arbeitslosigkeit, die den Menschen noch wie ein Alptraum im Gedächtnis haftete, ein für allemal beseitigen. Dafür konnte man auch die paar Schreier und Wichtigtuer ertragen, die als SA-Führer und Ortsgruppenleiter den Ton angaben, ohne damit wirkliches Ansehen zu gewinnen. Über das ebenfalls nicht sonderlich belichtete Parteimitglied, das in der Frühe, wenn sich die Männer auf dem Weg zur Fabrik trafen, seine Nachbarn mit einem strammen „Heil Hitler" statt dem üblichen „Tag" grüßte, lachte man nachsichtig-verächtlich (und wahrscheinlich grinsten selbst die eigenen Parteigenossen mit).

Im Nachbardorf, aus dem meine Mutter kam, war die Lage in dieser Hinsicht ganz anders. Da gab es eine klare Front gegen „die Partei" und ihre Anhänger. Diese Front war allerdings nicht politischer, sondern religiöser Natur. M. besaß eine ausgeprägte pietistische Tradition. Die meisten Stundenleute waren Bäuerinnen und Bauern, die am Sonntagvormittag zum Gottesdienst und am Nachmittag in die Bibelstunde gingen. Da man seit langem sehr darauf geachtet hatte, „gläubige" Pfarrer zu haben – von denen Mutter noch über Generationen zurück die Namen wußte, – gab es keinen Gegensatz zwischen Kirche und Pietismus; vielmehr war dieser Verbund von selbstgestaltet-praktizierter Frömmigkeit in der Gemeinschaft der Brüder und Schwestern und Amtskirche ein fast selbstverständliches Element im Leben des Dorfes. Hillers „Geistliches Liederkästlein zum Lobe Gottes, Kindern

Gottes zum Dienst aufgesetzt", stand dementsprechend in den meisten Familien gleichberechtigt und vielbenutzt neben der Bibel.

In W. spottete man über die hinter dem Geist der Zeit zurückgebliebenen „Hinterwäldler"; in den Augen derer von M. waren die „Fabrikler" ein gottloses Volk. Alle Parteileute in W. waren nämlich auch schon vor 1933 kaum in die Kirche gegangen. Insgesamt war die kirchliche Tradition dünn, eher aus einer gewissen Gewohnheit heraus – etwa so, wie man am Wochenende die Kinder in den Waschzuber setzte und badete (natürlich alle im gleichen Wasser) – ging man drei- oder fünfmal im Jahr, und wenn es hochkam, einmal im Monat in die Kirche. Jeden Sonntag zu gehen, hätte man als übertrieben angesehen. Ich erinnere mich nicht, daß außer an Weihnachten und zur Konfirmation die eh schon sehr kleine Kirche je einmal voll gewesen wäre. (In M. war sie das eigentlich immer. Vom Kirchgang ließ sich hier auch der NS-Ortsbauernführer nicht abhalten.)

W. war Filialgemeinde. Der Pfarrer kam aus dem halb städtischen Nachbarort im Tal. Wahrscheinlich hätten die in M. ihn nicht akzeptiert. Meiner Mutter war er zu lau, zu unbestimmt. Aber er war pflichteifrig, überernst, ja trocken, ohne einen Hauch von Charisma. Den Nazis gegenüber hielt er eine mittlere Linie ein: keine Bekennende Kirche in einem alles andere als bekennenden Dorf, aber auch keine Ausfransung zu den Deutschen Christen hin. So zäh wie das ganze geistliche Leben der Gemeinde war er letztlich auch selbst – gewissermaßen ein Status-quo-Pfarrer.

Konflikte mit Partei und Parteileuten gab es, soweit sich das von außen beurteilen ließ, nicht. Es herrschte, von ein paar kleineren und eher dümmlichen Provokationen abgesehen, ein Zustand der stillschweigenden Nichteinmischung. So erschien der SA-Mensch – großmäulig und „Fabrikler" wie alle anderen im Dorf – zur Konfirmation seines Sohnes demonstrativ in Uniform in der Kirche, und die jeweiligen Parteifeiern wurden sonntags grundsätzlich auf die Kirchgangszeit gelegt. Aber das barg relativ wenig Zündstoff: dann ging man eben am nächsten oder übernächsten oder überübernächsten Sonntag zum Gottesdienst, wenn überhaupt...

Denkbar wäre ja gewesen, daß die Kirche sich gegen die Verdrängungspraxis gewehrt hätte. Aber das geschah nicht. Merkwürdigerweise jedoch kam es in diesem Zusammenhang von einer ganz anderen Seite her zu einer (kleinen) Explosion. Unser Nachbar, der vermutlich bei seiner Hochzeit die Kirche zum letzten Mal von innen gesehen hatte, verachtete wie mein eigener Vater die Nazi-„Bagage" – so die Formulierung im einigermaßen vertrauten Kreis, der die Kinder miteinschloß – von Herzen. Das hatte offenbar sowohl politische als auch persönliche Gründe. Wie auch immer! Als eines Sonntagmorgens der HJ-Führer „Dienst" angesetzt hatte und, da der Sohn des Nachbarn nicht erschien, das kleine Häuflein, um den vermeintlich Säumigen an seine Pflicht zu erinnern, vor dessen Haus zog, da zeigte sich unter dem Fenster statt des Sohns der Vater. Angewidert und voller Zorn schrie er sie an, die jungen „Rotzlöffel" sollten gefälligst in die Kirche gehen, jedenfalls um diese Zeit sei das Brauch, und sein Sohn (der so wenig wie der Vater etwas mit der Kirche am Hut hatte) werde am Sonntagmorgen grundsätzlich nicht zum Dienst erscheinen.

1942 oder 1943 wurde der Pfarrer zur Wehrmacht eingezogen. Wir Konfirmanden sahen ihn ein-, zweimal in Uniform (in die er, wie mir scheinen wollte, sehr gut paßte). In der Erinnerung vermischt sich dieses Bild mit dem anderen jenes Tübinger Dekans, über dessen Schreibtisch noch in den 50er Jahren sein Foto aus großer Zeit als Soldat mit Stahlhelm hing. Der greise Prälat i. R. dagegen, der den dörflichen Konfirmationsjahrgang 1943 betreute und in so eklatantem Gegensatz zu allem stand, was da Uniform trug und markig marschierte, war möglicherweise dem „Bäck", bei dem bis 1938 regelmäßig der jüdische Viehhändler aus Rexingen eingekehrt war, und dem Ferde, der zwar selbst nicht zur Kirche ging, aber die Freiheit, dies tun zu können, gewahrt wissen wollte, näher als dem Pfarrer, den er da vertrat und der, vermutlich hilflos in seinem obrigkeitlichen Denken befangen, dem „von Gott eingesetzten" Unrechtsstaat eben diente, wie es verordnet war (oder wie er glaubte, daß es verordnet sei).

Gerhard Haas

28 „Deutsch ist die Saar…"

Zum Text/ Problemfeldbeschreibung:	Als das Saarland 1935 per Volksabstimmung wieder dem Deutschen Reich angegliedert wird, besucht eine saarländische Familie einen Gottesdienst, in dem dieses Ereignis „würdig" gefeiert wird: mit einer deutschchristlichen Predigt und dem Horst-Wessel-Lied.
Stichworte:	Saarland, Volksabstimmung, Deutsche Christen, Bekennende Kirche, Gottesdienst, Horst-Wessel-Lied
Vorlesezeit:	5 Minuten
Vorlesealter:	ab 12 Jahren

Es muß in den Märztagen des Jahres 1935 gewesen sein. Die Volksabstimmung im Januar hatte es allen gezeigt. Endlich war das Saarland wieder mit Deutschland vereint. Die Abtrennung dieses Landes war als eine der vielen ungerechten Maßnahmen der Siegermächte des Ersten Weltkrieges gegen Deutschland empfunden worden. Und jetzt, da abmachungsgemäß das Volk hier an der Saar entscheiden konnte, hatte es einen mächtigen Beweis seiner

Zugehörigkeit zum deutschen Reich gegeben. Daß in diesem deutschen Reich seit zwei Jahren Hitler und seine Nationalsozialisten herrschten, konnte die Menschen offensichtlich nicht schrecken. Für viele machte dies die Freude der „Heimkehr ins Reich" nur um so größer.

Von dieser Freude ist auch mein 14jähriger Vater ergriffen. Der Kirchgang gehört in der eher deutschnational gesinnten Beamtenfamilie zum guten Ton, für Kinder im Konfirmandenalter sowieso. Doch heute geht es nicht den normalen Weg in die Paulus-Kirche, heute geht es mit der Straßenbahn hinunter zur Stadtmitte in die Christuskirche. „Pfarrer T. weiß einen solchen Tag würdig zu feiern", meint der Großvater, der meinen Vater begleitet. „Er wird den rechten Ton, die richtigen Worte finden."

Die Erwartungen der beiden werden nicht enttäuscht. Zwar beginnt der Gottesdienst wie alle anderen auch. Aber spätestens bei der Predigt hat die Stimmung alle erreicht. Pfarrer T. gelingt es, der Freude der Menschen über die „Heimkehr ins Reich" Worte zu geben. „Gottes Walten", „Deutschland", „Dankbarkeit", es sind die bekannten Formulierungen, aber Pfarrer T. gebraucht sie so, daß er alle Besucher des Gottesdienstes mit seinen begeisternden Sätzen ansteckt. Und so endet der Gottesdienst auch nicht einfach mit dem Segen und dem Orgelnachspiel. Alle singen zum Schluß stehend „Deutschland, Deutschland über alles..." und dann noch das Horst-Wessel-Lied, die Hymne der Nazis: „Die Fahne hoch, die Reihen fest geschlossen!"

Es muß ein tiefer Eindruck gewesen sein, den dieser Gottesdienst hinterlassen hat. Ich habe meinen Vater gefragt, ob denn alle Saarländer so empfunden hätten wie er und ob dieser Gottesdienst typisch war. Er traf wohl durchaus die Stimmung der Mehrheit in diesen Tagen. Beim Nachfragen erinnert sich mein Vater schließlich noch an Pfarrer W. von der Paulus-Pfarrei. Es wird wohl seinen Grund gehabt haben, daß die Familie an diesem Sonntag nicht zu ihm in den Gottesdienst ging. Pfarrer W. war ein Pfarrer der Bekennenden Kirche, Pfarrer T. dagegen bei den Deutschen Christen. Aber gegen die großen Gefühle hat es die Erinnerung oft schwer.

Gerhard Büttner

29 Es war doch alles Wahnsinn!

Zum Text/ Problemfeldbeschreibung:	Erika hat einen jüdischen Freund und wird deshalb von ihrer Mutter zu einem Gespräch mit dem katholischen Pfarrer geschickt. Dieser erklärt ihr, daß man sich gegen den unheilvollen Einfluß der jüdischen Rasse verteidigen darf. Erika weiß nicht, wie sie sich ihrem Freund gegenüber verhalten soll.
Stichworte:	göttliche Vorsehung, jüdische Rasse, Altes Testament, Jesus
Vorlesezeit:	8 Minuten
Vorlesealter:	ab 12 Jahren

Der Pfarrer bat sie, ihm gegenüber am Schreibtisch Platz zu nehmen. „Du siehst blaß und müde aus, Erika, hast du irgendeinen Kummer?" begann er das Gespräch. „Deine Eltern machen sich Sorgen um dich. Willst du mir nicht sagen, was dich bedrückt? Vielleicht kann ich dir helfen."

Erika hatte dieses Gespräch gefürchtet, seit sie dazu aufgefordert worden war. Sicher hatte ihre Mutter die ganze Geschichte bereits erzählt. Als eifrige Katholikin war sie daran gewöhnt, alle ihre Probleme im Beichtstuhl zu besprechen, und ihr Vertrauen in den Pfarrer war grenzenlos.

„Es tut gut, sich bei jemandem auszusprechen", fuhr der Pfarrer fort, „außerdem klärt es auch die eigenen Gedanken. Ich bin überzeugt, daß alles gar nicht so schlimm ist, wie es dir jetzt scheint."

Wenn man sie doch in Ruhe ließe! Was konnte es schon bringen, mit diesem Menschen zu sprechen, der sie kaum kannte und Dan nie gesehen hatte? Aber vielleicht war er objektiver als ihre Eltern. Er war ein Mann der Kirche, vielleicht wollte er ihr wirklich helfen.

Erika sah ihm offen ins Gesicht und sagte: „Ich weiß nicht, was Ihnen meine Mutter erzählt hat, aber ich begreife nicht, warum ich nicht einen jüdischen Jungen gernhaben soll. Das ist mein Problem!"

„Ich kenne deinen Freund nicht", antwortete der Geistliche, „aber ich respektiere deine Gefühle, und ich zweifle auch nicht daran, daß dein Freund sehr nett ist. Um das Ganze zu erklären, muß man sehr weit ausholen, aber ich bin überzeugt, daß du verstehen wirst, was ich dir zu sagen habe."

Er stützte die Ellbogen auf den Schreibtisch, legte die Handflächen aneinander und beugte seinen schweren Körper etwas nach vorn. „Siehst du, es steht geschrieben, wir sollen gegen niemanden Haß empfinden, aber das bedeutet nicht, daß man sich nicht gegen den unheilvollen Einfluß der jüdischen Rasse verteidigen darf. Ihre Vormachtstellung in allen Bereichen des Lebens ist bekannt und hat sowohl materiell wie geistig großen Schaden in der Welt angerichtet. Unser Verhalten ist nichts als ein berechtigter Selbstschutz, eine Maßnahme, um das jüdische Joch abzuschütteln. Die Juden sind ein unseliges Volk, das seinen Fluch überall hinträgt, wo es sich niederläßt."

Erika traute ihren Ohren nicht, es schien ihr unglaublich, daß ein Priester so redete. „Die Juden haben doch der Welt viel gegeben", sagte sie erregt. „Philosophen, Wissenschaftler, Künstler, und dann das Alte Testament, dessen Gesetze heute noch gelten und das Jesus Christus zur Grundlage seiner Lehre gemacht hat!"

Der Pfarrer nickte. „Das stimmt. Wir müssen deutlich unterscheiden zwischen dem Volk Israel, den Juden vor Christus, als sie ein Instrument göttlicher Offenbarung waren, und den Juden nach der Kreuzigung des Erlösers, als sie von Gott dazu verflucht wurden, rastlos über die Erde zu wandern!"

In Erikas Gehirn wirbelten Fetzen aus den Gesprächen mit Dan durcheinander. Sie wußte, daß der Pfarrer unrecht hatte, aber es war so schwierig, ihm in der Diskussion standzuhalten.

„Die Behauptung, sie hätten Gott umgebracht, hat ja schon immer alle berechtigt, Verbrechen an den Juden zu begehen!"

Der Pfarrer sah sie verblüfft an. Die Kleine hatte Verstand. Aber es war ja auch nur normal, daß ihr Freund sie zu beeinflussen versucht hatte. Das Verhalten des Geistlichen wurde noch väterlicher.

„Du bist noch zu jung, um die Dinge zu durchschauen, und natürlich redet dein Freund von seinem Standpunkt aus, so wie man es ihn gelehrt hat. Es ist menschlich, daß sich die Juden zu rechtfertigen suchen. Aber glaub mir, in ihrem grenzenlosen Haß gegen das Christentum standen sie immer an vorderster Front, um Böses zu säen und unsere Kirche zu zerstören. Heute erscheint uns Hitler als ein Werkzeug der göttlichen Vorsehung gegen den Judaismus und zur Erfüllung eines alten Plans. Wir haben kein Recht, ihn daran zu hindern. Und wenn bei diesem Prozeß auch der eine oder andere Jude leiden muß, der in unseren Augen unschuldig erscheint, dann darf uns das nicht aufhalten. Auch im Krieg leiden die Unschuldigen genauso wie die Schuldigen."

Er war aufgestanden und ging im Zimmer auf und ab. Dann blieb er mit verschränkten Armen vor Erika stehen.

„Ich möchte noch einmal auf das zurückkommen, was ich vorhin gesagt habe. Wahrscheinlich ist dein Freund wirklich ein guter Kerl, aber eines Tages wird er ganz Teil der Rasse sein, der er angehört, während du, als junge Deutsche, die Pflicht hast, an deine Zukunft als Frau und Mutter zu denken. Dich erwartet eine große Aufgabe, die du früher oder später mit großer Freude und Zufriedenheit erfüllen wirst."

Er streckte die Arme aus und zog Erika vom Stuhl hoch. „Ich habe volles Vertrauen zu dir, und ich weiß, daß du über meine Worte nachdenken wirst."

Dann stand Erika wieder auf der Straße. Es regnete leicht, die Häuser hatten ihre klaren Umrisse verloren, die Dämmerung kroch aus den Winkeln und überzog alles mit einem dichten Schleier.

Und wenn der Pfarrer recht hätte? Sie kannte die Juden doch nur aus Dans Erzählungen, und was wußte er schon, jung und gutgläubig wie er war? Als sie zu ihrem Haus kam, sah sie von der Straße aus das erleuchtete Küchenfenster der Warburgschen Wohnung. Dahinter bewegte sich ein Schatten. Vielleicht war es Dan, so nah und doch so unerreichbar! Was hatte er nur getan, um so hart bestraft zu werden? Es war doch alles Wahnsinn!

Lise Loewenthal

30 Geschenktes Leben

Zum Text/ Problemfeldbeschreibung:	Auf einem Treffen von Hitlerjugend- und Jungvolkführern üben zwei Redner eine besondere Wirkung auf den jungen Tödt aus: Der eine beschreibt seinen inneren Weg zum Christentum, der andere – Reichsjugendführer Baldur von Schirach – kündigt die geplante Ausschaltung von Christentum und Kirche an. Tödt fühlt sich zur Entscheidung gedrängt und beschließt, sein Amt als Jugendführer abzulegen und Theologe zu werden.
Stichworte:	Jugendverbände, Ausschaltung der Kirche, Entscheidung, Gewissen, Glaube, Manipulation, Rosenberg, Goebbels, v. Schirach
Vorlesezeit:	5 Minuten
Vorlesealter:	ab 14 Jahren

Mit achtzig aus dem ganzen Reich ausgelesenen Hitlerjugend- und Jungvolkführern – ich selbst hatte bereits als Sechzehnjähriger in „meinem" Jungvolkstamm sechshundert Jungen – war ich für vier Wochen auf die Reichsjugendführerschule nach Potsdam beordert. Man behandelte uns als Nachwuchselite für Partei und SS, als künftige Führungsschicht des Dritten Reiches, und sagte uns das auch ganz offen. Was die Versuchung der Macht gerade für Jugendliche bedeutet (wie begehren doch Gruppen in den heutigen jungen Generationen gegen Ohnmachtserfahrungen auf!), war uns schon von unseren bisherigen Führervollmachten her reichlich vertraut. Wir fühlten uns als Avantgarde, zum Mitwirken an der Spitze des Geschehens bestimmt. In Potsdam und in Berlin redeten nun unmittelbar zu uns die Koryphäen der damaligen Ideologie, Rosenberg, Goebbels, hohe Vertreter von Wehrmacht, SS, Diplomatie und andere von Rang und Namen. Darunter auch ein „Irrläufer" – August Winnig. Schon äußerlich fiel er gegen den Schneid der sonstigen Prominenz ab; schwer und grau trat er auf das Podium und kündigte muffig an, er werde nun ein Stück aus seinem neuen Buch „Heimkehr" lesen. Und was trug dieser alte Vertreter der Arbeiterbewegung dem jugendlichen, auf soldatische Haltung und ideologischen Kampfwillen geschulten Auditorium vor? Seinen inneren Weg zurück zum christlichen Glauben seiner Kindheit! Diskussion zu den Vorträgen gab es nicht, aber niemand hätte auch wohl zu dem, was er da von Winnig gehört hatte, das Wort ergreifen mögen. Mir blieb Winnigs Lesung fortan unverlierbar im Gedächtnis.

An einem der folgenden Tage empfing uns der Reichsjugendführer Baldur von Schirach zu vertraulichem Gespräch. Mit einer Rückhaltlosigkeit, die mir vorher noch nicht begegnet war, skizzierte er den künftigen Weg der Partei zur völligen Ausschaltung und Mumifizierung von Christentum und Kirche. Bislang hatte man die Öffentlichkeit mit dem Verweis auf Hitlers „positives Christentum" hingehalten. Hier nun wurde in aller Deutlichkeit ausgesprochen, was ich vorher wohl geahnt hatte: Es konnte nicht um Synthesen, sondern es konnte nur um die alternative Entscheidung zwischen Nationalsozialismus und Christentum gehen. August Winnig und Baldur von Schirach (diese gleichnisträchtigen Vornamen!) stellten das Entweder-Oder dar. Entweder also der Bruch mit dem, was das Elternhaus mir vermittelte, zugunsten der Macht, die in wenigen Jahren Deutschland in unvorstellbarem Maße mobilisiert hatte; oder ein Leben in einem bedeutungslosen kirchlichen Abseits, das jederzeit von der Wucht der nationalsozialistischen „Revolution" überrannt, ja ausgelöscht werden konnte.

Eines späteren Abends ging ich dann zu dem Lehrgangsleiter, von dem ich viel hielt, und erklärte ihm folgendes. Ich wollte Theologe werden. Der Reichsjugendführer habe die Eliminierung von Kirche und Christentum durch die Partei angekündigt. Also sei es an der Zeit für mich, den Tornister zu packen. Die Reaktion des Leiters, der mir gut Freund war, verblüffte mich: Das mit der Abschaffung seien doch nur Überlegungen im Vorfeld, der Führer habe noch nicht entschieden, und so weiter. Es waren lauter subjektiv ehrliche, aber mich nun nicht mehr überzeugende Auskünfte. Ich blieb bis zum Lehrgangsschluß, aber die Entscheidung war klar. Den mich verlockenden Weg der Macht würde ich nicht gehen.

Heinz Eduard Tödt

31 Julnacht

Zum Text/ Problemfeldbeschreibung:	Pimpfe nehmen an einer „germanischen" Weihnachtsfeier teil.
Stichworte:	Julfeier, Weihnachten, Lichtkind, Pimpfe, Kreisleiter, Germanisierung
Vorlesezeit:	5 Minuten
Vorlesealter:	ab 12 Jahren

Im Winter mußten wir Pimpfe mit der Sammelbüchse losziehen. Wir verkauften kleine bunte Holzfiguren, das Stück für 20 Pfennig. Die Anregung, daß immer ein Pimpf mit einem Jungmädel zusammengehen solle, wurde nicht aufgegriffen.

Klaus Bismarck Stüwe tanzte vor Freude, als ich ihm sagte, wir beide stünden zusammen auf einem Zettel. An der Rostocker Bank sollten wir sammeln, bis zum Leinenhaus Ratschow.

„Na, dann zeigt mal her", sagten die Passanten und steckten Groschen in die Büchse.

„Uh, die ist ja schon doll schwer." Alte Damen, ganz in Schwarz, Soldaten, eine Schaffnerin.

„Die Püppchen sind ja hübsch."

Ich solle auf meine Zähne achtgeben, immer tüchtig putzen, morgens und abends, möglichst nach jeder Mahlzeit. Die seien noch so schön gesund.

Mancher wies stumm auf seinen Mantel, da hing schon was.

Ein Mann wollte unbedingt den Mohren haben, der fehle ihm noch. „Einen Ritter können Sie haben, die Mohren sind alle." Aber den hatte er schon.

Eine gute Ausrede war: „Ich hab' kein kleines Geld."

„Wir nehmen auch großes", sagte Stüwe dann.

Zu Weihnachten führte die Spielschar im Stadttheater eine Kantate auf.
    Wir suchen ein heimliches Haus ...
Die hatte ein Geiger des städtischen Orchesters verbrochen. Egon Warkentin sang darin das Solo. Der war jetzt Soldat. Anstelle von Orden trug er das Leistungsabzeichen der Hitlerjugend.
    Wir suchen ein heimliches Haus
    und haben verloren die Straße ...
Der Kreisleiter hielt eine Rede, in der er den Dezember „Wintermond" nannte und auf Jesus schimpfte. „Lichtkind" müsse es heißen. „Balder, das Urlicht ist da."

Während er redete, blickten wir in den Schnürboden hinauf und betasteten den Rundhorizont. Hier hatte ich als Kind mal den Däumling spielen sollen.

Manchem wurde schlecht. Der durfte sich gebückt entfernen und hinter der Bühne ausruhen. Ein regulärer Ablösedienst wurde organisiert. „Jetzt gehst du und dann du", es müsse jeder mal drankommen.

Sonderbarer Dreck da und das Durcheinander.

Was das da für ein Stuhl sei? flüsterte einer. Das war der Stuhl für den Vorhangdreher.

Endlich war die Rede aus. Der Kreisleiter raffte seine Papiere zusammen und schritt ausgreifend auf die Seite.

Löffelholz sagte: „Bleibt noch einen Moment stehen!" Der Kreisleiter wolle sich bestimmt noch bei uns bedanken.

Er habe so das Gefühl, als ob dies die beste Julveranstaltung der letzten Jahre gewesen sei.

Aber der Kreisleiter kam nicht, der hatte es eilig.

„Ihr habt eure Sache sehr gut gemacht", sagte meine Mutter. „Euer Führer – fabelhaft."

Sie hätte so gern geklatscht, doch bei einer Feierstunde dürfe man das ja nicht.

Aber, was der Kreisleiter da gesagt habe, das sei ja empörend gewesen. „Wie isses nun bloß möglich. Mit ‚Lichtkind' und all so'n Quatsch."

Aber das dürfe ich nicht weitersagen, sonst komme sie in Deubels Küche. „Hörst du?"

Walter Kempowski

Lager unter Kontrolle 32

Zum Text/ Problemfeldbeschreibung:	Evangelische Jugendlager werden mehr und mehr von der Gestapo überwacht und zugleich schikaniert. An einem Beispiel wird die Willkür und die Sinnlosigkeit dieser staatlichen Repressalien deutlich.
Stichworte:	Hitlerjugend, Gestapo, evangelische Jugendlager, Jugendvertrag zwischen Hitlerjugend und Kirche, Überwachung, Schikane, Bibel
Vorlesezeit:	10 Minuten
Vorlesealter:	ab 13 Jahren

„Hast du deinen Urlaubsschein schon bei der HJ beantragt?" Diese Umfrage im evangelischen Jugendkreis war nötig geworden, wenn wieder zu einer Jugendfreizeit eingeladen wurde. Denn niemand durfte ohne einen solchen

Urlaubsschein an einem evangelischen Lager teilnehmen. Immer schärfere Auflagen wurden im Laufe der Jahre gemacht. Es genügte schon lange nicht mehr, Ort und Zeit eines evangelischen Freizeitlagers anzumelden. Der verantwortliche Freizeitleiter mußte sich als „zuverlässig" ausweisen. Zeltlager und geländesportliche Unternehmungen waren ohnehin untersagt. Im Jugendvertrag zwischen HJ und Kirche war nur vereinbart: „Für volksmissionarische Kurse und Lager wird vom Dienst in der HJ entsprechender Urlaub erteilt."

„Mir haben sie keinen Urlaubsschein gegeben", klagte ein Junge. „Ich müßte zuvor in ein HJ-Lager gehen; dann könnte ich erst einen Schein bekommen." Bekümmert sah ihn der Leiter des Jungenkreises an: „Dann also das nächste Mal!" Er wußte, daß schon einige Lager aufgelöst und die evangelischen Jungen kurzerhand heimgeschickt wurden, wo nur ein einziger Teilnehmer ohne Urlaubsschein angetroffen wurde. Er wußte auch das andere: Mancher, der die Pflichtübung der HJ-Lager ableistete, litt unter der fanatisierenden Propaganda in Wort und Lied.

Die evangelischen Jugendlager hatten einen anderen Stil. Der militärische Drill fiel weg; das empfanden manche als erholsam. Ganz selbstverständlich fühlte sich jeder dem andern in vollem Vertrauen verbunden. Damit war auch alle äußere und innere Ordnung gegeben. Wie zur Reformationszeit schuf auch jetzt das gesungene Bekenntnis die rechte Einstimmung. Nie wurde die Bibel und die Erfahrungen der Propheten und Apostel so zeitnah empfunden wie auf dem geistigen Hintergrund des „funkelnden Weltanschauungskampfes". Da standen die falschen Propheten wie die Leute um Amazja, dem Staatsoberpriester von Bethel, gegen Amos, den einfachen Hirten von Thekoa. Ein jeder begriff die Parallelen zwischen damals und heute, wo ein „am Menschen und an der Nation orientiertes Evangelium" gegen die eigentliche Botschaft Gottes und den Ruf zur Umkehr gestellt wurde. Daß Paulus und Silas damals verhaftet und ins Gefängnis geworfen wurden, weil sie eine Weise verkündigt hatten, die den staatlichen, römischen Interessen zuwiderstand, das alles warf ein kritisches Licht auf ähnliche Verhaftungen. Die Bibel machte das Zeitgeschehen durchsichtig. Wer um Gottes Plan Bescheid wußte, konnte darum in der Gegenwart richtig, das heißt ohne Selbsttäuschung entscheiden.

Die evangelischen Jugendlager mußten in festen Unterkünften stattfinden. Die „Haslachmühle" und andere Heime, die während der Ferienzeit frei waren, boten sich an. Wie eine dunkle Gewitterwolke lastete über ihnen die dauernde Kontrolle. Das kann an einem Lager beispielhaft gezeigt werden.

Nach erschwerten Verhandlungen war schließlich der Omnibus gefunden worden, der die Jungen in den Schwarzwald bringen sollte. Dort stand ein Heim bereit, die jungen Gäste aufzunehmen. Die erste Aufregung! Einer hatte tatsächlich keinen Urlaubsschein. Ernst (so hieß der Junge) hatte ihn schon vor Wochen beim „Unterbann" beantragt, und er rechnete bis zuletzt mit der Zustellung. Aber die zuständigen Herren ließen sich Zeit. „Zurückbleiben – Zurückschicken – Nachkommen!" Das wäre die eine Lösung gewesen. Es fand sich jedoch auch noch ein anderer Weg. Der Ortspfarrer in jenem Schwarzwalddorf nahm Ernst, den Mann ohne Urlaubsschein, in sein Pfarrhaus auf.

Schon am andern Morgen meldeten sich zur Stunde der „Morgenwache" (Morgenandacht) zwei unauffällig gekleidete Männer. Sie wiesen sich als Vertreter der „Gestapo" (Geheime Staatspolizei) aus. Das ganze Lager, die Küche, die Schlafräume, die Waschgelegenheiten, wurden genau überprüft. Noch boten die hygienischen Verhältnisse keinen Grund zur Beanstandung und damit zur Aufhebung des Lagers. Dann kamen die Ausweise! „Alle Urlaubsscheine vorlegen!" Auch das klappte. Kleine Formfehler, ungenaue Orts- und Zeitangaben, wurden angemahnt. „Die Beanstandungen müssen bis zum nächsten Mal behoben sein! Widrigenfalls ..." Aber wer kann schon bis morgen oder übermorgen solche Kleinigkeiten zurechtbringen! Die Drohung blieb bestehen und mit ihr die geheime Angst. Während der Leiter des Lagers gesondert befragt wurde, erkundigte sich der andere Beamte ganz leutselig bei den jungen Lagerteilnehmern: „Was macht ihr so den ganzen Tag? Etwas Ballspielen, nicht wahr?" Schweigen der Befragten. „Nun, den ganzen Tag beten? Das glaubt ihr wohl selber nicht!" Die Jungen schüttelten unbewußt die Köpfe. „Wußten wir's doch." Unruhiges Tuscheln machte den Beobachter erst recht neugierig: „Nun, was gibt's da zu verheimlichen?" Der Tageslauf wurde abgefragt. Das Programm des folgenden Tages durchleuchtet. Noch lag kein kritischer Anhaltspunkt vor. Zwei Tage später erschien die Gestapo wieder: „Wir haben gehört ..." Sie versuchten, einzuschüchtern und auf diese Weise Unsicherheit und Schuldgefühle zu wecken. „Ihr wollt ausmarschieren?" „Wir? Nein! Wir planen nur, eine alte Ruine zu besichtigen; schließlich muß man ja auch dorthin laufen", erklärten die Jungen. „Also – Geländespiel!?" „Das überlassen wir der HJ", versetzte kurzerhand der Leiter, „wir haben anderes zu tun!" „Soll das heißen, daß Geländespiele in Ihren Augen weniger wichtig sind?" Jedes Wort wurde bei solchem Verhör gewogen, ob nicht eine böse Hetze gegen die Partei herauszuhören sei. Auch diesmal reichte es nicht zur Auflösung des Lagers.

Bei der nächsten Tageswanderung mußte streng darauf geachtet werden, daß nur kleine Gruppen zu je drei oder vier durch die Gegend schlenderten auf das angezeigte Ziel zu. Gleichschritt, noch dazu in Kolonnen, war verboten. Der regelmäßige Gestapobesuch gehörte zum Tagungsrahmen. Einige meinten, man müßte sie als „Gäste" begrüßen mit kräftigem Gesang „Sonne der Gerechtigkeit, gehe auf zu unserer Zeit ..." „Das laßt gefälligst bleiben!

Die Leute suchen doch nur nach einem Grund, um das Lager zu schließen, ein Exempel zu statuieren und zu publizieren und euch heimzuschicken. Das ist Methode." Gar mancher hat in jenen Tagen Jesu Weisung besser verstanden: „Seid klug wie die Schlangen und ohne Falsch wie die Tauben!"

Solche Ferienlager, mit den brisanten Einlagen, haben das Zusammengehörigkeitsgefühl der evangelischen Jugend gestärkt. Dem Nachdenklichen stellte sich die Frage: Was muß das für eine große Sache und ein gefährliches Unternehmen sein, wenn die „Mächtigen" einen solchen Kontrollapparat benötigen, oder fühlen sie ihre eigene Schwäche so stark, daß sie geistige „Konkurrenz" nur mit Zwangsmitteln ausschalten können?

Gewiß, das bedrückende Gefühl, nun auch in einer „schwarzen Liste" geführt zu werden, hat manchen Jungen belastet. Andererseits überkam manchen Jungen auch die Gelassenheit, mit frohem Mut und gutem Gewissen einer ungewissen Zukunft entgegenzugehen.

Theo Braun

33 Die über 99%-„Ja-Wahl"

Zum Text/ Problemfeldbeschreibung:	Ein Pfarrer der Bekennenden Kirche erzählt von den Folgen seiner Weigerung, am Tage nach der Volksbefragung zur Politik Hitlers die Glocken seiner Kirche zu läuten.
Stichworte:	Volksbefragung zur Politik Hitlers, „99 %-Wahl", Glockenläuten, Pfarrer, Widerspruch, Bekennende Kirche
Vorlesezeit:	7 Minuten
Vorlesealter:	ab 15 Jahren

Zufällig war ich am Dienstag um 12 Uhr in Seeshaupt und hörte Glockengeläut unseres Kirchleins. Ich fuhr sofort hinüber. Die Kirchnerin steht da und zieht im Rhythmus an den beiden Glockenseilen.

„Warum läuten Sie denn?"

Ihre Antwort: „Wegen des wunderbaren Wahlergebnisses."

„Hören Sie bitte sofort auf!"

„Ja, warum denn?"

„Weil wir als Christen Betrug nicht mitmachen dürfen. Lügen muß man ohne Gott."

Auf ihren weinerlichen Einwand: „Dann werd' ich eingesperrt", entgegnete ich: „Wenn Sie gefragt werden, dürfen Sie sich selbstverständlich auf mich berufen. Ich übernehme als Pfarrer, als Hirte der Gemeinde die Verantwortung. Wir dürfen Betrug nicht decken, schon gar nicht mit den Kirchenglocken. Damit würden wir sozusagen Gott zum Mitlügen zwingen. Die Männer des Staates müssen wissen: Lügen kann man nur ohne Gott!"

Ich wurde angezeigt. Der zuständige Kommissar aus Penzberg, übrigens ein sehr feiner, grundanständiger Mann, hat mich vernommen: „Herr Pfarrer, warum haben Sie denn nicht geläutet?"

„Herr Kommissar, warum fragen Sie denn? Das wissen Sie so gut wie ich. Aber ich weiß, sie müssen mich als Polizist fragen, und ich will Ihnen als Pfarrer klar und eindeutig antworten: „Ich hab' nicht läuten lassen, weil die Wahl ein aufgelegter Schwindel war."

„Aber Herr Pfarrer, das dürfen Sie doch nicht sagen, da gibt's wieder was. Da werden S' diesmal bestimmt eingesperrt."

„Herr Kommissar, ich muß das sagen. Ich könnte mich herausreden und Ihnen vormachen, ich hätte es vergessen; das wäre einfach, aber unredlich. Der Staat hat Recht und Pflicht, Gesetze und Verordnungen zu erlassen. Die Staatsbürger ihrerseits sind gehalten und verpflichtet, sie zu befolgen. Wenn sie es nicht tun, müssen sie gewichtige Gründe dafür haben. Diese Gründe zu erfahren, hat der Staat das Recht. Wo kämen wir hin, wenn jeder unkontrolliert tun und lassen dürfte, was er wollte. Ich habe nicht geläutet, weil die Wahl ein Schwindel war. Meine Behauptung stützt sich nicht auf vage Vermutungen; ich weiß von geheimen Anordnungen aus dem Innenministerium, habe Kenntnis von den Anweisungen bei der geheimen Bürgermeisterversammlung, in der der Kreisleiter im einzelnen die Schwindelanweisungen gab, wie das gewünschte Wahlergebnis zustande zu bringen ist. Ich weiß, daß die Wahl hier in Penzberg keine geheime, sondern eine kontrollierte Wahl war, daß eine genaue Liste aller Nein-Wähler vorhanden ist, daß auch ich mit meiner Frau und unserem Mädchen draufstehen, daß aber trotzdem die abgegebenen Nein-Stimmen bis auf wenige unterschlagen wurden usw. Und nun ist die Sache so: Es geht fürs erste nicht an, daß ich durch Läuten hinterher so tue, als könnte ich nun doch mit ‚Ja' wählen. Aber das ist das Geringere. Schlimmer ist: Ich soll sozusagen mit dem Läuten Gott zu diesem Betrug ‚Ja' sagen lassen und der Gemeinde gegenüber so tun, als sei die Wahl Anlaß, auf die Knie zu fallen und Gott zu danken. Dann hätte ich Menschen *und* Gott belogen, wie es in der Apostelgeschichte bei Ananias und Saphira heißt (Apg. 5,1 ff.). Ich kann das um keinen Preis der Welt tun. Unsere Glocken rufen zum Wort der Wahrheit und zum Gebet. Ich würde mich schämen, wieder auf die Kanzel zu gehen, wenn ich wissentlich solchen Betrug mit Glockenläuten gedeckt hätte."

Zunächst erfolgte nichts.

Dem Landeskirchenrat habe ich sofort Bericht von der polizeilichen Anzeige erstattet. Ich wurde in die Arcisstraße vorgeladen zu einer Besprechung vor mehreren Herren der Kirchenleitung. Der Landesbischof nahm das über 99%ige Ergebnis offenbar für bare Münze und fragte mich fast etwas vorwurfsvoll, ob ich denn nicht die unerhörte Begeisterung aus den Radioübertragungen gehört hätte, gab aber klausuliert zu erkennen, daß gegebenenfalls das Geläute durch die Kirche verweigert worden wäre, wenn man von den Unkorrektheiten vorher Kenntnis gehabt hätte. Mir wurde aber mit sehr ernster Vermahnung zu bedenken gegeben: „Stellen Sie sich vor, welche unabsehbaren Folgen es für die bayer. Landeskirche hätte haben müssen, wenn mehrere Pfarrer oder gar alle nicht hätten läuten lassen!" Ich konnte nur antworten: „Herr Landesbischof, Sie bedenken offenbar nicht, daß das Läuten auch Folgen hatte, diese nämlich, daß die Männer von Staat und Partei der Kirche kein Stück Brot mehr abnehmen. Ich täte es an deren Stelle auch nicht. Diese Leute müssen meinen, die Kirche sei durchaus in der Lage, offensichtlichen Betrug auf einen Wink des Staates mit Glockengeläute zu salvieren."

Karl Steinbauer

34 Deutsche Evangelische Woche in Stuttgart 1936

Zum Text/ Problemfeldbeschreibung: Die Gemeinde wartet gespannt auf die Eröffnung der Deutschen Evangelischen Woche in Stuttgart. Der Redner aus dem Rheinland hat Redeverbot erhalten. Trotzdem hält er seine Bibelarbeit. Anschließend wird er von der Gestapo aus Württemberg ausgewiesen.

Stichworte: Freiheit der Verkündigung, Gestapo, Redeverbot

Vorlesezeit: 3 Minuten

Vorlesealter: ab 13 Jahren

Das Echo auf diese Einladung war überraschend stark; etwa viertausend evangelische Männer und Frauen, Akademiker und Nichtakademiker, Alte und Junge sind aus ganz Deutschland und aus den Nachbarländern Schweiz und Österreich, auch aus den skandinavischen Ländern und von den britischen Inseln nach Stuttgart gekommen und von den Stuttgarter Gemeinden mit viel opferfreudiger Liebe aufgenommen worden.

In der Stiftskirche und in der damals noch großen Hospitalkirche wartete eine große Gemeinde gespannt auf die Eröffnung der „Evangelischen Woche" durch den Vorsitzenden des Reichsausschusses der DEW, Paul Humburg. Sie mußte sich aber zunächst zweimal wieder heimschicken und dann wieder zusammenrufen lassen, weil die Geheime Staatspolizei Präses Humburg am Tag vorher mit einem Redeverbot für Stuttgart belegt hatte und auf der anderen Seite die Leitung der DEW fest entschlossen war, trotz diesem Verbot die ganze Veranstaltung nicht ohne Humburg zu eröffnen.

Die Berliner und die Stuttgarter Polizei beharrten auf dem Verbot für Humburg. Dieser blieb trotz der Androhung einer Gefängnisstrafe zusammen mit den leitenden Männern der Woche bei dem Entschluß, den Eingriff der staatlichen Macht in die Verkündigung der Kirche nicht hinzunehmen. Humburg wurde von uns durch die Polizei hindurch vom Hospiz Viktoria in die stark überfüllte Stiftskirche geleitet, sprach von der Kanzel in großer Ruhe sein Grußwort über Apostelgeschichte 10, 30 und hielt anschließend die erste Bibelarbeit über Richter 6, ohne jedes polemische Wort zur Lage, aber gerade so tief eindrücklich. Nach seiner Rückkehr in die Sakristei wurde er von einem Gestapo-Mann höflich in ein Auto gebeten, des Landes verwiesen und über die Landesgrenze von damals nach Bretten und von dort durch einen Freund nach Baden-Baden in seinen Urlaubsort gebracht.

Martin Haug

Die Gemeinde half mit 35

Zum Text/ Problemfeldbeschreibung:	Eine Gemeinde ignoriert die Ausweisung ihres Pfarrers. Als er dann, nachdem er illegal weiter seinen Dienst in der Gemeinde verrichtet hat, verhaftet wird, versammeln sich die Christen vor dem Gefängnisgebäude und stärken ihn mit Gesang und Gebeten.
Stichworte:	Bekennende Kirche, Deutsche Christen, Pfarrer, Gestapo, Gefängnis
Vorlesezeit:	4 Minuten
Vorlesealter:	ab 12 Jahren

Pfarrer R. Weckerling versah seine Pfarrstelle in einer sehr lebendigen Gemeinde der Bekennenden Kirche mit viel Engagement und großer Freude. Auch seine Gemeindeglieder schätzten und achteten den geradlinigen Pfarrer sehr. Doch der Gestapo war er zunehmend ein Dorn im Auge, und schließlich wurde er zusammen mit einem Amtsbruder zuerst aus dem Land Hessen und später auch noch aus der damaligen preußischen Provinz Hessen-Nassau ausgewiesen. Die deutsch-christliche Kirchenverwaltung besetzte das Pfarrhaus sofort mit einem Pfarrer ihrer Gesinnung.

So schnell jedoch ließ sich die Gemeinde nicht einschüchtern – alle wollten ihren alten Pfarrer behalten, und er kehrte illegal in seine Gemeinde zurück, wo er weiterhin seiner pfarramtlichen Tätigkeit nachgehen konnte. Gute Freunde gewährten ihm Unterschlupf.

Nach einiger Zeit wurde er von dem Vater eines seiner Konfirmanden denunziert. Drei Beamte der Gestapo verhafteten ihn in seinem Domizil und steckten ihn ohne ein Verhör oder eine Vorführung vor Gericht in das Stadtgefängnis. Man hatte aber nicht mit der Hartnäckigkeit und Treue seiner Gemeindeglieder gerechnet. Sie versammelten sich in großer Zahl vor dem Gefängnis und stärkten ihren Pfarrer mit Liedern und Gebeten.

Seltsamerweise passierte zunächst nichts – niemand jagte die Menge davon. Als die Aktion jedoch einige Tage später mit wesentlich größerer Beteiligung wiederholt wurde, schritt die Gestapo ein.

Pfarrer W. wurde nun endgültig nach Berlin-Brandenburg verwiesen. Außerdem durfte er sich nur in bestimmten Bereichen Berlins bewegen. Die Bekennende Kirche Berlin kümmerte sich sofort um seine Familie und ihn und sorgte für eine Unterkunft. Außerdem konnte er missionarisch und seelsorgerische Aufgaben in einer Gemeinde übernehmen. Natürlich wurde er auch in Berlin weiterhin von der Gestapo überwacht.

Karl-Heinz Lange

36 Bekenntnisgottesdienst vor verschlossener Kirchentür

Zum Text/ Problemfeldbeschreibung:	Ohne den Pfarrer P. Dahl zu informieren, wird ein neuer Pfarrer vom Landesbischof nach Rodenäs entsandt. Das löst Empörung in der Gemeinde und bei den BK-Pfarrern der Umgebung aus. Es wird ein Bekenntnisgottesdienst in Rodenäs angesetzt, der allerdings im Freien abgehalten werden muß, da die Kirche verschlossen ist.
Stichworte:	Deutsche Christen, Bekennende Kirche, Gottesdienst, Religionsfreiheit, NSDAP
Vorlesezeit:	5 Minuten
Vorlesealter:	ab 12 Jahren

Paul Dahl war damals rechtmäßiger Inhaber der Pfarrstelle Rodenäs, ein Mann, der sein Amt sehr ernst nahm und sich mit großem Eifer für seine Gemeinde einsetzte. Eines Tages im Oktober oder November 1936 erschien urplötzlich, vom Landeskirchenamt beziehungsweise Landesbischof entsandt, ein neuer Pastor in Rodenäs, Theo Böttcher, um die Pfarrstelle zu übernehmen. Ob er den Deutschen Christen (DC) angehörte, weiß ich nicht; jedenfalls muß seine Couleur der kirchlichen Aufsichtsbehörde genehmer gewesen sein als die des derzeitigen Stelleninhabers. Mag sein, daß auch die Partei als treibende Kraft hinter dem Ganzen steckte. Pastor Theo Böttcher mußte damals zunächst in der Wirtschaft Rodenäs sein Domizil aufschlagen. Das Pastorat war besetzt von Pastor Dahl und Familie, und selbstverständlich dachte Dahl nicht daran zu weichen. Warum auch? Kiel hatte es nicht für nötig gehalten, ihm von dem bevorstehenden Amtswechsel Kenntnis zu geben. Er war völlig ahnungslos. Das ganze Unternehmen glich einem Überfall. In der Gemeinde und weit darüber hinaus große Empörung. Auch wir Pastoren der Bekennenden Kirche (BK) gerieten in Erregung und Bewegung. Wir mußten etwas für unseren bedrängten Bruder Paul Dahl tun. So trafen wir elf Südtonderaner BK-Pastoren uns zu einem kurzfristig angesetzten Bekenntnisgottesdienst an einem Sonntagnachmittag im November im Pastorat Rodenäs. Als wir uns von dort aus im Talar in Richtung Kirche bewegten, bemerkten wir sehr bald, daß irgend etwas nicht stimmte. Eine größere Menschenansammlung drängte sich draußen vor der Kirche, bezeichnenderweise nur Männer, etwa 80. Keine einzige Frau! Über uns der herbstliche graue Himmel, stürmische Wolken. Vor uns die Kirchentür – aber verschlossen. Die Situation hatte etwas Apokalyptisches an sich. Wir wußten nicht, daß sich irgendwo hinter der Kirche die Schlüsselentführer, der neue Pastor und der Organist oder Kirchendiener, als stille Beobachter verborgen hielten. So fand der Gottesdienst draußen statt. Bruder Reinhard Wester richtete ein kurzes Wort an die Versammelten. Ich erinnere mich noch an den Beginn seiner Kurzansprache: „Das hat es in der Geschichte der Gemeinde Rodenäs bis heute sicherlich noch nie gegeben, daß die Gemeinde ihre eigene Kirche nicht betreten kann und ihr der Gottesdienst verwehrt wird." Pastor Rudolf Muuß sprach dann mit seiner weittragenden Stimme das Vaterunser. Mit dem Segen und gemeinsamen Schlußvers schloß der gewiß kürzeste unter allen Gottesdiensten der Bekennenden Kirche in unserem Lande.

Für die zurückkehrenden Pastoren, Kirchenältesten und anderen Gästen stand die Pastoratstür weit geöffnet. Ein großer Kaffeetisch war gedeckt. Dahls zeigten sich trotz ihrer tiefen Betroffenheit als gute Gastgeber. Die Spannung löste sich und wich dem sich anbahnenden Humor oder Galgenhumor.

Dieser Tag hatte noch ein Nachspiel. Am selben Abend berichtete der Sender Moskau über Rodenäs unter dem Titel „Religionsfreiheit in Deutschland". Für die NSDAP ein willkommener Anlaß zu verstärkter Hetze gegen die Bekennende Kirche auf den Parteiversammlungen ringsum.

Hans Peter Claussen

37 Erfahrungen eines Pfarrers

Zum Text/ Problemfeldbeschreibung:	Erzählt wird von einem schwäbischen Pfarrer, der immer wieder Schwierigkeiten mit den staatlichen Behörden hat. Er wird in seinem Kampf gegen Übergriffe des Staates von seinem Kirchengemeinderat unterstützt.
Stichworte:	Gottesdienst, NS-Weltanschauung, Reichspressekammer, Religionslehrer, Religionsunterricht, Führer, Politische Leiter, Neuheidentum, Goebbels
Vorlesezeit:	10 Minuten
Vorlesealter:	ab 14 Jahren

Es war im Frühjahr 1936. In einer schwäbischen Kreisstadt wurde im Rahmen einer feierlichen Ortsschulratssitzung auf dem Rathaus ein evangelischer Lehrer in den Ruhestand verabschiedet. Neben den Vertretern der Schule und der Behörden waren selbstverständlich auch die Parteigrößen der Stadt und des Kreises anwesend. Es handelte sich um einen Lehrer, der ein großer Naturfreund und ein treues Glied seiner Kirche war. Es wurden die üblichen wohlwollend-freundlichen Reden gehalten, und schließlich kam auch der Vertreter der Kirche zu Wort. Ich erhob mich und schilderte den zu Verabschiedenden in einem Dankeswort als einen evangelischen Lehrer, für den der Religionsunterricht Herzenssache gewesen sei und der gewußt habe, daß alle Erziehung sich das Ziel setzen müsse, die jungen Menschen zu Gott hinzuführen – nicht zu einem selbstgemachten Gott, sondern zu dem in der Heiligen Schrift geoffenbarten, dem Vater Jesu Christi. Bei diesen Worten spürte ich ganz deutlich die Spannung, die im Saale herrschte, die Augen funkelten, und so mancher Kopf lief rot an. Das hatte gesessen, und ich wartete auf ein Nachspiel. Niemand sprach mich nach der Feier darauf an. Keiner besaß den Mut, mich zu fragen, wie ich das denn eigentlich gemeint habe. Aber die Äußerungen gingen nach oben. Ein paar Wochen später wurde mir durch das gemeinsame Oberamt in Schulsachen ein Erlaß der Ministerialabteilung für die Volksschulen eröffnet, in dem es hieß:

„Das gemeinsame Oberamt wird ersucht, den Religionslehrer Stadtpfarrer H. in XY zu der Beschuldigung zu hören, er habe in unmißverständlicher Weise sich abfällig gegen den Nationalsozialismus bzw. den Führer geäußert, indem er ausführte:

‚Der Religionsunterricht war für Sie Herzenssache. Sie waren sich dessen bewußt, daß alle wahre Erziehung das Ziel haben muß, den jungen Menschen zu Gott hinzuführen, nicht zu einem selbstgemachten Gott, sondern zu dem Gott, der uns in der Heiligen Schrift geoffenbart ist' usw."

In der von mir verlangten dienstlichen Äußerung habe ich mich zunächst darüber beschwert, daß keiner der wackeren Denunzianten den Mut aufgebracht habe, mich zur Rede zu stellen, um die Sache zu klären. Dann nämlich hätte es sich rasch herausgestellt, daß ich mit diesem Ausdruck nicht den „Führer" oder den N. S. gemeint habe, sondern das in jenen Tagen in deutschen Landen grassierende Neuheidentum und den sogenannten „Deutschgottglauben", mit dem auch mancher Lehrer sympathisiere. So viel mir bekannt sei, distanziere sich der N.S. ja ausdrücklich von der neuen völkischen Religion, da er politische und nicht religiöse Bewegung sein wolle.

Die Sache war damit erledigt; es geschah vorderhand nichts mehr. Aber ich hatte einen Strich auf der Karteikarte.

Der nächste Zusammenstoß ließ nicht lange auf sich warten. Es wurden die sogenannten Politischen Leiter immer häufiger während der sonntäglichen Gottesdienstzeit zum Revolverschießen befohlen. Nachdem ich dem eine Zeitlang zugesehen hatte, hielt ich es für meine Pflicht, als Seelsorger dagegen einzuschreiten. Es waren ja schließlich meine Gemeindeglieder, die dadurch vom Besuch des Gottesdienstes ferngehalten wurden. So schrieb ich in unserem selbständigen örtlichen Gemeindeblatt, das ich als Schriftleiter zu redigieren hatte, einen geharnischten Artikel über das dritte Gebot. Ich führte darin u. a. aus, daß wir als Christen dagegen zu protestieren haben, daß unsere Sonntagvormittage immer wieder durch Veranstaltungen der politischen Verbände belegt werden.

Das war nicht mehr und nicht weniger als der unverhüllte Aufruf zum Ungehorsam. Die Folgen blieben nicht aus. Zunächst erschien in der Lokalzeitung eine Erwiderung des Kreisleiters, der zugleich der Rektor der Volksschule war, unter der Überschrift: „Ein unnötiger Angriff wird zurückgewiesen". Darin hieß es u. a.: „„...Weil wir als diese große politische Bewegung Deutschlands das Recht für uns in Anspruch nehmen, dieses Deutschland der Zukunft zu gestalten, deshalb lassen wir uns von niemand, also auch nicht von Stadtpfarrer Hornikel, vorschreiben, ob wir Veranstaltungen der Partei besuchen sollen oder nicht."

Eines Tages flatterte der Erlaß Nr. 10103 des Kultusministers auf meinen Schreibtisch, in dem der entscheidende Passus lautete:

„Ich entziehe ihm daher mit sofortiger Wirkung das Recht zur Erteilung des Religionsunterrichts an allen Schulen des Landes und ersuche das Weitere zu veranlassen.

(gez.) Mergenthaler".

Ich richtete dann mit Hilfe des Kirchengemeinderats, der sich hinter mich gestellt hatte und gegen die Maßnahme des Kultusministers protestierte, einen kirchlichen Religionsunterricht ein, der außerhalb der Schulzeit im Gemeindehaus abgehalten wurde.

Aber noch von einer anderen Seite her konnte man mich fassen und mir den Garaus machen. Nach den damaligen Bestimmungen mußte ich auch als

Schriftleiter eines kirchlichen Blattes Mitglied der Reichspressekammer sein, die unter der Kontrolle des Propagandaministers Goebbels stand und sich die einzelnen Nummern des Gemeindeblatts regelmäßig vorlegen ließ. Der Präsident der Reichspressekammer wurde auch alsbald tätig. Er monierte nicht nur den Artikel zum dritten Gebot aus der April-Nummer des Gemeindeblatts, dem er einen „staatsfeindlichen Charakter" bescheinigte, sondern auch die Tatsache, daß ich in der Juni-Nummer das „Osterwort der Vorläufigen Leitung der DEK an die Pfarrer und Gemeinden" veröffentlicht hatte.

Das Schreiben des Präsidenten schließt mit dem Satz: „Ich beabsichtige daher, Ihren Ausschluß aus meiner Kammer zu verfügen, gebe Ihnen jedoch vorher Gelegenheit zur Stellungnahme." Es wurde mir eine Frist von 10 Tagen gesetzt.

Da meine Stellungnahme nach dem Urteil des Präsidenten naturgemäß unbefriedigend ausfiel, wurde ich nach einigen Wochen aus der Reichspressekammer ausgeschlossen und mußte damit die Schriftleitung des Gemeindeblatts an den Dekan abgeben.

Der Reichsverband der evang. Presse unter August Hinderer, der eine Fachschaft der Reichspressekammer war, zog sofort nach und schloß mich auch aus seiner Fachschaft aus.

Rudolf Hornikel

38 Ein jüdischer Lügenpastor gehört nicht auf eine deutsche Kanzel!

Zum Text/ Problemfeldbeschreibung:	SA-Männer und Deutsche Christen versuchen Pastor Benfey am Predigen zu hindern, weil er jüdischer Abstammung ist. Doch seine Gemeinde hält zu ihm.
Stichworte:	jüdische Abstammung, Deutsche Christen, SA-Männer, Gottesdienst, Gestapo
Vorlesezeit:	5 Minuten
Vorlesealter:	ab 12 Jahren

Pfarrer Bruno Benfey war bei den kirchentreuen Gemeindegliedern von St. Marien in Göttingen sehr beliebt. Doch er hatte einen Makel, und der konnte im Dritten Reich tödlich sein: Er war jüdischer Abstammung. Höhepunkt der Anfeindungen gegen ihn waren zwei Gottesdienste am 8. und 18. November 1936.

In der Nacht zum 8. November plakatierten seine Gegner – rassenfanatische Nationalsozialisten und Deutsche Christen – die Straßen mit antisemitischen Flugblättern wie diesem: „Benfey? Niemals! Ein jüdischer Lügenpastor gehört nicht auf eine deutsche Kanzel!"

Benfeys Frau und sein Sohn entfernten die Flugblätter vor Tagesanbruch. Die Gottesdienstbesucher wurden vor der Kirche mit Sprechchören empfangen. SA-Männer versuchten die Gemeindeglieder mit Schildern abzuschrecken, auf denen zu lesen war:

„Hier predigt heute ein Jude. Jeder Deutsche wird den Besuch der Kirche heute meiden!"

„Wir Nationalsozialisten verbitten es uns, uns von Juden in unserem Glauben belehren zu lassen. Wir kaufen keine Schnürsenkel von ihm und wollen auch sonst keinen Verkehr mit ihm. Mag er uns aus dem Weg gehen!"

„Wer heute diesen Juden hört, ist Judenknecht und verdient nicht, Deutscher zu sein und unter uns zu leben!"

„Jeder Hitlerjunge und jedes BDM-Mädchen wird sich weigern, bei diesem Juden Konfirmandenunterricht zu nehmen."

Doch die Gottesdienstbesucher ließen sich nicht beirren. Schließlich saßen 300 Gemeindeglieder in der Kirche. Zu Beginn des Gottesdienstes versuchte ein Kirchengemeinderat – er war gleichzeitig auch NSDAP-Ortsgruppenleiter – zusammen mit etwa 40 Anhängern alle Kirchenbesucher zum Auszug aus der Kirche zu veranlassen. Doch nur wenige folgten seinem Aufruf. So konnte der Gottesdienst ohne Störungen abgehalten werden. Nach dem Gottesdienst mußte sich die Gemeinde durch eine große Menge Schaulustiger ihren Weg nach Hause bahnen. Sie wurden mit Pfuirufen und dem Gebrüll: „Ihr Judenknechte, geht doch mit eurem Benfey nach Palästina!" empfangen. Auch Benfey konnte zusammen mit seiner Frau und einigen Gemeindegliedern sein Haus unverletzt erreichen. Lange noch hallten ihm die Rufe „Juda verrecke" nach.

Noch schlimmer wurde es dann am 18. November, dem Buß- und Bettag. Lange vor Gottesdienstbeginn hatten SA-Männer die Eingänge der Marienkirche blockiert. Trotzdem hatten sich etwa 180 Menschen ungeachtet der Schmähungen und Schläge in die Kirche vorgekämpft. Die Türen mußten gewaltsam geschlossen werden. Die Polizei sah tatenlos zu. Benfey befand sich in der Sakristei und bereitete sich auf den Gottesdienst vor, als plötzlich Gestapobeamte eindrangen. Sie forderten Benfey auf, den Gottesdienst abzusagen. Begründung: „Ihre Gemeinde demonstriert gegen Sie." Benfey antwortet: „Was gegen mich demonstriert, ist nicht meine Gemeinde." Dann kam Frau Benfey, selbst evangelische Theologin, in die Sakristei und sagte, daß sie den Gottesdienst übernehmen würde. Das beunruhigte die Gestapobeamten: „Eine Frau auf die Kanzel? Herr Pastor, Ihre Hand, daß Sie uns nach dem Gottesdienst folgen werden!" – Benfey: „Nach dem Gottesdienst können Sie mit mir machen, was sie wollen." – Die Beamten: „Aber keine

aufreizenden Reden!" – Benfey: „Ich habe das Evangelium zu verkündigen."
Als Benfey nach dem Gottesdienst in die Sakristei zurückkam, nahmen ihn Polizeibeamte noch im Talar in Schutzhaft. Er wurde nur wenige Tage im Polizeigefängnis festgehalten und am 27. November aus dem Regierungsbezirk Hildesheim ausgewiesen.

Eberhard Röhm/Jörg Thierfelder

39 Das versperrte Pfarrhaus

Zum Text/ Problemfeldbeschreibung:	Ein Pfarrverweser wird in eine andere Gemeinde versetzt, die sich im Spannungsfeld des Kirchenkampfes befindet. Da das Pfarrhaus von einem deutschchristlichen Pfarrer besetzt ist, muß er sich eine andere Wohnung suchen.
Stichworte:	Bekenntnistreue Christen, Deutsche Christen, Eidesverweigerer, Kirchenkampf, Konfirmation, Reichsbischof, Treueid, Führer
Vorlesezeit:	8 Minuten
Vorlesealter:	ab 14 Jahren

Ich ware gerade als Pfarrverweser in Engstlatt (Dek. Balingen) mit einer umfangreichen schriftlichen Arbeit für meine zweite theologische Dienstprüfung beschäftigt, als ich vom Oberkirchenrat die Versetzung als Pfarrverweser nach Uhingen (Dek. Göppingen) erhielt. Dieser Wechsel paßte mir nicht gerade ins Konzept. Auch kamen mir die kirchlichen Verhältnisse in der neuen Gemeinde recht seltsam vor, nachdem ich von dort die Mitteilung erhielt, es bestehe da ein Problem, weil man keine Wohnung für mich habe. Das Pfarrhaus sei von einem deutschchristlichen Pfarrer besetzt. So fuhr ich am Tag meines Aufzugs, am 20. Oktober 1937, in eine ungewisse Zukunft hinein. Meine Bücher, einige Möbelstücke und ein Fahrrad transportierte ich auf einem kleinen Lastwagen, den die Engstlatter Gemeindeglieder liebevoll mit Girlanden geschmückt hatten. Kurz vor meiner Abfahrt kam noch ein Telegramm aus Uhingen an: „Wohnung noch nicht gefunden." Ich fuhr trotzdem los.

Mein Einzug in Uhingen war das krasse Gegenteil von dem warmen Abschied aus Engstlatt. Es war niemand zum Empfang da. So fragte ich mich bis zum Pfarrhaus durch und wollte sehen, ob man mir tatsächlich dort das Wohnrecht verweigerte. Es war so. Dann fuhr ich zu dem Haus, in dem der Pfarrverweser, den ich ablösen sollte, seither gewohnt hatte. Es stand nicht weit vom Pfarrhaus entfernt. Die Hausbesitzerin, Frau Schultheiß Ott, wollte aber diese Wohnung nicht mehr zur Verfügung stellen. Dann kam schließlich der Vikar auf dem Fahrrad daher und berichtete, er habe bis jetzt vergebens nach einer Wohnung gesucht. Vielleicht könnten wir aber noch gemeinsam auf Suche gehen. Wir konnten aber nichts Geeignetes ausfindig machen. Ich wollte auch nicht so rasch auf mein offizielles Wohnrecht im Pfarrhaus verzichten.

Des langen Wartens müde, meinte mein Fahrer, der mit seinem Wagen wieder nach Hause wollte, wir sollten wieder miteinander nach Engstlatt zurückfahren, wenn man mich hier nicht haben wolle. Es war bedrückend, wie verlassen ich dastand. Nur einige Kinder trieben sich neugierig herum. Aus den Nachbarhäusern beobachtete man hinter den Vorhängen. Da erklärte ich: „Wir laden jetzt ab; ich mache das Pfarramt auf der Straße auf."

Als ich damit Ernst machte, kamen zwei Frauen aus einem Haus in der Nähe und boten eine leerstehende Werkstatt zum Unterstellen meiner Möbel an. Das Angebot war mir willkommen. Dann erklärte sich auch Frau Schultheiß Ott bereit, mich in ihr Haus aufzunehmen, bis ich eine Wohnung gefunden hätte.

Ich kam mir wie ein unerwünschter und unnötiger Eindringling vor. Erst allmählich gewann ich Einblick in die untragbaren Verhältnisse einer vom Kirchenkampf zerrissenen Gemeinde. Der im Pfarrhaus wohnende Pfarrer gehörte zu den führenden Deutschen Christen im Raum der Württembergischen Landeskirche. Der Kirchengemeinderat hatte sich schon im Jahr 1933 mit ihm angelegt und sich gegen eine Politisierung des kirchlichen Lebens zur Wehr gesetzt. Und der Oberkirchenrat hatte ihn bereits drei Jahre vor meinem Aufzug vom Dienst beurlaubt und dann ein Disziplinarverfahren gegen ihn eingeleitet, bei dem es aber nicht vorwärts ging, weil der Uhinger Pfarrer von der NSDAP und den staatlichen Stellen unterstützt wurde. So mußten die pfarramtlichen Geschäfte von einem Pfarrverweser und einem Vikar ausgeführt werden.

Sie kümmerten sich um die bekenntnistreuen Gemeindeglieder, während der beurlaubte Pfarrer mit einer im Protestakt aus der Landeskirche ausgetretenen Pfarrfrau das Pfarrhaus besetzt hielt, hin und her im Land deutschchristliche Vorträge hielt und gegen die Kirchenleitung arbeitete. Auch in Uhingen selbst war eine starke Gruppe Deutscher Christen vorhanden.

In dieser gespannten und zerstrittenen Gemeindesituation sollte ich meine Arbeit beginnen. Ich war auch kaum einige Tage da, als ich schon in dem parteipolitischen Hetzblatt „Flammenzeichen" als „Eidesverweigerer" angeprangert wurde. Ich gehörte nämlich zu denjenigen Pfarrern, von denen der Treueid auf den Führer Adolf Hitler nicht abgenommen wurde, weil wir dabei auf unsere Bindung an unser Ordinationsgelübde und an die Heilige Schrift verwiesen.

Meine erste Konfirmation im Frühjahr 1938 stand deutlich im Spannungsfeld des örtlichen Kirchenkampfes. Während ich die Kinder der bekenntnistreuen Gemeinde in der Kirche konfirmierte, fand im Saal einer Uhinger Gaststätte zur gleichen Zeit für deutschchristliche Kinder aus Uhingen und Umgebung eine Konfirmationsfeier statt, die höchstpersönlich der Reichsbischof Ludwig Müller hielt. Welch eine kirchliche Zerrissenheit wurde hier offenbar! Aber auch welch aus den Fugen geratene kirchliche Ordnung im Raum einer übersichtlichen Gemeinde!

Wenige Wochen danach wurde dann doch unerwartet das Pfarrhaus von der deutschchristlichen Pfarrfamilie geräumt, gleichzeitig mit dem Gesuch des Pfarrers um Entlassung aus dem Dienst der Landeskirche. Als ich zusammen mit der Kirchengemeinde freudig bewegt das freigewordene Haus besichtigte, begegneten wir im Treppenaufgang einem Plakat, das nach Zeugenaussagen schon längere Zeit dort angebracht war und das der ausziehende Pfarrer ostentativ hängen ließ. Darauf standen die Worte gemalt „Theologen und Juden haben keinen Eintritt". Dies ist sicherlich ein einmaliges Dokument in einem evangelischen Pfarrhaus. Es gibt aber auch Zeugnis von den Entwicklungen und Erfahrungen, vielleicht auch von der Enttäuschung und Verbitterung eines Theologen, der hier neun Jahre lang wohnte. Die Pfarrstelle konnte jetzt neu besetzt und auf Wunsch des Kirchengemeinderates mir übertragen werden.

Karl Frey

40 Frau Poppes Geistesgegenwart

Zum Text/ Problemfeldbeschreibung: Um niemanden zu verraten, verschluckt eine verhaftete Pfarramtssekretärin wichtige Papiere.

Stichworte: Gefängnis, Gestapo, Pfarrer, Bekennende Kirche, Reichsredeverbot

Vorlesezeit: 3 Minuten

Vorlesealter: ab 10 Jahren

Das Sondergericht in Dortmund hatte auf Veranlassung der Gestapo ein Verfahren „gegen Schlingensiepen und andere" eingeleitet wegen des Verdachtes, verbotene Prüfungen abgehalten zu haben. Deshalb wurden Präses D. Humburg, meine Sekretärin Frau Poppe, mein später im Krieg vermißter Vikar van de Loo und ich von der Gestapo abgeholt und ins Gestapogefängnis gebracht.

Das war nichts Außergewöhnliches, denn im Jahre 1937 waren aus dem Raum der deutschen evangelischen Kirche bereits über 500 (die Zahl sollte bis auf 900 steigen) Pfarrer, Hilfsprediger, Vikare und andere Glieder der Bekennenden Kirche in Gefängnisse eingeliefert worden. 25 führende Männer unserer Kirche hatten Reichsredeverbot, 35 Pfarrer waren aus ihren Gemeinden ausgewiesen worden. Nun waren wir an der Reihe.

Meine Frau ließ die Gestapo nie ins Haus, ohne uns vorher Bescheid zu sagen. Auch diesmal hatte sie uns rechtzeitig gewarnt. Frau Poppe saß gerade über den Prüfungspapieren. Kurz entschlossen faltete sie die Listen zusammen und steckte sie in ihre Strümpfe. Ihr langer Rock verbarg alles.

Wenig später saß sie in einer Zelle des Frauengefängnisses. Sie mußte damit rechnen, jeden Augenblick einer Leibesvisitation unterzogen zu werden. Wohin mit den Listen? In der Zelle gab es kein Wasserklo, sondern nur einen Kübel, in den sie die Listen unmöglich werfen konnte. Was tat die sonst so schüchterne, zarte Person, die meine Kinder liebevoll „Tante Poppe" nannten? Sie zerriß einen Bogen nach dem anderen in kleine Stücke und aß sie auf. Kaum war sie mit der schwierigen Arbeit fertig, da wurde sie von Kopf bis Fuß untersucht. Das Beweismaterial gegen mich aber lag wohlverwahrt in ihrem Magen. Da man bei ihr nichts fand und sie sich, ebenso wie mein Vikar, nicht ausfragen ließ, mußte man sie nach zwei Tagen wieder entlassen. Präses Humburg und ich hingegen wurden ins Untersuchungsgefängnis im Bendahl eingeliefert.

Johannes Schlingensiepen

Frau Krauses Safe 41

Zum Text/ Problemfeldbeschreibung:	Verbotene Flugschriften können wie durch ein Wunder in der Nachbarwohnung versteckt werden.
Stichworte:	Gestapo, Hausdurchsuchung, Bekennende Kirche
Vorlesezeit:	3 Minuten
Vorlesealter:	ab 10 Jahren

Zu den Engeln gehörte auch unsere Nachbarin Frau Krause; ihre Kinder waren mit unseren Kindern eng befreundet. In ihrem Wohnzimmer befand sich hinter einem großen Bild ein Safe, den sie uns als Versteck angeboten hatte. Eines Tages sah meine Frau ihr längst bekannte Staatspolizeibeamte von der Straßenbahnhaltestelle am Städtischen Krankenhaus auf unser Haus zukommen. Schnell sagte sie in der Küche Bescheid, unsere Hausgehilfinnen sollten sich, wenn es klingele, mit der Öffnung der Haustür nicht beeilen. Sie stürzte in unser Wohnzimmer, das mangels anderer Räume von drei Sekretärinnen als Büro benutzt wurde, und warnte uns.

Ich war gerade dabei, einen Packen verbotener Flugschriften der Bekennenden Kirche zu sichten. Schnell raffte ich alles zusammen, gab es meiner Frau und sagte ihr: „Verstecke die Sachen, so gut du kannst. Sie dürfen der Gestapo auf keinen Fall in die Hände fallen."

Aber wohin damit? Plötzlich fiel ihr der Safe von Frau Krause ein, sie rannte ins Schlafzimmer hinauf, wo die Balkone des Doppelhauses nur durch eine niedrige Mauer voneinander getrennt waren. Doch wie sollte sie Frau Krause gerade dort treffen? Auf dem Balkon lag der Schnee mindestens einen viertel Meter hoch. Unmöglich, dachte sie, daß Frau Krause auf ihrem Balkon ist. Unmöglich? „Bei Gott sind alle Dinge möglich", dachte sie und schrie innerlich: „Gott, laß die Frau Krause auf den Balkon kommen!" Und tatsächlich! Während meine Frau ins Freie tritt, kam auch Frau Krause auf ihren Balkon, um im Schnee die Bettvorlagen zu klopfen. Es bedurfte nicht vieler Worte, und schon brachte sie den Packen gefährlichen Materials in dem Safe unter. Um ihre Spuren zu verwischen, legte meine Frau auch unsere Bettvorleger in den Schnee. Trotz gründlicher Durchsuchung unseres Hauses vom Keller bis zum Dachboden fand die Gestapo nichts Verdächtiges. Gottes Engel war ihr zuvorgekommen.

Johannes Schlingensiepen

42 Religionsunterricht im „Löwen"

Zum Text/ Problemfeldbeschreibung:	Ein Vikar verweigert den Treueid auf den Führer; deshalb muß ihm der Schulleiter Hausverbot erteilen. Der Religionsunterricht findet darauf im „Löwen" statt.
Stichworte:	Gleichschaltung, positives Christentum, Religionsunterricht, Treueid, Gestapo, Führer
Vorlesezeit:	8 Minuten
Vorlesealter:	ab 11 Jahren

Es geschah im Sommer 1937. Das Dritte Reich fühlte sich stabil und gefestigt, die Partei der Nationalsozialisten drang mit ihrem Anspruch auf Alleinherrschaft mit List und Terror in alle Lebensbereiche der Bevölkerung ein. Arbeitsdienst und Wehrpflicht waren eingeführt. Das „Führerprinzip" galt in allen Betrieben, Schulen, Vereinen, auf den Rathäusern und in allen

Verwaltungen. Überall waren Parteigenossen als „Führer" an der Spitze. Viele Leute waren von dem neuen Selbstbewußtsein des deutschen Volkes angetan und wollten in den verschiedenen Organisationen der Partei mithelfen, einen neuen Staat zu schaffen. Sie merkten nicht, wie ihr guter Wille für ein verbrecherisches System eingespannt wurde. Es wimmelte auf den Straßen von Uniformen. An den vielen Gedenk- und nationalen Feiertagen hingen an fast allen Häusern die Hakenkreuzfahnen. Wer wollte sich der allgemein geforderten Pflicht zur Beflaggung entziehen?

Juden, Kommunisten und Gegner des Regimes verschwanden heimlich bei Nacht und Nebel. Man flüsterte von Konzentrationslagern und erzählte politische Witze hinter vorgehaltener Hand.

Nur die Kirche war nicht gleichgeschaltet. Zwar hatte man einen Reichsbischof für die Evangelische Kirche in Deutschland eingesetzt. Aber Bischof Wurm und 90% der Pfarrer unseres Landes erkannten diesen Beauftragen des Dritten Reiches nicht an. Um so brutaler versuchte man die Kirche „gleichzuschalten" und dem Staat zu unterstellen. Dies geschah durch Einschüchterung einzelner Pfarrer und Einengung der kirchlichen Tätigkeit, etwa Verbot der Jugendarbeit und stetige Verdächtigung der Kirche und ihrer Mitarbeiter als politisch nicht zuverlässig.

So war das Klima, als ich in einem schwäbischen Dorf als Vikar meine ersten Schritte ins Pfarramt tat. Mein Chef, der Pfarrer, war in seiner bayerischen Heimat von der Gestapo mit Redeverbot bestraft worden. Da dieser Entzug nur für Bayern galt, konnte ihn die Württembergische Landeskirche in ihre Dienste nehmen. Dafür fanden damals in Württemberg so bestrafte Pfarrer in Bayern oder Hannover Aufnahme.

Mein Auftrag bestand zunächst in einigen Stunden Religionsunterricht in der Filialgemeinde, einem nicht weit entfernten kleinen Dorf. Die Schule stand hoch oben auf dem Berg, neben einer alten staufischen Burg. Der Schulleiter hatte mir meine Unterrichtsstunden auf morgens 7 Uhr zugeteilt. So war es für mich jedesmal eine Freude, in der Morgenfrühe durch die taufrischen Wiesen zu wandern und dann den steilen Burgweg hinaufzusteigen.

Eines Tages erhielt ich ein Schreiben vom Oberschulamt. Der Schulrat teilte mir und den anderen Religionslehrern seines Bezirkes mit, im nationalsozialistischen Staat sei es selbstverständlich, daß alle in der Schule tätigen Lehrkräfte, auch die Religionslehrer, dem Führer und Reichskanzler Adolf Hitler den Treueid leisten. Wer sich dem entziehe, zeige damit, daß er nicht würdig sei, die deutsche Jugend zu bilden. Ein Termin für die Verpflichtung wurde dazu mitgeteilt.

Der Oberkirchenrat erklärte, die Pfarrer könnten den Eid ablegen, wenn er mit dem Zusatz verbunden werde: „soweit das Ordinationsgelübte nicht beeinträchtigt wird". Die Partei reagierte darauf mit einem Wutgeheul in den

Zeitungen: Damit werde dem Führer unterstellt, er verlange ein unchristliches Verhalten, wo doch die Partei auf dem Boden des „positiven Christentums" stehe.

Ein Vikarskollege besuchte mich auf einem rasselnden Motorrad. Wir besprachen uns eingehend und bestärkten uns gegenseitig, den Eid nicht abzulegen. So ließ ich den vorgesehenen Termin verstreichen.

Wenige Tage später wanderte ich wieder fröhlich im Frühtau den Berg hinauf. Schon von weitem sah ich den Schulleiter vor dem Eingang der Schule stehen. Als ich näher kam, erkannte ich, wie blaß er aussah und wie er nervös nach mir ausschaute. In seiner zitternden Hand hielt er ein Papier, das er mir vorlas. Es war ein Erlaß des Schulrats, der dem Vikar K., da er nicht zur Vereidigung erschienen sei, die Abhaltung des Religionsunterrichts und das Betreten der Deutschen Schule verbot. Ich klopfte dem verängstigten Mann auf die Schulter und wanderte wieder den Berg hinab.

Hatte ich recht getan mit meiner Verweigerung? ging es mir durch den Kopf. In wessen Hände werden die Kinder nun in der Schule geraten? Es wird ihnen niemand mehr Bibel und Kirche nahebringen, wenn es zu Hause nicht geschieht.

Die meisten Eltern verstanden mein Verhalten nicht: „Sie haben sich nur in Schwierigkeiten gebracht. Jetzt stehen Sie auf der schwarzen Liste der Partei." „Was bedeutet schon dieser Eid? Sie hätten genauso Ihren Unterricht weiterhalten können!" „Mit den Wölfen muß man heulen." So bekam ich es zu hören.

Nach ein paar Tagen sprach mich auf der Straße eine Frau an. Ob es wahr sei, daß ich keinen Religionsunterricht mehr erteilen dürfe? „Ja", gab ich zu und machte mich wieder auf Vorwürfe gefaßt. Aber es kam anders. Sie sei die Wirtin vom „Löwen" sagte sie. Mittwochs habe sie Ruhetag. Wenn ich wolle, könne ich dann im Nebenzimmer meinen Unterricht halten.

Von da an fand jeden Mittwoch im „Löwen" Religionsunterricht statt. Es kamen nicht alle Kinder. Aber es war jedesmal ein besonders fröhlicher Nachmittag.

Walther Küenzlen

Auch das gab es im Dritten Reich 43

Zum Text/ Problemfeldbeschreibung:	In der Wohnung des Stadtvikars sind Flugblätter versteckt. Ein Gestapomann erfährt davon; er verzichtet auf eine Durchsuchung der Wohnung, als ihm der Vikar drei Flugblätter übergibt, damit er bei seiner Dienststelle etwas vorweisen kann.
Stichworte:	Flugblätter, Gestapo, Spitzel
Vorlesezeit:	4 Minuten
Vorlesealter:	ab 10 Jahren

Die Gestapo war die besonders gefürchtete politische Polizei im Dritten Reich. Schon der Name verbreitete Schrecken. Man verband damit in Gedanken Verhaftung, Folter, Konzentrationslager. Daß es bei ihr auch Menschen gab, wurde mir durch ein Erlebnis deutlich.

Als Stadtvikar in einer Industriestadt hatte ich mein Zimmer im Erdgeschoß des Pfarrhauses. Eine Treppe höher wohnte die Familie des Pfarrers, der damals noch „Stadtpfarrer" hieß. Es waren die Jahre vor dem Krieg, in denen die Kirche im Dritten Reich besonders bedroht und angegriffen wurde. Mein Pfarrer war schon mehrmals verhaftet oder zu einer Vernehmung abgeführt worden. In den Gottesdiensten saßen regelmäßig Spitzel der Partei, die jeden Satz in Predigt und Gebet notierten, den man als staatsfeindlich auslegen konnte.

Landesbischof Wurm, ein tapferer Mann, stand unter besonderem Beschuß. Fast jeden Tag standen neue Verdächtigungen gegen ihn in der Zeitung. Er wurde wegen „Devisenschmuggel" angeklagt, weil die Württembergische Landeskirche, wie seit hundert Jahren üblich, die „Basler Mission" unterstützte. Er wurde als „Judenfreund" und „Volksfeind" angeprangert, erst recht wurde er beschimpft, als er gegen die Tötung der Geisteskranken protestierte. Seine Möglichkeiten, die Kirche zu leiten, wurden immer mehr eingeschränkt. Es wurde ihm fast unmöglich gemacht, sich an die Pfarrer und die Gemeinden zu wenden. Zeitweise stand er unter Hausarrest. Aber immer wieder kam es zu Mitteilungen des Bischofs und der Kirchenleitung an die Gemeinden. Das waren geheim vervielfältigte Schreiben über die kirchliche Lage, die durch Kuriere (Glieder der Evangelischen Jugend) den Pfarrämtern zugestellt und den Gemeindegliedern oder besonderen Vertrauenspersonen weitergegeben wurden.

Eines Tages brachte mir mein Pfarrer einen Packen solcher Blätter: „Verstecken Sie das bis zum Sonntag bei sich. Wenn es gesucht wird, kommen sie doch bloß zu mir", meinte er. Ich war so harmlos, daß ich mein Bett für ein besonders sicheres Versteck hielt und die Blätter einfach unter die Decke steckte.

Am selben Tag noch klopfte es an meiner Tür. Ein Herr trat ein, stellte sich vor. Seinem Namen fügte er hinzu: „von der geheimen Staatspolizei", und zeigte dabei seine Dienstmarke. Er ließ mir keine Zeit zu erschrecken. „Wir wissen", sagte er trocken, „daß in diesem Haus Flugblätter der Kirchenleitung abgegeben wurden. Da sie nicht in den ersten Stock gelangten (er hatte die Haushaltshilfe verhört), müssen sie hier sein. Ich habe den Auftrag, die Blätter zu beschlagnahmen." Meine Ausrede: „Was für Blätter sollen das sein?" schnitt er ab. „Herr Stadtvikar, ich könnte jetzt eine Durchsuchung dieses Zimmers vornehmen. Aber ich mache Ihnen einen Vorschlag: Sie geben mir drei oder vier Blätter, die kann ich meiner Dienststelle als beschlagnahmt vorlegen. Von den übrigen weiß ich nichts." Ich griff unter meine Bettdecke, zog ein paar Blätter heraus und gab sie ihm. Wir schauten uns kurz in die Augen, und er verschwand.

Walther Küenzlen

44 Wir reiten nicht auf Eseln...

Zum Text/ Problemfeldbeschreibung:	Der Haß des Kreisleiters gegen den evangelischen Dekan eskaliert bei einer Freudenfeier aus Anlaß des Anschlusses Österreichs an das Deutsche Reich.
Stichworte:	Anschluß Österreichs, Konfirmandenunterricht, Heldenideale
Vorlesezeit:	5 Minuten
Vorlesealter:	ab 11 Jahren

Emma, das treue Dienstmädchen der Dekansfamilie Dörrfuß, saß völlig aufgelöst in der Küche und heulte. Erst langsam konnte sie sich beruhigen.

„Was ist denn passiert?" fragte Frau Dörrfuß.

„So eine Schweinerei!" Mehr brachte Emma zunächst nicht heraus. „So eine Schweinerei! Und das wollen deutsche Männer sein! Schweine sind das!"

„Aber Emma, so etwas sagt man doch nicht! Was ist denn geschehen?"

„Ich gehe gleich hinunter und putze die Schweinerei weg!"

Emmas Erregung war verständlich. Sie war wie jeden Sonntagmorgen recht früh ins Dekanat gekommen, um noch vor dem Gottesdienst alles für das Mittagessen herzurichten. Als sie sich dem Dekanatsgebäude am Rande des Marktplatzes näherte, hatte sie gleich so ein merkwürdiges Gefühl. Und dann sah sie die Bescherung: Die Tür war ganz naß, auf dem Boden und den Treppenstufen breitete sich eine große Pfütze aus. Zunächst dachte sie: es hat doch nicht geregnet! Aber dann, als sie die Tür aufschloß, wurde ihr klar, was geschehen war. Auch im Inneren hatte sich die Pfütze ausgebreitet; der Geruch war eindeutig. Das war kein Dummejungenstreich, das mußten erwachsene Männer gewesen sein, die den Eingang des Dekanats mit ihrem Urin beschmutzt hatten.

Am Abend davor, es war der 12. März 1938, hatte auf dem Marktplatz eine „Freudenkundgebung" stattgefunden. Man feierte den Anschluß Österreichs an das Deutsche Reich. Bei seiner Ansprache schimpfte der Kreisleiter Trefz auf den Dekan. Mit sich fast überschlagender Stimme rief er zu den Fenstern des Dekanats hinauf: „Wir reiten nicht auf Eseln, wir sind nicht erbsündig, sondern erbadelig, wir sind nicht demütig, sondern stolz; die Demut überlassen wir denen, die sie verkündigen. Wir lieben unsere Freunde und hassen unsere Feinde."

Das war eindeutig. Der Kreisleiter haßte schon lange den Dekan. Denn dieser hatte sich immer wieder dagegen gewandt, daß man den christlichen Glauben mit germanischen Heldenidealen verfälschte. Was aber den Kreisleiter am meisten ärgerte, war die Tatsache, daß Dörrfuß in seiner Ludwigsburger Gemeinde einen großen Rückhalt hatte. Aber es gab auch Spitzel in der Gemeinde, die der Partei berichteten, wenn der Dekan sich kritisch über die Partei äußerte. Im Frühjahr 1938 hatte Dörrfuß im Konfirmandenunterricht einen Vergleich zwischen Jesus und Hitler angestellt: Auf der einen Seite stand der Führer, umgeben von seinen Reichsleitern wie von einem Hofstaat in glänzenden Uniformen. Auf der anderen Seite Jesus in seiner Ärmlichkeit, der einfach gekleidet auf einem Esel ritt. Zwei Konfirmandinnen hatten dem Kreisleiter darüber berichtet. Im Stuttgarter NS-Kurier erschien daraufhin ein Artikel gegen Dekan Dörrfuß mit der Überschrift: „Esel oder Mercedes-Benz". Und auf die Äußerungen von Dörrfuß im Konfirmandenunterricht bezogen sich auch die Worte des Kreisleiters in seiner Rede auf dem Marktplatz: „Wir reiten nicht auf Eseln!"

Dieter Petri

45 Der Judenknecht

Zum Text/ Problemfeldbeschreibung:	Am Sonntag wird der Dekan vor dem Gottesdienst als „Judenknecht" verhöhnt. Am nächsten Sonntag sind weitere Aktionen. Als der Sohn in Leutnantsuniform den Vater in den Gottesdienst begleitet, verhält sich die SA ruhig. Nach dem Gottesdienst kommt es zu einem aufschlußreichen Gespräch zwischen Vater und Sohn.
Stichworte:	Gottesdienst, Judenknecht, SA, positives Christentum, Führer
Vorlesezeit:	5 Minuten
Vorlesealter:	ab 12 Jahren

An einem Sonntag im November 1938 erhielt Dekan Dörrfuß einen Anruf; er möge einmal an seinem Haus nachsehen. Noch in Hausschuhen ging er rasch hinunter. Und da sah er es: An der Ostseite seines Hauses hing ein rotes Plakat mit einer Aufschrift in schwarzen Buchstaben: „Judenknecht". Und darunter war handschriftlich „Dörrfuß" geschrieben. In diesem Augenblick näherte sich eine Menschengruppe dem Marktplatz. Sie führten an ihrer Spitze zwei Männer, denen das gleiche Plakat mit der Aufschrift „Judenknecht" umgehängt war. Auf der Mitte des großen Platzes blieben sie stehen. „Dörrfuß, Judenknecht, pfui!" So schallte es zum Dekanatsgebäude herüber.

Inzwischen hatten die Glocken der Stadtkirche zu läuten begonnen. Die ersten Kirchgänger gingen zur Kirche und drehten sich verängstigt zu der johlenden Gruppe um. Es war Zeit geworden, daß Dekan Dörrfuß sich auf den Weg in die Kirche machte. Auf seinem Weg dorthin mußte er an der Gruppe auf dem Marktplatz vorbei. „Da geht der Judenknecht!" riefen sie und zeigten mit Stöcken auf ihn. Er ließ sich nicht beirren und ging aufrecht in die Kirche, um den sonntäglichen Gottesdienst zu halten.

In der folgenden Woche erfuhr Dörrfuß, daß er am kommenden Sonntag, dem 2. Advent, zusammen mit einigen anderen Persönlichkeiten der Stadt wie die beiden Männer zum Gespött der Leute in der Stadt herumgeführt werden sollte. Frau Dörrfuß konnte das Ganze nicht verkraften; es hatte sie so mitgenommen, daß sie einige Tage das Bett hüten mußte.

Am Sonntagmorgen erschien ganz früh der Sohn – er war Leutnant der Luftwaffe – bei seinen Eltern. Wie eine Woche zuvor versammelten sich die SA-Männer zu einer Kundgebung auf dem Marktplatz. Vater und Sohn gingen auf den Marktplatz hinunter, vorbei an den Männern, die drohend den beiden nachblickten. Aber nichts geschah! Offensichtlich wurden sie durch die Leutnantsuniform abgeschreckt. Sie wagten es nicht, sich an dem Dekan zu vergreifen. So konnten beide unbehelligt zum Gottesdienst in die Kirche gehen.

Nach dem Gottesdienst saßen Vater und Sohn noch im Wohnzimmer zusammen.

„So weit mußte es mit Deutschland kommen!" sagte der Vater.
„Aber der Führer hat doch auch viel Gutes für Deutschland gebracht", warf der Sohn ein. „Ich glaube, er weiß vieles gar nicht, was da angeblich in seinem Namen geschieht; er würde das sicher nicht billigen."
„Weißt du, so habe ich lange auch gedacht. Und ganz am Anfang, im Frühjahr 1933, da war ich der Meinung, daß jetzt wirklich eine neue Zeit für unser Volk und unsere Kirche anbrechen würde. Damals füllten sich die Kirchen wieder mit Männern und Frauen, auch mit jungen Leuten. Die NS-Organisationen zogen mit ihren Uniformen und Standarten ein. Die NS-Wohlfahrt arbeitete in Freundschaft mit der kirchlichen Hilfe zusammen. Der „Führer" verkündete das „positive Christentum". Seine Rede nach der Märzwahl 1933 schloß er mit einem Ruf an Gott; er gebrauchte die Worte des israelitischen Erzvaters Jakob: ‚Wir lassen dich nicht, du segnest uns denn.' Es schien in jenem Frühling 1933 wirklich Frühling zu werden über dem Leben unseres Volkes, Frühling auch über dem Leben der Kirche. Aber dann zeigte der Nationalsozialismus immer deutlicher sein wahres Gesicht."

Dieter Petri

Wider den Boykott 46

Zum Text/ Problemfeldbeschreibung:	Bei der Volksabstimmung über den Anschluß Österreichs stimmten die Inhaber eines Kolonialwarengeschäfts mit „Nein". Daraufhin wird ihr Geschäft auf Betreiben der NSDAP hin „boykottiert". Als ein Pfarrer etliche Kollegen in einem Brief auffordert, den Boykott zu durchbrechen, und sein Brief der NSDAP in die Hände fällt, kommt er in Haft.
Stichworte:	Österreich, Deutsches Reich, Volksabstimmung, NSDAP, Boykott, Bekennende Kirche, Gefängnis, Rosenberg
Vorlesezeit:	5 Minuten
Vorlesealter:	ab 14 Jahren

Der „Anschluß" Österreichs an das Deutsche Reich im März 1938 begeisterte die Mehrheit der Deutschen. Hitler nutzte diese Begeisterung, um mit einer Volksabstimmung am 10. April 1938 nicht nur diesen „Anschluß" vom deutschen Volk bestätigen zu lassen, sondern zugleich seine ganze Politik. In einer Kanzelerklärung riefen viele evangelische Landeskirchen, auch die württembergische, die Gläubigen zu einem Ja bei der Volksabstimmung auf.
In Württemberg gab es allerdings einige Pfarrer und Gemeindeglieder, die durch die Volksabstimmung in einen großen Gewissenskonflikt gerieten. Den „Anschluß" Österreichs fanden sie schon gut, aber Hitlers Politik, vor allem

seine Kirchenpolitik, konnten sie nicht gutheißen. Daß Pfarrer der Bekennenden Kirche verfolgt und antikirchliche Schriften wie Alfred Rosenbergs „Der Mythus des 20. Jahrhunderts" überall propagiert wurden, bewog sie, bei der Volksabstimmung mit Nein zu stimmen.

Nach der Reichsverfassung sollte die Wahl geheim sein. Aber in nicht wenigen Orten fehlten Abstimmungszellen oder gar Umschläge für die Stimmzettel. Anders konnte man die Neinstimmen dadurch herausfinden, daß man die Reihenfolge der abgegebenen Stimmzettel mit der Reihenfolge der Abstimmenden verglich. Das Ergebnis war, daß vielerorts die, die mit Nein gestimmt hatten, festgestellt und angeprangert wurden.

In N., einem kleinen Ort am Neckar, hatten die Inhaber eines Lebensmittelgeschäfts ebenfalls mit Nein gestimmt. Daraufhin setzte die dortige NSDAP durch, daß dieses Geschäft monatelang boykottiert wurde.

Pfarrer H. im Nachbarort von N. gehörte zur „Bekenntnisgemeinschaft", wie die Bekennende Kirche in Württemberg hieß. Er wurde von einem anderen Pfarrer der Bekennenden Kirche gebeten, er möge die Pfarrfamilien in der Umgebung auffordern, immer wieder einmal einen größeren Einkauf in jenem Lebensmittelgeschäft vorzunehmen. Pfarrer H. schrieb auf seiner Schreibmaschine einen Brief mit etlichen Durchschlägen und verschickte sie an die Pfarrfamilien.

Ein halbes Jahr später wurde im Pfarrhaus eines anderen Pfarrers der Bekennenden Kirche eine Hausdurchsuchung durchgeführt. Ein Gestapobeamter fand den Antiboykottbrief von Pfarrer H. Als dessen Sohn am 10. Dezember 1938 nach Hause kam, sah er, wie zwei Beamte in Ledermänteln seinen Vater in ihr Auto zerrten. Einige Stunden zuvor hatte die Gestapo eine Hausdurchsuchung durchgeführt und die Schreibmaschine, auf denen die Briefe geschrieben worden waren, zwecks Überführung beschlagnahmt.

Es vergingen zwei bange Wochen für die Familie, bis Pfarrer H. aus der Untersuchungshaft wieder entlassen wurde. Seine größte Sorge war gewesen, ob er den Pfarrer nennen dürfe, der ihn damals aufgefordert hatte, den Boykott zu durchbrechen. Durfte er lügen, um ihn zu decken oder mußte er zur Wahrheit stehen und ihn dadurch belasten? Die 14 Tage Untersuchungshaft hatten Pfarrer H. nervlich sehr zugesetzt. Er mußte erst einmal einige Wochen pausieren, um sich von allem zu erholen.

Jörg Thierfelder

Heimkehr nach Zion 47

Zum Text/ Problemfeldbeschreibung:	Viele jüdische Bewohner der schwäbischen Gemeinde Rexingen wandern 1937 gemeinsam nach Palästina aus und gründen dort das Dorf Schave Zion.
Stichworte:	Juden, Verfolgung, Palästina, verheißenes Land, Einwanderung
Vorlesezeit:	8 Minuten
Vorlesealter:	ab 13 Jahren

Im August 1937 machte ich eine Wanderung durch schwäbisches Land. An einem Samstagmorgen kam ich in das große Bauerndorf Rexingen. Eine seltsame Sabbatstille lag über ihm. Ich sah auch bei vielen Höfen an den Eingangstoren die „Mesusa" und wußte nun: hier wohnen Juden. So suchte ich die Synagoge auf und hörte schon draußen die Gesänge der Beter. So trat ich ein. Nach dem Gottesdienst, in dem ich wirklich lauter Bauern rings um mich sah, wartete ich auf dem Platz vor dem Gotteshaus und sah die Gemeinde, die herausströmte. Es war ja schon die schreckliche Zeit. Ihre Wellen hatten doch sicher schon in dies Judendorf hereingeschlagen. So war es auch. Als ich eine Frau anredete, lud sie mich ein, zu ihr ins Haus zu kommen. Dort erfuhr ich, was ich wissen wollte. Diese Bauern hatten schon einen Weg gefunden. Warum sollte nicht das ganze Dorf hinüber gehen nach dem verheißenen Land? Wer war dafür besser gerüstet als die, die hier den Boden bebauten, das Vieh pflegten und die Gärten bepflanzten? Sie hatten wohl allerlei Mühe, bis die Erlaubnis zu dieser Einwanderung gegeben war. Aber sie fanden ein Fleck heiliges Land, eine goldene Düne am mittelländischen Meer, nördlich von Haifa und Akko, nicht weit von der libanesischen Grenze. Sie erzählten mir, daß sie hofften, im folgenden Frühjahr auswandern zu können. Die Jugend strahlte, als sie mir davon sprachen. Jüdische Jugend wußte, was ihr drohte. Die Gedanken Herzls hatten jetzt gezündet. Sie ahnten, daß sie, die in ihren Schulen schon an die Wand Gedrückten und auf die Seite Gestellten wieder das Lachen lernen dürften. Malkutia, eine Übersetzung von Rexingen (Königsdorf) wollten sie die neue Heimat nennen.

Das haben sie dann doch nicht getan und den viel schöneren Namen „Schave Zion" = „Heimkehr nach Zion" gewählt. Nun sind es im Frühjahr dieses Jahres fünfzehn Jahre gewesen, daß sie drüben auf dem puren Sand begonnen haben. „Fünfzehn Jahre", so sagte mir einer, „sind bei uns einhundertfünfzig Jahre. Wir sind, wenn auch das jüngste Volk, doch das älteste Volk. Darum sind die Zeitbegriffe bei uns anders." Was sie gründeten, war eine ganz besondere Sache. Es ging ja nicht bloß darum, zu bauen, zu pflanzen – schon das ist auf dem Sande am salzhaltigen Meer keine Kleinigkeit für schwäbische Bauern –, sondern es ging auch darum, eine neue Lebensordnung zu finden. Siedlung ist nicht bloß Einwurzelung, sondern die Schöpfung einer neuen Gemeinschaftsform. Drüben waren sie ja auch nicht irgendwo, sondern in Zion. Und Israel ist nun einmal nicht möglich ohne die Erinnerung an die catastropha laetissima, ohne jenen Kampf Jakobs mit seinem Gott an der Grenze eines Landes. Es geschieht etwas Großes, wenn ein jüdischer Mensch ein Israelssohn, eine Israelstochter wird. Da geht es um ein Gezeichnetsein von der Hand des ewigen Gottes. Alle, die damals ins Land kamen und ihre ersten Zelte aufschlugen, mußten darum den Geist der Pioniere, der Chaluzim, in jeder Faser ihres Wesens, in ihren ganz persönlichen Entscheidungen und in ihrem Gemeinschaftsleben tragen. Diese Chaluzim wissen um das Geheimnis des Judeseins. Sie sind nicht als Auswanderer aus irgendeiner Welt, die ihre Heimat war, gekommen, sondern als die Wandersleute Gottes, die Gejagten, die Gehetzten, die Verachteten, die Nicht-Angenommenen und Nicht-Aufgenommenen. Das ist ein furchtbares Gerichtswort für die Christenheit. Sie kehrten heim nach Zion. Über diesem Heimkehren steht irgendwo jenes tiefsinnige Wort des Propheten Jeremia, das mit dem einen hebräischen Wort „Schuv", das in Schave Zion steckt, drei gewichtige Dinge sagt: „Lasset uns *umkehren,* damit wir *heimkehren,* nachdem wir uns *abgekehrt* haben."

Und nun begannen sie, sich in dem Sand einzugraben, Wasser und Brunnen zu finden, ihre Häuslein zu bauen, ihre Gärten anzulegen, ihre Pardessim zu gründen und unter unsagbaren Mühsalen aus der armen Dürre ein Paradies zu schaffen. Man muß nach Schave Zion hineinfahren durch die Palmenallee und an köstlichen Gärten vorbei, die in tropischer Schönheit und Üppigkeit leuchten und duften, und so einmal das ganze Dorf durchstreifen. Ist's möglich, in fünfzehn Jahren die Schöpfung so zu wandeln? Der Fleiß der jüdischen Bauern aus Schwaben hat wunderbare Früchte getragen. Auch die sich zu den Bauern von Rexingen hinzugesellenden Händler, Intellektuelle aller Art sind hier nichts anderes als Bauern, aber eben israelische Bauern geworden. Diese Leute haben sich alle miteinander besinnen müssen, wie sie nun miteinander und ineinander zu einer Gemeinde – ich gebrauche diesen Ausdruck mit ganz besonderem Bedacht und denke dabei an die biblische Bedeutung des Wortes – zusammenwachsen könnten. Darum meide ich auch den Ausdruck „Kollektiv". Nein, aus dem Gehorsam gegen die ewigen Gesetze des Schöpfers sollte die Gemeinde werden. Die Schave-Zion-Leute kehrten eben nach *Zion* zurück, und Zion erträgt nicht den Zwang, sondern nur geheiligten Gehorsam. Zion ist kein Dogma, sondern Leben; ist keine Theorie, sondern Tat; kein Stillstehen, sondern ewiges Ziel.

Hermann Maas

Pfarrer Mörike vor dem Sondergericht 48

Zum Text/ Problemfeldbeschreibung:	Pfarrer Mörike hat nach dem Anschluß Österreichs eine Erklärung mit kritischen Anmerkungen in den Wahlumschlag gesteckt. Vor dem Sondergericht bekennt er sich unerschrocken zu seinen Ansichten und erfährt ein unerwartet mildes Urteil.
Stichworte:	Anschluß Österreichs, Gebote Gottes, KZ, lebensunwertes Leben, Sondergericht, Verherrlichung der arischen Rasse
Vorlesezeit:	4 Minuten
Vorlesealter:	ab 14 Jahren

Am 10. April 1938 hatte Pfarrer Mörike eine lange schreibmaschinengeschriebene Erklärung in den Wahlumschlag gesteckt: ein Ja zum Anschluß Österreichs, ein entschiedenes Nein zum Kampf gegen das Evangelium, zur Entchristlichung der Jugend, zur Verherrlichung der arischen Rasse, zur Verteufelung der Juden, zur Verächtlichmachung vor allem der geistig Behinderten als „lebensunwerte Menschen". Das Nein war begründet mit dem Hinweis auf Gottes Gebote und auf das Gericht über die, die sie mit Füßen treten.

Noch in der Nacht vom 10. auf 11. April hatten einige Empörte die Tür des Kirchheimer Pfarrhauses eingetreten und Pfarrer Mörike aus dem Bett geholt. So etwas konnte ja nur er geschrieben haben! Das mußte er büßen. Angespien und geschlagen stand er in dem Haufen. Hinzugekommene Polizei nahm ihn in Schutzhaft und brachte ihn ins Kirchheimer Gefängnis. Nach einigen Monaten wurde er wieder freigelassen. Nun aber, vor dem Sondergericht, ging es um das endgültige Urteil des Staates. KZ?

Der Gerichtssaal war überfüllt. Wir durften aber alle hinein. Ich stand an der Längswand. Mit großem Ernst hatte Otto Mörike auf die Gebote Gottes hingewiesen, die auch das deutsche Volk nicht ungestraft überträte.

„Ach ja, ich weiß schon", spottete der Vorsitzende. „Sie meinen die jüdischen 10 Gebote. Ja, das ist eine steinerne Figur auf dem Stuttgarter Landgericht, ausgerechnet über meinem Arbeitszimmer, die hat so zwei komische Tafeln in der Hand mit diesen Geboten. Die ärgern mich schon lange. Nun aber werde ich dafür sorgen, daß sie vom Dach herunterkommen. Sie könnten mir sonst eines Tages noch auf den Kopf fallen."

Das Urteil des Vorsitzenden fiel überraschend aus: sieben Monate Gefängnis, ein Teil auf die Untersuchungshaft angerechnet, ein Teil auf Bewährung ausgesetzt! Otto Mörike war frei, gegen alle Befürchtungen und anderen Erfahrungen. Die Lage an der Front – seit September befand sich das „Dritte Reich" im Krieg – war nicht so, daß sie solche Rücksicht erzwungen hätte. Was hatte das Herz dieses Richters angerührt?

Helmut Pfeiffer

49 Juden unerwünscht

Zum Text/ Problemfeldbeschreibung:	Ein Bergdorf befestigt zu Saisonbeginn am Dorfeingang das Schild „Juden unerwünscht" – in Nachbarschaft zu einem Kreuz mit dem sterbenden Christus...
Stichworte:	Judendiskriminierung, Kreuz, Christus
Vorlesezeit:	3 Minuten
Vorlesealter:	ab 16 Jahren

Ein Bergdorf rüstet sich für die nächste Fremdenverkehrssaison. Die Häuser und Gasthöfe sind frisch herausgeputzt, es ist ein heißer Spätfrühlingstag, ein Atemzug noch, dann werden die Sommergäste da sein. Zuvor sollen drei Männer ein Schild aufstellen, am Ortseingang, zur Begrüßung der Gäste, gerade suchen sie den besten Platz dafür. Dort, wo es geschickt gewesen wäre, steht bereits ein Kreuz, ebenfalls mit einem Schild über dem Christuskopf; dessen Inschrift immer noch so, wie sie Pilatus geschrieben hatte: INRI, Jesus von Nazareth, König der Juden. Also müssen die Männer eine andere Stelle suchen, an der ihr Schild Beachtung findet. Zunächst denken sie, der beste Blickfang sei kurz vor dem Wegekreuz, an der gleichen Straßenseite, da aber geht es zu einer Tankstelle hinein. Weiter hinaus scheint auch unpassend, weil es dort bereits zu sehr vom Ortsschild entfernt sein würde. Jetzt bleibt nur noch die Stelle neben dem Kreuz, „gewissermaßen der Platz des Schächers zur Linken". Also graben sie endgültig dort ihr neues Schild ein.

Schulkinder kommen vorbei und helfen, reichen Hammer und Nägel, suchen passende Steine. Männer, die vom Acker kommen, lachen oder schütteln nur den Kopf, ohne etwas zu sagen, die Mehrzahl aber bleibt unberührt und zeigt weder Beifall noch Ablehnung. So vollenden die Arbeiter ihr Werk. Der Pfosten steht jetzt eingegraben mit dem neuen Schild neben dem Kreuz. Selbst der sterbende Christus am Kreuz scheint sich mit letzter Kraft zu bemühen, die Inschrift aufzunehmen: offensichtlich geht sie ihn, der bisher von den Leuten als einer der ihren geachtet worden war, gleichfalls an ... Als die Männer den Kreuzigungsort verlassen und ihr Handwerkszeug wieder zusammenpacken, blicken alle drei noch einmal befriedigt zu dem Schild mit der Inschrift auf. Sie lautet: „In diesem Kurort sind Juden unerwünscht".

Nach Elisabeth Langgässer

Warum löscht denn keiner?! **50**

Zum Text/ Problemfeldbeschreibung:	H. Kling erzählt aus seiner Kindheit; er berichtet über die Stimmung, die unter der Bevölkerung herrschte, als die Ludwigsburger Synagoge brannte. Er fragt sich, warum die Kirche schwieg.
Stichworte:	Juden, Luther, Synagogenbrand, SA, Goebbels, Reichskristallnacht, Nürnberger Gesetze
Vorlesezeit:	6 Minuten
Vorlesealter:	ab 11 Jahren

Auch wir in Ludwigsburg sollten Zeuge des gesteuerten Judenhasses werden. Mittags war schulfrei, ich wollte eben in die Stadt zum Einkaufen. Da sah ich hinter unserer Schule riesige Rauchwolken aufsteigen. Es brennt! Aber wo? Schnell den Rauchwolken nach in die Solitudenstraße, gleich hinter der Schiller-Oberschule, wo die jüdische Synagoge stand. Viele Schaulustige drängten sich um den Brandplatz, und auch die Feuerwehr war schon eingetroffen. Aber sie bekämpfte nicht die Flammen, sie spritzte nur die Nachbarhäuser ab, damit diese nicht auch noch Feuer fingen. Da traf ich auf einen Schulkameraden: „Sag mal, warum löschen die denn das Feuer nicht?" Entgeistert sah er mich an. „Mensch, lebst du denn auf dem Mond? Die Synagoge wurde doch bewußt angezündet. Hast du heute morgen nicht gesehen, wie wir die Scheiben der jüdischen Geschäfte eingeschlagen haben? Das war Klasse, das hat Spaß gemacht!" Und nun sah ich es auch, SA-Männer und Hitlerjungen standen ganz nah am Feuer, sie hatten Gebetsbücher, Papierrollen, Tücher, Leuchter aus der brennenden Synagoge herausgeholt und warfen sie nun wieder in die Flammen hinein.

„Das war die Rache für den Mord!" war der unausgesprochene Satz, der durch die Menge raunte. Die Menschen um mich herum sahen stumm in die Flammen. Große Begeisterung konnte man indes nur bei den zündelnden SA-Männern und Hitlerjungen feststellen.

Auf dem Heimweg hörte ich noch, wie ein älterer Herr sagte: „Hoffentlich müssen wir das nicht einmal büßen!" Und, wie aus der Pistole geschossen, das obligatorische: „Sei still, wenn dich jemand hört!", von seiner Begleiterin. Zu Hause berichtete ich ganz aufgeregt von dem Ereignis, wofür ich von meiner Großmutter eine kräftige Ohrfeige bekam. „Hast du nicht gehört? Goebbels gibt im Radio durch, man sollte diese Untaten nicht weiter fortführen. Er verstehe ja den Volkszorn, aber es schade dem deutschen Ansehen im Ausland!"

Am nächsten Morgen hörten auch wir, was in der ganzen Stadt geflüstert wurde: „Dr. Pintus ist tot!" Manch einer war erschüttert über diese Nachricht. Schließlich erfuhren wir auch den Hintergrund. Dr. Pintus war am

Abend zuvor verhaftet worden, er hatte noch in der grünen Minna Zyankali genommen und war tot im Zuchthaus angekommen. Ich mußte daran denken, wie wir noch vor Jahren vor seinem Haus standen und „Juda verrecke" riefen. Und noch einmal gab es Unruhe in der Stadt, als sie den „Kohlen-Metzger" und Viehhändler Buhl mit einem Schild um den Hals durch die Stadt führten: „Ich bin ein Judenknecht!" Beide unterhielten noch immer Geschäftsbeziehungen mit Juden.

In Ludwigsburg war eine ganze Reihe angesehener jüdischer Mitbürger ansässig, und es gab eine stattliche Anzahl jüdischer Geschäfte. Schon ab 1933 wurden ihre Auslagen immer wieder beschmiert und davor gewarnt, dort einzukaufen. Mit der Zerstörung der Synagoge wurde allen Bürgern der Stadt klargemacht, was mit den „Nürnberger Gesetzen" von 1935 gemeint war: „Diese Gesetze ziehen einen Trennungsstrich zwischen deutschem Volk und Judentum; sie verhindern das weitere Eindringen fremdrassischen, insbesondere jüdischen Blutes in den Volkskörper und suchen das bereits eingedrungene Blut möglichst rasch wieder auszuscheiden; sie schließen die Juden von der Mitwirkung am politischen Leben des deutschen Volks aus!"

Wir hatten dies einst in der Zeitung gelesen, aber nicht für voll genommen. Nun wurde uns sein Sinn ganz deutlich vor Augen geführt, in dieser sogenannten Reichskristallnacht. Das eingedrungene jüdische Blut mußte ausgeschieden werden! Aber hatte man sich das so vorgestellt? Erstaunlich schnell gingen die Bürger wieder zur Tagesordnung über. Und auch von unserer Kirche hörten wir nichts! Eigentlich hätte gerade sie aufschreien müssen. War nicht zu befürchten, daß nach den Synagogen auch sie eines Tages in Flammen aufgehen würde? War es möglich, daß unsere Kirche sich auf einen Martin Luther berufen konnte, der einst forderte: „Reißt die Synagogen ein, macht sie dem Erdboden gleich, denn die Juden sind alle Teufel!"?

Heinrich Kling

Pfarrer Julius von Jan 51

Zum Text/ Problemfeldbeschreibung:	Die vorliegende Geschichte reflektiert aus der Sicht eines Jungen die Vorgänge um Pfarrer Julius von Jan aus dem württembergischen Oberlenningen, der in seiner Bußpredigt am 16. November 1938 gegen die Reichspogromnacht protestiert hatte.
Stichworte:	Bußtag, Freund der Juden, Gefängnis, Pfarrer, Predigt, Reichskristallnacht, Wort Gottes
Vorlesezeit:	7 Minuten
Vorlesealter:	ab 12 Jahren

Ich kann nicht sagen, ob das historisch alles so war. Ich weiß nur, daß ich es als Kind so erlebt habe. Ich muß sieben Jahre alt gewesen sein und ging wohl in die erste Klasse. Das war damals im Lenninger Tal. Ein Freund meines Vaters war der Pfarrer von Oberlenningen. Wir sagten Onkel zu ihm, und er war der Patenonkel meiner Schwester. Aber viel Beziehung hatten wir nicht. Die Männer, mein Vater und er, hatten als Pfarrer wohl auch andere Sorgen, als familiäre Beziehungen zu pflegen. Das spürte ich deutlich. Es war die Zeit Adolf Hitlers. Wir Kinder liebten die Aufmärsche, und wir bewunderten die durchziehenden Soldaten, die von Münsingen kamen oder dorthin gingen. Die Eltern sprachen kaum über politische Dinge. Ab und zu war die Stimmung im Hause gedrückt. Die Zeit, von der ich rede, war besonders bedrückend. Ich erfuhr nur so viel, daß der Onkel Jus im Gefängnis sei. Einmal besuchte ich mit meinem Vater die Tante im Oberlenninger Pfarrhaus. Man gab mir einstweilen Spielsachen ins Nebenzimmer. Es wurde nicht gelacht, alles erschien mir sehr ernst.

An eine Szene aber erinnere ich mich genau. Morgens kam mein Vater mit dem Fahrrad zu Hause an. Er war am Tag zuvor nach Stuttgart gefahren und über Nacht weggeblieben, was ungewöhnlich war. Die Mutter machte ihm noch ein Frühstück. Meine großen Geschwister waren wohl schon in der Schule, ich noch nicht. Ich saß also dabei, als der Vater der Mutter erzählte. Im Gerichtssaal habe es gewimmelt von Uniformen. Er sei sich als Freund des Angeklagten zwischen all den anderen wie eingeklemmt und ausgestellt vorgekommen. Der Richter habe meinen Onkel immer wieder gefragt: „Warum haben Sie das gesagt?", und mein Onkel habe jedesmal geantwortet: „Das Wort Gottes hat mir das befohlen." Der Richter habe ihn beschimpft als Freund der Juden, sodann als Freund der Engländer usw. Mein Onkel habe aber jedesmal gesagt, daß er das nicht sei. Auf die Frage, warum er es dann gesagt habe, habe er jedesmal geantwortet: „Das Wort Gottes hat mir das befohlen." Zum Schluß sei der Richter in große Erregung und Wut geraten und habe in den Saal gebrüllt: „Gehen Sie mir endlich weg mit Ihrem verdammten Wort Gottes!" Sofort sei der Anwalt meines Onkels aufgesprungen und habe noch lauter gebrüllt: „Herr Richter, das Wort Gottes ist eine verdammt ernst zu nehmende Sache!"

Mehr weiß ich nicht von diesem Morgen. Ich weiß aber, daß sich diese beiden Sätze mir tief in die Seele eingegraben haben: Gehen Sie mir weg mit Ihrem verdammten Wort Gottes – das Wort Gottes ist eine verdammt ernst zu nehmende Sache.

Erwachsene halten Kinder für zu klein, solchen Gedanken zu folgen. Meine Eltern beachteten mich bei dem morgendlichen Gespräch kaum. Sie dachten wohl, ich träume und hänge meinen Gedanken nach. Ich aber war hellwach, und diese Sätze in ihrer Spannungsgeladenheit sind zu Schlüsselsätzen meines Lebens geworden.

Viel später erfuhr ich und erarbeitete mir selbst nach und nach die historischen Zusammenhänge. Der Oberlenninger Pfarrer Julius von Jan hatte nach der Reichskristallnacht am Bußtag 1938 eine Predigt gehalten über das Jeremia-Wort: „O Land, Land, Land, höre des Herrn Wort", in der er zu den Ereignissen der jüngsten Vergangenheit Stellung genommen hatte. Am selben Abend wurde er von einer großen Zahl von Männern aus Partei und SA verhaftet, zusammengeschlagen und blutüberströmt ins Krankenhaus gebracht. Wieder genesen, wurde er vor dem Volksgerichtshof in Stuttgart von Richter Cuhorst abgeurteilt. Er bekam absolutes Redeverbot und wurde aus Württemberg ausgewiesen. Meine Eltern haben treu zu dem verfehmten Mann und seiner Familie gehalten. Ich sehe sie noch deutlich, wie sie aus unserem Owener Pfarrhof mit den Fahrrädern hinausfahren, um den Onkel und die Tante in einem Grenzort zwischen Bayern und Österreich zu besuchen.

Paul Rapp

Ein aufregender Schulratsbesuch   52

Zum Text/ Problemfeldbeschreibung:	Ein Schulleiter, der nicht der Partei angehört, wird von einem nationalsozialistischen Schulrat über den Religionsunterricht an seiner Schule ausgehorcht. Als der Schulrat ihm vorwirft, die Verbreitung von jüdischen Räuber- und Zuhältergeschichten – gemeint ist das Alte Testament – noch immer zu dulden, wirft der Schulleiter ihn kurzerhand hinaus.
Stichworte:	Schule, Religionsunterricht, Schulleiter, Schulrat, Druck, Zivilcourage, Altes Testament, Antisemitismus, Erster Weltkrieg, Angst
Vorlesezeit:	6 Minuten
Vorlesealter:	ab 14 Jahren

Mein Vater war Rektor einer Schule in der Mannheimer Innenstadt. In der Weimarer Republik gehörte er dem Stadtrat an und war kurze Zeit Landtagsabgeordneter der Deutschen Volkspartei (DVP). Aus gesundheitlichen Gründen mußte er sich 1930 aus der Politik zurückziehen, wurde aber 1933 ebenso wie seine Parteifreunde in der NS-Presse beschimpft. Allerdings blieb er Schulleiter.

Im Jahr 1938 war ich acht Jahre alt. An den folgenden Vorfall kann ich mich noch gut erinnern, zumal er später in der Familie noch öfters erzählt wurde.

Eines Tage kam mein Vater aufgeregt nach Hause. „Heute habe ich den Schulrat Sch. rausgeschmissen!" rief er.

„Was hast du?" frage meine Mutter entgeistert.

„Den Sch. aus meinem Rektorzimmer gejagt!" bekräftigte er.

„Aber Mann, was fällt dir denn ein? Du weißt doch, daß dieser Angeber alter Parteigenosse und ein großer Nazi ist!" jammerte meine Mutter. „Was war denn los?"

„Ach, der Sch. kam als Schulrat angeblich zu einem ganz normalen Schulbesuch bei einem meiner Junglehrer. Doch dort blieb er nur ganz kurz und kam dann zu mir. Ich merkte gleich, daß er eigentlich meinetwegen gekommen war. Er wisse, meinte er, daß ich erst später in den Unterricht müsse. Das passe gut. Er habe mit mir einige wichtige Dinge zu besprechen. Nach dieser Einleitung fragte er mich nach den Pfarrern in unserer Schule. Ich antwortete: ‚Ich bin mit ihnen eigentlich zufrieden. Sie sind pünktlich ...' ‚Das meine ich nicht', unterbrach er mich. ‚Sind sie gute Deutsche? Sind sie judenfreundlich? Wie verhalten sie sich denn zu unserem nationalsozialistischen Staat? Wie stehen sie zum Führer?' Ich spürte, wie ich langsam wütend wurde. Sollte ich hier Spitzeldienste leisten? Noch beherrschte ich mich. ‚Mir ist nichts Nachteiliges bekannt', entgegnete ich achselzuckend. ‚So, so', fuhr er mit spöttischem Gesicht fort, ‚ich glaube, Sie *wollen* gar nichts wissen. Sie geben ja auch noch immer Religionsunterricht! Die anderen Rektoren und viele Lehrer haben ihn spätestens nach dem jüdischen Verbrechen in Paris niedergelegt. Als guter Deutscher sollte man doch die jüdischen Räubergeschichten nicht mehr verbreiten!'

Jetzt war ich ärgerlich. ‚Was hat der Religionsunterricht mit meiner deutschen Gesinnung zu tun? Ich bin evangelischer Christ und ein guter Deutscher!' ‚Wie halten Sie es mit dem Alten Testament' fragte er nun lauernd. ‚Das gehört zur Bibel und die ist für uns Christen maßgebend.' ‚Da haben wir's ja', rief er triumphierend. ‚Wenn Sie wirklich national gesinnt wären, würden Sie diese Räuber- und Zuhältergeschichten nicht mehr verbreiten. Aber wir wissen ja, daß Sie politisch unzuverlässig sind ...' Da platzte mir der Kragen. ‚Was? Ich politisch unzuverlässig? Das mir, einem Offizier des Weltkriegs? Ich habe meinen Kopf fürs Vaterland hingehalten, da haben Sie noch in die Windeln geschissen! Hier hat der Zimmermann das Loch gelassen! Machen Sie, daß Sie rauskommen!' ‚Das werden Sie noch bereuen!' rief er und rannte hinaus."

Mutter war ganz entsetzt. „Und was passiert jetzt?" fragte sie angstvoll. „Der kann dich ja um deine Stellung bringen oder noch Schlimmeres tun! Und was wird dann aus uns?"

Vater zuckte die Achseln. „Ich weiß es nicht. Ich habe gleich den F. im Stadtschulamt angerufen und die ganze Sache erzählt."

„Das war eine gute Idee! Er ist vielleicht der einzige, der dir schnell helfen kann. Was meinte er?"

„Er war sehr erschrocken. Du weißt ja, der Chef und er mögen den 150%igen Sch. auch nicht, haben aber Angst vor ihm und seinen Beziehungen. Er hofft, daß sie die Angelegenheit vertuschen können. Ob es aber gelingt ...?" – Mein Vater wandte sich ab.

Meine Eltern mußten einige ungemütliche Wochen überstehen. Sie versuchten zwar, vor mir die Sache herunterzuspielen, aber sie waren nervös. Die Ungewißheit, ob sich Sch. rächen würde, rüttelte an den Nerven. Dann kam die Nachricht, er sei zu einer Reserveübung bei der Wehrmacht eingezogen worden. Anschließend wurde er versetzt. So konnten wir alle wieder aufatmen.

Dieter Haas

Ungleiche Freunde 53

Zum Text/ Problemfeldbeschreibung:	Auf die zehnjährige Propsttochter Ruth stürmen verwirrende Ereignisse ein. Da sind auf der einen Seite die Eltern, die jüdische Mitbürger in ihrem Haus aufnehmen. Da ist auf der anderen Seite der Tod des Nachbarjungen Siegfried, Sohn eines deutschchristlichen Pfarrers.
Stichworte:	Gewissen, Freundschaft, Hilfe, Versteck, Pfarrhaus, Hitlerjugend, Jude, Halbjude, Flucht
Vorlesezeit:	15 Minuten
Vorlesealter:	ab 10 Jahren

Zur Mittagszeit, als fast alle Familienmitglieder am Eßtisch saßen, klingelte es an der Wohnungstür. Die noch fehlende Friederike konnte es kaum sein, denn man hatte untereinander ein bestimmtes Klingelzeichen vereinbart: kurz, kurz, kurz, lang, kurz, lang – etwa im Takt von Richard Wagners „Steuermann, halt die Wacht!" aus seiner Oper „Der fliegende Holländer". Mit einer auffordernden Kopfbewegung schickte der Vater Ruth zur Pforte, weil sie als erste bereits beim süßen Nachtischkompott angelangt war. Sie lief hinaus auf den Flur, öffnete die buntverglaste Tür zum Treppenaufgang und sah zwei Männer vor sich stehen, die sie erschreckten. Sie kam nicht gleich darauf, warum. Es breitete sich ganz plötzlich ein mieses Unbehagen in ihr aus, das sie schon einmal verspürt hatte – wann und wo war das bloß gewesen?

Leise stellte sie die übliche Frage: „Sie wünschen, bitte?"

„Bist du eine Tochter von Rerik?" kam es zurück. Sie nickte, eingeschüchtert von der Unhöflichkeit. Einfach bloß „Rerik" sagten die, grüßten vorher nicht einmal und fragten gleich weiter: „Wie alt?"

„Ich? Zehn. Zehneinhalb!"

„Also Hitlermädel? Na, raus mit der Sprache!"

„Ich? Aber ich ... wieso ..."

Die beiden Männer in den langen Ledermänteln mit den breitkrempigen Hüten blickten sich gegenseitig kopfnickend an. Das sah aus wie: „Haben wir uns das nicht gleich gedacht?"

Und in der nächsten Sekunde erinnerte sich Ruth: Bei der Synagoge hatte sie so einen Typ gesehen, im letzten November nach der Kristallnacht! Aber die Männer ließen sie nicht weiterdenken, traten einfach in den Flur, so daß sie zurückweichen mußte, und kommandierten: „Lies gefälligst in deiner Schule am Schwarzen Brett die neueste Dienstverordnung zum Gesetz über die Hitlerjugend! Verstanden? Alle ab zehn Jahren unterstehen neuerdings der Dienstpflicht in der Hitlerjugend. Und jetzt ab, wir haben mit deinem Vater zu reden!"

Ruth ließ sie nicht wie andere Besucher in sein Arbeitszimmer. Warum konnten die nicht höflicher sein? Sie floh zurück ins Wohnzimmer, wo der Vater schon bei ihrem Anblick von seinem Platz aufsprang und sie flüsterte: „Zwei Ledermäntel mit Hüten wie der Kerl damals, der Rike und mich von der Synagoge verscheuchte!"

Kein Mucks war zu hören, kein Besteckteil klapperte weiter. Auch Susanne war aufgesprungen und gleich wieder, von Blässe und Schwäche befallen, auf ihren Sitz zurückgesunken. Der Vater eilte an Ruth vorbei hinaus in den Flur und merkte nicht, daß Ruth ihm aus dem Wohnzimmer folgte, die Tür von außen zuwarf und sich gegen die bis zur halben Höhe mit grünem Sacktuch bespannte Wand preßte.

„Meine Herren?" hörte sie den Vater fragen.

„Heil Hitler! Wir kommen in der Sache Jakobson, Rerik."

Vaters Antwort mußten auch die im Wohnzimmer hören, er brüllte vor Jähzorn ja fast: „Für Sie immer noch Herr Probst Rerik! Also?"

„Wie Sie wünschen. Sollen wir im Gang mit Ihnen über die Erzieherin Ihrer HJ-dienstpflichtigen Kinder reden, Herr ... Herr Probst?"

„Meine Kinder werden von ihren Eltern erzogen. Wenn Sie Fräulein Jakobson meinen: Sie ist lediglich als Betreuerin bei uns, vor allem für meine Söhne, die noch Kleinstkinder sind. Aber bitte, folgen Sie mir!"

Der Vater ging voran in sein Arbeitszimmer, die Männer folgten ihm und zogen hinter sich die Doppeltür zu. Er hatte nicht wie sonst seine Gäste vorantreten lassen mit der höflichen Aufforderung: „Darf ich Sie zu mir hereinbitten?"

Ruth registrierte jede Kleinigkeit, und als sie plötzlich allein im Flur stand, spürte sie es wieder: der Boden unter ihren Füßen wankte und ebenso die uralte dicke Mauer, an der sie Schutz gesucht hatte.

Die Männer waren nicht länger geblieben. Dann hatte der Vater die Mutter und Susanne Jakobson zu sich ins Arbeitszimmr gerufen, und Käthe sollte ihnen dort den Kaffee servieren und dafür sorgen, daß sie nicht gestört würden.

Ruth, die mit dem Küchendienst an der Reihe war, folgte der nörgelnden Käthe in die Küche, um ihr beim Geschirrabwaschen und Abtrocknen zu helfen. Die kleinen Brüder hielten um diese Zeit ihren Mittagsschlaf, wie normalerweise auch die Mutter.

Nachdem Ruth in der Küche fertig war, versteckte sie sich weiter vorn im Flur, wo er sich um einen Kamin zur Diele verbreiterte. Da nur durch zwei milchverglaste Türen und das einzige hohe Fenster unterm Westgiebel Licht in den Flur fiel, herrschte in seiner östlichen Hälfte stets schummrige Dämmerung, solange niemand das elektrische Deckenlicht einschaltete.

Es wurde Ruth kalt, die Beine drohten ihr einzuschlafen, da trat endlich

Susanne aus Vaters Arbeitszimmer, schloß hinter sich behutsam die Doppeltür und blieb kurz wie ratlos auf dem langen, roten Kokosläufer stehen. Ruth sah sie gegen das spärliche Licht. Susanne weinte. Im nächsten Augenblick war Ruth neben ihr, schob ihre Hand in Susannes und sagte leise: „Komm! Komm mit in unser Zimmer. Da stört uns jetzt keiner."

Wie eine Blinde ließ Susanne sich in das Dreibettzimmer mit dem riesigen Wandschrank führen, vorbei an den Stühlen um den runden Arbeitstisch der Mädchen zu Ruths Bett. Auf dessen Kante ließen sie sich nebeneinander nieder.

„Die Kerle wollten deinetwegen mit Vati sprechen", fing Ruth an, „ich hab' es noch gehört. Komisch, daß die keine anständigeren Leute für so was finden. Und jetzt weinst du wieder wie damals, bevor Herr Sommerland verschwand."

Erschrocken fuhr die Haustochter zu ihr herum, griff nach Ruths Schultern und fragte mit mühsam gedämpfter Stimme, denn sie versuchte ja zugleich, ihr Weinen zu unterdrücken: „Gott im Himmel! Was weißt du?"

Ruth bemühte sich, zu lächeln, doch sie verzerrte nur ihr Gesicht, weil unvermutet auch ihr die Tränen hochschossen und in den Augen brannten. Ihre Antwort kam stoßweise: „Keine Angst, Susanne. Ich habe es niemand weitergesagt. Und der einzige, von dem ich es wußte und der es auch wußte, der hat es mit ins ... ins ... Grab ..." Heulend fiel sie der Haustochter in die Arme. Zum erstenmal weinte Ruth über Siegfrieds Tod. Nach Wochen zum erstenmal. Darum wohl wurde es gleich eine Flut von Tränen, die sich über Susannes Bluse ergoß. Die Haustochter wiegte Ruth in ihren Armen wie ein Baby und sagte, mit dem Kinn auf Ruths dicken, rotblonden Haaren: „Ich weiß ja, Kindchen, daß du ihn liebhattest. Glaub mir, ich weiß, wie das ist, einen geliebten Menschen hergeben zu müssen." Und nach einer kleinen Pause: „Du weißt also?" – „Ja, Susanne. Von Siegfried. Er hat mir erzählt, daß Herr Sommerland Jude war. Der war es, den du liebhattest und den du hergeben mußtest. Aber an wen? Ist er denn auch tot? Wollten die Kerle heute das berichten?"

Susanne schüttelte den Kopf. „Und Siegfried?" fragte sie. „Der hat es dir verraten? Ohne uns zu verraten? Was für ein Junge!"

„Siegfried und verraten? Er doch nicht! ‚Keine Angst', hat er gesagt, ‚ich mache anderen keine Schwierigkeiten.' Was Kameradschaft ist, das wollte er mir beweisen. Er hat es bewiesen."

„Ach Kind", seufzte Susanne, „und auch du hast geschwiegen. Sogar vor Rike und Claudia. Sogar vor deinen Eltern. Sie halten euch alle drei nämlich für völlig ahnungslos. Aber jetzt sollst du es doch erfahren. Jemand, der schweigen kann wie du. Von mir sollst du es erfahren. Ja, ich habe Jacob Sommerland lieb. Darum bin ich froh, daß er entkommen durfte. Nein, frag nicht, wohin! Es genügt zu wissen, daß er in Sicherheit ist. Und vielleicht gelingt es mir ja, auch zu entkommen und ihn wiederzufinden."

„Du, Susanne? Entkommen? Wie meinst du das?"

„Ich bin Halbjüdin, Ruth. Deswegen kamen heute mittag die beiden Männer. Ihr müßt in die Hitlerjugend. Alle ab zehn Jahren. Sie werden euch nicht in Ruhe lassen, solange ich hier bin. Und wer weiß, wozu meine überstürzte Abreise gut sein wird. Ich glaube an den Gott Israels und daß er nach wie vor unsere Geschicke lenkt. Man muß auf seine Zeichen achten. Das haben die meisten längst vergessen. Das habe ich auch deinen Eltern gesagt."

„Der Gott Israels – ist das nicht der aus dem Alten Testament? Der immer so zornig über uns wird? Und was ist mit dem Gott und Vater von Jesus Christus?"

„Da ist kein Unterschied, Ruth. Es ist und bleibt derselbe Gott. Seltsam – erst jetzt, seit ich mit dir rede, kriege ich plötzlich Mut. Und ich kann wieder hoffen."

„Auf was? Und zu wem willst du überhaupt abreisen, wenn du doch keine Verwandten mehr hast?"

„Meine Eltern hatten Freunde. In Hamburg, in Amsterdam, in ... O Ruth, ich werde es schaffen. Sei ganz sicher. Und wenn du zur Hitlerjugend mußt – denke an Siegfried und sein Beispiel. Es wird gut sein, wenn solche wie ihr dabei sind. Ihr werdet den Geist aus euren Elternhäusern mitbringen. Und wir können nur hoffen, daß er stark bleibt und sich durchsetzt."

Verwirrt fragte Ruth: „Wie meinst du das, Susanne? Welchen Geist! Wir sind doch nichts Besonderes! Wir sind doch wie alle anderen Menschen ringsum auch. Und sie sind doch nicht böse oder so was, Susanne. Höchstens mal unsympathische Kerle dabei. Aber die sind nur wenige. Alle anderen sind nicht böse!"

„Nein, Kind, sie sind nicht böse. Sie meinen es nicht böse. Ich will es dir doch nicht vermiesen, Ruth! Du wirst viele unter ihnen finden, die so sind, wie Siegfried war. Und die Kameradschaft, die er dir bewiesen hat, wirst du sicher auch erneut erfahren. Weißt du, daß mich das tatsächlich ein wenig über den raschen Abschied von euch tröstet? Das, was du mir heute erst anvertraut hast. Dein Geheimnis mit Siegfried – willst du es jetzt unser Geheimnis sein lassen? Nein doch, bitte, nicht mehr weinen, Ruth. Oder doch! Ja, weine nur. Ich muß ja auch schon wieder weinen. Scheiden tut nun einmal weh ..."

Eva Rechlin

Ein Brief aus Ostpreußen 54

Zum Text/ Problemfeldbeschreibung:	Der Brief entstand im Jahr 1937, als der Staat immer strikter gegen die Bekennende Kiche vorging. Er zeigt sehr gut die traditionelle protestantische Verbindung von Christentum und Vaterlandsliebe.
Stichworte:	Bauern, Bekennende Kiche, Deutsche Christen, Glaube, Heimat, Partei, Volk, Christus
Vorlesezeit:	8 Minuten
Vorlesealter:	ab 14 Jahren

Wir, die Unterzeichneten, sind Bauern aus dem Grenzkreise Goldap. Mit ernster Sorge sehen wir, daß in unserem Volk ein unheilvoller Zwiespalt entsteht oder schon entstanden ist. Wir sind nämlich der Meinung und kennen es von unseren Vorfahren nicht anders, als daß Volk und Kirche aufs innigste zueinander gehören. Nun müssen wir es erleben, daß auf mancherlei Weise und oft mit unerhörter Kränkung und Beleidigung unsere Kirche angegriffen wird. Ob es eine Versammlung der Handwerker ist oder der Bauern oder die Mitgliederversammlung der Ortsgruppe, immer und wieder wird gegen unsere Kirche gearbeitet, ihr Wesen verleumdet, ihre Pfarrer verunglimpft. Wir lieben unser Volk, wir lieben unsere Kirche, wir halten an der Kirche fest um unserer Nachkommenschaft willen; denn unsere Kinder werden auch nur ein starker Grenzwall gegen die Gefahr vom Osten sein können, wenn sie tief gewurzelt sind in unserem Christenglauben. Christen waren bisher immer noch die aufrichtigsten und treuesten Diener ihres Volkes und Staates, und wir wollen unserem Führer jeden Gehorsam im Frieden als Bauer, im Krieg als Soldat leisten, nur eins darf uns nicht genommen werden: daß wir in Treue unserem Herrn Christus dienen. Nun ist eine große Unruhe in unsere Gemeinden und – wie wir hören – in viele andere Gemeinden Ostpreußens hineingetragen. Unsere Pfarrer sind verhaftet, weil sie die Kollekten der Bekennenden Kirche abgekündigt haben; es mischt sich also der Staat in eine innerkirchliche Angelegenheit.

Wir erklären: Die Bekennende Kirche ist *die* Kirche, denn die Deutschen Christen haben uns ja nur diesen Streit und diese Not gebracht. Die Bekennende Kirche aber hat, soviel es an ihr lag, den Bestand der Kirche gewahrt; sie sorgt dafür, daß junge Theologen zu rechten Dienern des Wortes herangebildet werden und so Seelsorger den Gemeinden gegeben werden, die diesen das eine, was not tut, lauter und rein gemäß der Heiligen Schrift und den Bekenntnissen der Väter verkünden. Das tut sie, da ihr kirchensteuerliche Mittel hierfür nicht zur Verfügung stehen, durch die Kollekten. Ihr die Kollekten zu verbieten, ist nicht bloß ein Eingriff in das Leben der Kirche entgegen den Bestimmungen der Kirchenverfassung – dort ist ihr das Recht zugesprochen, ihre Angelegenheiten selber zu ordnen –, sondern bedeutet, daß der notwendige Zustrom von frischen Kräften abgeschnitten werden soll. Es wird von jener Seite geltend gemacht, die Einsammlung der Kollekten für die Bekennende Kirche verstoße dem Sammlungsgesetz. Das verstehen wir nicht, Kollekten sind immer gewesen und sind erst seit dieser letzten Zeit angefochten worden. Wir verstehen es vor allem deshalb nicht, weil die Kollekte etwas ganz anderes ist als eine Sammlung. Die Kollekte ist das Dankopfer der gläubigen Gemeinde, die das Wort Gottes als Trost und Kraft und Heil empfangen hat und die nun will, daß diese irdischen Güter helfen zum Bau des Reiches Gottes. Diesen Sinn und Zweck der Kollekte anzuzweifeln heißt: Jesus Christus uns rauben wollen. Wir bekennen nicht umsonst im 2. Artikel: „Ich glaube, daß Jesus Christus sei mein Herr." Er ist uns der Herr aller Herren! Wir haben als Christen unseren irdischen Oberherren treu gedient, als Soldaten des Weltkrieges, als Mitglieder der Partei, als SA-Männer, als Angehörige des Grenzschutzes; es darf uns also niemand unsere vaterländische Haltung verdächtigen, es darf uns aber auch niemand in diesen Zwiespalt führen: Kirche oder Dienst am Volk! Darum halten wir alles, was bei uns gegen die Kirche geschieht, für eine unverantwortliche Zerstörung der Einheit des Volkes und darum seiner Sicherheit. Nun ist nach unserer Meinung – denn wir leben ja in einem Grenzkreise, das heißt dem feindlichen Einfall am allernächsten – die Grenze dann am besten geschützt, wenn Männer ohne Zwiespalt im Herzen für ihre Heimat eintreten. In unserem Kreise und auch sonst in Ostpreußen sind viele unserer Vorfahren vor 200 Jahren um ihres Glaubens willen aus Salzburg eingewandert. Für Salzburg war es ein Unglück, Menschen vor die Frage: Glaube oder Heimat? zu stellen. Darum wollen wir nichts mehr, als daß Christenglaube und deutsche Heimat unlösliche Einheit bleiben.

Wir wenden uns mit dieser unserer Darstellung an das Generalkommando, dem ja die Sicherheit des vorgeschobenen Bollwerks Ostpreußen anvertraut ist, und sind der festen Gewißheit, daß unsere Sorge dort verstanden wird. Denn wir wissen es selber aus unserem Erleben im Felde: die Christen waren gehorsame Soldaten, aber die, die ihren Glauben über Bord geworfen hatten, waren die Meuterer von 1918. Und aus solcher Erkenntnis bitten wir, auch uns in diesen Nöten, soviel es dort möglich ist, zu unterstützen, und wenn es nötig ist, sich mit anderen und höheren Stellen in Verbindung zu setzen. In diesem Zusammenhange weisen wir noch darauf hin: Der Leiter unseres Kirchenkreises, Herr Superintendent Krüger, ein Mann, der im Kriege als Offizier tapfer seinen Dienst getan hat und Träger des EK I ist, ist der Seelsorger der Garnison Goldap. Als aufrechter Mann und frommer, gläubiger Christ tut er seinen Dienst an dieser Stelle und ist nun wegen der Kollektenangelegenheit verhaftet. Was sollen wohl die Soldaten denken, wenn er nun diesen Dienst vorübergehend nicht leisten darf? Und was sollen sie denken, wenn solch ein Mann in Zeitungen als „Verräter" und „krimineller Verbrecher" („Goldaper Tageszeitung" Nr. 258 und 265 vom 4. und 12. November) hingestellt wird? Hier ist eine Not offenbar geworden, die dringend der Abhilfe bedarf.

Hugo Linck

Momentaufnahme 1939   55

Zum Text/ Problemfeldbeschreibung:	Momentaufnahme 1939: Während die jüdische Familie Menes das ersehnte Visum erhält und Deutschland verlassen kann, wird ein katholischer Priester wegen seines öffentlichen Gebets für jüdische und andersdenkende Mitbürger von der Gestapo gefoltert.
Stichworte:	jüdische Restgemeinde, jüdischer Gemeindevorstand, Kriegsgerüchte, Visum, Ausreise, Gestapo, Priester, Folter, Verhaftung, Fürbitte
Vorlesezeit:	5 Minuten
Vorlesealter:	ab 12 Jahren

„Ich fahre morgen!"

„Haben Sie alles beisammen, Frau Menes?"

„Ja, alles was man braucht! Gestern habe ich das Visum bekommen. Der Zug nach Hamburg geht dreizehn Minuten nach sechs!"

„Erna und und ich bringen Sie zum Bahnhof!"

„Lieber nicht! Meine Nerven sind bis zum Zerreißen angespannt, und ich möchte denen kein Schauspiel bieten, wenn ich vielleicht losheule. Behaltet mich lieber so in Erinnerung, wie ich früher war!"

Am nächsten Abend, dreizehn Minuten nach sechs, fuhr Frau Menes ab. Mit deutscher Pünktlichkeit dampfte der Schnellzug aus dem Bahnhof.

„Von der Kanzel weg haben sie Pfarrer Rohling verhaftet!" Mit Windeseile machte das Gerücht die Runde, und schon bald stellte sich heraus, daß es kein Gerücht, daß es die Wahrheit war.

Der geistliche Herr hatte von der Kanzel herab für die Juden und Andersdenkenden gebetet. Das Orgelspiel war noch nicht verklungen, als der Priester schon in dem Personenwagen eines Gestapospitzels saß, der die Aufgabe hatte, die Predigt anzuhören und mitzuschreiben.

Zwei Tage und zwei Nächte ließen sie den Priester in der Zelle sitzen. Nichts zu essen und nichts zu trinken brachten sie ihm. Es war, als hätten sie ihn in der Dunkelheit seines Haftraumes vergessen. Viele Stunden lang lag Pfarrer Rohling auf den Knien.

Spätabends am zweiten Tag kam der Schlägertrupp. Sie hieben so lange mit ihren Gummiknüppeln auf ihn ein, bis er schreiend um Gnade bat. Sie schleiften ihn die Treppen hinauf.

Der Gestapobeamte Köster, breit an seinem Schreibtisch hockend, grinste höhnisch, als er die blutunterlaufenene Prellungen im Gesicht des Priesters sah: „Nun können Sie gehen, Hochwürden, und danken Sie Gott, daß ich ein frommer Mann bin. Lassen Sie es sich aber nicht einfallen, noch mal für die Feinde unseres deutschen Volkes zu beten. Es würde Ihr Ende sein, das verspreche ich Ihnen hiermit, Hochwürden!"

Als sich Pfarrer Rohling ins Pfarrhaus zurückschlich, wurde er von einigen Kindern seiner Gemeinde gesehen. Diese brachten die Nachricht den Eltern, und von dort ging sie, schneller und zuverlässiger als ein Telegramm, durch das Viertel. An jenem Abend faltete mancher Bürger seine Hände und schlug das Zeichen des Kreuzes, denn Pfarrer Rohling war bei den einfachen Leuten sehr beliebt.

Als sie den Priester sah, schrie Frau Böser auf. Sie schrie vor Freude, aber auch vor Entsetzen, so entstellt war der Mann. Hastig kochte sie in ihrer Küche eine große Kanne Kakao, denn sie wußte, daß Pfarrer Rohling ihn liebte. Sie stellte das dampfende Getränk vor ihn auf den Tisch: „Sie müssen sich nicht sorgen, Hochwürden. Kaum waren Sie fort, habe ich alles aus dem Haus geschafft, was Sie irgendwie belastete!"

„Auch die jüdische Schriftrolle?"

„Auch die! Alles ist in Sicherheit!"

Carlo Ross

Kirche während des Zweiten Weltkriegs – daheim, an der Front 1939–1945

Kirche während des Zweiten Weltkriegs 1939–1945

18. 7. 1939	Pfarrer Paul Schneider wird im KZ Buchenwald ermordet
1. 9. 1939	Mit dem Überfall Deutschlands auf Polen beginnt der Zweite Weltkrieg
3. 9. 1939	Großbritannien und Frankreich erklären Deutschland den Krieg
Ab Oktober 1939	Erste Deportationen von Juden
8. 11. 1939	Attentat auf Hitler im Münchner Bürgerbräukeller
ab Januar 1940	Im Rahmen des „Euthanasieprogramms" werden Behinderte ermordet
April 1940	Weisung Hitlers: Keine weiteren Maßnahmen gegen die Kirchen während des Krieges
14. 3. 1940	13 Punkte für den Warthegau: Kirche nicht mehr Körperschaft des öffentlichen Rechts
30. 4. 1940	In Lodz wird das erste polnische Getto eingerichtet
10. 5. 1940	Deutschland greift die Benelux-Länder und Frankreich an
12. 7. 1940	Reichskirchenminister Kerrl verbietet den Heimatpfarrern, Schriften an Frontsoldaten zu schicken.
19. 7. 1940	Der württembergische Landesbischof Wurm protestiert bei Reichsinnenminister Flick gegen das Euthanasieprogramm
1. 8. 1940	Proteste katholischer Bischöfe gegen die Euthanasie
19. 12. 1940	Pastor Heinrich Grüber wird ins KZ verbracht
ab Mai 1941	Die kirchliche Presse wird nahezu stillgelegt
22./23. 6. 1941	Beginn des deutschen Angriffs auf die Sowjetunion. Hinter der Front werden durch SS-Einsatzgruppen ca. 1 Million Juden ermordet
31. 7. 1941	Göring beauftragt den Chef des Reichssicherheitshauptamtes Reinhard Heydrich mit der Evakuierung der europäischen Juden
3. 8. 1941	Predigt des Münsteraner katholischen Bischofs von Galen gegen die Euthanasie
24. 8. 1941	Offizieller Stopp der Morde an Behinderten („Euthanasie"). In dieser Aktion, die Ende 1939/Anfang 1940 begann, wurden etwa 100 000 Menschen ermordet. Das Morden geht nach dem offiziellen Ende der Aktion im Geheimen weiter
1. 9. 1941	Juden müssen einen „Judenstern" tragen
23. 9. 1941	Erste Versuche mit Vergasungen in Auschwitz
20. 10. 1941	Beginn der Deportationen aus dem Reichsgebiet

Kirche während des Zweiten Weltkriegs 1939–1945

11. 12. 1941	Deutschland erklärt den USA den Krieg
20. 1. 1942	„Wannseekonferenz"; Besprechungen über die praktischen Maßnahmen zur „Endlösung der Judenfrage"
16. 3. 1942	Todeslager Belsec errichtet
7. 11. 1942	Alliierte landen in der Normandie
31. 1. 1943	Die Schlacht um Stalingrad endet mit einer katastrophalen Niederlage der deutschen Armee
18. 12. 1943	Kundgebung im Berliner Sportpalast mit Propagandaminister Goebbels („Wollt ihr den totalen Krieg?")
22. 2. 1943	Geschwister Scholl von der Widerstandsgruppe „Weiße Rose" hingerichtet
6. 4. 1943	Verhaftung Dietrich Bonhoeffers
19. 4. 1943	Beginn des Aufstands im Warschauer Getto
11. 6. 1943	Himmler befiehlt die Liquidierung der polnischen Gettos
25. 7. 1943	Der italienische Diktator Mussolini wird gestürzt. Damit endet das faschistische Regime in Italien
16./17. 10. 1943	Letzte altpreußische Bekenntnissynode in Breslau; mit einem „Wort zum 5. Gebot" nimmt die Synode gegen die Vernichtung angeblich lebensunwerten Lebens und gegen die Judenvernichtung Stellung
6. 6. 1944	Invasion der Alliierten in Frankreich
20. 7. 1944	Attentat der deutschen Opposition gegen Hitler mißlingt
16. 10. 1944	Die Rote Armee erreicht deutsches Gebiet
21. 10. 1944	Die US-Army besetzt Aachen
4.–11. 2. 1945	Konferenz von Jalta (Krim): Neben den USA, der Sowjetunion und Großbritannien wird auch Frankreich eine eigene Besatzungszone zugebilligt
9. 4. 1945	Dietrich Bonhoeffer in Flossenbürg ermordet
30. 4. 1945	Selbstmord Hitlers in der Berliner Reichskanzlei
8. 5. 1945	Bedingungslose Kapitulation Deutschlands Der Zweite Weltkrieg kostete ca. 55 Millionen Menschen, Soldaten und Zivilisten das Leben, darunter 20 Millionen Menschen aus der damaligen Sowjetunion, 4,5 Millionen Deutsche und ca. 6 Millionen Juden

Zu Beginn des Zweiten Weltkriegs gab Hitler die Weisung aus, alle unnötigen Konflikte mit den Kirchen zu vermeiden. Alle Kräfte sollten für den Sieg mobilisiert werden. Das hielt freilich Hitlers Unterführer nicht davon ab, unter dem Vorwand der Kriegsnotwendigkeit die Position der Kirchen weiter zu schwächen. Besonders gravierend war die Abwürgung der kirchlichen Presse auf 0,8 % ihres Bestandes. Das Reichssicherheitshauptamt konzentrierte sich auf das Sammeln von Material, mit dem nach dem gewonnenen Krieg den Kirchen der Prozeß gemacht werden konnte. Was den Kirchen als Institutionen drohte, sollte man im Reichsgau Wartheland sehen. In diesem neu geschaffenen Gau im ehemaligen Polen, kurz Warthegau genannt, verordnete der dortige Reichsstatthalter „die strikte Trennung von Staat und Kirche und die Umwandlung der Kirchen in private Vereine, die leicht zu beherrschen waren und zu gegebener Zeit liquidiert werden konnten".* Aufgrund der Kriegsereignisse konnten aber die Pläne im Warthegau nicht in die Tat umgesetzt werden.

Der Krieg versetzte viele Christen in einen großen Zwiespalt. Auch wenn sie den Nationalsozialismus ablehnten, wollten sie doch gute Soldaten sein und ihr Vaterland nicht im Stich lassen. Die Kirchenleitungen riefen die Christen zu treuer Pflichterfüllung an der Front und in der Heimat auf. Eine Kriegsbegeisterung, die 1914 das ganze deutsche Volk, auch die Christen, erfaßt hatte, wiederholte sich 1939 nicht mehr, und gegen eine ausgesprochene Kriegstheologie, wie sie in manchen Erklärungen, vor allem des evangelischen Geistlichen Vertrauensrats, zum Ausdruck kam, erhoben sich einzelne Proteste. Nur ganz wenige Christen aus den großen Kirchen entschieden sich für Wehrdienstverweigerung. Daß der Staat das Recht habe, Krieg zu führen, wurde nur von wenigen in Frage gestellt. Außerdem stand auf die Verweigerung des Fahneneids auf Hitler die Todesstrafe. Zu den wenigen, die den Eid nicht leisten konnten, gehören Hermann Stöhr, der Sekretär des deutschen Zweigs des Versöhnungsbundes, und Franz Jägerstätter, ein einfacher tiefgläubiger Bauer aus Österreich. Beide wurden hingerichtet. Auch viele Zeugen Jehovas, die aus Glaubensgründen den Wehrdienst verweigerten, fanden den Tod.

Den Krieg benutzte die NS-Führung dazu, das sogenannte „Euthanasieprogramm" in die Tat umzusetzen. Auf der Grundlage sozialdarwinistischer und rassistischer Ideen hatten die Nationalsozialisten mit Hilfe eines 1933 geschaffenen Gesetzes Hunderttausende Behinderte sterilisieren lassen. Nun begann 1939 unter strengster Geheimhaltung der Massenmord an diesen Menschen.

Die Aktionen begannen in süddeutschen Anstalten. Mit Bussen wurden die Behinderten abgeholt und in 6 großen Tötungsanstalten, z. B. Grafeneck in Württemberg, vergast. Da viele Behinderte in kirchlichen Heil- und Pflegeanstalten untergebracht waren, wurden die Kirchen direkt mit dem Massenmord konfrontiert. Bis zum offiziellen Stopp der unter der schönfärbe-

---

* E. Röhm/J. Thierfelder, a.a.O., S. 111.

Kirche während des Zweiten Weltkriegs 1939–1945

rischen Bezeichnung „Euthanasie" (= schöner Tod) bezeichneten Maßnahmen am 24. August 1941 wurden etwa 70 000 Behinderte umgebracht. Danach ging das Morden aber im Geheimen weiter. Die Tötung angeblich „lebensunwerten Lebens" traf auf die fast einhellige Ablehnung der Kirchen. Bekannt geworden sind die mutigen Predigten des Münsteraner Bischofs Graf von Galen, die Protestschreiben des württembergischen Landesbischofs Theophil Wurm und des Freiburger Erzbischofs Conrad Gröber sowie die Eingaben von Anstaltsleitern wie Paul Braune, Lobetal, und Ludwig Schlaich, Stetten im Remstal. Friedrich von Bodelschwingh und seine Mitarbeiter in Bethel bei Bielefeld konnten in einem zähen Ringen mit dem Staat die meisten ihrer Patienten vor dem Tod bewahren.

Viel schwächer war der Protest der Kirchen gegen die seit 1941 sich vollziehende „Endlösung der Judenfrage", d. h. den Massenmord am europäischen Judentum. Handelte es sich bei den Behinderten vornehmlich um Glieder der christlichen Kirchen, so gehörten die meisten jüdischen Mitbürger keiner christlichen Kirche an. Für sie zu protestieren, schien vielen Christen nicht so dringlich zu sein. Als im September 1941 die jüdischen Mitbürger zum Tragen des Judensterns gezwungen wurden, reagierte die Kirchenkanzlei der Reichskirche mit dem schrecklichen Rundschreiben an die Landeskirchenleitungen, das empfahl, „geeignete Vorkehrungen zu treffen, daß die getauften Nicht-Arier dem kirchlichen Leben der deutschen Gemeinden fernbleiben".* Kardinal Bertram, der Vorsitzende der Fuldaer Bischofskonferenz, riet seinen Mitbischöfen immerhin: „...erst wenn sich größere Schwierigkeiten durch den Kirchenbesuch der nichtarischen Katholiken ergeben sollten, ...mit den katholischen Nicht-Ariern selbst die Abhaltung von Sondergottesdiensten zu erwägen".** Erst 1943 gab es in einem katholischen Hirtenbrief Proteste gegen die Tötung Unschuldiger, ebenso in einer Verlautbarung der 12. Preußischen Bekenntnissynode sowie in den mutigen Protestschreiben von Landesbischof Wurm an die obersten Reichsbehörden. Es bleibt die Frage, warum die beiden Kirchen den Massenmord an den Juden nicht deutlicher in aller Öffentlichkeit verurteilten. Dies lag gewiß nicht an mangelnder Information. Männer wie der SS-Offizier Kurt Gerstein, ein Miglied der Bekennenden Kirche, der in die SS eingetreten war, um die Verbrechen des Dritten Reiches aufzudecken, hatten mehrere Kirchenführer frühzeitig informiert, auch auf Urlaub befindliche Soldaten vertrauten sich ihren Pfarrern an, weil sie mit den schrecklichen Erlebnissen, z. B. das Wahrnehmen von Massenerschießungen von Juden während des Rußlandfeldzugs, nicht zurecht kamen.

---

* K. Scholder, a.a.O., S. 309.
** Ebd., S. 309f.

Die Kirchenleitungen hatten gewiß Angst vor Repressalien gegen die Kirchen. Und sicher war der Nationalsozialismus bei Protesten gegen seine Rassenpolitik besonders allergisch, handelte es sich doch dabei um das Zentrum der NS-Weltanschauung. Auf katholischer Seite, etwa bei Papst Pius XII., spielte auch die Sorge eine Rolle, daß bei einem öffentlichen Protest noch schärfer gegen die Juden vorgegangen würde. Er konnte dabei auf ein Beispiel aus Holland verweisen, wo nach einem Protest des Episkopats für die jüdischen Mitbürger die katholischen „Nichtarier" wenige Tage später deportiert wurden. Sicher ist auch, daß die Kirchenleitungen bei ihren Protesten gegen die Judenverfolgung – im Unterschied zu denen gegen die NS-Euthanasie – kaum auf Rückhalt in den Gemeinden, geschweige denn im deutschen Volk rechnen konnten.

Die beiden Kirchen beteiligten sich nicht am politischen Widerstand gegen Hitler, der die (gewaltsame) Beseitigung des NS-Unrechtsstaates zum Ziel hatte, und sie riefen auch nicht dazu auf. Doch es gab nicht wenige Christen, Pfarrer und Laien, die den Weg zum politischen Widerstand fanden. Dazu zählen Geistliche, wie der evangelische Pastor Dietrich Bonhoeffer und der katholische Jesuitenpater Alfred Delp, und auch Laien wie Helmuth James Graf von Moltke (Kreisauer Kreis), Prof. Gerhard Ritter (Freiburger Widerstandskreise) und der frühere württembergische Ministerpräsident Eugen Bolz. Neben dem politischen Widerstand, der auf das Ende des Dritten Reiches drängte und die Zeit danach plante, gab es viele Formen von kirchlichem Widerstand. Schließlich ist in der Frage Anpassung und Widerstand zu erwägen, was Klaus Scholder einmal so ausdrückte: „Beide Kirchen haben – das zeigen vor allem die Reaktionen der Partei – allein durch die Tatsache ihrer Existenz und die Fortdauer ihrer Verkündigung im Dritten Reich eine *kritische Funktion* ausgeübt, deren Gewicht ihnen selber weithin unbekannt geblieben ist. Die Tatsache, daß die Gleichschaltung mißlang, stellte den Nationalsozialismus an einem Punkt in Frage, an dem er sonst von keiner Gruppe und keiner Institution mehr angegriffen schien: am Totalitätsanspruch seiner weltanschaulichen Herrschaft. Hier bedeutete jede einfache Sonntagspredigt – und gerade sie – einen Widerspruch, den nicht nur die Partei, sondern das Volk durchaus und im wachsenden Maße empfand." Scholder sieht diese kritische Funktion nicht zuletzt bei den Gruppen des politischen Widerstands, bei denen sich „das Christentum... in überraschend vielen Fällen als Motiv und Kriterium politischer Entscheidung" erwies.*

Bei der Frage, was unter „Widerstand" zu verstehen ist, besteht die Gefahr, den Widerstandsbegriff entweder zu eng oder zu weit zu fassen. Zu eng gefaßt wäre der Begriff dann, wollte man darunter nur den auf die Besei-

---

* K. Scholder, a.a.O., S. 310.

tigung des Regimes gerichteten politischen Widerstand verstehen. Zu weit gefaßt wäre er andererseits sicher dann, wenn man jedes nichtangepaßte Verhalten unbesehen als Widerstand einstufen würde. Problematisch erscheint es auch, verschiedene Formen des Widerstands unterschiedlich zu bewerten und gar gegeneinander auszuspielen.

Der evangelische Theologe Ernst Wolf unterscheidet zwischen vier Formen kirchlichen Widerstands:

„1. Der Widerstand zur Sicherung des Bestandes der überkommenen landeskirchlichen Institution; 2. der Widerstand im Ringen um die Freiheit des Evangeliums; 3. in Konsequenz aus diesem Widerstand der sehr komplexe, über den ‚Raum' der Kirche notwendig und dann auch bewußt hinausgreifende Widerstand im Kampf für das Menschsein des Menschen und in gewisser Weise auch für die Rechtsstaatlichkeit des Staates – er berührt sich mit dem politischen Widerstand; 4. der Versuch eines Widerstandes in jenen Grenzsituationen des Konfliktes, die durch die Probleme von Krieg und Eidesverweigerung und schließlich ‚Tyrannenmord' gekennzeichnet sind."*

---

* E. Wolf, Zum Verhältnis der politischen und moralischen Motive in der deutschen Widerstandsbewegung. In: W. Schmitthenner/H. Buchheim (Hg.), Der deutsche Widerstand gegen Hitler, Köln u. Berlin 1966, S. 215–255, hier S. 231.

56 Verbrecher

Zum Text/ Problemfeldbeschreibung:	Ein junger Pfarrer wird aufgrund einer Predigt ins Polizeigefängnis gebracht. Dort wartet er unter unmenschlichen Bedingungen auf sein weiteres Schicksal, wird jedoch eines Tages freigelassen.
Stichworte:	Kriegsbeginn, Bekennende Kirche, Predigt, Gefängnis, Fürbitte, Gestapo
Vorlesezeit:	18 Minuten
Vorlesealter:	ab 14 Jahren

Während meine Verlobte im Elternhaus die Tropenausrüstung für die immer noch bald erwartete Ausreise nach China zusammenstellte, ging ich als Hilfsgeistlicher nach Buchholz bei Fürstenwalde/Spree, um den zur Wehrmacht einberufenen Ortspfarrer bis auf weiteres zu vertreten: eine kleine überschaubare Landgemeinde mit nur einer Predigtstätte in der alten Dorfkirche. Im Pastorat bekam ich ein Zimmer; das Mittagessen nahm ich im einzigen Gasthof ein, in dem sich erste Gespräche mit Gemeindegliedern ergaben; dazu Hausbesuche, ein paar „Amtshandlungen". Truppenbewegungen in Richtung Osten. Am 12. Tag meines Dortseins begann der Zweite Weltkrieg mit dem Überfall auf Polen.

Für den ersten Kriegssonntag war Lukas 10, Vers 23 bis 37 vorgeschlagen, das Evangelium vom Barmherzigen Samariter. Da ich bei der Predigtvorbereitung nach dem existentiellen Bezug dieser Geschichte auf unsere neugeschaffene Situation suchte, kam ich an der in diesem Gleichnis enthaltenen Herausforderung nicht vorbei: einem Theologen gegenüber brandmarkt Jesus die Scheinfrömmigkeit eines Priesters und eines Leviten (ganz gewiß nicht aller Priester und aller Leviten). Menschen, die berufsmäßig mit dem Heiligen umgehen und zum Gottesdienst berufen sind, sehen zwar den Todwunden, verweigern sich aber dem, der ihre Hilfe bitter nötig gehabt hätte. Schon diese Aussage Jesu mußte bei den Autoritäten seines Volkes Anstoß erregen. Noch aufregender, wirklich ärgerlich ist, daß Jesus ausgerechnet einen Samariter an dem Hilfsbedürftigen nicht vorübergehen läßt, sondern ihn als Vorbild tatkräftiger und gründlicher Hilfe dem gesetzestreuen Juden vor die Augen stellt: „Gehe du aber hin und tue desgleichen!"

Nun sollte ich das – am ersten Kriegssonntag – einer christlichen Gemeinde sagen, ein Deutscher den deutschen, wie Jesus als Jude zu Juden geredet hatte, die mit den Samaritanern verfeindet waren und denen diese als „unrein", also gottlos, galten.

Bei den bisherigen Gesprächen hatte ich gespürt, daß ein strammer Ortsgruppenleiter die Bevölkerung am Zügel hielt; der Ortsbauernführer war Mitglied des Kirchenvorstandes, und der Organist notierte „Wichtiges". Übrigens spielte er die Orgel so laut, daß die wenigen Gottesdienstbesucher das Mitsingen der Choräle fast aufgegeben hatten. Man erwartete eine feierliche Rede zur religiös-ideologischen Unterstützung des begonnenen „Heldenkampfes unserer Nation". Natürlich schrieb ich wörtlich auf, was ich sagen mußte und auch wollte: Wenn wir erfahren möchten, was um Gottes willen von uns zu tun sei, dann genüge es nicht, die Anordnungen des Staates zu befolgen; auch kirchliche Amtsträger könnten nicht immer als Vorbilder dienen. Wir müßten schon bei Jesus selber nach Antwort suchen. Insofern habe der Schriftgelehrte in unserer Geschichte die richtige Adresse für seine Anfrage gehabt. Vermutlich sei er in seinem eigenen Verhalten unsicher geworden; seine Entscheidungen und Handlungen schienen ihm zweifelhaft, da staatlichen Gesetzen die letzte verläßliche Begründung fehlte und die Autoritäten im Tempel und in der Synagoge (Priester, Leviten, Rabbiner) einander oft widersprachen. Vielleicht wußte dieser Jesus Rat, von dem die Leute sagten, daß er mit letzter Vollmacht redete, daß seine Taten seinen Worten entsprächen und, daß seine Jünger in ihm den von Gott den Vätern verheißenen Messias (Christus) sähen. Er müßte mir sagen können, wie ich das ewige, das wahrhaft lohnende und sinnvolle Leben erlangen möchte.

Jesus weist ihn einfach auf das hin, was er bereits kennt: Du sollst Gott über alles lieben und deinen Nächsten wie dich selbst. Wir kennen das auch von Jugend auf, besonders aus Luthers Erklärungen zu den zehn Geboten. Aber nun fragen wir mit dem Schriftgelehrten: Wer ist denn mein Nächster? Gewiß, die Familienangehörigen, die Nachbarn, die Volksgenossen. Schon da erhebt sich die Frage, ob wir wirklich mit allen Familienangehörigen, Nachbarn und Volksgenossen in Liebe und Frieden zusammenleben. Da muß ich schon von ganzem Herzen lieben, wenn mir das gelingen soll. Und wie ist es mit den Angehörigen anderer Völker, unserem Nachbarn Polen zum Beispiel? Ist jetzt nicht die Stunde gekommen, in der die Fronten klar abgesteckt werden müssen, auch die Grenzen der Liebe? Hier Deutsche – da Polen! Hier Arier – dort Juden Sie haben nichts miteinander zu tun. Da kann es nur noch heißen: Du sollst deinen Nächsten lieben und deinen Feind hassen!

Wer unter uns in seinem eigenen Verhalten unsicher geworden ist, und wem solche Scheidungen zweifelhaft erscheinen; wer mit seiner Frage „Was soll ich tun?" zu Jesus geht, dem mag dieser wohl folgende Geschichte erzählen:

Es war ein Mensch, der ging von Fürstenwalde nach Berlin. In einem unübersichtlichen Waldstrich wird er von Räubern überfallen, die sein Gepäck plündern und ihn schwerverletzt liegen lassen. Nach einiger Zeit kommt ein Amtsverwalter der Partei denselben Weg entlang; der sieht den armen Kerl, aber er hat es eilig und geht vorüber. Ebenso, eine Weile später, ein SA-Sturmführer; als er den Verwundeten sieht, wendet er sich ab und geht dienstbeflissen davon. Endlich kommt einer, der schon gar nicht mehr richtig dazu gehört. Auch er hat natürlich etwas vor; aber als er den Hilfsbedürftigen da liegen sieht, hält er inne, umfängt ihn mit seinen Armen, schleppt ihn bis zur nächsten Gaststätte und gibt dem Wirt eine Anzahlung auf die Pflegekosten – mit dem Versprechen, ihm Kost und Logis voll zu bezahlen, wenn er auf dem Rückweg wieder vorbeikommen wird. Und das war ein polnischer Jude. Der war dem, der unter die Räuber gefallen war, zum Nächsten geworden. Die Frage: „Wer ist denn mein Nächster?" ist also eigentlich falsch gestellt; sie müßte richtiger lauten: „Wem kann ich heute der Nächste sein?", und auf diese Frage werden wir nie ohne Antwort bleiben. Wenn wir am Schluß des Gottesdienstes gesegnet werden, dann wollen wir uns gesandt wissen, anderen, die uns brauchen, zu Nächsten zu werden.

Das habe ich damals gepredigt, und ich wüßte auch heute keinen Grund dafür, daß ich's anders hätte sagen sollen. Biblische Texte sprechen einfach für sich; man braucht sich nur auf eine schlichte Nacherzählung zu beschränken, um verstanden zu werden. Selbstverständlich war es töricht, so zu reden; ich hätte es nicht tun dürfen; es war gegen alle Vernunft. Daß ich aber verstanden worden bin, beweist der Tatbestand, daß ich bereits am darauffolgenden Tag den Empfang einer Vorladung zur Geheimen Staatspolizei nach Frankfurt/Oder quittieren mußte. Mit den notwendigsten Sachen (Bibel, Ausweis, Toilettenbeutel und Handtuch) machte ich mich auf den Weg dorthin, um Buchholz im Leben nicht wiederzusehen. Mit mir ging die Losung des Tages: „Wer sein Leben erhalten will, der wird's verlieren; wer aber sein Leben verliert um meinetwillen, der wird's finden" (Matthäus 16, 25).

Im Polizeipräsidium wurde ich nach einer angespannten Wartezeit zur Vernehmung aufgerufen. Der Beamte der Geheimen Staatspolizei las mir fast wörtlich die entscheidenden Sätze meiner Predigt vor und fragte, ob ich das so oder ähnlich gesagt hätte. – „Ja, genau so." – „Ob ich etwas zu meiner Verteidigung bemerken möchte?" – „Nein, für mich sei Gottes Wort verpflichtend; bei meiner Ordination hätte ich versprochen, ‚das Predigtamt in der Bindung an Gottes Wort zu führen', und dieses Gelübde wolle ich halten." Damit war das Gespräch beendet. Der Geheimpolizist griff mit der einen Hand nach seiner Pistole, mit der anderen drückte er auf einen Klingelknopf. Auf dieses Zeichen hin erschien ein Untergebener, der mich in das Polizeigefängnis auf der Westseite der Oderbrücke abführte.

Der Polizeiwachtmeister wies mich in eine Zelle, in der bereits zwei andere Männer lagen. In der Tat: „lagen". Der Fußboden der Zelle diente nämlich zugleich als Pritsche in Körperlänge. Ein kleines vergittertes Fenster verlieh dem Raum ein fahles Dämmerlicht. Keine Matratze, kein Tisch, kein Stuhl. Das ganze Leben spielte sich hier auf der Holzpritsche ab; in wenigen Wochen war meine Hose durchgescheuert, für die es keinen Ersatz gab. Die Verpflegung in solchen Anstalten ist bekannt: morgens und abends Marmeladenbrot mit Malzkaffee, mittags Suppe. Als Lektüre stand uns Hitlers „Mein Kampf" zur Verfügung; gelegentlich wurde uns der „Völkische Beobachter" herangereicht. Meine Bibel durfte ich behalten.

Tag für Tag wurde uns durch die Geheime Staatspolizei die Verlegung in ein Konzentrationslager angedroht, „wohin wir schon längst gehörten". Bald kam übrigens noch ein vierter Untersuchungsgefangener in unsere Zelle, auf dieselbe Pritsche, die damit eng belegt war.

Die Zusammenstellung unserer „Mannschaft" in der Frankfurter Zelle konnte nicht perfekter gestaltet werden und war gewiß kein Zufall; vier Personen – vier Konfessionen: Jude, Katholik, Protestant, Dissident. Wenn man hoffte, daß wir miteinander streiten würden, so hatte man sich gründlich getäuscht. Auch ließen wir uns nicht dazu verleiten, bei den immer wieder erfolgenden Vernehmungen irgendwelche Äußerungen der anderen zu verraten. Für uns war diese breite Streuung, für die wir paar Männer exemplarisch standen, eine Ermutigung, weil sie bewies, daß die Ablehnung des Nationalsozialismus quer durch alle Stände, Konfessionen und Ideologien ging. Mir kam Gotthold Ephraim Lessings „Nathan" in den Sinn:

„...! Und doch ist Gott!
Doch war auch Gottes Ratschluß das! Wohlan!
Komm, übe, was du längst begriffen hast;
Was sicherlich zu üben schwerer nicht
Als zu begreifen ist, wenn du nur willst.
Steh auf! — Ich stand und rief zu Gott:
‚Ich will; willst du nur, daß ich will.'"

Eigenartig, wie solche Schulaufgaben, damals auswendig gelernt, plötzlich wieder gegenwärtig sind, nun in ihrer existentiellen Bedeutung, auch für den Kommunisten keine Phrasen. Er betete die Psalmen mit, in denen wir Gott um Hilfe anriefen. Stündlich, bei Tag und Nacht, mußten wir mit der Deportation rechnen; aber wir hatten nun keine Angst mehr davor.

Wir glaubten, daß Gott uns nicht verlassen werde, und erfuhren, daß wir auch von Menschen nicht ganz verlassen waren. Schon bei meiner Einlieferung war es mir aufgefallen, daß einer der beiden unserem Gefängnis zugeteilten Polizeibeamten zu dem anderen sagte: „Wenn sie nun schon die Pastoren einsperren, dann kann es nicht mehr lange dauern." Vermutlich meinte er nicht nur den Krieg, sondern den ganzen Spuk der Nazis. Leider hat er mit seiner Prognose nicht recht behalten. Es hat ja noch lange, allzu lange gedauert; und ich gestehe, daß ich bis heute immer noch gelegentlich „um meinen Schlaf gebracht" werde, wenn im Alptraum diese Zeit überhaupt nicht enden will. Zu häufig ist die Hoffnung auf ihr baldiges Ende enttäuscht worden.

Da kommt Besuch, den ich zwar nicht persönlich zu sehen kriege, der aber eine wichtige schriftliche Nachricht hinterläßt. Es ist der Beauftragte des

Bruderrates, Pfarrer Erich Andler, der mit der Geheimen Staatspolizei in Berlin und Frankfurt seit meiner Verhaftung hartnäckig verhandelt und meine Freilassung unter folgenden Bedingungen erwirkt hatte:
1. Keine Rückkehr in die Gemeinde Buchholz.
2. Ausweisung aus dem Regierungsbezirk Frankfurt/Oder.
3. Spätestens 24 Stunden nach jedem Umzug persönliche Meldung bei der für den neuen Ort zuständigen Stelle der Gestapo.

Die Brüder baten mich herzlich, auf diese Bedingungen einzugehen.

Völlig überraschend stand das Angebot der, wenn auch eingeschränkten, Freiheit vor mir. Ich hatte wirklich nichts hinzugetan; aber nun mußte ich mich entscheiden. Durfte ich meine Mitgefangenen hier in der Zelle verlassen? Waren wir nicht inzwischen Schicksals- und Todeskandidatengemeinschaft geworden? Wie manches Mal geht es in unserem Leben so, daß wir kurz vor der Todesgrenze zurückgeholt werden; daß wir, wenn wir uns mit dem Ende abgefunden haben, einen neuen Anfang geschenkt bekommen und einen neuen Anlauf machen dürfen.

Wenn doch die anderen drei auch entlassen würden! Ich konnte nur hoffen, daß sie „draußen" jemanden hätten, der sich darum kümmerte. Gerade das aber schien überaus fraglich. Wo hatten denn die Juden noch einen Fürsprecher? Und die Kommunisten? Der einzige, für den ich Hoffnung hatte, war der katholische Tierarzt.

Die Bedingungen selbst, unter denen ich die – relative – Freiheit wiederhaben sollte, schienen mir erfüllbar. In Buchholz hatte ich lediglich Vertretungsdienst übernommen, war nicht ins Pfarramt eingeführt worden, und der zum Wehrdienst eingezogene Pfarrer wollte dahin zurückkehren, wenn er den Krieg heil überstehen würde. Warum sollte ich dahin unbedingt zurückkehren wollen. Zu den Bedingungen gehörten weder ein Widerruf meiner Predigtaussage noch das Versprechen, künftig solches nicht zu wiederholen. Darüber war ich so froh, daß ich die beiden anderen Auflagen (Ausweisung und jeweilige Meldung bei der Gestapo) leicht nahm. Sie gehörten ohnehin zum Charakter eines Polizeistaates.

Aber die anderen drei! Um ihretwillen zögerte ich die Entscheidung hinaus, – bis ich wieder „zur Vernehmung" ins Polizeipräsidium geführt wurde. Dort erklärte man mir, ich sei unter den bekannten Bedingungen entlassen. Ins Gefängnis durfte ich nicht mehr zurück. Also kein Abschied von meinen Kameraden; ich weiß bis heute nicht, was aus ihnen geworden ist.

War es Wirklichkeit, war es ein Traum? Die Freiheit ist dir neu geschenkt! „Und wem verdanken Sie das?", fragte mich der entlassende Beamte. „Der Fürbitte der Gemeinde", war meine Antwort.

Hans-Werner Jensen

Nun danket alle Gott 57

Zum Text/ Problemfeld- beschreibung:	Nach dem Ende des Polenfeldzugs wird in der Garnisonskirche in L. ein Dankgottesdienst abgehalten.
Stichworte:	Gebet, Kriegsbeginn, Warschau, Polen, Führer, Dankgottesdienst
Vorlesezeit:	5 Minuten
Vorlesealter:	ab 12 Jahren

Der Polenfeldzug war nach wenigen Wochen zu Ende. Die Siegesmeldungen überstürzten sich, und immer wieder eilten wir zum Volksempfänger, wenn wir aus den Nachbarhäusern hörten, daß neue Sondermeldungen bevorstanden. Ich begann ein Kriegstagebuch anzulegen. In gotischen Buchstaben wurden die Wehrmachtsberichte eingetragen, hinzu kamen Zeichnungen, die ich nach Kriegsfotos anfertigte.

Und so steht unter dem 19. September 1939: Heute hielt der Führer einen unvergleichlichen Siegeszug durch das befreite Danzig, hier hielt er im historischen Artushof eine Rede: „Seit dem Kriegsbeginn sind nun 18 Tage vergangen. Kaum jemals in der Geschichte konnte aber mit mehr Recht der Spruch angeführt werden: Mit Mann und Roß und Wagen, hat sie der Herr geschlagen!" ..."Über eines kann es keinen Zweifel geben: den Fehdehandschuh nehmen wir auf, und wir werden so kämpfen, wie der Gegner kämpft!" ... „Dieses Deutschland kapituliert nicht!"

Am 27. September 1939 meldete das Oberkommando der Wehrmacht: „Warschau hat bedingungslos kapituliert!" Nach dieser Sondermeldung ertönte das „Nun danket alle Gott", danach beide Hymnen. Am Sonntag darauf fand in der Garnisonskirche ein großer Dankgottesdienst mit Teilnahme der Wehrmacht statt. Überhaupt wurde die Garnisonskirche immer mehr zur Kirche des Militärs. Das ganze Schiff saß voller Soldaten, die geschlossen zur Kirche marschierten, und oben bei der Orgel spielte das Musikkorps der Wehrmacht die Choräle mit. Der Wehrmachtspfarrer – und nicht nur er – betete für den Führer, er möge uns lange erhalten bleiben. Die tapferen Soldaten wurden ins Gebet eingeschlossen; und schließlich wurde der Segen für unsere siegreichen Waffen gesprochen. „Für wen sich Gott wohl entscheidet, die anderen Völker beten doch auch zu ihm?", fragte ich meinen Bruder.

Auch Frankreich und England hatten uns den Krieg erklärt, und drüben am Westwall lagen jetzt, da es dem Winter zuging, unsere Soldaten. Für sie wurden Päckchen gesammelt, und bald hatten wir einen regen Briefwechsel mit einem unbekannten Landser, der sich für unsere Sendungen bedankte.

1939 hatten wir nochmals an einem Wettbewerb der Schülerzeitschrift „Hilf mit" teilgenommen. In der Ludwigsburger Zeitung erschien ein Bild von uns. Darunter stand: „Die beiden Hitlerjungen Fritz und Heinrich Kling sind bei dem Wettbewerb unter dem Thema ‚Schaffendes Deutschland' Gau- und Reichssieger der deutschen Jugend geworden. Das Modell, welches den Autobahnhof Eltingen mit Rohrbachbrücke darstellt, wurde als Patenschaftsgabe dem Blutort Bromberg in Posen gespendet. Somit hatten die beiden Brüder die Patenschaft von Bromberg durch die Gauverwaltung Württemberg angetreten."

Heinrich Kling

58 Wir waren keine Widerstandsgruppe

Zum Text/Problemfeldbeschreibung:	Eine evangelische Jugendgruppe hält Kontakt mit Mitgliedern, die an der Front stehen; man schreibt an sie Rundbriefe mit kurzen Bibelarbeiten und Berichten aus den Jugendkreisen.
Stichworte:	Bekennende Kirche, Bonhoeffer, Losungsbüchlein, Niemöller, Vorbild
Vorlesezeit:	4 Minuten
Vorlesealter:	ab 12 Jahren

Wir in der Evangelischen Jugend waren ein richtig zusammengeschweißter Haufen, und fast alles, was wir taten, geschah im Untergrund, denn es war verboten. Aber gerade dieser Umstand brachte uns immer näher zusammen. Höhepunkte waren die Bezirkstreffen in verschiedenen Kreisgemeinden, in Möglingen, in Schwieberdingen, in Markgröningen. Und wenn dann noch der „Ami"* zu den Treffen kam, gingen wir frisch gestärkt an unsere Arbeit. Wußten wir doch, daß wir nicht allein waren, daß im ganzen Land Gruppen beisammen waren mit der gleichen Einstellung. Wir waren bestimmt keine Widerstandsgruppe, aber wir zählten uns zur „Bekennenden Kirche", und die wurde ja verfolgt. Martin Niemöller war uns ein leuchtendes Vorbild. Wir hörten von Bonhoeffer und ließen uns nicht irre machen, wenn in allen Zeitungen Hetzkampagnen gegen die Kirche geführt wurden. Wir hielten bedingungslos zusammen. Jeder war für den anderen da. Und doch war einer unter uns, dem ein besonderer Abschnitt gebührt. Das war unser Kurt Beck!

Beck war Jahrgang 1922 und konnte nicht Soldat werden, da er schwerbeschädigt war. Eigentlich wollte er Architekt werden, weshalb er ein Praktikum bei einer Baufirma machte. Dort passierte ein Unglück: heißer Teer lief über seine Hände und er mußte an beiden operiert werden. Hautteile wurden aus der Brust herausgenommen und auf die Handoberfläche verpflanzt. All

---

* Ami = Spitzname für Dr. Manfred Müller von der Landeskirche

mählich konnte er die Hände wieder bewegen. Aber fürs Militär war er untauglich, auch seinen Beruf konnte er nicht mehr ausüben. Er begann eine Lehre als Drogist in Stuttgart. Nachdem alle seine Alterskameraden Soldaten waren, kam er auf eine tolle Idee. Er gründete den „Rundbrief"! Alle, die an der Front, in den Kasernen oder im Lazarett waren, schrieben Kurt Briefe, oder auch nur Feldpostkarten. Er sammelte und vervielfältigte sie. Hans Faber schrieb eine Bibelarbeit über die Monatslosung, und Kurt schrieb einen kurzen Bericht über die Ereignisse in der Heimat und in allen Jugendkreisen. All dies wurde nun monatlich an alle Kameraden verschickt. So wußte jeder vom anderen, wußte, was zu Hause los war, und hatte zudem einen seelischen Zuspruch. Kurt Beck machte diese Arbeit bis zum Kriegsende. Ich war einer der ersten, die aus dem Krieg zurückkamen. Vier Wochen nach meiner Rückkehr mußten wir Kurt Beck begraben. Er starb an einer schweren Tuberkulose. Seinen Auftrag hatte er erfüllt!

Heinrich Kling

Heimliche Taufe 59

Zum Text/ Problemfeldbeschreibung:	Ein kleiner Junge wird kurz nach der Geburt heimlich noch im Krankenhaus getauft, weil sein Vater anstatt einer christlichen Taufe die sog. Namensweihe feiern will.
Stichworte:	christliche Taufe, Namensweihe, Pfarrer, Krankenhaus
Vorlesezeit:	3 Minuten
Vorlesealter:	ab 10 Jahren

Der Krieg war gerade ausgebrochen, als ich in einer hessischen Kleinstadt geboren wurde. Meine Eltern waren sehr stolz und glücklich. Aber schon wenige Tage nach meiner Geburt kam es zu einem heftigen Streit zwischen ihnen, für den ich der Anlaß war.

Mein Vater war ein begeisterter Nationalsozialist, Mitglied von Partei und SA. Er war sehr stolz, daß er nun mit seiner blonden Frau und gesunden Kindern – ich hatte schon eine ältere Schwester – dem Ideal der deutschen Familie entsprach. Er machte, als er Mutter und mich im Krankenhaus besuchte, Pläne für meine Namensweihe. „Es wird ein wunderschönes Fest werden. Jetzt, im Sommer, ist das Wetter schön und wir feiern im Garten unter den alten Bäumen", schwärmte er. Doch energisch unterbrach ihn meine Mutter: „Oh nein, unser Sohn wird in der Kirche von einem Pfarrer getauft werden und das Fest unter den Bäumen wird seine Tauffeier sein. Du kannst mir viel erzählen, aber jeden Firlefanz mache ich nicht mit."

Völlig erstaunt, daß meine sonst eher ruhige Mutter so unwirsch reagierte, sagte er kleinlaut: „Aber was sollen denn meine Parteigenossen von mir denken? Ist dir denn völlig egal, wie ich vor ihnen dastehe?"

Sie erwiderte: „Ja, das ist mir völlig egal. Mein Kind wird getauft werden."

So ging es hin und her. Schließlich verlegte Vater sich aufs Bitten und schlug einen Kompromiß vor: „Ich habe ja gar nichts gegen deine Kirche, aber ich kann mir in meiner Position einfach nicht erlauben, meinen Sohn taufen zu lassen. Dann wird er halt nicht getauft *und* bekommt auch keine Namensweihe. Bist du dann zufrieden?"

Meine Mutter willigte ein. Aber die Sache ließ ihr keine Ruhe. Sie wollte ihr Kind christlich taufen lassen. Was sollte sie bloß tun? In ihrer Not wandte sie sich an den Klinikseelsorger und erzählte ihm alles. So geschah es, daß ich sozusagen heimlich noch im Krankenhaus getauft wurde.

Meinem Vater hat Mutter dies erst einige Zeit später erzählt.

Klaus Busch

60 Ein gefährlicher Brief

Zum Text/ Problemfeldbeschreibung:	Der Dompropst B. Lichtenberg schreibt einen Brief an das Reichsinnenministerium, worin er die Ermordung von Behinderten anprangert. Eine Kopie sendet er der Gestapo zu. Man beschließt, die Sache aus taktischen Gründen auf sich beruhen zu lassen. Als der Dompropst jedoch in einem Gottesdienst für die Juden betet, wird er angezeigt.
Stichworte:	Gestapo, Behinderte, Ermordung, Nationalsozialismus, Juden
Vorlesezeit:	15 Minuten
Vorlesealter:	ab 12 Jahren

„Warum schreiben Sie nicht weiter, Schwester?"

Domprobst Bernhard Lichtenbergs Stimme klingt ungehalten an diesem 28. August des Jahres 1941. Streng schaut er drein. Er übersieht bewußt die flehenden Blicke der Nonne, die als seine Sekretärin arbeitet. Er will diese ängstlichen Augen nicht in sich aufnehmen.

Sie sagt schließlich: „Aber wir können es nicht wagen ... Sie wissen doch, wie die Leute dort" – dabei weist sie in eine unbestimmte Richtung – „auf solche Briefe reagieren werden..."

„Schreiben Sie, Schwester, schreiben Sie! Es soll Sie nicht kümmern, was ich allein verantworten muß."

Der Domprobst der St.-Hedwigs-Kathedrale in Berlin brennt vor Zorn, und dieses innere Feuer scheint die Ordensfrau furchtsam zu scheuen, gleichsam mit einem tiefen Seufzer der Resignation. Als ahne sie, daß Schreckliches folgen müsse. Sie bangt nicht um ihre Sicherheit, sondern um die des Domprobstes. Stumm stenographiert sie weiter. Ihre Lippen bewegen sich während des Diktats unablässig, als müsse sie die Sätze noch einmal überfliegen, die der bebrillte Priester mit dem runden Kopf und der kräftigen Nase hervorstößt.

„Sind Sie fertig, Schwester?"

„Ja, ich bin soweit."

„Dann übertragen Sie den Text mit der Maschine und verfertigen genügend Durchschläge. Die Post muß heute noch raus."

Nach einer Weile – es ist sehr still im Büro – fügt Bernhard Lichtenberg hinzu: „Danke, Schwester – – – und, und machen Sie sich keine Sorgen."

Dabei lächelt er ein wenig; die Strenge ist offensichtlich völlig aus seiner Stimme geschwunden.

Im Hauptbüro der Geheimen Staatspolizei geht es hektisch zu. Jemand ruft erbost: „Haben Sie diesen Unfug gelesen? Das muß sich einer anhören! Lichtenberg spielt verrückt. Der Mann hat wohl nicht alle Tassen im Schrank ..."

„Was gibt es denn? Macht jemand Schwierigkeiten?"

„Der Domprobst – Meyer holen sie mal schnell die Akte aus dem Archiv! Sie wissen doch, die von diesem verdammten Pfaffen! – also, der hochwürdige Herr Domprobst Lichtenberg hat an den Reichsärzteführer Dr. Conti vom Reichsministerium des Innern geschrieben, und er beehrt uns, die Gestapo, ausgerechnet, mit einer Kopie seines Schreibens. Die Leute werden immer unverschämter. Hören Sie nur:

„...Der Bischof von Münster hat am 3. August 1941 in der St.-Lamberti-Kirche in Münster eine Predigt gehalten, in der er behauptete, es sei ihm versichert worden, daß man im Reichsministerium des Innern und auf der Dienststelle des Reichsärzteführers Dr. Conti gar kein Hehl daraus mache, daß eine große Zahl von Geisteskranken in Deutschland vorsätzlich getötet worden ist und in Zukunft getötet werden soll.

Wenn diese Behauptung unwahr wäre, hätten sie, Herr Reichsärzteführer, den bischöflichen Prediger schon längst als Verleumder öffentlich gebrandmarkt und gerichtliche Klage gegen ihn angestrengt, oder die Geheime Staatspolizei hätte sich seiner bemächtigt. Das ist nicht geschehen. Sie geben also die Richtigkeit der Behauptung zu. Wenn auch die heiligen Zehn Gebote Gottes öffentlich ignoriert werden, so hat doch das RStGB (Reichsstrafgesetzbuch) noch Gesetzeskraft. §211 des RStGB bestimmt: ‚Wer vorsätzlich einen Menschen tötet, wird, wenn er die Tötung mit Überlegung ausgeführt hat, wegen Mordes mit dem Tode bestraft.' § 139 bestimmt: ‚Wer von dem Vorhaben eines Verbrechens wider das Leben ... glaubhafte Kenntnis erhält und es unterläßt, der Behörde oder dem Bedrohten hiervon zur rechten Zeit Anzeige zu machen, wird ... bestraft.'

Wenn die mit Strafverfolgung und Strafvollstreckung betraute staatliche Behörde hier keinen Anlaß erkennt, einzugreifen, muß jeder deutsche Staatsbürger, den Gewissen und Amt dazu drängen, sich zu Worte melden. Ich tue es hiermit: Vor kurzer Zeit war eine fassungslose Mutter in meinem Büro. Sie wollte meinen Rat und meine Hilfe in Anspruch nehmen. Sie hatte vor einer Woche aus der Provinzial-Heil- und Pflegeanstalt Nachricht bekommen, daß ihr achtunddreißigjähriger Sohn an Lippenfurunkel und Hirnhautentzündung gestorben und verbrannt worden sei. Er befand sich in dieser Anstalt erst seit einer Woche. Er war aus einer anderen Anstalt dorthin transportiert worden, die nur Sammelstelle für die ‚zum Tode Verurteilten' war. Achtzehn Jahre hatte er in einer anderen Pflegeanstalt zugebracht, deren Arzt der Mutter vor einem Monat das Anerbieten gemacht hatte, ihren Sohn nach Hause zu beurlauben. Der Vater des Patienten hatte, nachdem ihm seine Frau von der Rückkehr von ihrem Krankenbesuch davon Mitteilung machte, durch einen eingeschriebenen Brief sein Einverständnis mit der Beurlaubung seines Sohnes ausgesprochen; dieser Brief kam zu spät an, der Sohn war schon nach der Sammelstelle transportiert worden. Ein zweiter eingeschriebener Brief nach der Sammelstelle kam auch zu spät, der Sohn war schon zur ‚Hinrichtungsstelle' geführt worden. Die Mutter fuhr ihm nach, verlangte den Sohn, wie mit dem Arzt der ersten Pflegestelle verabredet war, zu wiederholten Malen heraus; der Arzt weigerte sich, ihn zu entlassen, die Mutter fuhr zurück, der Vater verlangte durch eingeschriebenen Brief die sofortige Herausgabe seines Sohnes, als Antwort erhielt er wenige Tage darauf die Mitteilung seines Todes, die Asche könne zur Verfügung gestellt werden. Wie viele tausend und zigtausend Male sich diese Fälle wiederholt haben, weiß Gott allein. Die Öffentlichkeit darf es nicht wissen, und die Angehörigen fürchten, wie auch in diesem Falle, für ihre Freiheit und ihr Leben, wenn sie öffentlich Einspruch erheben.

Auch auf meiner priesterlichen Seele liegt die Last der Mitwisserschaft an den Verbrechen gegen das Sittengesetz und das Staatsgesetz. Aber wenn ich auch nur einer bin, so fordere ich doch von Ihnen, Herr Reichsärzteführer, als Mensch, Priester und Deutscher Rechenschaft für die Verbrechen, die auf Ihr Geheiß oder mit Ihrer Billigung geschehen, und die des Herrn über Leben und Tod Rache über das deutsche Volk herausfordern.

Ich gebe von diesem Brief der Reichskanzlei, den Reichsministerien und der Geheimen Staatspolizei Kenntnis.

Bernhard Lichtenberg."

„Na, was sagen Sie dazu? Ist das nicht unverschämt?"
„Und was wollen wir gegen den feinen Herrn unternehmen? Der Mann ist doch gemeingefährlich! Ein Volksfeind und Hetzer wider den Führer und den Nationalsozialismus! Klagt uns an, weil wir lebensunwertes Leben beseitigen! Nicht zu fassen."
„Gar nichts können wir tun. Momentan ist nichts drin. Die Sache hat zuviel Staub aufgewirbelt. Erst der Münsteraner Bischof. Nun Lichtenberg. Hier in Berlin! Vorerst heißt es, leise zu treten, Aktionen stoppen oder in andere Regionen verlagern. Doch keine Bange, der Fuchs wird uns noch in die Falle gehen. Warten wir's ab."

Bernhard Lichtenberg kennt das Risiko, das er eingegangen ist. Sein Leben ist den Machthabern nicht einen Pfifferling wert. Er wagte es, sich mit ihnen anzulegen und muß gegenwärtig sein, daß sie jeden Augenblick einen Schlag wider ihn führen. Dennoch unterläßt er nichts, das seiner Meinung nach notwendig ist, um das Gewissen der Christen aufzurütteln, die er erreichen kann. Frei und ungehemmt vermag niemand mehr zu sprechen. Dompropst Lichtenberg trotzt und nutzt die Kanzel der St.-Hedwigs-Kathedrale, um die Wahrheit zu verkünden.

Der Dom ist angefüllt von Gläubigen, die der Abendandacht am 29. August 1941 beiwohnen. Unter den Christen befinden sich zwei Studentinnen. Sie merken auf, als der Dompropst sein Gebet mit folgenden Worten schließt: „Laßt uns beten für die Juden und die armen Gefangenen in den Konzentrationslagern, vor allem auch für meine Amtsbrüder."

Die irregeleiteten jungen Leute verlassen empört das Gotteshaus. Sie begeben sich zur Gestapo und erstatten Anzeige gegen Lichtenberg, weil er für die Feinde des deutschen Volkes gebetet habe, auch für die Bolschewisten, wie sie aussagen.

Der Dompropst wird daraufhin verhaftet. Während die Beamten der Gestapo sein Büro durchsuchen, entdeckt einer von ihnen eine sogenannte ‚kirchliche Vermeldung'. Das Mitteilungsblatt an die Gläubigen wird beschlagnahmt und dient als wichtige Unterlage des Prozesses. Der Inhalt des Schreibens spricht für sich.

Was sagte Lichtenberg seinen Mitchristen?

„In Berliner Häusern wird ein anonymes Hetzblatt gegen die Juden verteilt. Darin wird behauptet, daß jeder Deutsche, der aus angeblich falscher Sentimentalität Juden unterstützt, und sei es auch nur durch freundliches Entgegenkommen, Verrat an seinem Volke übt. Laßt euch durch diese unchristliche Gesinnung nicht beirren, sondern handelt nach dem strengen Gebot Jesu Christi: ‚Du sollst deinen Nächsten lieben wie dich selbst!'"

Bernhard Lichtenberg steht in der Mitte des siebten Lebensjahrzehnts, als er vor den Schranken des Gerichtes erscheinen muß. Seine Gesundheit läßt zu wünschen übrig. Aber er kämpft löwenhaft um sein Recht, klug, klar, mutig. Der Richter fragt ihn: „Warum haben Sie für die Juden, die Feinde unseres Volkes gebetet? Wußten Sie nicht, daß Sie damit ein Verbrechen begingen?"

Er antwortet: „Die Juden schließe ich in mein Gebet ein, seit die Synagogen in Brand gesteckt und die jüdischen Geschäfte geschlossen worden sind. Ich bin entrüstet gewesen über die Vernichtungswut, und von diesem Zeitpunkt an war ich entschlossen, allabendlich für die Juden zu beten."

Wäre Lichtenberg schlau gewesen, anstatt der Klugheit zu folgen, die ihm gebot, nicht zu lügen, hätte er gewiß sein Schicksal in ungefährlichere Bahnen lenken können. Dennoch wagen die Richter des Unrechts angeblich nicht, den beliebten und verehrten Geistlichen seiner großen Gemeinde mit einer „langdauernden" Strafe zu belegen. „Gnädig" berücksichtigen sie sogar seinen mangelhaften Gesundheitszustand, als sie das Strafmaß verkünden: Zwei Jahre Gefängnishaft werden ihm zugemessen. Die Nonne, die jenen gefährlichen Brief zu schreiben hatte, weilt während der Verhandlung im Saal. Sie weint in sich hinein.

Die Jahre vergehen. Der Termin der Freilassung rückt näher. Endlich ist es soweit. Der Dompropst wird im Pfarrhaus erwartet. Nervös schauen alle wieder und wieder auf die Uhr. Entsetzen breitet sich aus, als die Heimkehr verzögert wird. Bernhard Lichtenberg betritt sein Haus nie mehr!

Ja, er ist entlassen worden. Ordnungsgemäß. Mit allen wichtigen Papieren und Stempeln darauf. Die deutschen Behörden regeln stets alles nach Vorschrift und Plan.

Aber die Freunde dürfen ihn nicht abholen. Statt ihrer warten die Schergen der Geheimen Staatspolizei am Gefängnistor auf den Gefangenen.

Sie transportieren ihn ins Konzentrationslager nach Dachau. Das heißt: Sie fahren mit Bernhard Lichtenberg los. Allerdings betritt er das Lager nicht mehr lebend. An der unmenschlichen Behandlung und den Folgen der Haft und den Torturen in der Anstalt Berlin-Tegel stirbt der Dompropst. Sein Todestag ist der 3. November 1943.

Alfred Müller-Felsenburg

Deportation aus München 61

Zum Text/ Problemfeld- beschreibung:	Am 9. November 1941 erhält die Heimleitung eines jüdischen Alten- heims eine Deportationsliste mit etwa 100 Namen. Die Heimleitung und die nicht auf der Liste stehenden Bewohner sorgen für Proviant. Uner- wartete Hilfe kommt von den katholischen Ordensschwestern, in deren Haus sich das Altenheim befindet.
Stichworte:	Deportation, Klosterschwestern, Lebensmittelmarken, Proviant, Vor- urteile, Juden
Vorlesezeit:	10 Minuten
Vorlesealter:	ab 12 Jahren

Am Mittag des 9. November 1941, einem Sonntag, kam ein Bote von der Gemeinde mit dem Deportationsbefehl für jeden einzelnen. Wir, das heißt die Heimleitung, saßen zusammen im Büro, hatten die Tür verschlossen und sahen die Liste durch. Abels Name stand obenan, bald darauf folgte der von Gertrud Lind und außer ihnen dreiundachtzig Heiminsassen, darunter auch Brader und – Thekla Land!

Thekla Land war eine der ersten, die ich rief. Sie wurde blaß bis in die Lippen, aber sie bewahrte eine bewundernswerte Haltung. Meine Zuneigung für sie war noch größer geworden. Eine ganze Reihe von Frauen nahm den schweren Schlag ähnlich ruhig und würdig hin. Nur drei verloren jede Beherrschung, weinten, schrien und klagten Gott und die Welt an wegen des Unheils, das über sie hereinbrach.

Ich lief hinunter, um alle weiblichen Insassen, mit Ausnahme der für die Deportation Eingeteilten, zu versammeln und um ihre Hilfe bei den Vorbe- reitungen, die nun zu treffen waren, zu erbitten. [...]

Ich berichtete ihnen kurz die Tatsachen und bat sie, mir zu helfen, den von der Deportation Betroffenen alles, was noch zu tun war, soweit wie möglich zu erleichtern. Zunächst brauchte ich jemand, der statt Gertrud Lind das Kochen übernehmen würde, bis Ersatz für sie gefunden sei. Frau Nehm, eine fündundsechzigjährige Insassin, die schon immer in der Küche geholfen hatte und tüchtig war, meldete sich sofort, trotz eines schweren Leidens, das sie von der Fabrikarbeit befreit hatte. Dann bat ich einige Frauen, sich für Gänge in die Stadt zur Verfügung zu stellen, die die Eingeteilten selbst nicht mehr machen durften. Andere sollten beim Packen helfen; eine nach der Deportation der Badenser und Pfälzer Juden angefertigte Anleitung zum Packen von Deportationsgepäck hatte ich glücklicherweise da und würde sie ans Schwarze Brett schlagen lassen. Der Rest der Frauen aber sollte aus altem Leinen und anderen waschbaren Stoffresten Säckchen in verschiedenen Größen nähen, die den Reiseproviant aufnehmen sollten. Alle waren zum

Helfen bereit, beglückend traf mich trotz Schmerz und Erschütterung der Gedanke, daß es gelungen war, eine Gemeinschaft zu formen, die starken Belastungsproben gewachsen war. Jeder ging sofort an seine Arbeit. Ich lief in den Vorratsraum, um meine Vorräte zu überprüfen und festzustellen, was ergänzt werden mußte. Auf dem Weg zu unserer Kantine, wo jeder Heiminsasse auf die ihm belassenen Marken die notwendigen Lebensmittel einkaufte, traf ich Heilbronner, der mir zurief, die Männer hätten vorgeschlagen, jeder Insasse sollte auf eine Fleischmahlzeit der nächsten Woche verzichten, um den Fortgehenden eine größere Wurstration in den Proviantsack geben zu können. Mit dem Leiter der Kantine, Herrn Klein, besprach ich die Zusammensetzung des Proviants. Jeder sollte ein Zweipfundbrot, eine Packung Knäckebrot, ein Paket Zwieback, ein halbes Pfund Würfelzucker, ein halbes Pfund Konfitüre, zweihundertfünfzig Gramm Wurst und hundertfünfundzwanzig Gramm Butter mitnehmen. Herr Klein versprach, alle Vorräte bis Montagmittag zu beschaffen.

Auch die kommende Nacht haben wir zum größten Teil durchgearbeitet, den Reiseproviant gerichtet, bis alles sauber und übersichtlich in Päckchen verpackt war. Übrigens hatte dieser eine ungeahnte Bereicherung erfahren. Am späten Abend wurde ich gerufen, zwei Klosterschwestern wollten mich sprechen. Ich fand sie beladen mit zwei großen Säcken, der eine voll echtem guten Kakao (den es schon lange nicht mehr zu kaufen gibt, auch nicht auf Marken), der andere voll mit feinem Zucker. Sie seien beauftragt von der Frau Oberin und der gesamten Schwesternschaft, dies als Zeichen ihres Mitfühlens mit uns allen zu überreichen. Außerdem sollten sie uns sagen, daß morgen ein besonderer Bittgottesdienst für die von uns Fortgehenden abgehalten würde. Wir sollten wissen, daß sie sich uns in unserem Leid schwesterlich verbunden fühlten.

Es war nicht das erste Mal, daß wir die Hilfsbereitschaft und die freundschaftliche Nähe der Schwestern zu fühlen bekamen; bei jedem nur denkbaren Anlaß hatten sie bewiesen, daß wir auf ihre Unterstützung zählen konnten. Jedenfalls trug diese kleine Begebenheit viel dazu bei, das merkwürdige Hochgefühl, das uns zu Leistungen verhalf, die zu normalen Zeiten unmöglich erschienen wären, noch zu erhöhen. Vielen von uns ist es ähnlich gegangen wie dem Hauptlehrer, der damals zu mir sagte: „Ich war im Anfang unwillig, daß wir Juden gerade in ein Kloster eingeliefert werden. Von meiner Kindheit an hatte ich eine Scheu und eine starke Abneigung, eine christliche Kirche zu betreten. Zuerst habe ich auch hier mit großer Überwindung kämpfen müssen, wenn ich mit der Oberin oder einer der Nonnen etwas zu besprechen hatte. Aber nach und nach hat sich das geändert. Ich sah, mit welcher schlichten und selbstverständlichen Hingabe sie ihre Arbeit machten, ich fühlte ihre Sympathie für uns, ihr Mitfühlen bei allem, was wir erduldeten, und ihre Hilfsbereitschaft. Ihre Güte und Freundlichkeit uns gegenüber nötigten mir zunächst Erstaunen und fast widerwillige Achtung, allmählich wachsende Zuneigung und die Erkenntnis ab, daß ich als orthodoxer Jude in engen, ja falschen Vorstellungen und Vorurteilen befangen war. Jetzt gehe ich öfters in ihre Kirche in dem Bewußtsein, daß ihr Gott auch unser Gott ist, und es erscheint mir unwesentlich, wo wir zu ihm beten. Noch niemals zuvor habe ich so stark den Wunsch verspürt, mich vor Menschen in Ehrfurcht zu neigen, wie vor unseren Klosterschwestern."

Ich freute mich über dieses Geständnis, ich wußte, daß es vielen von unseren Heiminsassen ebenso gegangen war wie ihm. Für mich traf das nicht zu. Du weißt, daß wir schon viel früher die Hilfe und Freundschaft frommer katholischer Menschen erfahren haben. Aber mir wurde jetzt wieder einmal ganz deutlich, wie wichtig und notwendig es ist, wenn die Menschen verschiedener religiöser Bekenntnisse unter dem Zwang schwerer Schicksalsschläge die durch Dogmen aufgerichteten Schranken fallen sehen und ihre brüderliche und schwesterliche Nähe erfahren. „Alle menschlichen Gebrechen heilet reine Menschlichkeit", dies schöne und wahre Goethewort schien mir als Motto über diesen schweren, unvergeßlichen Tagen und Nächten zu leuchten.

Else R. Behrend-Rosenfeld

Zorn und Scham 62

Zum Text/ Problemfeldbeschreibung:	Der Vater von Richard Lauxmann war zu Beginn des Krieges nach Krakau abkommandiert worden. Im Frühsommer 1940 zog die Familie von Nürnberg nach Krakau um. Richard Lauxmann erzählt, wie er als Schüler mit ansehen muß, daß Juden bei der Zwangsarbeit geprügelt werden. Er erinnert sich an die Geschichte der Unterdrückung der Israeliten in Ägypten, die ihm sein Großvater erzählt hatte. Er schämt sich, daß er als Jungvolkführer bei seinem Erlebnis zornig wurde – er, der doch auf der Seite der Starken stehen wollte.
Stichworte:	Juden, Sklavenarbeit, Altes Testament, Polen, SS, HJ, Moses
Vorlesezeit:	12 Minuten
Vorlesealter:	ab 12 Jahren

Es war im Winter 1942/43, mitten im Zweiten Weltkrieg. Ich war vierzehn Jahre alt und besuchte die „Deutsche Oberschule für Jungen" in Krakau, das ist in Polen, und Polen war damals von uns Deutschen besetzt.

Zwanzig Grad Kälte sind ohne weiteres zu ertragen, weil die Luft trocken ist. Und wenn man sich warm und wollig eingepackt hat, nicht allzulange im

Freien sein muß und im Augenblick nicht an übermäßigem Hunger leidet, stört's auch nicht so sehr, wenn der Atem etwas an den wärmenden Wollschal gefriert.

Und so verließ ich an einem Mittag die Schule mit meiner schweren Ledertasche in der linken Hand, um nach Hause zu gehen.

Da sah ich vor einer Kaserne eine große Ansammlung älterer und jüngerer Mitschüler stehen, die alle in eine Richtung blickten. Wie Zuschauer bei einem Verkehrsunfall.

Ich war sehr klein, mußte mich daher etwas nach vorne drängeln und traf da auf meinen Freund Klaus König, stellte mich neben ihn und fragte:

„Was gibt's da zu sehen?"

„Juden laden Kohlen ab!" sagte er knapp.

Und das sah ich: Von einem Lkw luden vier bis fünf Männer in verschlissenen dunklen Anzügen Kohlensäcke ab. Sie rannten mit der Last auf dem Rücken etwa zwanzig Meter weit zu einer Seitentür der Kaserne, verschwanden darin, erschienen bald wieder und hasteten, fast außer Atem, zurück zum Lastauto, um erneut Säcke abzuholen.

Sie rackerten sich ab, als ob es um ihr Leben ginge.

Als ob?

Es ging um ihr Leben.

Rechts und links dieser „Rennbahn" hatten sich vier oder fünf SS-Männer postiert. Reitpeitsche in der Hand. Lässig, einen Fuß etwas nach vorne gestellt, den Oberkörper leicht zurückgelegt. Ich versuchte später diese Körperhaltung nachzuahmen, um nachzufühlen, was ich dabei empfinde.

Nur ein leichtes Drehen aus der lockeren Hand, und die Gerte knallte auf Waden oder Arme eines der Geschundenen, wenn er mit seinem für solche ausgemergelten Menschen überschweren Sack vorbeikeuchte.

Da stand noch ein weiterer SS-Soldat etwas abseits. Einen Gartenschlauch im Anschlag.

„Vorhin ist einer zusammengebrochen", sagte Klaus, „der wollte oder konnte nicht mehr aufstehen. Die haben dem Fußtritte verpaßt. Der blieb einfach liegen. Dann ist der mit dem Schlauch gekommen. Hat ihn total naßgespritzt. Eine Zeit lag er noch da. Wahrscheinlich alles angefroren. Dann mußten ihn zwei andere Juden ins Haus tragen."

Plötzlich zitterte ich vor Zorn.

Klaus schien meinen verbissenen Mund und mein Zittern, meine Erregung bemerkt zu haben: „Was regst dich denn auf! Das sind doch nur Juden! So hat man früher die Pyramiden gebaut!" Klaus wußte damals immer mehr als ich, und so belehrte er mich etwas altklug: „Ohne Sklavenarbeit hätten sich die großen Kulturen gar nicht entwickeln können." Er hatte weit mehr Abenteuerromane, Karl-May-Bücher und ähnliches verschlungen als ich. Das war mir klar. Und ich? Was habe ich zu dieser Zeit gelesen? Ein paar Tierromane und einen Weltraumschiffroman. Überhaupt war ich noch in meiner körperlichen und seelischen Entwicklung den meisten Klassenkameraden gegenüber weit zurück, und so ist mir nur eine einzige Geschichte in den Sinn gekommen, in der es Sklavenarbeit gab, und die hatte mir mein Großvater in Stuttgart erzählt, als ich ungefähr fünf Jahre alt war.

Mein Großvater väterlicherseits war Pfarrer im Ruhestand. Nur den sonntäglichen Kindergottesdienst ließ er sich nicht nehmen, und für den brauchte er ein ganzes Arsenal von Requisiten. Oben, unterm Dach in einer kleinen Kammer pflegte und ordnete er liebevoll seine Schätze. Ab und zu war ich dabei.

Er wollte uns Kindern beim Erzählen oft etwas mit Händen greifen lassen: eine Pfeilspitze, eine Öllampe, eine römische Münze oder einen alten Gänsekiel zum Schreiben.

Dann hatte er aber auch noch plakatgroße Bilder, die wie Schullandkarten oben und unten mit einem Rundholz verstärkt waren. Und wenn Großpapa mir in der Dachkammer alle diese interessanten Dinge zeigte, dann durfte ich manchmal die dazu passende Geschichte hören.

Und so holte er einmal eines dieser großen Erzählbilder aus einer Pappröhre hervor, rollte es bedächtig auf, zog am Bücherregal ein Buch etwas nach vorne, so daß er die Aufhängeschnur des Bildes darüberwerfen konnte. Da hing es nun, wenn auch etwas wackelig.

Auf dem Bild sah ich einen grimmiggesichtigen Kraftmenschen, der mit beiden Händen hoch erhoben einen Prügel hielt, um damit in der nächsten Sekunde einen Mann zu treffen, der sich ängstlich vor ihm duckte.

Und dann erzählte Großpapa die Geschichte in schwäbischem Dialekt von der Sklavenarbeit der Israeliten in Ägypten und von Moses, der einen Ägypter erschlug.

Mein Großvater konnte so spannend erzählen, daß ich in dieser Geschichte alles nicht nur hörte, sondern selber erlebte.

Als ich in der Schülermenge vor der SS-Kaserne neben meinem Freund Klaus stand, war das keineswegs so, daß mir die ganze Geschichte von Moses und seinem Volk gegenwärtig gewesen wäre. Ich hätte auch keinesfalls die Juden hier mit dem Volk Moses in Ägypten in einen Zusammenhang gebracht. Nur ein kurzes blasses Bild von einem langen Zug mit Steineschleppern und Aufsehern trat vor mein inneres Auge und ich setzte in meiner Vorstellung den Sklavenzug zwischen die paar Häuser, die man von dort sehen konnte, und ließ die Leute Pyramiden bauen. (Ich wußte damals nicht, daß die Pyramiden Jahrhunderte älter waren.)

„Regst dich immer noch auf?" fragte Klaus. „Sind doch bloß Juden!" und lachte.

Wie ich an diesem Tag nach Hause kam, weiß ich nicht mehr. Ich seh' mich noch auf der Straße neben der „Langen Wiese" gehen. Das war nicht mein gewohnter Nachhauseweg. Ich wollte für mich alleine sein, denn ich hatte mich schrecklich blamiert. Wo ich doch immer ein guter Deutscher sein wollte. Schließlich war ich Jungenschaftsführer beim Jungvolk der Hitlerjugend und bestätigter Oberhordenführer. Da konnte ich doch stolz sein! Und ich hatte mich so sehr vergessen, daß ich für Juden zornig wurde. Für Juden! Ich hatte doch schon seit Jahren in der Schule gehört: „Die Juden sind unser Unglück! Die Juden sind schuldig an allen Kriegen!" Wenn ich auch nie so richtig begriffen habe, warum das so war. Was die Lehrer sagen, muß ja wohl auch stimmen.

Und das Schlimmste war: Klaus hatte meine Schande sogar bemerkt. Klaus konnte es weitererzählen. Klaus war mein Jungzugführer, also mein Vorgesetzter beim Jungvolk.

Heute sehe ich das so: Ich stand an derselben Stelle, an der Moses stand, und habe denselben Zorn erlebt. Moses lebte als ägyptischer Königssohn auf der Sonnenseite des Lebens, ihm hätte es ja gleichgültig sein können, wie es den hebräischen Arbeitssklaven ging, und trotzdem regte sich Zorn in ihm.

Und in den Kriegsjahren in Polen lebten viele Deutsche fast wie im Schlaraffenland, so auch ich. Trotzdem habe ich es immer wieder erlebt, daß sich Verzweiflung regte gegenüber dem, was unser eigenes Volk anderen angetan hat. Eben dieser Klaus König, der noch so gleichmütig den geschundenen Kohlensackträgern zusah, gestand mir später:

„Ich kann nachts kaum mehr schlafen. Immer wieder höre ich von unserer Wohnung aus, wie polnische Geiseln erschossen werden. Und nun träume ich nachts davon. Du hörst sie noch singen. Man sagte mir: Das ist die polnische Nationalhymne ‚Noch ist Polen nicht verloren'. Dann knallt und knattert es mitten in das Singen hinein, bis du nichts mehr hörst."

Trotzdem meinten wir damals zu wissen: „Das muß so sein! Das bringt jeder Krieg mit sich! Da kann man nichts machen! Wir Deutschen sind ja nicht am Krieg schuld!" Solche und ähnliche Sätze mußte ich immer wieder hören.

Nur ganz selten, vor allem wenn jemand wie unsere polnische Hausgehilfin mit viel Vorsicht und Geschick erzählte, wie Polen von Deutschen erschossen wurden, dann regte sich bei mir wieder ein Keim von einem Empfinden: Das könnte Unrecht sein.

Aber weil ich keinen Aufseher erschlagen wollte oder konnte, wie es Moses getan hatte, und weil ich trotzdem vor mir selbst bestehen wollte, mußte ich mich auf die Seite des Starken und dessen Gründe und Rechtfertigungen übernehmen.

Richard Lauxmann

Nun hatten wir mit einem Male alles... 63

Zum Text/ Problemfeldbeschreibung:	Der Berliner jüdische Arzt Hermann Pineas und seine Frau tauchten Anfang des Jahres 1943 unter. Er erzählt nach der Befreiung, wie sie u. a. in evangelischen Pfarrhäusern vor den Nazis versteckt wurden. Neben der Schwierigkeit, immer wieder geeignete Unterkünfte zu finden, war es für untergetauchte Juden vor allem schwierig, an Ausweispapiere und Lebensmittelkarten zu kommen. In den Wirren des Krieges gelingt es Dr. Pineas und seiner Frau schließlich, durch die freiwillige Meldung zum Arbeitsdienst eine Wohnung und gültige Papiere zu bekommen.
Stichworte:	Ahnennachweis, Arbeitsamt, Bekennende Kirche, Judentum, Kennkarten, Nazi, Pfarrhaus, Sozietät
Vorlesezeit:	15 Minuten
Vorlesealter:	ab 12 Jahren

Inzwischen war meine Frau über Stuttgart ins Pfarrhaus Heimsheim gekommen, hatte der dortigen Pfarrfrau Helene Fausel, deren Mann damals eine Vertretung in Ditzingen hatte, im Haushalt geholfen und mußte vorsichtshalber – eine getauchte Jüdin war bei Frau Fausels Bruder auf dessen Pfarrei der Gestapo in die Hände gefallen – mit einer durch Radunfall verursachten schweren Knieverletzung ganz plötzlich Heimsheim verlassen und nach Schwenningen am Neckar übersiedeln, wo die Vikarin Margarete Hoffer im Johannispfarrhaus am Rande der Stadt ihr Aufenthalt und Pflege bot. Dorthin wurde auch ich Anfang Juli 1943 von der Vikarin eingeladen. Fräulein Hoffer stammte aus Graz und aus einer hundertprozentigen Nazifamilie, zu der sie sich aus christlicher Überzeugung, wie wir an uns erfuhren, in Gegensatz stellte. Als mich der an Frau Habarth gerichtete Einladungsbrief erreichte, war ich zunächst sprachlos vor Beglückung. Nach über viermonatiger Trennung sollte ich meine Frau zum erstenmal wiedersehen! Am 13. Juli fuhr ich mit dem Nachtschnellzug vom Wiener Westbahnhof in Richtung Stuttgart ab. Wäre ich einen Tag später gereist, so hätte mich ein an mich gesandter und bereits bezahlter Satz Lebensmittelkarten noch erreicht. So ist er leider verlorengegangen. In Stuttgart lernte ich Pfarrer (ehemals Rechtsanwalt) Kurt Müller aus Bremen kennen, den Mittelpunkt und Organisator aller für unsere Leute betriebenen Bemühungen der „Sozietät". Dies waren Pfarrer, die zur protestantischen sogenannten „Bekennenden Kirche" gehörten, durchweg Schüler von Karl Barth, und die sich in Gegensatz stellten zu den Pfarrern, die der Hitlerregierung anhingen. Bei meiner Ankunft in Schwenningen abends um 22 Uhr hat mich meine Frau fast nicht wiedererkannt, derart abgemagert war ich, im besonderen hatten meine Augen stark gelitten. Hatte ich schon durch die Einladung als solche und die Reise, die aus dem hoffnungslosen Einerlei herausführte, vor allem durch die Aussicht auf das Wiedersehen mit meiner Frau einen starken Auftrieb bekommen, so wurde ich durch den mehrwöchigen Aufenthalt in Schwenningen und anschließend in Haiterbach bei Nagold wieder Mensch.

(Hermann Pineas und seine Frau wohnen dann wieder getrennt bei verschiedenen Gastgebern der Bekennden Kirche.)

Wir hatten zu Weihnachten 1943 eine Einladung nach Schwenningen zu Vikarin Hoffer und trafen uns dort am 22. Dezember. Durch glückliche Umstände konnten wir der damals für alle Zivilpersonen verfügten Reisebeschränkungen Herr werden. In Schwenningen hatten wir mit Fräulein Hoffer eine Art gemeinsamen Haushalt. Am 10. Februar, als wir gerade unser Gepäck mittels Schlitten zu getrennter Weiterreise an die Bahn brachten, glitt meine Frau durch Glatteis aus und brach das linke Handgelenk. Somit verlängerte sich unser gemeinsamer Aufenthalt in Schwenningen bis Ende April 1944. Ab dann übernahm meine Frau eine anstrengende Tätigkeit bei einer Bauernfamilie in Gniebel, Kreis Reutlingen, wo sie für eine Bombenflüchtige angesehen wurde, während ich zu Stadtpfarrer Gümbel in Stuttgart-Zuffenhausen reiste. Ich wurde dort und im gleichen Hause bei der Pfarrerswitwe Elisabeth Kirschmann und bei Stadtpfarrer Dr. Werner sehr gastlich aufgenommen und verlebte dort eine schöne Zeit, nicht zuletzt durch mehrere Begegnungen mit meiner Frau in Tübingen. Dr. Werner ließ sich gern von mir über das Judentum belehren. [...]

In Schwenningen hatte mir Kollege Dr. Hans Kohler, der mit der Bekennenden Kirche verbunden war, dazu verholfen, einen Postausweis zu bekommen, der mir den Namen meiner Frau gab, wodurch ich Dr. Hans Günther, Biologe, wurde, und der zugleich, um nicht in den neu verfügten Arbeitszwang zu gehören, mein Alter um 15 Jahre heraufsetzte.

So war in einigen Punkten unsere eventuelle gemeinsame Existenz, die herbeizuführen unser ständiges Bestreben darstellte, gesichert. Viel schwieriger war es, in den Besitz einer Lebensmittelkarten-Abmeldung zu kommen, die eine Anmeldung ermöglichen sollte. Dies geschah für uns beide von Wankheim bei Tübingen aus, wo ich nach dem Verlassen Stuttgarts im Hause von Pfarrer Richard Gölz und seiner Frau Hilde überaus gastlich und freundschaftlich aufgenommen wurde. Ich wurde zwischendurch von Fräulein Hoffer wieder nach Schwenningen zitiert, wo ich in Gestalt von Frau Anni Cerny eine Schicksalsgefährtin kennenlernte, die im Pfarrhaus wohnte und leider im Februar 1945, also wenige Wochen vor der Befreiung, die innere Vereinsamung, über die sie zu uns klagte, nicht mehr ertrug und ihrem Leben ein Ende gemacht hatte. – Fräulein Hoffer hatte es fertiggebracht, mir, als ein Nazimädchen im Lebensmittelamt in Urlaub war, durch ihre kirchlich gesinnte Vertretung ein gestempeltes Blankoformular einer Abmeldung des Schwenninger Ernährungsamtes zu verschaffen. Dieses Formular verwendete Fräulein Elisabeth Braun in Gerstetten als Unterlage, uns beim dortigen Ernährungsamt durch dessen ebenfalls kirchlich gesinnte Angestellte anzumelden, so daß wir endlich in den Besitz regulärer Lebensmittelkarten kamen, als wir die darauf vorgenommene Abmeldung später in einem kleinen Dorf vor Memmingen vorzeigten. Es war Lautrach, wo der Ortsvorsteher alles in einer Person war, Polizei, Meldeamt, Lebensmittelamt und Schlächtermeister dazu, und wo es gar nicht amtsmäßig herging, so daß z. B. das Fehlen der polizeilichen Abmeldung und der Kleider- und Kohlenkarte nicht auffiel. Inzwischen aber war vieles passiert.

Ich war aus dem Wankheimer Pfarrhaus in das Haus des ehemaligen – nämlich wegen Antinazismus gemaßregelten – Pfarrers Paul Schempp in Kirchheim a. d. Teck, Plochinger Str. 6, übersiedelt. Dort erhielt ich die schlimme Nachricht, in Wankheim habe sich ein Gendarm aus Tübingen nach mir erkundigt! In der Folgezeit habe ich erfahren, daß Pfarrer Gölz am darauffolgenden Tage über meine Person vernommen wurde und angegeben hat, ich sei ein Berliner jüdischer Arzt, den zu beherbergen er für seine christliche Pflicht gehalten habe. Er glaube, ich sei nach Friedrichsroda in Thüringen weitergereist. Er gab auch eine falsche Personalbeschreibung dazu. Übrigens wußten aus Gründen der Sicherheit für unsere Beherberger diese nie unsere richtigen Namen. Und wir hatten noch bei Pfarrer Gölz über den den Nazis verhaßten Typ der „Intellektualbeschtie" – so auf württembergisch gesprochen – gescherzt, den ich verkörpere, und der allerdings in ländlichen Bezirken leicht auffallen konnte. Für sein „Delikt" ist der unglückliche Pfarrer unmittelbar nach Weihnachten abgeholt und in ein Arbeitslager überführt worden. Dies hat uns sehr bedrückt. Später erfuhren wir, daß Pfarrer Gölz im Mai 1945 befreit wurde und wieder in Wankheim ist.

Jedenfalls bin ich in recht verzweifelter Stimmung, von der meine Frau zunächst nichts merken durfte, Mitte August 1944 mit ihr zusammen nach Lautrach bei Memmingen gefahren. Ich war damals, weil man es mir so gesagt hatte, unter dem Eindruck und der Erwartung, daß nach mir gesucht würde und ich meine Frau zugleich gefährde. Allerdings befanden wir uns jetzt in Bayern und nicht mehr in Württemberg, was bezüglich polizeilicher Verfolgung zu unseren Gunsten war. Auch waren wir dabei, uns eine gemeinsame quasi-legale Existenz aufzubauen. Nach einer zum Glück vergeblichen und wirklich nervenzerrüttenden Woche der Erwartung, verhaftet zu werden, entschloß ich mich am 1. September, nach Memmingen zu fahren und mich im „freiwilligen Ehrendienst" beim dortigen Arbeitsamt zu melden. Glückte es, so würden wir von Amts wegen eine Wohnung zugewiesen bekommen; das war mein Beweggrund für dieses Wagnis. Ohne Vorlage irgendeines Ausweises, wie Berufs- oder Ahnennachweis und dergleichen, wurde ich, der ich mich Biologe nannte, der Werkzeugfabrik Wilhelm Stehle, bei der ich noch heute „tätig" bin, zugewiesen und bekam zugleich im größten Steinbau der Stadt, im Amtsgericht, bei Landgerichtsdirektor Bächler zwei für Rüstungsarbeiter seitens der Stadt beschlagnahmte Zimmer zugewiesen. Nun hatten wir mit einem Male alles: Wohnung, polizeiliche Anmeldung, Lebensmittelkarten und Arbeit. Am 6. September 1944 zogen wir in Memmingen ein, am 7. trat ich meine neue Stellung an.

Der Vermittler auf dem Arbeitsamt hatte gemeint, daß ich eventuell für die Firma reisen könnte, wenn Material zu beschaffen sei, und das schlug ich auf eine diesbezügliche Frage bei meinem Eintritt dem Direktor Born, Schwiegersohn des Chefs, vor. Man war damit einverstanden. In der Nichtreisezeit sollte ich einen Lagerverwalter vertreten, der gerade eingezogen worden war. Für meine Reisetätigkeit bedurfte ich einer besonderen Bescheinigung, die mir die Gauwirtschaftskammer Schwaben am 8. September 1944 ausgestellt hat und die bis 30. Juni 1945 gelten sollte. Sie berechtigte zur Lösung von Fahrkarten für alle Strecken und zur Schnellzugbenutzung. Ich bemerkte gleich, daß der Betrieb überhaupt erstaunlich wenig Nazis zählte. Der Betrieb, der ursprünglich Holzbearbeitungswerkzeuge produzierte, arbeitete seit 1939 für die Marine und machte Hilfsapparate für U-Boote und für Minen. Worum es sich im einzelnen handelte, habe ich nie erfahren und hat mich auch nicht interessiert. Die Lagerverwaltungstätigkeit war recht langweilig, um so interessanter das Reisen.

(Hermann Pineas unternimmt mehrere Geschäftsreisen, u. a. nach Berlin zum Rüstungsministerium.)

Am 28. November 1944 brachte mir Herta den „Allgäuer Beobachter" vom selben Tag in den Betrieb, worin die Notiz stand, daß von nun ab, im Gegensatz zu einer früheren Bestimmung, Postausweise nicht mehr als amtliche Personalausweise angesehen werden sollten. Dies war für uns der Anlaß, mit Rücksicht auf meine Reise, die am nächsten Morgen angetreten werden sollte, am gleichen Tage noch die Ausstellung einer Kennkarte zu beantragen, die ich tatsächlich noch am selben Tage erhielt; meine Frau bekam die ihre zwei Tage später. Damit waren wir im Besitz der während der ganzen Vorbereitung zur Untergrundzeit und während ihrer Dauer bis dahin erstrebten Legitimation, die unerreichbar geschienen hatte und die auch hier nur wegen der plausiblen Eile und Stehles Betriebswichtigkeit ohne weitere Unterlagen zustande kam. Es verursachte allerdings meiner Frau eine erhebliche Beklemmung, daß ein Kennkarten-Doppel nach Düsseldorf, das andere nach Hamburg geschickt werden mußte, an unsere Geburtsorte nämlich, wobei wir nur hoffen konnten, daß die vielen Luftangriffe, die den Postverkehr lahmlegten, es verhindern würden, daß die Nichtexistenz der in den Kennkarten eingehend und mit Fingerabdrücken beschriebenen Personen an den Tag käme. Darüber allerdings konnten wir uns erst bei der Befreiung vollends beruhigen.

Hermann Pineas

Weihnachten im Gestapo-Gefängnis 64

Zum Text/ Problemfeldbeschreibung:	Am Heiligen Abend führt der Kommandant des Gestapo-Gefängnisses den Pfarrer Hanns Lilje in die Zelle eines zum Tode Verurteilten; er läßt einen weiteren zum Tode verurteilten Häftling dorthin bringen. Hanns Lilje darf den beiden das Abendmahl spenden und die Beichte abnehmen.
Stichworte:	Heiliger Abend, Abendmahl, Beichte, Gestapo, Gefängnis, SS, Jesus
Vorlesezeit:	10 Minuten
Vorlesealter:	ab 14 Jahren

Der Christabend rückt heran. Der Heilige Abend ist in einem Gefängnis deshalb so schrecklich, weil dann eine Woge von Sentimentalität über das dunkle Haus dahingeht. Jeder denkt an seine Lieben, mit denen er gern zusammen wäre, und von denen er nicht weiß, wie sie das Fest der Liebe feiern werden. Mit einer unwiderstehlichen Gewalt überfallen die Erinnerungen der Kindheit gerade die, die zum Tode verurteilt sind und sich der rückschauenden Erinnerungen ohnehin nicht erwehren können; es ist nicht zufällig, daß die Selbstmordversuche an diesem Abend in den Gefängnissen besonders zahlreich sind. Das Merkwürdigste aber war die sentimentale Weichheit, die über unsere Wachposten kam: diese volksdeutschen SS-Männer, meist junge Burschen von ganz unnötig brutalen Umgangsformen, waren nicht wiederzuerkennen, so griff ihnen dieser Abend ans Gemüt.

Wir hatten um jene Zeit einen Kommandanten, der menschlich war. Er war, obwohl er aus der mittleren Laufbahn zum SS-Offizier aufgestiegen war, ein gerader Mann geblieben, der wohl barsch, aber nicht brutal war und der uns mancherlei Erleichterungen gewährte, bis er wegen zu großer Menschlichkeit abgelöst wurde. Er hat uns wesentlich mehr Eindruck gemacht als sein in mancher Hinsicht nichtswürdiger Nachfolger.

Dieser Kommandant nun hatte auch für diesen besonderen Abend im Jahr einige menschliche Freundlichkeiten möglich gemacht. Einem zum Tode Verurteilten, der schon gefesselt war, hatte er die Fesseln abnehmen und seine Geige aushändigen lassen, auf der er ein großer Künstler war und die er zauberhaft spielte; nun drangen aus seiner Zelle die festlichen Klänge rätselhaft und sehnsüchtig in die hohe Halle. Während ich bei sinkendem Abend in der Zelle auf und ab schritt, in die Betrachtung eines weihnachtlichen Transparentes versunken, das eins meiner Kinder geschnitten hatte und das nun, von einer Kerze erhellt und mit Tannengrün geschmückt, die Zelle weihnachtlich gestaltete, dachte ich an den Christabend-Gottesdienst zurück, den ich ein Jahr zuvor in unserer Johanniskirche in Lichterfelde gehalten hatte.

Da hörte ich draußen hallend meine Zellennummer rufen. Wenn sonst dieser Ruf durch die hohe Halle des Gefängnisflügels schallte, pflegte er kaum etwas Gutes zu bedeuten – Verhöre, Mißhandlungen, Abtransport oder noch Schlimmeres. Obwohl ich immer auf alles gefaßt war, konnte ich mir eigentlich für diesen Abend nicht gerade etwas besonders Schreckliches vorstellen, folgte aber dem Posten, der mich aus meiner im dritten Stock gelegenen Zelle nach unten führte. Ich wurde zum Kommandanten gebracht; nach seiner Gewohnheit sagte er kein Wort, sondern ging zu einer anderen Zelle voran. „Bringen Sie Nr. 212 auch her!" sagte er dem Posten, ehe er die Zelle betrat. Als sich die schwere Zellentür öffnete, erhob sich ein Mann, den ich wegen der auffallenden Ähnlichkeit sofort als den Grafen X erkannte. Sein Bruder, einer der ersten Verurteilten vom 20. Juli, hatte unmittelbar vor seiner Hinrichtung gebeten, ich möchte ihm das Abendmahl reichen – eine Bitte, die natürlich abgeschlagen wurde. Er war einer der treuesten Besucher meiner Predigten gewesen und hatte noch am Sonntag vor seiner Verhaftung an Gottesdienst und Abendmahl teilgenommen.

Ganz spontan und die Situation völlig außer acht lassend, hatte ich X auf diese Erinnerung hin angesprochen, als mich der Kommandant barsch unterbrach: „Ich habe die Herren hier nicht zu persönlicher Unterhaltung zusammengebeten", und dann fortfuhr: „Sie haben gebeten, daß der Divisionspfarrer Y, Ihr Freund, Sie heute abend seelsorgerlich besuchen möchte. Diese Bitte habe ich Ihnen leider nicht erfüllen können, aber hier ist Dr. L., der einige Worte an Sie richten wird." Das war die erste Mitteilung über das, was von mir erwartet wurde. Der Graf sagte, daß er eigentlich beichten und das Abendmahl hätte halten wollen. Ich sagte sofort, daß ich auch dazu bereit sei, und der Kommandant widersprach nicht. Ein kleiner, silberner Becher war da, ein wenig Wein und etwas Weißbrot, von dem ich die Hostien schnitt. Inzwischen war auch „Nr. 212" hergeführt, es war der zum Tode verurteilte Geigenspieler. Der Posten wurde wieder hinausgeschickt, so waren wir vier Männer in der Zelle.

Der Violinist spielte auf Befehl des Kommandanten einen Weihnachtschoral, mehrstimmig und wundervoll, und ich las – in dieser Zelle und vor dieser „Gemeinde"! – das Weihnachtsevangelium: „Es begab sich aber zu der Zeit ..." Dann spielte der Geiger noch einen Weihnachtschoral, und ich hatte in der Zwischenzeit meine Gedanken soweit ordnen können, daß ich einige Worte über das Prophetenwort sprechen konnte, das mein Nachdenken ganz erfüllt hatte, als ich gerufen wurde. Ich habe meinem mitgefangenen Bruder gesagt, daß heute abend *wir* eine Gemeinde seien und daß uns dies große Wort der Verheißung Gottes genauso gelte wie denen vor einem Jahre (unter denen sein Bruder noch gewesen war) und allen, die es in diesem Jahre im Glauben vernähmen; und daß es nun darauf ankäme, daß wir im festen Glauben diese Verheißung hinnähmen, daß Gott, der in Jesus Christus der im Todesdunkel versinkenden Welt das ewige Licht habe aufgehen lassen, es auch für uns scheinen lassen werde. Jetzt hätten wir in unseren Zellen so gut wie nichts mehr von alledem, was früher das Weihnachtsfest für die Menschen vertraut und gemütvoll gemacht hätte, nun sei nur noch dies eine übrig geblieben – Gottes große Verheißung; daran wollten wir uns halten und ihn mitten in der Dunkelheit, Ungewißheit und Todverfallenheit unserer Zeit durch einen festen und unerschütterlichen Glauben an seine Zusage preisen. Und dann kniete er mitten in der Zelle auf dem harten, kalten Boden nieder, und während ich das von ihm selbst ausgewählte schöne alte Beichtgebet von Thomas a Kempis betete und ihm die Absolution zusprach, rannen lautlos und unablässig die Tränen seine Wangen hinab. Aber es war eine ganz stille und getroste Abendmahlsfeier, und der Trost der göttlichen Verheißung lag spürbar über dieser weihnachtlichen Stunde in der Zelle des Gestapo-Gefängnisses zu Berlin. Ja, der Friede Gottes war wirklich und gegenwärtig – „wie man eine Hand fühlt".

Da der Kommandant, der sichtlich alles ohne irgendeine Genehmigung, allein auf seine persönliche Verantwortung zugelassen hatte, kein weiteres, persönliches Gespräch erlaubte, bin ich nach einem Schlußchoral des Geigers mit einem festen Händedruck geschieden: „Gott segne Sie, Bruder X!" Draußen ergriff der Kommandant zweimal mit eisernem Händedruck meine Hand und sagte, während es ihm feucht in die Augen stieg: „Ich danke Ihnen. Sie können es nicht ahnen, was Sie mir mit diesem Abend für mein schweres, trauriges Tagewerk gegeben haben!" Ich wurde sofort wieder in meine Zelle geführt, aber ich habe Gott gepriesen, jawohl von Herzen gepriesen, daß auch in diesem Hause der Todesschatten und der vielfältigen Not eine Weihnachtsgemeinde gewesen war. Denn es kann viel äußerer Festglanz, schimmernder Trubel und bürgerliches Wohlbehagen da sein und doch keine Christfestgemeinde, und es kann unter Todesnot und viel Herzensangst doch eine Christusgemeinde zu Weihnachten beieinander sein. Die Kerzen und alle

menschlichen Lichter können unsere Augen blenden, so daß sie das Wesentliche an Weihnachten gar nicht mehr zu sehen vermögen, aber das Volk, das im Finstern wandelt, kann es vielleicht besser erkennen als alle, die im irdischen Lichterglanz stehen:
>Das ew'ge Licht geht da herein,
>Gibt der Welt ein'n neuen Schein.

Hanns Lilje

65 Der Onkel aus Mauthausen

Zum Text/ Problemfeldbeschreibung:	Lenis und Christophs Onkel, der als Bäcker das KZ Mauthausen täglich mit Brot beliefert, erzählt trotz Schweigepflicht von seinen furchtbaren Beobachtungen.
Stichworte:	KZ, Mitwisser, Angst, Schweigepflicht, Wahrheit, Österreich, Juden, Hitler
Vorlesezeit:	9 Minuten
Vorlesealter:	ab 10 Jahren

Als wir daheim im Wohnzimmer saßen, erzählte uns der Onkel vom Konzentrationslager in Mauthausen, und er mußte die Wahrheit wissen, weil er selber dort wohnte. Er erzählte uns von dem Steinbruch, in dem die Gefangenen arbeiteten. Er erzählte uns von den schweren Steinblöcken, die sie über steile Stufen hinauf und hinunter schleppen mußten. Immer wieder brach einer zusammen, wurde von der SS erschossen oder erschlagen oder zu Tode getreten. Der Onkel sagte, manchmal würden alle Gefangenen, die mit einem neuen Transport ins Lager kamen, sofort in den Gaskammern umgebracht. Er erzählte uns von den Öfen, in denen die Toten verbrannt wurden, von den dunklen Rauchwolken, die an solchen Tagen aus den Kaminen herausquollen. Viele im Lager waren Juden, sagte der Onkel, aus Polen oder sonstwo her. Genau wußte er das nicht. Ein paarmal hatte er Häftlinge französisch reden hören.

Jeden Tag brachte der Onkel aus seiner Bäckerei eine Fuhre Brot ins Lager. Er sagte, was er da alles mit ansehen müsse, das könne kein Mensch aushalten, der ein Gewissen habe. Und kein Wort dürfe er sagen, auch Mitleid zeigen dürfe er nicht. Einmal, im Winter, an einem bitterkalten Tag, hätten sie einen Häftling mit Wasser übergossen und splitternackt im Freien stehen lassen. Das hatte der Onkel nicht selber gesehen. Ein Nachbar hatte es ihm erzählt, und der hatte es von einem Wachsoldaten erfahren. Der Soldat war bald darauf an die Front versetzt worden und dort gefallen.

Der Onkel sagte, im Lager habe er Kinder gesehen, nicht einmal so alt wie der Christoph und die Lena, manchmal sogar ganz kleine Kinder. Als er von den Kindern redete, schien er erst zu merken, daß Christoph und ich im Zimmer saßen und alles mitangehört hatten. Er wurde sehr aufgeregt und rief, wir dürften kein Wort verraten, das er gesagt habe. Niemandem! Um Gottes willen, niemandem! Kein einziges Wort! Sonst käme er selber ins KZ!

Meine Mutter beruhigte ihn. Auf uns beide könne er sich verlassen. Wir seien alt genug, um zu wissen, welche Folgen ein unbedachtes Wort haben könnte. Der Onkel wollte aber nicht mehr vom KZ reden, er zeigte uns Fotos, die ihm seine zwei Buben in Feldpostbriefen geschickt hatten. Weil es im Zimmer schwül geworden war, öffnete Tante Steffi das Fenster einen Spalt. Der Regen hatte aufgehört, es nieselte nur noch. Das Laub der Bäume war so naß, daß die Vögel kleine Regenschauer auslösten, wenn sie durchs Gezweig schlüpften.

Bevor der Onkel sich verabschiedete, holte er aus seiner Tasche einen Weißbrotwecken und einen Germstriezel. In dem Striezel waren Rosinen, die es schon lange nicht mehr in den Geschäften zu kaufen gab. „Ich back' ja nicht nur für die KZler das Brot", erklärte er meiner Mutter, „ich muß ja auch für die Lagerverwaltung backen. Bei jeder Lieferung, die ich dafür bekomm', kann ich ein bißchen was auf die Seite bringen für meine Freunde und Bekannten."

Als der Onkel fort war, verkroch ich mich oben auf dem Dachboden. Von Minnis Frühjahrskätzchen hatten wir diesmal einen kleinen roten Kater behalten. Er lief mir nach, als ich die Stiege hinaufging, sprang im Dachboden umher, untersuchte jeden Winkel und kletterte dann auf meinen Schoß. Ich wollte nicht an das denken, was der Onkel erzählt hatte, und dachte doch immer daran. Ich streichelte den kleinen roten Kater, aber es nützte nichts, daß er so warm und lebendig in meinen Händen war, es brachte mich nicht auf andere Gedanken.

An diesem Abend kamen der Pfarrer und der Kaplan und saßen lange bei uns im Wohnzimmer. Sie sprachen über den Krieg und redeten so offen, wie sie es schon lange nicht mehr vor mir getan hatten. Meine Mutter sagte, daß es ihr immer schwerer fiele, die Hoffnung nicht aufzugeben, wenn Tag für Tag die Siegesmeldungen kamen und unsere Wehrmacht überall erfolgreich war. Der Pfarrer meinte, daß gerade die vielen Siege Hitler zu Fall bringen würden. Keine Wehrmacht könne auf die Dauer so viele tausend Kilometer Front verteidigen. Je mehr Länder Hitler erobere, desto sicherer sei der Krieg schon jetzt verloren.

Ich saß still da, auch Christoph war ganz still. In den schwarzen Glasscheiben der Fenster – wir hatten die Verdunkelungsjalousien heruntergelassen – sah ich mich und die anderen wie in einem Spiegel. Ich kann mich nicht mehr an alles erinnern, worüber an diesem Abend geredet wurde. Vielleicht habe ich auch nicht immer zugehört. Ich hatte schon zu viel hören müssen. Ich erinnere mich, daß sie von den Leiden der Völker sprachen, deren Länder wir besetzt hatten. Einmal sagte der Kaplan mit leiser Stimme und mit vergrämtem Gesicht: „Deutschland darf diesen Krieg nicht gewinnen. Wenn Hitler siegt, dann gibt es in ganz Europa keine Freiheit mehr."

Irgendwann verließ ich das Wohnzimmer, ohne daß die anderen es merkten. Ich kauerte mich in meinem Zimmer aufs Fensterbrett. Das Fenster stand offen. Am Nachmittag hatten die Wolken sich zerteilt, die Sonne war durchgekommen, und es war wieder heiß geworden. Wie immer, wenn der nasse Garten in der Hitze zu dunsten begann, dufteten die Blumen stärker als sonst, auch jetzt noch, so spät am Abend. Die Luft war lau und süß vom Duft der Sommerlilien.

Vom Bach her kam der Schrei eines Kätzchens. Unten auf der Wiese sah ich einen schwarzen huschenden Schatten. Es war Strolch auf einem nächtlichen Streifzug. Der Himmel über dem Dorf war hoch und voller Sterne. Bernis Vater hatte einmal gesagt, daß die Sterne ihm nachts zuzwinkerten. Als ich aufschaute, blinzelten sie wirklich, blinzelten immer mehr. Der Himmel verschwamm vor meinen Augen.

Nach einer Weile kam Christoph ins Zimmer und setzte sich zu mir aufs Fensterbrett. Ich wischte die Tränen fort.

„Reden sie noch immer?" fragte ich.

Christoph nickte.

Trotz der lauen Luft fröstelte mich. Ich rieb die bloßen Zehen, aber sie wurden davon nicht wärmer.

„Mir ist kalt", sagte ich.

„Mir auch", sagte Christoph.

Er stieg vom Fensterbrett und ging in sein Zimmer. Ich zog mich aus. Die Zehen fühlten sich jetzt ganz eisig an. Ich kroch ins Bett und rollte mich unter der Decke zusammen.

Käthe Recheis

Kain, wo ist dein Bruder? 65

Zum Text/ Problemfeldbeschreibung:	Bernis Vater, den die Wanderlust immer wieder für Wochen von zu Hause forttrieb, ist angeblich an einer Lungenentzündung gestorben, in Wirklichkeit aber wegen Landstreicherei ermordet worden. In der Totenmesse erzählt der Kaplan die Geschichte von Kain und Abel. Die Gemeinde versteht den Bezug.
Stichworte:	Vernichtung sog. unwerten Lebens, Lüge, Landstreicher, Kaplan, Totenmesse, Kain und Abel, Kritik, Predigt, Österreich
Vorlesezeit:	10 Minuten
Vorlesealter:	ab 10 Jahren

Als Bernis Mutter den Brief erhielt, kam sie zu uns. Sie saß im Wohnzimmer, den Brief in den Händen, und sagte immer wieder: „Er hat doch niemand' was getan. Er hat doch niemand' was getan." Die Tränen liefen ihr übers Gesicht.

Ich schlich aus dem Zimmer, ging durch den Garten und kroch durch das Loch im Zaun. Trix meckerte, die Hühner liefen umher und scharrten im Gras. Nichts regte sich im Wald, als ich den Hang hinaufstieg, nur der Bach plätscherte über die Steine.

Ich fand Berni oben bei der Höhle, er kauerte neben dem Tümpel.

„Berni", sagte ich.

Er blickte mich flüchtig an und schaute dann wieder auf den dunklen Wasserspiegel.

Sie hatten in dem Brief geschrieben, sein Vater sei an einer Lungenentzündung gestorben. Aber Michel Mur war nie krank gewesen. Bei Regen und Schnee und Kälte war er umhergewandert und immer gesund geblieben.

Ich schob die Zweige und Ranken vor der Höhle beiseite und holte die Wurzeln heraus, die Tieren glichen, holte die bunten Kiesel heraus und den glitzernden Drachenstein. Stück um Stück legte ich neben Berni hin.

„Laß es drin!" sagte er, ohne aufzuschauen.

Da räumte ich die Schätze wieder in die Höhle, zuerst die Wurzeltiere, dann die Kiesel und zuletzt den Drachenstein. Vielleicht begriff ich erst in diesem Augenblick, daß Bernis Vater endgültig und für immer fort war und nie wiederkommen würde. Berni hatte das Gesicht in den Händen vergraben und hatte zu schluchzen angefangen. Das scheckige Kätzchen fiel mir ein. Michel Mur hatte zu mir gesagt, daß ich nicht traurig sein sollte, weil es ein schönes Katzenleben gehabt hatte. Sollte ich jetzt Berni sagen, daß sein Vater ein gutes und schönes Leben gehabt hatte und wir nicht traurig sein sollten? Aber ich wußte nicht, ob man das auch von einem Menschen sagen durfte. So schwieg ich und sagte nichts.

Als die Totenmesse für Bernis Vater gelesen wurde, war die Kirche voll wie zu Weihnachten und zu Ostern. Wir saßen eng nebeneinander in den Bänken. Im Mittelgang und unter der Orgelempore drängten sich Leute, die keinen Sitzplatz mehr gefunden hatten. Aus dem Fischerdörfl waren Männer da, die sonst nie in die Kirche gingen. Frau Schieder saß ganz hinten. Sie hatte zu meiner Mutter gesagt, daß auch Luise Perwanger gern gekommen wäre, aber sie hätte sich nicht getraut. Ihr Mann würde nie dulden, daß jemand aus seiner Familie in die Kirche rannte, bloß wegen eines Landstreichers.

Vor den Hochaltarstufen stand ein schwarzer, silberbeschlagener Sarg, der mit dem silberbestickten Totentuch bedeckt war. Neben dem Sarg lagen Blumensträuße und Kränze. Kerzen brannten. Alles war wie bei jedem anderen Begräbnis, nur war diesmal der Sarg leer. Wir hatten Michel Mur nicht in seinem Haus aufbahren können, er war in Hartheim verbrannt worden.

In der ersten Bankreihe saß Bernis Mutter. Sie trug ein schwarzes Kostüm, das ihr Frau Gruber geliehen hatte. Der schwarze Hut und der Trauerschleier stammten von meiner Mutter. In der ersten Bank saßen auch Willis Eltern und meine Eltern, damit Berni und seine Mutter nicht allein waren. Sie hatten keine Verwandte oder zumindest nur solche, die sich nie um sie gekümmert hatten und auch jetzt nicht da waren.

Ein paar Bankreihen dahinter saßen Tante Steffi, der Großvater, Christoph, Willi und ich. Ich konnte den schwarzen Hut von Bernis Mutter sehen. Berni sah ich nicht, die Erwachsenen in den Bänken vor mir verdeckten ihn.

Die Ministranten hatten schwarze Kittel an und weiße Hemden mit schwarzem Schulterkragen. Der Kaplan, der die Totenmesse las, war ganz in Schwarz und Weiß und Silber gekleidet. Vorne hinter dem Betschemel saß der Pfarrer im Talar.

Die Ministranten schwangen die Weihrauchfässer, und der Kaplan segnete den Sarg mit Weihwasser, als läge wirklich ein Toter darin. Dann hielt der Kaplan die Totenrede, die sonst am offenen Grab gesprochen wurde. Bei diesen Totenreden war es üblich, aus dem Leben des Verstorbenen alles Gute, das er getan hatte, zu berichten. Manchmal hatten der Pfarrer und der Kaplan große Mühe, das Gute zu finden, das man loben konnte, aber irgend etwas fanden sie immer. Diesmal hielt der Kaplan eine ganz andere Totenrede, als wir es gewohnt waren.

Er stand vor dem Sarg auf der obersten Altarstufe, schaute über unsere Köpfe hinweg auf irgendeinen Punkt oben im Gewölbe und begann die Geschichte von Kain und Abel zu erzählen. Er redete leise, stockend, unterbrach sich immer wieder und suchte nach Worten. In der Kirche war es ungewöhnlich still geworden. Keiner hustete, keiner räusperte sich oder scharrte mit den Füßen. Allmählich wurde die Stimme des Kaplans fester, und als er zu der Stelle kam, wo Gott den Kain nach dessen Bruder fragte, rief er ganz laut: „Kain, wo ist dein Bruder Abel?"

Der Kaplan schaute nicht mehr irgendwohin ins Gewölbe hinauf, jetzt schaute er die Menschen in der Kirche an. Noch einmal rief er: „Kain, wo ist dein Bruder?" Seine Stimme hallte durch den hohen Raum, kam aus dem Gewölbe und von überall her zurück.

Veronika und Nanni, die vor uns saßen, fingen zu weinen an. Der Kaplan kniete nieder. „Lasset uns beten für unseren Bruder Michael. Herr, erbarme dich seiner und führe ihn heim in dein Reich. Herr, gib ihm die ewige Ruhe."

Wir antworteten: „Und das ewige Licht leuchte ihm."

Der Kirchenchor sang, die Orgel spielte feierlich wie bei einem Hochamt. Als die Totenmesse zu Ende war und alle aus der Kirche gingen, konnte ich nicht zu Berni und seiner Mutter hin, weil so viele Leute ihnen die Hand drücken wollten. Ich wartete mit meinem Vater, dem Großvater, Christoph und Willi am Friedhofstor auf die anderen. Als wir dort standen, kam Frau Schieder erregt auf uns zu. „Herr Doktor", rief sie, „ich hab' geglaubt, ich halt's nicht mehr aus. Wär' die Kirche nicht so voll gewesen, ich wär' hinausgelaufen. Wie kann der Kaplan nur so etwas tun!"

„Er hat nur eine Geschichte aus der Bibel erzählt", antwortete mein Vater.

„Genausogut hätt' er sagen können, daß im Schloß Hartheim lauter Mörder sind! Und jeder weiß, daß der Michel Mur an Lungenentzündung gestorben ist. Warum hat er auch immer fortgehen müssen. Kein Wunder, daß er krank geworden ist, jetzt, wo die Nächte noch kalt sind."

„Frau Schieder", sagte mein Vater, „Sie wissen recht gut, was im Schloß Hartheim geschieht. Sie wollen es nur nicht wahrhaben."

„Nein, das will ich nicht wahrhaben, weil es nicht wahr ist. Weil es eine Verleumdung ist. Der Führer würde so etwas nie zulassen. Und ich will nicht gehört haben, Herr Doktor, was Sie eben gesagt haben. Und was der Kaplan gesagt hat, will ich auch nicht gehört haben, sonst müßte ich es weitermelden. Ich wundere mich, daß Sie so vor den Kindern reden, und ich hoffe, Sie sagen so etwas nie vor meiner Rosa, denn das müßte ich mir verbitten."

Sie ging eilends fort, ohne eine Antwort abzuwarten.

Willi, der neben mir stand, holte tief Atem. „Der traut sich was, der Kaplan!"

Käthe Recheis

67 Die Gestapo

Zum Text/ Problemfeldbeschreibung:	Der Kaplan eines österreichischen Dorfes wird wegen staatskritischer Äußerungen verhaftet. Berni verliert in ihm einen zweiten Vater. Leni hat ein schlechtes Gewissen, weil sie glaubt, den Kaplan wegen zu unbedarfter Äußerungen an ihre hitlerbegeisterte Freundin Rosa verraten zu haben.
Stichworte:	Gestapo, Verhaftung, Kaplan, Verrat, Schuldgefühl, Offenheit, Mißtrauen, Gewissen, Österreich
Vorlesezeit:	18 Minuten
Vorlesealter:	ab 10 Jahren

Im September begann wieder die Schule. Unsere Soldaten waren noch immer siegreich und tief drinnen in Rußland. Leningrad wurde eingeschlossen. Auf Rosas Karte und auf der großen Landkarte, die im Schulzimmer hing, wanderten die Fähnchen weiter nach Osten.

Am 19. September, an jenem Tag, an dem Kiew erobert wurde, kam die Gestapo in den Pfarrhof und verhaftete den Kaplan. Christoph und ich erfuhren es, als wir am Nachmittag von der Schule heimkamen. Der Pfarrer saß in unserem Wohnzimmer. Er sagte: „Ihr habt doch nichts im Haus, das die Gestapo nicht finden darf?"

„Nein", sagte mein Vater.

Der Großvater ging im Zimmer auf und ab, ging vom Fenster bis zur Tür, ging wieder zurück zum Fenster. Unser Hund, der auf dem Teppich lag, den Kopf auf den Pfoten, winselte jedesmal, wenn der Großvater an ihm vorbeistapfte.

Der Pfarrer sagte, er sei schon im Gruberhof gewesen, und jetzt müsse er ins Fischerdörfl gehen und die Leute dort warnen. Meine Mutter schickte mich zu Berni. Sie machte sich Sorgen um ihn, weil er allein zu Hause war, weil seine Mutter in der Fabrik arbeitete und nicht bei ihm sein konnte.

Bevor ich zu Berni ging, lief ich zuerst ins Schiederhaus hinüber. Die Tür zur Werkstatt war offen. Frau Schieder und der alte Stefan standen neben der Hobelbank, mit dem Rücken zu mir, und flüsterten miteinander. Ich schlich die Stiege hinauf, so leise wie möglich, ich wollte nicht, daß sie mich hörten oder anredeten.

Rosa kauerte auf dem Sofa. Die Decke war halb heruntergerutscht und hing auf dem Boden.

„Die Gestapo hat den Kaplan verhaftet", sagte ich.

„Ich weiß es", sagte Rosa.

Im schräg durchs Fenster einfallenden Licht warfen die Fähnchen auf der Landkarte schmale, lange Schatten. Vor dem Hitlerbild stand ein Strauß

Sommerastern, die Blüten waren so schwer, daß sie die Stengel beugten. Auf dem Porzellangesicht der Schäferin war ein winziger Staubfleck. Auch auf den flatternden, sich ringelnden Hutbändern hatte sich Staub angesammelt, die Uhr an der Wand tickte.

„Er ist ein Volksverräter", sagte Rosa.

„Hast du ihn angezeigt?" fragte ich.

Sie sah mich auf eine merkwürdige Art an. „Bin ich eine, die Leute anzeigt? Glaubst du das von mir?"

Ich brachte kein Wort heraus.

„Glaubt der Christoph es auch? Hast du ihm alles gesagt?"

Ich schüttelte den Kopf.

Das Ticken der Uhr war verstummt. Das kam davon, weil unten auf der Straße ein Bauernwagen vorbeifuhr, mit knarrenden Rädern und den schweren bedächtigen Huftritten der Ackergäule.

„Ich hab' den Kaplan nicht angezeigt, Leni. So etwas würde ich nie tun. Das mußt du mir glauben!"

„Ja, Rosi. Aber der Manfred? Es muß der Manfred gewesen sein!"

„Der war es nicht. Er hat nichts gehört. Er hat mich nur gefragt, warum du so schnell davongelaufen bist. Und dann hat er gelacht und gemeint, daß du ihn nie leiden hast können und er dich auch nicht."

Das Knarren der Räder war nicht mehr zu hören. Die Uhr tickte wieder. Rosa zog die Decke hoch.

„Der Manfred kann's nicht gewesen sein, Leni. Der Gustl Perwanger hätte es bestimmt meiner Mutter erzählt. Er sagt ihr doch immer alles. Er hat nicht einmal gewußt, daß die Gestapo in den Pfarrhof kommt."

„Wirklich nicht?"

„Keine Ahnung hat er gehabt! Er ist ganz schön wütend, weil sie ihn nicht verständigt haben. Er wird sich beim Gauleiter beschweren."

Ich wollte nichts mehr vom Perwanger hören. „Ich muß jetzt gehen", sagte ich. „Ich muß zum Berni."

„Sag dem Christoph nichts!" bat Rosa, als ich schon bei der Tür war.

Ich kam unbemerkt aus der Tischlerei. Auch in unserem Garten war niemand. Im Laub der schwerbehangenen Bäume leuchtete es rot und gelb von Äpfeln. Fallobst lag im Gras. Amseln hüpften hin und her und flatterten vor mir zur Seite. Als ich über die Wiese zum Murhaus ging, sah ich Strolch. Er wanderte über das abgeerntete Stoppelfeld, langsam und mit steifen Beinen, er war schon sehr alt. Eine Schar verspäteter Schwalben zog hoch und pfeilschnell über den Himmel.

Berni saß in der Küche, die Arme auf der Tischplatte verschränkt. Auf dem Herd stand ein Topf, es roch nach kaltem Kohl.

„Berni", sagte ich.

Er gab keine Antwort.
Ich trat an den Herd. Das Feuer war ausgegangen. In dem Topf war wirklich Kohlgemüse. „Hast du schon gegessen?" fragte ich.
„Nein."
„Soll ich den Kohl wärmen?"
„Ich hab' keinen Hunger."
„Vielleicht verhören sie den Kaplan nur, vielleicht kommt er bald wieder heim."
„Nein. Er kommt nicht wieder heim."
Berni legte das Gesicht auf die verschränkten Arme und fing zu weinen an. Ich stand da und wußte nicht, was ich tun sollte. Ich hatte gedacht, daß für Berni nur das Tischlern wichtig sei, die Ziege Trix und Pepperl, das Schwein. Er redete wenig, erzählte nie etwas von sich. Er war mein Freund, und ich kannte ihn doch nicht. Ich setzte mich neben ihn auf die Bank.
„Er hat gewußt, daß die Gestapo kommen wird", sagte Berni, das Gesicht noch immer in den Armen. „Er hat gesagt, ich soll nicht traurig sein."
Draußen vor dem Haus gackerten die Hühner, machten ein großes Geschrei. Vielleicht hatte eine von ihnen einen Wurm oder eine Schnecke gefunden und die anderen wollten ihr die Beute abjagen. Der Kaplan hatte zu Berni gesagt, daß die Gestapo kommen würde. Christoph und mir hatte er es nicht gesagt.
Aus dem Verschlag hinter dem Geißenstall kam ein leises Grunzen. Die Hühner waren still geworden. Dann gackerten sie wieder, aufgeregter als zuvor. Die Tür wurde aufgerissen. Willi stürzte herein. Hinter ihm trottete Barry in die Küche.
„Das Schwein!" keuchte Willi noch ganz atemlos. „Berni, euer Schwein!"
Berni hob den Kopf und schaute Willi verloren an. Er begriff nicht, was Willi wollte. Ich begriff es auch nicht. Ich dachte: Die Gestapo hat den Kaplan geholt, und Willi rennt herum und schreit wie ein Verrückter wegen einem Schwein.
„Was hast du denn?" fragte ich.
„Was ich hab?" schrie er. „Du bist gut! Da sitzt ihr und schaut blöd, und wenn die Gestapo kommt und das Haus durchsucht, findet sie das Schwein."
„Die Gestapo kommt doch nicht zum Berni!"
„Kannst du das wissen?"
Willi hatte recht. Ich konnte es nicht wissen. Der Pfarrer hatte gesagt, er müsse die Fischerdörfler warnen. Vielleicht kam die Gestapo zu allen Leuten, die mit dem Kaplan befreundet waren. Wenn die Gestapo ins Murhaus kam, durfte sie das Schwein nicht finden. Im ganzen Haus gab es aber keinen sicheren Platz für Pepperl. Ein Schwein konnte man auch nicht verstecken. Man war nie sicher, ob es nicht zu grunzen anfing. Ich fragte Willi, was wir

tun sollten. „Ein Schwein versteckt man am besten dort, wo viele Schweine sind", antwortete er. „Wir bringen den Pepperl zu uns."

„Ich muß dableiben", murmelte Berni. Er schaute noch immer ganz verloren aus. „Der Pfarrer kommt zu mir."

„Dich brauchen wir auch nicht", erklärte Willi. „Das machen die Leni und der Barry und ich."

Wir gingen aus der Küche in den kleinen Vorraum und von dort in den Geißenstall. Berni öffnete den Holzriegel vom Schweinekoben. Pepperl war nicht sehr groß, aber rund und fett.

„Komm, Pepperl, komm!" lockte ich.

Pepperl grunzte freundlich. Aus dem Koben wollte er aber nicht herauskommen. Er war immer dort gewesen, und er dachte nicht daran, ihn zu verlassen, nur weil wir es uns plötzlich einbildeten.

Ich schob Pepperl von hinten, Willi zog von vorne. Gemeinsam zogen und schoben wir, aber jetzt wollte Pepperl erst recht nicht. Er stemmte die Beine gegen den Boden, und als er mit den Klauen keinen Halt fand, legte er sich in voller Breite nieder.

„Wartet!" sagte Berni.

Er kauerte sich neben Pepperl und kratzte ihm den borstigen Nacken. Das gefiel Pepperl, er richtete sich auf, schnüffelte erfreut und merkte nicht, daß Berni ihn beharrlich weiter und weiter aus dem Koben hinausschob. Erst als Pepperl schon halb draußen war, kam er dahinter, was Berni vorhatte. Er ließ sich aufs Hinterteil plumpsen und war keinen Zentimeter mehr von der Stelle zu bewegen.

Inzwischen hatte ich die Stalltür aufgemacht. Willi hatte den Geißenstrick genommen, eine Schlinge geknüpft und sie Pepperl über den Kopf gestreift, jetzt zerrte er ihn aus dem Stall. Pepperl war so überrascht, daß er auf dem Hinterteil hocken blieb und über das Stroh rutschte, als wollte er Schlitten fahren.

„Faß, Barry!" schrie Willi.

Barry verstand sofort, worum es ging, und schnappte nach dem dicken Hinterteil. Pepperl quiekte, machte einen Sprung und raste aus dem Stall. Weil Willi den Strick um die Hand gewickelt hatte, konnte er nicht loslassen.

Pepperl galoppierte zur Straße, verfolgt vom laut bellenden Barry. Willi mußte mitrennen, wenn er nicht riskieren wollte, hinzufallen und über den Boden geschleift zu werden. Ich rannte hinterher. Pepperl schlug die Richtung zum Gruberhof ein, und das war ein Glück für uns, sonst wären wir vielleicht im Fischerdörfl oder in der Au gelandet. Willi konnte ihn nicht mehr bremsen.

Nie im Leben hätte ich geglaubt, daß ein Schwein so schnell rennen kann. Ich hatte schon Angst, daß Pepperl am Gruberhof vorbeirasen würde, aber

Barry bedrängte ihn im richtigen Augenblick von der Seite. Pepperl bog in die Toreinfahrt ein. Als er im Hof drinnen war, gab Barry die Jagd auf und wedelte uns stolz an.

Pepperl stand zitternd und schnaufend mitten im Hof und war so verwirrt, daß er sich ohne Widerstand in den Schweinestall treiben und in einen leeren Koben sperren ließ.

„Geschafft!" keuchte Willi. „Jetzt haben wir der Gestapo aber eins ausgewischt!"

Seine Mutter wollte wissen, warum wir Berni nicht mitgebracht hatten. „Der Pfarrer kommt zu ihm", erklärte ich. „Dann ist es ja gut", sagte sie. Und dann nannte sie Berni einen armen Buben. „Zuerst haben sie seinen Vater umgebracht, und jetzt nehmen sie ihm auch noch den Kaplan. Der ist wie ein zweiter Vater für ihn gewesen, und nun hat er wieder niemanden." Als Willis Mutter das sagte, weinte Resi. Vielleicht dachte sie daran, daß ihr Kind, wenn es auf die Welt kam, auch keinen Vater haben würde.

An diesem Abend konnte ich lange nicht einschlafen. Ich hörte die Kirchturmuhr Mitternacht schlagen und schlief noch immer nicht. Im Haus regte sich nichts, nur ab und zu knackte es irgendwo wie in allen alten Häusern in der Stille der Nacht. Ich schlug die Decke zurück, weil mir heiß wurde, ich kroch wieder darunter, weil mir kalt war. Ich hatte nicht gewußt, daß der Kaplan wie ein zweiter Vater zu Berni gewesen war. Die anderen hatten es bemerkt, ich nicht.

Im Zimmer war es finster. Im Viereck des Fensters sah ich nur die schwarze Nacht. Keinen Stern. Ich hatte Rosa geglaubt, als sie sagte, der Perwanger hätte von nichts gewußt. Jetzt glaubte ich es nicht mehr. Sie hatte mich nur beruhigen wollen. Es mußte Manfred gewesen sein. Er war auf der Treppe gestanden, hatte alles gehört. Das war vor sechs Wochen gewesen. Aber vielleicht kam die Gestapo nicht sofort, wenn jemand angezeigt wurde? Vielleicht wartete sie, um noch mehr herauszufinden?

Ich hatte mich nicht um Berni gekümmert. Ich hatte das Schweigegebot gebrochen, hatte den Kaplan verraten. Mit solchen Schuldgefühlen zu leben, war schwer. Ich wälzte mich im Bett hin und her, lag wieder still, starrte ins Dunkel und wünschte, tot zu sein.

Käthe Recheis

Die Predigt des Grafen von Galen 68

Zum Text/ Problemfeldbeschreibung:	Wilhelm Weber findet eines Morgens in der Schublade seiner Werkbank die später berühmt gewordene Predigt des katholischen Bischofs von Münster, Graf von Galen, in der dieser die Vernichtung sog. unwerten Lebens mutig anprangert. – Siehe auch Dok. III/7
Stichworte:	Predigt, Mut, Wahrheit, Widerstand, Euthanasie, Arbeiter, Alte, Behinderte
Vorlesezeit:	8 Minuten
Vorlesealter:	ab 12 Jahren

Als Wilhelm Weber morgens die Schublade seiner Werkbank aufzog, sah er ein Blatt Papier darin:

„Deutsche Männer und Frauen! Der Bischof von Münster, Graf von Galen, hat in seiner Predigt am 3. August 1941 Sätze gesprochen, die jeder Deutsche hören sollte. Sie haben jetzt einen Auszug aus dieser Predigt in der Hand. Lesen sie ihn. Denken Sie darüber nach! Geben Sie ihn weiter! Alle sollten wissen, daß es noch mutige Männer in Deutschland gibt!

Seit einigen Monaten hören wir Berichte, daß aus Heil- und Pflegeanstalten für Geisteskranke auf Anordnung von Berlin Pfleglinge, die schon länger krank sind und vielleicht unheilbar erscheinen, zwangsweise abgeführt werden. Regelmäßig erhalten dann die Angehörigen nach kurzer Zeit die Nachricht, der Kranke sei verstorben, die Leiche sei verbrannt, die Asche könne abgeliefert werden. Allgemein herrscht der an Sicherheit grenzende Verdacht, daß die zahlreichen Todesfälle von Geisteskranken nicht von selbst eintreten, sondern absichtlich herbeigeführt werden, daß man dabei jener Lehre folgt, die behauptet, man dürfe sogar „lebensunwertes Leben" vernichten, also unschuldige Menschen töten, wenn man meint, ihr Leben sei für Volk und Staat nichts mehr wert. Eine furchtbare Lehre, die die Ermordung Unschuldiger rechtfertigen will, die die gewaltsame Tötung der nicht mehr arbeitsfähigen Invaliden, Krüppel, unheilbaren Kranken, Altersschwachen grundsätzlich freigibt.

Deutsche Männer und Frauen! Noch hat Gesetzeskraft der § 211 des Reichs-Strafgesetzbuches, der bestimmt: ‚Wer vorsätzlich einen Menschen tötet, wird, wenn er die Tat mit Überlegung ausgeführt hat, mit dem Tode bestraft.'

Das Reichsstrafgesetzbuch bestimmt in § 139: ‚Wer von dem Vorhaben eines Verbrechens gegen das Leben glaubhaft Kenntnis erhält und es unterläßt, hiervon rechtzeitig Anzeige zu machen, wird bestraft.'

Als ich von dem Vorhaben erfuhr, Kranke aus Mariental abzutransportieren, um sie zu töten, habe ich am 28. Juli der Staatsanwaltschaft beim Landgericht Münster und dem Herrn Polizeipräsidenten in Münster Anzeige erstattet durch eingeschriebenen Brief...

Es hat nichts genutzt. Der erste Transport der schuldlos zum Tode Verurteilten ist von Mariental abgegangen! Und aus der Heil- und Pflegeanstalt Warstein sind, wie ich höre, bereits achthundert Kranke abtransportiert.

...Anstatt des einzigen wahren Gottes macht man sich nach Gefallen eigene Götzen, um sie anzubeten: die Natur oder den Staat, das Volk oder die Rasse.

...Wer aber fortfahren will, Gottes Strafgericht herauszufordern, wer unseren Glauben lästert, wer Gottes Gebote verachtet, wer gemeinsame Sache macht mit jenen, die unsere Jugend dem Christentum entfernen, die unsere Ordensleute berauben und vertreiben, mit jenen, die unschuldige Menschen, unsere Brüder und Schwestern, dem Tode überliefern, mit jenen wollen wir jeden vertrauten Umgang meiden, dessen Einfluß wollen wir uns und die Unsrigen entziehen, damit wir nicht angesteckt werden von einem gottwidrigen Denken und Handeln, damit wir nicht mitschuldig werden und mitanheimfallen dem Strafgericht, das der gerechte Gott verhängen muß und verhängen wird über alle, die gleich der Stadt Jerusalem nicht wollen, was Gott will."

Wilhelm Weber schien es fast unglaublich, daß es heute noch einen Mann gab, der es wagte, so etwas öffentlich zu sagen. Ja, es gab doch noch Männer! Und sie waren auch mit ihrer bescheidenen Widerstandsgruppe nicht allein.

Viele wehrten sich.

Er ging zu Helmut Krebs hinüber, um ihm das Blatt zu zeigen. Der winkte ab. „Ich habe es auch in meinem Kasten gefunden. Keine Ahnung, wer die Blätter verteilt hat." Er dachte ein Weilchen nach. „Weißt du was, Wilhelm? Das könnte auch eine Falle sein. Vielleicht paßt jemand auf, was wir nun anstellen. Aber da können wir ja vorsorgen."

In der Frühstückspause nahm Wilhelm das Flugblatt aus der Tasche und sagte so, daß alle Kollegen es hören konnten: „Ich habe heute morgen einen Wisch gefunden, einfach doll, sage ich euch. Ich verstehe nicht, wie man so etwas verteilen kann." Dann zerriß er das Blatt in immer kleinere Fetzen und warf sie in den Papierkorb.

Das Exemplar aus Helmuts Brusttasche wurde noch am selben Abend vervielfältigt.

Hans-Georg Noack

Wo Radfahren ein Vergehen wurde 69

Zum Text/ Problemfeldbeschreibung:	Der Leiter einer christlichen Jugendgruppe muß sich einem langwierigen Verhör durch die Gestapo unterziehen, weil er mit den Jugendlichen trotz des Verbots der sportlichen Betätigung für die evangelische Jugend von 1934 radgefahren war.
Stichworte:	christliche Jugendgruppe, Laienspiel, Bekenntnis, Verhör, Gestapo
Vorlesezeit:	6 Minuten
Vorlesealter:	ab 12 Jahren

Aufgeregt öffnete er den Brief. Absender war die Polizeileitstelle Stuttgart. Wilhelm Keller hatte es geahnt, daß so etwas noch kommen könnte. Er, 19 Jahre alt, Bäckergeselle, war Leiter einer Jugendgruppe in Denkendorf. Er hatte mit seinen Jungen ein Laienspiel eingeübt. Es hieß „Luther in Worms" und handelte davon, wie Martin Luther vor dem Reichstag in Worms zur Sache des Evangeliums gestanden hatte: „Hier stehe ich. Ich kann nicht anders. Gott helfe mir. Amen." Die Jungen wußten, daß ein solches Bekenntnis auch heute im Jahr 1941 nötig sei. Am 27. Juli wollten sie das Stück in Nürtingen aufführen. Sie waren rechtzeitig mit den Fahrrädern aufgebrochen. Irgendein HJ-Führer mußte sie angezeigt haben. Mit dem Fahrrad zu einem Jugendtreffen zu fahren, galt als sportliche Betätigung. Und die war der Evangelischen Jugend laut Vertrag von 1934 (Eingliederungsvertrag der Evang. Jugend in die Hitler-Jugend) verboten.

In den nächsten Tagen wurden die Jungen nacheinander auf dem Rathaus in Denkendorf verhört. Nachdem sie gehörig ausgefragt worden waren, wurden sie wieder nach Hause geschickt.

Bei Wilhelm Keller sollte es allerdings nicht so glimpflich abgehen. Er wurde von der Geheimen Staatspolizei in Stuttgart vorgeladen, wo er sich an einem Montag, morgens um 8 Uhr, pünktlich einfand. Er wurde in einen großen Raum geführt. Darin standen einige Ledersessel und ein Schreibtisch, hinter dem ein Gestapobeamter saß. Und der fragte und fragte. Wilhelm Keller mußte über die Arbeit mit seiner Jugendgruppe berichten. Daß man sich einmal in der Woche zur Bibelarbeit und zum Singen traf. Und er erzählte von dem Laienspiel in Nürtingen, wohin man mit dem Rad gefahren war. Und dann fragte der Beamte scharf: „Wußten Sie denn nicht, daß sportliche Betätigungen wie Radfahren mit der Jugendgruppe verboten sind?" Als er nicht gleich antwortete, drohte der Beamte, ihn in den Keller bringen zu lassen. Dort habe er genug Zeit zum Nachdenken. Dann kam ein anderer Gestapobeamter. Der war anfangs freundlicher. Aber am Schluß fragte er: „Haben Sie schon einmal etwas von Umerziehung gehört, vom KZ?" Schließlich schlug es 12 Uhr. Die Beamten gingen zum Essen.

Wilhelm Keller wartete und wartete. Schließlich kam eine Sekretärin und fragte: „Was wollen Sie denn hier noch?"

„Ich warte. Ich kann doch nicht gehen."

Aber die Sekretärin sagte: „Wenn Sie nicht mehr da sind, dann wollen die Herren nichts mehr von Ihnen." Sie besorgte ihm einen Entlaßschein, und er konnte heimgehen.

Einen Monat später bekam er einen Strafbefehl. Die Staatsanwaltschaft beschuldigte ihn: „Sie haben an Pfingsten und am 27. Juli 1941 in Denkendorf und an anderen Orten fortgesetzt der Vorschrift zuwidergehandelt, wonach den konfessionellen Jugendverbänden jede Betätigung außerhalb des kirchlich-religiösen Gebietes, insbesondere eine solche sportlicher, gelände- und volkssportlicher Art, das geschlossene Auftreten und das gemeinsame Ferien- und Zeltlagern untersagt ist, indem Sie mit 8 anderen Jungen der evangelischen Gemeindejugend Denkendorf an Pfingsten 1941 eine 2tägige Radfahrt in den Schwarzwald unternahmen und dabei zweimal gemeinsam zelteten und am 27. Juli 1941 mit 10 anderen Jungen der evang. Gemeindejugend Denkendorf geschlossen mit dem Rad zu einem Bezirkstreffen der evang. Jugend nach Nürtingen und zurück fuhren, wobei Sie beidesmal der Anführer waren.

Es wird gegen Sie eine – Geldstrafe von 150 RM, im Uneinbringlichkeitsfalle 30 Tage Gefängnis – festgesetzt, auch werden Ihnen die Kosten des Verfahrens und des Strafvollzugs auferlegt."

Wo sollte er das Geld hernehmen?, fragte sich Wilhelm Keller. Sollte er vielleicht Einspruch erheben?

Doch das vierstündige Verhör hatte ihm genügt. Schließlich übernahm der Landesjugendpfarrer die Bezahlung der 150 RM.

Nach Theo Braun von Jörg Thierfelder

Vater ist wieder zu Hause 70

Zum Text/ Problemfeldbeschreibung:	Ein Pfarrer wird nach den ersten Monaten des Krieges wieder aus der Wehrmacht nach Hause entlassen. Ein Pfarrverweser hat in der Zwischenzeit gute Arbeit geleistet. Im Pfarrhaus sind Soldaten einquartiert; dies ist für die Kinder eine spannende Sache.
Stichworte:	Einquartierung, Pfarrhaus, Posaunenchor, Führer
Vorlesezeit:	5 Minuten
Vorlesealter:	ab 8 Jahren

Ja, er war tatsächlich heimgekommen, unser Vater. Alle Weltkriegsteilnehmer und kinderreiche Väter, so hieß es, sollten entlassen werden, und Vater war einer der Glücklichen. Zuvor wurde er noch zum Gefreiten befördert. Ironisch bemerkte Vater dazu, der „Führer" habe es auch nicht weitergebracht.

Während Vater eingezogen war, gründete der rührige Pfarrverweser den Posaunenchor. Die Instrumente dazu wurden zum Teil mit der Mietsentschädigung für den militärisch genutzten Gemeindesaal bezahlt. Dies aber war vermutlich das einzig Positive an der unfreiwilligen Einquartierung.

Aber nicht nur in der Kirchengemeinde tat sich etwas, nein auch draußen vor dem Ort. Die Erlenfelder sahen mit Besorgnis die Luftwaffenbaukompanie anrücken. Mit Volldampf wurde an der Fertigstellung des Flugplatzes gearbeitet. Einen Flugplatz direkt vor ihrer Nase, die Erlenfelder befürchteten zu Recht nichts Gutes. Tagtäglich tönten rund ums Pfarrhaus die inzwischen allbekannten Soldatenlieder. „Es ist so schön Soldat zu sein" und „O du schöner Westerwald". Mit diesen Liedern zogen die Soldaten im strammen Marschschritt hinaus zum nahen zukünftigen Flugplatz.

Aber bald war es nicht mehr schön, Soldat zu sein, und die Auswirkungen des unseligen Krieges bereiteten den Menschen in unserer Stadt viel Sorgen und großes Leid.

Vater und Mutter bemühten sich, uns Kindern die Angst nicht allzusehr spüren zu lassen. Wir waren sorglose Kinder und das sollten wir so lange als möglich bleiben dürfen.

Aber Krieg läßt sich nicht verheimlichen. Spätestens als die Geschwader des Todes über unsere Köpfe hinwegzogen, schwer beladene Bomber mit ihrem unheimlichen, drohenden Grollen, griff die Angst auch nach uns. Sie hockte sich neben uns bei Tag und erst recht bei Nacht und war oft nur durch viele Gebete, die unter der Bettdecke geflüstert wurden, zu bewegen, draußen vor der Tür zu bleiben.

Zunächst aber waren die vielen Soldaten im Haus eine aufregende Abwechslung für uns Kinder. Jeder Tag brachte Neues. Unten im Hof stand die Gulaschkanone. Wir durften zusehen, wenn für die Soldaten gekocht wurde und sie ihren Essensschlag ins Kochgeschirr geklatscht bekamen. Auch für uns fiel etwas ab: rosa Himbeerpudding auf Zeitungspapier serviert! Einfach köstlich hat er geschmeckt! Jedenfalls viel besser als Grießbrei auf Porzellantellern.

Nebenbei verdienten wir uns Taschengeld, waren sozusagen mit bei den ersten „Kriegsgewinnlern". Wir trugen die vielen Bier- und Limonadenflaschen zurück in die Wirtshäuser. Meistens durften wir das zurückgezahlte Flaschenpfand behalten. Zum ersten Mal in unserem Leben waren wir „reich", und dieses unbekannte Gefühl genossen wir außerordentlich. Schon aus diesem Grund hatten wir nicht allzuviel gegen die Einquartierung im Pfarrhaus einzuwenden. Wir Pfarrerskinder sahen der Zukunft mit Zuversicht und Gelassenheit entgegen.

Was konnte uns schon viel passieren? Wir hatten ja den Führer und jede Menge Soldaten, die uns beschützten.

Anna-Maria Rupp

71 Kurrendesingen

Zum Text/ Problemfeldbeschreibung:	Mädchen und junge Männer ziehen im Advent 1942 durch die Stadt und singen geistliche Weihnachtslieder.
Stichworte:	Kriegszeit, Kurrendesingen, Weihnachtslieder
Vorlesezeit:	2 Minuten
Vorlesealter:	ab 8 Jahren

Erstaunlicherweise war das sogar im Krieg noch möglich: das Kurrendesingen. Das hängt wohl damit zusammen, daß in der Weihnachtszeit selbst die Nazis weich wurden und Dinge gewähren ließen, die sie eigentlich ideologisch ablehnen mußten. Mädchen und junge Männer, soweit sie noch nicht Soldaten waren, fanden sich unter Leitung von Gretel Bubeck einige Wochen vor dem 1. Advent zusammen, um Lieder für die Advents- und Weihnachtszeit zu proben und die Sätze möglichst auswendig zu lernen. Dann zog die Gruppe von Stadtteil zu Stadtteil in Kirchheim/Teck, um auf Straßen und Plätzen an den Samstagabenden vor den vier Adventssonntagen die bekannten Advents- und Weihnachtslieder zu singen, uns selber und den zuhörenden Bürgern zur Freude. Man merkte, wie da und dort Vorhänge zurückgezogen und Fenster aufgemacht wurden. Manches Mal kam auch ein „Danke!" zu uns herunter. Eindrücklich war, als wir 1942 vor dem – am Samstag allerdings leeren – Rathaus sangen: „O wohl dem Land, o wohl der Stadt, so diesen König bei sich hat." Das waren Lichtblicke im Dunkel des Krieges und der Nazizeit.

Kurt Rommel

Die höchste Religion 72

Zum Text/ Problemfeldbeschreibung:	Ein Landesbauernführer begründet in einem Brief an den zuständigen Ortsgeistlichen seinen Kirchenaustritt damit, daß seines Erachtens Blut, Rasse und Volk – nicht aber christliche Dogmen – die wahre Religion ausmachen.
Stichworte:	Bauernführer, Kirchenaustritt, Blut, Rasse, Volk, Christentum, Dogmen, Papst, Luther
Vorlesezeit:	4 Minuten
Vorlesealter:	ab 14 Jahren

„... Wenn künftig Ihre amtliche Tätigkeit für mich und meine Frau fortfällt, so sollte daraus ein Mißklang in dem persönlichen Verhältnis nicht entstehen, denn ich habe durch meinen Austritt aus der Kirche ja nicht meine persönliche Meinung über Sie zum Ausdruck bringen wollen, vielmehr zu einer Anschauung und Dogmen, die ich nach langer Prüfungszeit nicht mehr anerkennen kann. Als Bauer, der ich täglich die ewigen Gesetze des Schöpfers und ihre Auswirkungen vor Augen habe, will ich mein Leben auch nach diesen ewigen Gesetzen aufbauen und leben, denn ich bin zu der Überzeugung gekommen, daß nur derjenige Mensch das ewige Leben erringt, der sich diesen Gesetzen ‚kompromißlos' verpflichtet fühlt. Die Gotteserkenntnis des Menschen und seine Haltung wurzeln in seinem Blute. So sieht der Neger seinen Gott anders als der nordisch-germanische Mensch. Diese Tatsache läßt sich niemals durch eine Taufe verwischen. Die Lehre von der christlichen Nächstenliebe vermochte weder einen Weltkrieg noch den jetzigen Krieg zu vermeiden; im Gegenteil! Christliche Völker hetzen Schwarze – ob getauft oder ungetauft spielt dabei keine Rolle – gegen unser Volk! Wohin Völker treiben, die die Gesetze von Blut und Rasse verneinen, zeigt der Verfall Frankreichs. Auch dieses Volk gehört der christlichen Kirche an! –

Ich aber sehe meine höchste Verpflichtung darin, für mein Volk zu leben, zu arbeiten und zu kämpfen! Denn das Volk ist die von Gott gewollte Gemeinschaft Menschen gleichen Blutes.

Es wird der Zeitpunkt kommen, wo das ganze deutsche Volk sich zu dieser Kenntnis durchgerungen hat und sich den Ausspruch des großen deutschen Freiheitsdichters Ernst Moritz Arndt zu eigen macht:

‚Laßt alle die kleinen Religionen und tut die große Pflicht der einzigen höchsten. Hoch über dem Papst und Luther vereinigt Euch zu ihr in einem Glauben. Das ist die höchste Religion, seinen Enkeln einen ehrlichen Namen, ein freies Land, einen stolzen Sinn zu hinterlassen.

Das ist die höchste Religion, mit dem teuersten Blute zu bewahren, was durch das teuerste, freieste Blut der Väter erworben wird.

Ein Volk zu sein, das ist Religion unserer Zeit. Diese ewige Religion der Gemeinschaft macht zu Eurem Banner!'

Heil Hitler!"

N.N.

73 Die grauen Busse

Zum Text/ Problemfeldbeschreibung:	Georg ist Zeuge, wie siebenundfünfzig Frauen und Mädchen aus einer Heil- und Pflegeanstalt in ein Vernichtungslager transportiert werden.
Stichworte:	Heil- und Pflegeanstalt, graue Busse, Ordensschwestern, Euthanasie
Vorlesezeit:	18 Minuten
Vorlesealter:	ab 12 Jahren

Vom Auffinger Bahnhof mußten sie eine gute Viertelstunde im eisigen Wind bergauf gehen. Nur das Gepäck und die Rollstuhlkinder wurden mit einem Pferdewagen abgeholt. Georg durfte Moritz auf den Rücken nehmen, der war nicht verlegen, er freute sich.

Das Heim lag mitten im Dorf und war viel größer als das Haus in Escheren. Sie waren froh und hatten Lust auf Späße, wie Reisende sind, die in ein warmes Quartier kommen: Ein besonders gutes Abendessen war vorbereitet. Es gab Buttersemmeln und Rührei mit Schinken, und der Tisch für alle war schön mit immergrünen Zweigen gedeckt. Strohsäcke lagen schon in einem Nebenraum bereit.

Aber die Schwestern hier, ihre Gastgeber, kamen Georg merkwürdig still und ernst vor. Vielleicht hatten sie besonders viel Arbeit gehabt, weil so viele Gäste kamen? Deshalb könnten sie aber doch wenigstens mal ein bißchen lächeln? Oder waren sie zu fromm dazu?

Annemarie war wohl schon angesteckt vom Trübsinn hier im Haus. Die Arme mußte ja auch mit den Mädchen hierbleiben. Beim Essen putzte sie immerzu ihr dicken Brillengläser, und sofort beschlugen sie sich wieder. Tränen? Wer war schon gern irgendwo zu Besuch, wenn die Gastgeber so deutlich zeigten, wieviel Mühe die Gäste ihnen machten und wie wenig sie sich freuten? Auch die Escherner Kinder wurden immer stiller und lachten nur noch hinter den vorgehaltenen Händen.

Nach dem Dankgebet, beim großen Stühlerücken, ging Georg zu Schwester Brigitta.

„Ist hier jemand gestorben?" fragte er.

„Du hast beinahe recht", sagte Brigitta und nahm ihn beiseite. Siebenundfünfzig Frauen und Mädchen aus diesem Haus würden wahrscheinlich morgen sterben, höchstens zwei oder drei weniger, weil manchmal doch noch einige zurückgeschickt wurden. Heute war eine Liste gekommen. Sie schickten die Listen immer erst am Tag vorher, damit man keine Zeit für den Einspruch hatte.

Siebenundfünfzig Namen standen darauf, und morgen würden siebenundfünfzig Patienten abgeholt.

„Mit einem grauen Bus?" fragte Georg und schüttelte sich, weil ihn eine Gänsehaut überlief.

Dann wüßte er ja alles. Zwei Busse würden kommen. Schwestern und Pfleger und ein Doktor waren dabei. Hoffentlich kamen die Busse so früh, daß die anderen im Heim recht wenig davon merkten. Aber sie wußten schon genug und zuviel. Konnte Georg morgen früh bitte darauf achten, daß die Escherner Kinder nicht ans Fenster gingen? Die anderen hätten ihre Schlafräume zum Garten hin.

„In Ordnung", sagte Georg.

Aber morgens war Glatteis, und die Busse kamen so spät, daß die Escherner Kinder schon beim Frühstück saßen, und die Auffinger waren entweder in ihren Schulzimmern oder in den Arbeitsräumen und Werkstätten.

Georg hörte das Motorengeräusch. Er stand auf, und als Schwester Brigitta ärgerlich abwinkte, ging er zu ihr und sagte: „Ich muß sehen, ob das wahr ist."

Die Busse waren noch in der letzten Steigung. Georg wunderte sich, wie viele Leute bei dem trüb-kalten Wetter auf der Straße waren. Sie standen in kleinen Gruppen auf dem Platz vor dem Heim, auch vor den ersten Häusern der beiden Nebenstraßen, und sie sahen so verfroren aus, als warteten sie schon lange.

Georg stellte sich neben eine Gruppe von Frauen vor einem Lebensmittelgeschäft. Er war froh, daß er das karierte Hemd angezogen hatte, so fiel er keinem auf.

„Ja, ja", sagte eine Frau. „Die haben jetzt ihre letzten Spätzle gegessen. Die kleine dicke Minni hat immer gesagt: Im Himmel gibt es alle Tag Kässpätzle und hinterher eine Sahnetorte. Die war doch aus Schwaben, und jetzt ist sie schon seit einem ganzen Jahr bei ihren ewigen Kässpätzle!"

„Ist das schon ein Jahr, seit sie die schwäbischen Patienten geholt haben?" fragte eine andere Frau. „Und damals hat man noch gedacht: die werden halt nach Hause geholt, nach Schwaben."

Die anderen antworteten ihr nicht, denn die Busse bogen jetzt in den kleinen Platz ein. Sie waren so grau, wie Rike sie beschrieben hatte. Auch die Fenster waren in stumpfem Grau zugestrichen.

„Und da kommen sie, die Lämmerchen, da kommen sie schon!" sagte ein Mann. „Warum haben sie's so eilig? Der Doktor und die Schwesternbagage sitzen doch noch im Gasthaus und frühstücken."

„Sind mit einem Mercedes gekommen. Grad eine Nummer kleiner als der vom Herrn Führer", sagte ein anderer.

„O lieber Heiland, schaut nur, da stehen sie, richtig wie Opferlämmer!" flüsterte eine Frau neben Georg. „Wie schön sie aussehen, so fein angezogen, und sogar im Gesicht sind sie ganz heilig."

Auf der Treppe vor dem Haupteingang standen jetzt die siebenundfünfzig Frauen und Mädchen – ja, das mußten sie sein, sie standen da wie zu einem Gruppenfoto, alle in Sonntagskleidern, und nur eine hatte ein Handtäschchen in der Hand, ein rosafarbenes Handtäschchen. Das war ein Mädchen, vielleicht zwölf Jahre alt? Alle anderen waren älter.

Die Frau neben Georg sagte: „Da hinten seh ich das Hederl, ach das liebe Hederl, mit die Schnappfüß!"

„Schau, da sind auch die beiden aus Köln, die Zwillinge."

„Und die Martha aus der Küche, die wo immer die Knödeln macht, die aus Hof, die grünen macht sie am besten, sagt die Schwester Konrada. Also, wenn die Martha verrückt ist, bin ich's auch."

„Man kann's nicht in den Kopf reinkriegen, was die da machen", sagte eine, die gerade erst dazukam. „Aber jetzt paßt auf. Kommt näher ran. Die Männer gehen schon vor."

Die Busfahrer waren ausgestiegen. Einer rief den Frauen auf der Treppe zu: „Wo ist euer Gepäck? Ich will das Gepäck einladen."

„Wo du uns hinfährst, da brauchen wir kein Gepäck!" rief eine von den jüngeren, und eine andere, eine ältere, sagte sehr bitterlich und laut: „Ich brauch keinen Koffer für diese Reise. Im Himmel werden wir angetan sein mit weißen Kleidern. Und Gott wird abwischen alle Tränen!"

„Quatsch nicht", sagte der Mann. „Los, eingestiegen!", und war mit einem Sprung auf der Treppe, packte eine Frau am Arm und zerrte sie zwei Stufen hinunter.

„Laß das!" rief ein Mann auf der Straße. Und ein anderer: „Scher dich in deinen Leichenbus und faß die armen Weiberl nicht an!"

Der Fahrer sah sich um, sein Kollege war fortgegangen, er war allein mit all diesen Menschen auf dem Platz und den Frauen auf der Treppe.

Die Männer waren Schritt für Schritt näher an die Busse herangekommen. Sie standen jetzt vor allen Bustüren.

Ein Bursche sagte: „Macht doch Platz für den Herrn Autobus-Kondukteur, der möcht so gern mitfahren in den Himmel, immer geradeaus, der Weg ist mit Gasflaschen markiert. Bittschön, der Herr, steigen S' ein!" Der Mann stieg eilig ein und zog die Tür zu.

„Feigling!" rief eine Frau.

Sie standen jetzt alle im Halbkreis um die Treppe und die Busse.

Georg mußte immer nur die Frauen auf der Treppe ansehen, jedes einzelne Gesicht wollte er sich merken. Warum? Das wußte er nicht. Hätte er doch einen Fotoapparat! Dana sollte ihm einen schenken, bald. Alle sahen sich ähnlich, da oben, als wären sie Großmütter, Mütter und Töchter. Ein Familienbild. Wie tapfer sie waren. Und immer wieder sah er dieses Kind an, das Kleid war weiß und hatte rote Punkte. Und wie sie das Handtäschchen festhielt, ihre Nägel sahen weiß aus, so fest hielt sie es.

Und jetzt sah er, daß sie vielleicht doch ein bißchen älter war. Man sah schon, daß ein Frau aus ihr werden sollte. So schön sah das aus. Vielleicht hieß sie Genoveva? Aber die hatte nicht in einen grauen Bus steigen müssen. Ein junger Jäger brachte sie in den Wald und ließ sie frei. So war es doch mit Genoveva? Genau wußte Georg das nicht mehr. Das war ja überhaupt eine dämliche Geschichte. Ein Theaterstück müßte man schreiben von einer Genoveva wie der da oben.

„Achtung!" rief jemand.

Im Sturmschritt kamen von der anderen Seite des kleinen Platzes ein Doktor im flatternden Kittel, drei braune Schwestern, vier bullige Pfleger in grauen Uniformen und der andere Fahrer.

Sechzig, siebzig, vielleicht hundert Auffinger Frauen, Mädchen, Männer und Jungen stellten sich ihnen in den Weg.

„Machen Sie bitte Platz", sagte der Doktor. Sie rührten sich nicht.

Er gab den Schwestern und Pflegern einen Wink. Die drei Schwestern hatten plötzlich alle in einer Hand eine Spritze, in der anderen ein ganzes Bündel von Spritzen. Die Frauen wichen davor zurück. Das hatten diese Teufel erwartet. Aber auch die Männer wichen zurück, nur etwas langsamer. Georg sah nur noch das Mädchen im gepunkteten Kleid an.

Die Frauen und Mädchen auf der Treppe waren beinahe unbemerkt aus eigenem Willen die Treppe hinuntergegangen, und die grauen Kerle brauchten sie nur noch zu packen und in die Busse zu schieben.

Dann rissen aber doch die Zwillinge, die großen Mädchen, sich los und rannten eine Straße hinunter, wollten über einen Zaun klettern, schrien um

Hilfe, drei, vier Frauen halfen ihnen, aber die Schwestern waren schnell: Schon hatten beide eine Spritze, die eine im Oberarm, die andere im Rücken. Jemand sagte: „Die geben jetzt Ruh."

Eine ältere Frau war in den Hof gelaufen. Georg sah, wie sie an allen Türen rüttelte, und alle waren abgeschlossen, und wie ein großer Mann sich vor die Frau stellte, als die Pfleger kamen. Die schleuderten ihn einfach aufs Pflaster, und die Frau ging mit zum Wagen und wehrte sich nicht.

Die Schwestern jagten noch zu dritt hinter einem jungen Mädchen her, das hinkte in einem seltsamen Watschelgang. Das war wohl das Hederl mit den beiden Schnappfüßen. Keine große Leistung, es zu fangen.

Und Georgs kleine Genoveva saß im zweiten Bus gleich neben der Tür und hielt das rosafarbene Handtäschchen fest, und jetzt wandte sie den Kopf und sah hinaus. Sah sie Georg an? Erschrocken drehte er sich um.

„Alle da?" fragte der Doktor. „Dann ruft mal alle: Ja!" Er lachte und wurde rot, weil keiner ihm auf den bösen Scherz antwortete. Mit kurzen, ärgerlichen Schritten ging er zu seinem Auto und fuhr den Berg hinunter.

Es gab gerade noch eine schmale Durchfahrt.

Denn die Auffinger, alle hundert Frauen und Kinder und Männer, knieten vor den Bussen oder versperrten die Nebenstraßen. Manche beteten laut das Vaterunser, andere sangen: „Wenn ich einmal soll scheiden", aber die meisten weinten nur. Viele fluchten auch und verwünschten die Mörder und ihre Auftraggeber, oder sie spotteten über eine Regierung, die schwach war, daß sie Angst vor den Schwächsten hatte und sie umbrachte.

Die Busse fuhren an. Die Leute rückten keinen Schritt zur Seite. Sie sangen, beteten, weinten, fluchten und spotteten. Die Busse mußten halten.

Die grauen Pfleger standen an den offenen Bustüren.

Ein grauhaariger Mann sprang auf und rief: „Ihr werdet das alles bezahlen!" Und sagte dann zu den Leuten auf der Straße: „Steht bitte auf. Bitte, steht auf. Damit es kein Unglück für uns alle gibt. Aber ich verspreche euch: Was ihr heute getan habt, das sollen die in Berlin erfahren."

Vielleicht war er der Bürgermeister? Oder ein Lehrer?

Die Leute standen auf und stellten sich an den Straßenrand. Die Busfahrer gaben sich ein Zeichen. Abfahren? Ja, abfahren. Georg sollte jetzt die Tür vom zweiten Bus aufreißen, Genoveva herausholen und sich selbst auf ihren Platz setzen, und er sollte sagen: „Nehmt mich mit. Laßt das Mädchen leben." Das sollte er tun. Jetzt!

Die Busse fuhren an, zögernd, sehr langsam. Die erregten Menschen am Straßenrand machten die Fahrer unruhig, man sah es.

Georg ging durch den Hof ins Haus zurück, die Küchentür stand jetzt offen. Drinnen wurde schon Suppengrün gewaschen und geschnitten.

Ursula Wölfel

Die Rettung eines Kindes 74

Zum Text/ Problemfeldbeschreibung:	Ein jüdischer Junge wird getauft und in ein katholisches Internat aufgenommen. Die Eltern versprechen, die katholische Erziehung ihres Kindes weiterzuführen.
Stichworte:	Juden, katholischer Glaube, Konversion, Taufe
Vorlesezeit:	6 Minuten
Vorlesealter:	ab 12 Jahren

Abbé Bonnet, ein alter Pfarrer mit bürstenartig kurz geschnittenen, weißen Haaren, die fast blinden Augen hinter riesigen Brillengläsern versteckt, holte mich in Néris ab. Dort, wo dieser gutmütige und liebenswürdige Mann mich hinführte, lernte ich eine völlig neue, streng katholische Welt kennen, ein fast royalistisches, leidenschaftlich petainistisches, traditionsgemäß antisemitisches Frankreich, die Welt der Sodalitäts-Damen, die eine Seele retten wollten, sich aber auch ernsten Gefahren aussetzten, da es die Seele eines jüdischen Kindes war.

Erstaunlich, wie das Gedächtnis funktioniert: Das Unerträgliche wird ausgelöscht, oder es versinkt vielmehr, das Alltägliche tritt in den Vordergrund. Nur eine einzige klare Erinnerung ist mir von diesem ersten Moment des Übergangs in eine neue Welt geblieben: die Häßlichkeit der Stadt, die Trostlosigkeit dieser Industriezone mitten im Bourbonnais, Montluçon genannt. Und dazu noch die Erinnerung an schönes Wetter. Eine Stadt wie Montluçon entströmt bei Sonnenschein eine ganz besondere Traurigkeit. Manche Gegensätze lösen heftige Gefühle aus; diese hier rief in mir ein vages Angstgefühl hervor. Doch sicher hat sich hier nur die erste Erinnerung an eine normal häßliche Stadt mit der Angst vor der Trennung verbunden.

Als ich das Tor von Saint-Béranger, dem Internat der Sodalität, durchschritt, wo ich nun künftig leben sollte, wurde ich ein anderer: Ich hieß nun Paul-Henri Ferland – ein Name von zweifelsfreier Herkunft, dem bei meiner Taufe außerdem noch Marie hinzugefügt wurde; alles sollte wohl besonders echt erscheinen, oder aber man wollte den Schutz der Jungfrau für mich erflehen, jener himmlischen Mutter, die sicher ist vor allen Stürmen und weniger verletzlich als die irdische Mutter, die in diesem Augenblick schon vom Strudel mitgerissen wurde.

Wenn ein Erwachsener konvertiert, so kann dies eine rein formale Angelegenheit sein, und dies kam während des Krieges häufig vor, oder aber es ist eine freiwillige Entscheidung, der eine geistig-seelische Entwicklung vorausgegangen ist; nichts verschwindet, aber alles wandelt sich: Die neue Identität läßt dann die frühere Existenz als eine Vorform oder Vorbereitung der neuen erscheinen. Die Abkehr von der Vergangenheit, die man von mir verlangte, war weder eine reine Formangelegenheit – denn mein Vater hatte nicht nur meiner Konversion zugestimmt, sondern sich auch bereit erklärt, mich katholisch zu erziehen, wenn das Leben wieder seinen normalen Lauf nehmen sollte – und schon gar nicht das Ergebnis einer geistig-seelischen Entwicklung. Meine ersten zehn Lebensjahre, die Erinnerungen an meine Kindheit mußten verschwinden, denn zwischen dem, was ich gewesen war, und dem, was ich werden sollte, war keine Synthese möglich.

Für die Direktorin von Saint-Béranger hatte mein Vater folgenden Brief veranlaßt: „Mit großer Freude habe ich von Madame M. de L. erfahren, daß Sie bereit sind, meinen einzigen Sohn bei sich aufzunehmen... und ihn im katholischen Glauben zu erziehen.

Voll Dankbarkeit gebe ich meine Einwilligung und die formelle Zustimmung zu seiner Taufe. Wir, meine Frau und ich, versprechen Ihnen, in Ihrem Sinne weiterzuwirken, sobald der Wille Gottes und die äußeren Umstände es uns erlauben, selbst wieder über seine Erziehung zu wachen."

Ich verstehe den Brief meines Vater: Hätte ich in jener Lage, angesichts jener Tragödie nicht dasselbe geschrieben, ebenfalls meine Zustimmung gegeben, dieselben Versprechungen gemacht? Ich habe nie erfahren, ob man diese Versprechungen ausdrücklich verlangt hatte; gut möglich. In diesem Punkt waren meine Eltern mit sich im reinen, denn von nun an gab es für sie nur noch ein Ziel, nur noch einen Imperativ: die Rettung ihres Kindes. Und angesichts so großer Verzweiflung sage ich mir: Es war ein Glück, nicht nur für mich, sondern für sie, daß keine religiöse Fessel sie hinderte, daß sie diesen Schritt taten, ohne von Zweifeln oder Schuldgefühlen geplagt zu werden. Doch was hätte ein religiöser Jude in einer so furchtbaren Zwangslage getan?

Saul Friedländer

Der Jungmännerkreis unter „besonderer" Leitung 75

Zum Text/ Problemfeldbeschreibung:	Als immer mehr Mitglieder eines evangelischen Bibelkreises einberufen werden, beschließen die Übriggebliebenen, den Kreis aufzulösen. Einer jedoch erhebt Widerspruch und erklärt sich bereit, die Leitung zu übernehmen. Dieser neue Leiter ist gleichzeitig einer der beiden Hitlerjugendführer der Stadt.
Stichworte:	Jungmännerkreis, Einberufung, Hitlerjugendführer, Bibeln, Bibelstunde
Vorlesezeit:	5 Minuten
Vorlesealter:	ab 14 Jahren

Nach der Einberufung des Diakons arbeitete der Jungmännerkreis allein weiter, immer gewärtig, daß eins nach dem anderen seiner Mitglieder ebenfalls zum Militärdienst eingezogen werden würde. Wie sie es gewohnt waren, trafen sich die jungen Leute wöchentlich einmal zu einer Bibelstunde oder sie ließen sich einen Vortrag halten. Auch ich wurde gelegentlich von ihnen herangezogen. Eines Abends nun wurde die Frage akut, ob es überhaupt noch Sinn hätte, den Kreis weiterbestehen zu lassen, nachdem wieder zwei Teilnehmer ihre Einberufung erhalten hatten. Nach einigem Hin und Her wurde beschlossen, den Kreis aufzulösen. Aber da meldete sich plötzlich ein kleiner blonder Mensch, der noch nicht lange dazugehörte, und sagte, das ginge nun wirklich nicht an. Er sei zwar erst einige Male dabeigewesen, aber was er hier gehört hätte, das würde er nicht wieder aufgeben. Es sei doch das einzige Vernünftige, was man jungen Leuten heute noch sagen könne. Und wenn man ihm das zutraue, würde er selber gern die weitere Leitung des Kreises übernehmen. Auf dem Heimweg begleitete er mich noch ein Stück, und ich fragte ihn, was er denn sonst für eine Tätigkeit hätte. Er sei einer der beiden Hitlerjugendführer unserer Stadt, war die Antwort. Ich blieb stehen und vor innerer Bewegung traten mir fast Tränen in die Augen. Stämmig, bescheiden und gänzlich unbefangen stand er vor mir und sah mich erwartungsvoll an. Ob ich wohl glaubte, daß er in der Lage wäre, auch mit seinen Hitlerjungen die Bibel zu lesen, fragte er. Er würde es gern tun, nur müßte man ihm dann dabei helfen, ihm Bibeln besorgen und ihn beraten. Ich versprach es ihm, obgleich ich nicht die geringste Vorstellung davon hatte, was für Konsequenzen dieses kühne Vorhaben in seinem Dienstbereich nach sich ziehen würde. Etwa eine Woche später erschien er bei mir und berichtete, es wären dreißig Jungen zu ihm zur Bibelstunde gekommen und er brauchte Bücher. Nach einer weiteren Woche war die Zahl schon auf neunzig angewachsen, und dann erschienen jedesmal mehr als hundert Jungen. Da er die Stunde im Anschluß an den Schulunterricht angesetzt hatte, liefen viele schon zehn Minuten früher aus der Schule fort, um bei ihm noch einen Platz zu bekommen. Er wußte nicht, wo er sie alle lassen sollte. Der allmählich näherrückenden russischen Front wegen hat diese Episode nur noch kurze Zeit gedauert. Aber es muß ein großer Segen von diesen Stunden ausgegangen sein. Max Kuhlweit, jener junge Mensch, ist heute im diakonischen Dienst tätig, während Heinz Millert später Theologie studierte und heute ein Pfarramt hat.

In der Nacht vom 25. und 26. Juli warfen russische Flugzeuge Bomben in unsere Stadt und zerstörten eine Reihe von Gebäuden. Auch unsere Kirche kam dabei zu Schaden. Die Türen und Fenster wurden herausgerissen, das Gestühl durcheinandergeworfen. In Erwartung weiterer Angriffe beschlossen wir, uns jeden Abend, solange es noch ginge, um 20 Uhr in der Kirche zu treffen und eine Andacht zu halten. Die Kirche blieb von weiteren Zerstörungen verschont, und so konnten bis tief in den Herbst hinein, als die Evakuierung der Stadt schon weit fortgeschritten war, allabendlich hundert und mehr Menschen dort zusammenkommen und sich Trost holen. Es wurde gesungen und gebetet und abwechselnd hielt einer von uns eine kurze Ansprache. Nichts als eine kleine Kerze auf dem Lesepult vor dem Altarraum erleuchtete die Finsternis.

Hans Graf von Lehndorff

76 Christenlehre

Zum Text/ Problemfeldbeschreibung:	Als an einem Gymnasium der gesamte Religionsunterricht mit der Begründung der Überlastung der Lehrer abgeschafft wird, lädt ein Lehrer die Schüler schriftlich ein, an der sogenannten Christenlehre der Bekennenden Kirche teilzunehmen. Er bekommt Ärger.
Stichworte:	Religionsunterricht, Lehrer, Christenlehre, Disziplinarverfahren, Verhör
Vorlesezeit:	6 Minuten
Vorlesealter:	ab 13 Jahren

Am Gymnasium und an der Oberschule wurde der gesamte Religionsunterricht abgeschafft mit der Begründung, die Lehrer seien überlastet. Pfalzgraf, von dem fünf Söhne das Gymnasium besuchten, reagierte damit, daß er ein Schreiben an die Eltern sämtlicher Schüler aufsetzte und sie einlud, ihre Kinder zu einem von der Bekennenden Gemeinde eingerichteten Unterricht mit der Bezeichnung „Christenlehre" anzumelden. Unter das Einladungsschreiben setzten auch einige aus unserem Kreis ihre Unterschrift.

Viele Eltern schickten auf dieses Schreiben hin eine Zusage. Gleichzeitig aber begab sich der Direktor des Gymnasiums nach Königsberg, um sich von seiner vorgesetzten Behörde Rat zu holen, wie er sich in dieser überraschenden Situation verhalten solle. Nach seiner Rückkehr forderte er Pfalzgraf auf, das Einladungsschreiben an die Eltern zu widerrufen. Dieser fragte zurück, ob ihm der diesbezügliche Beschluß der Schulbehörde vorgelegt werden könne. Daraufhin betonte der Direktor, die mündliche Aufforderung der Behörde habe genau die gleiche Gültigkeit wie eine schriftliche. Pfalzgraf erbat sich Bedenkzeit und erklärte dann, nach einer Beratung mit dem vom Männerkreis gebildeten Bruderrat, daß er nicht bereit sei, das Schreiben zu widerrufen.

Nun wurde ihm in aller Form vom Direktor mitgeteilt, daß er in diesem Fall mit der sofortigen Einleitung eines Disziplinarverfahrens zu rechnen habe. Am folgenden Tag wurde ihm außerdem noch ein Erlaß des Ministers vorgelegt, durch den allen im Dienst des Staates stehenden Lehrpersonen verboten wurde, sich an dem kirchlichen Ersatzunterricht zu beteiligen. Am 25. 11. legte Pfalzgraf in seinem Schreiben an den Minister sowie an den Oberpräsidenten in Königsberg, Abteilung für höheres Schulwesen, ausführlich dar, warum es ihm, von der Heiligen Schrift her gesehen, unmöglich sei, in diesem Fall einer Weisung seiner vorgesetzten Behörde Folge zu leisten. Bald darauf wurde er zu einer mündlichen Vernehmung nach Königsberg vorgeladen. Diese fand am 21. Dezember statt. Es wurde ihm dabei nahegelegt, wegen Verletzung seines Diensteides von sich aus seine Dienstentlassung zu beantragen. Darauf antwortete er, er habe sich einer solchen Verletzung seines Wissens niemals schuldig gemacht, denn von führenden Männern des Staates und der Partei sei wiederholt betont worden, daß im Dritten Reich die Glaubensfreiheit unbedingte Geltung habe. Als ein wohlmeinender Schulrat ihn auf das 13. Kapitel des Römerbriefes hinwies, in dem es heißt, man müsse sich der machthabenden Obrigkeit fügen, antwortete er ihm mit dem ebenso bekannten Wort des Petrus aus der Apostelgeschichte, man müsse Gott mehr gehorchen als den Menschen. Nach stundenlangem Hin und Her entließ man ihn kopfschüttelnd mit der Ankündigung weiterer Konsequenzen.

Pfalzgrafs Verhalten war natürlich sehr herausfordernd und mancher wird heute – genau wie es damals geschah – fragen, ob denn eine solche Radikalität wirklich notwendig gewesen sei. Sicher kann man darüber geteilter Meinung sein. Ebenso sicher aber ist auch, daß ein Mensch, der sich vor Gott verantwortlich wußte, in jener Zeit nur dadurch wirklich zu Worte kommen konnte, daß er mit seiner ganzen Existenz in die Bresche sprang.

Am Abend des folgenden Tages, also zwei Tage vor Weihnachten, hielt er uns im Versammlungsraum des Gebetsvereins eine uns allen unvergeßlich gebliebene Adventsandacht, noch ganz unter dem Eindruck der Vernehmung stehend. Im Mittelpunkt seiner Ansprache stand das Wort des 4. Adventssonntags aus dem Philipperbrief: „Freuet euch in dem Herrn allewege und abermals sage ich: freuet euch! Eure Lindigkeit lasset kundsein allen Menschen. Der Herr ist nahe. Sorget nicht, sondern laßt eure Bitten im Gebet und Flehen mit Danksagung vor Gott kundwerden." Noch nie hatte ich eine so von innen kommende, geradezu ansteckende Freude über das Kommen Gottes in die Welt erlebt. Es waren diesmal nicht nur die Männer zusammengekommen, sondern nach langer Zeit zum erstenmal wieder die Frauen, die der Bekennenden Gemeinde angehörten. In dem kleinen, bis auf den letzten Stehplatz besetzten Raum fühlten wir uns zurückversetzt in Zeiten, in denen die Christen in den Katakomben zusammenkamen.

Hans Graf von Lehndorff

77 Schwere Zeiten

Zum Text/ Problemfeldbeschreibung: Aufgrund einiger „kleinerer Vergehen" gerät der katholische Pfarrer einer kleinen Gemeinde ins Blickfeld der Gestapo.

Stichworte: Bespitzelung, Mißtrauen, Gestapo, Glocken, KZ, Hitlergruß

Vorlesezeit: 8 Minuten

Vorlesealter: ab 15 Jahren

Der Krieg konnte die Nazis nicht daran hindern, auch in der Heimat, bis in die kleinsten Orte hinein, die Geistlichen und Leute, die als staatsfeindlich verdächtig waren, zu bedrängen und zu verfolgen.

Auch der Pfarrer lebte in einem kleinen KZ. Ihm wurde das Telefon genommen, doch die Wehrmacht gab ihm die Gelegenheit, auf ihrem Büro sich mit seinem kranken Vater zu verständigen. Alles Tun und Lassen wurde streng bewacht. Glauben und Vertrauen untereinander waren gewichen, nur noch die Macht und Lüge feierten Triumphe. Das Mysterium iniquitatis! Vieles ging in die Brüche. Nachbarschaften, Freundschaften und Bekanntschaften mißtrauten einander. Auch die Schule wurde zu einem Ort, an die die Kinder im Ungeist von nazistischen Lehrern erzogen wurden. Eltern lebten in ständiger Sorge, von ihren eigenen Kindern verraten und denunziert zu werden. Auf Äußerungen der Kinder in der Schule reagierten manche Nazi-Lehrer hundertprozentig und handelten danach. Erst recht die Kirche war den Nazis ein Dorn im Auge. Die Geistlichen wurden bespitzelt, angezeigt, verhört, eingesperrt, in Schutzhaft genommen oder bekamen Schulverbot. Das Verlesen von Hirtenschreiben wurde mit besonderer Aufmerksamkeit von der Gestapo in den Kirchen beaufsichtigt. Sobald der Priester dazu Bemerkungen persönlicher Art machte, konnte das ein letzter Grund sein, ihn zu verhaften und bei größeren Verstößen nach Dachau ins KZ zu bringen. Das religiöse Leben konnte sich nach dem Verbot aller Vereine im Jahre 1938 nur noch in der Kirche und der Sakristei entfalten. Die katholische Zeitung wurde verboten und das katholische Schrifttum weiterhin unter Kontrolle genommen. Jeder Tag brachte andere Verordnungen, Verbote, Aufregungen und Enttäuschungen, Sorgen und Ängste. Während und gegen Ende des Krieges verschärfte sich die Lage immer mehr. Waren wir in Inzlingen weithin von kriegerischen Einflüssen verschont geblieben – es wurde nichts zerstört –, so haben wir die örtliche Nazi-Herrschaft zu spüren bekommen mit allen Schikanen; namentlich die Kirchentreuen und Kirchenbesucher wurden bei kirchlichen Anlässen wie z. B. der Fronleichnamsprozession registriert und darum schikanös behandelt. Für den Ortspfarrer waren die Konflikte in der Schule nicht zu vermeiden, in die er durch sein Amt als Religionslehrer gekommen war. Der nicht ausgeführte „Hitler-Gruß", den er vorschriftsmäßig vor jedem Unterricht zu geben hatte, konnte einem Lehrer Anlaß zur Anzeige sein.

„Und sie gaben genau auf ihn acht."

So drohte dem Pfarrer in der Schule das Schulverbot, einfach deswegen, weil er die damalige Ausgabe der biblischen Geschichte bei den Kindern benützen ließ, in der stand: „Das Heil kommt von den Juden." Dafür wurde die Anwesenheit des Kreisleiters aus Lörrach während des Religionsunterrichtes aufgeboten. Die biblischen Geschichten wurden alle vom Lehrer eingesammelt und nach seiner Wohnung gebracht. Dort blieben sie bis zum Kriegsende. Serafin Reinle, ein echter Alemanne und ein Original mit gesundem Menschenverstand und treffsicherem Urteil, der nicht viel sprach, aber von Politik mehr verstand als mancher gescheite Universitätsprofessor auf dem Lehrstuhl in diesen Fragen, ahnte instinktiv, daß der Krieg verlorengeht. Dieser mutige Mann erinnerte sich des Einzugs der biblischen Geschichtsbücher durch den Lehrer der Inzlinger Schule. Er hat sich gleich nach der Besetzung von Inzlingen durch die französischen Soldaten in die Lehrerwohnung begeben und die sofortige Herausgabe der biblischen Geschichtsbücher durch den Lehrer selbst verlangt, was am selben Tag geschehen ist. Der Lehrer brachte die Bücher unter dem Arm dem Pfarrer ins Pfarrhaus zurück. In der Schule war der Unterricht, vom Lehrer gegeben, Nebensache geworden. Jeden Morgen nach dem „Hitler-Gruß" wurde der Wehrmachtsbericht der neuesten Zeitungsausgabe gelesen, die die Kinder von ihrem Elternhaus mitbringen mußten. Auch diese Verordnung der Schule brachte dem Pfarrer den Unmut des Ortsgruppenleiters ein, da er sich weigerte, seine eigene Zeitung den im Pfarrhaus weilenden zwei ausgebombten Kindern aus Kassel, deren Vater im Krieg und die Mutter mit noch drei Kindern bei fremden Leuten notdürftig untergebracht waren, mitzugeben. Auf dieses Vergehen der Verweigerung, die Zeitung den Kindern in die Schule mitzugeben, wurde der Pfarrer am 6. Mai 1944 mit noch zwei Männern aus Inzlingen, alle getrennt voneinander, auf die Gestapo zur Verantwortung nach Lörrach bestellt. Dazu kam die Anklage, daß er sich dem Dritten Reich gegenüber im Laufe der vergangenen Jahre in Inzlingen schuldig gemacht habe. Mit welchen Gefühlen der Verfasser den Weg über die „Eiserne Hand" nach Lörrach zur Gestapo im Aichele-Park nahm, konnte er niemandem sagen. Er mußte sogar damit rechnen, nach dem Verhör nach Dachau gebracht zu werden. Sein Schicksal legte er in die Hände dessen, der alles zum Besten lenkt und für dessen Wahrheit er Zeugnis ablegen wollte. Nur einem dem Pfarrer wohlwollenden Beamten der Gestapo verdankte er, daß er den Weg und die Freiheit nach Hause gehen konnte.

Zur gleichen Zeit sind zum zweitenmal in diesem Jahrhundert die Glocken vom Turm abgeseilt und für den Krieg geopfert worden. Das war ein trauriger Abschied, bei dem manches Auge feucht geworden ist, das den Glocken nachschaute, die unser Leben in guten wie in bösen Tagen begleitet haben. Von dieser Stunde an war den Einsichtigen klar, genau wie im Ersten Weltkrieg: Das Schicksal des Krieges konnte mit der Wegnahme der Glocken kein gutes Ende nehmen. Er mußte verlorengehen. Nun läutete nur noch die einzige kleine Glocke, die „Schutzengelglocke", die uns in den schweren Monaten und Tagen bis zum Kriegsende verblieb. Wie ein Kind, das seine Mutter verloren hatte, weinte sie bei jeder Trauernachricht eines ihrer gefallenen Väter und Söhne, die die Angehörigen der Heimat traf, während der Pfarrer in einem Gedächtnisgottesdienst am darauffolgenden Sonntag mit der betenden Gemeinde in der Pfarrkirche den Trauergottesdienst abhielt. Etwa zur gleichen Zeit verschwand auch das aus Bronze gegossene Kriegerdenkmal – ein sterbender Soldat mit dem Todesengel – bei Nacht und Nebel. Und kein Mensch wußte, wie und wann das geschehen war. Auch das sollte zum Sieg verhelfen.

Hermann Stiefvater

Ich werde Theologie studieren 78

Zum Text/ Problemfeldbeschreibung:	Aus Protest gegen das Dritte Reich schreibt Maria vor dem Abitur als Beruftswunsch „Studium der Evangelischen Theologie" auf einen Fragebogen. Gespannt wartet sie, was geschieht. Nach dem Abitur bewirbt sie sich als Aushilfslehrerin und darf unterrichten.
Stichworte:	Arbeitsdienst, Bibel, Führer, Gewissen, Theologiestudium, Verpflichtung
Vorlesezeit:	4 Minuten
Vorlesealter:	ab 11 Jahren

Mit Beginn des Krieges wurden alle evangelischen Jugendfreizeiten verboten. Es begann die Zeit der „Paula's". Zu sechst oder acht wurden wir für eine Woche in ein Pfarrhaus eingeladen. Wir lasen intensiv und ernsthaft in der Bibel und hatten natürlich auch Spaß miteinander – schon deshalb, weil wir ja nicht entdeckt werden durften. Im „Ernstfall" waren wir alle miteinander verwandt.

Der Mann unserer Pfarrfrau war im Krieg, sie selbst war Theologin. Am dritten Tag fragte sie mich, ob ich noch nie dran gedacht hätte, Theologie zu studieren. Ich traute mir das nicht zu. Aber der Anstoß war gegeben. Mein Entschluß fiel freilich erst kurz vor dem Abitur. Wir mußten einen Fragebogen ausfüllen, auf dem unter anderem die Frage nach unseren Berufswünschen stand. Ich schrieb: Studium der Evangelischen Theologie. Auf die Reaktion war ich gespannt. Aber es geschah nichts – nur den Scheffelpreis für beste Leistungen in Deutsch bekam ich nicht, doch das ließ sich verschmerzen.

Ich vermag nicht zu sagen, was mich letztlich bewog, Theologin zu werden. Es waren wohl verschiedene Motive. Im Vordergrund stand für mich der Protest gegen das Dritte Reich, und daß ich aus einer Familie stamme, in der der Beruf des Pfarrers schon eine lange Tradition hat, war sicher ebenso entscheidend. Vor Antritt des Studiums sollte ich meinen „Arbeitsdienst" ableisten. Ich wurde aus körperlichen Gründen abgelehnt. An Stelle des Arbeitsdienstes mußte ich einen „Ersatzdienst" leisten. Ich war naiv genug, zu glauben, den könnte ich mir selbst aussuchen. Ich bewarb mich beim Schulrat von Esslingen als „Laienlehrkraft". Vier Tage nach meinem Abitur war mein Vater nach Esslingen versetzt worden. Ich war noch nicht 18 Jahre alt. Aber es fehlte 1943 überall an Lehrern. So wurde ich nach einigen Wochen, in denen ich bei einem erfahrenen Lehrer hospitierte und zwei Lehrproben abhielt, mit 36 Wochenstunden betraut. Der Schulrat bat mich zu sich zur „Verpflichtung", wie er sagte. Diese bestand aus einem Eid auf den „Führer". Ich hätte ihn verweigern müssen, wenn ich ehrlich gewesen wäre. Ich habe ihn geleistet und mir vorbehalten, ihn nur so weit zu halten, wie es mein Gewissen zuließ. Ich schäme mich dessen und möchte jedem jungen Menschen raten, sich genau zu informieren, ehe er eine Verpflichtung eingeht, die seine ganze Person betrifft.

Maria Hermann

79 Im Zuchthaus

Zum Text/ Problemfeldbeschreibung:	Eine junge Beamtin wird von der Justizbehörde beauftragt, einen Pfarrer bei seinen Gesprächen mit politischen Gefangenen aus Norwegen zu überwachen. Tatsächlich aber nutzt sie ihre Arbeit, um sich für die Gefangenen einzusetzen.
Stichworte:	politische Gefangene, Norwegen, Seelsorge, Pfarrer, Zensur, Bibel, Nächstenliebe, Hilfe
Vorlesezeit:	15 Minuten
Vorlesealter:	ab 14 Jahren

Ich bekam einen Anruf vom Direktor des Zuchthauses Fuhlsbüttel. „Der Staatsanwalt hat noch einen Auftrag für Sie", sagte er. „Die Justizbehörde hat den politischen Gefangenen dieselben Rechte zugestanden wie den Kriminellen. Sie dürfen von jetzt ab alle vier Monate Besuch empfangen. Wir möchten, daß sie die Überwachung übernehmen."

Mir stockte der Atem vor Freude. Der Gedanke daran, daß ich dann noch weniger Zeit für mein Medizinstudium haben würde, kam mir gar nicht. Endlich würde ich die Gefangenen sehen – meine Freunde, wie ich sie insgeheim nannte. Trotzdem verlieh ich meiner Stimme etwas Mißbilligendes, als ich sagte: „Wer soll hier in Deutschland schon einen norwegischen Gefangenen besuchen?"

„Der norwegische Seemannspfarrer hat Besuchserlaubnis beantragt", entgegnete der Zuchthausdirektor. „Er vertritt hier in Hamburg die Belange der norwegischen Seemannsmission. Seine Kirche ist irgendwo unten am Hafen."

Allerdings, beeilte er sich hinzuzufügen, werde man dem Pfarrer nicht erlauben, in seiner Eigenschaft als Geistlicher zu kommen. Er bekomme die Besuchserlaubnis nur als Vertreter der Angehörigen in Norwegen.

„Sie werden für alles verantwortlich sein, was während dieser Besuche gesprochen und getan wird", sagte der Direktor und fing an, mir die Hausordnung des Fuhlsbütteler Zuchthauses auseinanderzusetzen.

Wir begannen am nächsten Tag. Es war der erste warme Maitag; unser Rotdorn stand unmittelbar vorm Aufblühen. Als ich mich mit dem norwegischen Pfarrer vor dem eisernen Tor des Zuchthauses traf, war er ebenso kühl wie beim ersten Mal. Wortlos reichte er mir eine Liste jener Gefangenen, die er zu sehen wünschte. Die zwanzig Namen darauf mußte er durch ihre Familien in Norwegen bekommen haben.

Zwei davon waren mir vertraut. Ich erinnerte mich an Björn Simoness und an seine Handschrift, so unausgeschrieben noch in ihrer Jugendlichkeit und dabei doch schon so vielversprechend schön. Auch die Worte „Dein glücklicher und freier Frederik" hatten sich mir eingeprägt.

Ich konnte nicht widerstehen, wies auf ihre Namen und fragte Pastor Svendsen: „Kennen Sie sie?"

„Kennen *Sie* sie?" kam es kalt zurück.

Ich verstummte und dachte bei mir, „vielleicht kenne ich sie besser als du". Während wir darauf warteten, daß uns geöffnet wurde, glitt mein Blick an der Mauer entlang; ich war schon früher an diesem Zuchthaus vorbeigekommen, aber in diesem Augenblick wirkte sie höher denn je.

Ein älterer Wachtmeister ließ uns ein. Er schien nicht recht zu wissen, was er von mir zu halten hatte, studierte meinen grünen Ausweis lange und schüttelte dann den Kopf: „Sie sind die erste Beamtin, die wir hier jemals gehabt haben – und fast noch ein junges Mädchen..." Dann fügte er fast väterlich hinzu: „Ja, haben Sie denn keine Angst...?"

Ich hatte Angst.

Er führte uns durch drei verschiedene Höfe, durch schmale, hohe Gänge, die am Anfang und am Ende mit Eisengittern gesichert waren. Für jede Tür gab es einen besonderen Schlüssel, und jedesmal, wenn der Schlüssel sich wieder im Schloß drehte, schien die Hoffnung in noch weitere Ferne gerückt. Hinter der dritten Tür lag der Eingang zum „Stern" – einer Wachzentrale mit Scheinwerfern nach allen Seiten. Gänge und Brücken, die sternförmig in alle Richtungen liefen, waren von hier aus mit einem Blick zu übersehen. Schmale, eiserne Treppen verbanden Stockwerk mit Stockwerk, oft vier bis sechs übereinander. In diesem Gewirr von Gittern und Mauern vergaß ich fast, daß mir noch freistand, zu kommen und zu gehen.

Das kleine Besuchszimmer lag am Ende eines langen Korridors und war nur mit einem Tisch und zwei Bänken ausgestattet. Der Wachtmeister nahm die Liste und zählte die Namen.

„Zwanzig Stück", sagte er.

Wir warteten. Es herrschte Grabesstille. Kein Laut von außen drang herein, als gäbe es jenseits dieser Mauern kein Leben mehr. Ich fror in meinem Sommerkleid. Wo waren das Licht und die Wärme des Maitages geblieben? Durch das vergitterte Fenster sah ich nur ein winziges Stück blauen Himmels und eine Mauer, unterbrochen von anderen vergitterten Fenstern, kleinen schwarzen Löchern ohne Leben.

Ich stellte mich auf die Zehenspitzen und versuchte hinauszusehen. Unten im Hof war Bewegung: Gefangene in dunklen, gelb gestreiften Anzügen gingen im Kreis, und es dauerte fast eine Ewigkeit, bis sie den Kreis einmal abgeschritten hatten. Ihr Gang hatte etwas seltsam Mechanisches, als wären ihre Schritte von irgendeiner Zentrale aus gelenkt. Die Köpfe waren gesenkt; niemals blickten sie auf, und dennoch hielten alle den gleichen Abstand.

Ein Wachtmeister saß dabei. Das Gewehr hing ihm von der Schulter. Er reckte sich und gähnte.

Aber noch etwas fiel mir auf. In einer Ecke des Hofes stand eine Kastanie. Obwohl ihre Zweige knorrig und durch die Mauer in ihrem Wuchs behindert waren, stand sie in Blüte, und ihre Dolden glichen Kerzen, aufrecht, strahlend wie ein Beweis des Lebens.

Als ich mich wieder dem Raum zuwandte, sah ich die Schilder an der Wand: „Das Zustecken von Lebensmitteln oder Rauchwaren ist strengstens untersagt". – „Körperliche Berührung mit den Strafgefangenen hat nicht stattzufinden". – „Jede Übertretung der Vorschriften hat sofortigen Abbruch des Besuches und evtl. Bestrafung zur Folge." Verfügungen, Verfügungen! Und das übliche Bild des Führers. Mir war, als starrten seine Knopfaugen mich unablässig an.

„Haben Sie Ihre Bibel mitgebracht?" fragte ich Pastor Svendsen.

Noch ehe er antworten konnte, hörten wir draußen auf dem Korridor Bewegung. Die Tür wurde aufgestoßen.

„Ich habe sie Ihnen auf den Flur gestellt", rief der Wachtmeister. „Machen Sie mit ihnen, was Sie wollen."

Damit ging er.

Kaum war der Klang seiner Stiefel verhallt, trat ich hinaus. Da standen sie – zehn Männer auf jeder Seite, zwei Schritt auseinander, mit dem Gesicht zur Wand gerichtet. Durch ihre zerschlissenen Uniformen sah man jeden Knochen. Ihre Beine und Füße waren geschwollen.

Plötzlich sah ich mich wieder als Kind an der Hand meiner Mutter am Bahnhof stehen, damals, am Ende des Ersten Weltkrieges; ich sah mich auf den langen Zug von Soldaten starren – oder waren es Kriegsgefangene gewesen? Ich entsann mich ihrer mit Lappen umwickelten Füße, des langsam schleppenden Gangs und der klappernden Holzpantinen...

Wir ließen die Gefangenen jeweils zu zweit hereintreten. Wir waren ohne Wache, und dennoch war eine zuviel da. Pastor Svendsen sprach norwegisch mit ihnen, doch ein Blick zu mir herüber genügte, und ihre Gesichter verschlossen sich. Jedes Wort wurde abgewogen, lange Pausen des Schweigens unterbrachen das Gespräch.

Ich saß Björn Simoness gegenüber und las in seinen Augen, was er dachte: „Wie kann sich eine Frau nur zu solcher Spitzelarbeit hergeben?"

Wie ich erfuhr, war er von der Oberschule weg verhaftet worden.

Er war noch sehr jung, wie ich es beim Lesen seiner Briefe vermutet hatte; doch in seinem Gesicht stand eine fiebrige Röte, und ich bemerkte seinen trockenen Husten.

„Wie geht es dir, Björn?" wollte der Pfarrer wissen.

„Ich bin in Einzelhaft." Nur stockend kamen die Worte. „Und zwar schon ziemlich lange."

Dann sahen wir Frederik Ramm. Sein Alter war schwer zu bestimmen; ich schätzte ihn auf ungefähr sechzig. Er war nicht nur Herausgeber einer Zeitung in Norwegen, er hatte auch an einer Nordpolexpedition teilgenommen und mehrere Bücher geschrieben; er war vor allem wegen seiner Bemühungen bekannt, die Verständigung zwischen den Völkern zu fördern.

Dies alles erfuhr ich viel später, aber schon bei diesem ersten Treffen spürte ich etwas in ihm, das ihn von allen anderen unterschied, etwas, das sich nur schwer in Worte fassen ließ: eine große innere Kraft und Güte, ein weit vorausschauender Geist und dabei eine zeitlose Unschuld, die zu der Trostlosigkeit seiner Umgebung im seltsamen Widerspruch stand.

Er schüttelte dem Pfarrer die Hand. Nach einigen Worten mit ihm wandte er sich mir zu, sah mich an, als wollte er eine Frage stellen; dann aber lächelte er, als wüßte er die Antwort schon, und reichte mir die Hand.

Wir sprachen über den Krieg, über Norwegen und über die langen Jahre seiner Einzelhaft.

„Jeder Tag muß voll und ganz gelebt werden, auch wenn seine Grenzen eng sind", sagte er.

Ich dachte plötzlich an meinen Vater. Und dann geschah noch etwas.

„Lassen Sie uns beten", sagte Frederik und faltete die Hände.

Es kam so unerwartet, daß ich fast erschrak. Noch nie zuvor hatte ich in Gegenwart anderer gebetet. Doch ich faltete die Hände, noch bevor ein Gefühl der Peinlichkeit in mir aufkommen konnte, und dachte nicht einmal daran, daß ich damit zum ersten Mal eine Zuchthausregel übertreten hatte.

Frederik betete mit seinen eigenen Worten. „Beschütze sie bei ihrer Arbeit", sagte er. „Sie hat sie für uns auf sich genommen."

Es war ein unvergeßlicher Augenblick. Die Düsternis in mir und um mich wurde licht. Ein Gefangener hatte mir Vertrauen geschenkt und betete für mich. Warum? Ich wußte es nicht. Das Herz hat seine eigenen Gründe, und es bedurfte nur eines einzigen Menschen, um eine Mauer niederzureißen.

„Ich glaube, ich habe meine Bibel bei mir", sagte Pastor Svendsen, bevor ich den nächsten Gefangenen hereinrief.

„Das habe ich mir schon die ganze Zeit gedacht", sagte ich.

Unsere Arbeit hatte begonnen.

H. Zasselhaus

80 Besuch im Arbeitslager

Zum Text/ Problemfeldbeschreibung:	Eine junge Beamtin wird von der Justizbehörde beauftragt, einen Pfarrer bei seinen Gesprächen mit politischen Gefangenen aus Norwegen zu überwachen. Tatsächlich aber nutzt sie ihre Arbeit, um sich für die Häftlinge einzusetzen.
Stichworte:	politische Gefangene, Norwegen, Seelsorge, Pfarrer, Zensur, Nächstenliebe, Hilfe, Arbeitslager, Hoffnungslosigkeit, Psalm 23
Vorlesezeit:	7 Minuten
Vorlesealter:	ab 14 Jahren

Nur wenige Tage später besuchten wir einen norwegischen Gefangenen in einem der Außenkommandos des Hamburger Zuchthauses, einem Lager, in dem Torf gestochen wurde. Es lag weit draußen auf dem Lande, und wir fanden es nur mit Hilfe umständlicher Wegbeschreibungen.

An der Stelle, an der wir aus dem Zug stiegen, war kein Bahnhof. Nur ein Schild stand neben den Geleisen, ein Wegweiser mit dem Namen des Lagers. Mir fiel ein, daß ich von diesem Ort schon einmal gehört hatte.

Erst ging es eine holprige Landstraße entlang, dann querfeldein. Die Wolken hingen tief über dem flachen, braunen Land, vor und hinter uns war nichts als der Staub, den unsere Schritte aufwirbelten. Vor einem Gittertor endete der Weg.

Die Baracken hinter dem Stacheldraht wirkten wie zufällige graue Flecken in der Unendlichkeit des Torfmoors, in der nur das Summen der Fliegen Leben verriet. Hier und da zwängte sich eine Glockenblume unter dem Draht hervor.

Als ich klingelte, erhob sich jenseits des Stacheldrahts ein ohrenbetäubendes Gebell. Ein ganzes Rudel Schäferhunde stürzte sich auf das Tor.

„Soll ich sie loslassen?" sagte der Wachtmeister, der uns öffnete, und man wußte kaum, ob es scherzhaft gemeint war. Ich hielt ihm meinen grünen Ausweis entgegen, und er stand stramm.

Er brachte uns zum Kommandanten. Unsere Schritte hallten hohl auf dem rohen Holzboden. Die Baracke war leer; die Gefangenen waren im Moor. Sie stachen Torf – sieben Tage die Woche.

„Besuch?" wiederholte der Kommandant, als habe er nicht recht verstanden. „Hier gibt's kein Besuchszimmer. Solange hier nur Deutsche saßen, ist kein Mensch auf die Idee gekommen, sie zu besuchen."

Jetzt hatten sie politische Gefangene aus dreizehn verschiedenen Nationen.

„Ich verstehe zwar ihre Sprache nicht, aber alle verstehen mich", sagte der Kommandant und schwang einen mit Gummi bezogenen Schlagstock.

Da fiel es mir plötzlich ein. Der Mann von Frau Groth war hier gewesen. Eines Tages hatte sie mir gesagt: „Es war eins von den Lagern, in denen man entweder überlebt oder umkommt."

Ihr Mann war umgekommen.

Ein Wachtmeister führte uns zur Torfgrube. Wir warteten, während er an den Rand der Grube trat und in das Schweigen hinein einen Namen brüllte.

Obgleich Hunderte von Männern in der Grube arbeiteten, sahen wir keinen, und als der Aufgerufene endlich zum Vorschein kam, schien es inmitten der unendlichen Weite des Moores, als stiege er aus seinem Grab. Er schleppte sich auf uns zu, angetrieben von den Kommandos des Wachtmeisters. Wir begrüßten ihn in norwegischer Sprache, aber er antwortete nicht. Ich blickte auf seine Hände. Sie waren eine zerschundene Fleischmasse, blutig und aufgerissen.

„Ich habe einen Brief für Sie – von Ihrer Frau", sagte Pastor Svendsen und begann ihn vorzulesen. Es war, als ob der Gefangene die Worte nicht aufnahm. In seinen Zügen regte sich nichts. Mit den Händen fuhr er in die Taschen, als suche er etwas und könnte es doch nicht finden. Dann zog er es hervor – einen Trauring.

„Er paßt nicht mehr", sagte er.

Die Fliegen summten, und aus der Ferne drang das Heulen der Hunde herüber. Die Zeit verstrich – bald würden wir gehen müssen.

Wie konnten wir diesen Todesbann sprengen, und wäre es auch nur für einen Augenblick?

Ich dachte an Frau Groth und fühlte meine Ohnmacht. Aus dem Moor kamen die Rufe des Wachtmeisters. Er wandte uns den Rücken zu, das Gewehr über der Schulter; ich ließ ihn nicht aus den Augen, während ich meine Handtasche öffnete und mit fliegenden Händen das Silberpapier von der Schokolade riß. Es war die Schokolade, die Frau Groth mir gegeben hatte, und jetzt schob' ich sie langsam und vorsichtig dem Gefangenen in die Hand. Ein süßer Geschmack im Mund, ein freundlicher Augenblick – das war schnell vorbei und würde am Ablauf des Geschehens nichts ändern. Vielleicht würde es auch diesem Mann ergehen wie dem Mann von Frau Groth. Was wußten wir von dem, was uns bevorstand? Der Tod stand uns nah in jenen Tagen. Und doch – Frau Groth war tot – in diesem Augenblick aber lebte sie in uns weiter.

Der Pastor schlug seine Bibel auf. „Der Herr ist mein Hirte...", las er.

Zwar kannte ich den Psalm von klein auf, doch jetzt verstand ich zum erstenmal seinen Sinn. Ich folgte jedem Wort und bemerkte nicht einmal, daß der Wachtmeister zu uns herübersah.

H. Zasselhaus

81 Den müssen die Ratten fressen

Zum Text/ Problemfeldbeschreibung:	Kurt Gerstein, Mitglied der Bekennenden Kirche, hatte sich 1941 freiwillig zur SS gemeldet, um von innen heraus das verbrecherische NS-Regime zu bekämpfen. In der SS machte er wegen seiner chemischen Fachkenntnisse rasch Karriere. Sein Freund Helmut Franz erzählt über Kurt Gerstein und seine Einstellung zum NS-Staat. Er berichtet über eine Begegnung mit Gerstein im Frühjahr 1942.
Stichworte:	Vernichtungslager, SS, 20. Juli 1944, Mitwisserschaft
Vorlesezeit:	7 Minuten
Vorlesealter:	ab 16 Jahren

Inzwischen war das Schreckliche passiert. Er war in seiner Eigenschaft als medizinisch-technischer Fachmann beauftragt worden, 100 kg Blausäure zu besorgen und mit dieser in einem LKW an einen Ort zu fahren, der nur dem Fahrer des Wagens bekannt war. Die Fahrt führte ihn nach Polen in die gerade anlaufenden Vernichtungslager, wo er Augenzeuge der schrecklichsten Vernichtungsaktion der Weltgeschichte wurde. Zum Zeitpunkt meines Besuches lag dieses Erlebnis gerade mehrere Wochen hinter ihm. Er berichtete mir alles mit allen Einzelheiten, die er auch später in seinem schriftlichen Bericht festgehalten hat und die ich hier nicht eigens zu wiederholen brauche. Er war natürlich durch und durch aufgewühlt. Und doch war sein seelischer Zustand jetzt ein ganz anderer als noch wenige Monate zuvor. An die Stelle des pessimistisch-verzweifelten und im Gefühl lähmender Ungewißheit planlos umherirrenden Menschen war jetzt ein Mann getreten, der bei aller Entsetztheit über das Gesehene doch von einem unbändigen Auftragsbewußtsein in einer ungeheuren historischen Situation erfüllt war.

Er erzählte mir, daß er auf der Rückfahrt von Warschau nach Berlin im D-Zug durch Zufall den schwedischen Gesandtschaftsrat von Otter getroffen und die Gelegenheit wahrgenommen habe, diesem alles, was er soeben erlebt hatte, „brühwarm" zu berichten mit der dringenden Bitte, dies schnellstens bei den Alliierten bekanntzumachen, damit Gegenmaßnahmen ergriffen würden. In Berlin angekommen, sei er zunächst tagelang in größter innerer Unruhe um die päpstliche Nuntiatur herumgeschlichen in wahnsinniger Angst, entdeckt und gefaßt zu werden. Es sei ihm klargeworden, daß er sich gerade jetzt auf keinen Fall gefährden dürfe, daß seine Mitwisserschaft ihn gerade jetzt zum Leben und Wirken verpflichte. Schließlich sei es ihm doch gelungen, unbeobachtet in die Nuntiatur hineinzukommen. Daß er dort abgewiesen wurde, machte ihn fassungslos. Es fachte ihn aber erst recht dazu an, das Bewußtsein seiner ganz persönlichen Verantwortung in dieser schrecklichen Stunde mit allen Fasern seiner Existenz zu übernehmen. Sein Haß und Widerstandswille war jetzt grenzenlos geworden und beflügelte ihn in geradezu übermenschlicher Weise. Er kannte von nun an überhaupt gar kein anderes Thema als diese seine Sache.

Vor allem war ihm aber klar, daß er jetzt aus der Situation, in die er hineingeraten war, auf keinen Fall herausflüchten dürfe. Er mußte an seinem Ort bleiben, so furchtbar das für ihn auch war. Es galt jetzt, zu verhindern, was irgendwie zu verhindern war. Die Blausäuresendungen ließ er fehlleiten oder durch vorgetäuschte Unfälle umkommen oder erklärte sie für „zersetzt" und unbrauchbar. Wenn es ihm nur gelang, ein paar Menschenleben zu retten, so hatte seine Sonderexistenz schon einen Sinn. Vor allen Dingen aber galt es, den Fortgang der Dinge an Ort und Stelle weiterzuverfolgen und möglichst viele Menschen zu Mitwissern zu machen, sie über den vollen Umfang der Verbrechen aufzuklären. Ja, wenn irgend möglich, mußte die ganze Welt mobilisiert werden.

Er hatte sich also von vornherein jener wahnsinnigen Spannung ausgesetzt, gewissermaßen als Spion Gottes die Uniform des Teufels anzuziehen. Jetzt, wo diese Spannung durch das Erlebte ins Phantastische zugespitzt wurde, durfte er sich ihr auf keinen Fall wieder entziehen, denn gerade das wäre feige Untreue gegenüber dem ganz besonderen Ruf, unter dem er stand, gewesen. Deshalb mußte er gerade jetzt bleiben, wo er war. Er mußte dieses Bleiben als Opfer seiner ganzen Person auf sich nehmen...

Gerstein kam zu der felsenfesten und expliziten Überzeugung, daß – wie er sich ausdrückte – selbst ein hundertfaches Versailles für das deutsche Volk immer noch besser als ein Sieg der Nazis wäre. Nach dem, was da geschehen war, war es klar, daß eine zwiespältige Haltung zum Kriegsgeschehen nicht mehr möglich war, daß man nur noch eindeutig und mit aller Leidenschaft eine Niederlage wünschen und anstreben mußte...

Ich erinnere mich noch an ein Gespräch kurz nach dem 20. Juli 1944. „Das mußte mit schicksalsmäßiger Notwendigkeit schiefgehen", meinte Gerstein und setzte hinzu, es wäre das ja für Hitler eine noch viel zu ehrenvolle Art, umzukommen, gewesen. Noch heute klingt mir der furchtbare Satz in den Ohren, den er dann aussprach: „Den müssen die Ratten fressen!" Dieser Ausspruch gibt den ganzen Haß wieder, der sich in ihm angesammelt hatte, und zeugt von der bittersten Enttäuschung eines Mannes, der an der von ihm so heiß geliebten Heimat restlos zu verzweifeln gelernt hatte. Die Bitternis der Erkenntnis, daß das deutsche Volk nun definitiv außerstande war, sich selbst von den Verbrechern zu befreien, zermürbte ihn. Aber er war illusionslos genug geworden, um zu erkennen, daß man als Deutscher jetzt nichts anderes mehr machen konnte als abwarten, bis „die Lawine vollends zu Tal gerollt sei", m. a. W. bis der Sieg der Alliierten den Verbrechern das Handwerk legte.

Helmut Franz

82 Bericht des Kameraden A. über den Tod des Johannes Niermann

Zum Text/ Problemfeldbeschreibung:	Der Bericht vermittelt einen Eindruck über das Verständnis des Todes und die Bestattungsmodalitäten eines während einer Kampfhandlung in Frankreich gefallenen deutschen Soldaten.
Stichworte:	Krieg, Kampfhandlung, Tod, Opfer, Beerdigung
Vorlesezeit:	3 Minuten
Vorlesealter:	ab 14 Jahren

Plötzlich, am 18. Juni, 15 Uhr, erhielt unsere Kompanie den Befehl, ein abseits vom Feind noch nicht geräumtes Dorf zu säubern. Mit Freude und Begeisterung nahm unsere Kompanie den Befehl auf. Vor allem Hans war voll Freude, nun endlich aktiv mit seinem MG ins Gefecht zu kommen.

Unser 4. Zug geht als erster gegen das Dorf vor. Der Franzose schießt aus allen Fenstern und Luken. Wir greifen mit unserer Pak-Kanone und MG an. Wir liegen mit unserem MG ganz vorne, etwa 100 m vom Feind. Hans als MG-Schütze I schießt, was an Munition vorhanden ist.

Plötzlich, abends gegen 8.30 Uhr, trifft ein Maschinengewehrgeschoß des Feindes unseren Hans. Die Kugel durchbohrte den ganzen Körper. Ein Leberschuß, der den sofortigen Tod zur Folge hatte. Noch wenige Minuten vorher hatten wir gelacht und uns gefreut über das Weichen des Feindes.

Nun liegt er tot vor uns, Hans, unser lieber Kamerad. Noch lächelnd im Tode. Der Kampf geht voran. Das Dorf wird genommen. Die Leiche war liegengeblieben. Nachts gegen 12 Uhr suchten wir sie, luden sie auf ein Auto und brachten sie etwa 8 km südöstlich zum Dorf Doncourt. Ein kleiner ergreifender Trauerzug durch die Nacht. Wir tragen ihn in die Kirche – und legen ihn auf die Stufen des Altars, mit dem Kopf nach oben. Ein Kamerad nimmt ein Altartuch und legt es unter den Toten, wir hüllen den Körper in eine Zeltbahn und stellen Altarkerzen zu beiden Seiten. Sie brennen die ganze Nacht.

In das Opfertuch des Altars eingehüllt, die Hände in Kreuzform auf die Brust gelegt, so liegt Hans nun selbst als eine Opfergabe vor dem Altar des Herrn, so brachte er sein großes Opfer dar.

Am 19. Juni, nachmittags 4 Uhr, ist die schlichte Beerdigung. Kameraden hatten im Friedhof bei der Kirche das Grab ausgeschaufelt. Ein Stellmacher hatte Sarg und Kreuz gezimmert: Soldat Johannes Niermann, geboren am 10. 8. 1914, gefallen am 18. 6. 1940.

Invalidentransport 83

Zum Text/ Problemfeldbeschreibung:	Der Pfarrer W. Sylten, der jüdischer Abstammung ist, führt nach Heinrich Grübers Verhaftung die Arbeit in dessen Büro weiter. 1941 fällt er selbst den Schergen zum Opfer. Nachdem er ins KZ Dachau überführt worden ist, wird er in einem sogenannten Invalidentransport ermordet.
Stichworte:	Invalidentransport, Konzentrationslager, Pfarrer, Tod, Juden
Vorlesezeit:	7 Minuten
Vorlesealter:	ab 14 Jahren

Der Begriff Invalidentransport lag wie ein Alp auf jedem Häftling. Werner Sylten hatte immer mehr als wir anderen eine gewisse dunkle Ahnung und darum Furcht vor dieser Invalidenkommission und daher eine Abneigung gegen das Revier. Da die Schmerzen aber immer größer wurden, und die Arbeit in der Sonne die Schmerzen unerträglich machte, so meldete er sich doch krank und wurde ins Revier gebracht. Wir bekamen nach kurzer Zeit gute Nachrichten von seiner Genesung. Eines Morgens kam dann die Schreckenskunde zu uns, die Invalidenkommission sei im Revier gewesen, habe 700 Menschen ausgesucht, darunter auch vier Pfarrer, zwei süddeutsche katholische Geistliche, ferner Pfarrer Werner Sylten sowie den ehemaligen Berliner Pfarrer Ernst Behrendt. Die von der Invalidenkommission ausgesuchten Häftlinge mußten sofort die Verbindung mit den anderen Häftlingen aufgeben, sie wurden in einen besonderen Block gelegt, der mit Stacheldraht gesichert war. Jeder Verkehr der Häftlinge mit diesen Invaliden wurde auf das strengste bestraft.

Immer wieder versuchte ich mit Sylten Fühlung zu bekommen, und es gelang mir endlich an seinem Geburtstag – an einem Sonntag. Am Sonntag wurde mit Rücksicht auf die Wachmannschaften, die die Arbeit beaufsichtigten, nur bis 4 Uhr nachmittags gearbeitet. Die zum Sonntagsdienst kommandierten SS-Leute waren an diesem Tage mit ihren Gedanken oft abgelenkt, und es gelang mir, in den späten Nachmittagsstunden zu Sylten vorzudringen und ihm eine Geburtstagsgabe zu bringen: eine Scheibe Brot und zwei Kartoffeln. Tags vorher war Pfarrer Behrendt auf dem Invalidenblock gestorben. Sein schwaches Herz hatte die mancherlei Schikanen und Aufregungen nicht ertragen, und so wurde er vor dem schwersten Wege bewahrt. Sylten hatte ihm in der Sterbestunde den letzten seelsorgerlichen Dienst erweisen können.

Unser Gespräch in jener Sonntagsabendstunde wird mir unvergeßlich bleiben, denn es war eine der schwersten Stunden meines Lebens, in der ich mit diesem todgeweihten Mann über den schweren Weg sprach, der vor ihm lag, und die wenigen Hoffnungen, die wir noch hatten. Ich durfte ihm erzählen von all den Bemühungen, die ich anstellte, um ihn von der Liste der Invaliden streichen zu lassen. Sylten wußte, daß es mir einmal gelungen war, einen tschechischen Pfarrer, der bereits auf der Liste stand, zu retten und daß ich auch für ihn alles wagen würde. Des öfteren wurde von den Häftlingen, die in der sogenannten Lager-Selbstverwaltung als Schreiber, Listenführer usw. tätig waren, der Versuch gemacht, Kameraden dadurch zu retten, daß man in die Liste eine andere Nummer eintrug, und zwar eines Häftlings, der entweder schon gestorben war oder der im Sterben lag. Die Häftlinge waren ja nur Nummern und wurden nur als solche gewertet. Es war auch im Falle Sylten schon vereinbart, für ihn eine andere Nummer einzusetzen. Die in Frage kommenden Häftlinge und ich selbst riskierten dabei das Leben. Beim ersten Schub wurde Sylten noch nicht mitgeschickt. Er sollte zwischen dem ersten und zweiten Schub aus der Baracke verschwinden, d. h. seine Nummer mit einem inzwischen verstorbenen Kameraden tauschen. Beim Abtransport des ersten Schubs fragte der SS-Arzt: „Ist der Pfaffe dabei, der Jude ist?" Damit war Sylten gemeint. Der für die Listenführung verantwortliche Häftling meldete ihm, daß Sylten für den zweiten Schub vorgesehen sei. So wagte keiner mehr von meinen Kameraden, diese „Schiebung" weiter mitzumachen, und wir mußten Werner Sylten scheiden sehen. Jeden Abend hatten wir bei den Abendgebeten, die wir als Katholiken und Protestanten vor dem Schlafengehen im Schlafsaal gemeinsam sprachen, auch seiner gedacht wie aller derer, die zum Transport zusammengestellt waren. Daß gerade die Fürbitte für Werner Sylten, der wohl kaum einen Gegner auf seinem Block hatte, besonders herzlich war, brauche ich nicht zu betonen. Gott wollte alle unsere Bemühungen nicht, und wir beugten uns seinem Willen.

In der Frühe eines strahlenden Spätsommertages sahen wir dann den zweiten Schub von der Invalidenbaracke zum Tor ziehen, wo die Lastwagen bereitstanden, die sie abtransportieren sollten. Es blieb mir ein unvergeßliches Bild, wie diese Schar der Männer daherzog wie Schafe, die zur Schlachtbank geführt werden. Ich selbst hatte mich hinter einer Pappel versteckt, um von den Wachmannschaften nicht gesehen zu werden. Werner Sylten erkannte mich und nickte mir noch einmal zu. Es war das Kopfnicken eines Menschen, der nicht nur den schweren Gang weiß, der vor ihm liegt, sondern der weiß, daß sein Erlöser lebt.

Heinrich Grüber

Geiseln werden erschossen 84

Zum Text/ Problemfeldbeschreibung:	Der deutsche Priester Franz Stock arbeitet im besetzten Frankreich als Gefängnisseelsorger und versucht nach besten Kräften, den französischen Gefangenen zu helfen. In der Geschichte wird von den Geiseln erzählt, die man aus Rache für die Ermordung des deutschen Standortkommandanten von Nantes ultimativ erschießt.
Stichworte:	Gefängnis, Seelsorge, Geiseln, Rache, Ultimatum, Hilfe, Frankreich
Vorlesezeit:	10 Minuten
Vorlesealter:	ab 12 Jahren

Jean de Pange hat in seinem Buch: „Meine Gefängniszeit – Tagebuchblätter" über die Ereignisse des Oktober 1941 berichtet. Abbé Stock war es, der Blatt für Blatt die Seiten dieses Tagebuches aus dem Gefängnis geschmuggelt und Frau de Pange anvertraut hat.

Mittwoch, 22. Oktober.
Als Lütger heute morgen vor meiner Zelle seinen Wagen mit den Wasserkrügen anhielt und meinen Krug herunternahm, sagte er: „Wissen Sie das Neueste? Der Standortkommandant von Nantes ist gestern ermordet worden, und wenn man bis morgen abend nicht die Schuldigen gefunden hat, werden hundert Geiseln erschossen." Als ich zum Friseur Guinsburg runterkam, um mir die Haare schneiden zu lassen, bestätigte er mir diese Nachricht.

Bald darauf wurde ich gerufen, um ein Paket Lebensmittel und Zeitungen zu empfangen. Letztere wurden mir aber von einem Unteroffizier wieder abgenommen mit der Bemerkung, heute dürfe niemand Zeitung lesen. Ohne Zweifel wollte man den Gefangenen das drohende Unheil nicht enthüllen, das über ihnen schwebte.

Es gelang mir jedoch, einen kurzen Blick in die Zeitung zu werfen, bevor ich sie ihm herausrückte. Ich sah eine schwarz umrandete Bekanntmachung; der Befehl zur Erschießung von fünfzig Geiseln war bereits gegeben. Man würde noch weitere fünfzig erschießen, wenn bis morgen mitternacht die Schuldigen nicht gefunden seien. Diese Nachricht, die man uns offensichtlich durch das Zeitungs- und Besuchsverbot verheimlichen wollte, ging von Mund zu Mund. Leute, die Verbindungen zu den Schreibstuben der Divisionskommandeure und zur Gefängnisverwaltung haben, bringen weitere Nachrichten. Die ersten fünfzig Geiseln sollen bereits erschossen sein. Die nächsten fünfzig sollen übermorgen bestimmt werden. Man muß die Listen vorbereiten, und jeder Gefängniskommandant versucht, seine Gefangenen zu verteidigen.

Donnerstag, 23. Oktober.
Um 9.30 Uhr werde ich gerufen, um mich für die Kapelle fertig zu machen. Abbé Stock sagt mir, daß der Kommandant des Gefängnisses, Wilkie, hofft, keine Geiseln stellen zu müssen. Aber wenn man erst fünfzig für jeden ermordeten Deutschen nimmt – und dann droht, hundert zu nehmen –, wird dann nicht jeder von uns drankommen?

Ich bete mit Sch. bei der Messe die Antworten. Er sagt mir beim Hinausgehen, welches Glück er darüber empfunden hat, daß er sich mitten in jener leidenden Kirche weiß, deren Schmerzen er alle teilen will. Mehrere Mitglieder der kommunistischen Jugend wohnen der Messe bei.

Einer der Kalfakter hat „Paris-Midi" von heute mit der Liste der Geiseln, die gestern abend erschossen wurden. Unter ihnen sind fünf meiner Kameraden von Romainville. Der Tod ist in meine Gefängniszelle dort gekommen, wenige Tage, nachdem ich sie verlassen hatte.

Sie sind zum Mont Valérien gebracht worden. Der Kommandant hat ihnen den Befehl verlesen, in dem sie als Geiseln bezeichnet wurden. Er wollte sie anschließend sofort erschießen lassen, und Abbé Stock hat mit großer Mühe eine halbe Stunde Zeit erhalten, um sie auf den Tod vorzubereiten.

Sie haben sehr energisch protestiert. Aber nichts ist unerbittlicher als Militärs, die den Auftrag haben, einen Befehl auszuführen.

Abbé Stock hat sie in die kleine nicht mehr benutzte Kapelle geführt, die am Anfang des Wäldchens liegt, und dort ihre letzten Wünsche entgegengenommen. Um ihnen die Möglichkeit zu geben, ihren Familien zu schreiben, hat er von seinem Notizblock ein Blatt abgerissen. Darauf haben sie der Reihe nach ihre Abschiedsgrüße niedergeschrieben.

Freitag, 24. Oktober.
Ich gehe in den Hof, wo sich mir Sch. einen Augenblick später anschließt. Vorsichtig zeigt er mir den „Matin" von heute. Er enthält eine neue Bekanntmachung des Militärbefehlshabers. Darin wird mitgeteilt, daß im Morgengrauen des 21. Oktober, am Tage nach dem Verbrechen von Nantes, „feige Mörder, die im Solde Englands und Moskaus stehen", einen Offizier in Bordeaux getötet haben.

„Als erste Gegenmaßnahme habe ich nochmals die Erschießung von fünfzig Geiseln angeordnet. Wenn die Mörder nicht bis Mitternacht des 26. Oktober ergriffen sind, werden weitere fünfzig Geiseln erschossen." Diese Massaker verdoppeln die von Nantes. Man ist daran, einen Märtyrerkult geradezu herauszufordern.

Man spürt in diesem dramatischen Geschehen die ganze Unerbittlichkeit des Schicksals. Aber ist das wirklich noch ein Offizier, der kaltblütig diese Schlächerei befohlen hat?

Nach meiner Entlassung aus dem Gefängnis habe ich nicht aufgehört, nach genaueren Angaben zu suchen. Ich habe den Beweis dafür erhalten, daß der Befehl, hundert Geiseln zu erschießen, dem General von Stülpnagel um 10 Uhr abends zugegangen war. Obwohl Protestant, schickte er sofort zum katholischen Militärpfarrer (Hofer), einem Mann, dem er seine Gewissenskonflikte anvertrauen konnte. Er hat ihn bis morgens 2 Uhr bei sich behalten. Er wollte Offizier, Edelmann sein und nicht ein Mörder. Aber der Befehl kam von der Partei, vermutlich von Hitler selbst..."

Abbé Stock wurde sehr schnell in den Gefängnissen bekannt. Die Gefangenen erzählten sich von Zelle zu Zelle die Hilfen, die er leistete, und berichteten einander von der seelischen Stärkung, die er ihnen brachte. Immer häufiger forderten sie seinen Besuch.

Jedoch der Haß gegen den Deutschen war in manchem Herzen so tief, besonders dann, wenn er sich mit dem Haß gegen den Priester verband, daß er manchmal auch Franz Stock entgegenschlug und ihn in seiner sehr empfindlichen Seele tief verletzte. Abbé Jean Pihan, der in Fresnes eingesperrt war, erzählte: „Er (Stock) mußte, wenn er die Gefangenen ansprach, sich zunächst von ihnen verzeihen lassen, daß er Deutscher war, und er durfte dies nicht einmal aussprechen. Unglaubliche Geschichten vom Bruch des Beichtgeheimnisses kursierten in den Zellen, und mehr als einmal wurde er brutal, aber verständlicherweise mit den Worten abgewiesen: Niemals werde ich einem Boche beichten."

René Closset

Im Frauengefängnis 85

Zum Text/ Problemfeldbeschreibung:	Der deutsche Priester Franz Stock arbeitet im besetzten Frankreich als Gefängnisseelsorger und versucht nach besten Kräften, den französischen Gefangenen zu helfen. Die Geschichte erzählt von seinen Besuchen in einem Frauengefängnis.
Stichworte:	Gefängnis, Seelsorger, SS, Hilfe, Gebet, Nächstenliebe, Frankreich, Frauen
Vorlesezeit:	8 Minuten
Vorlesealter:	ab 12 Jahren

„Ich bin also hier, Sonntag, den 2. März 1941, seit dem letzten Montag in diesem deutschen Gefängnis von Cherche-Midi", schrieb Frau M. J. Hudault in ihr Tagebuch. „Ich bin hier mit einer Fremden jüdischen Glaubens eingeliefert worden, die mit mir in die freie Zone fliehen wollte. Unser schlecht organisiertes Unternehmen schlug fehl; aber es hat nicht geklappt ... und nun muß ich meine Strafe auf mich nehmen. Wie wird sie ausfallen? Wie lange wird sie dauern?

Draußen herrscht herrlicher Sonnenschein, die Fenster und Luken sind weit geöffnet, und wenn das ‚Haus' an diesem Sonntag sonst auch still ist, so hört man doch von überallher bekannte französische Lieder und einige Unterhaltungen von Zelle zu Zelle. Manchmal erdröhnt ein heftiges ‚Ruhe!'. Das ist die Wache. Ist sie vorbei, fängt's von neuem an. Die Jugend bleibt selbst im Gefängnis Jugend, und der Franzose bleibt auch Franzose! Typisch dafür jener kleiner Priester aus dem Pas-de-Calais. Als er aus dem Verhörraum herauskam, machte er ein Zeichen, daß er noch viel kleiner gemacht würde... Er hatte ein Gnadengesuch eingereicht. – Das Milieu ist bunt gemischt. Neben jungen einfachen Arbeitern sahen wir behäbige Familienväter, Geistliche, einen Briefträger, einen Polizeioffizier, einen Wachtmeister.

Wir sind zu viert in unserem Zimmer: Wir zwei an der Demarkationslinie Aufgegriffenen tun uns für die Verpflegung zusammen; wir sind die Wohlhabenden dieser ‚Bande', aber wir sind bewußt ganz einfach und fröhlich. Die dritte ist eine ‚Politische', eine junge kommunistische Frau, die verraten wurde und anderthalb Jahre im Gefängnis La Roquette geblieben ist. Sie wurde nach hier gebracht, weil man einen Revolver bei ihr fand. Gestern haben ihr die Deutschen dafür zwei Monate Strafe aufgeknallt. Sie ist ein sympathisches Mädchen, energisch, quicklebendig, zuverlässig, selbstlos, aus einer kleinbürgerlichen Familie (der Vater wurde im Kriege getötet); durch ihre Heirat mit 17 Jahren mit einem Arbeiter wurde sie vollständig für die ‚Sache' gewonnen, für die sie eine tüchtige Vorkämpferin gewesen sein muß. Sie glaubt in der Tat an eine bessere, durch eine Revolution umgekrempelte Welt. Diese Revolution dürfe ruhig blutig sein, sagt sie. Und danach gäbe es nie mehr Krieg!

Die vierte eine, eine andere ‚Politische', kam ebenso aus La Roquette, mit zwei anderen Gefangenen, die zur gleichen Zeit bei einer von ihnen verhaftet worden waren, wo sich eine Verteilungsstelle für kommunistisches Schrifttum befand. Diese arme vierte ist die Frau eines Garagenhandwerkers; das Ehepaar hat drei Töchter im Alter von zwölf bis achtzehn Jahren. Mann und Frau wurden innerhalb einer Stunde in ihrer Wohnung verhaftet und abgeführt. Im Augenblick ist damit der ganze Haushalt zerstört. Die Frau ist sauber, eine echte Mutter und ganz besorgt um ihren Haushalt, in dem tadellose Ordnung herrschen muß. Sie war in die Partei eingetreten, so hat man mir berichtet, angezogen von dem Geist der Solidarität; sie hatte sich übrigens vor einigen Monaten von ihr losgesagt.

Abends um sechs Uhr wurde eine dicke Frau, blond wie der Weizen, von zwei Deutschen in unsere Bude gestoßen, um unsere Kollektion zu vervollständigen. Fortwährend jammerte sie: ‚Oh, la, la, ich habe nichts gemacht, warum bringen Sie mich denn hier herein?' Die beiden Deutschen konnten mit ihr nicht fertig werden und hätten sie beinahe verhauen. Dieses Exemplar eines verweichlichten Emporkömmlings wirkte so grotesk, daß wir wider Willen uns die Seiten vor Lachen hielten."

Nach mehreren Tagen Haft trug die Gefangene ein: „Infolge meiner seelischen Einsamkeit habe ich eine Stunde furchtbarer Niedergeschlagenheit durchgemacht, ich bete, ich bete... aber es ist hart.

Ich hatte am Dienstag gehört, daß jede Woche ein katholischer Priester käme. Ich habe um seinen Besuch gebeten. Die ‚Fräuleins', die uns im Augenblick bewachen, scheinen das nicht gut aufzunehmen. Das ist auch nicht verwunderlich. Auch da muß ich warten lernen. Und das ist mit am schwierigsten zu ertragen: diese totale Abhängigkeit von einer bösartigen, äußerst strengen Autorität..."

Die Gefangene hat schließlich ein Familienmitglied verständigen können, welche Abbé Stock benachrichtigte. Ohne Zögern machte der Geistliche den erbetenen und so sehr erwarteten Besuch.

Es ist der 28. März. „Ich erinnere mich an den ersten Besuch, den er uns machte. Er hat insgesamt eine Viertelstunde mit meinen Zimmergenossinnen gesprochen. Trotz der Glaubensunterschiede hat er zu allen mit Einfachheit und Güte geredet. Er war ihnen sehr sympathisch. Er hat einen tiefen Eindruck von Frieden und Hoffnung bei uns hinterlassen.

Mit wieviel Geschicklichkeit und Fingerspitzengefühl hat er mir nach diesem ersten Besuch eine Tafel Schokolade ‚von meinem Bruder natürlich', einem Rechtsanwalt, mitgebracht, der endlich mit ihm hatte Kontakt aufnehmen können. Die Tafel Schokolade stammte in Wirklichkeit aber von Abbé Stock (ich erfuhr es erst später). Ich teilte sie mit meinen Leidensgefährten. Wie kostbar war uns diese kleine Geste und dieser Zusatz zur Gefangenenkost..."

Er kam immer in Soutane ins Gefängnis oder im schwarzen Rock, wie ihn Geistliche trugen, seine Aktentasche unterm Arm. Sehr oft machte er den Weg von Paris nach Fresnes mit dem Fahrrad.

Die SS-Wachen, die ihn nicht ausstehen konnten, spotteten, wenn er kam: „Da kommt mal wieder der schwarze Rabe an!" Er tat aber, als höre oder verstehe er nicht... und ging weiter. Die Gefängniswärter waren sich im klaren, daß Stock innerlich Angst hatte und zitterte – die Rückentaschen in seiner Soutane enthielten Briefe und kleine Zettel. In seiner Aktentasche hatte er Papier, Bleistifte, einige Tafeln Schokolade oder sogar manchmal wichtige Päckchen mit Lebensmitteln oder Bekleidungsstücken.

René Closset

86 Als Pfarrer Oberscharführer der SS

Zum Text/Problemfeldbeschreibung: Der Pfarrer S. Lenz wird zur SS abkommandiert und soll im KZ Flossenbürg Dienst tun. Er verlangt ein klärendes Gespräch mit dem Kommandanten, weil Himmler schon 1934 verfügte, daß SS-Angehörige, die Priester oder Pfarrer sind, aus der SS ausscheiden müssen. Der Kommandant sichert ihm zu, nichts gegen sein Gewissen tun zu müssen.

Stichworte: Pfarrer, SS, Konzentrationslager, Vereidigung, Flossenbürg

Vorlesezeit: 8 Minuten

Vorlesealter: ab 16 Jahren

Am 1. September, also nur vierzehn Tage nach unserem Dienstantritt in Hersbruck, wurden die zur SS abkommandierten Kompanieangehörigen durch den Kommandeur des Konzentrationslagers Flossenbürg, Obersturmbannführer Koegel, von der SS übernommen. Einige Tage zuvor hatte ich dem Kompaniefeldwebel gemeldet, daß ich Koegel deswegen unbedingt sprechen müßte. Ich befahl mich in Gottes Führung und überließ meine Aussage dem bevorstehenden Gespräch. Koegel empfing mich inmitten mehrerer Führer und Unterführer seines und unseres Lagers freundlich mit den Worten: „Kamerad Lenz, Sie wollen bei uns keinen Dienst tun?"

„Obersturmbannführer, an und für sich tue ich als Soldat Dienst wie befohlen, aber ich möchte von der SS nicht anders behandelt werden als meine Pfarrbrüder, die alle aus der SS ausgestoßen worden sind."

„Das stimmt doch nicht!"

„Doch, Obersturmbannführer, das kann ich beweisen."

„Ich sichere Ihnen zu, daß Sie nicht aus der Kirche auszutreten brauchen."

„Obersturmbannführer, das dürfte für mich doch wohl überhaupt nicht in Frage kommen!"

Koegel verunsichert: „Kamerad Lenz, dann sichere ich Ihnen zu, daß Sie am Gottesdienst teilnehmen dürfen."

„Danke, Obersturmbannführer! Das tue ich mit zahlreichen Kameraden, solange wir hier sind und der Dienst es zuläßt."

„Dann sichere ich Ihnen zu, daß Sie hier nichts gegen Ihr Gewissen zu tun brauchen."

„Ich danke, Obersturmbannführer! Unter Berufung auf Ihre Zusicherung, daß ich hier nichts gegen mein Gewissen zu tun brauche, werde ich hier Dienst tun."

Das war eine ungewöhnliche Zusage eines KZ-Kommandanten mitten im Krieg an einen Pfarrer. Eine Anklage wegen Befehlsverweigerung und ein Verfahren vor dem SS-Kriegsgericht wären ebenso denkbar gewesen.

Als ich nach der Unterredung im Flur wartete, drückte mir Koegel, der an der Spitze der SS-Führer zur Vereidigung an mir vorbeiging, unauffällig, aber betont die Hand. An der Vereidigung nahm ich nicht teil. Damit das jeder sehen konnte, stellte ich mich an das offene Fenster meines Arbeitsraumes eine halbe Etage über dem Platz, auf dem die Vereidigung stattfand.

Die Eidesvermahnung sprach Obersturmführer Baumgartner, der Adjutant Koegels, unter dessen Aufsicht im April 1945 die grauenhafte Hinrichtung von Admiral Canaris, von BK-Pfarrer Bonhoeffer u. a. im KZ Flossenbürg vollzogen wurde. Was er im einzelnen sagte, weiß ich nicht mehr. Ich erinnere mich nur noch an die Sätze: „Seht euch diese Zebras an! Das sind keine Menschen! Das sind Untermenschen! Das sind Staatsfeinde, das sind...!" Und dann hämmerte er seinen Zuhörern ein: „Seid hart gegen sie! Schlagt sie!... Macht sie fertig!"

Es war eine unglaubliche Ansprache. Was hätte ich tun sollen, wenn ich befehlsgemäß in Reih und Glied gestanden hätte? Schweigen aus „Befehlsnotstand" oder bekennen, d. h. als Soldat im Kriegsdienst rebellieren? Koegel hatte mir durch Gottes Güte diesen gefährlichen Konflikt erspart.

Nun hatten alle hierher Abkommandierten bereits den Fahneneid bei ihrer früheren Einheit mit der religiösen Formel: „So wahr mir Gott helfe!" geleistet. Vollständig müßte die Formel heißen: „So wahr mir Gott zur Seligkeit helfe!" Indem ich meine Seligkeit als Pfand gebe, wird mein Eid bekräftigt, aber auch begrenzt. Ein Eid unter Anrufung Gottes verbietet es, Befehlen zu gehorchen, die gegen Gottes Verbote verstoßen.

Am nächsten Tag stand ich schon wieder vor einer Entscheidung. Ohne einen Grund zu nennen, nahm mich Fügner am 2. September in eine Lagerbaracke mit. Dort sah ich mit Entsetzen, daß an drei Häftlingen Prügelstrafen vollstreckt werden sollten. Grund dieser Strafaktion: Jeder hatte sich zum Schutz gegen die Kälte in der Nacht aus seiner Schlafdecke eine Unterjacke hergestellt. Das war als „Sabotage" streng verboten. Bei der Kontrolle am Lagertor hatte man sie dann erwischt. Nach der Meldung an das Reichssicherheitshauptamt in Berlin waren Strafen von zwölf und zwanzig Stockschlägen angeordnet worden. (Es gab eine Vorschrift, wonach nur vom Reichssicherheitshauptamt angeordnete Prügelstrafen vollzogen werden durften. Trotzdem wurden die Häftlinge immer wieder und ohne diese Genehmigung in der Lagerschreibstube brutal geprügelt und geschlagen.)

In dem Raum stand ein Turngerätebock, über den sich der Häftling legen mußte. Während ihn ein anderer Häftling festhielt, schlug ein dritter Häftling mit einem langen und dicken Prügel auf das angespannte Gesäß, manchmal auch, mit oder ohne Absicht, bis in die Nierengegend. Außer den fünf Häftlingen waren der Kommandoführer, der Arzt, der Rapportführer, der Lagerälteste u. a. anwesend.

Ich war so schockiert, daß ich in meiner Ratlosigkeit zunächst überhaupt nicht reagierte. Als mir auffiel, daß niemand die Schläge zählte und das Strafmaß für den zweiten Häftling längst überschritten sein mußte, fragte ich aufgeregt den Kommandoführer: „Hauptsturmführer, wird hier nicht gezählt? Ich glaube, daß der Häftling längst mehr als zwanzig Stockschläge hat." Sofort befahl Fügner: „Einstellen!" Zu mir: „Kommen Sie mit!"

In seinem Arbeitsraum ließ er sich wortlos auf seinen Stuhl fallen. Ich stellte mich zum Zeichen meines Protestes in ganz unmilitärischer Haltung mit dem Rücken zu ihm an das Fenster. Nach einiger Zeit nahm ich vor ihm Haltung an: „Hauptsturmführer, ich möchte mir ausgebeten haben, daß das für mich das erste und letzte Mal gewesen ist." Er niedergeschlagen: „Ich weiß gar nicht, warum ich Sie mitgenommen habe." Fügner hatte meinen Einspruch beim Kommandanten des KZ Flossenbürg miterlebt. Er wußte auch, welche Zusage ich am Tage zuvor bekommen hatte. Der dritte Häftling blieb verschont.

Friedrich Lenz

87 Solidarität mit Sternträgern

Zum Text/ Problemfeldbeschreibung:	Die Vikarin Katharina Staritz setzt sich in Breslau für die Gemeindeglieder jüdischer Herkunft ein, nachdem sich diese wie jüdische Mitbürger überhaupt nach einer Polizeiverordnung in der Öffentlichkeit nur noch mit dem Kennzeichen eines „Judensterns" an ihrer Kleidung zeigen durften. Die Bekundung ihrer Solidarität führt schließlich zu ihrer Verhaftung und Einweisung in ein Konzentrationslager.
Stichworte:	Juden, Judenchristen, Judenstern, „Büro Grüber", Schlesien, Gottesdienst, Gestapo, Konzentrationslager, NSDAP
Vorlesezeit:	7 Minuten
Vorlesealter:	ab 12 Jahren

Katharina Staritz konnte nur noch den Kopf schütteln. Daß so etwas in einem zivilisierten Land wie Deutschland, dem Land der Dichter und Denker, überhaupt möglich war. Vor ihr lag die Zeitung. Unter der großen Balkenüberschrift „Polizeiverordnung über die Kennzeichnung der Juden" stand geschrieben, daß „Juden..., die das sechste Lebensjahr vollendet haben", verboten ist, „sich in der Öffentlichkeit ohne einen Judenstern zu zeigen". Und weiter: „Der Judenstern besteht aus einem handtellergroßen, schwarz ausgezogenen Sechsstern aus gelbem Stoff mit der schwarzen Aufschrift ‚Jude'. Er ist sichtbar auf der linken Brustseite des Kleidungsstücks fest aufgenäht zu tragen."

Frau Staritz war den Tränen nahe. Vor ihrem geistigen Auge tauchten die Gesichter von Otto und Emmy Löwenthal auf, zwei Gemeindegliedern jüdischer Herkunft mit ihren traurigen Augen. Welche Verzweiflung mußte diese Verordnung bei ihnen auslösen!

Katharina Staritz kannte viele Menschen jüdischer Herkunft. Als sie einige Jahre zuvor als Vikarin nach Breslau gekommen war, hatte man ihr den Unterricht für Juden anvertraut, die zum Christentum übertreten wollten. Und wenige Jahre später übernahm sie in Breslau die Vertrauensstelle des „Büro Grüber", eines Hilfswerks für Christen jüdischer Herkunft. Sie war den Betroffenen bei der Auswanderung behilflich, unterstützte sie mit Geld- und Sachspenden und suchte die verängstigten Menschen zu trösten. In ihren Gottesdiensten waren immer wieder Christen jüdischer Herkunft zu sehen.

Was sollte sie nur tun? Katharina Staritz wußte: Jede Hilfe für Juden ist gefährlich. Die Juden waren Ungeziefer, das zu vernichten und nicht auszuhalten wäre. So hämmerte es die Propaganda den Deutschen jeden Tag ein. Plötzlich kam ihr ein Gedanke. Sie ging zu ihrem Vorgesetzten, traf aber nur dessen Vertreter an. Sie informierte ihn über den Zeitungsartikel und machte dann einen Vorschlag. Ihr Gesprächspartner war einverstanden. Frau Staritz setzte sich an die Schreibmaschine und verfaßte ein Rundschreiben mit ihrer Unterschrift wie auch der ihres Gesprächspartners und dessen Zusatz: „Nachstehende Bitte der Frau Stadtvikarin möchte ich mit einer herzlichen Empfehlung an die Breslauer Amtsbrüder weiterleiten."

Katharina Staritz informierte die Amtsbrüder über die neue Polizeiverordnung und ihre Konsequenzen für die betroffenen Gemeindeglieder jüdischer Herkunft. Am Schluß ihres Schreibens machte sie praktische Vorschläge: „Praktisch bitte ich zu erwägen, ob nicht die Kirchenbeamten, Gottesdienstordner usw. in geeigneter seelsorgerlicher Form anzuweisen wären, sich dieser gezeichneten Gemeindeglieder besonders anzunehmen, ihnen, wenn nötig, Plätze anzuweisen, jedoch nicht als Armesünderbank für die nichtarischen Christen, sondern um sie davor zu bewahren, von unchristlichen Elementen fortgewiesen zu werden. Damit das aber nicht als unevangelische Absonderung aufgefaßt werden kann, ist es notwendig, daß treue Gemeindeglieder, die wissen, was Kirche ist, und die in der Kirche mitarbeiten (z. B. aus Gemeindekirchenrat, Frauenhilfe, Pfarrhaus), auch auf diesen Bänken neben und unter den nichtarischen Christen Platz nehmen. Es ist auch zu überlegen, ob nicht wenigstens in der ersten Zeit diese gekennzeichneten Christen auf ihren Wunsch von Gemeindegliedern zum Gottesdienst abzuholen wären, da einige mir gegenüber schon geäußert haben, sie wüßten nicht, ob sie nun noch wagen dürften, in die Kirche zu gehen."

Ob Katharina Staritz ahnte, was sie mit ihrem Brief heraufbeschworen hatte? Wir wissen es nicht. Tatsache ist, daß das Schreiben in die Hände der NSDAP geriet und Wutausbrüche der NS-Gewaltigen in Schlesien zur Folge hatte. Und auch die eigene Kirchenleitung in Breslau hatte für den Brief keinerlei Verständnis. Wenn der Staat die Juden immer mehr aus der Volksgemeinschaft ausscheiden wollte, dann müßte die Kirche sich doch eher von ihren jüdischen Mitgliedern distanzieren, als sich mit ihnen zu solidarisieren.

Katharina Staritz verlor ihre Stelle in Breslau. Sie begab sich nach Marburg zu jenem Professor, bei dem sie Jahre zuvor ihre theologische Doktorarbeit geschrieben hatte. Durch aushilfsweises Predigen und Unterrichten konnte sie sich zunächst über Wasser halten. Doch ein paar Monate später erschienen Gestapobeamte und nahmen sie fest. Nach einigen Wochen Aufenthalt im Gefängnis wurde sie in das Konzentrationslager Ravensbrück eingeliefert. Erst ein Jahr später konnte sie aufgrund der Fürsprache eines schlesischen Adeligen, der sie zur Bekennenden Kirche hielt, wieder freibekommen.

Jörg Thierfelder

Texte zu Dietrich Bonhoeffer

Dietrich Bonhoeffer war einer der wenigen Vertreter der Bekennenden Kirche, die sich aus christlicher Verantwortung aktiv am politischen Widerstand gegen den Nationalsozialismus beteiligten. Er wurde bereits 1943 verhaftet und am 9. April 1945 im KZ Flossenbürg ermordet.

Begegnungen in Tegel 88

Zum Text/ Problemfeldbeschreibung:	Verschiedene Male gelingt es den Geschwistern Dietrich Bonhoeffers und Susanne Dress, mit der Hilfe von Gefängnisbeamten im Untersuchungsgefängnis Tegel heimliche Gespräche zu führen.
Stichworte:	Widerstand, Hilfe, Verbot, Gefängnis, Besuch, Gespräch, Information
Vorlesezeit:	15 Minuten
Vorlesealter:	ab 14 Jahren

An der Pforte bekomme ich Nummer und Passierschein. Breite Wege zwischen roten Mauern, Gitterfenster hinter umzäunten Höfen. Ich schiebe mein Fahrrad, – vielleicht ist hier radeln verboten. Die Luft im Warteraum ist noch muffiger als die auf den Gängen, aber ich weiß es ja nun schon seit Wochen: „Ohne Sprecherlaubnis gleich zur Paketannahmestelle durchgehen". Auf der schmalen Holzbank dicht an der Wand kleben die Wartenden und halten ihre Köfferchen und Päckchen behutsam, fast zärtlich auf dem Schoß. Keiner im Raum ist ohne Maske, kein unnötiges Wort fällt...

Ich bin an der Reihe, die Sachen, die ich für Dietrich bringe, an der Theke abzugeben. Genaue Kontrolle. Die Punkte unter den Buchstaben, unser Code, mit denen die hin- und hergehenden Bücher gezeichnet sind, werden nie bemerkt. Neues Warten bis zum Aufruf. Dann liegen da die Sachen, die Dietrich eben noch in den Händen hatte: Bücher, getragene Wäsche, leere wasserfeste Pappdosen, die er sorgfältig aufgehoben hat – Wertgegenstände in damaliger Zeit, denn Glas und Büchsen zum Lebensmitteltransport zu verwenden, ist verboten. Wieder genaue Durchsicht. Ein Zettel in Dietrichs Schrift, mir etwas fremd durch die gute Lesbarkeit – wohl der Kontrolle zuliebe –, Bitten um Taschentücher, bestimmte Bücher, Seife oder andere erlaubte Kleinigkeiten. Kein Gruß, keine Unterschrift. Ich darf Kenntnis nehmen, abschreiben. Acht Tage muß er auf das Erwünschte warten.

Ich packe gerade alles in das schäbige Köfferchen, da winkt mir einer der Uniformierten – später erfahre ich, daß es Unteroffizier Holzendorf ist – und sagt: „Sie wollten doch noch telefonieren." Natürlich, warum sollte ich nicht telefonieren wollen. Vielleicht hat er mir etwas auszurichten. Hinter ihm her, durch schmale, grauweiße Gänge. Wortlos. Dann öffnet er eine Tür. „Eine Viertelstunde", sagt er, tritt zurück, läßt mich eintreten und macht die Tür hinter mir zu. Vor mir steht mein Bruder.

Gut, daß wir in unserem Elternhaus erlernt haben, auch der heftigsten Gefühle nach außen Herr zu bleiben. Aber stumm bleiben wir im ersten Augenblick doch, während wir uns die Hand geben. Dann lege ich automatisch meine Jacke über das Telefon auf dem Schreibtisch und erkläre meine Anwesenheit: „Ich telefoniere hier nämlich!" „Ich wußte gar nicht, warum man mich rief", sagt Dietrich, „das ist doch wahnsinnig nett von Holzendorf." Und mit diesem von ihm früher so gern gebrauchten Adjektiv ist unsere ganze Kindheit und Jugendzeit wieder zwischen uns im Raum und das böse Grauen dieser verschlossenen Wände wie weggewischt. Wenn der Unteroffizier vom Dienst im Untersuchungsgefängnis Tegel „wahnsinnig nett" sein kann, dann habe ich Dietrich ungebrochen vor mir, dann ist seine alte, gutwillige Art, Menschen anzunehmen und anzuerkennen, ihm geblieben.

Nun reihen sich die Fragen nach dem Ergehen der Familie, besonders nach dem unseres gefangenen Schwagers Hans von Dohnanyi, und meine Antworten in der überschnellen Redeweise aneinander, die unserm Geschwisterkreis selbstverständlich ist, zuhörende Gäste aber, selbst Freunde des Hauses, leicht schwindeln macht. Gut für die knappen Minuten, die wir haben – wie lang kann ein Telefongespräch im Gefängnis unauffällig dauern –, daß wir in unserm Elternhaus erlernt haben, nur das Wesentliche kurz und bündig zu sagen, mag diese Kurzform der Rede, ebenso wie die Zurückhaltung in Gefühlsäußerungen, auch herb erscheinen.

Am wichtigsten sind einige Nachrichten für unseren Schwager, die sich aus den Verhören ergaben, und die auf verborgenem Wege weitergeleitet werden können. Was wir von der Lage halten, möchte Dietrich wissen. Wenn wir nicht wüßten, daß auch bei uns die Wünsche die Gedanken erzeugten, würden wir besser wissen, was wir von der Lage zu halten hätten. So einigen wir uns von der Sicht der bürgerlichen Opposition und der kirchlichen Arbeit meinerseits und der Sicht aus dem Militäruntersuchungsgefängnis seinerseits: es kann nicht mehr lange dauern, es kracht in allen Fugen, wirtschaftlich, militärisch, menschlich. „Es kann nicht lang mehr währen, halt noch ein wenig aus" – lächelt Dietrich, dann fragt er nach seinem Patensohn, meinem Michael, sagt, es wäre ihm vom letzten Besuch bei uns so eindrücklich geblieben, daß der Sechsjährige alle Verse von dem Lied „Warum sollt ich mich denn grämen" auswendig abends in seinem Bettchen sang. Besonders den zweiten Vers, den wir beide nicht mehr ganz sicher parat hatten, sagte der Kleine uns, unser Versagen bemerkend, laut vor: „Nackend lag ich auf dem Boden, da ich kam, da ich nahm meinen ersten Odem, nackend werd' ich wieder ziehen, wenn ich werd' von der Erd' als ein Schatten fliehen." „Ich habe jetzt auch alle Verse auswendig gelernt", sagt Dietrich. Ich besinne mich gut auf den Abend, auf die Kinderstimme im Dunkel. Es betraf uns, aber wir waren, Gott sei gedankt, ohne Vorahnung wie genau. Wir haben beide jetzt zu tun, nicht noch weich zu werden, denn gleich ist die Zeit abgelaufen. Kurze Aufträge, ein paar Bitten, „sag uns wirklich, was du brauchst und haben möchtest, wir hungern deshalb bestimmt nicht, es wollen viele Freunde helfen." Langsam geht die Tür auf, ich fahre in meine Jacke, Dietrich verhält sich im Abstand, falls Holzendorf nicht allein kommt, aber er kommt allein. „Behüt' Euch Gott bei den Angriffen!" „Euch hier alle auch." Später wird der wirklich gute, tapfere und, man könnte hier wohl sagen, edle Holzendorf, der auch anderen ihr Gefängnisleben zu erleichtern versuchte, Opfer eines Bombenangriffs. Aber erst später – noch geschieht es zweimal, daß ich „telefonieren" darf, wenn ich mit dem Köfferchen am Freitag nach Tegel komme und in Holzendorfs Zimmer Dietrich vorfinde. Natürlich muß er längere Abstände wahren, um nicht aufzufallen.

Aber es gibt noch einen Ausweg für die Findigkeit von Holzendorf, uns Freude zu machen. Während ich die zurückgegebenen Sachen packe, hör ich rufen: „Bonhoeffer runter zur Bewegung!" Da ist der große Gefängnishof, und wenn ich recht langsam mache, komme ich gerade vorbei, wenn er mit seinem Wachmann herauskommt. So sehen wir uns wenigstens, nicken uns zu, ganz vorsichtig, versuchen, alle mühsam erhaltene Zuversicht durch Blick, Bewegung und Gedanken einander zuzusichern...

Freitag, der 28. Juli 1944. Der Weg mit dem Fahrrad von Dahlem über das Haus der Eltern am Bahnhof Heerstraße, um dort letzte Nachrichten und die Sachen für Dietrich zu holen, bis nach Tegel ist diesmal sehr, sehr weit. Was mag sich für ihn, den Neffen des verhafteten Stadtkommandanten von Hase, verändert haben? Wird die Erlaubnis zur Annahme von Wäsche, Eß- und Rauchwaren noch für ihn bestehen? Werde ich den Eltern irgend eine Nachricht über ihn bringen können? Unser Freund Holzendorf ist seit Januar tot. Trotzdem hat es Dietrich verstanden, hie und da am Freitag, nachdem er die Sachen hatte, seinen halbstündigen Spaziergang auf dem Hof zu machen – jetzt schon lange nicht mehr in Begleitung des Hauptmanns, sondern mit einem einfachen Wachsoldaten, der aber wohl orientiert und Freund ist.

Einlaß, Abgabe, Kontrolle, Warten – Kontrolle, Zurückgabe, alles läuft wie immer. Jetzt ganz langsam einpacken, falls er noch herunter zur Bewegung kommt. Umständlich schließe ich mein Rad los, sehe dabei gespannt auf den Gefängnishof. Nichts. Mühsam befestige ich das Köfferchen, schiebe los, ein sehnsüchtiger Blick durch den Zaun auf die Ecke des Hofes, von der er zu kommen pflegt. Dann sehe ich ihn mit seiner Bewachung ganz ruhig den breiten Weg auf mich zukommen. Gut, daß ich in meinem Elternhaus mit sieben großen Geschwistern es erlernt habe, mich tatkräftig durchzuschwindeln, wenn es etwas zu erreichen galt. Ich muß Dietrich unauffällig sprechen. Beide Ventile sind schnell aus dem Rad entfernt, ich lehne es an die Mauer, bemühe mich mit der Pumpe, den Rücken den beiden Näherkommenden zugekehrt. Jetzt bleiben sie hinter mir stehen. Es klappt! „Auf Latschen? Kann ich Ihnen helfen?" fragt der Wachmann laut und Dietrich sagt leise: „Wir können sprechen, Herr Knobloch ist absolut sicher." Ich bedanke mich laut und herzlich, reiche Pumpe und Ventile, beuge mich interessiert über das Rad, vor dem unser guter Geist und Helfer hockt und eifrig Unnötiges tätigt. Dietrich steht unbeteiligt dicht dabei und spricht, ohne die Lippen zu bewegen. Meine Antworten gehen harmlos halblaut über das Rad hin, als ob es sich um Ratschläge zur Besserung der Panne handle. „Nein, unser Bruder Klaus ist frei, aber Dietrichs Mitkonfirmand und Freund Hans von Haeften ist mit seiner Frau verhaftet. Am Sonntag war er noch bei uns in der Dahlemer Kirche zum Abendmahl. Er sprach anschließend sehr ruhig mit uns über sein voraussichtliches Ende. Sein Bruder war Adjutant bei Stauffenberg. Abends warteten wir dann vergeblich auf seinen versprochenen Besuch." Dietrich ist sehr betroffen, der Freund hinterläßt fünf kleine Kinder. Unser Schwager Hans liegt noch mit einer Lähmung nach einer schweren Diphterie im Gefängnis. Das ist jetzt beruhigend. Über das Geschick unseres Onkels*, über alles, was das Radio zu sagen weiß, ist Dietrich orientiert. Er hört es im Revier. Auch den englischen Sender. Er ist beunruhigt, daß dort so wenig von dem ganzen Geschehen des Aufstandes Notiz genommen wird. Für ihn haben sich noch keine Verschärfungen bemerkbar gemacht. Er sieht aber so schlecht aus wie noch nie. „Es wird wohl doch alles sehr anders kommen." Und dann wieder das Wünschen: vielleicht begreifen aber jetzt alle, was los ist, vielleicht geht es doch jetzt schnell zu Ende, die Unruhe wächst doch, es sind zu viele betroffen. „Es ist noch nie so viel mit Klopfzeichen bei Nacht losgewesen, wie in diesen Tagen hier", sagt er. Herr Knobloch hat fast eine Stunde gebraucht, um die beiden Ventile wieder einzusetzen und das Rad aufzupumpen. Ich bedanke mich herzlich harmlos mit Handschlag bei den beiden Herren und schiebe mein Rad, ohne mich umzudrehen, zum Ausgangstor, denn nun rollen mir doch die Tränen. Aber das fällt hier bei den Schließern nicht weiter auf.

Den Heimweg spüre ich kaum, so glücklich bin ich, den Eltern erzählen zu können, daß ich Dietrich gesehen und gesprochen habe. „Klopfzeichen bei Nacht" denke ich, „mit Klopfzeichen fing es bei uns an." Eines Tages, wir

---

*General Paul von Hase

„drei Kleinen" schliefen nicht mehr zusammen, erklärte er mir und meiner Schwester Sabine: „Wir denken tagsüber viel zu wenig an den lieben Gott, und abends nach dem Beten denke ich auch gleich wieder an etwas anderes und höre, wie ihr nebenan anfangt zu schwatzen. Soll ich, wenn mir der liebe Gott abends einfällt, bei euch dreimal an die Wand klopfen, damit ihr auch an ihn denkt?" Drei Klopfzeichen – ich habe sie noch manchmal im Ohr. Ob sie Dietrich wohl auch wieder eingefallen sind in seiner Zelle? Am 28. Juli 1944 bin ich zum letzten Mal meinem Bruder Dietrich begegnet.

Susanne Dress

Von guten Mächten... 89

Zum Text/ Problemfeldbeschreibung:	Am 17. Januar 1943 hatte sich Bonhoeffer mit Maria von Wedemeier verlobt. Der Text ist einer der vielen „Brautbriefe" Bonhoeffers aus dem Gefängnis an Maria; dem Brief beigelegt war das Gedicht „Von guten Mächten..."
Stichworte:	Weihnachten, Einsamkeit, Bibelwort
Vorlesezeit:	7 Minuten
Vorlesealter:	ab 12 Jahren

Meine liebste Maria! (Prinz-Albrecht-Straße) 19. 12. 44

Ich bin so froh, daß ich Dir zu Weihnachten schreiben kann, und durch Dich auch die Eltern und Geschwister grüßen und Euch danken kann. Es werden sehr stille Tage in unsern Häusern sein. Aber ich habe immer wieder die Erfahrung gemacht, je stiller es um mich herum geworden ist, desto deutlicher habe ich die Verbindung mit Euch gespürt. Es ist, als ob die Seele in der Einsamkeit Organe ausbildet, die wir im Alltag kaum kennen. So habe ich mich noch keinen Augenblick allein und verlassen gefühlt. Du, die Eltern, Ihr alle, die Freunde und Schüler im Feld, Ihr seid mir immer ganz gegenwärtig. Eure Gebete und guten Gedanken, Bibelworte, längst vergangene Gespräche, Musikstücke, Bücher bekommen Leben und Wirklichkeit wie nie zuvor. Es ist ein großes unsichtbares Reich, in dem man lebt und an dessen Realität man keinen Zweifel hat. Wenn es im alten Kinderlied von den Engeln heißt: „zweie die mich decken, zweie, die mich wecken", so ist diese Bewahrung am Abend und am Morgen durch gute unsichtbare Mächte etwas, was wir Erwachsenen heute nicht weniger brauchen als die Kinder. Du darfst also nicht denken, ich sei unglücklich. Was heißt denn glücklich und unglücklich? Es hängt ja so wenig von den Umständen ab, sondern eigentlich nur von dem, was im Menschen vorgeht. Ich bin jeden Tag froh, daß ich Dich, Euch habe und das macht mich glücklich froh. –

Das Äußere ist hier kaum anders als in Tegel, der Tageslauf derselbe, das Mittagessen wesentlich besser, Frühstück und Abendbrot etwas knapper. Ich danke Euch für alles, was Ihr mir gebracht habt. Die Behandlung ist gut und korrekt. Es ist gut geheizt. Nur die Bewegung fehlt mir, so schaffe ich sie mir bei offenem Fenster in der Zelle mit Turnen und Gehen. Einige Bitten: ich würde gern von Wilhelm Raabe: „Abu Telfan" oder „Schüdderump" lesen. Könnt Ihr meine Unterhosen so konstruieren, daß sie nicht rutschen? Man hat hier keine Hosenträger. Ich bin froh, daß ich rauchen darf! Daß ihr alles für mich denkt und tut, was Ihr könnt, dafür danke ich Euch; das zu wissen ist für mich das Wichtigste. – Es sind nun fast 2 Jahre, daß wir aufeinander warten, liebste Maria. Werde nicht mutlos! Ich bin froh, daß Du bei den Eltern bist. Grüße Deine Mutter und das ganze Haus sehr von mir. Hier noch ein paar Verse, die mir in den letzten Abenden einfielen. Sie sind der Weihnachtsgruß für Dich und die Eltern und Geschwister.

1. Von guten Mächten treu und still umgeben
   behütet und getröstet wunderbar, –
   so will ich diese Tage mit euch leben
   und mit euch gehen in ein neues Jahr;

2. noch will das alte unsre Herzen quälen
   noch drückt uns böser Tage schwere Last,
   ach Herr, gib unsern aufgeschreckten Seelen
   das Heil, für das Du uns geschaffen hast.

3. Und reichst Du uns den schweren Kelch, den bittern,
   des Leids, gefüllt bis an den höchsten Rand,
   so nehmen wir ihn dankbar ohne Zittern
   aus Deiner guten und geliebten Hand.

4. Doch willst Du uns noch einmal Freude schenken
   an dieser Welt und ihrer Sonne Glanz,
   dann woll'n wir des Vergangenen gedenken,
   und dann gehört Dir unser Leben ganz.

5. Laß warm und hell die Kerzen heute flammen
   die Du in unsre Dunkelheit gebracht,
   führ, wenn es sein kann, wieder uns zusammen!
   Wir wissen es, Dein Licht scheint in der Nacht.

6. Wenn sich die Stille nun tief um uns breitet
   so laß uns hören jenen vollen Klang
   der Welt, die unsichtbar sich um uns weitet,
   all Deiner Kinder hohen Lobgesang.

7. Von guten Mächten wunderbar geborgen
erwarten wir getrost, was kommen mag.
Gott ist bei uns am Abend und am Morgen,
und ganz gewiß an jedem neuen Tag.

Sei mit Eltern und Geschwistern in großer Liebe und Dankbarkeit gegrüßt.
Es umarmt Dich
                                                          Dein Dietrich

Mit Dietrich Bonhoeffer im Gefängnis   90

Zum Text/ Problemfeldbeschreibung:	Einer der Mitgefangenen Bonhoeffers, Fabian von Schlabrendorff, erzählt zwei Ereignisse aus der gemeinsamen Zeit im Tegeler Gefängnis.
Stichworte:	Depression, Gefängnis, Gestapo, Hochverrat, Hoffnung, Mut, Trost, Zuversicht
Vorlesezeit:	6 Minuten
Vorlesealter:	ab 12 Jahren

Er ließ sich äußerlich nichts anmerken. Immer war er guter Laune, immer gleichbleibend freundlich und gegen jedermann zuvorkommend, so daß er zu meinem eigenen Erstaunen binnen kurzer Frist seine nicht immer von Menschenfreundlichkeit erfüllten Wächter psychisch kaptiviert hatte. In dem Verhältnis zwischen uns war bezeichnend, daß er eher immer der Hoffnungsvolle war, während ich zuweilen unter Depressionen litt. Immer war er es, der einem Mut und Hoffnung zusprach, der nicht müde wurde zu wiederholen, daß nur der Kampf verloren ist, den man selbst verloren gibt. Wieviel Zettel hat er mir zugesteckt, auf denen der Bibel entnommene Worte des Trostes und der Zuversicht von seiner Hand geschrieben waren. Auch seine eigene Lage schilderte er optimistisch. Wiederholt sagte er mir, die Gestapo sei seinen wesentlichen Dingen nicht auf der Spur... Was aber seine Auslandsreisen angehe und seine Zusammenkünfte mit englischen Kirchenführern, so gehe die Gestapo bisher an dem Kernpunkt vorbei. Nähme die Untersuchung keinen schnelleren Fortgang, so könnten bis zur endgültigen Durchführung noch Jahre vergehen. Er sei hoffnungsvoll, ja er gab sogar der Vermutung Ausdruck, daß er ohne Verfahren aus der Haft entlassen werden würde, wenn sich jemand von Einfluß fände, der den Mut hätte, sich bei der Gestapo für ihn zu verwenden. Auch seine Beziehung zu seinem Schwager, dem Reichsgerichtsrat von Dohnanyi, glaubte er einleuchtend und ohne Belastung für ihn dargestellt zu haben. Als Dohnanyi ebenfalls in das Gefängnis in der

Prinz-Albrecht-Straße eingeliefert wurde, gelang es Dietrich Bonhoeffer sogar, sich mit seinem Schwager zu verständigen. Dieser lag an beiden Beinen gelähmt auf einer Tragbahre in seiner Zelle, als wir nach einem Luftalarm aus unserem Betonbunker zurückkehrten. Plötzlich sprang Dietrich Bonhoeffer mit einer Behendigkeit, die ihm niemand zugetraut hätte, in die offene Zelle seines Schwagers. Wie durch ein Wunder sah es keiner der Wächter. Dietrich Bonhoeffer gelang auch der schwierigere Teil seiner Aufgabe, wieder unentdeckt aus der Zelle Dohnanyis herauszukommen und sich in den Zug der Gefangenen einzugliedern. Noch an demselben Abend erzählte er mir, er habe mit Dohnanyi alles Wesentliche über ihre weitere Aussage verabredet. Nur einmal meinte er, es sei eine kleine Verschlechterung eingetreten, man habe ihm mit der Verhaftung seiner Braut, seiner alten Eltern und seiner Schwestern gedroht, wenn er nicht mehr aussage. Da habe er den Augenblick für gekommen erachtet, offen zu bekennen, daß er ein Feind des Nationalsozialismus sei. Diese seine Haltung gründe sich auf seiner im Christentum wurzelnden Überzeugung. In der Sache selbst hielt er mir gegenüber die Ansicht aufrecht, daß es für eine Anklage wegen Hochverrats an allen Beweisen fehle...

Wie es einer solchen Zellennachbarschaft im Gefängnis entspricht, teilten wir auch in allen persönlichen und menschlichen Dingen Freud' und Leid. Die wenigen Sachen, die wir hatten und die uns von unseren Angehörigen ins Gefängnis gebracht werden durften, tauschten wir aus, wie es das gegenseitige Bedürfnis verlangte. Mit strahlenden Augen erzählte er mir von den Briefen seiner Braut und seiner Eltern, von deren Liebe er sich auch im Gefängnis der Gestapo umhegt und umsorgt fühlte. Wenn er am Mittwoch jeder Woche sein Wäschepaket ausgehändigt erhielt, dem auch Zigarren, Äpfel oder Brot hinzugefügt waren, so unterließ er es nie, mir noch am selben Abend in einem unbeobachteten Augenblick davon abzugeben; voll Fröhlichkeit, daß es auch im Gefängnis noch die Möglichkeit gebe, mitzuteilen und dem Nächsten zu helfen.

Als am 3. Februar 1945 vormittags ein Bombenangriff die City von Berlin in einen Schutthaufen verwandelte, brannten auch die Gebäude des Reichssicherheits-Hauptamtes aus. Wir standen eng aneinandergepreßt in unserem Luftschutzraum, als eine Bombe mit gewaltigem Krach den Bunker traf. Einen Augenblick schien es, als ob der Bunker zerbersten und die Decke auf uns herniederprasseln wollte. Der Bunker schwankte wie ein im Sturm hin- und hergeworfenes Schiff, aber er hielt. In diesem Augenblick zeigte Dietrich Bonhoeffer, was in ihm steckte. Er blieb vollkommen ruhig, verzog keine Miene, sondern stand unbeweglich und gelassen da, als ob nichts passiert wäre.

Fabian von Schlabrendorff

Bericht aus Flossenbürg 91

Zum Text/ Problemfeldbeschreibung:	Der Lagerarzt H. Fischer-Hüllstrung berichtet von der Hinrichtung Bonhoeffers.
Stichworte:	Gebet, Richtstätte, Urteil, Zelle, Flossenbürg
Vorlesezeit:	2 Minuten
Vorlesealter:	ab 14 Jahren

Am Morgen des betreffenden Tages etwa zwischen 5 und 6 Uhr wurden die Gefangenen, darunter Admiral Canaris, General Oster, General Thomas und Reichsgerichtsrat Sack aus den Zellen geführt und die kriegsgerichtlichen Urteile verlesen. Durch die halbgeöffnete Tür eines Zimmers im Barackenbau sah ich vor Ablegung der Häftlingskleidung Pastor Bonhoeffer in innigem Gebet mit seinem Herrgott knien. Die hingebungsvolle und erhörungsgewisse Art des Gebetes dieses außerordentlich sympathischen Mannes hat mich auf das Tiefste erschüttert. Auch an der Richtstätte selbst verrichtete er noch ein kurzes Gebet und bestieg dann mutig und gefaßt die Treppe zum Galgen. Der Tod erfolgte nach wenigen Sekunden. Ich habe in meiner fast 50jährigen ärztlichen Tätigkeit kaum je einen Mann so gottergeben sterben sehen.

H. Fischer-Hüllstrung

Der Gefängnispfarrer 92

Zum Text/ Problemfeldbeschreibung:	Marion Yorck von Wartenburg, deren Mann im Zusammenhang mit dem 20. Juli hingerichtet wird, wird im Rahmen der Sippenhaft ebenfalls in Haft genommen. Sie erfährt in der Haftanstalt große Unterstützung durch den Gefängnispfarrer Harald Poelchau.
Stichworte:	Gefängnis, Gefängnispfarrer, 20. Juli, Widerstand
Vorlesezeit:	6 Minuten
Vorlesealter:	ab 12 Jahren

In der Untersuchungshaft wurde ich nur ein einziges Mal verhört. Ich wurde abends vorgeführt. Es war ein kleiner Raum; wer mich verhört hat, weiß ich nicht. Ich habe alles abgestritten. Aber als ich in das Gefängnis kam, war ich eigentlich auch bereit zu sterben. Harald Poelchau, der Gefängnispfarrer, fragte mich auch bei seinem ersten Besuch: Weißt du auch, daß dies vielleicht dein letzter Aufenthaltsort auf dieser Welt ist? Ich sagte: Ich weiß.

Diese Zeit war eben deshalb so wichtig, weil ich so völlig vom Alltag, von der Familie, von den Freunden entfernt war. Du hast alles wie in einem Ofen in dir verschließen können: die Zweisamkeit mit Peter, alles, was mich getroffen hat, alles, was mich erhoben hat, alles, was ich erlebt habe. Ich war mit meinen Gedanken allein. Am ersten Tag lief ich natürlich wie ein gefangener Tiger in der Zelle herum, denn weil man sich nicht bewegen kann, möchte man am liebsten immer die Wände hoch wie die Tiere im Zoo. Aber das vergeht nachher. Man sitzt dann. Der Ausdruck „sitzen" stimmt genau.

Und am dritten Tag, oder nach einer Woche, jedenfalls an einem Mittwoch, kam Harald Poelchau. Es öffnete sich plötzlich die Tür, und er steckte seinen Kopf herein. Und das war für mich wunderschön, denn ich hatte doch gedacht, sie wären alle tot! Und nun kam Harald und erzählte mir, daß er noch mit Peter ein Vaterunser gebetet hätte, und: Weißt du, sagte er zu mir, ich glaube, er ist aus dem Gefühl der Gotteskindschaft nicht herausgefallen. Auch berichtete er, daß Peter ihm noch gesagt hätte, von den Freunden sei nichts, kein Name verraten worden. Poelchau war eigentlich Gefängnispfarrer in Tegel. Aber weil er zu allen Gefängnissen Zutritt hatte, ließ man ihn auch zu uns kommen. Darin war die Vorsteherin vom Gefängnis, der ich später bei ihrer Entnazifizierung geholfen habe, eine großartige Person. Denn Poelchau kam mit gewölbten Anzugtaschen, und darin steckten Kandiszucker und Mohrrüben, Honigsemmeln und ich weiß nicht was noch. So kam er jede Woche, und alles brachte er uns; auch Briefe, was ja streng verboten war. Oft gab es hinterher Kontrollen, und einmal dachte ich, um Gotteswillen, denn es war genau der Besuchstag vom Pfarrer, was passiert jetzt bloß. Denn man fraß das ja nicht so in sich rein, weil es so wenig zu essen gab, sondern man hob es auf, teilte es sich ein. Und da kam diese Kontrolle, und ich fürchtete für Harald. Aber wer auch immer kontrollierte: nichts kam heraus.

Harald Poelchau erscheint mir rückblickend wie eine Brücke zwischen dem Leben mit Peter und dem späteren in der Nachkriegszeit. Er war der erste, der mich im Gefängnis besuchte. Später war er hier in Berlin derjenige, der für alle Frauen und Witwen aus dem Widerstand mit Rat und Tat da war. Bei ihm und seiner Frau Dorothee lebten jahrelang die Töchter von Clarita Trott, als diese in Heidelberg Medizin studierte, und die Kinder hier in die Schule gingen. Er hat, meine ich, das Leben und die Charaktere dieser Kinder mit geprägt. Er war ein Mann, der stets bereit war, etwas für andere zu tun, und Dorothee war genauso. Ihr Haus in Zehlendorf stand für alle offen. Sie hatten sehr viele nahe Freunde. Er war ein Mensch, der sich bemühte, ein Christ zu sein, ohne es zur Schau zu stellen. Harald Poelchau ahnte viel von den Widerstandsbewegungen, aber „die Freunde" haben ihn nicht hineingezogen, weil er andere Aufgaben hatte. Er hat viele Juden und andere Verfolgte versteckt; nicht bei sich, aber er wußte immer Adressen, wo er das tun konnte. Seine Hauptaufgabe war aber die Seelsorge der Gefangenen, oft bis zu deren Tod. Jahre später hat er die Aktion Sühnezeichen mit aufgebaut. Er ist dann auch viel gereist und wurde oft nach Israel eingeladen, immer mit seiner Frau. Man hat ihm seien Einsatz gedankt. Die Gespräche, die Harald mit Peter und Helmuth vor dem Tod geführt hat, haben sicher auch die Abschiedsbriefe geprägt, jedenfalls den christlichen Ton. Er hat mir einmal gesagt: Man kann den Menschen, die vor der Vollstreckung ihres Urteils stehen und darauf warten müssen, noch immer am besten mit der Bibel helfen. So ist es ihm gelungen, sogar bei Menschen wie Theo Haubach, der sicher nichts vom Christentum wissen wollte, etwas auszurichten, und wie Helmuth Moltke, dessen Denken er in diese Richtung gelenkt hat. Schließlich war es auch Poelchau, der all diese Briefe unter Lebensgefahr aus dem Gefängnis geschmuggelt hat. Es brauchte ja bloß ein Nazi unter den Wachtmeistern zu sein, aber es ist gottseidank nichts passiert.

Marion Yorck von Wartenburg

Verurteilt zum Tod durch Erschießen 93

Zum Text/ Problemfeldbeschreibung:	Der Wehrmachts-Gefängnispfarrer Harald Poelchau aus Berlin hat viele zum Tod durch Erschießen Verurteilte in den letzten Stunden begleitet.
Stichworte:	Todesurteil, Tod, Erschießung, Seelsorge, Gefängnis, Ehre, Zeugen Jehovas, Fahnenflucht
Vorlesezeit:	11 Minuten
Vorlesealter:	ab 14 Jahren

Das Hitlerreich kannte drei offizielle Hinrichtungsarten: guillotinieren, erschießen und erhängen.

In meiner Eigenschaft als Wehrmachts-Gefängnispfarrer habe ich vielen Erschießungen beiwohnen müssen. Die Prozedur des Erschießens, das als „ehrenvoll" galt, zog sich qualvoll hin. Keine der anderen Hinrichtungsmethoden brauchte so langwierige Vorbereitungen.

Die Erschießung der Verurteilten aus den Berliner Wehrmachtsgefängnissen, das heißt: aus dem Gefängnis Tegel, dem Wehrmachtsflügel des Gefängnisses Lehrter Straße 3 und der Wehrmachtsarrestanstalt Lehrter Straße 61, fand bis zum Jahre 1944 durchweg auf den Schießständen Jungfernheide statt. Diese lagen am Tegeler Schießplatz, nicht weit von der Meckeritzbrücke. Es handelte sich um ein weites Gelände, auf dem ständig Truppen ausgebildet wurden.

Für die Dauer der Exekution räumte man zeitweilig einige Schießstände. Die Prozedur begann am frühen Morgen im Militärgefängnis mit der Fesselung des Gefangenen – eine halbe Stunde vor dem Abtransport. Er durfte seine Uniform tragen, aber ohne Rangabzeichen und Orden. Es geschah selten, daß ein einzelner Mann zur Hinrichtung bestimmt war. In der Regel wurden mehrere Verurteilte, drei bis vier, gleichzeitig in den Wagen geladen.

Der Wagen entsprach der „Grünen Minna", wie die Berliner den Transportwagen für Arrestanten nennen. Doch war er, als militärisches Fahrzeug, feldgrau gestrichen.

Er enthielt auf zwei langen Holzbänken an den beiden Innenwänden zwölf Sitzplätze und konnte, wenn er überfüllt war, bis zu zwanzig Personen fassen. Er hatte nach hinten hinaus ein kleines vergittertes Fenster.

Ich mußte im vollen Ornat erscheinen und nahm in der Nähe des Fensters Platz. Die Gefangenen saßen auf der gleichen Bank neben mir. Zwei oder drei mit Gewehren bewaffnete Soldaten stiegen zum Schluß ein.

Die Fahrt von Tegel bis zum Schießplatz schien kein Ende nehmen zu wollen. Dabei betrug die normale Fahrtdauer zehn bis zwölf Minuten. Aber für Menschen, die in den Tod fahren, gilt ein anderes Zeitmaß als das der Uhr.

Es fielen nicht mehr viele Worte. Was zu sagen war, war in der Zelle in der Nacht vorher ausgesprochen worden. Nur selten mußte ich noch Dinge notieren, die den Verurteilten am Herzen lagen – Grüße an Frauen und Kinder. Der einzige Liebesdienst, den ich noch erweisen konnte, bestand darin, daß ich den Männern immer wieder eine Zigarette zwischen die Lippen steckte, sie anzündete, sie wieder herausnahm und erneut gab. Die Gefangenen waren ja mit ihren auf dem Rücken gefesselten Händen hilflos.

Das Pflaster war schlecht. Der Wagen mußte langsam fahren. Ich sah durch das vergitterte Fenster. Der Weg rollte sich wie ein langes Band hinter uns ab. Ich sah plötzlich auftauchende Bäume, Passanten, Frauen mit Kinderwagen. Die Straßenbahnen, überfüllt, ratterten vorbei.

Der Wagen hielt nach Ewigkeiten, das Tor war erreicht. Die Wachen stiegen aus, Ausweise mußten vorgezeigt und geprüft werden. Wieder ein unerträglich langer Aufenthalt.

Dann fuhr der Wagen direkt vor die Schießstände.

Die Verurteilten wurden einzeln aufgerufen und einzeln abgeführt. Die übrigen hatten zu warten, bis sie an der Reihe waren. Es gab nur Einzelerschießungen.

Das Warten im dunklen, dumpfen Wagen gehört zu meinen schlimmsten Erinnerungen. Wie oft habe ich dieses Im-Wagen-Sitzen und -Warten mitmachen müssen! Wenn Katholiken als erste erschossen wurden, begleitete sie der katholische Geistliche, und ich blieb mit den mir Anvertrauten im Wagen.

Wir sahen, wie der Aufgerufene aus dem Wagen kletterte und von zwei Feldwebeln in Empfang genommen wurde, die ihn flankierten. Dann hörten wir, wie die Schritte sich entfernten. Wir saßen und warteten. Schleichende Minuten. Meine Armbanduhr tickte. Endlich – das Krachen der Salve, fast wie eine Erlösung. Manchmal danach – ein schrecklicher Schrei oder Stöhnen. Dann noch ein einzelner Schuß. Und dann war es still.

Wir saßen und warteten. Ich hörte das Atmen der Männer. Die Schritte ertönten wieder. Die Feldwebel holten den zweiten Mann ab. Der gleiche Vorgang – die Schritte, die Schüsse, die Stille. Und wir saßen und warteten. Der dritte Mann kam an die Reihe, der vierte Mann. Und der letzte hatte einen vielfachen Tod erfahren, ehe die Kugeln ihn trafen.

Wenn mein Mann aufgerufen war, stiegen wir aus dem dunklen Wagen. Die Morgensonne blendete uns. Die Feldwebel nahmen den Verurteilten in ihre Mitte. Ich folgte.

Er wurde in einen Hohlweg geführt, der sich etwa fünfzig Meter zwischen zwei Wällen hinzog. Unter dem Kommando eines Hauptmanns war eine Abteilung Soldaten von zehn bis zwölf Mann aufmarschiert.

Der Gerichtsherr las das Urteil noch einmal vor. Dann übergab er den Delinquenten dem Hauptmann zur Vollstreckung.

Der Hohlweg endete in einem Kugelfang aus Sand und Holzbohlen. Davor war ein Pfahl in die Erde gerammt. Man band den Verurteilten an den Pfahl.

Er konnte sich die Augen verbinden lassen, wenn er es wünschte. Sein letzter Blick ging über die Soldaten hinweg auf die Bäume und Sträucher des nahen Waldgeländes.

Das Hinrichtungskommando hatte in zehn Meter Abstand Aufstellung genommen. Das erste Glied legte im Knien an, das zweite Glied im Stehen. Die Gewehre richteten sich auf das Herz des Mannes am Pfahl.

Der Hauptmann gab den Befehl – die Salve krachte.

Der Tod trat in den meisten Fällen sofort ein. Aber doch nicht immer. Oft mußte der Schwerverwundete, der stöhnend in seinen Stricken hing, durch einen Gnadenschuß erlöst werden.

Die Leichen kamen ins Leichenschauhaus und konnten auf Antrag der Angehörigen freigegeben werden. Die Körper der Ausländer und der Nacht- und-Nebel-Gefangenen – von denen ich später berichten werde – schaffte man nach Döberitz zur Beisetzung auf dem Kriegsgefangenenfriedhof...

Welche Leute wurden nun durch Militärgerichte zum Tode des Erschießens verurteilt? Die Begründungen der Todesurteile waren verschiedener Art. Sehr häufig handelte es sich um „Fahnenflucht". Das war ein

Delikt, das in jedem einzelnen Falle einer besonderen Motivierung bedurft hätte. Es ist mir nicht immer gelungen, festzustellen, ob eine Fahnenflucht persönlich oder politisch motiviert war.

Eine große Gruppe unter den militärgerichtlich Verurteilten bildeten die Ernsten Bibelforscher, die meist nicht wegen „Kriegsdienstverweigerung", sondern schon wegen „Eidesverweigerung" verurteilt wurden. Sie gingen für ihre Überzeugung ohne Schwanken in den Tod.

Das Reichskriegsgericht hatte sich in den ersten Jahren des Krieges, 1939 bis 1940, nur schwer entschließen können, die Todesurteile an Bibelforschern vollstrecken zu lassen. Die Strafanstaltsgeistlichen wurden immer wieder ersucht, die Bibelforscher mit theologischen Argumenten zum Kriegsdienst zu überreden. Als Kriegsgegner konnte ich diesem Ersuchen nicht entsprechen. Andererseits lehnten die Bibelforscher die Geistlichen von vornherein als verdächtig ab, weil sie nicht Jehova dienten, sondern dem „Baal dieser Welt". Mir ist kein Fall bekannt geworden, wo die Bemühungen des Geistlichen oder auch der Verwandten zu einem „positiven" Ergebnis geführt hätten.

Harald Poelchau

94 Tochter eines Staatsfeindes

Zum Text/ Problemfeldbeschreibung:	Hertha von Klewitz, geb. Niemöller, die Tochter Martin Niemöllers, beschreibt ihre Kindheitserlebnisse mit der Bekennenden Kirche.
Stichworte:	Bekennende Kirche, Staatsfeind, Staatskritik, Hitlerjugend, SS, KZ, Fürbitte, Pfarrer, Familie, Gefängnis, Juden
Vorlesezeit:	8 Minuten
Vorlesealter:	ab 14 Jahren

Wie hatte Hertha Niemöller die BK-Zeit als Kind erlebt?

Eine der Vorstellungen unter uns Kindern war zum Beispiel die, daß Sitzen oder Gesessenhaben eine Ehre und Auszeichnung sei. Wenn wir Mädchen uns jüngere männliche Bekannte des Elternhauses auf künftige Eheverwendung hin ansahen, so hieß es: „Den kannst du ruhig heiraten – der hat schon gesessen."

Ansonsten kamen wir uns kolossal konspirativ vor, wenn wir etwa heimlich Briefe zu anderen Familien brachten, die wir dem politischen Widerstand gegen Hitler zuzählten. Das waren ja bestimmte Namen, die auch nach dem 20. Juli 1944 alle in den Prozessen auftauchten.

Bei Hausdurchsuchungen – nun gut – konnte man sich so'n Kribbeln in der Magengegend nicht verkneifen. Aber irgendwie war das auch ein Spiel: ein Spiel, das zwischen Erwachsenen stattfand und in das man ein bißchen mit einbezogen war. Ich erinnere mich, daß sich mein Bruder zum Beispiel immer ans Klavier setzte und Choräle spielte, als könne er so die Gestapo bekehren. Aber ich hatte niemals das Gefühl dabei, wirklich bedroht zu sein, wie ich es später dann empfunden habe. Es waren Ängste, doch keine Furcht!

Noch 1935 hatte Martin Niemöller seine Söhne bei der Hitlerjugend abgemeldet. Als er bereits inhaftiert war, forderte der „Bund Deutscher Mädchen" (BDM) seine Töchter mit Nachdruck auf, „Jungmädel" zu werden. „Ich erhielt eine sehr verständnisvolle Unterführerin", erzählte Hertha von Klewitz, „die genau wußte, daß der Vater im KZ saß. Sie legte mir nahe, nur jedes zweite Mal zum ‚Dienst' zu erscheinen. Eine große Versuchung wurde dann aber die Leichtathletik für mich. Und bei den Reichsjugendwettkämpfen in Breslau standen wir in der Jahrhunderthalle, alle mit der gleichen Kluft, sangen dieselben Lieder. Dann sprach Baldur von Schirach. Und ich mußte mich an der Bluse zupfen und mir sagen: ‚Irgendwas stimmt da doch nicht – dein Vater sitzt im KZ, und du machst hier mit!'

Die Gemeinde Dahlem setzte ihre abendlichen Fürbittgottesdienste fort, nachdem Niemöller verhaftet worden war und dann auch der Krieg begonnen hatte. Ebenso wurde die tägliche Morgenwache durchgehalten – wobei man sich nur für Augenblicke traf, um ein Bibelwort zu hören und gemeinsam zu beten. Aber sollte man die Namen der Inhaftierten weiterhin nennen und dadurch Verbote riskieren – oder besser nicht? Solche Fragen bewegten die Dahlemer BK-Gemeinde.

Während Niemöller im KZ saß, konnten im Pfarrhaus keine BK-Aktivitäten mehr stattfinden. Unter den Gemeindegliedern aber wuchs noch die Bereitschaft, gefährdete Juden zu verstecken oder außer Landes zu bringen. „Auch bei uns im Haus trafen sich viele mit dem ‚gelben Stern', die sich anderswohin nicht mehr getrauten", sagt Hertha von Klewitz. „Eine ganze Reihe getaufter Juden ließ sich nach Dahlem umgemeinden, weil man sich dort am sichersten glaubte."

Eines Abends kam Kurt Gerstein in einen Fürbittgottesdienst – dieser SS-Führer, dem Hochhuth im ‚Stellvertreter' ein Denkmal gesetzt hat. Über das fünfte Gebot, ‚Du sollst nicht töten', war gepredigt worden. Und nach dem Gottesdienst bekannte Gerstein: Er hätte den Auftrag, ich-weiß-nicht-wie-

viele Kilo Blausäure für die Vernichtung von Juden zu besorgen. Gersteins Schwester war durch das Euthanasieprogramm umgekommen, und daraufhin hatte er wohl geglaubt, die Sache von innen her ändern zu sollen. Dabei ist er zum Hygieneleiter für die Ostlager aufgestiegen.

Kurz vor Kriegsende hat uns Gerstein noch einen Bericht geschickt, in dem er die ganze Maschinerie darstellte. Die Anzahl der getöteten Menschen gab er mit elf Millionen an. Da war auch die Rampe geschildert – und wie die Leute dann in die Duschen abgekarrt wurden. Auf diese Weise wollte er das alles dokumentarisch werden lassen. Gerstein ist ja später in voller SS-Uniform verhaftet worden und in einem französischen Gefängnis umgekommen.

Dieser Mann war wirklich sehr zerstört. Im Rahmen seiner Möglichkeiten hatte er bestimmt allerlei getan. Aber was konnte er noch machen? Einzelnen helfen – schon; doch nicht mehr aufhalten, was geschah! Er hat gesagt: Er selbst wäre bereit, sich zu weigern – wenn er nur nicht genau wüßte, daß er damit seine eigene Familie umbrächte. Er war in diesen Apparat eingestiegen, um von innen her etwas zu beeinflussen. Und nun kam er da einfach nicht mehr heraus. Für mich als junges Mädchen war es besonders eindrücklich, daß er niemanden ansehen konnte. Gerstein war ein Mensch, der ständig weggeguckt hat.

Das Dahlemer Elternhaus befand sich inmitten einer Gemeinde, die alle Familienangehörigen stark mitgetragen hat. „Wir fürchteten eigentlich niemals", sagt Hertha von Klewitz, „daß aus der Gemeinde selbst irgendwelche Bedrohung kommen könne." Ihre Eltern nennt sie „fromm, ohne bigott zu sein". Die Familien- und Gemeindeatmosphäre habe ihr stets ein „Gefühl von Festigkeit" vermittelt. Sie war sicher, daß ihr wirklich nichts passieren könne, was Gott nicht mir ihr vorhabe. In solcher Vorstellung waren alle „diffusen Ängste" aufgehoben.

Wenn man mich fragt, so kann ich nur bestätigen, daß ich eine außerordentlich glückliche Kindheit hatte. Und ich glaube: Das würden auch meine Geschwister bestätigen – obwohl wir einen Vater hatten, der als Staatsfeind galt und so behandelt wurde. Nur hat das eben keiner von uns geglaubt.

Wolfgang See/Hertha von Klewitz

„Grob ist mir viel lieber, wenn es ehrlich ist" 95

Zum Text/ Problemfeldbeschreibung:	Der regimekritische Jesuitenpater Rupert Mayer äußert auch als Angeklagter vor Gericht noch unverhohlen seine Meinung.
Stichworte:	Jesuit, Pater, Gericht, Wahrheit, Mut
Vorlesezeit:	5 Minuten
Vorlesealter:	ab 12 Jahren

Nichts charakterisiert den „Wahrheitsfanatiker" Mayer besser als seine geradezu bühnenreifen Dialoge mit dem Gerichtsvorsitzenden, der sich manchmal mit hintergründiger List, manchmal naiv-treuherzig um diesen bockigen Angeklagten bemühte. Da ging es zum Beispiel um Mayers auf der Kanzel geäußertes Urteil, die Erziehungsberechtigten seien „gegen alles Recht und Gesetz" um die Konfessionsschule gebracht worden. „Ja, das geht doch nicht", tadelte ihn der Vorsitzende väterlich.

Darauf Mayer lakonisch: „Das geht auch nicht."

Der Vorsitzende: „Das kann der Staatsanwalt sich doch nicht gefallen lassen, da mag er noch so katholisch eingestellt sein. Man soll es halt nicht machen, gegen Gesetze verstoßen."

Pater Mayer: „Das ist sehr schwer!"

Der Vorsitzende, geduldig: „Natürlich ist das sehr schwer. Mit der Zeit kommen wir schon zusammen. Sie sollen nicht in Ihrem Recht beschnitten werden, als Priester ihr Recht zu vertreten. Aber diese Ausfälle hier nebenbei gegen den Staat..."

Pater Mayer: „Mir kommt es viel ehrlicher vor, als wenn ich durch alle möglichen Phrasen mich durchwinde, um dann das gleiche zu sagen. Hier wissen die Leute, so ist es, und es ist auch so."

Der Vorsitzende: „Es muß halt eine gewisse Form haben."

Pater Mayer: „Grob ist mir viel lieber, wenn es ehrlich ist."

Oder Rupert Mayers bekannte Äußerung über das „ekelerregende" Schrifttum der Nazis; natürlich wurden ihm auch diese Sätze vorgehalten. Das sei schon „arg scharf" gewesen, aber er bestreite es doch nicht?

Pater Mayer: „Nein! Ich habe es gesagt. Wahr ist es!"

Der Vorsitzende, begütigend: „Da sind Sie halt schlecht aufgelegt gewesen, wie Sie das gesagt haben."

Damit brachte er den Jesuiten erst recht auf die Palme: „Da war ich noch gut aufgelegt, das bin ich immer – aber lesen Sie einmal das ‚Schwarze Korps'* besonders nach der religiösen Seite hin!"

---

* Zeitschrift der SS

Der Vorsitzende: „Sie tun ja, als ob das nationalsozialistische Schrifttum gar nichts wert wäre."

Pater Mayer: „Nach der religiösen Seite hin ist es auch nichts wert!"

Und auf den Vorwurf, er habe den Reichspropagandaminister Goebbels auf der Kanzel durch den wiederholten Ausruf beleidigt „Die Lüge hinkt durch die Welt" (Goebbels war leicht gehbehindert), entgegnete Mayer ebenso unerschrocken wie schlau:

„Aber lügt denn der Herr Reichsminister?"

Andere wären zusammengebrochen, hätten Besserung gelobt und um ein mildes Urteil gebeten. Rupert Mayer dachte gar nicht daran. Was wahr sei, müsse man auch sagen dürfen, bekräftigte er, „und deutsch sein, heißt wahr sein, gell, Herr Vorsitzender!" Womit er sich wieder einmal höchst maliziös auf ein geflügeltes Wort des „Führers" berufen hatte.

Christian Feldmann

96 Im Angesicht des Todes

Zum Text/ Problemfeldbeschreibung: Der Jesuit Alfred Delp, wegen seiner Beteiligung am Widerstand gegen den Nationalsozialismus zum Tod verurteilt, ruft sich in der Gefängniszelle noch einmal die Gerichtsverhandlung in Erinnerung.

Stichworte: Jesuit, Widerstand, Todesurteil, Tod, Gefängnis, Gericht

Vorlesezeit: 5 Minuten

Vorlesealter: ab 14 Jahren

Das ist ein eigenartiges Leben jetzt. Man gewöhnt sich so schnell wieder an das Dasein und muß sich das Todesurteil ab und zu gewaltsam in das Bewußtsein zurückrufen. Das ist ja das Besondere bei diesem Tod, daß der Lebenswille ungebrochen und jeder Nerv lebendig ist, bis die feindliche Gewalt alles überwältigt. So daß die gewöhnlichen Vorzeichen und Mahnboten des Todes hier ausbleiben. Eines Tages wird eben die Tür aufgehen und der gute Wachtmeister wird sagen: einpacken, in einer halben Stunde kommt das Auto. Wie wir es so oft gehört und erlebt haben.

Eigentlich hatten wir damit gerechnet, gleich am Donnerstag abend nach Plötzensee gefahren zu werden. Wir sind anscheinend die ersten, bei denen wieder Fristen eingehalten werden. Oder ob es die Gnadengesuche schon waren? Ich glaube nicht. Dort ist alles Subjektivität, nicht einmal amtliche, sondern ganz personale Subjektivität. Der Mann (Freisler) ist gescheit, nervös, eitel und anmaßend. Er spielt Theater, und der Gegenspieler muß unterlegen sein. Wo dies schon im Dialog geschieht, kommt die Überlegenheit des Gnädigen zu Geltung und Wirkung.

Ich kam mir bei der ganzen Sache eigentlich recht unbeteiligt vor. Die Mitrichter, das „Volk" am Volksgericht waren gewöhnliche, dienstbeflissene Durchschnittsgesichter, die sich in ihrem blauen Anzug sehr feierlich vorkamen und sehr wichtig neben der roten Robe des Herrn Vorsitzenden. Gute, biedere SA-Männer, die die Funktion des Volkes: Ja zu sagen, ausüben.

Es ist alles da, es fehlt nichts: feierlicher Einzug, großes Aufgebot von Polizei, jeder hat zwei Mann neben sich; hinter uns das „Publikum": meist Gestapo usw. Die Gesichter der Schupos gutmütig-gewohnt-gewöhnlich. Das Publikum hat durchschnittlich den Typ des „einen" Deutschland. Das „andere" Deutschland ist nicht vertreten oder wird zum Tode verurteilt. Eigentlich fehlte noch eine Ouverture zu Beginn und ein Finale zu Ende oder zumindest Fanfaren.

Die Verhandlung selbst war geschickt und raffiniert gestellt. So raffiniert, daß keiner mit dem zu Wort kommen konnte, was den anderen entlastete oder ihm selbst von Vorteil war. Es wurde genau das und nur das gefragt und zur Aussage zugelassen, was nach der gerade gültigen These langt zum Verurteilen.

Unsere Verhandlung war gestellt auf Moltkes und meine Vernichtung. Alles andere waren Kulissen und Statisten. Ob Sperr auch fallen würde, war trotz der Sachlage bis zum Ende offen. Als die Verhandlung mit mir eröffnet wurde, spürte ich bei der ersten Frage die Vernichtungsabsicht. Die Fragen waren schön geordnet, auf einem Zettel präpariert. Wehe, wenn die Antworten anders ausfielen als erwartet. Das war dann Scholastik und Jesuitismus. Überhaupt ist das so, daß ein Jesuit mit jedem Atemzug ein Verbrechen tut. Und er kann sagen und beweisen und tun, was er will: er ist eben ein Schuft und es wird ihm nichts, gar nichts geglaubt.

Die Beschimpfungen von Kirche, Orden, kirchengeschichtlichen Überlieferungen etc. waren schlimm. Ich mußte eigentlich an mich halten, um nicht loszuplatzen. Aber dann wäre die Atmosphäre für alle verdorben gewesen. Diese herrliche Gelegenheit für den großen Schauspieler, den Gegenspieler für einen gescheiten, überragenden, verschlagenen Menschen zu erklären und sich dann so unendlich überlegen zu zeigen. Es war alles fertig, als er anfing. Ich rate allen meinen Mitbrüdern dringend ab, sich dahin zu begeben. Man ist dort kein Mensch, sondern „Objekt". Und dabei alles unter einem inflationistischen Verschleiß juristischer Formen und Phrasen. Kurz zuvor las ich bei Plato: Das ist das höchste Unrecht, das sich in der Form des Rechtes vollzieht.

Alfred Delp

97 Das Opfer

Zum Text/ Problemfeld beschreibung:	Der Augenzeugenbericht schildert die Opfertat des polnischen Franziskanerpaters Maximilian Kolbe für einen im KZ Auschwitz zum Tode verurteilten Mitgefangenen. Pater Kolbe erleidet an seiner Stelle den Hungertod.
Stichworte:	Auschwitz, Konzentrationslager, SS, Flucht, Opfer, Hungertod
Vorlesezeit:	5 Minuten
Vorlesealter:	ab 12 Jahren

Abendappell! Ungewißheit und banges Zittern bannt die vor Erwartung erstarrten Gefangenen des Lagers Auschwitz. Gegen 21 Uhr lösen sich die Blocks zur Essensausgabe auf, ausgenommen ist Block 14. Bei den Erntearbeiten ist es einem Häftling gelungen, zu fliehen – eine Flucht mit böser Auswirkung für die Mitgefangenen. In Auschwitz gibt es ja die bestialische Methode der Dezimation: Sollte sich der Geflohene nicht finden lassen, müssen zehn andere für ihn in den Tod gehen. – Hungernd ziehen sie am späten Abend in die Baracke; Grauen liegt über Block 14.

Am nächsten Morgen gehen die anderen Blocks zur Arbeit. Block 14 jedoch bleibt in Reih und Glied auf dem Lagerhof, den ganzen Tag unter der brennenden Sonne – fürchterliche Stunden! In einer halbstündigen Pause gegen 15 Uhr kommt endlich das verspätete Mittagessen. Die SS will den Block doch wenigstens bis zum Abend „retten", trotzdem steigt bis Sonnenuntergang die Zahl der Ohnmächtigen. – Wiederum allgemeiner Abendappell. Leid blickt dem Leid in die Augen. – Der Lagerkommandant Fritsch, eskortiert von bewaffneten SS-Leuten und begleitet vom Offizier Palitsch, gibt Befehl: „Stillgestanden! Da der gestrige Flüchtling noch nicht zurückgekehrt ist, werden zehn von euch sterben."

Tiefes Schweigen, Zittern, ratlose Blicke, Gedanken jagen sich: Wer wird es sein, wen erwischt es, vielleicht gar mich?

Der Kommandant schreitet den Block ab. Willkürlich deutet er mit dem Finger auf Gefangene. Palitsch notiert die Namen. – Die erste Reihe, die zweite, die dritte ... bis die Schreckenszahl voll ist. – Sie atmen auf, die Verschonten; klagend verabschieden sich die ‚Verurteilten'. „Meine arme Frau, meine armen Kinder, was wird mit meiner Familie", stöhnt der Unteroffizier Franz Gajowniczek.

Die zehn Todeskandidaten sind schon vom Block 14 abgesondert. – Dr. Nicetus Franz Wlodarski, Arzt, KZ-Häftling Nr. 1982: „Nach der Wahl von zehn Gefangenen trat P. Maximilian aus der Reihe heraus, nahm die Mütze vom Haupt und stellte sich gerade vor dem Kommandanten. Überrascht wandte dieser sich ihm zu: ‚Was will dieses polnische Schwein?'

P. Maximilian zeigte mit der Hand auf den schon zum Tode bestimmten Gajowniczek und erwiderte:

‚Ich bin ein katholischer Priester aus Polen; ich möchte seine Stelle einnehmen, weil er Frau und Kinder hat.'

Vor Betroffenheit schien der Kommandant nicht mehr sprechen zu können. Nach einem Augenblick gab er mit der Hand ein Zeichen. Er sagte nur ein Wort: ‚Weg!'

Gajowniczek erhielt den Befehl, in die Reihe zurückzukehren, die er eben verlassen hatte. – In dieser Weise nahm P. Maximilian den Platz des Verurteilten ein. – Der Abstand zwischen mir, Fritsch und P. Maximilian betrug nicht mehr als drei Meter."

Über die Wirkung dieser Tat berichtet Dr. Josef Sobolewski, Jurist, KZ-Häftling Nr. 2877:

„Die Tatsache, daß P. Maximilian Kolbe sich für einen anderen Gefangenen geopfert hat, rief die Bewunderung und Achtung der Häftlinge hervor, während sie bei der Lagerleitung Verwirrung auslöste. Das war in der Geschichte des KZ Auschwitz der einzige Fall, in dem ein Inhaftierter von sich aus sein eigenes Leben für einen Gefangenen opferte. – Nach Ende des Appells wurden die Verurteilten unter Begleitung in den Bunker geführt, den Hungertod zu sterben.

Franz Wlodarski/Josef Sobolewski

Priester Jan Marszalek 98

Zum Text/ Problemfeldbeschreibung:	Der katholische Priester Jan Marszalek aus Tarnow überlebte wie durch ein Wunder vier Jahre Auschwitz und Dachau, obwohl er immer wieder mit dem Tod bedroht wurde. Er erzählt, was ihm in dieser schweren Zeit die Kraft zum Überleben gab.
Stichworte:	Hoffnung, Gebet, Christus
Vorlesezeit:	3 Minuten
Vorlesealter:	ab 14 Jahren

„Bis zum Sommer 1943 habe ich nicht geglaubt, daß ich das Lager überstehen würde, und ich weiß nicht, ob irgend jemand in dieser Zeit daran geglaubt hat. Und doch hat sich der Mensch unbewußt an diese Hoffnung geklammert, denn wenn es sie nicht gegeben hätte, wenn ich überhaupt keine Hoffnung gehabt hätte, wäre ich sicher zusammengebrochen und erledigt gewesen.

Besonders in dieser schwierigsten Phase des Lagerlebens war es mein Prinzip, den begonnenen Tag zu überstehen. Nicht daran zu denken, was morgen sein würde, in einer Woche, in einem Monat, in einem Jahr. Jeden Tag als ein Geschenk Gottes anzunehmen.

Ich habe mir keine Illusionen gemacht. Die einzige Flucht vor der Realität bestand darin, daß ich mich für kurze Zeit in eine innere Welt zurückzog, in die Welt des Gebets, obwohl auch der Kontakt zu Gott nicht ohne spezifische, lagerbedingte Schwierigkeiten war. Von Ekstasen, Verzückungen konnte bei mir natürlich überhaupt keine Rede sein, es gab das Gebet, das nicht selten mühsam war, voller Fragen und Vorwürfe an Gott, aber auch voller Demut und Dankbarkeit für jeden Tag, den ich erleben durfte.

Eines hat mich immer entzückt. Die Vereinigung im Leiden mit dem rettenden Golgatha Christi zur Erlösung der Menschheit, besonders von diesen sich vor meinen Augen vollziehenden Verbrechen. Je länger ich darüber nachdachte, um so mehr bejahte ich die Notwendigkeit dieser schwierigen Sühne."

Jan Marszalek

99 Begegnung mit Gertrud Luckner

Zum Text/ Problemfeldbeschreibung:	Gertrud Luckner organisiert innerhalb der Caritas Freiburg die „Kirchliche Kriegshilfsstelle", die ab 1939 vor allem jüdische Mitbürger unterstützt.
Stichworte:	Erzbischof Gröber, Caritas, Konzentrationslager, Juden, Flucht, Nächstenliebe, Ravensbrück, Gestapo
Vorlesezeit:	7 Minuten
Vorlesealter:	ab 14 Jahren

Als ich mit Dr. Gertrud Luckner über die Halden des Schauinsland wanderte, fragte ich sie: „Frau Dr. Luckner, wollen Sie mir Ihre Geschichte erzählen? Sehen Sie, ich bin wirklich ein bißchen konfus hier in Deutschland, Menschen Ihres Schlages von Ihrer sittlichen Größe und Ihrem Verständnis für das deutsch-jüdische Problem zu finden."

Dr. Luckner wehrt ab. „Wissen Sie denn nicht, daß der Dompropst Bernhard Lichtenberg als einer der ganz wenigen in der Berliner Hedwigs-Kathedrale öffentlich für die Juden und die anderen Gefangenen in den Konzentrationslagern gebetet hat und deswegen am 23. Oktober 1941 von der Gestapo verhaftet wurde und auf dem Transport nach Dachau starb?" – „Nein, ich wußte das bisher nicht. Aber was ist Ihre eigene Geschichte?"

Gertrud Luckner wurde in England geboren, lebt aber seit ihren Kindheitstagen in Deutschland, ihre Studienstätten – sie studierte Volkswirtschaft und spezialisierte sich auf sozialem Gebiet in den Ideengängen der englischen Selbsthilfe – waren Königsberg-Ostpreußen, Frankfurt am Main, Birmingham-England und dann Freiburg im Breisgau. Diese mittelalterlich anmutende Stadt mit ihrem unversehrten gotischen Münster wurde ihr Wirkungsfeld.

Dr. Luckner interessierte sich für internationale Arbeit, für Arbeit der Verständigung. Sie gehörte zu Pater Stratmanns „Friedensbund der deutschen Katholiken". Seit 1933 ist sie mit der Arbeit des Deutschen Caritas-Verbandes in Freiburg verbunden.

Als 1939 der Krieg ausbrach, organisierte Dr. Gertrud Luckner mit dem Einverständnis und Segen des Erzbischofs Conrad Gröber innerhalb des Caritas-Verbandes eine „Kirchliche Kriegshilfsstelle". Diese „Kirchliche Kriegshilfsstelle" wurde mehr und mehr jenes Instrument der Katholiken in Freiburg, „Nichtariern – ob sie nun christlich geworden waren oder nicht –" zu helfen. Der Motor hinter dieser Arbeit war jene kleine, energiegeladene, wundervolle Frau: Gertrud Luckner.

Während meine Augen über Täler und Höhen des Schwarzwaldes streifen, erzählt Frau Luckner mir, wie sie zunächst Geld und Pakete an die Deportierten nach Litzmannstadt schickte, als man glaubte, daß das noch Sinn und Zweck hätte. „Aber dann gingen wir zur Rettungsarbeit über, halfen Juden über die Grenze (Freiburg ist nur eine Bahnstunde von Basel entfernt). Wir versuchten jedes Mittel", und lächelnd fügte sie hinzu, „wir wandten jeden Trick an, um der Gestapo ein Schnippchen zu schlagen."

Ich unterbrach diese außergewöhnliche Frau, die in Erinnerung an die leidvolle Vergangenheit traurig geworden ist: „Sagen Sie mir, Frau Dr. Luckner, im jüdischen Lager weiß man natürlich von der Hilfe katholischer kirchlicher Kreise, und jüdische Organisationen, wie z. B. der Jüdische Weltkongreß, haben das bei der höchsten Autorität der Katholischen Kirche dankbar anerkannt. Aber eine Frage wird immer wieder gestellt: Standen nicht hinter dieser Arbeit missionäre Absichten?"

„Nein", erwidert Dr. Luckner. „Unser Kreis hier in Freiburg tat diese Arbeit ohne jegliche Missionsabsichten. Der Erzbischof stellte mir große Summen zur Verfügung, und er fragte nicht, wie und für wen das Geld verwendet wurde." Diese Frau stand mit jüdischen Gruppen in Berlin und vielen anderen Orten in Verbindung, bis am 5. November 1943, als sie 5000 Mark den Juden nach Berlin bringen wollte, die Gestapo sie aus dem Zug verhaftete und in das Konzentrationslager Ravensbrück brachte.

„Monatelang war ich in Untersuchungshaft, bis mir eines Tages mitgeteilt wurde, daß ich abtransportiert werden würde. Ich wußte, daß Rabbiner Leo Baeck in Theresienstadt war, und so bat ich, ob ich nicht zu meinen jüdischen

Freunden gebracht werden könnte. Aber der Kommissar antwortete höhnisch: „Für Sie, Judenfreundin, haben wir was Besseres" – und das war Ravensbrück."

Gertrud Luckner litt für ihre Hilfe an den Juden bis zum 3. Mai 1945 in Ravensbrück. Sie zieht aus ihrer Tasche ein Schreiben, gezeichnet von „Conrad, Erzbischof" und datiert 6. Juni 1946. Erzbischof Gröber schrieb kurz vor seinem Tode über Frau Luckner: „Sie hat treu und ungemein opferwillig für die Nichtarier, ob sie nun christlich geworden waren oder nicht, sowie für die übrigen vom Nationalsozialismus Verfolgten gearbeitet. Im März 1943 wurde dieser erfolgreichen Tätigkeit durch ihre Verhaftung ein Ende gesetzt."

Sie wußte, daß die Gestapo längst ein Auge auf sie geworfen hatte, aber sie bestieg den schicksalhaften Zug, der sie über die Gestapokeller nach Ravensbrück führte. „Warum gingen Sie", frage ich, „da Sie doch wußten, daß Sie von Hitlers Henkern beschattet wurden?" – „Kein anderer hatte die Kontakte; ich mußte meine Pflicht tun", lautete ihre Antwort.

Dieses Gewissen der Pflichterfüllung entschied für sie, in Deutschland zu bleiben und an der Versöhnung des alten und neuen Gottesvolkes zu arbeiten – nachdem sie nach Überwindung mancher Abenteuer ausgemergelt, krank und müde eines Abends nach Freiburg an ihre alte Wirkungsstätte zurückkehrte. Es ist die logische Fortsetzung der Arbeit, der Frau Dr. Luckner ihr Leben geweiht hat.

Kurt R. Grossmann

100 Ein Christenfest

Zum Text/ Problemfeldbeschreibung:	Zu dem großen Treffen der evangelischen Mädchen jeweils am Pfingstsonntag kommen im Laufe der Jahre immer mehr Besucherinnen. Die Versammlungen werden zu christlichen Bekenntnissen – hier ist wirklich Pfingsten geworden.
Stichworte:	Treffen der evangelischen Mädchen, Pfarrhaus, Helferinnen, Pfingsten, Bekenntnis, Gestapo
Vorlesezeit:	13 Minuten
Vorlesealter:	ab 13 Jahren

Der Pfarrgarten zu Köngen erblühte in der Pracht des Frühlings. Darum erbat sich eine Nachbarin vom duftenden Flieder einen Brautstrauß für eine Hochzeit in einer benachbarten Gemeinde. Gern wurde der Strauß gewunden, obwohl gerade an diesem Pfingstsamstag alle Hände im Pfarrhaus voll beschäftigt waren.

In zwei Tagen – am Pfingstmontag – war (wie in allen Kriegsjahren) das große Treffen der Evangelischen Mädchen angesagt. Das mußte vorbereitet werden. Im Vorjahre waren es schon über 500, die zusammenkamen. Für dieses Jahr hatten sich noch weit mehr bei Frau Pfarrer Stöffler angemeldet. Der Landesjugendpfarrer hatte eingeladen; aber sie mußte mit ihren Töchtern und den verantwortlichen Helferinnen am Ort alles besorgen. Was gab es da nicht alles zu bedenken! Die Kirche auf dem Berge über dem Neckartal war für den ganzen Tag als Versammlungsstätte vorgesehen. Solange nur 500 bis 1000 kamen, war genug Platz vorhanden. Aber nun hatten sich über 1500 angemeldet. Aller Scharfsinn mußte herhalten, um die „Überzähligen" unterzubringen. Von der Turnhalle am Ortsausgang her bewegte sich ein merkwürdiger Zug durch den Ort zur Kirche hin. Jungscharmädchen schafften auf ihren Köpfen die fehlenden 500 Stühle herbei. Bis zum Samstagabend war die Sitzfrage gelöst. Aber nun stellte sich schon das nächste Problem, wie einst bei der Speisung der Tausende: „Wo sollen sie sich lagern? Womit sollen wir sie speisen?"

Der große Pfarrgarten konnte zwar ein großes „Heerlager" aufnehmen. Das freundliche Pfingstwetter hätte auch solche Zusammenkünfte im Freien zugelassen. Jedoch schien es nicht geraten, vor den Augen der Öffentlichkeit zu viel zu unternehmen. Mißgünstige Aufpasser waren unterwegs, die nur darauf lauerten, eine Gesetzwidrigkeit festzustellen. Dann wäre der willkommene Anlaß gegeben, dieses Pfingsttreffen aufzuheben und zu verbieten.

So wurde das Pfarrhaus zum größten Gasthaus im Lande umgekrempelt. Da sah es dann am Pfingstsamstag aus wie bei einem Möbelwagen-Umzug. Die Hausbewohner zogen sich für drei Tage in den hintersten, das heißt obersten Winkel des Pfarrhauses zurück und kampierten auf dem Dachboden. In neun Räumen wurde der Tisch gedeckt. Sitzgelegenheiten, soweit sie nicht schon vorhanden waren, mußten zur Essenszeit aus der Kirche beschafft werden. Nach genauem Essensplan wurden 1500 in der Mittagspause von 12 bis 14 Uhr abgefertigt. Teller, Geschirr und Löffel hatten hilfsbereite Hände aus Gasthöfen und Häusern herbeigebracht.

Das Essen verlief nicht wie eine Massenabfütterung, sondern wie ein Familienfest. Ein Mädchen hatte sich bei Bekannten im Ort zum Mittagessen angemeldet, kam aber dann anschließend ins Pfarrhaus, um an dem großen Essen teilzunehmen. Sie entschuldigte sich vielmals bei den Gastgebern, daß sie nun auch bei diesem Essen mitgemacht habe. Sie erklärte ganz offen: „Hier ist nicht bloß ein Essen; sondern ein Christenfest." Hier hat man gesungen und gebetet, und nochmals gesungen und das Dankgebet gesprochen. Alles ging reibungslos vonstatten. Es gab keine Scherben, und alle Löffel, auch die silbernen, konnten den Haushalten wieder zurückgegeben werden. Als die Nächsten zum Tisch traten, waren die Teller wieder gedeckt. Nebenher hatten flinke Hände abgedeckt und gespült. Das war ein Fest der Christen, die einander halfen, wo sie konnten, die sich aneinander freuten und Freude machten. Es schmeckte allen „auch bei geringem Mahl". Es gab ja nur Grießsuppe und Fleischbrühe. Das Brot hatten die meisten selber mitgebracht. Das alles genügte, um satt zu werden; denn die Freude, dabei zu sein, stärkte noch mehr.

Schon am Samstagnachmittag wurde die Fleischbrühe – 4 Stunden lang – vorgekocht und dann in großen Metzgerwannen für das Fest bereitgestellt. Ähnlich verfuhren die unermüdlichen Köchinnen mit der Grießsuppe. Das ganze Haus war erfüllt vom Duft der Küche. Die Pfarrfamilie hatte seit Weihnachten sich die Fleischmarken abgespart und zusammengetragen, um eine Essensgrundlage zu sichern. Um so mehr regte dieses ungewohnte Aroma der Fleischbrühe den Appetit an. Ob vielleicht am Ende noch ein Rest vom Siedfleisch übrig bleiben würde? An Eiern und Schnittlauch wurde das Nötige beigegeben. Darum brauchte man Expertinnen zum Eierzerschlagen und Schnittlauchschneiden. Ein jeder der mehr als 100 hilfsbereiten Geister aus dem Ort hatte seine Aufgabe zugeteilt bekommen. Wenn zur nächtlichen Stunde abgelöst wurde, dann weckte sogar ein Posaunenruf zum „nächtlichen Tagwerk". Neutestamentliche Bilder standen auf: „Ihr seid Kinder des Lichts. Wir sind nicht von der Nacht, noch von der Finsternis. So lasset uns nicht schlafen wie die andern, sondern lasset uns wachen und nüchtern sein" (1. Thess. 5,5.6).

Am Pfingstmontag war dann die Stunde gekommen. Mädchen aus Köngen empfingen am Ortseingang die vielen, die zu Fuß oder mit dem Rad eintrafen. Auf einem Einführungszettel stand alles Wissenswerte – bis hin zum Luftschutzkeller, der für jeden einzelnen ausgewiesen werden mußte. Beim letzten Treffen im Kriege – am Nachmittag des Pfingstmontags 1944 – wurde es tatsächlich Ernst. Alarmsirenen kündigten den Anflug feindlicher Flieger an. Die 1500 Mädchen in der Kirche hatten so laut gesungen, daß sie den ganzen Alarm überhört hatten. So blieben sie seelenruhig beisammen, „priesen und lobten Gott" und hörten zu, wie ihnen Lebensbilder von Christuszeugen vorgestellt wurden und Pfarrer Stöffler in feinsinniger Weise Lichtbilderreihen zu Fragen des Glaubens zeigte. Als dann die Stunde des Abschieds schlug und sie aus der Geborgenheit des Gotteshauses heraustraten, hörten sie zu ihrem Staunen den langgezogenen Ton der Entwarnung der Luftgefahr.

Erregende Stunden waren vorangegangen. Es war wirklich Pfingsten geworden, ein Christenfest, an dem Gottes Geist die Regie führte. Ein Leuchten ging über die Gesichter. Manfred Müller, der damalige Landesjugendpfarrer, hatte (nach dem Gottesdienst) den Anruf der Bibel an jeden einzelnen weitergegeben. Später hat Hellmut Pfeiffer, als sein Nachfolger, diesen Dienst getan. Hermann Stern weckte die Geister mit immer neuen Liedern. Nicht nur die Wände, auch die Herzen gaben den frohen Widerhall wieder.

Nur nicht bei allen. Unauffällig hatten sich auch zwei unbekannte Herren in den Hintergrund gesetzt. Gelegentlich nahmen sie ihre Notizbücher und zückten ihre Bleistifte. Dann erkundigten sie sich bei ihren Nebensitzerinnen. Einzelheiten wollten sie wissen: Woher sie kämen? Ob sie gemeinsam in Gruppen gefahren oder gewandert seien? Harmlos hörten sich diese Fragen an. Diese zwei Herren der Geheimen Staatspolizei tauchten im Verlauf des Tages immer wieder an anderer Stelle auf. Schließlich stellten sie den Pfarrer selbst. Irgendwo mußte doch noch eine Unregelmäßigkeit zu entdecken sein! Dann wäre ein Grund gegeben, das Christenfest ein für allemal zu verbieten. Gegen die Veranstaltung in der Kirche konnte man nicht einschreiten. Diese war durch den Jugendvertrag zugestanden. Solche „Dankfeiern der Jugend" wurden als Bezirkszusammenkünfte hin und her in den Kirchen abgehalten. Dabei pflegten die einzelnen Jugendkreise ihre Dankesgaben mit einem biblischen Wort zu überreichen. Gegen die Gottesdienste konnte die Gestapo nicht angehen. Agenten hatten nur genau zu überwachen, was gesagt wurde. Bei irgendeiner Verhandlung tauchten dann die gemachten Notizen als Anklagebelege auf.

Das Christenfest war vorüber. Nun wurden die Gastgeber verhört: „Woher haben Sie das Fleisch, die Eier und sonstigen Zutaten? Natürlich, gesammelt! Das ist ein Vergehen gegen das Sammlungsgesetz." Pfarrer St. gab Bescheid: „Wir haben nichts gesammelt. Wir haben selbst – seit Weihnachten – uns die Fleischmarken abgespart – und so auch mit den andern Sachen. Mancher hat von sich aus etwas dazugegeben." „Das läßt auf Schwarzschlachten schließen", meinte der Gestapomann, „das müssen wir noch näher untersuchen." Mit immer neuen Fragen rückten die Fahnder heraus. Irgendein Grund zur Anzeige mußte doch zu finden sein!

Währenddessen meldeten sich im Pfarrhaus zwei Frauen. In einem Körbchen brachten sie Eier. „Da haben wir's!" trumpfte der Gestapomann gegen den Pfarrer auf. „Sie haben die Leute zum Sammeln aufgerufen." „Ich kenne diese Frauen nicht; sie sind nicht aus unserer Gemeinde." Schnell klärte sich der Sachverhalt. Die Frauen kamen aus der Nachbargemeinde, wo sie am Pfingstsamstag Hochzeit gefeiert hatten. Nun wollten sie sich herzlich bedanken für den Brautstrauß aus dem Pfarrgarten.

Ein Christenfest, mit verschiedenen Sträußen am Anfang und am Ende!

Während die Mädchen, von Freude erfüllt, heimkehrten, stand der gestrenge Gestapomann und Aufpasser im Studierzimmer des Pfarrers. „Sie haben wirklich keine leichte Aufgabe", ließ der Pfarrer sich vernehmen. Dieses mitfühlende Bedauern mag selbst diesen unnahbaren Mann innerlich geführt haben. Unvermittelt begann er seine Lebensgeschichte und seine Ehe- und Familienschwierigkeiten vor dem Seelsorger aufzudecken. Was zwischen beiden, zwischen Polizisten und Pfarrer, gesprochen wurde, geschah vor Gottes Augen. Der Gestapobeamte verabschiedete sich nur auf ganz ungewohnte und unvorschriftsmäßige Weise, als wäre ein Band des Vertrauens geknüpft worden: „B'hüt Sie Gott, Herr Pfarrer!"

Ein Christenfest, das hinausleuchtet ins Land, das hineinleuchtet in ein Menschenherz.

Theo Braun

101 Nehmet, esset...

Zum Text/ Problemfeldbeschreibung:	Juden aus einem KZ müssen eine zerstörte Flakstellung wieder aufbauen. Eine Gruppe von 16jährigen Flakhelfern sammelt für die ausgehungerten Juden Brot.
Stichworte:	Flakhelfer, Juden, Neues Testament
Vorlesezeit:	2 Minuten
Vorlesealter:	ab 12 Jahren

Im Sommer 1944 wurden wir 16jährigen Oberschüler zur Flak eingezogen. Im Spätherbst zerstörte ein Luftangriff unsere Stellung. Ausgemergelte Männer in gestreiften Anzügen sollten uns helfen, sie wieder herzustellen. Es waren aber keine Strafgefangenen, sondern Juden. Zuerst wagten wir nicht, etwas zu tun. Mit Entsetzen sahen wir sie unsere Abfalleimer leeren. Ein angeschimmelter Brotlaib, den ich unter die Lagernden warf, entfachte einen wüsten Kampf. Beim Streit um faulige Äpfel holten sie uns als Schlichter. War unser Urteil salomonisch?

Als nur noch eine Gruppe bei uns arbeitete, gaben wir ihnen heimlich Rasierklingen, und schließlich sammelten wir mit Zustimmung unserer Vorgesetzten Brot von der eigenen Ration für „unsere" Juden. Einer von ihnen brach und verteilte es. Doch sie hatten einen Abkommandierten vergessen. Als er zurückkam, trat jeder einen Bissen für ihn ab. Keiner weigerte sich. Wir standen stumm abseits unserer Geschütze bei der Baugrube. Plötzlich fiel mir ein Wort aus dem Neuen Testament ein: „Nehmet, esset; das ist mein Leib."

Walter Hampele

Im Inferno von Heilbronn   **102**

Zum Text/ Problemfeldbeschreibung:	Ulrich Lang erzählt, wie er als Elfjähriger mit seiner Mutter und den drei Geschwistern die Schreckensnacht verbrachte, in der seine Heimatstadt den schwersten Luftangriff erlebte.
Stichworte:	Luftangriff, Bomben, Feuersturm, Angst, Gebet, Rettung
Vorlesezeit:	10 Minuten
Vorlesealter:	ab 11 Jahren

Am 4. Dezember 1944 versank Heilbronn in Schutt und Asche. Inzwischen ist alles dokumentiert: Man weiß, wieviel Flugzeuge welcher Herkunft wie viele Tonnen zuerst Sprengbomben und danach Phosphorbrandbomben abwarfen, wieviel tausend Menschen starben, wie viele Häuser zerstört wurden und wie viele Loren Trümmerschutt zum Kleinäulein gekarrt wurden. Es gibt sogar fotografische Aufnahmen von Randgebieten des Feuerinfernos. (Wer unter den damaligen Umständen noch planvoll zum Fotoapparat greifen konnte, muß schon ein bemerkenswertes Nervenkostüm besessen haben!)

Ich war damals 11 Jahre alt. Wir wohnten in der Wilhelm-Straße (damals Wiener-Straße), zwei Straßenzüge entfernt von der Linie, an der das Grauen endete. Im Haus ein altes Ehepaar, zwei Frauen und vier Kinder, von denen ich der älteste war. Wir gingen an dem Tag wie alltäglich nach dem Abendessen um 18 Uhr in den Keller. Wegen der vielen Luftangriffe verbrachten wir dort seit Monaten in Stockwerkbetten die Nächte, um nicht Nacht für Nacht aus dem Schlaf gerissen in den Keller flüchten zu müssen. Das Ehepaar kam immer nur zu uns herunter, wenn es besonders schlimm wurde. Wir spielten noch die tägliche Runde „Mensch-ärgere-dich-nicht", als die Sirenen heulten und dann auch gleich die ersten Bomben fielen. Mein letzter altklug elfjähriger Satz war: „Auch mal wieder; dann ist morgen erst 9.30 Uhr Schule." Wenige Sekunden später war klar, daß es keine Schule mehr geben würde. Der Angriff begann mit Sprengbomben. Die alten Leute erschienen. Wir drückten uns in dem großen gewölbten Keller an die Wand in der dumpfen Hoffnung, dort sicherer zu sein als in der Mitte des Raumes. Meine Mutter forderte uns Kinder auf zu beten. Ich begann „Befiehl du deine Wege". Der alte Mann neben mir legte mir die Hand auf den Kopf. Die Detonationen verschlangen unsere zitternden Stimmen. Der Keller hatte zwei Notausstiege, die mit schweren Stahltüren verschlossen waren. Beim Spielen hatten wir in den Monaten zuvor oft versucht, dort ein- und auszusteigen. Es ging aber nicht, weil die schweren Riegel völlig zugerostet waren. Auch mit dem Hammer hatte ich sie nicht aufgebracht. Es muß etwa beim vierten Vers des Liedes, das ich betete, gewesen sein, als diese Türen durch den Explosionsdruck plötzlich aufsprangen. Beißender Staub drang in den Keller. Todesangst. Dann ließen die Erschütterungen nach und es war nur noch ein Rauschen zu hören. Heute weiß ich, daß dies die Brandbomben und das Feuer waren. Der eindringende Staub wurde schnell immer heißer und rötlicher, das Rauschen immer bedrohlicher. Nur raus hier!

Ich versuchte – was zuvor nicht gelungen war – durch die jetzt offene Stahltür über die Wandhaken durch den Notausstieg in unseren großen Garten zu kommen. Unsere Nachbarn, deren Haus zu diesem Zeitpunkt schon bis zum Erdgeschoß brannte, hatten damals die Stunden nach dem Angriff in ihrem Garten verbracht. Ich hatte beim Blick nach draußen den Eindruck: Es geht nicht; alle Bäume brennen. Meine Mutter gab uns zwei Buben einen für diesen Fall gepackten Koffer, nahm eine Schwester an die Hand und die Kleine auf den Arm. So versuchten wir über die Kellertreppe zur Haustür zu kommen. Das Haus brannte zu diesem Zeitpunkt erst auf dem Dach und im zweiten Stock. Ich bemerkte nur, daß wir uns über Scherben, Balken und Mauerstücke tatsächlich zur Haustür vorarbeiten konnten. Sie war aus den Angeln gerissen, man konnte durch. Aber dann?

Meine Hamburger Tante hatte uns immer vom Feuersturm nach Luftangriffen erzählt. Ich konnte mir bis dahin kaum etwas darunter vorstellen. Theoretisch ist nachvollziehbar, welcher ungeheuerliche Sauerstoffverbrauch entsteht, wenn eine ganze Großstadt brennt. Später habe ich dort manchmal gedacht: Ist es tatsächlich möglich, daß man eine breite Straße – Gehweg, Fahrbahn, zwei Straßenbahngleise, Fahrbahn, Gehweg – nicht überqueren kann, ohne vom Sturm umgeworfen zu werden? Plötzlich erschien an der Hauswand entlang unser Blockwart. Ungerühmte Heldentat kleiner Leute: „Lebt ihr alle? Versucht in den Wilhelmsbau zu kommen!" Niemand hätte ihm einen Vorwurf gemacht, wenn er sich auf sein eigenes Überleben beschränkt hätte. Dann verschwand er wieder. Im Wilhelmsbau war der nächste öffentliche Schutzraum, ein Straßenblock entfernt auf der gegenüberliegenden Straßenseite. Ich weiß nicht mehr, wie wir über die Straße gekommen sind. Da war nur noch meine Mutter mit uns vier Kindern. Wo die anderen geblieben waren, wußten wir zu dem Zeitpunkt nicht mehr. Auf der Straße war Atmen nicht möglich. Von Hausvorsprung zu Hausvorsprung kämpften wir uns zum Wilhelmsbau durch. Der schien einigermaßen unversehrt. Zwischen vielen Menschen wir fünf, zwei Koffer, ein Waschkorb. Nach einer Viertelstunde mußten wir wieder hinaus. Das Haus brannte bis zum Erdgeschoß. Wir ließen den Waschkorb zurück. Zurück zur Wilhelmstraße war bei dem Sturm nicht möglich. Die Cäcilienstraße, die quer zur Sturmrichtung verlief, war passierbar. Wir eilten Richtung Steinstraße. Hier erinnere ich mich an den einzigen Klagelaut meiner jüngsten Schwester, die drei Tage zuvor ihren dritten Geburtstag hatte. Auf dem Arm meiner Mutter hatte sie stumm das Inferno erlebt, fest ein kleines Plüschreh an sich drückend. Jetzt war ihr das Reh heruntergefallen; es blieb im Chaos zurück. Ecke Stein- und Klarastraße liegt ein großer Park. Dorthin flüchteten wir. Es ist mir hinterher kaum noch vorstellbar. Nach wenigen Minuten war es unter den brennenden Bäumen nicht mehr auszuhalten. Steinstraße auswärts bis zur Kreuzung mit der Uhlandstraße. Zum letzten Mal dieselbe Hinterherfrage: Ich stehe dort heute noch oft – ich sehe den großen Platz an, Park, Luft, zu den nächsten Häusern ein großer Abstand – und überlege: Ist das wahr, daß an dieser Stelle vor lauter Feuer und Sturm kein Durchkommen mehr war? Aber es war so! Also zurück zur Klarastraße. Dort waren einige Soldaten, die sagten, man solle versuchen, durch die Klarastraße südwärts zu kommen. Rechts eine Gärtnerei, kaum Häuser, 200 Meter gingen ganz gut. Aber dann war es aus. Das hohe Eckhaus an der nächsten Querstraße war zusammengebrochen und blockierte die Klarastraße, die Trümmer eine brennende Wand. Hier waren wieder Soldaten, die behaupteten, wenn man durch das Feuer renne, komme man durch. Ich weiß nicht mehr, warum wir das geglaubt haben. Wahrscheinlich, weil es keine Alternative gab. Jedenfalls rannten wir. Und: Wir waren durch. Der Südwind hatte die Leuchtschirme, die für die Flugzeuge das Angriffsziel abgesteckt hatten, bis zur Südstraße nach Norden getrieben. Deshalb gab es südlich der Südstraße nur vereinzelte Brandstellen. Nur am Ende der Wilhelmstraße brannte noch ein Haus. Die Straße Richtung Flein hieß damals Tirolerstraße. Fast makabre Erinnerung: Das Pferdegespann der Fleiner Feuerwehr, das uns dort im Galopp entgegenkam, um wenig später angesichts der Aussichts- und Sinnlosigkeit wieder an uns vorbei Richtung Flein zu fahren. Die Nacht verbrachten wir dichtgedrängt mit zahllosen verstörten Menschen in der Kaserne. Ich erinnere mich noch an eine Frau, die verzweifelt für ihr schwer verbranntes Kind nach einem Arzt suchte.

Am anderen Morgen ließ mich meine Mutter mit den Schwestern zurück, um mit meinem Bruder nach unserem Haus zu sehen. Sie konnte tatsächlich noch den Waschkorb retten, den wir im Wilhelmsbau zurückgelassen hatten. Mir ist noch das Erstaunen über den ersten Satz meines Bruders in Erinnerung, als sie wieder da waren: „Denkt nur, es ist alles kaputt!" Mich beschäftigte etwas anderes: Natürlich alles kaputt; aber fünf Menschen, zwei Koffer, ein Waschkorb gerettet.

Ulrich Lang

103 Advent im RADWJ

Zum Text/ Problemfeldbeschreibung:	Die Arbeitsdienstführerin singt in der Adventszeit mit 70 „deutschen Maiden" christliche Weihnachtslieder. Die Bezirksführerin ist damit nicht einverstanden.
Stichworte:	Reichsarbeitsdienst, Arbeitseinsatz, Kirche, Weihnachtslieder
Vorlesezeit:	5 Minuten
Vorlesealter:	ab 11 Jahren

Zeitpunkt: Weihnachtszeit im letzten Kriegswinter 1944. Ort: ein Barackenlager im weiten Kiefernwald verstreut, nahe der heutigen deutsch-polnischen Grenze an der Neiße. Ich hatte dort die Leitung als Arbeitsdienstführerin.

Selbst noch jung genug war ich von der erzieherischen Arbeit mit den „Maiden" begeistert und von der Wichtigkeit der Arbeitseinsätze in den weitverstreuten Dörfern – meist auf kleineren Bauernhöfen – überzeugt, im Sommer auf den Feldern, im Winter in Haus und Stall. Die Männer und Söhne waren Soldaten. Diesem jahreszeitlichen Rhythmus entgegengesetzt war das Leben im Lager immer der gleiche regelmäßige Tagesablauf zwischen Arbeit und Freizeit.

Mit meiner nächsten Dienstvorgesetzten stand ich auf gutem Fuß; sie duldete meine, eher undogmatische Arbeitsweise mit Wohlwollen und Verständnis. Anders war das Verhältnis zur Bezirksführerin. Da war Vorsicht geboten; die konnte und durfte aus Rücksicht auf ihre Aufgabe und Überzeugung kein Auge zudrücken.

Und gerade sie erwischte mich bei unerlaubtem Tun; in diesem Fall war es das Chorsingen von Advent- und Weihnachtsliedern.

Für eine Inspektionsreise unangemeldet stand sie plötzlich in der Tür. Es klang ihr das Lied entgegen:

> „Der Heiland ist geboren
> Freut euch, ihr Christenheit
> Sonst wär'n wir all verloren
> In alle Ewigkeit..."

Diese Töne und Worte aus 70 treudeutschen Maiden-Kehlen mußten sie mehr als befremdlich anmuten. Entsprechend war nach dem Inspektionsgang durch Verwaltung, Küche, Keller und Haus das grundsätzliche Gespräch. Ich muß allerdings hinzufügen, daß wir uns zwar dienstlich, doch aber auch mit gegenseitiger Sympathie gegenüberstanden. Frau X. war eine gescheite, gebildete Frau.

Das Gespräch:
Sie: „Sagen Sie mal, was singen Sie da für Lieder mit den Maiden?"

Ich: „Weshalb sollte ich in der Weihnachtszeit keine Advents- und Weihnachtslieder singen? Die Mädchen singen sie gern."
Sie: „Sie sind doch nicht etwa christlich und kirchlich eingestellt?"
Ich: „Doch, das bin ich. Ich sehe keinen Grund, aus der Kirche auszutreten." (Allerdings habe ich ihr wohlweislich nicht auf die Nase gebunden, daß ich hin und wieder mit freiwilligen Maiden 15 km nach Cottbus zum Gottesdienst radelte.)
Sie: „Kann es sein, daß sie auch kein Parteimitglied sind?"
Ich: „Das ist richtig. Ich bin noch nie darauf angesprochen worden."
Sie: „Das wird Konsequenzen für Sie haben; es steht ihrer Beförderung im Wege."
Ich: „Daran kann ich nichts ändern; ich würde gern meine Arbeit im Lager in gewohnter Weise weitermachen."
So schieden wir denn in etwas angespannter Stimmung. Ich habe sie nie wiedergesehen. Es brach bald aus dem Osten die Flut der Flüchtlingsströme herein. Wir selbst erhielten den Befehl, unser Lager zu verlassen und uns nach Oberhessen abzusetzen.

Ursula Salzmann

Kusine Eva 104

Zum Text/ Problemfeldbeschreibung:	Prinzessin Victoria versteckt die Jüdin Eva in ihrem Münchener Haus. Als sie Drohbriefe erhält, zieht sie zusammen mit Eva auf ihren Gutshof in Württemberg, wo sie beide das Kriegsende erleben.
Stichworte:	Endlösung, Hitlers „Mein Kampf", Nürnberger Gesetze, NSDAP, Juden
Vorlesezeit:	7 Minuten
Vorlesealter:	ab 12 Jahren

Die Prinzessin, eine gute Protestantin von etwa Mitte vierzig, war in dem großen Hitlerrausch, der Deutschland seit 1929 in steigendem Maße erfaßt hatte, Mitglied der NSDAP geworden. Sie war in die Partei gegangen, ohne, wie sie später zugab, die nationalsozialistische Bibel „Mein Kampf" je gelesen zu haben.

Gleich vielen konservativen Menschen, die das Bündnis von Harzburg unter Führung Hugenbergs enthusiastisch begrüßt hatten, war sie durch die Nazimethoden ernüchtert worden. Die antijüdischen Nürnberger Gesetze von 1935 hatten die Prinzessin empört und sie mit einem Schuldbewußtsein erfüllt. Im Dezember 1943, als die Razzien zur Durchführung der „Endlösung der Judenfrage" sich ständig verschärften, wurde die Witwe des Berliner Opernsängers Alexander Guttmann zu ihr gebracht. Eva Guttmann war mit ihrer Tochter 1942 „untergetaucht" und hatte schon mehrfach ihren Aufenthalt wechseln müssen. Die Prinzessin entschied: Ich will ihr helfen. Ich muß gutmachen.

So nahm sie Eva Guttmann „als Gesellschafterin" in ihr Haus, versorgte sie mit falschen Papieren, stellte sie verschiedenen Mitbewohnern als ihre Kusine vor (die von ihr trotzdem gesiezt wurde). Bis zum April 1944 lebten die Frauen immer auf ihrer Hut, unbelästigt in der Nähe von München, bis eines Tages ein anonymer Brief ins Haus flatterte und neue Entscheidungen erforderte. Schrieb die „wohlmeinende" Freundin – oder Feindin: „Sie beherbergen eine Jüdin. Sie gefährden sich und den ganzen Ort. Sorgen Sie für das Verschwinden der Frau. Eine Wohlmeinende."

Solche Warnungsbriefe gab es zu jener Zeit viele; man konnte nie sagen, ob dieselben ernst gemeint waren oder nicht. Die menschliche Seele ist ein geheimnisvolles Etwas, das wir schwer ergründen können. Viele solcher Briefe wurden aus keinem anderen Motiv gesandt als dem, Menschen zu quälen, andere, sie zu erpressen.

Eva Guttmann hatte viele Male ähnliche Situationen der Gefährdung erlebt. Alles, was sie zu tun pflegte, war – weiterzuwandern, neue illegale Unterkunftsstätten zu suchen. Nie war ihr eingefallen, daß ihre Helfer ihretwegen etwas aufgeben sollten, was ihnen rechtens gehörte: ihr Heim, ihre Existenz. So sagte sie, daß sie Abschied nehmen wolle. Die Prinzessin antwortete: „Wenn Sie gehen, gehe ich mit Ihnen."

So wanderten eines Abends zwei Frauen aus München heraus, bis sie einen Zug erreichten, der sie nach Württemberg brachte, wo die Familie der Prinzessin Besitzungen unterhielt.

Auf einem Gutshof im unbeheizbaren Dachzimmer – die andern Räume waren für ausgebombte Flüchtlinge aus Stuttgart beschlagnahmt – mit nur einer Lebensmittelkarte (der Verwalter, ein scharfer Nazi, hatte nicht eine Scheibe Brot gegeben), warteten die „beiden Flüchtlinge" auf die Befreiung durch die Alliierten. Niemand wußte, wer die „Freundin" der Prinzessin war. Man wunderte sich sicher, warum die Prinzessin nicht in ihr Haus nach Bayern zurückging. Stets mußte man neue Ausreden erdenken. Da kam die Hochzeit der Verwalterstochter sehr gelegen. Es war eine echte SS-Hochzeit, ohne Kirche; Bonzen von Stuttgart vollzogen die Trauung auf dem Rathaus. Man fühlte sich hochgeehrt, daß die Prinzessin mit ihrer „Freundin" eingeladen werden wollte. Am Arm eines stattlichen Gauleiters schritt die flüchtige Jüdin über den Marktplatz des kleinen Ortes, um dann mit erhobener Rechten das Horst-Wessel-Lied zu murmeln.

Am 20. April 1945 zogen die Amerikaner in das kleine Dorf ein. Man war befreit. Mitte Juni konnten Mutter und Tochter wieder zusammen sein. Ein volles Jahr, bis zur Auswanderung nach den USA, behielt Prinzessin Victoria die beiden Frauen bei sich und sorgte für ihr Wohl.

Ein Glück, daß es die Losungen gibt 105

Zum Text/ Problemfeldbeschreibung:	Kurz vor dem Einzug der Russen herrscht in Königsberg das Chaos. Nur wenige Ärzte und Schwestern sind für die Verletzten zurückgeblieben. Einem der Ärzte geben die Losungen Halt.
Stichworte:	Flucht, Losungen, Räumungsbefehl, Taufspruch, Verwundete
Vorlesezeit:	10 Minuten
Vorlesealter:	ab 14 Jahren

26. Januar

Russische Artillerie beginnt in die Stadt hineinzuschießen. Da ich in Ponarth nur wenig in Anspruch genommen werde, begebe ich mich zum Reservelazarett nach Maraunenhof, um mich dort für den Bedarfsfall als Chirurg zu verdingen. Das Lazarett hat aber gerade ein paar Treffer erhalten, und als ich eben im Gespräch mit einer Bekannten bin, die dort als Operationsschwester tätig ist, kommt der Räumungsbefehl. Ein Teil der Verwundeten soll nach Pillau gebracht werden, obgleich die Nachrichten von dort nicht sehr hoffnungsvoll sind. Die Menschen stauen sich in den Dünen. Von Zeit zu Zeit erscheinen russische Flugzeuge und kreisen über dem Hafen. Die Schiffe, die vollgestopft mit Menschen vor Anker liegen, sind dauernd in Gefahr, durch Bomben versenkt zu werden.

Ich melde mich beim Generalarzt und frage, ob er mich in einem der übrigen Lazarette brauchen könne, da ich nicht ausgelastet sei. Ich bin ihm kein Fremder, da er schon seit Jahren bestrebt ist, mich zum Wehrdienst einzuziehen. Aber auch diesmal haben wir miteinander kein Glück. Ein Telephonanruf bei dem Leiter der Ärztekammer ergibt, daß man mich noch nicht freizugeben gedenkt.

Den Haberberger Pfarrer treffe ich an diesem Abend allein an. Er hat seine Frau und Tochter zum Hafen gebracht, wo sie auf dem kleinen Dampfer eines Bekannten noch Platz gefunden haben. Von seiner Gemeinde sind noch viele in der Stadt, da auf dem Haberberg die meisten Häuser bei den sommerlichen Bombenangriffen verschont geblieben sind. Für den kommenden Sonntag plant er einen Gottesdienst in seiner Wohnung und lädt mich dazu ein.

Später treffe ich Doktora wieder in der Nervenklinik. Dort haben sich mehrere Professoren der Medizinischen Fakultät versammelt. Als Inhaber höherer militärischer Ränge haben sie den Befehl bekommen, die Stadt zu verlassen. Offenbar besteht von seiten der Heeresleitung die Absicht, mit Königsberg nicht anders zu verfahren als mit jeder x-beliebigen Stadt in Feindesland, die man hat aufgeben müssen. Daran muß man sich erst gewöhnen. Und es wurmt mich fast, die Herren diesem Befehl so bereitwillig Folge leisten zu sehen. Unwillkürlich fallen mir die sieben Lehrstühle ein, die man noch vor einem halben Jahr anläßlich der 400-Jahr-Feier der Universität neu zu stiften die Stirne gehabt hat, darunter mehrere von der Medizinischen Fakultät. Jetzt soll auf tausend Verwundete angeblich nur ein Arzt zurückbleiben zur Übergabe an die Russen. Genaueres ist noch nicht bekannt geworden. Immerhin ist bereits eine große Klinik, jetzt Reservelazarett, ohne ärztliche Aufsicht geblieben. Und als mir der Vorschlag gemacht wird, mich dorthin zu begeben, nehme ich diesen Auftrag als ein Geschenk Gottes mit Freuden entgegen. Doktora läßt sich von einem der Herren den Schlüssel zu seinem Dienstzimmer geben, in dem es angeblich noch sehr gemütlich ist. Besonders empfohlen wird uns ein Schrank mit nahrhaftem Inhalt, der dort stehen soll.

Als wir das Haus verlassen, ist es Nacht. Auf der alten Pillauer Landstraße knirschen die Wagenräder in endloser Folge an uns vorüber. Dazwischen ziehen Menschen jeden Alters und Standes ihre Rodelschlitten oder schieben vollbepackte Kinderwagen vor sich her – niemand sieht zurück. Wer denkt da nicht an die Worte der Heiligen Schrift: ‚Bittet, daß eure Flucht nicht im Winter geschehe.' Es ist ein Glück, die Losungen der Brüdergemeinde zur Hand zu haben, das einzige, woran man sich noch orientieren kann.

Die Chirurgische Klinik ist leidlich erhalten, obgleich sie hart am Rande des von Bomben vernichteten Stadtzentrums liegt. Die oberen Stockwerke sind geräumt; alle Verwundeten, etwa 180 an der Zahl, liegen im Kellergeschoß auf Matratzen und im Seitenflügel auf zweistöckigen Feldbetten. Vom Hof aus geht man einige Stufen hinunter, dann steht man schon mitten zwischen ihnen. Gleich gegenüber dem Eingang befindet sich der Raum, in dem operiert wird. Dort finden wir zu unserer Überraschung einen uns bekannten Insterburger Frauenarzt, der zufällig hereingeschneit ist und von den Schwestern gebeten wurde, die inzwischen fällig gewordenen Operationen auszuführen. Wir arbeiten ein paar Stunden gemeinsam, dann überläßt er uns das Feld.

27. Januar

Beim Hellwerden wird die für einige Stunden unterbrochene Arbeit wiederaufgenommen. Der Artilleriebeschuß ist etwas stärker geworden, und da nichts darauf hindeutet, daß die Stadt verteidigt wird, nehmen wir an, daß die Russen im Laufe des Tages bei uns erscheinen werden.

Die Losungen haben heute eine besondere Überraschung für mich: „Gib mir, mein Sohn, dein Herz und laß deinen Augen meine Wege wohlgefallen." Das ist mein Taufspruch und kann nur höchste Alarmbereitschaft bedeuten. Bleib hier, halt die Augen offen! Denk nicht mehr: Wie komm' ich hier heraus? Sieh doch, wie sie alle den Kopf verlieren, die so denken. Bleib hier, ganz nah bei mir, dann sollst du meine Herrlichkeit sehen.

Am Nachmittag hört der Beschuß plötzlich auf. Schlachtflieger kommen und schießen aus geringer Höhe in die Straßen. Das harte Tacken der Maschinengewehre wechselt ab mit dem groben Toff, Toff, Toff der Bordkanonen. Die Menschen merken jetzt erst richtig, was los ist. Nicht weit von uns, unter dem Platz an der Kirche, da drängt sich alles in den großen Luftschutzbunker. Man muß sich wundern, daß die Ausländer, unter den Männern weit in der Überzahl, nicht schon längst das Heft in der Hand haben. Auch in unsere Keller hinein strömen die Menschen von der Straße, um Schutz zu suchen, wenn Flugzeuge kommen. Als der Angriff vorbei ist, werden Verletzte zu uns gebracht, begleitet von ihren Angehörigen, die sich von ihnen nicht mehr trennen wollen. Es wird immer voller bei uns, wie im Rettungsboot. Ich lasse es gehn. Die Schwestern und Sanitäter bewahren eine großartige Ruhe. Wir arbeiten, als wären wir seit Jahren aufeinander eingespielt.

Abends erreicht uns ein Anruf der Armeeoberin – erstaunlicherweise geht das Telephon noch –, alle weiblichen Hilfskräfte sollen sofort entlassen werden und versuchen, die Stadt noch während der Nacht auf eigene Faust zu verlassen. Unsere Schwestern beratschlagen einen Augenblick, dann kommt die Oberschwester zu mir und fragt, ob ich einverstanden sei, wenn sie dem Befehl nicht Folge leisteten. Es wäre ihnen wichtiger, bei den Verwundeten zu bleiben. Ich sage ihr, wie froh ich bin, daß sie so entschieden haben. Die Hausangestellten werden mit dem Hinweis auf die Gefahren, die ihnen seitens der Russen drohen, offiziell entlassen. Da sie sich aber von den Schwestern nicht trennen wollen, bleibt alles, wie es war, und die Arbeit kann unvermindert fortgesetzt werden.

Hans Graf von Lehndorff

106 Beerdigung verweigert

Zum Text/ Problemfeldbeschreibung:	Die kirchliche Beisetzung und Überführung eines im Krieg gefallenen Mannes scheitert fast, weil er im Dritten Reich aus der Kirche ausgetreten war.
Stichworte:	Krieg, Soldat, Tod, kirchliche Beisetzung, Überführung, Pfarrer
Vorlesezeit:	8 Minuten
Vorlesealter:	ab 12 Jahren

Nach 3½jähriger Teilnahme am Rußlandfeldzug gehörte Rudolf K. einer der letzten Einheiten an, die Rußland auf dem Landweg verlassen konnten. Der Oberfeldwebel wurde mit seiner Pioniereinheit am Oberrhein eingesetzt. Im Januar 1945 erhielt er endlich den langersehnten Heimaturlaub. Er war glücklich, endlich wieder seine Familie in die Arme schließen zu können. Wie groß doch die Kinder geworden waren, wie froh er war, endlich wieder daheim zu sein.

Er genoß das unbeschwerte Glück dieser kurzen Ferientage. Gewitterwolken gleich zogen aber immer wieder Gedanken über die ungewisse Zukunft Deutschlands und seiner Familie am Horizont auf. Rudolf K. war sich sicher, daß der Krieg verloren war, und er redete offen mit seiner Frau darüber. Was sollte dann nur werden? Die Ks. sprachen auch über ihr Verhältnis zur Kirche. 1939 waren sie aus der Kirche ausgetreten: Rudolf K. aus der protestantischen, seine Frau aus der katholischen Kirche. Die kleine Tochter war nicht getauft worden, sondern hatte die sogenannte Namensweihe erhalten.

Das Paar beschloß nach langen Unterredungen, gemeinsam wieder in die evangelische Kirche einzutreten und die Tochter doch noch taufen zu lassen. Frau K. sollte mit dem Pfarrer sprechen und alle Unterlagen besorgen, damit der Wiedereintritt während des Heimaturlaubs vollzogen werden könnte.

Aber dazu kam es nicht mehr. Als das Ende des Urlaubs näherrückte, beschwor Frau K., von Vorahnungen gequält, ihren Mann, zu Hause zu bleiben. „Bleib doch einfach hier. Alles bricht schon zusammen, es kann sich nur noch um Tage handeln. Denk doch auch an unsere Familie! Denk doch an mich!"

So redete sie auf ihn ein. Aber Rudolf K. ließ sich nicht umstimmen.

Er wollte seine Truppe nicht im Stich lassen.

Im Frühjahr 1945 kam Rudolf K. bei einem Angriff französischer Truppen im Schwarzwald ums Leben. Drei Wochen später traf die Nachricht zu Hause ein. Aber erst als Frau K. einige Tage später die persönlichen Dinge ihres Mannes per Post zugeschickt bekam, konnte sie glauben, daß ihr Mann wirklich tot war.

Die Beisetzung war zum Zeitpunkt der Benachrichtigung schon in einem kleinen Ort im Schwarzwald erfolgt. Nach der Kapitulation und dem Einzug der Besatzungstruppen ging Frau K. sofort zum evangelischen Dekan ihrer Gemeinde, da der amtierende Pfarrer ebenfalls in den letzten Kriegstagen gefallen war. Sie schilderte dem Dekan alles, auch den Wunsch ihres Mannes, wieder in die Kirche einzutreten. Ihr größter Wunsch war es, die sterblichen Überreste ihres Mannes in die Heimat, einen kleinen Ort an der Lahn, zu überführen und dort kirchlich beisetzen zu lassen. Der Dekan versprach, die Beerdigung durchzuführen bzw. sie zu genehmigen.

Frau K. fuhr nun unverzüglich in den Schwarzwald, um alles in die Wege zu leiten. Dort erfuhr sie, daß von Mai bis Oktober 1946 keine Umbettungen vorgenommen werden dürften. Dieser Erlaß war durch die Militärregierung ergangen, und so mußte sie wiederum warten. Erst Anfang 1947 wurde die Überführung genehmigt. Endlich, an einem Tag im Frühjahr 1947, war der Wagen eines Überführungsunternehmens auf dem Weg in den Schwarzwald, um die sterblichen Überreste von Rudolf K. nach Hause zu holen.

Frau K. suchte nun abermals den Dekan auf, mit dem sie kurz nach dem Krieg alles schon abgesprochen hatte, um letzte Formalitäten zu erledigen und einen genauen Termin für die Beisetzung festzusetzen. Der Dekan verwies sie jedoch an den inzwischen wieder neu eingesetzten Gemeindepfarrer, der sein Büro im gleichen Haus hatte. So war der Weg nicht weit. Pfarrer B. jedoch lehnte Frau Ks. Ansinnen mit der Begründung ab, sein Kirchenvorstand würde etwas Derartigem niemals zustimmen. „Ihr Mann hat sich nun einmal von Gott losgesagt und ist aus der Kirche ausgetreten. Darum kann nun auch keine kirchliche Bestattung erfolgen. Das müssen Sie verstehen, Frau K.", sagte er. Frau K. erzählte ihm nun von den Gesprächen, die sie und ihr Mann während seines letzten Fronturlaubs geführt hatten und von seinem Entschluß, wieder in die Kirche einzutreten. Pfarrer B. jedoch blieb hart.

Frau K. fragte: „Haben Sie als Feldgeistlicher während des Krieges auch Unterschiede zwischen Kirchenmitgliedern und aus der Kirche ausgetretenen Soldaten gemacht?"

„Ach, Frau K., das war doch etwas ganz anderes. Das verstehen Sie nicht", entgegnete er.

In diesem Moment wurde der Pfarrer im Nebenzimmer am Telefon verlangt. Er verließ, sichtlich verärgert, den Raum. Nun fiel die Maske der starken, kämpferischen Frau von Frau K. ab, und sie begann hemmungslos zu weinen. Was sollte nur werden? Alles war doch schon in die Wege geleitet. Und nun diese Absage im letzten Augenblick! Plötzlich ging die Tür auf und der Dekan streckte seinen Kopf zur Tür herein. „Aber Frau K., was in aller Welt ist denn mit Ihnen los?" Bedrückt schilderte Frau K. die Unterredung mit dem Pfarrer und seine Weigerung, ihren Mann zu bestatten. „Ich werde mit meinem Kollegen reden. Warten Sie bitte noch einen Augenblick", sagte der Dekan und ging hinaus. Nach einiger Zeit, die Frau K. wie eine Ewigkeit vorkam, öffnete sich die Tür noch einmal. Der Dekan rief nur hinein: „Es geht alles in Ordnung, Frau K. Kopf hoch! Mein Kollege wird alles weitere mit Ihnen besprechen."

Kurz darauf betrat auch der Gemeindepfarrer wieder das Büro und sagte kühl, auf Anweisung seines Kollegen und Vorgesetzten würde er die Beisetzung vornehmen, unter der Bedingung, daß Frau K. eidesstattlich die Richtigkeit der Gespräche mit ihrem Mann im letzten Heimaturlaub erkläre.

Das tat Frau K., und am Karfreitag des Jahres 1947 wurde Rudolf K. in seiner Heimatgemeinde kirchlich bestattet. Ein Holzkreuz schmückt noch heute sein Grab.

Cäcilie Hassenkamp

Kirche nach dem Zusammenbruch 1945/46

Kirche nach dem Zusammenbruch 1945/46

17. 7.- 2. 8. 1945	Potsdamer Konferenz. Das Potsdamer Abkommen vom 2. 8. 1945 ordnet die Vertreibung der Deutschen aus Polen, der Tschechoslowakei und Ungarn an. Bis Ende 1950 kamen knapp 8 Millionen Flüchtlinge in das Gebiet der späteren Bundesrepublik
6. 8. 1945	Abwurf einer amerikanischen Atombombe auf Hiroshima, drei Tage später einer weiteren auf Nagasaki
23. 8. 1945	Die Fuldaer Bischofskonferenz bekennt sich zur Mitschuld auch vieler Katholiken an den Verbrechen des NS-Staates
28. – 31. 8. 1945	Kirchenkonferenz von Treysa: Vorläufige Gründung der EKD
2. 9. 1945	Japan kapituliert
17./18. 10. 1945	Stuttgarter Schulderklärung des Rates der Evangelischen Kirche in Deutschland (EKD)
14. 11. 1945 bis 1. 10. 1946	Nürnberger Prozeß. Vor dem Internationalen Gerichtshof werden 177 überlebende Führer des NS-Staates, der Wehrmacht, der SS und der Gestapo sowie Großindustrielle angeklagt. 24 werden zum Tod verurteilt, u. a. Hermann Göring, Julius Streicher, Alfred Rosenberg
5. 3. 1946	Mit dem „Gesetz zur Befreiung von Nationalsozialismus und Militarismus" geht die Entnazifizierung in der amerikanischen Zone in deutsche Hände über

Nach dem Krieg kam den Kirchen zunächst eine große Bedeutung zu. Als einzige noch intakte Institution und als solche, die sich wenigstens teilweise dem Nationalsozialismus gegenüber widerständig gezeigt hatten, wurden sie von allen Besatzungsmächten, auch der sowjetischen, sehr gefördert. Sie konnten wieder ihre Gottesdienste abhalten; das beschlagnahmte kirchliche Eigentum wurde wieder zurückgegeben; in der französischen Besatzungszone wurde ihnen sehr bald die Publikation einer Kirchenzeitung erlaubt. Bevor die Deutschen wieder staatliche Administrationen erhielten, waren die führenden evangelischen und katholischen Kirchenmänner gleichsam die Sprecher der Deutschen gegenüber den Besatzungsmächten. Bei ihren Besuchen alliierter Militärs und bei ihren Eingaben hoben sie durchaus nicht auf kirchliche Sorgen ab, sondern trugen Bitten vor, etwa hinsichtlich der Entnazifizierung oder der Ernährungslage.

Hatten schon in der Kriegszeit einzelne Kirchenmänner wie Dietrich Bonhoeffer oder Theophil Wurm die Frage der Schuld der Kirche am NS-Regime in privaten bzw. öffentlichen Äußerungen festgestellt, so wurde nach dem Krieg die Frage nach öffentlichen kirchlichen Schuldbekenntnissen akut.

Die Fuldaer Bischofskonferenz nahm – nicht zuletzt aufgrund der drängenden Erwartung des britischen Außenamtes – in ihrem Hirtenbrief Stellung zur Schuldfrage und stellte heraus, daß „viele Deutsche, auch aus unseren Reihen, sich von den falschen Lehren des Nationalsozialismus (haben) betören lassen, ...bei den Verbrechen gegen menschliche Freiheit und menschliche Würde gleichgültig geblieben (sind); viele leisteten durch ihre Haltung den Verbrechen Vorschub, viele sind selber Verbrecher geworden" (vgl. Dok. IV/2).

In der evangelischen Kirche drängten Theologen wie Paul Schempp und Martin Niemöller darauf, gerade die Schuld der Kirche zum Ausdruck zu bringen. Auf der 2. Tagung des Rats der Evangelischen Kirche in Deutschland (s. u.) gab der Rat der EKD – in Anwesenheit einer Delegation von Vertretern der Ökumene – eine Schulderklärung ab. Hier war es vor allem die Ökumene, die auf eine Schulderklärung gedrängt hatte, um Deutschland wieder voll in den Kreis der Kirche aufnehmen zu können. Die Ratsmitglieder bekannten stellvertretend für die Kirche, daß sie sich „mit unserem Volk" nicht nur „in einer großen Gemeinschaft des Leidens (wissen), sondern auch in einer Solidarität der Schuld", und sie beklagten, „daß sie nicht mutiger bekannt, nicht treuer gebetet, nicht fröhlicher geglaubt und nicht brennender geliebt haben". Man weist heute gerne auf die Defizite der Schulderklärung hin, etwa dieses, daß nicht klar genug die Schuld an der Shoa herausgestellt wurde. Trotz dieser Defizite ist – wie es einmal Martin Niemöller in einer Rede in Stuttgart zum Ausdruck brachte – mit diesem Schuldbekenntnis „der Ruf zur Freiheit ... neu laut geworden" (vgl. dazu Dok. IV/6).

Um die Schuldfrage ging es auch bei der sogenannten Entnazifizierung, in die die Kirchen vielfach verwickelt waren, waren doch nicht nur eine große Zahl von Gemeindegliedern, sondern auch eine nicht geringe Zahl, vor allem evangelischer Geistlicher, von der Entnazifizierung betroffen. Mit dem „Gesetz zur Befreiung von Nationalsozialismus und Militarismus" vom 5. März 1946 wurde das Entnazifizierungsverfahren in deutsche Hände übergeben. Die gesamte mündige Bevölkerung mußte einen Fragebogen ausfüllen. Durch Urteile sogenannter Spruchkammern wurden die Betroffenen in 5 Kategorien eingeteilt. Katholische und evangelische Kirchenmänner protestierten gegen das neue Gesetz. Nicht alle Argumente waren freilich einleuchtend. So konnte der vom Rat der EKD vertretene Grundsatz, „nulla poena sine lege" (keine Strafe, wenn zur Tatzeit kein entsprechendes Gesetz bestand) beim Unrechtscharakter des NS-Staates nicht überzeugen. Es war gewiß das Recht und die Pflicht der Kirchen, auf Ungerechtigkeiten bei der Entnazifizierung hinzuweisen. Andererseits kann nicht bestritten werden, daß der Vorwurf einer kirchlichen Gruppe in Württemberg (H. Diem), dem Rat der EKD ginge es nur darum, „nach Geist und Wortlaut mindestens das Mitläufertum des

Nationalsozialismus und Militarismus nach Kräften zu rechtfertigen und zu entlasten", nicht unberechtigt war.

Während die katholische Kirche im Dritten Reich in ihrer institutionellen Struktur intakt geblieben war, existierten von der 1933 gegründeten Reichskirche 1945 nur noch einige Behörden. Die Reichskirche, wie auch die meisten anderen Landeskirchen, außer den sog. „intakten" Landeskirchen Bayern, Württemberg und zum Teil Hannover, galten darum bei den Vertretern der Bekennenden Kirche als „zerstört".

Eine Neuordnung war unumgänglich. So kam es schon Ende August 1945 im hessischen Treysa zu einer großen Kirchenkonferenz. Das Verdienst, so schnell eine solche Konferenz zustande gebracht zu haben, gebührt ohne Zweifel vor allem dem württembergischen Landesbischof Theophil Wurm. In seinem Kirchlichen Einigungswerk hatte er schon seit 1941 den deutschen Protestantismus wieder zu einigen versucht. Wie tief die Gräben zwischen den verschiedenen Flügeln der Bekennenden Kirche immer noch waren, sollten die ersten Monate nach dem Krieg zeigen. Vor dem Hintergrund der ungeheuren Herausforderungen, vor die die Kirche sich gestellt sah, gelang es allerdings, sich auf eine Vorläufige Ordnung der Evangelischen Kirche in Deutschland (EKD) und auf die Herausstellung eines elfköpfigen Rats unter Vorsitz von Landesbischof Wurm zu einigen. Es vergingen dann noch drei Jahre, bis 1948 in Eisenach die EKD endgültig gegründet wurde.

Die Amerikaner kommen! **107**

Zum Text/ Problemfeldbeschreibung:	Ein 13jähriger Pfarrerssohn, bereits seit Jahren vom Vater über das nationalsozialistische Unrechtsregime aufgeklärt, erlebt die Ankunft der Amerikaner in seinem Dorf als innere und äußere Befreiung.
Stichworte:	Demokratie, Mißtrauen, Unterdrückung, Juden, Konzentrationslager, Lehrer, Verantwortung, SS, HJ, Ortsgruppenleiter, Befreiung
Vorlesezeit:	14 Minuten
Vorlesealter:	ab 14 Jahren

Der kürzeste Weg zur Hauptstraße führte vorbei am Hof des größten Bauern, dessen Haus im Städtchen allgemein „die Burg" genannt wurde, bis zur Apotheke an der Kreuzung. Durch diese schmale Gasse rannte ich, schneller als je während meiner bisherigen dreizehn Lebensjahre.

Es war der Gründonnerstag des Jahres 1945, und die Amerikaner kamen. Ich wollte dabeisein.

Ich achtete nicht auf das Brennen meiner Backen. Ich wußte auch nicht, daß die Ohrfeigen, deren Spuren, wie ich aus Erfahrung wußte, noch einige Minuten zu sehen sein würden, die letzten waren, die ich von meinem Vater bezogen hatte.

Sie hatten übrigens meinen Vater mindestens genauso erschreckt wie mich selbst:

„Sie kommen! Die Amerikaner kommen! Ich habe sie gesehen!" Mit diesen Worten war ich im Hausflur auf ihn zu gelaufen. Weil er daraufhin etwas von Phantastereien murmelte, mit denen er jetzt wirklich nicht behelligt werden wolle, berichtete ich stolz, daß ich auf dem Kirchturm gewesen sei. Vom obersten Fenster aus seien die Panzer wirklich auf der Straße zum Nachbardorf zu sehen gewesen.

Das war der Moment jener letzten Ohrfeigen. Erst nach einer Schrecksekunde nannte mein Vater den Grund: „Nicht auszudenken, wenn sie dich durch ein Fernglas gesehen und etwa für einen Artillerie-Beobachter gehalten hätten."

Damals verfügten wir an der sogenannten „Heimatfront" alle über eine solide militärische Halbbildung.

Heimatfront, das bedeutete in jenem Frühjahr 1945 in Oberhessen jeden Tag Fliegeralarm, wenn Tiefflieger die Lokomotiven der Kleinbahn zerschossen, kaum daß sie richtig unter Dampf standen. Das bedeutete seit Tagen, daß man das Wummern der großen Geschütze an der näherkommenden Front hörte. Das bedeutete einen Waschkessel voll Erbsensuppe, aus dem nachts deutsche Soldaten auf der Flucht durchs Hinterfenster des Pfarrhauses verpflegt wurden. Und das bedeutete schließlich eine letzte Nacht vor dem Einmarsch, in der mein Vater unterwegs war, um dafür zu sorgen, daß die Opas vom Volkssturm nicht die vorbereiteten und ziemlich lächerlichen Panzersperren besetzten, ein Umstand, der die in drei Autos angerückten Waffen-SS-Männer zur schnellen Flucht bewog. Erst danach konnten die weißen Fahnen wieder gehißt werden, die nach der Ankunft der SS-Männer versteckt worden waren.

Dies alles hatte mein Vater nicht durch einen vermeintlichen „Artillerie-Beobachter" auf dem Kirchturm gefährdet wissen wollen.

An der Hauptstraße drückte ich mich in den Eingang der Apotheke. Und wirklich, es dauerte nur wenige Minuten, bis die Panzer kamen. An der Spitze der endlosen Kolonnen sah ich nur schwarze Haut und weiß blitzende Zähne unter den fremdländischen Helmen. Erst nach einer Weile entdeckte ich auch weiße Soldaten auf den Panzern und den Jeeps und Lastwagen, die ihnen folgten.

Inzwischen, kein einziger Schuß war gefallen, war ich längst nicht mehr der einzige Zuschauer am Straßenrand. In kleinen Gruppen dicht aneinandergedrängt, starrten die Menschen schweigend auf die amerikanischen Militärkolonnen.

„Nun haben wir den Krieg verloren", flüsterte eine schwarzgekleidete Frau neben mir. Ihr Sohn war erst vor wenigen Wochen als gefallen gemeldet worden. Wie immer hatte mein Vater auch ihr die traurige Nachricht überbringen müssen. Der Ortsgruppenleiter kam nur, wenn er Ordensverleihungen oder Beförderungen verkünden konnte.

„Nun haben wir den Krieg verloren." Diese Worte weckten mich auf. Ich durfte meinen Vater nicht schon wieder in Schrecken versetzen, sein Zorn konnte furchtbar sein. Ich ging nach Hause.

Unterwegs überkam mich ein Gefühl grenzenloser Dankbarkeit: Ja, der Krieg war verloren, endlich hatten die Nazis ihren Krieg verloren.

Und ich lebte!

Nach all den Wochenschau-Berichten über die großen Schlachten des Krieges, nach all den Propaganda-Reden über die Verteidigung der „Festung Deutschland" bis zum letzten Blutstropfen war es mir seit langem zur unumstößlichen Gewißheit, zum Grundtatbestand meines Lebensgefühls geworden, daß ich keine Chance hatte, diesen Krieg zu überleben. Nun war er zu Ende, und ich lebte trotz allem!

Mit jedem Schritt, den ich tat, ließ ich Zentnergewichte hinter mir, die mich – manchmal mehr, manchmal weniger bewußt – seit Jahren bedrückt hatten. Vorbei war nun die Zeit der Verstellung und des ohnmächtigen Sichduckens, der Angst vor den häßlichen braunen Uniformen.

Jetzt kam die Freiheit, so glaubte ich damals, von der die Eltern immer gesprochen hatten. Jetzt kam die Demokratie wie in Amerika und England, wo das Volk sich selbst regiert, wo man reden und schreiben, hören und lesen kann, was man möchte.

Jetzt war Schluß mit den Konzentrationslagern und den gebrüllten Führerreden über Volksgemeinschaft und arische Herrenrasse, Schluß mit der Arroganz jener erbärmlichen Kleinbürger, die als Amtswalter der Nazi-Partei bis jetzt versucht hatten, in unserem Städtchen den Ton anzugeben.

Am schlimmsten war unser Nachbar, ein Lehrer, der stellvertretende Ortsgruppenleiter. Während meiner Volksschulzeit hatte er mich gequält, wo er nur konnte. Meinetwegen hatte er die ganze Klasse oft nachsitzen lassen und sich anschließend daran geweidet, wenn sich die Meute auf mich stürzte. Er, der im Unterricht immer kriegerische Reden geführt hatte, verkroch sich immer als erster im Luftschutzkeller und überließ es meinem Vater und mir, sein eigenes Baby auch dorthin zu bringen.

Als ich an jenem Gründonnerstag an seinem Haus vorbeikam, wurde mir bewußt, daß nun auch er nicht mehr gefährlich war.

Für mich hatte die Zeit der Beklemmung, die jetzt zu Ende ging, an einem 20. April angefangen, ich war acht oder neun Jahre alt. Voller Begeisterung hatte ich beim Mittagessen von der Führergeburtstagsfeier in der Schule erzählt.

Nun saß ich meinem Vater im „Aktenzimmer" gegenüber, einer schmalen Kammer mit den Papieren der Kirchengemeinde, die den Vorzug hatte, daß sie nach hinten lag, mit nur einem Fenster zum Garten. Unangemeldet konnte dort niemand hinein.

Jetzt erfuhr ich, was es mit Hitler und den Nazis wirklich auf sich hatte. Mein Vater sprach von den Konzentrationslagern, von den Qualen, die Juden, Christen, Sozialisten und Kommunisten zu erdulden hatten, von dem Krieg, den Hitler angefangen habe, den er aber nie gewinnen könne, von Pastor Martin Niemöller.

An diesem Nachmittag blieb ich lange mit meinem Vater in dem kleinen Zimmer. Ich war stolz, daß er mich ins Vertrauen gezogen hatte, mit mir sprach wie mit einem Erwachsenen und wie noch nie vorher.

Mit niemandem, auch nicht mit meinem besten Freund, dürfe ich darüber reden, so erfuhr ich damals. Eindringlich schilderte mir mein Vater, daß die Nazis viele ihrer Opfer in Konzentrationslager geworfen und unter Qualen ermordet hatten, denen weniger offene Worte vorgeworfen werden konnten.

Nein, ich wollte schweigen, versprach ich. Gleichzeitig packte mich die Angst: Und wenn mir doch einmal etwas herausrutschte?

In den Wochen nach diesem 20. April beschäftigte ich mich viel mit Märtyrergeschichten. Würde ich standhaft bleiben können, nichts verraten, falls es einmal darauf ankommen würde?

Von diesem Tag an gehörte es zu meinem Lebensgefühl, in einer gefährlichen und feindlichen Umwelt leben zu müssen. Nichts war mehr klar und einfach. Deutsche Siege, Heldentaten unserer Soldaten? Kein Grund zu Stolz oder Freude, nur Mittel, um das unausweichliche Ende der Nazis hinauszuschieben, ihnen Zeit für weitere Untaten einzuräumen!

Seit jenem Tag fürchtete ich mich vor der Hitlerjugend. (Mein Vater ermöglichte es mir, daß ich durch ärztliche Atteste von der Dienstpflicht befreit blieb.)

Ich fürchtete mich vor Uniformen, vor allem vor Offizieren und vor SA und SS. Als Fahrschüler drängte ich mich lieber in ein überfülltes Zugabteil, als daß ich mich neben einen Uniformträger gesetzt hätte.

Er hätte ja mit mir reden, mir anmerken können, wieviel ich wußte!

In all den Jahren hätte ich mir manchmal gewünscht, noch unwissend zu sein, unbeschwert leben zu können, ohne die Verantwortung zu spüren.

Aber nun, am Gründonnerstag 1945, als alles vorbei war, verstand ich besser, daß mein Vater nicht anders hatte handeln können. Er hätte es nicht ertragen, mich im Braunhemd mit den Sternen und bunten Schnüren der Jungvolkführer herumlaufen zu sehen. Das hätte zu Auseinandersetzungen führen können, die wirklich für ihn selbst und für die ganze Familie gefährlich geworden wären. Überzeugte Hitlerjungen wurden ja darauf gedrillt, selbst ihre Eltern notfalls ans Messer zu liefern.

Seit diesem Gründonnerstag, den ich als Befreiung empfunden habe, gibt es mir immer einen Stich, wenn ich das Wort „Zusammenbruch" des Nazi-Regimes höre.

Volker Hochgrebe

Taufbegehren 108

Zum Text/ Problemfeldbeschreibung:	Herr P. läßt nach dem Zusammenbruch des Dritten Reiches seine beiden neun und sieben Jahre alten Kinder taufen, weil es in der neuen Zeit nützlich sein könnte. Die Erzählung stellt die Frage nach dem Verhalten der Nazis nach dem Krieg.
Stichworte:	Kirche, Gemeindeglieder, Taufe, Parteigenossen, Mitläufertum, Heuchelei
Vorlesezeit:	8 Minuten
Vorlesealter:	ab 14 Jahren

Es gab aber noch einen Anlaß für die hereingeschneite Familie, von sich aus eine Verbindung gerade mit dem Pfarrhaus zu suchen. Da existierte nämlich noch etwas, das sie zu brauchen meinten im Jahr 1945, kurz nach Kriegsende, und das ihnen nur auf dem Weg über das Pfarrhaus erreichbar schien.

So kam es, daß eines schönen Tages, einige Wochen nach unserer ersten Begegnung mit dem erstaunlichen Herrn P., die Frau von Herrn P. das Pfarrhaus betrat. Denn der Grund für ihren Besuch war ein Anliegen von der Art, für die man gemeinhin die Frauen als besonders zuständig und engagiert ansieht, ein religiöses natürlich. Als ich in ihrer Behausung der ersehnten Stimme aus der Ferne gelauscht hatte, war mir diese Dame kaum aufgefallen. Als Frau eines außerordentlichen Mannes war sie es gewohnt, völlig hinter ihm zu verschwinden, in seiner Nähe hatte man sie nicht zu bemerken. Nun, da sie die Gelegenheit hatte, auf ihre Person aufmerksam zu machen, sah ich sie zum ersten Mal wirklich. Zierlich, niedlich und freundlich war sie, ganz so, wie ein cleverer Erfolgsmann sich die zu ihm emporblickende Gefährtin aussuchen wird.

Da saß sie nun an meinem Tisch und brachte mit einigen Umschweifen ihre Bitte in aller Bescheidenheit vor. Ihre beiden Kinder waren noch nicht getauft, ein Mädchen von etwa neun und ein Junge von sieben Jahren. Es waren wohlerzogene und hübsch gekleidete Kinder, die offensichtlich nicht in der Wüste das Licht der Welt erblickt hatten, sondern in wohlgeordneten Verhältnissen aufgewachsen waren. Keinesfalls hatte in beiden Fällen eine Notlage bestanden, die eine Taufe verhindert hätte.

Nein, offensichtlich hatten es die Eltern vor neun und vor sieben Jahren eben für überflüssig, ja, dem eigenen und der Kinder Fortkommen für schädlich gehalten, sie zur Taufe zu bringen, obwohl das damals trotz des Dritten Reichs und seiner Weltanschauung doch noch weithin üblich war und sogar bei Parteigenossen vorkam. Aus diesem Tatbestand ließen sich nun heute, im August 1945, gewisse Schlüsse ziehen auf das Denken und die politische Zugehörigkeit der Eltern, vor allem des Vaters, und auf die geringe Rolle, die irgendwelche anderen Familienmitglieder, die sich vielleicht noch zur Kirche gehörig gefühlt haben mochten, bei diesen Erwägungen gespielt hatten. Diese Folgerung war so ungefähr das erste, was sich mir aus dem Gespräch ergab. Wes Geistes Kind Herr P. gewesen war und, wer weiß, noch sein mochte, das bewies dies Ersuchen nur zu deutlich. Es bedurfte keiner weiteren Überlegungen mehr über seine Vergangenheit und die Gründe der weit vom Schauplatz früherer Entscheidungen wegführenden Flucht.

Aber durfte ich diese Erkenntnis laut werden lassen? Stand es mir zu, ja durfte irgend jemand in der Kirche einen solchen Schritt zur Rückkehr in Frage stellen durch das Aufdecken einer eventuell opportunistischen Motivation? Wer von uns kann Herzen erforschen und die menschliche Bosheit mit Sicherheit bloßlegen? Wer darf das überhaupt? Zwar konnte ich an eine wirkliche Umkehr, ein echtes Bedürfnis nach Zugehörigkeit zur Gemeinde nicht glauben, wenn ich mir ein bißchen Blick für Menschen zutrauen konnte. Aber ich durfte doch nicht den strengen Racheengel spielen, der den Zutritt zum Paradies verwehrt. Kommen mußten sie alle dürfen, auch die, die sich nur den Anschein gaben, als hätten sie sich gewandelt. Daran war nichts zu ändern.

Natürlich hätte es auch nicht in irgendeines anderen Hand gelegen, diese Taufe abzulehnen. Es gab dann in den folgenden Monaten und Jahren noch viele solcher Taufen. Denn die Kirchen standen auf einmal wieder in großem Ansehen. Nachdem sie als erste hatten Kuriere verschicken können und Lizenzen für Druckerzeugnisse bekommen hatten, wuchs weiterhin ihr Einfluß und ihre Geltung ständig. Sie begannen wieder eine gesellschaftliche Macht zu werden wie zu alten Thron- und Altar-Zeiten. Und all die vielen, denen jetzt der Boden unter den Füßen weggezogen war, suchten dort wieder einen zu gewinnen. Nachdem es nicht mehr „Führer/Volk/Vaterland" war, was auf allen Lippen zu sein hatte, mußte man einen neuen Halt haben. So wurde es allmählich diese „Gesellschaft", zu deren wichtigem Dekor jetzt auch wieder die Kirchen gehörten. In diese Institutionen gut eingegliedert zu sein war jetzt bestrebt, wer ein bißchen was sein wollte. Eine Existenz ohne Taufschein hätte da einen schlechten Eindruck gemacht. Das hätte dem Kind auf dem weiteren Lebensweg schaden können, wenn gewisse Vermutungen aufgetaucht wären über den Grad der Zugehörigkeit der Eltern zu den Nationalsozialisten. Mit solch einer Hypothek konnte man doch seine Kinder nicht belasten.

So fand also diese Taufe an einem schönen Sonntag im August 1945 statt und gestaltete sich zu einem ganz würdigen Akt. Ich war sogar gebeten worden, Pate zu stehen. Ein kleiner Funktionär der Organisation, der man nun wieder angehörte, machte sich da besser als mancher andere. Darum stand ich hinter den Kindern am Altar. Doch fühlte ich mich dabei keineswegs glücklich, obwohl ich wußte, daß ich nicht anders hätte handeln können und obwohl mir klar war, daß auch bei der Mehrzahl der durchschnittlichen Taufen die Paten nur selten in die Lage zu kommen pflegen, ihr Versprechen der christlichen Erziehung des Kindes auch wirklich zu halten. Es war wieder diese schöne Formsache, bei der mitzuwirken man so oft bereit sein muß. Hier standen die naiven Gemeindeglieder und deckten durch ihr Dasein die Heuchelei eines neuen Mitläufertums, das sich jetzt bei der christlichen Gemeinde die Eintrittskarte für die neue Zeit kaufen wollte.

Die Barmherzigkeit mit ihrem Schlimmes bedeckenden Mantel kann durchaus auch den Falschen zuteil werden. Mit Geschehnissen wie dieser Taufe fangen denn nun neue, bessere Zeiten an. Solche Gedanken bedrückten mich während der ganzen Feierlichkeit. Denn es zeigte sich schon gleich zu Beginn des neuen Zeitalters, daß auch wenig rühmliches Menschliche durch die größten Ausrottungskatastrophen nicht kaputt geht, wie Unkraut, das auch immer wieder aus Trümmern herauswächst.

Katharina Franz

Ausgetreten 109

Zum Text/ Problemfeldbeschreibung:	Als überzeugter Nationalsozialist tritt Wilhelm L. während des Dritten Reiches aus der Kirche aus. Seine Frau und die beiden Kinder folgen ihm darin nicht. Nach Kriegsende drängt es ihn, der Kirche wieder anzugehören.
Stichworte:	NS-Ideologie, Kirche, Kirchenaustritt, Kircheneintritt
Vorlesezeit:	4 Minuten
Vorlesealter:	ab 12 Jahren

Wilhelm L. war ein treuer Parteigänger und seit einiger Zeit auch Gruppenführer einer SA-Einheit. Er hatte endlich wieder Arbeit gefunden und konnte seine Familie ernähren. Es ging aufwärts. Eines Abends kam er sehr aufgeregt von einer Parteiversammlung nach Hause.

„Wir hatten heute abend eine sehr wichtige Sitzung", sagte er zu seiner Frau, „und ich habe mich entschlossen, aus der Kirche auszutreten. Natürlich werde ich dich und die Kinder auch abmelden."

Seine Frau erstarrte innerlich. So weit war es also mit ihrem Mann gekommen. Äußerlich jedoch blieb sie völlig ruhig. Sie entgegnete: „Aber wieso denn das? Was hat denn unsere Kirchenmitgliedschaft mit der Partei zu tun?"

„Ich nehme den Führer und die nationalsozialistische Partei ernst. Kirche ist überholt. Was willst du denn mit deinem frommen Kram? Außerdem sparen wir so die Kirchensteuer", erwiderte er. Er hatte sich vor dieser Unterredung gefürchtet, denn er wußte, daß seine Frau beim Thema Kirche ihre eigene, feste Meinung hatte. Im Grunde hatte er ja nichts gegen ihre Kirchgänge – aber wenn jetzt alle Freunde und Parteigenossen aus der Kirche austraten, wollte er doch lieber zu ihnen gehören und keine Sonderrolle spielen. Es folgten erregte Dispute, doch seine Frau fügte sich nicht. Schließlich trat Wilhelm L. allein aus der Kirche aus, seine Frau und die beiden Kinder gehörten weiterhin dazu. So blieb es während der ganzen Zeit des „Dritten Reiches". Es war eben so – man sprach nicht mehr darüber.

1945, als alles zusammenbrach, waren auch Wilhelms Überzeugungen zerbrochen. Er hatte sich wegen seiner „Nazivergangenheit" zu verantworten und wurde aus dem Staatsdienst entlassen. Seine Frau und die Kinder gingen wie immer jeden Sonntag zur Kirche und hielten sich zu der Gemeinde. Wie gerne wäre er einmal wieder mitgegangen! Aber er war ja ausgetreten – ausgegrenzt. Wieso sagte sie denn nichts? Merkte sie nicht, daß er der Kirche gar nicht mehr so ablehnend gegenüberstand?

Sie merkte, daß er litt – aber sollte er ruhig noch ein bißchen zappeln! Sie hatte ja längst mit dem Pfarrer gesprochen, und dieser hatte ihr gesagt, daß noch mehr Gemeindeglieder oder ehemalige Gemeindeglieder bei ihm gewesen seien und ihn um Wiederaufnahme in die Kirche gebeten hätten. Er wolle in nächster Zeit Einladungen versenden und dabei auch an ihren Mann denken. So geschah es auch. Freudig nahm Wilhelm die Einladung zum Eintritt in die Kirche an. Es waren viele Menschen zu dieser Feierstunde versammelt, denn viele waren ausgetreten und wollten nun wieder dazugehören.

Klaus Busch

Ich habe nur das Gute gewollt... **110**

Zum Text/ Problemfeldbeschreibung:	Nach dem Ende des Zweiten Weltkriegs besucht Pfarrer Martin Niemöller ein Fraueninternierungslager in L. Er versucht zu verdeutlichen, daß das deutsche Volk Schuld auf sich geladen hat, stößt aber weitgehend auf Unverständnis und schroffe Ablehnung.
Stichworte:	Schuld, Internierungslager, Niemöller, NS-Volkswohlfahrt, NSDAP
Vorlesezeit:	7 Minuten
Vorlesealter:	ab 13 Jahren

Der 1. Juli 1946 sollte den Insassen des Internierungslagers für Frauen in L. noch lange in Erinnerung bleiben. Seit über einem Jahr wurden sie von den Amerikanern in dem Lager gefangengehalten, weil sie in der NSDAP, beim Arbeitsdienst oder einer anderen NS-Organisation Dienst getan hatten.

Auf Befehl der Lagerleitung hatten sich am 1. Juli alle in der großen Versammlungsbaracke einzufinden. Dann erschien ein großer schlanker Mann von etwa 50 Jahren. Einige der Frauen erkannten ihn, sie hatten sein Bild in der Zeitung gesehen. Es war Pfarrer Martin Niemöller. Weil er mit seinen mutigen Predigten die Nazis herausgefordert hatte, mußte er 8 Jahre in verschiedenen Konzentrationslagern verbringen.

Niemöller sprach zunächst über die hoffnungslose Lage, in dem sich das von den Kriegsgegnern besetzte Deutschland befand. Die Anwesenden nickten beifällig mit den Köpfen. Als er aber von der Schuld des deutschen Volkes sprach, die zu dieser hoffnungslosen Lage geführt habe, kam erste Unruhe auf.

„Das Schlimmste", rief Niemöller aus, „ist die heute überall vertretene Meinung: ‚Ich habe keine Schuld!'" Niemöllers Rede wurde immer wieder von Unmutsäußerungen der Frauen unterbrochen. Er spürte hinter der Weigerung, sich eine Mitschuld an dem schrecklichen Geschehen des Dritten Reiches einzugestehen, die Angst, mit der Schuld nicht leben zu können. „Gott hat die Hände ausgestreckt nach uns; er liebt uns, auch wenn wir schuldig geworden sind!" Das war Niemöllers Antwort auf die unausgesprochene Frage, wie man mit der Schuld fertig werden könne. „Und wer sich von Gott geliebt weiß, der muß sich nicht selbst rechtfertigen!"

Am Schluß seiner Rede sprach Niemöller über die Erklärung, die die Evangelische Kirche in Stuttgart zur Schuldfrage abgegeben hatte: „Wir, die evangelische Kirche, wissen uns mit unserem Volk nicht nur in einer großen Gemeinschaft der Leiden, sondern auch in der Solidarität der Schuld. Wir haben nicht mutig genug bekannt, gebetet, geglaubt, haben nicht brennend genug geliebt. Mit diesem Eingeständnis der Schuld verzichten wir darauf, uns selber zu rechtfertigen. Wir sagen nicht mehr: Wir Christen haben uns richtig verhalten, die bösen Nazis haben alles getan!"

Eine Aussprache war nach dem Vortrag nicht vorgesehen. Niemöller mußte rasch wieder weg. In den einzelnen Baracken kam es dann aber zu erbitterten Diskussionen.

„Warum sollten wir Schuld auf uns nehmen, die wir nicht begangen haben?" – „Warum sollten wir Buße tun für etwas, was wir gar nicht verschuldet haben?" – „Wir haben keine Juden umgebracht." – „Wir haben uns z. B. in der NS-Volkswohlfahrt mit viel Idealismus um unsere Mitmenschen gekümmert." So oder ähnlich lauteten die meisten Stimmen. Eine junge Frau, die während der letzten Jahre sich in der NS-Volkswohlfahrt ganz für die sozialen Belange ihrer Mitmenschen aufgeopfert hatte, drückte die allgemeine Stimmung ganz deutlich und persönlich aus: „Wenn ich den Stacheldraht hinter mir habe, kann ich nur mit der gleichen Einstellung wie bisher weiterleben: Ich habe immer das Gute gewollt und getan; ich habe meinem Volk helfen wollen und will es weiter tun."

Es gab auch andere Meinungen. Eine Frau sagte: „Gut, Niemöller hat recht, wir alle haben Schuld auf uns geladen. Aber die andern sind auch schuldig geworden. Die Russen haben doch beim Einmarsch viele Diebstähle begangen und Frauen vergewaltigt. Und gilt das Gleiche nicht auch für die Franzosen? Wie kann Pfarrer Niemöller nur so einseitig von der deutschen Schuld sprechen?"

Jutta N. trug zu der Diskussion in ihrer Baracke nichts bei. Sie war dankbar für Niemöllers Vortrag. Endlich hatte einer das ausgesprochen, was sie schon lange beschäftigt hatte.

Am nächsten Morgen besuchte sie den evangelischen Pfarrer, der jeden Donnerstag im Lager eine Sprechstunde für die Gefangenen abhielt. Sie erzählte ihm von der großen Ablehnung, auf die Niemöllers Rede gestoßen war.

„Warum haben die Frauen so schroff reagiert?" wollte der Pfarrer wissen.

„Vor allem für die jüngeren Kameradinnen ist es schwer, eine Schuld anzuerkennen", meinte Jutta N. „Sie sind doch ganz in der nationalsozialistischen Weltanschauung aufgewachsen und entsprechend erzogen worden. Begriffe wie Schuld, Reue und Buße hatten in der NS-Ideologie keinen Platz. Davon haben sie höchstens dann etwas gehört, wenn sich Parteigenossen in ihren Reden über das Gefasel des Christentums von Sühne und Schuld lustig machten. Man muß verstehen, daß diese Frauen so reagiert haben."

Jörg Thierfelder/Dieter Petri

Entnazifizierung 111

Zum Text/ Problemfeldbeschreibung:	Pfarrer Fr. Lenz berichtet und zitiert aus dem Spruchkammerverfahren, das 1946 gegen ihn – wie alle der NSDAP zugehörenden Personen – wegen seiner Mitgliedschaft zur NSDAP von 1930–1939 verhandelte und zu dem nachstehend aufgeführten Beschluß führte.
Stichworte:	Entnazifizierung, Berufsverbot, Kirchenkampf, Spruchkammer, Mitläufer, Sühne, Wiedergutmachung, Ordinationsgelübde, Deutsche Christen, SA, NSDAP, Bekennende Kirche
Vorlesezeit:	15 Minuten
Vorlesealter:	ab 14 Jahren

Wie alle Deutschen mußte auch ich mich einem Entnazifizierungsverfahren unterziehen. Bis zur Klärung meiner NS-Vergangenheit erhielt ich als Pfarrer Berufsverbot, weil ich Parteigenosse gewesen war. Daß man mich aus der Partei „wegen Aufwiegelung des Volkes zu politischem Widerstand" ausgeschlossen hatte, blieb zunächst ohne Beachtung.

Dem Verbot, das Evangelium in Kirche, Schule und an Gräbern zu verkündigen, widersetzte ich mich nur auf Weisung des Landesbruderrates nicht. Nichts und niemand aber hinderte mich daran, Seelsorge in den Häusern zu betreiben. Mein Auto, das ich mir kurz vor dem Krieg wegen des Kirchenkampfes gekauft hatte, das während des Krieges ungenutzt in der Garage stand und sich in bestem Zustand befand, wurde vor Eröffnung des Verfahrens einem auswärtigen Kommunisten ohne Verfügung übereignet, von dessen „Widerstand" ich während des Dritten Reiches nichts gemerkt hatte. Das war übrigens derselbe Wagen, den die Geheime Staatspolizei während des Kirchenkampfes bei der Eröffnung eines Sondergerichtsverfahrens gegen mich beschlagnahmt und später wieder freigegeben hatte.

Nach dem Urteil der Spruchkammer Friedberg wurde ich am 1. Oktober 1946 in die Gruppe IV, d. h. der Mitläufer, eingestuft. Als Sühnemaßnahme hatte ich einen Sühnebeitrag in Höhe von RM 1200,– an den Wiedergutmachungsfonds und als Kostenbeitrag zum Verfahren zu zahlen. In der Begründung hieß es:

„Der Betroffene war Mitglied der NSDAP seit dem 1. Juli 1930 und wurde am 2. Juni 1939 ausgeschlossen; der SA-Reserve seit 1933, zuletzt als Rottenführer, und wurde 1935 ausgeschlossen. Fernerhin war er als Oberscharführer bei der Waffen-SS von 1944–1945. Die Mitgliedschaft bei der NSDAP, der Waffen-SS gliedern ihn nach Anwendung des Anhanges zum Gesetz in die Klasse II (der Belasteten), die Mitgliedschaft in der SA in den Teil B des Anhanges zum Gesetz. Der öffentliche Kläger stellt Antrag auf Einreihung in die Gruppe III der Minderbelasteten. Die Klageschrift führt aus, daß der Betroffene in den ersten Jahren ein fanatischer Anhänger der NS gewesen sei und später von der NS-Ideologie weit abgerückt ist. Gleichzeitig legt die Klageschrift dar, daß der Betroffene einen wirklich glaubhaft nachgewiesenen aktiven Kampf für die Bekennende Kirche geführt hat, woraus ihm ein Sondergerichtsverfahren angehängt wurde. Weiterhin beweist das in der Klageschrift angeführte Zeugnis des Pfarrers Niemöller, daß er ‚sich mit seinem ganzen Mannesmut für den Kampf der Bekennenden Kirche eingesetzt hat'. Außerdem ist glaubhaft nachgewiesen, daß der Betroffene bereits 1935 aus der SA und 1939 aus der Partei ausgestoßen wurde.

Die der Kammer in großer Zahl vorliegenden Entlastungszeugnisse sowie Abschriften amtlicher Dokumente beweisen eindeutig die aktive Stellungnahme des Betroffenen gegen den Nationalsozialismus, nachdem er erkannt hatte, daß sich der NS in Idee und Praxis mit seinem Beruf und der Menschlichkeit nicht verträgt.

Der Bürgermeister bestätigt ihm, daß er vor 1933 als Anhänger der Nazis seine politischen Gegner geachtet habe und mit dem Beginn des Kirchenkampfes konkret Stellung gegen den NS nahm.

In gleicher Linie liegt die Beurteilung des Ausschusses der politischen Parteien. Der Ausschuß erklärt, daß man annehmen könne, der Beitritt zu den Nationalsozialisten sei aus idealistischen Gründen erfolgt und er angenommen hätte, alle kirchlichen, nationalen und sozialen Belange würden durch den NS gefördert. Der Kirchenkampf habe ihn eines anderen belehrt, und er sei als mutiger Anhänger der Bekennenden Kirche in den Kampf gegen den NS eingetreten, womit er ‚mehrmals sein Leben in Gefahr brachte'.

Diese Charakterisierung ist durch alle beigebrachten Zeugnisse belegt.

Die Auskunft des Ermittlers schildert ihn als einen Mann, der bei der Auseinandersetzung des NS mit der Kirche zum schärfsten Gegner der Partei wurde.

Mit diesem aufrechten Kampf, den der Betroffene mit dem NS seit Ausbruch des Kirchenstreites geführt hat, erachtet die Kammer den Vorwurf des vermuteten Aktivismus im Sinne des Gesetzes für abgegolten. Somit verbleibt im Sinne des Gesetzes lediglich die rein formelle Mitgliedschaft in Partei und Gliederung, wobei ihm seine Mitgliedschaft im SS-Sturmbann Hersbruck nicht angerechnet wird, da sie auf Grund eines Befehls bzw. Kommandos erfolgte.

Die im Zuge seines Kampfes erlittenen Verfolgungen und Verhaftungen sind Begleiterscheinungen eines Kampfes, die seine Entlastung im Sinne des Artikels 39 unterstreichen. Dagegen können sie nicht als „entlastend" im Sinne des Artikels 13 gewertet werden. Folglich kann eine Eingruppierung in die Gruppe V der Entlasteten aus gesetzlichen Überlegungen heraus nicht vorgenommen werden. Andererseits hält es die Kammer bei dem Betroffenen durchaus nicht mehr für erforderlich, ihm eine Bewährungsfrist aufzuerlegen. Er hat durch seine gesamte Haltung, die im Jahre 1934 sich vom NS abwandte, die im Jahre 1935 zum Ausschluß aus der SA und im Jahre 1939 zum Ausschluß aus der Partei geführt hat, zur Genüge bewiesen, daß er gewillt und befähigt ist, in einem friedlichen, demokratischen Deutschland seine Pflichten als Staatsbürger zu erfüllen. Folglich erachtet die Kammer eine Eingliederung in die Gruppe III gemäß dem Antrag des öffentlichen Klägers für nicht erforderlich. Seine Mitgliedschaften werden ihm daher als rein nominelle Teilnahme am NS angerechnet, und er wird entsprechend gemäß Artikel 12 in die Gruppe IV der Mitläufer eingereiht.

Der Betroffene hat trotz seines Kampfes gegen Partei und Staat eine geordnete finanzielle Entwicklung erfahren und sonstige Nachteile nicht erlitten. Er wird unter Berücksichtigung seiner aufrechten Haltung, die zu offenem Streit mit Partei und Staat geführt hat, mit einer einmaligen Sühneleistung von RM 1200,– belegt, wobei die Kammer ausdrücklich bemerkt, daß sie lediglich wegen seiner aktiven Stellungnahme gegen den NS von der Verhängung der höchstzulässigen Sühnegebühr von RM 2000,– Abstand genommen hat. Im Falle der Nichtzahlung wird die Sühne in 30 Tage Arbeitsleistung umgewandelt. Die Kosten des Verfahrens werden dem Betroffenen auferlegt. Der Streitwert wird auf RM 6680,– festgesetzt." gez. Unterschriften. „Vorstehender Spruch erhält Rechtskraft mit dem 4. Nov. 1946."

Das Angebot der Kammer, gegen meine Einstufung in die Gruppe IV der Mitläufer Einspruch zu erheben, schlug ich aus, auch wenn man mir eine gute Chance einräumte, bei einem mündlichen Verfahren mit ziemlicher Sicherheit in die Gruppe V der Entlasteten zu kommen. Doch mir lag wenig daran, daß meine „Ehre" wiederhergestellt würde, aber alles, daß man mein Berufsverbot aufhob. So nahm ich die Einstufung in die Gruppe der Mitläufer mit dem Bemerken an, daß ich weder als Nationalsozialist noch als BK-Pfarrer je ein „Mitläufer" gewesen sei und mir diese Einstufung nicht gerecht wird.

Bald danach erhielt ich vom Kreisausschuß ohne Spruchkammerbescheid für meinen enteigneten Wagen ein anderes, fast gleichwertiges Auto.

Vom Kirchlichen Überprüfungsausschuß Oberhessen hatte ich bereits am 4. Juli 1946 einen Überprüfungsbericht bekommen. Darin hieß es:

„Pfarrer Lenz/Münzenberg war Mitglied der NSDAP vom 1. Juli 1930 bis 2. Juni 1939, Mitglied der SA-Reserve von 1933 bis 5. Sept. 1935.

Pfarrer Lenz hat damit an einer politischen Bewegung teilgenommen, die sich deutlich als antichristlich erwiesen hat und sich in schweren Verbrechen auswirkte.

Es ist daher nachzuprüfen, ob und in welchem Ausmaß sich Pfarrer Lenz gegen sein Ordinationsgelübde vergangen hat.

Das sehr umfangreiche Aktenmaterial, Zeugenaussagen und die persönliche Kenntnis ergeben folgendes Bild:

Pfarrer Lenz ist in gutem Glauben, im wesentlichen aus kirchlichen Gründen, in die NSDAP eingetreten. Als überzeugter positiver Theologe lutherischen Bekenntnisses war er nie Mitglied der ‚Glaubensbewegung Deutsche Christen', hat deren Irrlehre von Anfang an klar erkannt und eindeutig bekämpft.

Als sich in der NSDAP die antichristliche Tendenz bemerkbar machte, hat er sich sofort und vor aller Öffentlichkeit dagegen gewandt. Die bereits 1933 in der NSDAP gegen ihn deutlich werdende Ablehnung hat ihn keinen Augenblick gehindert, gebunden an sein Ordinationsgelübde, klar und mannhaft der immer deutlicher werdenden antichristlichen und die Gebote Gottes mißachtenden Haltung des NS entgegenzutreten. Lenz war bald der von der NSDAP gehaßteste Mann in der Wetterau. Als verschiedene Versuche der NSDAP, ihn durch parteidisziplinäre Maßnahmen zum Schweigen zu bringen und seine Gemeinde durch Einsatz der parteilichen Propaganda und des Machtapparates von ihm abspenstig zu machen, nicht zum Ziel führten, wurde er 1935 aus der SA-Reserve und 1939 aus der Partei ausgeschlossen. Pfarrer Lenz trat nur deshalb nicht freiwillig aus der NSDAP aus, weil er auf Anraten maßgebender kirchlicher Freunde den Kampf gegen die weltanschauliche Grundlage der Partei innerhalb ihrer eigenen Gliederung solange führen wollte, bis deren weltanschauliche Entlarvung eindeutig klar geworden sei. Indem Pfarrer Lenz diesen für ihn als Parteigenosse doppelt schweren Kampf so eindeutig und für jeden sichtbar führte, hat er viele abgehalten, in die NSDAP einzutreten, und viele Parteigenossen in ihrem Glauben an die Partei wankend gemacht.

Mit derselben klaren Konsequenz hat Pfarrer Lenz den Kampf gegen das zur Knebelung der Kirche eingesetzte NS-Kirchenregiment geführt. Obgleich Parteigenosse, trat er bereits 1934 auf die Seite der Bekennenden Kirche und veranlaßte auch seine beiden Gemeinden zum Anschluß an diese. Als Mitglied der damaligen Nassau-Hessischen Landessynode hat er in einer Sitzung 1935 rücksichtslos die Zerstörungstendenzen in der Kirche aufgedeckt und so zu dem verdienten Ende dieser unrühmlichen Synode wesentlich beigetragen. Von da ab wurde er einer der Hauptführer der Bekennenden Kirche in Oberhessen. Unentwegt war er aufklärend und organisierend, ohne Furcht vor den Nachstellungen der NSDAP, den Maßnahmen der Geheimen Staatspolizei und der NS-Kirchenleitung tätig, um den Widerstand der Gemeinden wachzurufen und zu stärken. Ihm ist es im wesentlichen zu danken, wenn gerade in Oberhessen der Widerstand gegen den in die Kirche eindringenden NS-Geist so stark wurde, daß die NS-Kirchenleitung nur sehr vorsichtig ihre Ziele verfolgen konnte. Der Widerstand des Pfarrers Lenz und der zu ihm stehenden Gemeinden Oberhessens gegen die Kirchenzerstörung durch den NS-Geist konnte bis zuletzt nicht gebrochen werden.

Aus dieser Darlegung ergibt sich, daß Pfarrer Lenz trotz seiner Mitgliedschaft in der NSDAP nicht nur nicht gegen sein Ordinationsgelübde verstoßen hat, sondern durch sein klares folgerichtiges Verhalten wesentlich zur Entlarvung des NS-Geistes als eines antichristlichen und antikirchlichen im Raum der Nassau-Hessischen Kirche beitrug, so daß weit über seine eigene Gemeinde hinaus viele Gemeinden vor der verhängnisvollen seelischen Verirrung des NS bewahrt wurden. Sein kirchliches Verhalten in der Zeit der NS-Herrschaft und des NS-Kirchenregiments ist als vorbildlich zu bezeichnen.

Es besteht kein Grund, kirchliche Maßnahmen gegen Pfarrer Lenz zu ergreifen." – 4 Unterschriften

Friedrich Lenz

Ein stadtbekannter Judenfreund 112

Zum Text/ Problemfeldbeschreibung:	Zu den Christen, die sich aktiv für Juden einsetzten, gehörte der Heidelberger Pfarrer Hermann Maas (1877–1970). 1950 besuchte er auf Einladung der israelischen Regierung als erster christlicher Deutscher offiziell den Staat Israel.
Stichworte:	Juden, Israel, Verfolgung, Gestapo, Pogromnacht, Tora, Synagoge, Nationalsozialismus, Zwangsarbeit, Schuld, Yad-Vashem
Vorlesezeit:	5 Minuten
Vorlesealter:	ab 12 Jahren

Schon in seiner Schulzeit hatte Hermann Maas viele jüdische Freunde. Deshalb waren ihm jüdische Gottesdienste und jüdische Bräuche vertraut. Als junger Vikar nahm er 1903 in Basel an einem großen Treffen von Juden aus aller Welt teil. Die Teilnehmer überlegten sich, wo die über die ganze Welt zerstreuten Juden eine neue Heimat finden konnten. Zur Diskussion standen Uganda und Palästina; nach heftigem Streit entschied man sich für Palästina. Seit damals interessierte sich Maas in besonderer Weise für das jüdische Volk; er sah in der Heimkehr der Juden nach Israel ein Zeichen für Gottes Treue zu seinem Volk.

1933, als in Deutschland die Nationalsozialisten an die Macht kamen, unternahm Maas eine schon lange geplante Reise nach Palästina. Hier knüpfte er Kontakte zu jüdischen Persönlichkeiten. Als er zurückkam, wollten die Nationalsozialisten den „stadtbekannten Judenfreund" am liebsten aus der Stadt vertreiben. Doch hatte er viele Fürsprecher in Heidelberg; so konnte er bleiben. In den nächsten Jahren nahm er sich in besonderer Weise der verfolgten Juden an. Er kümmerte sich um getaufte Juden, ebenso um Glaubensjuden. Am Türpfosten seines Hauses brachte er eine Mesusa (= Türpfostenkapsel mit Worten aus der Tora) an; sie sollte den verfolgten Juden zeigen, wo sie Hilfe finden konnten.

Im Sommer 1938 gründete Hermann Maas zusammen mit dem Berliner Pfarrer Heinrich Grüber ein großes Hilfswerk für verfolgte Christen jüdischer Abstammung. Die wichtigste Aufgabe dieses Hilfswerks war es, möglichst vielen Verfolgten die Auswanderung aus Deutschland zu ermöglichen. So konnten mit Hilfe von Hermann Maas viele Christen jüdischer Herkunft nach England und anderen Ländern auswandern. Die Reichspogromnacht (9./10. Nov. 1938), in der auch die Heidelberger Synagoge zerstört wurde, hatte vielen Juden gezeigt, daß es für sie keinen Platz mehr in Deutschland gab.

Immer wieder wurde Hermann Maas von der Gestapo verhört. Doch ist ihm, entgegen vielen Befürchtungen, bis zum Jahr 1943 nichts geschehen. Seine Gemeinde stand fest hinter ihm. 1943 fand man jedoch Briefe einer Christin jüdischer Abstammung, an die Hermann Maas jahrelang geschrieben hatte. Darin hatte er offen seine Abscheu vor den judenfeindlichen Maßnahmen der Nationalsozialisten zum Ausdruck gebracht. Nun wurde Maas von seiner Kirche auf Druck der Nazis zwangsweise in den Ruhestand versetzt. Ein Jahr später wurde der inzwischen 67jährige zur Zwangsarbeit in Frankreich verurteilt.

Nach dem Krieg setzte sich H. Maas für die Versöhnung und „Wiedergutmachung" mit dem jüdischen Volk und nach dessen Gründung 1948 mit dem Staat Israel ein. Am Anfang dieses Weges stand für ihn, der sich während der Zeit des Dritten Reiches als tatkräftiger „Judenfreund" bewährt hatte, das Bekenntnis der eigenen Schuld und der Schuld des deutschen Volkes den Juden gegenüber.

Der Staat Israel hat seinen Fürsprecher H. Maas vielfältig geehrt. So wurde ihm 1966 die Yad-Vashem-Medaille verliehen; diese Ehrung ist verbunden mit der Pflanzung eines Baumes in der Allee der Gerechten in der jüdischen Gedenkstätte Yad Vashem in Jerusalem.

Jörg Thierfelder/Dieter Petri

Ein Brief an Joël Pottier **113**

Zum Text/ Problemfeld- beschreibung:	Der Schriftsteller Willy Kramp bekennt und begründet in einem Brief an Joël Pottier, warum er sich selbst bei dem Thema „Widerstand unter dem Hitlerregime" eher als Zuschauer denn als mutigen Mittäter bezeichnen würde.
Stichworte:	Widerstand, Verschwörer, Bekennende Kirche, 20. Juli 1944
Vorlesezeit:	4 Minuten
Vorlesealter:	ab 16 Jahren

Schwerte-Villigst, 5. Februar 1984

Sehr geehrter Herr Doktor Pottier,

nach langer und gründlicher Selbstprüfung komme ich zu der Einsicht, daß ich mich nicht zu dem Kreis von Deutschen zählen darf, an den Sie bei dem Thema „Widerstand unter dem Hitlerregime" denken.

Während jener schweren Zeit war ich doch eher ein Zuschauer und kein mutiger Mittäter. In meiner engsten Verwandtschaft und in den Häusern mir nahestehender Freunde wurden während des Krieges flüchtige Juden versteckt; aber ich selbst war an diesen gefährlichen Aktionen allenfalls indirekt beteiligt (etwa durch Beschaffung zusätzlicher Lebensmittel). Kurz vor Kriegsausbruch habe ich einen Roman veröffentlicht („Die Fischer von Lissau"), der mir zwar heftige Schelte seitens der braunen Kulturbonzen einbrachte; aber weitere Folgerungen für mich ergaben sich nicht, im Gegenteil, der Roman wurde von vielen gelesen und in mehreren Auflagen gedruckt. Ich gebe zu, daß das Buch regimegegnerische Christen gestärkt haben mag, da ihm ein christliches Menschenbild zugrunde lag. Das lutherische „erlösungsbedürftig und erlösungsfähig" war die Grundthese, die hier Gestalt gewann. Aber welches ist mein Verdienst dabei? Ich habe beim Schreiben dieses Buches nur Freude und Befriedigung empfunden.

Als Ordonnanzoffizier bei dem (später als Verschwörer hingerichteten) Major von Hößlin war ich zwar Mitwisser der Konspiration vom 20. Juli 44; aber da ich auf keiner der „Listen" der Gestapo stand, wurde ich nicht behelligt, zumal ich inzwischen an die Front abkommandiert war. Daß ich als Mitglied der Bekennenden Kirche nicht Mitglied der NSDAP oder einer ähnlichen Formation gewesen bin, war damals fast eine Selbstverständlichkeit. Soll ich mich dessen rühmen?

In meinen Büchern „Brüder und Knechte" und „Der letzte Feind" habe ich von meinen Ängsten und Kalamitäten während der Nazizeit berichtet. Aber das alles reicht bei weitem nicht aus, um mich ernsthaft für einen Mann des Widerstandes zu halten. Ich war – wie ich schon sagte – immer eher ein Zuschauer als ein Akteur. Natürlich habe ich unter den damaligen Zuständen gelitten wie unendlich viele im deutschen Volk, und ich habe mit der Gemeinde Christi um Befreiung von diesem Übel gebetet; aber ebendies gilt ja für viele meiner Generation, die sich heute vorwerfen, nicht genug Widerstand geleistet zu haben.

Bitte haben Sie Verständnis für diese meine Entscheidung; auch dafür, daß ich mich so kurz fassen mußte. Aber ich bin ein alter und sehr kranker Mann.

Mit den besten Grüßen

Ihr sehr ergebener

Willy Kramp

114 Ein Gespräch im deutschen Wald

Zum Text/ Problemfeldbeschreibung:	Der jüdische Gelehrte Albert Friedländer, der während des Dritten Reiches nach England emigrierte, lebt zum ersten Mal seit 40 Jahren wieder für einige Monate in Deutschland. Bei einer Begegnung mit dem Widerstandskämpfer gegen den Nationalsozialismus Heinrich von Trott zu Solz kommt es nahe der Grenze zur DDR zu einer Diskussion über die Frage, ob Hitler in den Himmel kommen kann.
Stichworte:	20. Juli 1944, Vergeben, Christen, Juden, Umkehr, Hitler
Vorlesezeit:	5 Minuten
Vorlesealter:	ab 14 Jahren

Heinrich von Trott zu Solz begegnete mir erstmals in Berlin, am 20. Juli 1984, als ich in der Gedenkfeier die Eröffnungsrede über Widerstand hielt. Dann kam er zu meinem Rosenzweig-Vortrag nach Kassel, und die Familie Moltke brachte mich zu diesem Haus. Damals lag Schnee über Wald und Haus. Wir saßen zusammen im Wohnzimmer am Kamin und sprachen über die Vergangenheit. Jetzt war ich allein gekommen, „im wunderschönen Monat Mai". Schon war ich einer der vielen geworden, Freunde der Familie, die das stille Haus im Wald als ein Versteck gegen die unruhige, laute Welt ansahen.

„Es ist, weil wir der Grenze so nahe sind", sagte Heinrich, „keine Düsenjäger in der Luft. Kein Verkehr auf den Straßen, die Gegend ist arm. Nur der Wald. Hier kommt man der Natur nahe. Man kann sich selbst hören und verstehen. Und man kann über die Umkehr der Menschen nachdenken."

Heinrich sah mich besorgt an. „Wie geht es dir? Ist es nicht schwer für dich, in Deutschland längere Zeit zu sein?"

Es war schwer. Dies war das erste Mal seit 40 Jahren, daß ich mich bereit erklärte, vier Monate lang in Deutschland zu wohnen. Die alten Probleme, die Furcht der dunklen Zeit waren wieder in mir aufgetaucht. In London konnte ich über diese Probleme ohne Schwierigkeiten sprechen; da war das Problem „Vergeben und Vergessen" eine theoretische theologische Frage, die ich in den Spalten der *London Times,* in meiner Zeitschrift *European Judaism* oder auf wissenschaftlichen Tagungen behandeln konnte. Hier aber war das keine Theorie, es war wieder ein existenzielles Erlebnis. Und ich war einsam...

„Könnte Adolf Hitler in den Himmel kommen?", war die nächste Frage an mich und das Judentum, einfach und ehrlich.

Darauf war ich nicht vorbereitet...

„Weißt du", sagte ich zu Heinrich, „das Böse lebt in der Welt, und es lebt weiter. Das Gift der Hitlerzeit ist doch noch überall. ‚Hitler im Himmel' ist ein Gedanke, den Juden schon deshalb nicht aussprechen können, weil es diesem Dämonischen in der Welt eine Art Legitimation geben würde. Kommen wir wieder zur Frage nach Vergeltung und Vergebung. ‚Der Tod sühnt alles', ist eine wichtige jüdische Lehre. Hitler ist jetzt dem göttlichen Gericht übergeben, nicht dem menschlichen. Wir würden es nicht wagen, so genau wie einige christliche Theologen Gottes Denken und Richten zu verkünden, es auf Einzelfälle zu beziehen und damit dem Hitler oder dem Eichmann oder dem Henker von Treblinka Vergebung zuzusprechen. Da halten wir uns zurück. Die Reue bleibt der Anfang der Umkehr in unserem Denken, der Weg in die Vergebenszeit. Gott ist der gerechte, barmherzige Richter."

„Ja", sagte Heinrich, „ich stimme zu. Aber es gibt auch ein Vergeben, ein Wiederzusammenkommen zwischen Völkern. Jetzt, nach Auschwitz, denke ich immer daran, wie sehr sich die christliche Lehre ändern muß. So oft hören wir doch, daß die Juden unseren Heiland töteten, daß sie unter ewiger Strafe leben. Als ob es nicht der Mensch war, wir, die Jesus töteten. Und dann töteten wir die Juden. Wenn man jetzt sagt: ‚Jesus starb am Kreuz', dann muß man sofort auch sagen ‚und die Juden starben in Auschwitz'. Wir müssen unser Christentum jetzt ganz anders sehen. Nie wieder dürfen wir die Gottesmordanklage gegen das jüdische Volk erheben."

Albert H. Friedlander

115 Familie Müller

Die folgenden fiktiven Gespräche der Familie Müller spiegeln das Verhältnis von Kirche und Nationalsozialismus in der Zeit von 1933 bis 1945. Das letzte Gespräch reflektiert die Stuttgarter Schulderklärung der EKD.

22. März 1933 – Eine neue Zeit beginnt?

Im Haus der Familie Müller: Max Müller (40 Jahre), seine Frau Lina (38 Jahre), die Kinder Martin (15 Jahre) und Elisabeth (14 Jahre), Onkel Hermann Müller (Vaters Bruder, 37 Jahre). Elisabeth beteiligt sich nicht an diesem Gespräch, sie hört nur zu.

Vater: Das war schon ein großer Tag gestern. An den 21. März 1933 in Potsdam wird man noch in vielen Jahren denken. Morgens bin ich in unsere Kirche gegangen. Dort hat Pfarrer Rehm eine begeisternde Predigt gehalten. Gott hat uns eine Wende zum Guten geschenkt, hat er gesagt. Unser Volk wird in diesem Jahr ganz anders Ostern feiern. Wir erleben zur Zeit eine neue Auferstehung unseres Volkes.

Und dann habe ich heute morgen in der Zeitung gelesen, wie der neue Reichstag in der Potsdamer Garnisonskirche eröffnet worden ist. An dem Ort, wo der Sarg unseres großen Königs Friedrich des Großen steht, hat der neue Reichskanzler Adolf Hitler erhebende Worte gesprochen. Auch der Reichspräsident, unser alter und ehrwürdiger Generalfeldmarschall von Hindenburg, der Sieger der Schlacht von Tannenberg, hat eine wichtige Rede gehalten.

Onkel Hermann: Ich weiß nicht so recht. Alles jubelt. Alles schreit „Heil Hitler!". Du weißt, daß ich seit 1919 immer SPD gewählt habe und viele Freunde in dieser Partei habe, auch wenn ich kein Mitglied bin. Seitdem Hitler dran ist, verschwinden immer wieder Freunde von mir. Man sagt, sie seien in Lager eingesperrt worden zur Umerziehung. Was mir auch nicht gefällt, das ist diese ewige Schimpferei auf die Juden, als ob sie an Deutschlands Niedergang nach dem Krieg schuld wären.

Vater: Reg' dich nicht auf, Hermann. Das geht schnell vorbei. Mir haben zunächst die Nazis auch nicht gefallen. Ich hab' ja immer die Deutschnationalen gewählt. Unser Pfarrer hat immer gesagt: Ein rechter Christ ist national eingestellt. Die Nazis waren mir zu laut. Aber das wird jetzt anders. Wenn die an der Regierung sind, dann werden die auch zahmer. Daß man die Kommunisten einsperrt, das findest doch sicher auch du als Anhänger der Sozialdemokraten gut. Und mit dem Zentrum, da kann man keine deutsche Politik machen; die sind vom Papst in Rom gelenkt.

Mutter: Mir gefällt vor allem, daß der neue Reichskanzler in seinen Reden immer wieder von Gott spricht. Der glaubt ganz bestimmt an Gott, anders als diese Politiker der SPD und der KPD, die sich freuen, wenn die Leute aus der Kirche austreten. Kürzlich hat mir eine Freundin erzählt, daß unser neuer Reichskanzler das Herrnhuter Losungsbüchlein auf seinem Nachttisch liegen hat, um daraus Kraft zu schöpfen.
Onkel Hermann: Ach, das sind alles so Gerüchte. Ich befürchte, daß der nur deshalb so viel von Gott spricht und so freundlich zur Kirche ist, damit ihn die Kirchentreuen wählen.
Vater: Das ist eine Unterstellung. Ich glaube, mit ihm beginnt wirklich eine neue Zeit. Dem traue ich zu, daß er seine Versprechungen wahr macht und uns von der Arbeitslosigkeit befreit. Ich traue ihm zu, daß er den schändlichen Versailler Vertrag verändert, so daß wir als Deutsche wieder aufrecht und erhobenen Hauptes durchs Leben gehen können. Wenn man die andern Politiker so hört, da denkt man manchmal, man müsse sich schämen, ein Deutscher zu sein.
Martin: Ich würde so gerne zur Hitler-Jugend gehen. Da ist wirklich etwas los. Die machen tolle Lager.

11. November 1934 – Mit Deutschland geht's aufwärts

Onkel Hermann ist wieder bei der Familie seines Bruders zu Gast.

Vater: Guten Tag, Hermann, wir haben uns lange nicht mehr gesehen. In der letzten Zeit hat sich vieles verändert. Mit Deutschland geht's aufwärts. Es gibt viel weniger Arbeitslose als vor einem Jahr.
Onkel Hermann: Das stimmt. Mich schmerzt aber, wie es in der evangelischen Kirche zugeht. Die Deutschen Christen führen sich auf, als ob sie die Herren der Kirche wären. Sie wollen das Alte Testament abschaffen, weil es ihnen zu jüdisch ist. Sie wollen ein arisches Christentum. Christen jüdischer Herkunft dürfen nach ihrer Meinung keine Pfarrer sein.
Vater: Das geht auch mir zu weit. Kirche muß doch Kirche bleiben. Ich bin froh, daß einige aufrechte Männer in diesem Frühjahr in Barmen die Bekennende Kirche gegründet haben. Dort hat man ein paar Sätze aufgeschrieben, die gegen die Deutschen Christen gerichtet sind. Da wird klar gesagt, daß Jesus Christus der alleinige Herr der Kirche ist.
Onkel Hermann: Zu den Bekennenden gehört doch auch Martin Niemöller aus Berlin, der im Weltkrieg U-Boot-Kommandant war.
Vater: Ja, aber später wurde er Pfarrer. Jetzt haben sich auch bei uns Christen zu einer bekennenden Gemeinde zusammengeschlossen; wir machen da auch mit.

Onkel Hermann: Das mit der Bekennenden Kirche finde ich gut. Aber die Bekennende Kirche sollte nicht bloß etwas gegen die Deutschen Christen sagen. Sie müßte Stellung nehmen gegen die Verfolgung Andersdenkender und dagegen, daß Menschen ohne Gerichtsurteil in Lager eingesperrt werden. In Dachau soll jetzt ein großes Konzentrationslager eingerichtet worden sein.

Vater: Laß uns von etwas anderem reden!

Onkel Hermann: Wie geht's deinen Kindern? Dein Sohn wollte doch letztes Jahr so gern zur Hitler-Jugend.

Mutter: Du kannst ihn selber fragen. Martin, Onkel Hermann möchte wissen, wie es dir in der Hitler-Jugend gefällt.

Martin: Es gefällt mir prima. Wir treffen uns einmal in der Woche zum Heimabend. Da singen und spielen wir. Wir treiben auch viel Sport. Du weißt doch, Onkel Hermann, ich bin gut im Langlauf. Und im Sommer gehen wir auf große Fahrt. In diesem Jahr durften sogar ein paar von uns zum Reichsparteitag nach Nürnberg.

Elisabeth: Ich bin beim BDM. Aber so furchtbar gut gefällt es mir dort nicht. Im evangelischen Mädchenkreis hat es mir besser gefallen. Aber dann mußten wir alle in die Jugendorganisation gehen. Manches, was wir da machen, ist ganz nett. Aber mir gefällt nicht, daß unsere BDM-Führerin seit neuestem immer auf die Kirchen schimpft. Sie sagt: Kirchen und christlicher Glaube, das ist etwas Veraltetes, etwas für alte Frauen. Die germanischen Sagen von Wotan, Baldur und Freia seien besser als die Bibel mit ihren komischen Geschichten.

Vater: Manchmal habe ich den Eindruck, die Nationalsozialisten wollen das Christentum abschaffen und an seine Stelle eine neue germanische Religion setzen. Ob der Führer das weiß, was da alles von seinen Unterführern gemacht wird? Ich kann mir nicht vorstellen, daß es ihm recht ist, daß ihn manche wie einen Gott verehren.

13. April 1936 – Germanischer Religionsunterricht

Elisabeth im Gespräch mit ihrer Mutter.

Elisabeth: Mutter, melde mich bitte vom Religionsunterricht ab. Ich kann es nicht mehr ertragen, was unser Religionslehrer erzählt. Er sagt: Diese jüdischen Geschichten aus dem Alten Testament sind überholt. Wir werden jetzt unsere eigene germanische Religion kennenlernen.

Mutter: Und Geschichten von Jesus?

Elisabeth: Die will er schon noch erzählen.

Mutter: Das verstehe ich nicht. Jesus war doch auch ein Jude.

Elisabeth: Das hat Karl auch gemeint. Aber unser Lehrer hat gesagt: Jesus war kein Jude. Er war ein Arier. Und dann hat er uns genau bewiesen, wieso Jesus ein Arier war. Ich kann es euch vorlesen. Hier steht es. Wir mußten es ins Heft schreiben:
„Die Bevölkerung Galiläas, der Heimat Jesu, war nicht jüdisch. Sie bestand größtenteils aus assyrischen Einwanderern, die in ihrer Mehrheit Arier waren. Erst 104 vor Christus konnten die Juden Galiläa erobern und zur jüdischen Religion bekehren; von nun an kamen jüdische Beamte, Priester und Händler dorthin, doch blieben die galiläischen Bauern, Fischer und Handwerker unjüdisch. Dies beweist schon der Name Galiläa = Gau der Heiden. Jesus steht in seiner ganzen Art zu denken und zu handeln im schärfsten Gegensatz zum Judentum."
Mutter: Ich glaube nicht, daß das stimmt. Euer Lehrer sagt das nur, weil er die Juden nicht mag. Maria und Josef waren Juden. Ich werde mal Vater zu deinem Lehrer schicken.

1937 – Elisabeth und Martin unterhalten sich mit ihrer Mutter

Elisabeth: Mutter, unser Lehrer hat heute gesagt: Arier dürfen keinen Kontakt zu den Nichtariern, den Juden, haben. Das wäre schädlich für unser Volk.
Mutter: Ich versteh' das nicht. All die Jahre haben wir doch mit unseren jüdischen Nachbarn ganz gut zusammengelebt.
Martin: Ja, das hört man immer wieder, daß die Juden eine Gefahr für unser Volk sind. Ich bin auch nicht dafür, daß ein jüdischer Junge in der Hitlerjugend ist. Aber was ich heute in der Schule erlebt habe, das geht mir doch zu weit. Ich hab' euch doch schon mal erzählt, daß wir in der Klasse zwei Brüder Kahn haben, sie sind Juden; heute sind sie nicht in die Schule gekommen. Unser Lehrer sagte: Jüdische Schüler dürfen ab sofort nicht mehr auf deutsche Schulen gehen. Jemand hat gesagt, daß sie jetzt auf eine jüdische Schule gehen müssen. Aber sie sind doch keine gläubigen Juden! Das kann doch nicht gut gehen!
Mutter: Was haben eure Lehrer dazu gesagt?
Martin: Unser Deutschlehrer, der Müller, der immer ganz stolz das Parteiabzeichen trägt, hat fast die ganze Stunde darüber gesprochen, daß das den beiden Jungen recht geschieht, eben weil sie Juden sind. Er hat uns aus dem „Stürmer" vorgelesen: „Die Juden sind unser Unglück!" Und der Anders, unser Rechenlehrer, hat gar nichts gesagt und ganz stur am Stoff weitergemacht. Ich habe den Eindruck, wenn es nach ihm gegangen wäre, hätten die beiden Brüder in der Klasse bleiben können. Vielleicht hat er Angst, daß ihn jemand verpetzen könnte.

November 1938 – Reichspogromnacht

Elisabeth und Martin im Gespräch mit ihren Eltern

Martin: Du, Vater, wir haben heute morgen keinen Unterricht gehabt. Wir sind mit der ganzen Klasse in die Gartenstraße gegangen, zur Synagoge. Die war völlig ausgebrannt. Auf der Straße lagen kaputte Bänke, und man sah auch Papierfetzen mit fremden Buchstaben.
Elisabeth: Das waren bestimmt Stücke von Torarollen. Wir sollten auch zur Synagoge gehen. Aber unsere Lehrerin hat gesagt: Wir gehen nicht, wir machen Unterricht! Sie wollte noch etwas dazu sagen, aber sie hat es doch nicht getan. Ich glaube, daß sie nicht damit einverstanden ist, daß man die Synagoge angezündet hat.
Mutter: In der Zeitung steht, daß der Brand ein spontaner Akt des Volkszorns gewesen ist. Aber ich habe etwas ganz anderes gehört. Unsere Nachbarin hat mir erzählt, man habe SA-Leute aus der Nachbarstadt geholt, weil die SA-Leute von hier das nicht machen wollten.
Elisabeth: Ich habe noch etwas Schreckliches erlebt. Ihr kennt doch die Apotheke von Herrn Rosenzweig in der Richterstraße. Seine Tochter Judith ging früher zu mir in die Klasse. Als ich nach der Schule vorbeikam, waren alle Fensterscheiben eingeschlagen. Der ganze Laden war ein einziges Durcheinander. Aus der Ferne sah ich Judith bei ihrem Vater stehen. Ich glaube, sie hat geweint.
Mutter: Und bist du hingegangen?
Elisabeth: Nein, ich habe mich nicht getraut; es standen so viele Leute dort.
Martin: Vater, du hast noch gar nichts gesagt. Was meinst du denn?
Vater: Kinder, was ich euch jetzt sage, muß unter uns bleiben. Ich finde das ganz schrecklich, was da geschehen ist. Man darf doch keine Gotteshäuser anzünden. Und Synagogen sind auch Gotteshäuser. Ihr wißt, ich bin kein Freund der Juden, aber das geht nicht. Und ich glaube, daß Gott uns Deutsche schwer strafen wird dafür, daß wir das getan haben.
Elisabeth: Aber müßten denn nicht wir Christen etwas dagegen tun? Sonst meinen die von der Partei, daß alle damit einverstanden sind, und machen gerade so weiter.
Vater: Ja, eigentlich sollte man etwas dagegen tun. Aber wenn ich mich bei der Partei beschweren würde, dann würden die mich verhaften lassen. Ich sage euch ganz ehrlich: Ich habe Angst.

1. 9. 1939 – Polenfeldzug

Familie Müller sitzt um das Radio versammelt und hört die Rede Hitlers vom 1. September 1939: „So wie ich selber bereit bin, jederzeit mein Leben für mein Volk und für Deutschland einzusetzen, so verlange ich dasselbe auch von jedem anderen! Wer aber glaubt, sich diesem nationalen Gebot, sei es direkt oder indirekt, widersetzen zu können, der fällt!"

Martin: Endlich ist Krieg! Hoffentlich geht er nicht so schnell zu Ende. Dann kann ich im nächsten Jahr, wenn ich mein Abitur habe, auch an die Front. Das ist unglaublich, wie die Polen mit den Deutschen umgegangen sind. Der Führer hat den Krieg nicht gewollt. Aber die Polen ließen ihm keine andere Wahl. Ich bin froh, daß wenigstens Vater an der Front steht.

Onkel Hermann: Red' keinen Unsinn. Von wegen die Polen seien schuld am Krieg. Hitler hat doch schon seit 6 Jahren auf den Krieg hingearbeitet. Ich kann mich noch gut an den 30. Januar 1933 erinnern. Da hat ein Freund zu mir gesagt: Hitler – das bedeutet Krieg. Jetzt haben wir den Krieg.

Mutter: Ich denke oft an den letzten Krieg. Das war furchtbar. Wie wir da gehungert haben! Und wie wir die Nachricht bekommen haben, daß Vater vor Verdun gefallen ist! Nein, daß wir das alles noch einmal erleben müssen. Wenn nur Max wieder gut zurückkommt. Ich habe entsetzliche Angst.

Martin: Aber das ist doch ein gerechter Krieg. Unser Religionslehrer hat gesagt: Wenn ein Krieg gerecht ist, dann darf man guten Gewissens in den Krieg ziehen.

Onkel Hermann: Was heißt hier gerecht? Gerecht ist ein Krieg, wenn ein Volk überfallen wird und sich wehrt. Dieser Krieg ist kein bißchen gerecht; denn wir sind die Angreifer.

Elisabeth: Dann müßten doch eigentlich alle Christen sagen: Da machen wir nicht mit!

Onkel Hermann: Wer den Kriegsdienst verweigert, der wird zum Tode verurteilt. Du hast doch gehört, was der Führer gesagt hat. Dem einzelnen bleibt gar keine andere Wahl. Wer will schon offenen Auges in den sicheren Tod gehen? Nein, Max und all die anderen, die müssen in den Krieg ziehen; es bleibt ihnen nichts anderes übrig.

20. Juli 1941 – Die grauen Omnibusse

Eine Nachricht schreckt Familie Müller auf.

Mutter: Habt ihr schon gesehen, daß Frau Schneider Trauerkleider trägt? Sie hat von der Pflegeanstalt H. einen Brief bekommen, ihr 16jähriger Alfred sei ganz plötzlich an Lungenentzündung gestorben.

Elisabeth: Als er vor vier Wochen zu Hause war, hat er aber einen sehr gesunden Eindruck gemacht. Ich hab' ihn trotz seiner Behinderung gemocht. Er war immer so freundlich. Daß das jetzt so schnell ging...

Onkel Hermann: Ich habe da etwas ganz Schlimmes gehört. Ein Freund von mir, der in der Stadtverwaltung arbeitet, hat gesagt, daß man die Behinderten in zentrale Anstalten bringt. Dort sollen sie – wie er sich ausdrückte – „von ihren Leiden erlöst werden".

Mutter: Du meinst, sie werden umgebracht? Das ist ja Mord! Ob das Frau Schneider weiß? Ich muß sie unbedingt fragen.

Onkel Hermann: Nichts wirst du tun! Mein Freund hat mir das unter dem Siegel der Verschwiegenheit erzählt. Du würdest ihn und mich in Gefahr bringen.

Elisabeth: Aber bei so etwas darf man als Christ doch nicht schweigen!

15. November 1945 – Die Schuld bekennen

November 1945: Max Müller ist aus amerikanischer Kriegsgefangenschaft zurückgekehrt. Onkel Hermann wohnt inzwischen bei der Familie seines Bruders, weil seine Wohnung bei einem Bombenangriff ausbrannte.

Onkel Hermann: Ich bin so froh, Max, daß du wieder heil zurück bist.

Max: Ich kann dir sagen, als im Dezember '41 kurz vor Moskau ein Freund neben mir schwer verwundet wurde, da habe ich wirklich gezweifelt, ob ich euch noch einmal wiedersehe. Ich danke Gott, daß ich heil aus dem Krieg heimgekommen bin. Wir Deutschen müssen alle Gott dafür danken, daß der Krieg endlich vorbei ist.

Lina: So denken heute, Gott sei Dank, viele. Man sieht es auch am Kirchenbesuch.

Max: Die Kirchen gehörten ja schließlich auch zu den wenigen, die dagegen waren.

Onkel Hermann: So einfach sehe ich das nicht. Viele in der Kirche, auch die ganz oben, haben viel zu wenig gegen Hitler gesagt und getan. Dadurch haben sie Schuld auf sich geladen. Die Kirche, wir alle sind mit schuld an den vielen Opfern des Krieges und der Gewaltherrschaft. Und deswegen bin ich froh, daß unsere Evangelische Kirche sich jetzt in der Stuttgarter Schulderklärung zu ihrer Mitschuld bekannt hat.

Max: Da bin ich allerdings ganz anderer Meinung. Das, was war, müssen wir vergessen; wir müssen nach vorne schauen. Und: Wenn man von Schuld redet, dann darf man die Schuld der andern nicht vergessen. Denk doch an das viele Leid, das den Flüchtlingen geschieht!

Onkel Hermann: Als Christen dürfen wir Schuld nicht gegeneinander aufrechnen. Wir müssen zunächst einmal unsere eigene Schuld sehen. Und Vergebung gibt es nur da, wo man seine Schuld bekennt.

Jörg Thierfelder/Dieter Petri

Dokumente

Die Dokumente sind durch Rasterung gekennzeichnet

NSDAP-Wahlplakat von 1931

„Zentrum und Bayrische Volkspartei sind Markenkäschen gleich; sie haben alle ein rotes Mäntelchen an, aber ein paar schwarze Pünktchen darauf, damit das Rot nicht so auffällt."

Kardinal Frühwirth, Rom.

„Der Mißbrauch der Religion zu politischen Zwecken ist die größte Sünde."

Papst Leo XIII.

Katholik merke auf!

Aus der Erkenntnis heraus, daß die marxistischen Lehren in stärkstem und schroffstem Gegensatz zum katholischen Glaubensbekenntnis stehen, haben im Jahre 1920 die deutschen Bischöfe den Priestern befohlen, jeden vom Empfang der heiligen Sakramente auszuschließen, der für die marxistische Sache kämpfe und wirke oder dem Marxismus zur Macht verhelfe!

Trotzdem marschiert das Zentrum mit der Sozialdemokratie, deren Unterstützung unter Entziehung der Sakramente verboten ist, ganz fröhlich und munter Arm in Arm!

Das „katholische" Zentrum!

Dieses moderne München-Gladbacher, durchaus marxistisch geleitete Zentrum, ist ebenso sehr der Feind unseres Volkes wie die Sozialdemokratische Partei selbst. Alles Elend in Deutschland innerhalb der letzten 12 Jahre konnte von den Marxisten nur mit Duldung und Hilfe des Zentrums angerichtet werden.

Wer hat dagegen allein den vaterlandslosen und gottlosen Marxismus aufs Schärfste bekämpft? Wer steht auf dem Boden des positiven Christentums und kämpft nicht nur mit dem Mund und auf dem Papier, sondern mit der Tat für die Anwendung der christlichen Grundsätze im öffentlichen Leben?

Die Nationalsozialisten!

Darum katholische Männer und Frauen, kämpft mit uns gegen Pharisäer und Bonzen, gegen den Mißbrauch der Religion zu schmutzigen Geschäften.

Gegen Klassenkampf und Konfessionskampf! Für Kirche, Volk und Vaterland!

Hinein in die Nationalsozialistische Deutsche Arbeiter Partei!

Oeffentliche Versammlung!

Am Donnerstag, den 29. Januar 1931, abends 8,15 Uhr
im großen Saale des Lutherhauses, Königstr. Es spricht:

Pg. Schriftsteller **Wigand**, M.d.R. Berlin

über

„Das Zentrum,
der „Hüter" von Kirche und Staat!"

Aussprache! Juden haben keinen Zutritt! Eintritt 40 Pfg. Erwerbslose und Kriegsbeschädigte die Hälfte! Vorverkauf Nordstr. 7

Lest nat. soz. Zeitungen und Schriften! Bestellt die Tageszeitung „Rote Erde" (Verlag Bochum), zu beziehen durch jede Postanstalt und im „Deutschen Schrifttum", Hamm, Nordstr. 7

N. S. D. A. P., O.-G. Hamm.

Dokumente 313

Zum Text/ Problemfeldbeschreibung:	Das Wahlplakat der NSDAP von 1931 zeigt den von Hitler nach seinem Wahlsieg bei der Reichstagswahl von 1930 verordneten Kurs gegenüber der katholischen Kirche: „Ja" zur katholischen Kirche, aber „Nein" zum politischen Katholizismus. Das Zentrum, die Partei der deutschen Katholiken, die in der Weimarer Republik mehrfach mit den Sozialdemokraten koalierte, wird in die Nähe des „vaterlandslosen und gottlosen Kommunismus" gerückt.	I/1
Stichworte:	Bekenntnis, Priester, Sakramente, Marxismus, Sozialdemokratie, Zentrumspartei, positives Christentum, NSDAP, Juden, Klassenkampf, Vaterland	
Vorlesealter:	ab 14 Jahren	

Zum Text/ Problemfeldbeschreibung:	Am 1920 entstandenen Parteiprogramm der NSDAP fiel den Christen vor allem Punkt 24 auf. Viele meinten, mit dem Stichwort „positives Christentum" wäre eine klare christliche Ausrichtung gemeint. Die „Positiven" waren in einigen deutschen Landeskirchen gerade die kirchlichen Wählergruppierungen, die auf klare Ausrichtung an Bibel und Bekenntnis setzten. Doch die Partei verstand darunter nur ein „arisches" Christentum der Tat nach der platten Devise „Gemeinnutz geht vor Eigennutz". Nur wenige sahen oder wollten sehen, daß die Einschränkungen im Punkt 24 das Christentum pervertierten.	I/2
Stichworte:	Parteiprogramm, NSDAP, positives Christentum, Juden, Gemeinnutz, Eigennutz	
Vorlesealter:	ab 13 Jahren	

Punkt 24 des Parteiprogramms der NSDAP

Wir fordern die Freiheit aller religiösen Bekenntnisse im Staat, soweit sie nicht dessen Bestand gefährden oder gegen das Sittlichkeits- und Moralgefühl der germanischen Rasse verstoßen.

Die Partei als solche vertritt den Standpunkt eines positiven Christentums, ohne sich konfessionell an ein bestimmtes Bekenntnis zu binden. Sie bekämpft den jüdisch-materialistischen Geist in und außer uns und ist überzeugt, daß eine dauernde Genesung unseres Volkes nur erfolgen kann von innen heraus auf der Grundlage: Gemeinnutz geht vor Eigennutz.

I/3	Zum Text/ Problemfeld- beschreibung:	Mit diesen Richtlinien trat die Wählergruppe der „Deutschen Christen (DC)" bei den Kirchenwahlen in der Kirche der Altpreußischen Union im Herbst 1932 an. Forderungen der liberalen Theologie und einer am deutschen Volk orientierten völkischen Theologie sind eng verknüpft mit antisemitischen und rassistischen Vorurteilen aus der NS-Weltanschauung. Populär weit über die Deutschen Christen hinaus war die Forderung nach einer einheitlichen Reichskirche, die der Zersplitterung des deutschen Protestantismus in 28 Landeskirchen ein Ende bereiten sollte.
	Stichworte:	Deutsche Christen, Bekenntnis, Altpreußische Union, liberale Theologie, Reichskirche, positives Christentum, Luther, Marxismus, Rasse, Kreuz, Juden, Bibel
	Vorlesealter:	ab 14 Jahren

Richtlinien der Glaubensbewegung „Deutscher Christen"

vom 26. Mai 1932

1. Diese Richtlinien wollen allen gläubigen deutschen Menschen Wege und Ziele zeigen, wie sie zu einer Neuordnung der Kirche kommen. Diese Richtlinien wollen weder ein Glaubensbekenntnis sein oder ersetzen, noch an den Bekenntnisgrundlagen der Evangelischen Kirche rütteln. – Sie sind ein Lebensbekenntnis.

2. Wir kämpfen für einen Zusammenschluß der im „Deutschen Evangelischen Kirchenbund" zusammengefaßten 29 Kirchen zu einer Evangelischen Reichskirche und marschieren unter dem Ruf und Ziel:

> „Nach außen eins und geistgewaltig
> Um Christus und sein Werk geschart,
> Nach innen reich und vielgestaltig,
> Ein jeder Christ nach Ruf und Art!"
> (Nach Geibel).

3. Die Liste „Deutsche Christen" will keine kirchenpolitische Partei in dem bisher üblichen Sinne sein. Sie wendet sich an alle evangelischen Christen deutscher Art. Die Zeit des Parlamen-

tarismus hat sich überlebt, auch in der Kirche. Kirchenpolitische Parteien haben keinen religiösen Ausweis, das Kirchenvolk zu vertreten, und stehen dem hohen Ziele entgegen, *ein* Kirchenvolk zu werden. Wir wollen eine lebendige Volkskirche, die Ausdruck aller Glaubenskräfte unseres Volkes ist.

4. Wir stehen auf dem Boden des positiven Christentums. Wir bekennen uns zu einem bejahenden artgemäßen Christus-Glauben, wie er deutschem Luther-Geist und heldischer Frömmigkeit entspricht.

5. Wir wollen das wiedererwachte deutsche Lebensgefühl in unserer Kirche zur Geltung bringen und unsere Kirche lebenskräftig machen. In dem Schicksalskampf um die deutsche Freiheit und Zukunft hat die Kirche in ihrer Leitung sich als zu schwach erwiesen. Die Kirche hat bisher nicht zum entschiedenen Kampf gegen den gottfeindlichen Marxismus und das geistfremde Zentrum aufgerufen, sondern mit den politischen Parteien dieser Mächte einen Kirchenvertrag geschlossen. Wir wollen, daß unsere Kirche in dem Entscheidungskampf um Sein oder Nichtsein unseres Volkes an der Spitze kämpft. Sie darf nicht abseits stehen oder gar von den Befreiungskämpfern abrücken.

6. Wir verlangen eine Abänderung des Kirchenvertrages (politische Klausel) und Kampf gegen den religions- und volksfeindlichen Marxismus und seine christlich-sozialen Schleppenträger aller Schattierungen. Wir vermissen bei diesem Kirchenvertrag das trauende Wagnis auf Gott und die Sendung der Kirche. Der Weg ins Reich Gottes geht durch Kampf, Kreuz und Opfer, nicht durch falschen Frieden.

7. Wir sehen in Rasse, Volkstum und Nation uns von Gott geschenkte und anvertraute Lebensordnungen, für deren Erhaltung zu sorgen uns Gottes Gesetz ist. Daher ist der Rassenvermischung entgegenzutreten. Die deutsche *Äußere Mission* ruft auf Grund ihrer Erfahrung dem deutschen Volke seit langem zu: „Halte deine Rasse rein!" und sagt uns, daß der Christus-Glaube die Rasse nicht zerstört, sondern vertieft und heiligt.

8. Wir sehen in der recht verstandenen *Inneren Mission* das lebendige Tat-Christentum, das aber nach unserer Auffassung nicht im bloßen Mitleid, sondern im Gehorsam gegen Gottes Willen und im Dank gegen Christi Kreuzestod wurzelt. Bloßes Mitleid ist „Wohltätigkeit" und wird zur Überheblichkeit, gepaart mit schlechtem Gewissen, und verweichlicht ein Volk. Wir wissen etwas von der christlichen Pflicht und Liebe den Hilflosen gegenüber, wir fordern aber auch Schutz des Volkes vor den Untüchtigen und Minderwertigen. Die Innere Mission darf keinesfalls zur Entartung unseres Volkes beitragen. Sie hat sich im übrigen von wirtschaftlichen Abenteuern fernzuhalten und darf nicht zum Krämer werden.

9. In der Judenmission sehen wir eine schwere Gefahr für unser Volkstum. Sie ist das Eingangstor fremden Blutes in unseren Volkskörper. Sie hat neben der Äußeren Mission keine Daseinsberechtigung. Wir lehnen die Judenmission in Deutschland ab, solange die Juden das Staatsbürgerrecht besitzen und damit die Gefahr der Rassenverschleierung und Bastardierung besteht. Die Heilige Schrift weiß auch etwas zu sagen von heiligem Zorn und versagender Liebe. Insbesondere ist die Eheschließung zwischen Deutschen und Juden zu verbieten.

10. Wir wollen eine evangelische Kirche, die im Volkstum wurzelt, und lehnen den Geist eines christlichen Weltbürgertums ab. Wir wollen die aus diesem Geiste entspringenden verderblichen Erscheinungen wie Pazifismus, Internationale, Freimaurertum usw. durch den Glauben an unsere von Gott befohlene völkische Sendung überwinden. Die Zugehörigkeit eines evangelischen Geistlichen zur Freimaurerloge ist nicht statthaft.

Diese zehn Punkte der Glaubensbewegung „Deutsche Christen" rufen zum Sammeln und bilden in großen Linien die Richtung für eine kommende *Evangelische Reichskirche,* die unter Wahrung konfessionellen Friedens die Kräfte unseres reformatorischen Glaubens zum Besten des deutschen Volkes entwickeln wird.

Aus: J. Beckmann (Hg.): Kirchliches Jahrbuch 1933–1944, Gütersloh 1948

Zum Text/ Problemfeld- beschreigung:	Mit diesem NSDAP-Flugblatt von 1932 biederte sich die württembergische NSDAP bei den christlichen Wählern als kirchen- und christentumsfreundliche Partei an. Nur wenige durchschauten die Taktik der NSDAP, dadurch die christlichen Wähler dem (evangelischen) Christlichen Volksdienst und dem (katholischen) Zentrum abspenstig zu machen und für sich zu gewinnen.	I/4
Stichworte:	Nationalsozialismus, Gottlosigkeit, Kulturbolschewismus, Juden	
Vorlesealter:	ab 14 Jahren	

NSDAP-Flugblatt von 1932

Jeder wahre Christ, der für seinen Glauben kämpfen will, wählt darum Nationalsozialisten Liste 10. Wir Nationalsozialisten stellen nicht bloß christliche Forderungen wie der Volksdienst, sondern wir werden handeln und kämpfen gegen das Antichristentum: Ausrottung der Gottlosenpropaganda. Verbot weltlicher Gottlosigkeitsschulen. Aufrechterhaltung der christlichen Schule. Schutz der Kirche und ihrer Einrichtungen. Reinigung des Kinos, des Theaters und Rundfunks sowie der Presse von allen jüdischen, antichristlichen Elementen, welche die Seele unseres deutschen Volkes geflissentlich vergiften. Kampf gegen die Schmutz- und Schund-Schriftsteller wie Remarque, Zuckmayer und andere Juden. Wir werden mit dieser seelischen Verschmutzung unseres Volkes aufräumen und die alten Tugenden unserer Vorfahren wieder zu Ehren bringen. Evangelische und katholische Christen haben sich in unserer Bewegung frei von konfessionellem Haß brüderlich die Hände gereicht, um den Kampf gegen das Antichristentum und den Kulturbolschewismus zu führen.

In diese christliche Kampffront des Nationalsozialismus gehörst auch Du! Das deutsche Volk wird untergehen, wenn man ihm seinen Glauben aus seiner Brust reißt. Darum ist der Christenglaube die unveräußerliche Grundlage unserer nationalsozialistischen Weltanschauung und Politik. Wir führen diesen Glauben nicht bloß im Mund, sondern im Herzen und bewähren ihn mit der Tat. Schluß mit den traurigen, unwahrhaftigen, geschwätzigen, parteipolitischen Nutznießern des Christenglaubens!

Jeder Christ wählt Nationalsozialisten, die bewährten Vorkämpfer für christliche Glaubens- und Kulturgüter, Liste 10!

Für den Inhalt verantwortlich: Wilhelm Murr, M.d.R., Stuttgart

I/5	Zum Text/ Problemfeld- beschreibung:	Mit dieser Erklärung vom 30. September 1930 zur möglichen NS-Mitgliedschaft von Katholiken verhängte das Mainzer Ordinariat faktisch die Exkommunikation der katholischen Nationalsozialisten. Der deutsche Episkopat hielt diese klare Linie nicht durch; er begnügte sich vielmehr damit, die kulturpolitischen Forderungen der NSDAP zu verurteilen. Bis 1933 blieb die Front der katholischen Kirche gegenüber den Nationalsozialisten einigermaßen geschlossen.
	Stichworte:	NSDAP, Parteiprogramm, Rasse, positives Christentum, Juden, Rom, Sakramente
	Vorlesealter:	ab 14 Jahren

Mainzer Ordinariat zur NS-Mitgliedschaft

…Wir mußten diese Anweisungen (gegen eine Mitgliedschaft in der NSDAP) geben, da das Programm der NSDAP Sätze enthält, die sich mit katholischen Lehren und Grundsätzen nicht vereinigen lassen. Namentlich ist es der § 24 des Programms, den kein Katholik annehmen kann, ohne seinen Glauben in wichtigen Punkten zu verleugnen…

Wir fragen: Was ist Sittlichkeits- und Moralgefühl der germanischen Rasse?… Das christliche Sittengesetz gründet sich auf die Nächstenliebe. Die nationalsozialistischen Schriftsteller anerkennen dieses Gebot nicht in dem von Christus gelehrten Sinn; sie predigen Überschätzung der germanischen Rasse und Geringschätzung alles Fremdrassigen… Diese Geringschätzung, die bei vielen zu vollendetem Haß der fremden Rassen führt, ist unchristlich und unkatholisch. – Das christliche Sittengesetz ist ferner allgemein, es gilt für alle Zeiten und für alle Rassen. Es ist deshalb ein großer Irrtum zu fordern, daß das christliche Bekenntnis dem Sittlichkeits- und Moralgefühl der germanischen Rasse angepaßt werde…

Wir fragen: Was ist hier unter positivem Christentum zu verstehen? Die Führer der NSDAP wollen einen deutschen Gott, ein deutsches Christentum und eine deutsche Kirche… Was hier gefordert wird, ist nichts anderes als eine deutsche Nationalkirche…

Durch diese Auffassung von Religion geraten die Nationalsozialisten in eine feindliche Stellung zur katholischen Kirche, weshalb auch von nationalsozialistischen Rednern in Volksversammlungen wiederholt der Gedanke ausgesprochen wurde: „Unser Kampf gilt Juda und Rom." Wohl hat Hitler in seinem Buch ‚Mein Kampf' einige anerkennende Worte über die christliche Religion und die katholischen Einrichtungen geschrieben, aber das täuscht uns nicht darüber hinweg, daß die Kulturpolitik des Nationalsozialismus mit dem katholischen Christentum in Widerspruch steht.

Vorstehende Ausführungen geben Antwort auf die Fragen: Kann ein Katholik eingeschriebenes Mitglied der Hitlerpartei sein? Kann ein katholischer Pfarrer gestatten, daß Mitglieder dieser Partei korporativ an kirchlichen Beerdigungen oder sonstigen Veranstaltungen teilnehmen? Kann ein Katholik, der sich zu den Grundsätzen dieser Partei bekennt, zu den hl. Sakramenten zugelassen werden? **Wir müssen dies verneinen.**

Aus: H. Müller (Hg.): Katholische Kirche und Nationalsozialismus, München 1965, S. 41ff.

Zum Text/ Problemfeldbeschreibung:	Die Religiösen Sozialisten, eine kleinere Gruppierung im deutschen Protestantismus, die die „bürgerliche" Kirche für die Anliegen der Arbeiterschaft öffnen wollte, erkannten wie wenige andere evangelischen Christen schon vor 1933 die Unvereinbarkeit von Christentum und Nationalsozialismus. In ihrer Zeitung „Der Religiöse Sozialist" bekämpften sie, vor allem deren Schriftleiter, der Mannheimer Pfarrer Erwin Eckert, den Nationalsozialismus mit Leidenschaft.	I/6
Stichworte:	Religiöse Sozialisten, Sozialismus, Kreuz, Hakenkreuz	
Vorlesealter:	ab 14 Jahren	

I/7	Zum Text/ Problemfeldbeschreibung:	Der Hirtenbrief des leitenden badischen evangelischen Geistlichen Prälat Kühlewein vom 2. April 1933 zeigt die großen Hoffnungen, die evangelische Christen wie viele Deutsche überhaupt auf die neue Regierung unter Hitler setzten. Deutlich wird auch, wie Hitlers Regierungserklärung vom 23. März 1933 mit ihren großen Zusicherungen an die Kirchen Wirkung zeigten.
	Stichworte:	Parteien, Gottlosigkeit, Gottesfurcht, Pflichterfüllung, Paulus, Evangelium, Kreuz, Vaterland
	Vorlesealter:	ab 14 Jahren

Nr. 6.

47

Gesetzes- und Verordnungsblatt
für die
Vereinigte Evangelisch-protestantische Landeskirche Badens.

Ausgegeben   Karlsruhe, den 29. März   1933.

Inhalt: Hirtenbrief.

ORR. 28. 3. 1933.   Hirtenbrief betr.

Nachstehender Hirtenbrief ist am nächsten Sonntag, den 2. April, in der Kirche zu verlesen.

Evangelische Glaubensgenossen!

Was wir seit Jahren gehofft und ersehnt haben, ist gekommen: Unser deutsches Volk hat sich in seiner großen Mehrheit zu einer starken nationalen Front zusammengeschlossen und sich einmütig hinter die Männer gestellt, die das Oberhaupt unseres Reiches zur Führung des deutschen Volkes berufen hat.

Seit dem unglücklichen Ausgang des Weltkrieges lag die traurige Zerrissenheit unseres Volkes und der immer tiefer gehende Haß der Parteien und Klassen wie ein schwerer Alpdruck auf unserer Seele. Der wirtschaftliche und moralische Niedergang schritt unaufhaltsam fort, und es schien ein Ende mit Schrecken heranzunahen. In unserem äußerlich und innerlich erschütterten und geschwächten Volk konnten auch die finsteren Mächte der moralischen Zersetzung und des religiösen Abfalles immer weiter um sich greifen, und die Organisationen der Gottlosigkeit sorgten dafür, daß dieses Gift den Volkskörper durchdrang und zersetzte.

Der 5. März 1933 und die darauf folgenden Tage und Wochen brachten es zu einem weithin sichtbaren Ausdruck, daß unser Volk aus seinem lähmenden Todesschlaf erwacht und daß es gewillt ist, sich der vernichtenden Todesmächte zu erwehren und denen zu folgen, die es zur Freiheit, zur Gerechtigkeit, zu deutscher Treue und zur Gottesfurcht zurückführen wollen. Wir sehen darin im letzten Grunde nicht Menschenwerk, sondern Gottes Hand und seinen Gnadenruf an unser Volk: „Ich habe dich einen kleinen Augenblick verlassen, aber mit großer Barmherzigkeit will ich dich sammeln" (Jes. 54, 7). Oft schon mußte unser Volk im Verlauf seiner Geschichte den untersten Weg der Demütigung, der Knechtschaft und der Zersplitterung gehen. Aber es hat auch in besonderem Maße Gottes Hilfe und Erbarmung erfahren und ist durch manche Nacht trostloser Erniedrigung und tiefen Falles zum Licht äußerer und innerer Freiheit geführt worden.

Wir haben auch heute allen Grund, Gott zu danken, daß er unser Volk nicht versinken ließ, sondern es in letzter Stunde vor dem Untergang bewahrte. Die jüngsten Ereignisse erscheinen uns wie das Morgenrot einer besseren Zeit, das von Gott her uns aufgeht. Zwar wollen wir uns keinen phantastischen und übertriebenen Hoffnungen hingeben, als ob jetzt alle Not ein Ende hätte und plötzlich der Himmel auf Erden kommen werde. Als Christen wissen wir, daß dieser irdische Weltlauf immer und zu allen Zeiten ein Stückwerk ist und unter dem Gesetz des Todes steht. Auch stehen wir ja erst am Anfang eines neuen Weges. Dieser neue Weg wird nicht leicht und mühelos sein. Aber es ist ein Unterschied, ob man hoffnungslos seinen Weg macht, oder ob die Hoffnung auf ein Ziel unseren Gang beschwingt. Einen solchen Weg, auch wenn er kein bequemer ist, gehen wir getrost, und unsere Hoffnung steht auf den Herrn, der das gute Werk in unserem Volk begonnen hat und der es auch vollenden wird.

Darum aber, liebe Glaubensgenossen, erwartet Gott auch von uns, daß wir als Christen und als deutsche Volksgenossen, ein jeder an seinem Ort, treu unsere Pflicht erfüllen und den Kampf aufnehmen, der uns verordnet ist. Wir haben nach dem Wort des Apostels Paulus nicht mit Fleisch und Blut, nämlich mit Menschen, zu kämpfen, sondern mit den bösen Geistern unter dem Himmel, die in der Finsternis dieser Welt herrschen (Eph. 6, 12). Mit Menschen wollen wir auch nicht kämpfen. Wir wollen uns aller Gehässigkeit, Feindschaft und Rachsucht enthalten und als Jünger dessen, der gekommen ist, das Verlorene zu suchen und selig zu machen, wollen wir die Hand reichen, helfen, suchen, wieder gewinnen und retten, was zu retten ist. Das kann nicht mit Gewalt geschehen, sondern nur durch die Kraft der Liebe, die sich ganz einsetzt im Dienste der Brüder und Schwestern. Kämpfen aber wollen wir gegen alle bösen Geister.

Wir müssen es darum auch begrüßen, daß die weltliche Gewalt diesen finsteren Mächten der Bosheit, der Unreinheit, der Unsittlichkeit, der Untreue im öffentlichen Leben, des Leichtsinnes und der Gottlosigkeit rücksichtslos den Krieg erklärt hat, diesen bösen Geistern, die unser politisches Leben, unser Volksleben und unsere Familien vergiften. Mit diesen Mächten darf es keinen Frieden geben.

Deutlich und nachdrücklich aber hat der Kanzler des Reiches erklärt, daß dieser Kampf nur mit Hilfe der christlichen Religion und der christlichen Kirche gelingen kann. Darum mögen sich die führenden Männer des Staates und die Diener des Evangeliums zusammenschließen in der gleichen heißen Liebe zu unserem Volk und in opferfreudigem Dienst für Heimat und Vaterland; und alle, die unser Volk und unsere Kirche lieb haben, sind mitberufen.

Die Kraft aber dazu erwächst uns nur aus dem Evangelium, das wir bekennen, und das Licht und nicht Finsternis ist. Wir stehen in der Passionszeit und sehen auf zu dem Gekreuzigten, der durch seinen Tod uns aus der Finsternis dieser Welt und aus allen Todesschatten erlöst hat und außer dem es auch heute kein Heil und keine Rettung gibt, auch nicht für unser Volk. Soll unser Volk wieder erstehen und zu Ehren kommen, so kann es nur dadurch geschehen, daß es ihm Eingang gewährt. Er ist allein der Weg zu Gott, wie für jeden einzelnen Menschen, so auch für jedes Volk. So laßt uns unter sein Kreuz treten, daß er uns heilige zu seinem Dienst und Kampf. Niemand darf sich versagen.

Deutsches Volk, evangelische Brüder und Schwestern, schließt euch zusammen in starkem Glauben, in herzlicher Liebe, in fleißigem Gebet, in der Treue zu Gottes Wort, damit es sich an unserem Volk erfülle: Ich werde nicht sterben, sondern leben.

Prälat D. Kühlewein.

I/8	Zum Text/ Problemfeldbeschreibung:	Das Flugblatt der „Kirchlichen Arbeitsgemeinschaft" (Ostpreußische BK) zu Beginn des Dritten Reiches zeigt eine Haltung, die uns heute nur noch schwer verständlich ist: Treue zum Führer und zur Bekennenden Kirche sind vereinbar; jedoch dürfen NS-Weltanschauung und christlicher Glaube nicht vermengt werden, wie dies bei den Deutschen Christen geschah. Im Laufe der Zeit wurde vielen Mitgliedern der BK jedoch klar, daß die Treue zum Evangelium eine Auseinandersetzung mit dem Hakenkreuz notwendig macht.
	Stichworte:	Hakenkreuz, Hitler, Nationalsozialismus, Führer, Römer 13, Kreuz, Jesus Christus, Schuld, Deutsche Christen, Reichsbischof, Bekenntnis, Evangelium
	Vorlesealter:	ab 14 Jahren

Flugblatt der Bekennenden Kirche von 1934

Wir sagen

„Ja" **zum Hakenkreuz,** dem Siegeszeichen Adolf Hitlers, dem Siegeszeichen des Nationalsozialismus, dem Zeichen der Hoffnung unsres geeinten Deutschen Reiches. Gern und freudig flaggen wir unsre Häuser und Kirchen mit der Hakenkreuzfahne und bezeugen damit vor aller Welt: Wir folgen dem Führer! Wir gehorchen dem Führer als unsrer gottgegebenen Obrigkeit! Römer 13 zeigt jedem evangelischen Christen klar den Weg. „Arbeit und Freiheit für jeglichen Stand. / Kämpferland, Hitlerland, / Schirm dich Gottes Hand."

Wir sagen

„Ja" **zum Kreuz unsers Herrn und Heilandes Jesus Christus,** dem Zeichen der Schuld einer gottentfremdeten Welt, dem Siegeszeichen des ewigen Gottes auf dieser Erde. Hier am Kreuz auf Golgatha ist einmal in dieser Welt das Gottesgebot erfüllt: „Du sollst Gott deinen Herrn lieben von ganzem Herzen und deinen Nächsten wie dich selbst." Deshalb predigen wir den gekreuzigten Christus, den Juden ein Aergernis und den Griechen eine Torheit, denen aber, die berufen sind, göttliche Kraft und göttliche Weisheit. O du hochheil'ges Kreuze, / daran der Welt Verlangen, / unser Herr gehangen. Du bist des Himmels Schlüssel, / du schließest auf das Leben, / so uns durch dich gegeben.

Wir sagen

„Nein" **zum Abzeichen der „Deutschen Christen",** das Hakenkreuz und Christuskreuz vermengt. Diese Vermischung ist unklar und unbiblisch. Leider ist aber so die ganze Tätigkeit der „Deutschen Christen". Ihr Ziel: Ein Volk, ein Staat, eine Kirche! (so Reichsbischof Müller), Ueberwindung der Konfessionen! (so Rechtswalter Jaeger), Artgemäßes Christentum, deutsche Nationalkirche! (so verschiedentlich in Broschüren der D.C.). Das ist Religionsmengerei, die wir verwerfen, und wenn man tausend Mal beteuert: Aber es soll doch vom Evangelium nichts genommen werden. Richtig, es wird nichts genommen, aber es wird zu dem klaren frischen Trunk des Gotteswortes Menschenweisheit hinzugefügt, und das ist eine ebenso schlimme Verpanschung. Ebenso lehnen wir es ab, politische Mittel in der kirchlichen Arbeit zu gebrauchen. Wir wollen mit allen Volksgenossen treu zusammenstehen, aber wir bleiben bei unsrer Losung:

Reinigung und Einigung unsrer Kirche in Jesus Christus allein,
unserm Heiland und unserm Herrn, unserm Erlöser und Versöhner, unserm ewigen König!

Erneuerung unsrer Kirche durchs Evangelium,
und auf dem Boden von Schrift und Bekenntnis allein!

Dein Wort ist unsers Herzens Trutz, / und Deiner Kirche wahrer Schutz; dabei erhalt uns lieber Herr, / daß wir nichts andres suchen mehr.

I/9	Zum Text/ Problemfeldbeschreibung:	Mit dieser Rede des DC-Gauobmanns Dr. Reinhold Krause auf der Berliner Sportpalast-Kundgebung vom 13. November 1933 zeigten die radikalen Deutschen Christen ihr wahres Gesicht. Nicht nur der Arierparagraph, sondern auch die Reinigung der Bibel von allem Jüdischen und eine „artgemäße" deutsche Frömmigkeit wurden propagiert. Viele evangelische Christen, Theologen und Laien, verließen daraufhin die „Glaubensbewegung Deutsche Christen".
	Stichworte:	Luther, Reformation, Reichskirche, Bekenntnis, Altes Testament, Juden, Neues Testament, Paulus, Jesus
	Vorlesealter:	ab 14 Jahren

Reinhold Krause auf der DC-Sportpalast-Kundgebung

...Dem evangelischen Volk war es nicht um eine neue Verfassung in der Kirche zu tun und nicht um neue Kirchenämter, sondern um die Vollendung der völkischen Sendung Martin Luthers in einer zweiten deutschen Reformation, deren Ergebnis nicht eine autoritäre Pastorenkirche mit bekenntnismäßigen Bindungen, sondern nur eine deutsche Volkskirche sein kann, die Raum läßt für die ganze Weite eines artgemäßen Gotterlebens, und die auch in ihrer äußeren Form so kerndeutsch gebaut ist, wie das im Dritten Reich selbstverständlich ist. (Sehr starker Beifall.)

Kann das unsere Reichskirche, kann das unsere Landeskirche erfüllen? Nur dann, meine evangelischen Volksgenossen, wenn sie auf jede Vergewaltigung des religiösen Lebens Verzicht leistet, wenn sie von jedem „Christentum auf Kommando" absieht. Der Strom der in die Kirche Zurückkehrenden muß erst gewonnen werden. Dazu ist Heimatgefühl notwendig, und der erste Schritt zu diesem Heimischwerden ist Befreiung alles Deutschen im Gottesdienst und im Bekenntnismäßigen, Befreiung vom Alten Testament mit seiner Lohnmoral, von diesen Viehhändler- und Zuhältergeschichten. Mit Recht hat man dieses Buch als eines der fragwürdigsten Bücher der Weltgeschichte bezeichnet.

Wenn wir Nationalsozialisten uns schämen, eine Krawatte vom Juden zu kaufen, dann müßten wir uns erst recht schämen, irgend etwas, das zu unserer Seele spricht, das innerste Religiöse vom Juden anzunehmen. (Anhaltender Beifall!) Es wird aber auch notwendig sein, daß unsere Landeskirche sich damit beschäftigt, daß alle offenbar entstellten und abergläubischen Berichte des Neuen Testaments entfernt werden, und daß ein grundsätzlicher Verzicht auf die ganze Sündenbock- und Minderwertigkeitstheologie des Rabbiners Paulus ausgesprochen wird, der eine Verfälschung jener Botschaft begangen hat, dieser schlichten Frohbotschaft: „Liebe deinen Nächsten als dich selbst", halte deinen Nächsten als deinen Bruder und Gott als deinen Vater.

Wir müssen fordern: Rückkehr zu einem heldischen Jesus, dessen Leben für uns vorbildliche Bedeutung besitzt, und dessen Tod das Siegel auf dieses Leben ist, das der Beschluß eines heldischen und kämpferischen Lebens für die ihm von seinem Vater übertragene Aufgabe ist. Wir müssen uns daher hüten auch vor der übertriebenen Herausstellung des Gekreuzigten... Und die Reichskirche wird sich zu erklären haben, wie sie zu diesen Forderungen steht. Daraus wird sich ergeben, ob die kommende Kirche mit oder gegen das derzeitige Kirchenregiment geschaffen werden soll. Für die Glaubensbewegung kann die bestehende Kirche so lange nicht Erfüllung bedeuten, als sie nicht durch Taten das Vertrauen des deutschen Volkes erwirbt. So lange bleibt die Glaubensbewegung nationalsozialistische Kampfgemeinschaft, auch wenn ihre führenden Männer Kirchenbeamte geworden sind. (Sehr gut! Starker Beifall.)...

Aus: Heinrich Schmid: Apokalyptisches Wetterleuchten. München 1947, S. 45, 46.

I/10	Zum Text/ Problemfeldbeschreibung:	Die Vorgänge auf einer Synodalsitzung der Evangelischen Kirchenprovinz Mark Brandenburg nach dem Sieg der Deutschen Christen bei den Kirchenwahlen vom 23. Juli 1933 ließen den Beobachter der schwedischen Zeitung „Svenska Morgenbladet" erschrecken. Hier wurde die Gefahr einer „Nazifizierung" der Kirche überdeutlich.
	Stichworte:	Hakenkreuz, Braunhemd, Deutsche Christen, SA, Deutschland-Lied, Horst-Wessel-Lied, Hitlergruß
	Vorlesealter:	ab 14 Jahren

„Braune" Provinzialsynode

„Für schwedische Verhältnisse wäre es wohl ein unvorstellbarer Gedanke, daß an 200 schwedische Geistliche in braunen Uniformen, Reitstiefeln, Leib- und Achselriemen, mit Hakenkreuzen, Rangabzeichen und Ehrenzeichen aller Art sich in der Ersten Kammer des Landes versammelten. Allerdings befinden sich im Saal außerdem noch etwa 100 Männer im konkreten bürgerlichen Anzug, mit friedfertigen Gesichtern und zum Teil ergraut. Unter diesen tritt ein Mann mittleren Alters hervor und bittet in schüchternen Worten um Berücksichtigung der Ansprüche der Zivilkleidung tragenden Minderheit. Die Majorität beginnt darauf zu protestieren, teilweise mit Hohngelächter! Als er die christliche Nächstenliebe der Anwesenden in Anspruch nimmt, erhält er zur Antwort, man wolle sich nicht um Geschmacksfragen streiten, woraufhin er sich still an seinen Platz zurückbegibt.

Eine solche Szene, die sich im Herrenhaus in Berlin tatsächlich ereignet hat, wäre in Schweden undenkbar. Der schwarz gekleidete Mann war Dr. Jacobi von der Gedächtniskirche und Führer der jungreformatorischen Gruppe. Die Braunhemden waren ‚Deutsche Christen'. Die Versammlung war eine Synode der evangelischen Kirche in Brandenburg, und der Zweck der Versammlung die Übergabe der Befugnisse dieser sogenannten ‚Provinzialsynode' an den zu schaffenden Kirchenrat für Brandenburg. Der Beobachter mußte sich sagen, daß sich das geistige Klima Deutschlands seit einiger Zeit so verwandelt hat, daß ihm als Schweden keine südamerikanische Republik ferner stehen könnte. Es war ein beschämendes Erlebnis, doch war der Berichterstatter nicht der einzige, der dies empfand, er sah, daß während der bezeichnenden Vorgänge verschiedene unter den Versammelten Blicke wechselten, die mehr sagten als Worte.

Bei den Kirchenwahlen haben die Deutschen Christen eine Stimmenmehrheit von etwa zwei Drittel gewonnen. Auf ihren Listen standen fast ausschließlich SA-Leute, von denen viele früher gar kein kirchliches Interesse gezeigt hatten. Ganze Fabriken waren einfach zu den Wahlen kommandiert worden. Die politische Gleichschaltung sollte einfach auf die kirchlichen Verhältnisse übertragen werden.

Die erste Handlung der Versammlung im Landtag war die Absetzung des bisherigen Synodalvorsitzenden. Sein Nachfolger war der Propst Grell, ein Mann im Braunhemd mit militärischer Haltung und Kommandostimme. Er erklärte, man brauche jetzt einen deutschen Glauben und einen deutschen Gott. Die herrliche Revolution habe dahin geführt, daß es jetzt eine Lust sei zu leben, und Revolutionszeiten seien nichts für Weichlinge. Wer sich von dem Alten nicht losmachen könne, sei nicht geeignet, beim Aufbau zu helfen. Seine Rede wurde von den Braunhemden mit lärmenden Heilrufen und Hitlergrüßen beantwortet. Sodann standen zwei Fragen auf der Tagesordnung. Zunächst die Bildung eines Ausschusses für die Versetzung von Geistlichen. Bei dieser Gelegenheit trat der genannte Dr. Jacobi mit seiner vergeblich gebliebenen Bitte um bessere Vertretung der Minderheit auf. Noch unbehaglicher war die Behandlung des zweiten Punktes, des Arierparagraphen. Jacobi verlas eine Erklärung, die besagte, daß die Anwendung des staatlichen Gesichtspunktes gegen die Interessen der Kirche verstoße. Die Erklärung wurde mit Lachsalven quittiert, worauf man zur Abstimmung schritt. Aus den Reihen der Braunhemden wurde der Antrag auf namentliche Abstimmung laut, und nun wurde jede ablehnende Stimme mit Aha-Rufen, ironischem Bravo und Gelächter zur Kenntnis genommen. Man mußte die Männer aufrichtig bewundern, die ihr ganzes Ansehen und vielleicht ihre Existenz auf das Spiel setzten, um ihrer ehrlichen Überzeugung zu folgen. Das Ganze konnte man nur als religiöse Barbarei bezeichnen.

Nach Erledigung einiger Formalitäten war die Synode zu Ende. Was sonst Tage gedauert hatte, war hier in Stunden erledigt. Man hatte eben ‚gehandelt, anstatt zu reden' oder, wie es auch heißt, ‚den Parlamentarismus beiseite gelassen'. Die Versammlung schloß mit ‚Deutschland, Deutschland über alles' und mit dem unausrottbaren ‚Horst-Wessel-Lied'. Der Eindruck besserte sich nicht wesentlich, als der Berichterstatter in der Vorhalle zweimal aufgefordert wurde, sich auszuweisen, da er den Hitler-Gruß unterlassen habe. Als man erfuhr, daß er nur ein Ausländer sei, beruhigte man sich und er durfte gehen."

Aus: Heinrich Schmid: Apokalyptisches Wetterleuchten, München 1947, S. 39–41.

I/11 Zum Text/ Problemfeldbeschreibung:	Die Verlautbarung der Fuldaer Bischofskonferenz vom 28. März 1933, fünf Tage nach Hitlers Regierungserklärung erlassen, betrachtete die bisherigen „allgemeinen Verbote und Warnungen" vor dem Nationalsozialismus nicht mehr als „notwendig". Dadurch wurde auch den Katholiken der Weg ins Dritte Reich aufgetan. Zu den Gründen für die neue Linie des Episkopats zählte einmal, daß Hitler nun die „Obrigkeit" geworden war, der man nach Römer 13 „Gehorsam" schuldete. Zum andern schien der Nationalsozialismus nicht so gefährlich wie der gottlose Bolschewismus. Entscheidend aber waren die großen Zusicherungen, die Hitler in seiner Regierungserklärung vom 23. März 1933 den Kirchen machte. Ob bei der Neuorientierung des katholischen Espiskopats vielleicht auch schon Hitlers Angebot eines Reichskonkordats stand, das die Kirche seit Jahren herbeisehnte, ist in der Forschung umstritten.
Stichworte:	Nationalsozialismus, Episkopat, Führer, Obrigkeit, Römer 13, Konfessionsschule, Vaterland
Vorlesealter:	ab 14 Jahren

Fuldaer Bischofskonferenz vom 28. 3. 1933

Die Oberhirten der Diözesen Deutschlands haben aus triftigen Gründen, die wiederholt dargelegt sind, in ihrer pflichtmäßigen Sorge für Reinerhaltung des katholischen Glaubens und für Schutz der unantastbaren Aufgaben und Rechte der katholischen Kirche in den letzten Jahren gegenüber der nationalsozialistischen Bewegung eine ablehnende Haltung durch Verbote und Warnungen eingenommen, die solange und insoweit in Geltung bleiben sollen, wie diese Gründe fortbestehen.

Es ist nunmehr anzuerkennen, daß von dem höchsten Vertreter der Reichsregierung, der zugleich autoritärer Führer jener Bewegung ist, öffentlich und feierlich Erklärungen gegeben sind, durch die der Unverletzlichkeit der katholischen Glaubenslehre und den unveränderlichen Aufgaben und Rechten der Kirche Rechnung getragen, sowie die vollinhaltliche Geltung der von den einzelnen deutschen Ländern mit der Kirche abgeschlossenen Staatsverträge durch die Reichsregierung ausdrücklich zugesichert wird. Ohne die in unseren früheren Maßnahmen liegende Verurteilung bestimmter religiös-sittlicher Irrtümer aufzuheben, glaubt daher der Episkopat das Vertrauen hegen zu können, daß die vorbezeichneten allgemeinen Verbote und Warnungen nicht mehr als notwendig betrachtet zu werden brauchen.

Für die katholischen Christen, denen die Stimme ihrer Kirche heilig ist, bedarf es auch im gegenwärtigen Zeitpunkte keiner besonderen Mahnung zur Treue gegenüber der rechtmäßigen Obrigkeit und zur gewissenhaften Erfüllung der staatsbürgerlichen Pflichten unter grundsätzlicher Ablehnung allen rechtswidrigen oder umstürzlerischen Verhaltens.

In Geltung bleibt die so oft in feierlicher Kundgebung an alle Katholiken ergangene Mahnung, stets wachsam und opferfreudig einzutreten für Frieden und soziale Wohlfahrt des Volkes, für Schutz der christlichen Religion und Sitte, für Freiheit und Rechte der katholischen Kirche und Schutz der konfessionellen Schule und katholischen Jugendorganisationen.

In Geltung bleibt ferner die Mahnung an die politischen und ähnlichen Vereine und Organisationen, in Gotteshaus und kirchlichen Funktionen aus Ehrfurcht vor der Heiligkeit derselben zu vermeiden, was als politische oder parteimäßige Demonstration erscheinen und daher Anstoß erregen kann.

In Geltung bleibt endlich die so oft und eindringlich ergangene Aufforderung, für Ausbreitung und Wirksamkeit der katholischen Vereine, deren Arbeit so überaus segensreich ist für Kirche, Volk und Vaterland, für christliche Kultur und sozialen Frieden, stets mit weitblickender Umsicht und mit treuer opferwilliger Einigkeit einzutreten.

Aus: B. Stasiewski (Hg.): Akten der deutschen Bischöfe über die Lage der Kirche 1933–1945, Bd. 1, Mainz 1968

330 *Dokumente*

I/12 Zum Text/ Problemfeldbeschreibung: Die Erwartungen der evangelischen Christen an das Dritte Reich kommen in dem Gemeindeblattartikel gut zum Ausdruck. Befürchtungen etwa wegen des politischen Rowdytums der Nazis oder wegen deren rassistischer Ideologie, die durchaus vorhanden waren, wurden in den Hintergrund gedrängt. Viele beruhigten sich damit, daß dies nur Rand- oder Anfangserscheinungen seien. Gern wurde auch das Sprichwort zitiert: „Wo gehobelt wird, da fallen Späne."

Stichworte: Nationalsozialismus, Drittes Reich, Führer, Hitler, Klassenhaß, Deutsche Christen

Vorlesealter: ab 13 Jahren

Evangelisches Gemeindeblatt Ludwigsburg

Juni | Preis der Nummer 10 Pfg. | 1933

Der Geist von oben über dem deutschen Volke.

Der belebende Odem der Geisterwelt hat noch nicht aufgehört zu wehen. Er wird auch unseres Nationalkörpers erstorbene Gebeine ergreifen und sie aneinanderfügen, daß sie herrlich bestehen in neuem und verklärtem Leben.

J. G. Fichte.

Von der Kirche im Dritten Reich.

Mit den Märztagen dieses Jahres sind wir in das Dritte Reich eingetreten, nach dem Kaiserreich und dem Staat von Weimar in das von den Ideen des Nationalsozialismus bestimmte Reich. Im Mittelpunkt des Denkens und Fühlens der übergroßen Mehrheit unseres Kirchenvolks steht angesichts dieser Tatsache der heiße Dank gegen Gott für das, was er uns mit dem neuen Regiment geschenkt hat: Deutschland hat wieder einen Führer, wie es ihn seit Bismarcks Zeiten nicht mehr gehabt hat. Adolf Hitler hat das deutsche Volk vor einer Schreckensherrschaft, die deutschen Kirchen vor blutiger Verfolgung bewahrt. Der Verhöhnung des Christentums und der Kirche in der Öffentlichkeit ist ein Ende bereitet. Der Zurschaustellung der Unsittlichkeit ist der Garaus gemacht. Der Korruption in den verschiedensten Kreisen des Volkes wird mit rücksichtsloser Energie zu Leibe gegangen. Dem Klassenhaß und Klassendünkel ist der Kampf bis aufs Messer angesagt. Die arbeitslosen Volksgenossen schauen zuversichtlich dem Morgenrot einer neuen Zeit frohen Arbeitens entgegen. Man kann manchen Maßnahmen des neuen Regiments kritisch gegenüberstehen: der Dank und die Freude bleibt das Beherrschende.

Zu den Sorgen im Blick aufs Dritte Reich konnte man eine Zeitlang auch die Frage zählen: **Wie werden sich die kirchlichen Verhältnisse im Dritten Reich gestalten?** Einzelne Äußerungen aus der sog. „Glaubensbewegung deutscher Christen", die politisch dem Nationalsozialismus nahe steht, legten die Befürchtung nahe, daß entgegen der Zusicherung der Selbständigkeit der Kirchen durch den Reichskanzler in seiner programmatischen Rede vom 23. März die evangelische Kirche in der Selbständigkeit ihres Handelns vom Staat behindert werden könnte. In Mecklenburg wurde ein tatsächlich ein solcher Versuch gemacht, jedoch nach wenigen Tagen durch das Eingreifen des Reichsinnenministers Dr Frick wieder zu nichte gemacht. Überhaupt ist die ganze Kirchenfrage bereits in ein ruhigeres Fahrwasser geleitet, der Kirche ihr Eigenrecht vom Reichskanzler aufs neue zugesichert worden. **Daß aber die neue Zeit auch auf unsere Kirche ihren Einfluß geltend machen muß, ist selbstverständlich.** Es sollen in folgenden einige hieher gehörige Tatsachen mitgeteilt und einige einschlägige Fragen besprochen werden.

Zum Text/ Problemfeldbeschreibung:	Einer der wenigen evangelischen Pfarrer, die ein liebevolles Verhältnis zum Judentum, zu Juden und Judenchristen hatten, war der Heidelberger Pfarrer Hermann Maas. Zusammen mit Pfarrer Heinrich Grüber baute er von 1938 an ein Hilfswerk für evangelische „Nichtarier" auf, das sog. Büro Pfarrer Grüber.	I/13
Stichworte:	Juden, Judenpfarrer, Büro Pfarrer Grüber	
Vorlesealter:	ab 12 Jahren	

Nationalsozialistische Deutsche Arbeiterpartei

Gauleitung   Baden

Gaugeschäftsstelle:
Karlsruhe, Kaiserstraße 133
Fernsprech-Nummer: 6807
für Ferngespräche: 6808
Postscheckkonto Karlsruhe 371
Bankkonto: Vereinsbank, Karlsruhe

N=505 8/7 33

Zentralorgan des Gaues: „Der Führer"
Geschäftsstelle der Zeitung: Kaiserstraße 133
Fernsprech-Nummer: 7030
Postscheckkonto Karlsruhe 2988
Schriftleitung: Markgrafenstraße 46
Fernsprech-Nummer: 1271

N.S.D.A.P. Kreis Heidelberg   Heidelberg, 6. Juli 1933.
Kreispropagandaleitung

An
das Evang. Dekanat z. Hd. v. Herrn

Dekan Weiss

Heidelberg

    Unter der Heidelberger Bevölkerung herrscht ausserordentliche Erregung darüber, dass der von einer Palästinareise zurückgekehrte Stadtpfarrer Maas am kommenden Sonntag wieder Gottesdienst abhalten soll.
    Die seit Jahren betont judenfreundliche Einstellung des Stadtpfarrers Maas ist stadtbekannt, sie braucht nicht besonders unter Beweis gestellt zu werden; Maas wird überall als der Judenpfarrer betrachtet. Über seine projüdische Einstellung dürfte sowohl das Dekanat als auch die Oberste Kirchenbehörde unterrichtet sein.
    Wir bitten das Dekanat in der Angelegenheit an den Oberkirchenrat zu berichten und bis zum Eintreffen der Entscheidung des Oberkirchenrats den Stadtpfarrer Maas von der öffentlichen seelsorgerischen Tätigkeit zu entbinden.

Heil Hitler!

Kreispropagandaleiter

Höflichkeitsformeln fallen bei allen parteiamtlichen Schreiben weg.

Aus: LKA Karlsruhe, PA Maas

I/14　Zum Text/　　Wenn auch die Konzentrationslager im Jahr 1933 nicht mit den Vernich-
　　　　Problemfeld-　tungslagern in Polen während des Zweiten Weltkriegs verwechselt wer-
　　　　beschreibung:　den dürfen, so ist doch das Maß an politischer Naivität und Aggression
　　　　　　　　　　　gegenüber den „Linken" in diesem Gemeindeblattartikel erschreckend.
　　　　Stichworte:　　Konzentrationslager, Schutzhäftlinge, Schuld, Hitler, Marxismus
　　　　Vorlesealter:　ab 13 Jahren

Die im Konzentrationslager

Das Denken des Volkes kreist heute viel um die großen Konzentrationslager, in denen Tausende von Schutzhäftlingen untergebracht sind. Nicht immer ist dies Denken so, wie es sein sollte. Oft ist es von hämischer Schadenfreude oder rachsüchtiger Gesinnung oder schnodderiger Leichtfertigkeit getränkt. Oft wird über die im Konzentrationslager gewitzelt. Das ist eine unrichtige Haltung! Gewiß, man soll nicht in eine weichliche Gefühlsduselei verfallen und von Mitleid überströmen. Denn viele von denen, die im Konzentrationslager sind, hatten nichts Gutes vor. Wehe, wenn sie die Macht gewonnen hätten! Aber auf der andern Seite: daß da Tausende von deutschen Menschen hinter den Stacheldraht gebracht und von ihren eigenen Volksgenossen bewacht werden müssen, darin wird eine tiefe Not sichtbar. Eine Not, die man nicht belächeln kann. Denn diese Not geht auch uns an. Sie wird zu einer Anklage: „Warum duldeten wir diese Verführung und Verhetzung, die dann zwangsläufig zur Errichtung von Konzentrationslagern führte?" In diesen Lagern steckt viel Schuld; und ein gerüttelt Maß dieser Schuld fällt auch auf uns. Hüten wir uns vor jedem Pharisäertum!" Aus solchem Geist wird der Riß nie überwunden, der mit der Tatsache des Konzentrationslagers so schmerzhaft deutlich geworden ist. Wir freuen uns, daß die Häftlinge menschlich behandelt werden und daß man in ihnen nicht Verbrecher, sondern Verführte sieht. Und wir freuen uns auch, daß nicht Strafe, sondern Erziehung und Gesinnungswandel der Sinn der Konzentrationslager sein soll. Hier muß eine große Arbeit getan werden. Und sie sollte vom ganzen Volk, vor allem aber von der Kirche innerlich mitgetragen werden. Daß sie gelinge, dazu bedarf es viel Verständnis und – Liebe. Diese Menschen dürfen nicht das bittere Gefühl haben, Ausgestoßene und Verlachte zu sein. Sondern sie sollen es spüren, daß viel Sorge und Ernst sie umfängt. Es ehrt die Gesinnung, die kürzlich in einem Ausschreiben der führenden nationalsozialistischen Zeitung Württembergs zutage trat: Dort wurde das Bild einer Kolonne von Heuberghäftlingen veröffentlicht und an die Leser die Aufforderung gerichtet, ihre Gedanken beim Anblick dieses Bildes niederzuschreiben und einzusenden. Die besten Arbeiten werden veröffentlicht und das Honorar dem Lagerkommandanten überwiesen; ebenso alle Zuschriften, „deren Weitergabe an die Gefangenen wir erbitten werden, damit sie wissen, daß die Gefolgschaft Hitlers allein deshalb dem Marxismus den Fangstoß versetzte, um den deutschen Arbeiter zu seinem Volk zurückzuführen".

Aus: Stuttgarter Evangelisches Sonntagsblatt, Nr. 19, 7. Mai 1933

I/15	Zum Text/ Problemfeldbeschreibung:	Der Brief eines sog. Judenchristen an Reichsbischof Müller vom 18. Juni 1933 zeigt, wie sich die Judenchristen im Dritten Reich fühlen mußten: ohne Schutz durch Glaubensjuden und allein gelassen von der Kirche.
	Stichworte:	Judenchristen, Juden, Reichsbischof, Evangelium
	Vorlesealter:	ab 14 Jahren

Ein Brief in Not

Berlin, den 18. Juni 1933

Hoch geehrter Herr Reichsbischof!

Wenn das Wort Pastor noch Sinn und Berechtigung haben darf, d. h. wenn wir darunter noch den Seelenhirten, ja den Seelensorger verstehen können, dann glaube ich, aus dieser Auffassung den Mut und die Berechtigung für diese Zeilen herleiten zu dürfen: ich flehe Sie an, sich der Seelen vieler jetzt von der christlichen Kirche Verlassenen, fast möchte ich sagen Verstoßenen, anzunehmen. –

Ich gehöre zu den „Nichtariern", die ehemals, in der Erkenntnis, daß „die jüdische Religion keine Religion, sondern ein Unglück" ist, vor diesem Unglück wenigstens ihre Kinder bewahren wollten und daher ihren Austritt aus dem Judentum vollzogen haben. Es war im Jahre 1916, in Deutschlands größter Zeit. Lange Jahre hatte ich mit mir gerungen; endlich war ich zu der Überzeugung gekommen, daß nicht „der echte Ring vermutlich verloren ging", sondern daß nur die christliche Religion die wahre sein kann, daß der christliche Gott der Liebe höher steht als der jüdische Gott der Gerechtigkeit. Wenn auch die Gerechtigkeit als „höchste Tugend" – nach Goethe – ihren Wert behält, kann sie doch nicht als Fundament für den Verkehr der Menschen mit Gott und schließlich untereinander genügen: hier gilt nur die Liebe, welche Opfer bringt, ohne Opfer dafür zu verlangen. In diesem Sinne ist für mich der christliche Glaube der Glaube schlechtweg geworden, der letzte Glaube, der den Menschen geschenkt wurde. – Trotz dieser für mich grundlegenden und umwälzenden Erkenntnis konnte ich mich, aus einem unauslöschlichen Pietätsgefühl heraus – „wohl dem, der seiner Väter gern gedenkt" –, nicht entschließen, den Übertritt zur christlichen Kirche selbst zu vollziehen, aber ich ließ, offiziell keiner Kirchengemeinschaft zugehörig, meine Kinder evangelisch taufen und einsegnen; ich glaubte sie damit einerseits den seelischen Konflikten zu entziehen, denen wir ausgesetzt waren, andererseits wollte ich sie, gleichzeitig damit ihr bzw. unser Deutschtum besonders betonend, als gute *deutsche Christen* zurücklassen. Muß ich nicht heute, hochgeehrter Herr Reichsbischof, bereuen, den Schritt getan zu haben? Heute sind unsere Kinder nicht Fisch, nicht Fleisch; sie haben den Schutz verloren, den das Judentum seinen Angehörigen stets und überall angedeihen läßt; sie haben von der christlichen Kirche keinen Schutz bekommen und wohl auch keinen zu erwarten, – sie sind entrechtet in ihrem Glauben als Christen, sie sind entrechtet in ihrem Staatsbürgertum als Deutsche. Gibt es unverschuldet ein härteres Schicksal?

Bis jetzt hat die Kirche hierzu geschwiegen, obwohl sie sich zum mindesten zu Matth. 7,12 hätte bekennen sollen; aber hätte sie nicht sogar die *Pflicht*, sich ihrer Kinder anzunehmen, wenn sie noch an Matth. 28,19 festhält? Wann wird der Hirt kommen, der sich dieser Seelen erbarmt?

Ich weiß wohl, hochgeehrter Herr Reichsbischof, daß ich nicht das Recht habe, eine Antwort von Ihnen zu bekommen. Aber es ist Verzweifelten schon ein Trost zu wissen, daß ein Mensch von ihrem Unglück weiß, dessen Pfingstgruß lautete: „Der Dienst der Kirche soll nichts anderes sein als die Ausbreitung des Evangeliums durch Wort und Tat!"

Ich bin, hochgeehrter Herr Reichsbischof,
mit der Versicherung größter Wertschätzung
Ihr ergebenster
M. S.

Aus: HBA Bethel: 2/38/148

I/16	Zum Text/ Problemfeldbeschreibung:	Der Abschluß des Reichskonkordats mit der Garantie für die Bekenntnisschulen (Art. 23) und dem Schutz kirchlicher Organisationen (Art. 31) wurde von der katholischen Kirche als großer Erfolg angesehen. Hitler wiederum begrüßte, daß die katholische Kirche ihren unmittelbaren Einfluß auf das politische Leben aufgab (Art. 32).
	Stichworte:	Konkordat, Bekenntnis, Religionsunterricht, Bekenntnisschule, Jugendorganisationen, Parteien, Heiliger Stuhl
	Vorlesealter:	ab 14 Jahren

Aus dem Reichskonkordat

Art. 1 Das Deutsche Reich gewährleistet die Freiheit des Bekenntnisses und der öffentlichen Ausübung der katholischen Religion. Es anerkennt das Recht der katholischen Kirche, innerhalb der Grenzen des für alle geltenden Gesetzes, ihre Angelegenheiten selbständig zu ordnen und zu verwalten und im Rahmen ihrer Zuständigkeit für ihre Mitglieder bindende Gesetze und Anordnungen zu erlassen...

Art. 4 Der Heilige Stuhl genießt in seinem Verkehr und seiner Korrespondenz mit den Bischöfen, dem Klerus und den übrigen Angehörigen der katholischen Kirche in Deutschland volle Freiheit. Dasselbe gilt für die Bischöfe und sonstige Diözesanbehörden für ihren Verkehr mit den Gläubigen in allen Angelegenheiten ihres Hirtenamtes...

Art. 21 Der katholische Religionsunterricht in den Volksschulen, Berufsschulen, Mittelschulen und höheren Lehranstalten ist ordentliches Lehrfach und wird in Übereinstimmung mit den Grundsätzen der katholischen Kirche erteilt...

Art. 23 Die Beibehaltung und Neueinrichtung katholischer Bekenntnisschulen bleibt gewährleistet...

Art. 31 Diejenigen katholischen Organisationen und Verbände, die ausschließlich religiösen, rein kulturellen und karitativen Zwecken dienen und als solche der kirchlichen Behörde unterstellt sind, werden in ihren Einrichtungen und in ihrer Tätigkeit geschützt. Diejenigen katholischen Organisationen, die außer religiösen, kulturellen oder karitativen Zwecken auch anderen, darunter auch sozialen oder berufsständischen Aufgaben dienen, sollen unbeschadet einer etwaigen Einordnung in staatliche Verbände, den Schutz des Art. 31, Absatz 1 genießen, sofern sie Gewähr dafür bieten, ihre Tätigkeit außerhalb jeder politischen Partei zu entfalten. Die Feststellung der Organisationen und Verbände, die unter die Bestimmungen dieses Artikels fallen, bleibt vereinbarlicher Abmachung zwischen der Reichsregierung und dem deutschen Episkopat vorbehalten. Inwieweit das Reich und die Länder sportliche oder andere Jugendorganisationen betreuen, wird Sorge getragen werden, daß deren Mitgliedern die Ausübung ihrer kirchlichen Verpflichtungen an Sonn- und Feiertagen regelmäßig ermöglicht wird und sie zu nichts veranlaßt werden, was mit ihren religiösen und sittlichen Überzeugungen und Pflichten nicht vereinbar wäre.

Art. 32 Auf Grund der in Deutschland bestehenden besonderen Verhältnisse, wie im Hinblick auf die durch die Bestimmungen des vorstehenden Konkordats geschaffenen Sicherungen einer die Rechte und Freiheiten der katholischen Kirche im Reich und seinen Ländern wahrenden Gesetzgebung erläßt der Heilige Stuhl Bestimmungen, die für die Geistlichen und Ordensleute die Mitgliedschaft in politischen Parteien und die Tätigkeit für solche Parteien ausschließen...

Aus: Reichsgesetzblatt von 1933, II, S. 679ff.

I/17	Zum Text/ Problemfeld- beschreibung:	Die Barmer Theologische Erklärung von 1934 wurde zum Fundament der Bekennenden Kirche. Mit ihren Aussagen zu Wesen und Auftrag der Kirche ist sie auch heute noch aktuell. Die Erklärung besteht aus 6 Sätzen. Sie beginnen jeweils mit einem Schriftwort, um zu zeigen, auf welchem Grund man bauen wollte. Es folgen dann die positive Aussage in Form einer These und die Verwerfungssätze, in denen man unschwer erkennen kann, wen man mit der Barmer Theologischen Erklärung zunächst im Visier hatte, nämlich Lehre und Praxis der Deutschen Christen.
	Stichworte:	Bekenntnis, Deutsche Christen, Reichsregierung, Jesus Christus, Heilige Schrift, Sünde, Staat, Predigt, Sakrament
	Vorlesealter:	ab 15 Jahren

Theologische Erklärung zur gegenwärtigen Lage der Deutschen Evangelischen Kirche

Wir, die zur Bekenntnissynode der Deutschen Evangelischen Kirche vereinigten Vertreter lutherischer, reformierter und unierter Kirchen, freier Synoden, Kirchentage und Gemeindekreise erklären, daß wir gemeinsam auf dem Boden der Deutschen Evangelischen Kirche als eines Bundes der deutschen Bekenntniskirchen stehen. Uns fügt dabei zusammen das Bekenntnis zu dem einen Herrn der einen, heiligen, allgemeinen und apostolischen Kirche.

Wir erklären vor der Öffentlichkeit aller evangelischen Kirchen Deutschlands, daß die Gemeinsamkeit dieses Bekenntnisses und damit auch die Einheit der Deutschen Evangelischen Kirche aufs schwerste gefährdet ist. Sie ist bedroht durch die in dem ersten Jahr des Bestehens der Deutschen Evangelischen Kirche mehr und mehr sichtbar gewordene Lehr- und Handlungsweise der herrschenden Kirchenpartei der Deutschen Christen und des von ihr getragenen Kirchenregimentes. Diese Bedrohung besteht darin, daß die theologische Voraussetzung, in der die Deutsche Evangelische Kirche vereinigt ist, sowohl seitens der Führer und Sprecher der Deutschen Christen, als auch seitens des Kirchenregiments dauernd und grundsätzlich durch fremde Voraussetzungen durchkreuzt und unwirksam gemacht wird. Bei deren Geltung hört die Kirche nach allen bei uns in Kraft stehenden Bekenntnissen auf, Kirche zu sein. Bei deren Geltung wird also auch die Deutsche Evangelische Kirche als Bund der Bekenntniskirchen innerlich unmöglich.

Gemeinsam dürfen und müssen wir als Glieder lutherischer, reformierter und unierter Kirchen heute in dieser Sache reden. Gerade weil wir unseren verschiedenen Bekenntnissen treu sein und bleiben wollen, dürfen wir nicht schweigen, da wir glauben, daß uns in einer Zeit gemeinsamer Not und Anfechtung ein gemeinsames Wort in den Mund gelegt ist. Wir befehlen es Gott, was dies für das Verhältnis der Bekenntniskirchen untereinander bedeuten mag.

Wir bekennen uns angesichts der die Kirche verwüstenden und damit auch die Einheit der Deutschen Evangelischen Kirche sprengenden Irrtümer der „Deutschen Christen" und der gegenwärtigen Reichskirchenregierung zu folgenden evangelischen Wahrheiten:

1. **„Ich bin der Weg und die Wahrheit und das Leben; niemand kommt zum Vater denn durch mich."** (Joh. 14, 6)
   „Wahrlich, wahrlich ich sage euch: Wer nicht zur Tür hineingeht in den Schafstall, sondern steigt anderswo hinein, der ist ein Dieb und ein Mörder. Ich bin die Tür; so jemand durch mich eingeht, der wird selig werden." (Joh. 10, 1. 9).
   Jesus Christus, wie er uns in der heiligen Schrift bezeugt wird, ist das eine Wort Gottes, das wir zu hören, dem wir im Leben und im Sterben zu vertrauen und zu gehorchen haben.

   Wir verwerfen die falsche Lehre, als könne und müsse die Kirche als Quelle ihrer Verkündigung außer neben diesem einen Worte Gottes auch noch andere Ereignisse und Mächte, Gestalten und Wahrheiten als Gottes Offenbarung anerkennen.

2. **„Jesus Christus ist uns gemacht von Gott zur Weisheit und zur Gerechtigkeit und zur Heiligung und zur Erlösung."** (1. Kor. 1, 30).
   Wie Jesus Christus Gottes Zuspruch der Vergebung aller unse-

rer Sünden ist, so und mit gleichem Ernst ist er auch Gottes kräftiger Anspruch auf unser ganzes Leben; durch ihn widerfährt uns frohe Befreiung aus den gottlosen Bindungen dieser Welt zu freiem, dankbarem Dienst an seinen Geschöpfen.

Wir verwerfen die falsche Lehre, als gebe es Bereiche unseres Lebens, in denen wir nicht Jesus Christus, sondern anderen Herren zu eigen wären, Bereiche, in denen wir nicht der Rechtfertigung und Heiligung durch ihn bedürften.

3. **„Lasset uns aber rechtschaffen sein in der Liebe und wachsen in allen Stücken an dem, der das Haupt ist, Christus, von welchem aus der ganze Leib zusammengefügt ist."** (Eph. 4,15–16).
Die christliche Kirche ist die Gemeinde von Brüdern, in der Jesus Christus in Wort und Sakrament durch den Heiligen Geist als der Herr gegenwärtig handelt. Sie hat mit ihrem Glauben wie mit ihrem Gehorsam, mit ihrer Botschaft wie mit ihrer Ordnung mitten in der Welt der Sünde als die Kirche der begnadigten Sünder zu bezeugen, daß sie allein sein Eigentum ist, allein von seinem Trost und von seiner Weisung in Erwartung seiner Erscheinung lebt und leben möchte.

Wir verwerfen die falsche Lehre, als dürfe die Kirche die Gestalt ihrer Botschaft und ihrer Ordnung ihrem Belieben oder dem Wechsel der jeweils herrschenden weltanschaulichen und politischen Überzeugungen überlassen.

4. **„Ihr wisset, daß die weltlichen Fürsten herrschen und die Oberherren haben Gewalt. So soll es nicht sein unter euch; sondern so jemand will unter euch gewaltig sein, der sei euer Diener."** (Matth. 20,25–26).
Die verschiedenen Ämter in der Kirche begründen keine Herrschaft der einen über die anderen, sondern die Ausübung des der ganzen Gemeinde anvertrauten und befohlenen Dienstes.

Wir verwerfen die falsche Lehre, als könne und dürfe sich die Kirche abseits von diesem Dienst besondere, mit Herrschaftsbefugnissen ausgestattete Führer geben oder geben lassen.

5. **„Fürchtet Gott, ehret den König!"** (1. Petr 2,17).
Die Schrift sagt uns, daß der Staat nach göttlicher Anordnung die Aufgabe hat, in der noch nicht erlösten Welt, in der auch die

Kirche steht, nach dem Maß menschlicher Einsicht und menschlichen Vermögens unter Androhung und Ausübung von Gewalt für Recht und Frieden zu sorgen. Die Kirche erkennt in Dank und Ehrfurcht gegen Gott die Wohltat dieser seiner Anordnungen an. Sie erinnert an Gottes Reich, an Gottes Gebot und Gerechtigkeit und damit an die Verantwortung der Regierenden und Regierten. Sie vertraut und gehorcht der Kraft des Wortes, durch das Gott alle Dinge trägt.

> Wir verwerfen die falsche Lehre, als solle und könne der Staat über seinen besonderen Auftrag hinaus die einzige und totale Ordnung menschlichen Lebens werden und also auch die Bestimmung der Kirche erfüllen.
>
> Wir verwerfen die falsche Lehre, als solle und könne sich die Kirche über ihren besonderen Auftrag hinaus staatliche Art, staatliche Aufgaben und staatliche Würde aneignen und damit selbst zu einem Organ des Staates werden.

6. „Siehe, ich bin bei euch alle Tage, bis an der Welt Ende." (Matth 28,20).

Der Auftrag der Kirche, in welchem ihre Freiheit gründet, besteht darin, an Christi Statt und also im Dienst seines eigenen Wortes und Werkes durch Predigt und Sakrament die Botschaft von der freien Gnade Gottes auszurichten an alles Volk.

> Wir verwerfen die falsche Lehre, als könne die Kirche in menschlicher Selbstherrlichkeit das Wort und Werk des Herrn in den Dienst irgendwelcher eigenmächtig gewählter Wünsche, Zwecke und Pläne stellen.

Die Bekenntnis-Synode der Deutschen Evangelischen Kirche erklärt, daß sie in der Anerkennung dieser Wahrheiten und in der Verwerfung dieser Irrtümer die unumgängliche theologische Grundlage der Deutschen Evangelischen Kirche als eines Bundes der Bekenntniskirchen sieht. Sie fordert alle, die sich ihrer Erklärung anschließen können, auf, bei ihren kirchenpolitischen Entscheidungen dieser theologischen Erkenntnisse eingedenk zu sein. Sie bittet alle, die es angeht, in die Einheit des Glaubens, der Liebe und der Hoffnung zurückzukehren.

Verbum Dei manet in aeternum.

II/1	Zum Text/ Problemfeld- beschreibung:	Die „Zehn Punkte gegen die Christliche Lehre" bildeten die Grundlage von Schulungsveranstaltungen, die die Eingliederung christlicher Jugendverbände in die Hitlerjugend untermauern und vorantreiben sollten. Zielsetzung war, die NS-Weltanschauung an die Stelle des christlichen Religionsunterrichts zu setzen.
	Stichworte:	Nationalsozialismus, Rassenlehre, Juden, Germanen, Christus, Schuld, positives Christentum, Bismarck, Hindenburg, Führer, Nächstenliebe, Gotteslästerung, Paradies
	Vorlesealter:	ab 14 Jahren

Zehn Punkte gegen die Christliche Lehre

1. In jedem Jungmann wohnen zwei Seelen
   a) eine kämpferische, germanische, die blutsmäßig bedingt ist,
   b) eine anerzogene, christliche, die die Folge einer mehrjährigen Dressur ist.
   Da aber die Bluts- und Rassenlehre ein Grundpfeiler des Nationalsozialismus ist, bekennt sich der Nationalsozialist zu der ihm angeborenen germanischen Haltung.
2. Die germanische, kämpferische Haltung und Anschauung entstanden im germanischen Raum, die jüdische, christliche Anschauung in Vorderasien. Der Nationalsozialist lehnt jüdisch-orientalisches Gedankengut ab. Wir brauchen keine jüdische Importware.
3. Der NS bekennt sich zur Rassenidee. Jeder Deutsche muß daher eine anständige (!) Abstammung haben. Jeder, der einen Anspruch auf eine führende Stellung macht, muß daher seinen Stammbaum nachweisen. Es ist dem Christentum bis heut noch nicht gelungen, den Stammbaum seines Religionsstifters nachzuweisen. Was in Matthäus 1 über die Zeugungsfähigkeit des Heiligen Geistes erzählt wird, ist ein biologischer Unsinn. Christus konnte nie seinen Vater nachweisen.
4. Die Mutter Christi gehört dem jüdischen Volke an; der Vater ist unbekannt. Warum soll uns ein Judenbastard unsere Religion stiften?
5. Der Erlösergedanke ist rein orientalisch. Er ist eine echt jüdische Patentlösung: Man lädt seine Schuld ab auf das „unschuldige Lamm Gottes" und ist erlöst. Auch dies ist ein Verstoß gegen unsere germanische Rasenidee; denn ein beliebiger, fremdrassiger (!) Verbrecher, der seine Schuld bereut (Golga-

tha), ist am jüngsten Tag so viel wert wie ein Bismarck, Hindenburg oder der Führer.
Der Einwand, Hindenburg sei ja auch ein Christ gewesen, ist nicht stichhaltig, denn
1. wurde Hindenburg groß in einer Zeit, die sich mit dem heutigen Aufbruch des deutschen Volkes nicht vergleichen läßt,
2. spricht Hindenburg in seinen Reden nicht vom Christentum, sondern von Gott.
6. Das Christentum lehnt jede Rassenidee ab, denn vor Gott sind nach der christlichen Lehre alle Menschen gleich. Der Nationalsozialist lehnt es ab, mit einem Zulukaffer oder einem Hottentotten verglichen zu werden.
7. Wir lehnen die Jenseitsidee (!) ab. Das Christentum lehrt: „Selig sind die geistig (?) Armen; die ersten werden die letzten sein." Das Christentum wendet sich hier an die wirtschaftlich, geistig und körperlich im Leben „zu kurz Gekommenen", an das Minderwertige, also zu einem großen Teil an das Untermenschentum (!). Das Christentum verspricht jenem Untermenschentum ein herrliches Leben und riesige Vorteile für das Jenseits. Das ist übelster Jenseitsbolschewismus (!), der dem jüdischen Bolschewismus Rußlands in nichts nachsteht.
8. Wir verzichten auf ein Leben im christlichen Paradiese. Es soll dies ja eine Belohnung für die Haltung im Diesseits sein. Der Nationalsozialist kämpft aber im Diesseits nicht um einen besseren Sitz im Jenseits, sondern für die Befreiung der unterdrückten Völker und für ein besseres Dasein, vor allem des deutschen Volkes, hier im Diesseits. Ein deutscher Junge lehnt das Paradies mit Faulenzerleben, das ihm das Christentum anpreist, ab. Arbeit ist für uns keine Strafe, wie das den Christen in der Bibel bei der Austreibung der ersten Menschen aus dem Paradies gelehrt wird. Diese Einstellung zur Arbeit ist jüdisch (!). Für den germanischen Menschen ist die Arbeit keine Last, ja nicht einmal eine Pflicht, sondern ein Lebensbedürfnis und Lebensinhalt. Ohne Arbeit muß er zugrunde gehen.
9. In Punkt 24 des Parteiprogramms vertritt unsere Bewegung den Standpunkt eines positiven Christentums, ohne sich dabei an ein bestimmtes Bekenntnis zu binden. Wir anerkennen darum das Positive am Christentum, nämlich die sozialistische (!) Idee: Liebe deinen Nächsten mehr als dich selbst. Trotzdem lehnen wir die sozialistischen Beweggründe des Chri-

stentums ab. Der Christ tut Gutes nur um seiner selbst willen, da er ja im Jenseits dafür belohnt wird. Dieser Sozialismus ist selbstsüchtig, egoistisch und daher unsittlich. Der Nationalsozialist lehrt: „Gemeinnutz geht vor Eigennutz." Der Nationalsozialist tut Gutes um seines Volkes willen, also für die Gesamtheit des Volkes. Er wird dafür nicht belohnt; das ist für ihn eine Selbstverständlichkeit. Dieser Sozialismus ist gemeinnützig, also selbstlos. Das Christentum hätte in den letzten Jahren, ja Jahrzehnten Zeit genug gehabt, seinen Sozialismus in einen Sozialismus der Tat umzusetzen. Das ist nicht geschehen. Das Christentum hat versagt. In Phrasen geht ein Volk unter. Das Christentum hat abzutreten! Häufig wird beim Zitieren des 24. Punktes des NS-Programms vergessen, daß die Bewegung den jüdisch-marxistischen Geist in und außer uns bekämpft und daß eine dauernde Genesung unseres Volkes nur auf der Grundlage „Gemeinnutz geht vor Eigennutz" erfolgen kann. Damit kommt deutlich zum Ausdruck, daß wir auch jenen jüdischen Jenseitsbolschewismus und auch einen egoistischen Sozialismus ablehnen. Vergessen wir auch nicht, daß wir Lehren ablehnen, die gegen das Sittlichkeits- und Moralgefühl der germanischen Rasse verstoßen.
10. Ganz zu Unrecht nennen uns die Christen manchmal gottlos. Das ist die übelste und böswilligste Verleumdung. Im Gegenteil: Ich behaupte: Das Christentum ist gottlos und geht manchmal bis zur Gotteslästerung. Der Christ lebt nach den 10 Geboten der Bibel. Diese Gebote hat aber der Jude Moses geschaffen. Er konstruierte sich seinen Herrgott und seine göttlichen Gesetze selbst. Das ist unverschämteste Überheblichkeit – das ist Gotteslästerung. Die Juden und die Christen schaffen sich bzw. konstruieren sich mit ihrem unzulänglichen Menschenverstand in ihrer Überheblichkeit ihren Herrgott so, wie sie ihn brauchen, und setzen ihren Jahwe hinaus in den Weltenraum, den sie als „Himmel" bezeichnen. Dort sitzt jenes menschliche Kunstprodukt, jener jüdische Patentgott und richtet über die Menschen. Ist das nicht Gotteslästerung? Ganz anders ist der germanische Mensch. Ehrfürchtig steht er vor den Werken Gottes, spricht möglichst wenig darüber (!) und handelt nach seinen Gesetzen, die er in seinem einzigen Buche, das er selbst geschrieben hat, in der Natur, im Kosmos, gegeben hat.

Aus: Th. Braun: Entscheidung: Ja oder Nein, Stuttgart 1980, S. 31ff.

Zum Text/ Problemfeld- beschreibung:	Der vom DC-Oberkirchenrat zwangsversetzte Bekenntnispfarrer Hübener aus Eldena (Mecklenburg) hatte seinen Kollegen Möller gebeten, in seinem Abendmahlsgottesdienst zu predigen. Dabei kam es zu gewalttätigen Übergriffen durch die SA und SS. Paul Gerhardt Möller berichtet am 17. September 1935 über die Vorgänge.	II/2
Stichworte:	Gottesdienst, Horst-Wessel-Lied, SA, SS, Jesus, Predigt	
Vorlesealter:	ab 13 Jahren	

„Nu hol doch endlich dien Mul!"

„Ich war fast zu Ende, da marschierte die SA-Kapelle unter die Fenster des Hauses und gab damit offenbar das Zeichen zum Tumult; denn ein in meiner Nähe stehender SA-Mann schrie mir entgegen (während Zwischenrufe sonst nicht gefallen waren): ‚Nu hol doch endlich dien Mul!' Schon rückten einige SA-Leute auf Pastor Hübener und mich – wir standen beide am Altar – los und stimmten das ‚Horst-Wessel-Lied' an, wozu sie uns die Arme hochrissen, die wir, da der Gottesdienst ja im Gange war und ich im Ornat am Altar stand, nicht hochgehoben hatten... Dann fielen die ersten Faustschläge, gegen die wir uns wie auch gegen die späteren nicht zur Wehr setzten. Wir wurden durch den Flur auf den Hof gedrängt, wo wir im Nu von etwa 50 SA-Leuten umgeben (und von der Gemeinde abgeschnitten) waren, die auf uns einschrien und -hieben.

‚Hängt sie auf!' – ‚Predigt doch nicht von eurem Jesus, redet von Adolf Hitler!' – ‚Predigt, was das Volk hören will, und nicht aus eurer Judenbibel!' Das waren nur einige der Redensarten. In unflätigster Weise wurden wir beschimpft, ich außerdem von einem jungen Menschen in SA-Uniform ins Gesicht gespuckt. Auf die Straße gedrängt und nun von einem wohl zweihundertköpfigen Haufen SA und SS umgeben, sah ich, wie Pastor Hübener über das linke Auge geschlagen wurde, so daß er taumelte und sein Auge dick angeschwollen war. Ich selbst habe im ganzen etwa achtzehn Faustschläge (sie waren nachher an den Beulen und Wunden zu zählen!) auf den Hinterkopf, rechts und links in die Backen, aufs rechte Ohr, an die Gurgel und auf den Mund erhalten, so daß die linke Backe innen etwa 3 cm lang aufgeschlitzt wurde und die Schneidezähne sich gelockert hatten."

Aus: H.-R. Sandvoß: Widerstand in Neukölln, Berlin 1990, S. 208f.

II/3	Zum Text/ Problemfeld- beschreibung:	Der Einspruch des Kölner Generalvikariats vom 31. 2. 1935 beim Oberpräsidenten der Rheinprovinz gegen die Tätigkeit des Parteigenossen Friedrichs, des Leiters der Landesführerschule in Königswinter, zeigt, wie auf NS-Schulungskursen in oft böswilliger und verleumderischer Weise von den dort tätigen Referenten und Funktionären antikirchliche und antichristliche Agitation betrieben wurde.
	Stichworte:	NS-Schulungskurse, Lehrer, Religionsunterricht, Führer, Reichskonkordat
	Vorlesealter:	ab 14 Jahren

Wie ein Pg. das Reichskonkordat versteht

Einspruch des Kölner Generalvikariats beim Oberpräsidenten der Rheinprovinz in Koblenz gegen die Tätigkeit des Pg. Friedrichs, des Leiters der Landesführerschule in Königswinter.

Seit Monaten gehen uns bittere Klagen zu über die Tätigkeit des Leiters der Landesführerschule in Königswinter, Herrn Friedrichs, der namentlich während der nationalsozialistischen Schulungskurse für Erzieher in Kettwig, aber auch bei anderer Gelegenheit, in unverantwortlicher Weise über Christentum und Kirche, geistliche Personen und religiöse Einrichtungen sich ausgelassen hat. Katholische und, wie uns versichert wird, auch evangelische Teilnehmer an den in Kettwig gehaltenen Vorträgen sind entsetzt und erbittert über das, was Herr Friedrichs ihnen zu bieten wagte. Freilich soll den Anwesenden vorsorglich verboten worden sein, sich irgendwie Aufzeichnungen während der Vorträge zu machen. Manche Darlegungen haben sich aber den Hörern unvergeßlich eingeprägt und dieselben tiefstens erschüttert.

Glaubenswahrheiten, die den Katholiken und auch andersgläubigen Christen heilig sind, werden von Herrn Friedrichs verspottet und als menschliche Erfindungen bezeichnet; Gebräuche der Liturgie und des Gebetslebens wurden verhöhnt und in das Lächerliche gezogen; verehrungswürdige kirchliche Personen wurden beschimpft und verspottet. Ein zweistündiger Vortrag des Herrn Friedrichs über die Aufgaben des Lehrers im neuen Staat soll eine einzige nicht mehr zu überbietende Schmähung von Christentum und Kirche gewesen sein. Den Tiefstand dieses Vortrages kennzeichnen folgende Worte, zu denen Herr Friedrichs sich hinreißen ließ: „Lehrer, die den Kindern noch etwas über die Erbsünde sagen, müßte man erschießen; die hat man am 30. Juni vergessen."

Wenn wir nun auch in erster Linie gegen die verwirrende, niederreißende und beleidigende Art des Herrn Friedrichs während der Kettwiger Vorträge, zu denen auch katholische Lehrer und Erzieher einberufen waren, schärfstens Einspruch erheben müssen, so kann uns doch auch nicht gleichgültig sein das Auftreten des Herrn Friedrichs in der Universität Köln. Auch hier erging er sich in Schmähungen und Kränkungen der katholischen Kirche, obschon bürgerlicher Anstand, Rücksicht auf die Einigkeit des Volkes, der oft erklärte Wille des Führers und Reichskanzlers und nicht zuletzt das Reichskonkordat, das die guten Beziehungen zwischen dem Hl. Stuhl und dem Deutschen Volk dem Redner starke Hemmungen hätten bieten müssen.

Ergebenst bitten wir den Herrn Oberpräsidenten, unsere Beschwerde zu prüfen und für die erforderliche Abhilfe geneigtest Sorge zu tragen.

Den Herren Regierungspräsidenten von Köln und Düsseldorf, in deren Bezirken Herr Friedrichs zu Beschwerden Anlaß gab, haben wir dieses Schreiben in Abschrift übermittelt...

Aus: W. Hofer (Hg.): Der Nationalsozialismus. Dokumente 1933–1945, Frankfurt/M. 1957

Dokumente

II/4

Zum Text/ Problemfeldbeschreibung:	Nachdem der Versuch, die Evangelische Kirche mit Hilfe der Deutschen Christen für den Nationalsozialismus zu gewinnen, gescheitert war, steuerte die Partei seit 1934 unter dem Stichwort „Entkonfessionalisierung des öffentlichen Lebens" einen zunehmend antikirchlichen Kurs. Die Kirche wehrte sich mit Verlautbarungen und Eingaben an die Staatsführung. Meist war man jedoch nur auf die Wahrung des eigenen Bestandes bedacht. Die Denkschrift der 2. Vorläufigen Kirchenleitung vom 28. Mai 1936, die jedoch nur von dem entschlossenen Teil der Bekennenden Kirche mit Martin Niemöller, Dietrich Bonhoeffer u. a. getragen wurde, ging hier jedoch einen entscheidenden Schritt weiter. Sie wandte sich grundsätzlich gegen Rechtsverletzungen des Staates durch die Einrichtung von Konzentrationslagern und die Rechtlosmachung der Juden. Der vorliegende Textauszug zeigt die Unvereinbarkeit des christlichen Glaubens mit der Verherrlichung des arischen Menschen und dem Antisemitismus auf.
Stichworte:	Rasse, Volkstum, Antisemitismus, Juden, Nächstenliebe, Gewissen
Vorlesealter:	ab 14 Jahren

Erklärung der 2. Vorläufigen Leitung der Deutschen Evangelischen Kirche an den Führer und Reichskanzler vom 28. Mai 1936 (Auszug)

Wenn hier Blut, Rasse, Volkstum und Ehre den Rang von Ewigkeitswerten erhalten, so wird der evangelische Christ durch das erste Gebot gezwungen, diese Bewertung abzulehnen. Wenn der arische Mensch verherrlicht wird, so bezeugt Gottes Wort die Sündhaftigkeit aller Menschen.

Wenn den Christen im Rahmen der nationalsozialistischen Weltanschauung ein Antisemitismus aufgedrängt wird, der zum Judenhaß verpflichtet, so steht für ihn dagegen das christliche Gebot der Nächstenliebe. Einen besonders schweren Gewissenskonflikt bedeutet es für unsere evangelischen Gemeindeglieder, wenn sie das Eindringen dieser antichristlichen Gedankenwelt bei ihren Kindern, ihrer christlichen Elternpflicht entsprechend, bekämpfen müssen...

Aus: E. Röhm/J. Thierfelder: Evangelische Kirche zwischen Kreuz und Hakenkreuz, Stuttgart [4]1990, S. 90

Zum Text/ Problemfeldbeschreibung:	Der Erlaß des Innenministeriums von Oldenburg vom 4. November 1936 ordnete an, daß in allen öffentlichen Gebäuden alle religiösen Symbole, vor allem die Kreuze entfernt werden müßten. Ähnliche Erlasse gab es auch in anderen Regionen des Reiches. In Oldenburg kam es zu spontanen Protestaktionen der katholischen Bevölkerung. Mit dem sog. Kreuzkampf erzwangen die Oldenburger die Rückkehr der Kreuze in die Schule.	II/5
Stichworte:	Symbole, Kreuz, Schule, Luther	
Vorlesealter:	ab 13 Jahren	

Entfernung des Schulkreuzes

„Sämtliche öffentliche Gebäude des Staates, der Gemeinden und Gemeindeverbände gehören dem ganzen deutschen Volke ohne Rücksicht auf das religiöse Glaubensbekenntnis der einzelnen Volksgenossen. Dies gilt auch für alle Schulgebäude. Es ist daher nicht zulässig, daß öffentliche Schulgebäude kirchlich eingeweiht oder eingesegnet werden. Aus gegebener Veranlassung wurde darauf besonders hingewiesen.

Öffentliche Verwaltungsgebäude des Staates sind von alters her mit konfessionellen Zeichen – z. B. Kruzifix oder Lutherbild – nicht ausgestattet worden. Dies entspricht auch schon deshalb einem sachlichen Bedürfnis, weil der Staat das ganze deutsche Volk umfaßt. Für alle öffentlichen Verwaltungsgebäude der Gemeinden und Gemeindeverbände müssen die gleichen Gesichtspunkte maßgebend sein. Schulgebäude des Staates, der Gemeinden und Gemeindeverbände sind nicht anders zu behandeln. Auch die Volksschulgebäude machen dabei keine Ausnahme; denn sie gehören der Gesamtheit und nicht irgendeiner bestimmten Glaubensrichtung.

Demgemäß ordnen wir an, daß künftig *in Gebäuden des Staates, der Gemeinden und Gemeindeverbände kirchliche und andere religiöse Zeichen oben erwähnten oder ähnlichen Charakters nicht mehr angebracht werden dürfen. Die bereits vorhandenen sind zu entfernen.*

Über das Veranlaßte ist bis zum 15. Dezember d. J. zu berichten.
I.V. gez. Pauly

Beglaubigt:
Wulff, Verwaltungssekretär."

Aus: J. Neuhäusler: Kreuz und Hakenkreuz, Teil I, München 1946, S. 116

II/6	Zum Text/ Problemfeldbeschreibung:	Eine der Traditionen, die die HJ von der bündischen Jugend übernahm und weiterpflegte, war das gemeinsame Singen. Dabei waren Landsknechtslieder, besonders solche mit antikirchlichem Inhalt, beliebt. In dem Lied „Schwarze Fahne" wird zum einen gegen die „Pfaffenbrut" gehetzt, zum andern die Fahne als einigendes Symbol hervorgehoben.
	Stichworte:	Hitlerjugend, Landsknechtslieder, „Pfaffen", Fahne, Lieder
	Vorlesealter:	ab 12 Jahren

„Schwarze Fahne"

1. Schwarze Fahne, halte stand!
Sturmgewitter zieh'n durchs Land,
Landsknechtstrommeln dröhnen gut,
Brüllt sie an die Pfaffenbrut.
:/: Wer sich unserer Fahne verschreibt,
Muß ihr folgen,
Wohin sie auch treibt,
Wer sich unserer Fahne verschwört,
Hat nichts mehr,
Was ihm selber gehört! :/:

2. Wehe Fahne, weh' zum Sturm,
Wer dich anspeit, ist ein Wurm,
Gleich dem Wurm wird er zertreten,
Keine Zeit hat er zum Beten.
:/: Wer sich unserer Fahne verschreibt...:/:

3. Schwarze Fahne, halt stand!
Sturmgewitter zieh'n durchs Land,
Landsknechtstrommeln dröhnen gut,
Brüllt sie an die Pfaffenbrut.
:/: Wer sich unserer Fahne verschreibt...:/:

Aus: J. Neuhäusler: Kreuz und Hakenkreuz, Teil I, München 1946, S. 120

Zum Text/ Problemfeldbeschreibung:	In diesem Lied wird Hitler in blasphemischer Weise als Erlöser und Mittler gefeiert, dem man alles Glück auf Erden verdankt.	II/7
Stichworte:	Hitlerjugend, Hitler, Erlöser, „Pfaffen", Christus, Horst Wessel, Fahne, Weihrauch, Hakenkreuz	
Vorlesealter:	Ab 12 Jahren	

„Wir sind die fröhliche Hitlerjugend"

„Wir sind die fröhliche Hitlerjugend,
Wir brauchen keine christliche Tugend,
Denn unser Führer Adolf Hitler
Ist unser Erlöser, ist unser Mittler.

Kein Pfaff, kein böser, kann uns verhindern
Uns zu fühlen als Hitlers Kinder.
Nicht Christus folgen wir, sonder Horst Wessel.
Fort mit Weihrauch und Weihwasserkessel.
Wir folgen singend Hiltlers Fahnen,
Nur dann sind wir würdig unserer Ahnen.
Ich bin kein Christ und kein Katholik,
Ich geh mit SA durch dünn und dick,
Die Kirche kann mir gestohlen werden,
Das Hakenkreuz macht mich glücklich auf Erden.
Ihm will ich folgen auf Schritt und Tritt,
Baldur von Schirach, nimm mich mit!"

Aus: J. Neuhäusler: Kreuz und Hakenkreuz, Teil I, München 1946, S. 121

II/8

Zum Text/ Problemfeldbeschreibung:	Auf Bitten des deutschen Episkopats entschloß sich die Kurie Anfang 1937, ein öffentliches Wort zur Lage der katholischen Kirche in Deutschland zu veröffentlichen. Die päpstliche Enzyklika „Mit brennender Sorge" kam Anfang März nach Deutschland, wurde geheim gedruckt und am 21. März von den Kanzeln verlesen. Sie enthielt eine deutliche Kritik an der NS-Regierungspolitik. Hitler wurde von der Enzyklika völlig überrascht und war sehr empört. Die Gestapo beschlagnahmte die Exemplare, ihre Verbreitung konnte sie freilich nicht verhindern.
Stichworte:	Christus, Pantheismus, Rasse, Götzenkult, Kirchenaustritt, Nationalkirche, Naturrecht, Gewissen, Heldentum
Vorlesealter:	ab 16 Jahren

Die Enzyklika „Mit brennender Sorge" 14. März 1937 (Auszug)

Mit brennender Sorge und steigendem Befremden beobachten Wir seit geraumer Zeit den Leidensweg der Kirche, die wachsende Bedrängnis der ihr in Gesinnung und Tat treubleibenden Bekenner und Bekennerinnen inmitten des Landes und des Volkes, dem St. Bonifatius einst die Licht- und Frohbotschaft von Christus und dem Reiche Gottes gebracht hat...

Als Wir, Ehrwürdige Brüder, im Sommer 1933 die Uns von der Reichsregierung in Anknüpfung an einen jahrealten früheren Entwurf angetragenen Konkordatsverhandlungen aufnehmen und zu Eurer aller Befriedigung mit einer feierlichen Vereinbarung abschließen ließen, leitete Uns die pflichtgemäße Sorge um die Freiheit der kirchlichen Heilsmission in Deutschland... Trotz mancher schwerer Bedenken haben Wir daher Uns damals den Entschluß abgerungen, Unsere Zustimmung nicht zu versagen. Wir wollten Unsern treuen Söhnen und Töchtern in Deutschland im Rahmen des Menschenmöglichen die Spannungen und Leiden ersparen, die andernfalls unter den damaligen Verhältnissen mit Gewißheit zu erwarten gewesen wären...Wenn der von Uns in lauterer Absicht in die deutsche Erde gesenkte Friedensbaum nicht die Früchte gezeitigt hat, die Wir im Interesse Eures Volkes ersehnten, dann wird niemand in der weiten Welt, der Augen hat, zu sehen, und Ohren, zu hören, heute noch sagen können, die Schuld liege auf seiten der Kirche und ihres Oberhauptes. Der Anschauungsunterricht der vergangenen Jahre klärt die Verantwortlichkeiten. Er enthüllt Machenschaften, die von Anfang an kein anderes Ziel kannten als den Vernichtungskampf...

Wer in pantheistischer Verschwommenheit Gott mit dem Weltall gleichsetzt, Gott in der Welt verweltlicht und die Welt in Gott vergöttlicht, gehört nicht zu den Gottgläubigen. Wer nach angeblich altgermanisch-vorchristlicher Vorstellung das düstere unpersönliche Schicksal an die Stelle des persönlichen Gottes rückt, leugnet Gottes Weisheit und Vorsehung... Wer die Rasse, oder das Volk, oder den Staat, oder die Staatsform, die Träger der Staatsgewalt oder andere Grundwerte menschlicher Gemeinschaftsgestaltung – die innerhalb der irdischen Ordnung einen wesentlichen und ehrengebietenden Platz behaupten – aus dieser ihrer irdischen Wertskala herauslöst, sie zur höchsten Norm aller, auch der religiösen Werte macht und sie mit Götzenkult vergöttert, der verkehrt und fälscht die gottgeschaffene und gottbefohlene Ordnung der Dinge. Ein solcher ist weit von wahrem Gottesglauben und einer solchem Glauben entsprechenden Lebensauffassung entfernt...

In Euren Gegenden, Ehrwürdige Brüder, werden in immer stärkerem Chor Stimmen laut, die zum Austritt aus der Kirche aufrufen. Unter den Wortführern sind vielfach solche, die durch ihre amtliche Stellung den Eindruck zu erwecken suchen, als ob dieser Kirchenaustritt und die damit verbundene Treulosigkeit gegen Christus den König eine besonders überzeugende und verdienstvolle Form des Treubekenntnisses zu dem gegenwärtigen Staate darstelle. Mit verhüllten und sichtbaren Zwangsmaßnahmen, Einschüchterungen, Inaussichtstellung wirtschaftlicher, beruflicher, bürgerlicher und sonstiger Nachteile wird die Glaubenstreue der Katholiken und insbesondere gewisser Klassen katholischer Beamten unter einen Druck gesetzt, der ebenso rechtswidrig wie menschlich unwürdig ist... Wenn Leute, die nicht einmal im Glauben an Christus einig sind, Euch das Wunsch- und Lockbild einer deutschen Nationalkirche vorhalten, so wisset: Sie ist nichts als eine Verneinung der einen Kirche Christi, ein offenkundiger Abfall von dem an die ganze Welt gerichteten Missionsbefehl, dem nur eine Weltkirche genügen und nachleben kann. Der geschichtliche Weg anderer Nationalkirchen, ihre geistige Erstarrung, ihre Umklammerung oder Knechtung durch irdische Gewalten zeigen die hoffnungslose Unfruchtbarkeit, der jeder vom lebendigen Weinstock der Kirche sich abtrennende Rebzweig mit unentrinnbarer Sicherheit anheimfällt...

Ein besonders wachsames Auge, Ehrwürdige Brüder, werdet Ihr haben müssen, wenn religiöse Grundbegriffe ihres Wesensinhaltes beraubt und in einem profanen Sinne umgedeutet werden. Offenbarung im christlichen Sinn ist das Wort Gottes an die Menschen. Dieses gleiche Wort zu gebrauchen für die „Einflüsterungen" von Blut und Rasse, für die Ausstrahlungen der Geschichte eines Volkes, ist in jedem Fall verwirrend. Solch falsche Münze verdient nicht, in den Sprachschatz eines gläubigen Christen überzugehen... Demut im Geist des Evangeliums und Gebet um Gottes Gnadenhilfe sind mit Selbstachtung, Selbstvertrauen und heldischem Sinn wohl vereinbar. Die Kirche Christi, die zu allen Zeiten bis in die jüngste Gegenwart hinein mehr Bekenner und freiwillige Blutzeugen zählt als irgendwelche andere Gesinnungsgemeinschaft hat nicht nötig, von solcher Seite Belehrungen über Heldengesinnung und Heldenleistung entgegenzunehmen. In seinem seichten Gerede über christliche Demut als Selbstentwürdigung und unheldische Haltung spottet der widerliche Hochmut dieser Neuerer seiner selbst...

An den Geboten [des] ... Naturrechts kann jedes positive Recht, von welchem Gesetzgeber es auch kommen mag, auf seinen sittlichen Gehalt, damit auf seine sittliche Befehlsmacht und Gewissensverpflichtung nachgeprüft werden. Menschliche Gesetze, die mit dem Naturrecht in unlösbarem Widerspruch stehen, kranken an einem Geburtsfehler, den kein Zwangsmittel, keine äußere Machtentfaltung sanieren kann. Mit diesem Maßstab muß auch der Grundsatz: „Recht ist, was dem Volke nützt" gemessen werden. Zwar kann dem Satz ein rechter Sinn gegeben werden, wenn man unterstellt, daß sittlich Unerlaubtes nie dem wahren Wohle des Volkes zu dienen vermag. Indes hat schon das alte Heidentum erkannt, daß der Satz, um völlig richtig zu sein, eigentlich umgekehrt werden und lauten muß: „Nie ist etwas nützlich, wenn es nicht gleichzeitig sittlich gut ist. Und nicht weil nützlich, ist es sittlich gut, sondern weil sittlich gut, ist es auch nützlich" (Cicero, De officiis 3,30). Von dieser Sittenregel losgelöst, würde jener Grundsatz im zwischenstaatlichen Leben den ewigen Kriegszustand zwischen den verschiedenen Nationen bedeuten. Im innerstaatlichen Leben verkennt er, Nützlichkeits- und Rechtserwägungen miteinander verquickend, die grundlegende Tatsache, daß der Mensch als Persönlichkeit gottgegebene Rechte besitzt, die jedem auf ihre Leugnung, Aufhebung oder Brachlegung abzielenden Eingriff von seiten der Gemeinschaft entzogen bleiben müssen...

Aus: D. Albrecht (Bearb.): Der Notenwechsel zwischen dem Heiligen Stuhl und der deutschen Reichsregierung, Bd. I, Mainz 1965, S. 404–443, passim

Zum Text/ Problemfeld- beschreibung:	Helmut Gollwitzer hat am Bußtag, dem 16. November 1938, wenige Tage nach dem Synagogenbrand am 9./10. November in Berlin-Dahlem über den Text Lukas 3, 3-14 gepredigt und dabei in bemerkenswerter Weise auch auf die damaligen Ereignisse Bezug genommen. In den „nichtarischen" Familien der Gemeinde waren die männlichen Angehörigen verhaftet worden oder mußten sich verborgen halten. Auch wenn aus Vorsicht das Beim-Namen-Nennen nur indirekt geschah, so verstanden die Zuhörer durchaus, was gemeint war. Nach dem Dritten Reich wurde es allerdings Helmut Gollwitzer „zweifelhaft, ob dieses Beim-Namen-Nennen nicht gerade hätte geschehen müssen".
Stichworte:	Buße, Schuld, Humanität, Nächstenliebe, Taufe, Christus
Vorlesealter:	ab 15 Jahren

II/9

Bußtagspredigt von Helmut Gollwitzer nach dem Synagogenbrand 1938

Wo das Reich Gottes zu den Menschen kommt, da steht vor seiner Tür der Täufer Johannes und macht die Tür zur engen Pforte mit diesem fürchterlichen Ruf: „Ihr Otterngezüchte, wer hat denn euch gewiesen, daß ihr dem zukünftigen Zorn entrinnen werdet?" Das Wort Buße macht die Tür zur engen Pforte, das verachtetste und das wichtigste Wort in dieser unserer Zeit. Denn es ist eine unbußfertige Zeit und ihre Unbußfertigkeit ist das Geheimnis ihres Elends. Weil sie dies Wort nicht hören kann, darum zerbricht ihr immer mehr auch das, was zwischen den einzelnen Menschen das Nötigste ist: daß einer dem andern sein Recht geben kann, daß jeder seinen eigenen Irrtum und seine eigene Schuld eingestehen kann, daß er die Schuld nicht beim anderen, sondern bei sich selbst sucht, gegen den anderen milde und gegen sich selbst streng ist. Weil diese Notwendigkeiten von Mensch zu Mensch dann immer unmöglicher werden, wenn den Menschen der Maßstab Gottes unbekannt geworden ist, an dem wir alle gemessen werden, darum zerbricht alle wirkliche Gemeinschaft zwischen den Menschen und darum wollen sie nicht mehr sehen, daß ihre Fronten einander nicht wie schwarz und weiß gegenüberstehen. Wer Gott gegenüber seine Schuld nicht mehr eingestehen kann, der kann sie bald auch den Menschen gegenüber nicht mehr eingestehen. Da beginnt dann der Wahnsinn, der Verfolgungswahn, der den anderen verteufeln muß, um sich selbst zu vergöttern. Wo die Buße aufhört, ist es auch mit der Humanität zu Ende, da muß die Gemeinschaft zerbrechen, während man sie durch die beharrliche Selbstrechtfertigung und Selbstentschuldigung sichern will...

„Ihr Otterngezüchte!" – so wird hier ein ganzes Volk angeredet. Ein Volk, das nach allem, was wir von ihm wissen, unter keinen Umständen schlechter war als das unsere heute. Ein Volk, das in einem gerechten Selbstbehauptungskampf gegen fremde Unterdrücker stand und sich eifrig befleißigte, die göttlichen Gesetze zu vernehmen und zu befolgen. Würde der Täufer Johannes heute den gleichen Ruf erheben, so würde er wahrscheinlich als Landesverräter verschrien werden und sicher würde sich in der evangelischen Kirche eine Einheitsfront finden, die ihn als Volksschädling und als Schädling der Kirche verurteilt und die Beziehungen zu ihm abbricht. Vielleicht sind auch damals genug Stimmen laut geworden, die sich über ihn entrüsteten: Wie kann heute ein Mensch so daherreden wie vor vielen hundert Jahren der alte Jeremias: damals mag es recht gewesen sein, heute aber haben wir ein erneuertes Volk, was soll also heute diese alte Bußsprache! Es war eine besondere Gnade Gottes gegen das damalige Volk, daß Er dem Täufer Johannes nicht das Schicksal des Jeremias zuteil werden ließ. Das ganze Volk unterwarf sich damals seinem Ruf, ging zu ihm in die Wüste und ließ sich taufen. Lästig aber mag der Bußruf damals vielen gewesen sein, lästig ist er zu allen Zeiten dem Menschen, der auch das ernsteste Sündenbekenntnis und Gebet am Maßstab der nationalen Propaganda mißt. Wer meint, ein Christ zu sein und doch die Entrüstung über den Bußruf mitmachen zu können, dem muß man doch wenigstens klar sagen, daß er damit den Maßstab Gottes mit dem Maßstab der politischen Propaganda vertauscht hat, den Altar der Gerechtigkeit Gottes gegen den Altar der Gerechtigkeit der eigenen Nation...

Es ist aber doch nicht ganz verborgen. Genug Anzeichen sagen es uns, daß die Fronten sich nicht gegenüberstehen wie schuldig und unschuldig, wie schwarz und weiß, sondern daß wir mit verhaftet sind in die große Schuld, daß wir mit schamrot werden müssen und mit gemeinsamer Schande behaftet sind. Es steckt ja in uns allen; daß man erleben kann, wie biedere Menschen sich auf einmal in grausame Bestien verwandeln, ist ein Hinweis auf das, was mehr oder weniger verborgen in uns allen steckt. Wir sind auch alle daran beteiligt, der eine durch die Feigheit, der andere durch die Bequemlichkeit, die allem aus dem Wege geht, durch das Vorübergehen, das Schweigen, das Augenzumachen, durch die Trägheit des Herzens, die auf die Not erst dann aufmerksam wird, wenn sie offen zu sehen ist, durch die verfluchte Vorsicht, die sich durch jeden schiefen Blick und jeden drohenden Nachteil von jedem guten Werk abbringen läßt, durch die törichte Hoffnung, es werde sich schließlich doch alles noch von selbst zum Guten entwickeln, ohne daß man sich dafür mutig einsetzt. In alledem werden wir als mitschuldig offenbar, als Menschen, die ihr eigenes Leben und sich selbst lieb haben und die für Gott und den Nächsten gerade noch so viel Liebe übrig haben, als man ohne Mühe und Belästigung abgeben kann...

Dieser Nächste zeichnet sich durch nichts aus, was man sonst auf Erden braucht, um Hilfe zu bekommen; es ist nicht gesagt, daß er ihrer würdig ist; es ist nicht gesagt, daß zwischen ihm und dir sonst noch eine Verbindung besteht, eine Gemeinschaft der Rasse, des Volkes, der Interessen, des Standes, der Sympathie. Er kann nur das Eine aufweisen, und das eben macht ihn zum Nächsten: er hat nicht, was du hast. Du hast zwei Röcke, er hat keinen, – du hast etwas zu essen, er hat nichts mehr, – du hast Schutz, er ist schutzlos, – du hast Ehre, ihm ist sie genommen, – du hast Familie und Freundschaft, er ist vereinsamt, – du hast noch etwas Geld, er hat keines mehr, – du hast ein Dach überm Kopf, er ist obdachlos. Außerdem ist er dir noch ganz preisgegeben, deiner eigennützigen Gewinnsucht (erkenne dich heute im Beispiel der Zöllner!) und deinem Machtgefühl (erkenne dich heute im Beispiel des Soldaten!).

So entläßt uns der Täufer nach der Taufe, nach der Austilgung des göttlichen Ekels und Zorns wieder hinein in unser Leben als Menschen, an denen Gott wunderbarer Weise ein Wohlgefallen hat, und zeigt uns, wo Gott dort auf uns wartet: im armen Nächsten. Ganz praktisch sagt Er es uns: Halbiere, was du hast, und laß also den, der nichts hat, das Deinige ebenso genießen, wie du es tust. Johannes meint also, es müßte nun nicht so sein, daß das alte Spiel wieder von neuem anfängt, daß dieser Bußtag keinerlei Wert hat und daß der unfruchtbare Baum weiterhin unfruchtbar bleibt. Er meint, wenn Schmerz und Angst heute wirklich echt waren und Gottes Wort uns etwas gewiesen hat, dann könnte nun vieles anders werden. Wird es anders werden? Werden die biblischen Mahnungen, die heute so dringend und uns so nahe gerückt sind, mehr Kraft haben als bisher, diese so praktischen, so aufs Alltägliche und Unbequeme gehenden Mahnungen: Seid gastfrei ohne Murren! Segnet, die euch verfolgen! Seid nicht träge in dem, was ihr tun sollt! Tue deinen Mund auf für die Stummen und für die Sache aller, die verlassen sind!

Gott will Taten sehen. Er verdammt unsere Taten, wo wir meinen, mit ihrer Hilfe dem kommenden Zorn entrinnen zu können. Aber Er will Taten sehen, gute Werke gerade von denen, die mit Christi Hilfe entronnen sind. Sieht Er sie nicht, so könnte es freilich sein, daß Er mit ihnen alles wieder versinken läßt, was Er uns gegeben hat, daß dieser Bußtag sein letztes Angebot gewesen ist. Nun wartet draußen unser Nächster, notleidend, schutzlos, ehrlos, hungernd, gejagt und umgetrieben von der Angst um seine nackte Existenz, er wartet darauf, ob heute die christliche Gemeinde wirklich einen Bußtag begangen hat. Jesus Christus wartet darauf!

Aus: Helmut Gollwitzer: Zuspruch und Anspruch. Predigten. München 1954, S. 36 ff.

II/10 Zum Text/ Problemfeldbeschreibung: Die Überwachung und offene Reglementierung von kirchlichen Jugendorganisationen und -veranstaltungen durch den NS-Staat zeigt der Brief der Geheimen Staatspolizei an die Evang. Landesjugendstelle Stuttgart vom 1. April 1939.

Stichworte: Gestapo, Jugendlager, Bibelfreizeiten, Fahnen, Hitlerjugend, BDM, Reichsjugendführer

Vorlesealter: ab 13 Jahren

Brief der Gestapo an die Evang. Landesjugendstelle, Stuttgart

Geheime Staatspolizei Stuttgart S, den 1. April 1939
Staatspolizeileitstelle Stgt. Dorotheenstr. 2–4
Nr. II B 1 – 551/39

An die
Evang. Landesjugendstelle
Stuttgart

Betreff:
Bibeljugendlager und Freizeiten der Evang. Württ. Landeskirche

Zur Behebung der in letzter Zeit wiederholt aufgetretenen Zweifel bei der Durchführung von evang. Jugendlagern und Freizeiten, ersuche ich künftig nach folgenden Richtlinien zu verfahren:

1. Evang. Jugendlager und Freizeiten im Bereich der Württ. Ev. Landeskirche dürfen nur von dieser im Benehmen mit der Evang. Landesjugendstelle Stuttgart veranstaltet werden. Dies bedeutet, daß die Veranstaltungen nicht von einzelnen Kirchengemeinden durchgeführt werden dürfen, sondern die Organisation, Anmeldung usw. ausschließlich Angelegenheit der Evang. Landesjugendstelle sein muß, da erfahrungsgemäß nur so die Gewähr für eine gleichmäßige und ordnungsgemäße Durchführung gegeben ist. Die gesamte oder auch nur teilweise Übertragung dieser Befugnis an Unterorganisationen oder Einrichtungen der evang. Landeskirche ist nicht statthaft.

2. Als Lagerleiter und Betreuer der Freizeitteilnehmer(innen) kann nur ein bestimmter Personenkreis zugelassen werden. Es ist daher von der Evang. Landesjugendstelle eine Aufstellung derjenigen Personen, die als Lagerleiter in Frage kommen, umgehend hierher vorzulegen. Personen, die in dieser Liste nicht enthalten sind, dürfen weder als Leiter von Freizeiten noch als Gehilfen oder Betreuer verwendet werden.

3. Jugendlager und Freizeiten dürfen nur seelsorgerischen Charakter tragen und haben sich ausschließlich in religiösem Rahmen zu halten. Jede Betätigung außerhalb des Lagers, insbesondere politischer, sportlicher, gelände- oder volkssportlicher Art, sind verboten. Das geschlossene, öffentliche Zeigen und Führen von Fahnen, Bannern, Wimpeln usw. sowie das Unterhalten und Auftreten von Musik- und Spielmannszügen ist verboten. Desgleichen fallen unter dieses Verbot das Tragen von einheitlicher Kleidung und Abzeichen.

4. Als sportliche Betätigung im Rahmen der Veranstaltung ist lediglich Baden, sowie leichte Gymnastik (Frühgymnastik) ohne Gerät zulässig.

5. Die Dauer von Jugendlagerrn und Freizeiten darf 8 Tage nicht überschreiten, d. h. daß die Teilnehmer das Lager spätestens am 8. Tage nach Beginn, der Tag der Anfahrt miteingerechnet, wieder verlassen haben müssen.

6. Als anmeldepflichtige Veranstaltung im Sinne des Runderlasses ... vom 4. 8. 37 – S-PP (II B) 5307/37 gilt jedes Jugend- oder Freizeitlager, bei dem mindestens eine Übernachtung erforderlich wird. Hierunter fallen auch die sogenannten Wochenendrüstzeiten, Bibelrüsttreffen, Osterrüsttreffen usw.

7. Sämtliche Teilnehmer, die der HJ, dem BDM oder deren Untergliederungen angehören, haben bei Beginn der Veranstaltung im Besitze des mit Verfügung des Reichsjugendführers vom 18. 6. 37 angeordneten Urlaubsscheines zu sein. Dieser Urlaubsschein muß von dem zuständigen Bannführer (bzw. Jungbannführer, Untergauführerin, Jungmäeluntergauführerin) oder dessen Stellvertreter unter Benützung des hierfür besonders eingeführten einheitlichen Formblattes ausgestellt sein.

8. Die Veranstaltungen sind spätestens 4 Wochen (28 Tage) vor Beginn bei der Staatspolizeileitstelle Stuttgart anzumelden. Der Anmeldung ist die Teilnehmerliste in vierfacher und der Tagesplan in dreifacher Ausfertigung beizufügen. Aus der Teilnehmerliste muß außer den Personalien der einzelnen Teilnehmer (Name, Vorname, Geburtsort und -datum) die event. Zugehörigkeit zur HJ, dem BDM, deren Untergliederungen oder zu anderen Gliederungen der NSDAP ersichtlich sein. Die Anmeldung hat ferner zu enthalten:

a) die genaue Bezeichnung des für die Durchführung der Veranstaltung vorgesehenen Ortes,

b) die genaue Angabe des Zeitpunktes, d. h. Beginn und Beendigung der Veranstaltung,

c) die genauen Personalien des Lagerleiters (Leiterin) und die evtl. diesem beigegebenen Betreuer(innen) (Name, Geburtsort und -datum, Wohnort und Beruf),

d) die genaue Angabe des Veranstalters (z. B. Evang. Landesjugendstelle Stuttgart, Paulinenstr. 30 für den Bereich der Evang. Kirchengemeinde Esslingen).

Im Tagesplan jeder Veranstaltung ist das Programm der einzelnen Tage und Stunden ausführlich anzugeben. Dieses Programm ist genauestens einzuhalten. Abweichungen, die aus dringenden Gründen erforderlich sind, müssen, falls sie 8 Tage vor Beginn des Lagers bekannt werden, schriftlich und bei späterem Bekanntwerden fernmündlich hierher mitgeteilt werden.

9. An Jugendlagern und Freizeiten der Evang. Landesjugendstelle Stuttgart dürfen nur solche Jugendliche teilnehmen, deren Heimatbezirk (Wohnort) im Bereich der Evang. Württ. Landeskirche liegt. Personen im Alter von über 18 Jahren dürfen an den Veranstaltungen nur teilnehmen, soweit sie als Lagerleiter(innen) und Betreuer(innen) (Küchenpersonal usw.) erforderlich sind.

10. Jugendlager, Freizeiten usw. der Evang. Württ. Landeskirche dürfen nur in deren Bereich stattfinden. Die Durchführung derartiger Veranstaltungen außerhalb dieses Bereiches ist verboten.

Im Auftrag: (gez.) Unterschrift

Aus: M. Müller: Jugend in der Zerreißprobe, Stuttgart 1982, S. 158–160

Zum Text/ Problemfeldbeschreibung:	Ganz in lutherischer Tradition ruft die Schriftleitung des „Gemeinschaftsblatt(es) des evang. Vereins für innere Mission Augsburg. Bekenntnisses" nach dem Beginn des Polenkrieges die Leser des Blattes dazu auf, in der Stunde der Not treu zum Vaterland zu stehen. Dem Führer wird Friedenswille bescheinigt, die Schuld am Krieg tragen England und Polen. Erschreckend an diesem Dokument ist, wie gutgläubig die Verfasser auf die Kriegspropaganda der Nazis hereingefallen waren.	III/1
Stichworte:	Führer, England, Polen, Christenpflicht, Krieg, Frieden	
Vorlesealter:	ab 12 Jahren	

Krieg

„Nun befinden wir uns dennoch im Krieg! Die jahrelangen ernsthaftesten Bemühungen des Führers Adolf Hitler und die innig gehegte Hoffnung unseres ganzen Volkes auf Erhaltung des Friedens sind durch die hinterhältige Politik Englands und die wahnsinnigen Eroberungsgelüste Polens vereitelt worden. Wider unserem Willen mußten wir zum Schwert greifen. Doch geschieht nichts gegen Gottes Willen. Seit 1. September sprechen die Waffen, und unsere Heeresleitung kann die ersten Erfolge melden.

Für gläubige Menschen ist es selbstverständlich, daß sie allezeit treu zu ihrem Volk und seiner Führung stehen, in Kriegszeiten erst recht. Dennoch richten wir nachfolgendes Wort der Mahnung an unsere Brüder und Schwestern:

Ein jeder gedenke unentwegt seiner Vaterlands- und Christenpflicht und sei in Ausübung seines Berufs und in Erfüllung der durch die Kriegslage an ihn gestellten besonderen Anforderungen ein Vorbild. Nötig werdende Einschränkungen nehme jeder freudig auf sich und danke Gott von ganzem Herzen für alles Gute, das wir haben. Insbesondere wollen wir treu sein im Gebet und beim HErrn darum anhalten, daß Er uns gnädig sei, daß Er über unseren Führer Seine starke, bewahrende Hand ausgebreitet halte, daß er unserem Heer Tapferkeit und Sieg verleihe, die Familien, von denen Opfer verlangt werden, tröste, und daß Er diese Zeit der Kriegsnot unserem ganzen Volk zu innerem Segen gereichen lasse. Der HErr ist unsere Zuversicht; der Höchste ist unsere Zuflucht."

Aus: „Reich-Gottes-Bote". Gemeinschaftsblatt des evang. Vereins für innere Mission Augsburg. Bekenntnisses. 95. Jg./Nr. 37, 10. September 1939

III/2	Zum Text/ Problemfeldbeschreibung	In der gotteslästerlichen Kanzelabkündigung der Deutschen Evangelischen Kirche (DEK) wird die reiche Ernte auf den Feldern und die Ernte auf den Schlachtfeldern in einem Atemzug genannt. Hier wurde die offizielle Kriegspropaganda religiös untermauert. Die Repräsentanten der DEK wurden freilich von bewußten evangelischen Christen der Bekennenden Kirche schon längst nicht mehr ernst genommen.
	Stichworte:	Erntedankfest, Krieg, Polen, Vaterland, Führer, Frieden, Waffen, Soldaten
	Vorlesealter:	ab 13 Jahren

Kanzelabkündigung zum Erntedankfest 1939

In tiefer Demut und Dankbarkeit beugen wir uns am heutigen Erntedankfest vor der Güte und Freundlichkeit unseres Gottes: Wieder hat er Flur und Feld gesegnet, daß wir eine reiche Ernte in den Scheunen bergen durften; wieder hat er seine Verheißung an uns wahr gemacht, daß er uns Speise geben wird zu seiner Zeit.

Aber der Gott, der die Geschicke der Völker lenkt, hat unser deutsches Volk in diesem Jahr noch mit einer anderen, nicht weniger reichen Ernte gesegnet. Der Kampf auf den polnischen Schlachtfeldern ist, wie unsere Heeresberichte in diesen Tagen mit Stolz feststellen konnten, beendet, unsere deutschen Brüder und Schwestern in Polen sind von allen Schrecken und Bedrängnissen des Leibes und der Seele erlöst, die sie lange Jahre hindurch und besonders in den letzten Monaten ertragen mußten. Wie könnten wir Gott dafür genugsam danken!

Wir danken ihm, daß er unsern Waffen einen schnellen Sieg gegeben hat.

Wir danken ihm, daß uralter deutscher Boden zum Vaterland heimkehren durfte und unsere deutschen Brüder nunmehr frei und in ihrer Zunge Gott im Himmel Lieder singen können.

Wir danken ihm, daß jahrzehntealtes Unrecht durch das Geschenk seiner Gnade zerbrochen und die Bahn freigemacht ist für eine neue Ordnung der Völker, für einen Frieden der Ehre und Gerechtigkeit.

Und mit dem Dank gegen Gott verbinden wir den Dank gegen alle, die in wenigen Wochen eine solche gewaltige Wende heraufgeführt haben: gegen den Führer und seine Generäle, gegen unsere tapferen Soldaten auf dem Lande, zu Wasser und in der Luft, die freudig ihr Leben für das Vaterland eingesetzt haben.

Wir loben dich droben, Du Lenker der Schlachten, und flehen, mögst stehen uns fernerhin bei.

Der Leiter
der Deutschen Evangelischen Kirchenkanzlei
Dr. Werner

Der Geistliche Vertrauensrat
der Deutschen Evangelischen Kirche
D. Marahrens   Schultz   D. Hymmen

Aus: J. Beckmann (Hg.): Kirchliches Jahrbuch 1933–1944, Gütersloh 1948, S. 454f.

III/3	Zum Text/ Problemfeldbeschreibung:	Dr. Lothar Kreyssig war aktives Mitglied der Bekennenden Kirche. Als Vormundschaftsrichter hörte er schon früh von den Morden an den Kranken. Trotz seines klaren Protests war er keinen ernsthaften Repressalien ausgesetzt, sieht man davon ab, daß er 1942 nach einem langwierigen Dienstverfahren in den Ruhestand versetzt wurde.
	Stichworte:	Euthanasie, Heil- und Pflegeanstalten, SS, Geisteskranke, Gewissen, Kriegsgefangene, Konzentrationslager, Recht, „lebensunwertes Leben"
	Vorlesealter:	ab 14 Jahren

Ein Richter fragt den Minister

An den
Herrn Minister der Justiz   Brandenburg/Havel, 8. Juli 1940
Berlin

Als Vormundschaftsrichter in Brandenburg/Havel berichte ich folgendes:

Vor etwa zwei Wochen wurde mir von einem Bekannten berichtet, es werde erzählt, daß neuerdings zahlreiche geisteskranke Insassen von Heil- und Pflegeanstalten durch die SS nach Süddeutschland gebracht und dort in einer Anstalt vom Leben zum Tode gebracht würden. Im Ablauf von etwa zwei Monaten bis heute habe ich mehrere Aktenstücke vorgelegt bekommen, in welchen Vormünder und Pfleger von Geisteskranken berichten, daß sie von einer Anstalt in Hartheim/Oberdonau die Nachricht erhalten hätten, ihr Pflegling sei dort verstorben. Die verwahrende Anstalt habe von „einem Kriegskommissar" oder vom „Kriegsminister" die Anweisung erhalten, den Kranken zur Verlegung in eine andere Anstalt herauszugeben, den Angehörigen aber nichts mitzuteilen. Diese würden von der aufnehmenden Anstalt benachrichtigt werden. Hierin stimmen fast alle Berichte überein. In der Angabe des Leidens, dem der Kranke in Hartheim erlegen sei, weichen sie voneinander durchaus ab. Auch ist der Inhalt der an die Angehörigen oder gesetzlichen Vertreter gegebenen Nachrichten verschieden ausführlich. Alle stimmen dagegen wieder in der Bemerkung überein, daß wegen der im Kriege herrschenden Seuchengefahr der Verstorbene sofort habe eingeäschert werden müssen. In einem Falle handelt es sich um einen wegen Geistesschwäche entmündigten Querulanten, der mehrfach bestraft war. In einem anderen Falle war der

Kranke auf Kosten von Verwandten untergebracht. Hier hat der Bruder des Verstorbenen das ihm gesandte Schreiben beigefügt. Es enthält den Satz, daß es aller ärztlichen Kunst nicht gelungen sei, den Kranken am Leben zu erhalten.

Nach anderen Akten sind Anzeichen vorhanden, daß auf ähnliche Weise Kranke auch in sonstige Anstalten verbracht und dort gestorben sind.

Es ist mir kaum mehr zweifelhaft, daß die schubweise aus den Unterbringungsorten abtransportierten Kranken in der genannten Anstalt getötet worden sind. Trifft es zu, so ist zu vermuten, daß es weiterhin geschieht. Ich möchte auch nicht durch eigene Erörterungen vorgreifen. Ich berichte daher, obwohl ich bisher nur Beweisanzeichen habe.

Ich setze im folgenden voraus, daß meine Vermutung zutrifft, d. h., daß man gewisse in Anstaltspflege befindliche Geisteskranke ohne Wissen der Angehörigen, der gesetzlichen Vertreter und der Vormundschaftsgerichte, ohne die Gewähr eines geordneten Rechtsganges und ohne gesetzliche Grundlage zu Tode bringt.

Ich weiß, daß es eine große Anzahl Wesen gibt, die nur noch der äußeren Erscheinlichkeit nach etwas Menschliches haben, im übrigen aber von Geburt an oder durch spätere Zerstörung ihrer geistigen Fähigkeiten ein fast tierhaftes Dasein führen, nach aller menschlichen und ärztlichen Erfahrung nie geheilt werden, in Anstalten versorgt werden müssen, wertvolle Menschenkräfte in großer Zahl nutzlos beanspruchen und dem Volk ungeheure Summen kosten. Die Frage nach dem Sinn solchen Lebens rührt an die tiefsten Daseinsfragen überhaupt. Sie führt unmittelbar auf die Frage nach Gott. So ist auch meine Stellung zu ihr und – denke ich – vieler anderer Deutscher und deutscher Richter durch meinen christlichen Glauben bestimmt. Von dort her ist die „Vernichtung lebensunwerten Lebens" überhaupt ein schwerer Gewissensanstoß. Leben ist ein Geheimnis Gottes. Sein Sinn ist weder im Blick auf das Einzelwesen noch in dessen Bezogenheit auf die völkische Gemeinschaft zu begreifen. Wahr und weiterhelfend ist nur, was Gott uns darüber sagt. Es ist darum eine ungeheuerliche Empörung und Anmaßung des Menschen, Leben beenden zu dürfen, weil er mit seiner beschränkten Vernunft es nicht oder nicht mehr als sinnvoll begreift. Ebenso wie das Vorhandensein solchen hinfälligen Lebens ist es eine von Gott gegebene Tatsache, daß es allewege genug Menschen gegeben hat, die fähig waren, solches Leben zu lieben und zu betreuen, wie denn rechte Liebe ihre Größe und den Abglanz ihrer göttlichen Herkunft gerade dort hat, wo sie nicht nach Sinn und Wert fragt. Es ist vermessen, zu beurteilen oder sich darüber hinwegzusetzen, was wohl „lebensunwertes Leben" für die ewige Bestimmung der Menschen bedeutet, die damit nach den Ordnungen Gottes als Eltern oder Angehörige oder Ärzte oder Berufspfleger verbunden sind.

Ich weiß ferner, daß trotzdem mit einer Denkweise gerechnet werden muß, welche das Problem als sittliches oder rechtliches ohne Rücksicht auf die Glaubensfrage beurteilen will. Auch sie muß den Maßnahmen aus Gewissensgründen widersprechen, weil die Rechtsgewähr fehlt. Man lese nach, was etwa Binding zusammen mit Hoche in der Schrift „Die Vernichtung des lebensunwerten Lebens" über die Notwendigkeit verfahrensmäßiger Rechtsgarantien meint. Zur Zeit ist nicht bekannt, welches die Voraussetzungen für den Todesentscheid sind. Sicher ist nur, daß hier bei grundsätzlicher Bejahung der rechtlichen und sittlichen Möglichkeit die Hauptschwierigkeit liegt. Was ist normal? Was ist heilbar? Was ist diagnostisch mit Sicherheit feststellbar? Was ist im Blick auf den unnützen Aufwand für die Gemeinschaft noch tragbar? Wer es zu wissen glaubt, der wüßte noch nicht, was der andere darüber meint. Im rechtsgeordneten Verfahren würde es dabei helfen, daß der betroffene Angehörige einen begründeten Antrag zugestellt bekäme. Er würde weiter dazu gehört werden. Es müßte ein Gutachten vorliegen, zu dem er Stellung nehmen könnte. Er würde einen Spruch bekommen, aus dessen Gründen ihn das Verantwortungsbewußtsein der Entscheidenden anspräche. Er würde ein Rechtsmittel dagegen haben, um alles vorbringen und durch ein neues Gutachten unterstreichen zu können, was etwa jetzt noch verkannt sein könnte. Und möchte die letzte Entscheidung für ihn nicht minder schwer zu tragen und sogar gewissensanstößlich sein, so würde sich doch alles damit verbinden, was am Rechtsfrieden versöhnlich ist.

Alles das fehlt jetzt. Wer jetzt das Unglück hat, einen nahen Angehörigen in eine Anstalt für Geisteskranke einliefern zu müssen, wird in eine kaum begreifliche Herzensnot gebracht. Er, der von Rechtskunde und Psychiatrie unberührte, einfache Volksgenosse, weiß gar nichts von den Gesichtspunkten, nach welchen sein Angehöriger für die Beseitigung u. U. gar nicht in Betracht kommt. Er weiß nur, daß man über die Urne verfüge. Noch schlimmer muß der Seelenzustand unter den Anstaltsinsassen sich gestalten. Insbesondere ist m. E. gar nicht abzusehen, welch ungeheuerliche Folgen der dadurch geschaffene seelische Druck für die Kranken haben muß, die nur wenig gestört, aber natürlich psychisch oder nervös oder geistig besonders anfällig sind. Russische Emigranten berichten ergreifend über die Seelenlage von Gefangenen in Kerkern, wo täglich um dieselbe Stunde der Henker eine Anzahl Gefangene aufruft, die ihm folgen müssen, um erschossen zu werden. Nicht ob es geschieht, ist entscheidend und macht den unbeschreiblichen seelischen Druck aus – die Entscheidung zum Tode kann im Gegenteil fast befreiend empfunden werden, weil es wenigstens Entscheidung ist –, sondern daß es möglich und unberechenbar, weil in einem Zustand von Rechtlosigkeit dem Gutdünken und der Willkür anheimgegeben ist. Das darf man bedenken, wenn man sich die Lage von Anstaltsinsassen – aber auch ihrer Angehörigen – vorstellen will.

Die Anstalt Hartheim nennt in jedem Bericht eine natürliche Todesursache, in dem einen Fall mit dem Zusatz, daß alle ärztliche Kunst nicht vermocht habe, den Kranken am Leben zu erhalten. Jeder aber weiß wie ich, daß die Tötung Geisteskranker demnächst als eine alltägliche Wirklichkeit ebenso bekannt sein wird, wie etwa die Existenz der Konzentrationslager. Das kann gar nicht anders sein.

Recht ist, was dem Volke nützt. Im Namen dieser furchtbaren, von allen Hütern des Rechtes in Deutschland noch immer unwidersprochenen Lehre sind ganze Gebiete des Gemeinschaftslebens vom Rechte ausgenommen, z. B. die Konzentrationslager, vollkommen nun auch die Heil- und Pflegeanstalten. Was beides in der Wirkung aufeinander bedeutet, wird man abwarten müssen. Denn der Gedanke drängt sich auf, ob es denn gerecht sei, die in ihrem Irrsinn unschuldigen Volksschädlinge zu Tode zu bringen, die hartnäckig-boshaften aber mit großen Kosten zu verwahren und zu füttern.

Das bürgerliche Recht besagt nichts darüber, daß es der Genehmigung des Vormundschaftsrichters bedürfe, wenn einer unter Vormundschaft oder Pflegschaft und damit unter seiner richterlichen Obhut stehender Geisteskranker ohne Gesetz und Rechtsspruch vom Leben zum Tode gebracht werden solle. Trotzdem glaube ich, daß „der Obervormund", wie die volksverbundene Sprechweise den Vormundschaftsrichter nennt, unzweifelhaft die richterliche Pflicht hat, für das Recht einzutreten. Das will ich tun. Mir scheint auch, daß mir das niemand abnehmen kann. Zuvor ist es aber meine Pflicht, mir Aufklärung und Rat bei meiner vorgesetzten Dienstbehörde zu holen. Darum bitte ich.

gez. Kreyssig, Amtsgerichtsrat

Aus: „Die Innere Mission", Jg. 37/1947, S. 40–43

III/4	Zum Text/ Problemfeld- beschreibung:	Nach der Eroberung Polens wurde aus den Regierungsbezirken Hohensalza, Litzmannstadt und Posen der neue Reichsgau Wartheland gegründet. Dieser Gau war als Modellgau für das ganze Reichsgebiet geplant. Die Regelungen für die Kirchen, die allerdings in dieser Form nicht in die Tat umgesetzt werden konnten, hatten das Ziel, den Einfluß der Kirchen zu beseitigen. Voraussetzung hierfür war die strikte Trennung von Kirche und Staat; den Kirchen sollte der Rechtstitel „Körperschaft des öffentlichen Rechts" aberkannt werden. Ihr Status sollte der von privaten regional beschränkten Vereinen sein, die leicht beherrschbar und gegebenenfalls auch auflösbar waren.
	Stichworte:	Kirche, Staat, Landeskirche, Volkskirche, Polen, Klöster, NSV, Warthegau
	Vorlesealter:	ab 14 Jahren

Trennung von Kirche und Staat im Warthegau

1. Es gibt keine Kirchen mehr im staatlichen Sinne, sondern es gibt nur noch religiöse Kirchengesellschaften im Sinne von Vereinen.

2. Die Leitung liegt nicht in Händen von Behörden, sondern von Vereinsvorständen.

3. Aus diesem Grunde gibt es auf diesem Gebiet keine Gesetze, Verfügungen und Erlasse mehr.

4. Es bestehen keine Beziehungen mehr zu Gruppen außerhalb des Gaues, auch keine rechtliche, finanzielle oder dienstliche Bindung an die Reichskirche.

5. Mitglieder können nur Volljährige durch eine schriftliche Beitrittserklärung werden. Sie werden also nicht hineingeboren, sondern müssen erst bei Volljährigkeit ihren Beitritt erklären. Es gibt keine Landes-, Volks- oder Territorialkirchen. Wer vom Altreich in den Warthegau zieht, muß sich auch erst schriftlich neu eintragen lassen.

6. Alle konfessionellen Untergruppen, Nebenorganisationen (Jugendgruppen) sind aufgehoben und verboten.

7. Deutsche und Polen dürfen nicht mehr zusammen in einer Kirche sein (Nationalitätsprinzip). Dies tritt für den Nationalsozialismus zum ersten Male in Kraft.

8. In den Schulen darf kein Konfirmandenunterricht abgehalten werden.

9. Es dürfen außer dem Vereinsbeitrag keine finanziellen Zuschüsse geleistet werden.

10. Die Vereine dürfen kein Eigentum wie Gebäude, Häuser, Felder, Friedhöfe außer den Kulträumen besitzen.

11. Alle Stifte und Klöster werden aufgelöst, da diese der deutschen Sittlichkeit und der Bevölkerungspolitik nicht entsprechen.

12. Die Vereine dürfen sich nicht in der Wohlfahrtspflege betätigen, dies steht einzig und allein der NSV zu.

13. In den Vereinen dürfen sich die Geistlichen nur aus dem Warthegau betätigen. Dieselben sind nicht hauptamtlich Geistliche, sondern müssen einen Beruf haben.

Aus: J. Beckmann (Hg.): Kirchliches Jahrbuch 1933–1944, Gütersloh 1948, S. 434f.

III/5	Zum Text/ Problemfeld- beschreibung:	Martin Bormann, ein ausgesprochener Rassist und Kirchenfeind, konstatierte in seinem Rundschreiben hellsichtig die Unvereinbarkeit von Nationalsozialismus und christlichem Glauben. Er sah hier sicher viel tiefer als viele Menschen in der Partei, aber auch in den Kirchen, die teilweise bis zum Ende an die Vereinbarkeit von Nationalsozialismus und Christentum glaubten. Doch Hitler hielt es während der Zeit des Krieges, wie schon am Anfang des Dritten Reiches, für wenig opportun, solche Wahrheiten zu verbreiten. Bormann mußte sein Rundschreiben zurückziehen.
	Stichworte:	Nationalsozialismus, Christentum, Gottgläubigkeit, Naturgesetze, Konfessionen, Staat, Kirche, Partei
	Vorlesealter:	ab 14 Jahren

Geheimes Rundschreiben des Leiters der Parteikanzlei Martin Bormann vom 9. Juni 1941 an alle Gauleiter der NSDAP

Nationalsozialistische und christliche Auffassungen sind unvereinbar. Die christlichen Kirchen bauen auf der Unwissenheit der Menschen auf und sind bemüht, die Unwissenheit möglichst weiter Teile der Bevölkerung zu erhalten, denn nur so können die christlichen Kirchen ihre Macht bewahren. Demgegenüber beruht der Nationalsozialismus auf *wissenschaftlichen* Fundamenten. Das Christentum hat unveränderliche Grundsätze, die vor fast 2000 Jahren gesetzt und immer mehr zu wirklichkeitsfremden Dogmen erstarrt sind. Der Nationalsozialismus dagegen muß, wenn er seine Aufgabe auch weiterhin erfüllen soll, *stets nach den neuesten Erkenntnissen der wissenschaftlichen Forschungen ausgerichtet werden...*

Wenn wir Nationalsozialisten von einer Gottgläubigkeit sprechen, dann verstehen wir unter Gott nicht, wie die naiven Christen und ihre geistlichen Nutznießer, ein menschenähnliches Wesen, das irgendwo in der Sphäre herumsitzt. Wir müssen vielmehr den Menschen die Augen öffnen, daß es neben unserer kleinen, im großen Weltall höchst unbedeutenden Erde noch eine unvorstellbar große Zahl weiterer Körper im Weltall gibt, noch unzählige Körper, die wie die Sonne von Planeten und diese wieder von kleineren Körpern, den Monden, umgeben werden. Die naturgesetzliche Kraft, mit der sich alle diese unzähligen Planeten im Weltall bewegen, nennen wir die Allmacht oder Gott. Die Behauptung, diese Weltkraft könne sich um das Schicksal jedes einzelnen Wesens, jeder kleinsten Erdenbazille kümmern, könne durch sogenannte Gebete oder andere erstaunliche Dinge beeinflußt werden, beruht auf einer gehörigen Dosis Naivität oder aber auf einer geschäftigen Unverschämtheit.

Demgegenüber stellen wir Nationalsozialisten uns die Forderung, möglichst natürlich, d. h. lebensgesetzlich zu leben. Je genauer wir die Gesetze der Natur und des Lebens erkennen und beachten, je mehr wir uns an sie halten, desto mehr entsprechen wir dem Willen der Allmacht. Je mehr wir den Willen der Allmacht einsehen, desto größer werden unsere Erfolge sein.

Aus der Unvereinbarkeit nationalsozialistischer und christlicher Auffassung folgt, daß eine Stärkung bestehender und jede Förderung neu entstehender christlicher Konfessionen von uns abzulehnen ist. Ein Unterschied zwischen den verschiedenen christlichen Konfessionen ist hier nicht zu machen. Aus diesem Grund ist daher auch der Gedanke auf Errichtung einer evangelischen Reichskirche unter Zusammenschluß der verschiedenen evangelischen Kirchen endgültig aufgegeben worden, weil die evangelische Kirche uns genauso feindlich gegenübersteht wie die katholische Kirche. Jede Stärkung der evangelischen Kirche würde sich lediglich gegen uns auswirken...

In früheren Generationen lag die Volksführung ausschließlich in den Händen der Kirche. Der Staat beschränkte sich darauf, Gesetze und Verordnungen zu erlassen und vor allem zu verwalten. Die eigentliche Volksführung aber lag nicht beim Staat, sondern bei den Kirchen. Diese übten über den Pfarrer stärksten Einfluß auf das Leben des einzelnen Menschen, der Familien und auf die Gesamtheit aus. Alles, was den Kirchen nicht paßte, wurde mit beispielloser Rücksichtslosigkeit unterdrückt.

Niemals aber darf den Kirchen wieder ein Einfluß auf die Volksführung eingeräumt werden.

Dieser muß restlos und endgültig gebrochen werden. Nur die Reichsführung und in ihrem Auftrag die Partei, ihre Gliederungen und angeschlossenen Verbände haben ein Recht zur Volksführung.

Ebenso wie die schädlichen Einflüsse der Astrologen, Wahrsager und sonstigen Schwindler ausgeschaltet und durch den Staat unterdrückt werden, muß auch die Einflußmöglichkeit der Kirche restlos beseitigt werden. Erst wenn dieses geschehen ist, hat die Staatsführung den vollen Einfluß auf die einzelnen Volksgenossen. Erst dann sind Volk und Reich für alle Zukunft in ihrem Bestande gesichert.

Wir würden die Fehler, die in den vergangenen Jahrhunderten dem Reich zum Verhängnis wurden, wiederholen, wenn wir nach dem Erkennen der weltanschaulichen Gegnerschaft der christlichen Konfessionen, jetzt noch irgendwie zur Stärkung einer der verschiedenen Kirchen beitragen würden. Das Interesse des Reiches liegt nicht in der Überwindung, sondern in der Erhaltung und Verstärkung des kirchlichen Partikularismus.

Heil Hitler
gez. M. Bormann

Aus: J. Beckmann (Hg.): Kirchliches Jahrbuch 1933–1944, Gütersloh 1948, S. 450 ff.

III/6	Zum Text/ Problemfeldbeschreibung:	In Dietrich Bonhoeffers „Ethik" (1940/41) findet sich im Rückblick auf das Verhalten der Kirche zum Nationalsozialismus ein sehr konkretes Schuldbekenntnis im Namen der Kirche: Die Kirche hat ihr „Wächteramt und ihr Trostamt" im Blick auf Unrechtstaten des NS-Staates zu oft verleugnet. Sie war „stumm, wo sie hätte schreien müssen", sie hat ihre Stimme für die unschuldig Leidenden nicht erhoben. Die Schuld der Kirche besteht darin, daß sie „Sicherheit, Ruhe, Friede, Besitz, Ehre" begehrt und die „Beraubung und Ausbeutung der Armen" stumm mit angesehen hat.
	Stichworte:	Christus, Barmherzigkeit, Gottlosigkeit, Unrecht, Gewalt, Schuld, Haß, Mord
	Vorlesealter:	ab 14 Jahren

Schuldbekenntnis der Kirche

Die Kirche bekennt, ihre Verkündigung von dem einen Gott, der sich in Jesus Christus für alle Zeiten offenbart hat und der keine anderen Götter neben sich leidet, nicht offen und deutlich genug ausgerichtet zu haben. Sie bekennt ihre Furchtsamkeit, ihr Abweichen, ihre gefährlichen Zugeständnisse. Sie hat ihr Wächteramt und ihr Trostamt oftmals verleugnet. Sie hat dadurch den Ausgestoßenen und Verachteten die schuldige Barmherzigkeit oftmals verweigert. Sie war stumm, wo sie hätte schreien müssen, weil das Blut der Unschuldigen zum Himmel schrie. Sie hat das rechte Wort in rechter Weise zu rechter Zeit nicht gefunden. Sie hat dem Abfall des Glaubens nicht bis aufs Blut widerstanden und hat die Gottlosigkeit der Massen verschuldet.

Die Kirche bekennt, den Namen Jesu Christi mißbraucht zu haben, indem sie sich seiner vor der Welt geschämt hat und Mißbrauch dieses Namens zu bösem Zweck nicht kräftig genug gewehrt hat: Sie hat es mit angesehen, daß unter dem Deckmantel des Namens Christi Gewalttat und Unrecht geschah. Sie hat aber auch die offene Verhöhnung des heiligsten Namens ohne Widerspruch gelassen und ihr damit Vorschub geleistet. Sie erkennt, daß Gott den nicht ungestraft lassen wird, der so wie sie seinen Namen mißbraucht...

Die Kirche bekennt, die willkürliche Anwendung brutaler Gewalt, das leibliche und seelische Leiden unzähliger Unschuldiger, Unterdrückung, Haß und Mord gesehen zu haben, ohne ihre Stimme für sie zu erheben, ohne Wege gefunden zu haben, ihnen zu Hilfe zu eilen. Sie ist schuldig geworden am Leben der schwächsten und wehrlosesten Brüder Jesu Christi...

Die Kirche bekennt, Beraubung und Ausbeutung der Armen, Bereicherung und Korruption der Starken stumm mit angesehen zu haben.

Die Kirche bekennt, schuldig geworden zu sein an den Unzähligen, deren Leben durch Verleumdung, Denunziation, Ehrabschneidung vernichtet worden ist. Sie hat den Verleumder nicht seines Unrechtes überführt und hat so den Verleumdeten seinem Geschick überlassen.

Die Kirche bekennt, begehrt zu haben nach Sicherheit, Ruhe, Friede, Besitz, Ehre, auf die sie keinen Anspruch hatte, und so die Begierden der Menschen nicht gezügelt, sondern gefördert zu haben.

Aus: M. Greschat (Hg.): Die Schuld der Kirche, München 1982, S. 22f.

III/7	Zum Text/ Problemfeldbeschreibung:	Der Münsteraner Bischof von Galen war der einzige Bischof in Deutschland, der öffentlich in Predigten den Mord an den Kranken, den die Nazis schönfärberisch als Euthanasie bezeichneten, anprangerte. Hitler und die NSDAP-Größen wären gerne gegen von Galen vorgegangen, wagten dies freilich wegen der großen Popularität des Bischofs nicht.
	Stichworte:	Euthanasie, Mord, Soldaten, „lebensunwertes" Leben, Krankheit
	Vorlesealter:	ab 14 Jahren

Aus einer Predigt des Bischofs von Galen (3. 8. 1941)

„...Hier handelt es sich um Menschen, unsere Mitmenschen, unsere Brüder und Schwestern! Arme Menschen, kranke Menschen, unproduktive Menschen meinetwegen! Aber haben sie damit das Recht auf das Leben verwirkt? Hast du, habe ich nur so lange das Recht zu leben, solange wir produktiv sind, solange wir von anderen als produktiv anerkannt werden?
Wenn man den Grundsatz aufstellt und anwendet, daß man den „unproduktiven" Menschen töten darf, dann wehe uns allen, wenn wir alt und altersschwach werden! Wenn man die unproduktiven Menschen töten darf, dann wehe den Invaliden, die im Produktionsprozeß ihre Kraft, ihre gesunden Knochen eingesetzt, geopfert und eingebüßt haben! ...dann wehe unseren braven Soldaten, die als Schwerkriegsverletzte, als Krüppel, als Invaliden in die Heimat zurückkehren! Wenn einmal zugegeben wird, daß Menschen das Recht haben, „unproduktive" Mitmenschen zu töten..., dann ist *grundsätzlich* der *Mord* an allen unproduktiven Menschen... freigegeben. Dann braucht nur irgendein Geheimerlaß anzuordnen, daß das bei Geisteskranken erprobte Verfahren auch auf andere „Unproduktive" auszudehnen ist, daß es auch bei den unheilbar Lungenkranken, bei den Altersschwachen, bei den Arbeitsinvaliden, bei den schwerkriegsverletzten Soldaten anzuwenden sei. Dann ist keiner von uns seines Lebens mehr sicher. Irgendeine Kommission kann ihn auf die Liste der „Unproduktiven" setzen, die nach ihrem Urteil „lebensunwert" geworden sind. Und keine Polizei wird ihn schützen und kein Gericht wird seine Ermordung ahnden und den Mörder der verdienten Strafe übergeben!..."

Aus: P. Löffler (Bearb.): Bischof Clemens August Graf von Galen, Bd. II: 1939–1946, Mainz 1988, S. 878

Zum Text/ Problemfeldbeschreibung:	Hitler verbot nach Kriegsbeginn Aktionen gegen die Kirchen, um die seelischen Kräfte des Volkes für den Krieg zu mobilisieren. In dieser Situation blieb der Gestapo nur noch die Aufgabe, alles „Hetzerische" zu sammeln, damit es später, nach dem „Endsieg", bei der Abrechnung mit den Kirchen gegen diese verwendet werden konnte.	III/8
Stichworte:	Hochverrat, Hirtenbriefe, Partei, kirchliche Organisationen, Anthroposophie	
Vorlesealter:	ab 14 Jahren	

Die Aufgabe des Reichssicherheitshauptamtes in bezug auf die Kirchen.
(Auszug aus einem Schreiben an die Gestapo-Leitstellen vom 24. Oktober 1941)

...Das Hauptgewicht der Kirchenbearbeitung ist in nächster Zeit auf die nachrichtendienstliche Tätigkeit und auf die Materialsammlung zu legen. Über das gesamte hochverräterische Treiben der Kirchen in der Gegenwart muß eine lückenlose Materialsammlung mit den entsprechenden Originaldokumenten zur Verfügung stehen. Fotokopien der hetzerischen Hirtenbriefe, der Originaltexte der Hetzpredigten, protokollarisch festgelegte ketzerische Äußerungen, Bilddokumente, Fotokopien von Flugschriften usw. sind sorgfältigst zu sammeln.

Unser Nachrichtenapparat innerhalb der kirchlichen Kreise ist mit größter Intensität aufzubauen. Von besonderer Wichtigkeit ist dabei auch die Feststellung der Querverbindungen von den kirchlichen Kreisen zu Staats- und Parteistellen. Der Beobachtung bereits illegal gewordener konfessioneller Kreise, der Tätigkeit von Mitgliedern aufgelöster konfessioneller Organisationen, okkulter und anthroposophischer Kreise usw. ist größter Aufmerksamkeit zu widmen.

Der eigenen weltanschaulichen Vertiefung und Ausrichtung der Sachbearbeiter und ihrer Familienangehörigen ist ganz besonders Augenmerk zu schenken.

Da in früheren Jahren ab und zu solche Erlasse durch Unachtsamkeit und Verrat in die Hände kirchlicher Kreise gelangten, mache ich die Empfänger dieses Erlasses persönlich haftbar.

gez. Heydrich

Aus: Bundesarchiv Koblenz, R 58/266

III/9	Zum Text/ Problemfeldbeschreibung:	Adolf Hitler ließ in der Zeit des Krieges seine Tischgespräche aufzeichnen, um sie für die Nachwelt zu erhalten. Mehrfach äußerte er sich über die Kirchen. Das vorliegende Tischgespräch zeigt Hitlers tiefe Verachtung für die Kirchen, aber auch seine insgeheime Angst vor ihrem Einfluß „Erst dann..."
	Stichworte:	Hitler, Krieg, Glaubenssätze, „Pfaffen", Jugend
	Vorlesealter:	ab 12 Jahren

Aus Hitlers Tischgesprächen

Berlin, den 13. 12. 1941, mittags
(Gäste: Reichsminister v. Ribbentrop,
Rosenberg, Dr. Goebbels,
Reichskommissar Terboven,
Reichsleiter Bouhler)
H/Fu.

Der Chef sprach sich dem Sinne nach u. a. in folgenden Gedankengängen aus:

Der Krieg wird sein Ende nehmen und ich werde meine letzte Lebensaufgabe darin sehen, das Kirchenproblem noch zu klären. Erst dann wird die deutsche Nation ganz gesichert sein. Ich kümmere mich nicht um Glaubenssätze, aber ich dulde nicht, daß ein Pfaffe sich um irdische Sachen kümmert. Die organisierte Lüge muß derart gebrochen werden, daß der Staat absoluter Herr ist.

In meiner Jugend stand ich auf dem Standpunkt: Dynamit! Heute sehe ich ein, man kann das nicht über das Knie brechen. Es muß abfaulen wie ein brandiges Glied. So weit müßte man es bringen, daß auf der Kanzel nur lauter Deppen stehen und vor ihnen nur alte Weiblein sitzen. Die gesunde Jugend ist bei uns.

Aus: E. Röhm/J. Thierfelder: Evangelische Kirche zwischen Kreuz und Hakenkreuz, Stuttgart
⁴1990, S. 114

Zum Text/ Problemfeldbeschreibung:	Ein junger Soldat macht am Heiligen Abend zwei russische Angriffe mit Granaten zunichte. Angesichts des von ihm ausgelösten Sterbens fragt er nach der Bedeutung der christlichen Gnade.
Stichworte:	Krieg, Soldaten, Weihnachten, Heiliger Abend, Rache, Vergeltung, Tod, Gnade, Theodizee
Vorlesealter:	ab 12 Jahren

III/10

Granaten an Weihnachten

„...Am 24. Dezember frühmorgens habe ich zwei russische Angriffe zusammengehauen, als vorgeschobener Beobachter habe ich mit meiner Batterie Granate um Granate in die schwarzen Massen der feindlichen Infanterie reingesetzt, daß die eigene Infanterie bloß noch jubelte und den Rest mit dem MG machte. Die Schlacht war zu Ende, der Rauch hatte sich verzogen, aber über dem Angriffsfeld stand das Jammern und Schreien der Verwundeten und Sterbenden der in den Tod gehetzten Russen, bis es allmählich verebbte und verröchelte. Und abends haben wir dann das dritte Weihnachten im Feld gefeiert, weil der Kalender so weit war. Aber ich frage Dich: Was sollen wir mit dem Monatsspruch des Dezember tun? (‚Von seiner Fülle haben wir alle genommen Gnade um Gnade' – d. Vf.) Was fangen wir mit Liebe und Gnade an? Vielleicht war es Gnade (wir sagen Soldatenglück), daß der Volltreffer in meinem B-Stand mich nicht traf, da ich mich zufällig eine Minute vorher entfernt hatte? Aber die anderen? Es stimmt im Krieg vieles nicht mehr, was im Frieden selbstverständlich war.

Ich kenne alle Antworten auf diese Fragen, deshalb lasse sie bitte theoretische Fragen sein."

Aus: M. Müller, Jugend in der Zerreißprobe, Stuttgart 1982, S. 103f.

III/11	Zum Text Problemfeldbeschreibung:	Der evangelische Dichter Jochen Klepper ist uns Heutigen vor allem durch seine Kirchenlieder und seine Gedichte bekannt. Mit einer Jüdin verheiratet (zunächst nicht kirchlich), die zwei Töchter mit in die Ehe bringt (Brigitte und Renate), erlebt Klepper alle Repressalien gegen Juden unmittelbar. Zunächst glaubt und hofft er, seine Familie durch seine Popularität als Schriftsteller und aufgrund seiner arischen Abstammung schützen zu können. Aber diese Hoffnung wird nach und nach zunichte und endet 1942 schließlich im gemeinsamen Freitod des Ehepaares und der jüngeren Tochter Renate. – Die nachfolgenden Texte stammen aus Kleppers Tagebuch, das diesen schweren Weg im Dritten Reich in eindrucksvoller und ergreifender Weise dokumentiert. Es bedeutet für Klepper unendlich viel, als seine Frau sich 1938 in Verbindung mit ihrer kirchlichen Trauung taufen läßt. Zwei Jahre später, als die ältere Tochter Brigitte schon emigriert ist, entschließt sich Renate ebenfalls, zum christlichen Glauben überzutreten und sich taufen zu lassen.
	Stichworte:	Tauf- und Traufeier, Juden, arische Abstammung, Pastor, Glauben
	Vorlesealter:	ab 14 Jahren

Aus Jochen Kleppers Tagebuch

18. Dezember 1938 / Sonntag (Vierter Advent)

Was betrübst du dich, meine Seele, und bist so unruhig in mir? Harre auf Gott! Denn ich werde ihm noch danken, daß er meines Angesichts Hilfe und mein Gott ist. Psalm 24,12

In Mariendorf in der Kirche – Kurzreiters Weihnachtsfeier mit den Kindern. Um halb vier fuhren wir dann, von Fräulein Anni als dem Taufzeugen begleitet, wieder nach Mariendorf. Wir mußten, da Kurzreiter noch eine Kindertaufe hatte, in der Brauthalle warten, und da wurde seltsamerweise plötzlich eins der schlechten, modernen Glasfenster zum großen Eindruck: Katharina von Bora und Luther als Brautpaar vor Christus. – Immer wieder sah Hanni hin. – Nun versteht Hanni völlig, warum ich so zu Kurzreiter halte: so würdig und festlich hat er die Taufe und Trauung gestaltet; auf dem Altar waren die vier Lichter des Adventsbaumes angezündet, sonst nur die Altarkerzen; kein Mensch, keine Musik, nur Gottes Wort, das aber voll solchen Gewichtes, so bewußt gewählt: Worte der Freude in unserem großen Kummer, unserer Bedrohung, um die er ja im vollen Umfange weiß. Die Taufrede für Hanni war so bedacht, und ausdrücklich gab er ihr ein Wort, das für den alten Geheimrat Stutz so bedeutsam war, als Predigttext, auf Hanni abgewandelt: „Sie zog ihre Straße fröhlich" (Apostelgeschichte 8,26–39), gipfelnd in dem Stutz'schen Sterbespruch: Römer 8,38.39. – Hanni am Taufstein bei den Adventslichtern war ein ergreifendes Bild. Ihr Taufspruch: 1. Timotheus 6,12 „Kämpfe den guten Kampf des Glaubens; ergreife das ewige Leben, dazu du auch berufen bist." Die Einsegnung der Ehe vollzog er ohne Ansprache – warum: er begründete es mit zarten und warmen Worten – mit der Epistel dieses vierten Adventssonntages: Philipper 4,4–7.

Auch bewies er das besondere Zartgefühl, diese ernste Taufe und Trauung mit uns in seiner Pfarrwohnung im Gemeindehaus nach der kirchlichen Feier an seinem Tische feiern zu wollen.

16. April 1940 / Dienstag

> Das ist eine große Gnade, daß Gott den Sündern steuert, daß sie nicht fortfahren. 2. Makkabäer 6,13

Morgens waren Hanni und ich bei P. Wiese in der Sprechstunde. Renerle hat sich nun doch zu dem Natürlichsten entschlossen, sich bei ihm taufen zu lassen... Bei vielen Pfarrern hätte es uns heute geschehen können, daß sie solche Taufe abschlügen; so ist der Zustand in der Kirche nun doch.

Immer wieder bin ich in diesen Tagen bewegt und überrascht, wie tief und klar alles, was den Glauben betrifft, in Renerle ist; wie gerade das „Ich glaube, daß ich nicht aus eigener Kraft" und „Ihr habt mich nicht erwählt, sondern ich habe euch erwählt" sie durchdringt. Wie spürbar ist hier Gott am Werk gewesen. Renerle hat Gott wirklich allein in Christo gesucht und gefunden. Von allgemeiner Religiosität ist hier keine Rede. – Für mich ist's ein großer Abschluß.

Aus: Jochen Klepper, Unter dem Schatten deiner Flügel, München ²1983, S. 699.871

III/12	Zum Text/Problemfeldbeschreibung:	Der württembergische Landesbischof Theophil Wurm wurde in der Zeit des Zweiten Weltkriegs Sprecher der ganzen Evangelischen Kirche mit Ausnahme der Deutschen Christen. Wurm selbst hatte große Vorurteile gegenüber den Juden, zu Hitlers Endlösungspolitik konnte er jedoch nicht schweigen. Auch wenn das Schreiben viel zu spät kam, so ist es doch ein wichtiges Zeichen dafür, daß es in Deutschland Menschen gab, die mit der Ermordung der Juden nicht einverstanden waren. Das Schreiben wurde in Abschriften weitergegeben und kam auch ins Ausland. Im September 1943 wurde es von einem Londoner Rundfunksender in norwegischer Sprache ausgestrahlt.
	Stichworte:	Hitler, Vaterland, Führer, Reichsregierung, Verfolgung, Nichtarier, Konfessionen, Krieg, Partei, Gerechtigkeit, Gewissen, Konzentrationslager, Willkür
	Vorlesealter:	ab 14 Jahren

Brief von Landesbischof D. Wurm an Hitler und die Reichsregierung am 16. Juli 1943

In den letzten Jahren und noch bis in die jüngste Zeit hinein haben Männer der Kirche mehrfach versucht, mit der Führung des Reichs oder mit einzelnen maßgebenden Persönlichkeiten in hohen Staats- oder Parteiämtern Fühlung zu gewinnen, um wichtige Anliegen der christlichen Volkskreise zu Gehör zu bringen. Ihre schriftlichen Vorlagen haben keine Antwort gefunden, ihre Bemühungen um persönliche Aussprache keinen Erfolg gehabt. Es läge nahe, nun zu schweigen und jede Mitverantwortung für alles weitere Geschehen abzulehnen. Denn eine Mitverantwortung trägt auch bei der heutigen Staatsform jeder Christ, weil ihm aufgetragen ist, für das Gute einzutreten und gegen das Böse zu zeugen. Die Liebe zu meinem Volk, dessen Geschicke ich als 75jähriger seit vielen Jahrzehnten mit innerster Anteilnahme verfolge und für das ich im engsten Familienkreis schwere Opfer gebracht habe*, drängt mich aber dazu, es noch einmal mit einem offenen Wort zu versuchen.

---

* Ein Sohn und ein Schwiegersohn Wurms fielen bei den Kämpfen in Rußland im Herbst 1942.

Unter den vielen Männern und Frauen, die in diesem Krieg für Deutschland starben, sind ungezählte Christen. Unter denen, die weiter in schweigender Hingabe den Kampf für das Vaterland führen und die Opfer tragen, sind ebenfalls unzählige Christen. Für die lebenden wie für die gefallenen evangelischen Christen Deutschlands wende ich mich als ältester evangelischer Bischof, des Einverständnisses weiter Kreise in der evangelischen Kirche gewiß, an den Führer und die Regierung des Deutschen Reiches.

Im Namen Gottes und um des deutschen Volkes willen, sprechen wir die dringende Bitte aus, die verantwortliche Führung des Reiches wolle der Verfolgung und Vernichtung wehren, der viele Männer und Frauen im deutschen Machtbereich ohne gerichtliches Urteil unterworfen werden. Nachdem die dem deutschen Zugriff unterliegenden Nichtarier in größtem Umfang beseitigt worden sind, muß auf Grund von Einzelvorgängen befürchtet werden, daß nunmehr auch die bisher noch verschont gebliebenen sogenannten privilegierten Nichtarier erneut in Gefahr sind, in gleicher Weise behandelt zu werden. Insbesondere erheben wir eindringlich Widerspruch gegen solche Maßnahmen, die die eheliche Gemeinschaft in rechtlich unantastbaren Familien und die aus diesen Ehen hervorgegangenen Kinder bedrohen. Diese Absichten stehen, ebenso wie die gegen die anderen Nichtarier ergriffenen Vernichtungsmaßnahmen, im schärfsten Widerspruch zu dem Gebot Gottes und verletzen das Fundament alles abendländischen Denkens und Lebens: Das gottgegebene Urrecht menschlichen Daseins und menschlicher Würde überhaupt.

In der Berufung auf dieses göttliche Urrecht des Menschen schlechthin erheben wir feierlich die Stimme auch gegen zahlreiche Maßnahmen in den besetzten Gebieten. Vorgänge, die in der Heimat bekannt geworden sind und viel besprochen werden, belasten das Gewissen und die Kraft unzähliger Männer und Frauen im deutschen Volk auf das schwerste; sie leiden unter manchen Maßnahmen mehr als unter den Opfern, die sie jeden Tag bringen. Die deutsche evangelische Christenheit muß das dringende Verlangen stellen, daß den der Macht des Reiches unterworfenen Nationen und Konfessionen die volle Freiheit der Religionsausübung und eine den Grundsätzen des Rechts und der Gerechtigkeit entsprechende Behandlung ohne Ansehen der Nation oder der Konfession gewährleistet werde. Die evangelische Christenheit weiß sich dabei in christlicher Solidarität mit all denen, die durch unverständliche Anordnungen selbst im tiefsten Elend noch daran gehindert werden, in der Gemeinschaft ihres Glaubens Trost zu suchen. Wir verkennen nicht die harten Notwendigkeiten des Krieges. Wir sind aber der Überzeugung, daß Willkürmaßnahmen gegen Leben, Eigentum und Glaubensfreiheit, die von Parteiinstanzen und staatlichen Stellen unter Berufung auf solche Notwendigkeiten durchgeführt worden sind, unendlich mehr geschadet haben als etwaiger Mißbrauch von Gerechtigkeit und Milde.

Die deutsche Christenheit hat bis heute den Angriffen auf den christlichen Glauben und die Freiheit seiner Betätigung widerstanden. Sie beklagt aber auf das tiefste die vielfache Unterdrückung der Glaubens- und Gewissensfreiheit, die fortgehende Zurückdrängung des elterlichen und christlichen Einflusses in der Jugenderziehung, die Festhaltung von durchaus ehrenhaften Persönlichkeiten in Konzentrationslagern, die Erschütterung der Rechtspflege und die sich daraus entwickelnde allgemeine Rechtsunsicherheit überhaupt.

Indem wir dies im Namen unzähliger evangelischer Christen aussprechen, begehren wir nichts für uns selbst. Die deutsche evangelische Christenheit trägt alle Opfer mit. Sie will keine Sonderrechte und keine Bevorzugung. Sie strebt nicht nach Macht und begehrt keine Gewalt. Aber nichts und niemand in der Welt soll uns hindern, Christen zu sein und als Christen einzutreten für das, was recht ist vor Gott. Darum bitten wir in ganzem Ernst, daß die Führung des Reiches diesem Begehren Gehör schenken möge eingedenk ihrer hohen Verantwortung für Leben und Zukunft des deutschen Volkes.

gez. D. Wurm

Aus: G. Schäfer (Hg.): Landesbischof D. Wurm und der nationalsozialistische Staat 1940–1945, Stuttgart 1968, S. 305 ff.

Zum Text/ Problemfeldbeschreibung:	Der Münchner Laienbrief wurde 1943, als sich das Wissen um die unvorstellbaren Verbrechen in den Vernichtungslagern des Ostens in kirchlichen Kreisen immer mehr verdichtete, vom schwäbischen Bekenntnispfarrer Herrmann Diem verfaßt und von einem Kreis evangelischer Laien in München redigiert. Er wurde dem bayerischen Landesbischof Meiser übergeben, um ihn zu einem öffentlichen Protest gegen den Massenmord an den Juden zu veranlassen. Meiser konnte sich aus Sorge um seine Landeskirche nicht zu diesem Protest durchringen. Der Brief ruft zur Solidarität mit den verfolgten Juden auf, nicht nur aus christlicher Nächstenliebe, sondern auch aus dem Bewußtsein der untrennbaren heilsgeschichtlichen Verbundenheit von Juden und Christen. Er ist das bedeutendste Zeugnis aus dem Bereich der evangelischen Kirche für ein Umdenken in Fragen von Kirche und Judentum.	III/13
Stichworte:	Juden, Judenverfolgung, Zehn Gebote, Jesus, Nächstenliebe, Nichtarier, Antisemitismus, Israel, Heilsgeschichte, Schuld, Recht, Nichtchristen	
Vorlesealter:	ab 14 Jahren	

Der „Münchner Laienbrief" von 1943

Als Christen können wir es nicht länger ertragen, daß die Kirche in Deutschland zu den Judenverfolgungen schweigt. In der Kirche des Evangeliums sind alle Gemeindeglieder mitverantwortlich für die rechte Ausübung des Predigtamtes. Wir wissen uns deshalb auch für sein Versagen in dieser Sache mitschuldig. Der zur Zeit drohende nächste Schritt: die Einbeziehung der sogenannten „privilegierten" Juden in diese Verfolgung, unter Aufhebung der nach Gottes Gebot gültigen Ehen, mag der Kirche die Veranlassung geben, das durch Gottes Wort von ihr geforderte Zeugnis abzulegen gegen diese Verletzung des fünften, sechsten, siebenten, achten, neunten und zehnten Gebotes und damit endlich das zu tun, was sie längst hätte tun müssen.

Was uns treibt, ist zunächst das einfache Gebot der Nächstenliebe, wie es Jesus im Gleichnis vom barmherzigen Samariter ausgelegt und dabei ausdrücklich jede Einschränkung auf den Glaubens-, Rassen- oder Volksgenossen abgewehrt hat. Jeder „Nichtarier", ob Jude oder Christ, ist heute in Deutschland der „unter die Mörder Gefallene", und wir sind gefragt, ob wir ihm wie der Priester und Levit oder wie der Samariter begegnen.

Von dieser Entscheidung kann uns keine „Judenfrage" entbinden. Vielmehr hat die Kirche bei diesem Anlaß zugleich zu bezeugen, daß die Judenfrage primär eine evangelische und keine politische Frage ist. Das politisch irreguläre und singuläre Dasein und Sosein der Juden hat nach der Heiligen Schrift seinen alleinigen Grund darin, daß dieses Volk vor Gott als Werkzeug seiner Offenbarung in Beschlag genommen ist...

Sie (sc. die Kirche) hat dabei insbesondere jenem „christlichen" Antisemitismus in der Gemeinde selbst zu widerstehen, der das Vorgehen der nichtchristlichen Welt gegen die Juden, bzw. die Passivität der Kirche in dieser Sache mit dem „verdienten" Fluch über Israel entschuldigt und die Mahnung des Apostels an uns Heidenchristen vergißt: „Sei nicht stolz, sondern fürchte dich. Hat Gott die natürlichen Zweige nicht verschont, daß er vielleicht dich auch nicht verschone" (Röm. 11,20f.).

Dem Staat gegenüber hat die Kirche diese heilsgeschichtliche Bedeutung Israels zu bezeugen und jedem Versuch, die Judenfrage nach einem selbstgemachten politischen Evangelium zu „lösen", d. h. das Judentum zu vernichten, aufs äußerste zu widerstehen als einem Versuch, den Gott des ersten Gebotes zu bekämpfen. Die Kirche muß bekennen, daß sie als das wahre Israel in Schuld und Verheißung unlösbar mit dem Judentum verknüpft ist. Sie darf nicht länger versuchen, vor dem gegen Israel gerichteten Angriff sich selbst in Sicherheit zu bringen. Sie muß vielmehr bezeugen, daß mit Israel sie und ihr Herr Jesus Christus selbst bekämpft wird.

Sie (sc. die Kirche) hat im Namen Gottes – also nicht mit politischen Argumenten, wie das ab und zu schon geschehen ist – den Staat davor zu warnen, daß er „den Fremdlingen, Witwen und Waisen keine Gewalt tut" (Jer. 7,6), und ihn zu erinnern an seine Aufgabe einer gerechten Rechtsprechung in einem ordentlichen und öffentlichen Rechtsverfahren auf Grund humaner Gesetze, an das Gebot der Billigkeit im

Strafmaß und im Strafvollzug, an seinen Rechtsschutz für die Unterdrückten, an die Respektierung gewisser Grundrechte seiner Untertanen usw.

Dieses Zeugnis der Kirche muß öffentlich geschehen, sei es in der Predigt, sei es in einem besonderen Wort des bischöflichen Hirten- und Wächteramtes. Nur so kann es seine Aufgabe erfüllen, allen denen, die legislativ oder exekutiv an dieser Verfolgung mitwirken, und zugleich den betroffenen Juden und der in ihrem Glauben angefochtenen christlichen Gemeinde die schuldige Unterweisung der Gewissen zu geben. Alles, was bisher von der Kirche in Deutschland in dieser Sache getan wurde, kann nicht als solches Zeugnis gelten, da es weder öffentlich geschah noch inhaltlich der Aufgabe des Predigtamtes in dieser Sache gerecht wurde.

Wenn wir uns an Sie wenden, hochwürdiger Herr Landesbischof, damit Sie das der Kirche gebotene Zeugnis veranlassen, so bitten wir Sie dringend: Sehen Sie in unserem Schritt nicht nur eine jener Mahnungen zu kräftigerem Reden, denen Sie auf Grund der größeren Übersicht, die Sie durch Ihr hohes Amt haben, allerlei Erwägungen der Zweckmäßigkeit eines solchen Schrittes im Blick auf die möglichen Folgen, nicht nur für die Kirche, sondern auch die betroffenen Juden selbst entgegenstellen könnten. Es geht uns nicht um Komparative. Wir meinen auch, jene Folgen schon selbst soweit bedacht zu haben, als dies erlaubt und geboten ist. Aber es geht uns um etwas anderes: Als lutherische Christen wissen wir mit Art. V Augsburgischen Glaubensbekenntnisses, daß wir ohne das Predigtamt der Kirche nicht zum Glauben kommen können. Darum treibt uns neben dem Mitleid für die Verfolgten die Angst, das Predigtamt unserer Kirche könne durch sein Schweigen sein Dasein sichern wollen um den Preis, daß es dafür seine Vollmacht zu binden und zu lösen verliert. Und damit wäre alles verloren – mit der Kirche wäre auch unser Volk verloren.

Aus: Flüchtlingsdienst der ÖRK (Hg.): Evangelische Kirche in Deutschland und die Judenfrage, 1945, S. 196–199.

III/14	Zum Text/ Problemfeldbeschreibung:	Ein Schüler, der als Luftwaffenhelfer in einem KZ in Baden-Württemberg Juden bewachen muß, versucht, für sich einen Weg zwischen Gehorsamspflicht und Nächstenliebe zu finden.
	Stichworte:	Konzentrationslager, Juden, Gehorsam, Nächstenliebe, Pflicht, Gebet, Konfirmation
	Vorlesealter:	ab 12 Jahren

Nächstenliebe im KZ?

D., 20. November 1944

„...Allerdings gibt's auch andere seelische Belastungen, die schwereren Charakters sind. Zum Beispiel das Judenproblem, das uns hier in nackter Wirklichkeit vor Augen geführt wird. Hier durch die Neuerrichtung des Flugplatzes wie auch durch die umfangreichen Arbeiten der OT zur Schieferöl-Gewinnung bedingt, sind in großen KZ-Lagern 1000e von Juden in Schlamm und Morast untergebracht. In einer mittelgroßen Baracke hausen in einem Raum 700 Juden, die aus Osteuropa verschleppt worden sind. Sie bekommen am Tag als Verpflegung zwei Scheiben Kommißbrot und 15 g Fett, dazu eine Wassersuppe. Auch die Bekleidung ist natürlich höchst mangelhaft. Hierbei müssen sie – von Beruf Universitätsprofessoren, Ärzte, Buchbinder, Maler, Schreiner, Bäcker und Staatsbeamte – schwerste körperliche Arbeit leisten: tiefe Erdschächte ausheben, Kanalisationen anlegen, Bäume fällen und anderes mehr. Um sie zu Höchstleistungen anzutreiben, müssen natürlich nun Judenbewacher mit Karabinern herumlaufen, ihnen bei langsamer Arbeit Stockschläge überzünden und sie bei Entfernung über 3 m erschießen. Und diese Posten müssen wir ausfüllen! Hier den richtigen Weg zu finden zwischen Mitleid, Nächstenliebe und Pflicht ist sehr, sehr schwer. Anfangs mied ich diesen

Posten. Jetzt melde ich mich um so öfter dazu, um dadurch den „Beleidigten und Erniedrigten" etwas Erleichterung zu verschaffen. Das ist natürlich verboten, und ich bin deswegen schon öfter angeeckt, aber ich halte es doch für wichtiger als so, wie's die SS macht, die sie zur Bewachung im Lager haben und sie fast täglich blutig schlagen. Jeden Tag gehen 30 natürlich und 20 an Selbstmorden zu Grunde. Gegen so viel Elend anzukämpfen, bringt man allein kaum fertig, aber ein tiefes Gebet richtet einen wieder auf. Glauben Sie, ich habe hier tiefer beten gelernt als sogar bei der Konfirmation. Man muß erst richtig dreckig sein, um zu Gott zu kommen, im Konfirmationsanzug geht das nicht so. Und trotzdem ist sie nötig als Anhalt, um darauf zurückgreifen zu können..."

Aus: M. Müller, Jugend in der Zerreißprobe, Stuttgart 1982, S. 94f.

III/15	Zum Text/ Problemfeldbeschreibung:	Klaus Bonhoeffer, wie sein Bruder Dietrich wegen Beteiligung am Widerstand gegen Hitler in Haft, schreibt an Ostern 1945 einen letzten Brief an seine drei Kinder.
	Stichworte:	Widerstand, Todesstrafe, Gefängnis, Kinder, Familie, Bibel, Abschied
	Vorlesezeit:	10 Minuten
	Vorlesealter:	ab 12 Jahren

Klaus Bonhoeffers Abschiedsbrief an seine Kinder

[Berlin, Lehrter Str. 3]
Ostern 1945.

Mein lieben Kinder!
Ich werde nicht mehr lange leben und will nun von Euch Abschied nehmen. Das wird mir sehr schwer; denn ich habe jeden von Euch so sehr lieb und Ihr habt mir nur immer Freude gemacht. Ich werde nun nicht mehr sehen, wie Ihr heranwachst und selbständige Menschen werdet. Ich bin aber ganz zuversichtlich, daß Ihr an Mamas Hand den rechten Weg geht und dann auch von Verwandten und Freunden Rat und Beistand finden werdet. Liebe Kinder, ich habe viel gesehen und noch mehr erlebt. Meine väterlichen Erfahrungen können Euch aber nicht mehr leiten. Ich möchte Euch deshalb noch Einiges sagen, was für Euer Leben wichtig ist, wenn Euch auch manches erst später aufgehen wird.

Vor allem haltet weiter in Liebe, Vertrauen, Ritterlichkeit und Sorge fest zu Mama, so lange Gott sie Euch erhält. Denkt immer, ob Ihr ihr nicht irgendeine Freude machen könnt. Wenn Ihr einmal groß seid, wünsche ich Euch, daß ihr Eurer Mutter so herzlich nahe bleibt, wie ich meinen Eltern nahe geblieben bin. So recht versteht man seine Eltern nämlich erst, wenn man selbst erwachsen ist. Ich habe Mama gebeten, bis zum Ende bei mir zu bleiben. Es waren schwere, aber herrliche Monate. Sie waren auf das Wesentliche gerichtet und von der Liebe und der starken Seele Eurer Mutter getragen. Ihr werdet das erst später verstehen.

Haltet auch Ihr Geschwister fest und immer fester zusammen. Daß Ihr so verschieden seid, ist jetzt noch manchmal der Anlaß zum Zank. Wenn Ihr erst älter seid, werdet Ihr dafür Euch um so mehr geben können. Mal ein Zank ist nicht so schlimm. Tragt ihn aber nicht mit Euch herum. Denkt dann an mich und gebt Euch schnell wieder vergnügt die Hand. Helft Euch, wo Ihr könnt. Ist einer traurig oder mißmutig, kümmert Euch, bis er wieder heiter ist. Lauft nicht auseinander. Pflegt, was Euch zusammenführt. Spielt, singt und tanzt miteinander, wie wir es so oft gemacht haben. Schließt Euch mit Euren Freunden nicht ab, wenn Ihr die Geschwister teilnehmen lassen könnt. Das festigt auch die Freundschaft.

Ich trage an meiner rechten Hand den Ring, mit dem mich Mama glücklich gemacht hat. Es ist das Zeichen, daß ich ihr und auch Euch gehöre. Der Wappenring an meiner Linken mahnt an die Familie, der wir angehören, an die Vor- und Nachfahren. Er sagt: Höre die Stimme der Vergangenheit. Verliere dich nicht selbstherrlich an die flüchtige Gegenwart. Sei treu der guten Art deiner Familie und überliefere sie Kindern und Enkeln. Liebe Kinder, versteht nun diese besondere Verpflichtung recht. Die Ehrfurcht vor der Vergangenheit und die Verantwortung gegenüber der Zukunft geben fürs Leben die rechte Haltung. Haltet stolz zu Eurer Familie, aus der solche Kräfte wachsen.

Stellt Ansprüche an Euch und Eure Freunde. – Nach Anerkennung streben macht Euch unfrei, wenn Ihr sie nicht mit Anmut auch entbehren könnt, und das gelingt nicht jedem. Hört nicht auf billigen Beifall.

Die Menschen, die Euch sonst begegnen, nehmt, wie sie sind. Stoßt Euch nicht gleich an dem, was fremd ist oder Euch mißfällt und schaut auf die guten Seiten. Dann seid Ihr nicht nur gerechter, sondern bewahrt Euch selbst vor Engherzigkeit. Im Garten wachsen viele Blumen. Die Tulpe blüht schön, aber duftet nicht und die Rose hat ihre Dornen. Ein offenes Auge aber freut sich auch am unscheinbaren Grün. So entdeckt man bei den Menschen meist verborgene erfreuliche Seiten, wenn man sich erst einmal in sie hineinversetzt. Wer nur mit sich beschäftigt ist, hat dafür keinen Sinn. Glaubt mir aber, liebe Kinder, das Leben erschließt sich Euch erst dann im kleinen Kreise und im Großen, wenn Ihr nicht nur an Euch, sondern auch an die andern denkt, sie miterlebt. Wer beim Musizieren sich nur an seine Stimme klammert oder gar nur sich selbst hören will, dem entgeht das Ganze. Wer es aber recht erfüllt, lebt auch beim edlen Verklingen seines Instruments mit den andern Stimmen. Wenn Ihr Euer Leben so einstellt, wird es von diesem weiteren Geiste ganz und gar durchdrungen. Es geht nicht nur darum, hin und wieder hilfsbereit einzuspringen. Das macht gewiß viel Freude. Wer aber herzlich dankbar annimmt, gibt oft mehr. Den Menschen gerecht zu werden, gehört dazu und wohlwollend an ihnen teilzunehmen, nie Spielverderber zu sein. Aus diesem Geiste entspringt dann ganz natürlich als Form des Umgangs auch die Höflichkeit, die Euch die Menschen gewinnt. Pflegt sie als feine, lebenskluge Kunst des Herzens. – Wer es versteht, die Menschen, die von Macht und Einfluß sind, recht zu nehmen, ohne an innerer Freiheit einzubüßen, kann damit viel Gutes wirken. Es wäre töricht, seine Weltgewandtheit zu verachten. Ist sie Euch nicht gegeben, so haltet Euch in aller Unbefangenheit zurück. Doch das hat lange Zeit. Nur weil ich dann nicht mehr bin, spreche ich jetzt davon.

Hoffentlich lassen die Verhältnisse Euch die Ruhe und eine lange Zeit, einen jeden in seiner Art geistig auszuwachsen und noch viel zu lernen, damit Ihr einmal an dem unerschöpflichen Glück einer lebendigen Bildung teilhabt. Sucht aber nicht den Wert der Bildung in den höheren Leistungen, zu denen sie Euch befähigt, sondern darin, daß sie den Menschen adelt durch die innere Freiheit und Würde, die sie ihm verleiht. Sie weitet Euch den Horizont von Raum und Zeit. Die Berührung mit dem Edlen und Großen veredelt Anstand, Urteil und Gefühl und entzündet die nie erlöschende Begeisterung, die kein dürftiges Alltagsleben kennt. So werdet Ihr Könige! Beherrscht nun auch Euch selbst. Entwickelt Eure Gaben aus dieser Kraft zum Können und zur Tüchtigkeit. Wenn dann die Zeit Euch hold ist, wird sie den Menschen und nicht nur die Leistung schätzen.

Ich wünschte Euch, daß Ihr, solange Ihr jung seid, recht viel im Lande wandert und es in vollen Zügen und mit offenen Sinnen in Euch aufnehmt. Beim Wandern hat man noch die rechte Muße, sich der Landschaft und den Eindrücken von Menschen, Dörfern und den schönen alten Städten ganz zu überlassen. Wenn dann beim Wandern und bei Liedern die Phantasie von unseren Tagen in vergangene Zeiten schweift, entsteht vor Euch versonnen, unergründlich das Bild vom schönen deutschen Lande, in dem sich unser eigenes Wesen findet. Dann wendet Euch nach Süden. Im nie erfüllten, sehnsuchtsvollen Drange nach besonnter Klarheit liegt unsere Kraft und unser Schicksal.

Die Zeiten des Grauens, der Zerstörung und des Sterbens, in denen Ihr, liebe Kinder, aufwachst, führen den Menschen die Vergänglichkeit alles Irdischen vor Augen; denn alle Herrlichkeit des Menschen ist wie des Grases Blume. Unter diesem Erlebnis führen wir unser Leben im Bewußtsein seiner Vergänglichkeit. Hier beginnt aber alle Weisheit und Frömmigkeit, die sich vom Vergänglichen dem Ewigen zuwendet. Das ist der Segen dieser Zeit. Überlaßt Euch nun nicht allein den frommen Stimmungen, die solche Erschütterungen hervorrufen oder die in der Hast und Verwirrung dieser Welt aus einem Gefühl der Leere ab und zu hervorbrechen, sondern vertieft und festigt sie. Bleibt nicht im Halbdunkel, sondern ringt nach Klarheit, ohne das Zarte zu verletzen und das Unnahbare zu entweihen. Dringt in die Bibel ein und ergreift selbst von dieser Welt Besitz, in der nur gilt, was Ihr erfahren und Euch selbst in letzter Ehrlichkeit erworben habt. Dann wird Euer Leben gesegnet und glücklich sein. Lebt wohl! Gott schütze Euch!

In treuer Liebe umarmt Euch Euer Papa.

Aus: E. u. R. Betge (Hg.), Letzte Briefe im Widerstand. München ²1988

IV/1	Zum Text/ Problemfeld- beschreibung:	Der hinterlassene Briefentwurf vom 8. August 1945 des Schriftstellers Reinhold Schneider an den Freiburger Erzbischof Conrad Gröber resümiert Inhalt und Folgen zwölfjähriger nationalsozialistischer Wahn- und Gewaltherrschaft. Er ruft wenige Monate nach dem Zusammenbruch zu rückhaltlosem Schuldbekenntnis auf, aus dem allein ein Neuanfang erhofft werden kann.
	Stichworte:	Geschichte, Macht, Hölle, Kreuz, Christus, Schuld, Gewissen, Haß, Sühne, Recht, Unrecht, Anfechtung, Verbrechen, Leid, Barmherzigkeit, Gnade, Wiedergeburt, Neuanfang
	Vorlesealter:	ab 14 Jahren

Reinhold Schneider zu Schuld und Neuanfang

„Ein Vorgang, der fast ohne Beispiel ist, rollte in wenigen Jahren vor unsern Augen ab. Inmitten unseres Landes hat sich eine Macht erhoben, die unter beharrlicher, ja grundsätzlicher Mißachtung der Gebote Gottes, der Freiheit der Person und des Glaubens, des Rechtes zu gewaltiger Größe emporwuchs. Als sie die Welt zu gewinnen, zum mindesten zu überschatten schien, wurde sie zerschmettert. Unser Vaterland liegt unter den Trümmern begraben; es ist selber zu einem ungeheuren Trümmerberg geworden. Unerhörtes Leiden, Opfer echten Heldenmuts scheinen verloren zu sein: wüßten wir nicht, daß jenseits irdischen Sieges, irdischer Niederlage allein der Sieg des Christen gilt und wider die Vergeblichkeit entscheidet. Kaum jemals ist der Vermessenheit der Herausforderung die Antwort mit solcher Wucht, solcher Schnelligkeit gefolgt. Gottes Walten ist offenbar geworden. Wir haben es schaudernd erfahren, wer der Herr der Geschichte ist, worum die Geschichte eigentlich geht. Als eine Versuchung können wir die abgelaufenen zwölf Jahre betrachten: unserm Volke wurde dem Scheine nach die Macht der Erde geboten, und es wurde gefragt, was es für diese Macht geben wolle; etwa seine Seele, seinen Glauben, sein Recht, das Glück seiner Nachbarn. Wir richten nicht, wir möchten nur davor warnen, das, was geschehen ist, oberflächlich zu sehen. Himmel und Hölle haben miteinander gerungen, Engel und Drachen, und der Mensch stand dazwischen und sollte sich entscheiden.

Dem furchtbaren Wetterschlag folgte die Stille, die noch auf uns lastet. Unser Volk hat seine Sprache, seine Haltung noch nicht gefunden. Es müßte jetzt vor das Kreuz seines Leidens treten und vor ihm mit seinem Gewissen sich besprechen. Wenn die entsetzliche Erfahrung für uns und die Welt nicht verlorengehen soll, so dürfen wir über das Geschehene nicht hinweggehen. Ein jeder frage sich selbst, welchen Anteil er daran hat: ob er im Angesichte des Versuchers Jesus Christus bekannt oder verleugnet hat; ob er tätig oder leidend in die Zeit verflochten war; was er bereit gewesen wäre zu opfern für den Sieg der falschen Macht, die eine Macht ohne Liebe gewesen ist. Wir müssen, eh wir die ungeheuren Aufgaben, die vor uns liegen, zu verstehen, zu ergreifen suchen, in das Innerste zurück. Hier begegnen wir unserer Schuld. Sie kann nicht geleugnet werden: vor Gott nicht, vor uns nicht, vor unseren Nächsten nicht... Wenn noch ein Anfang vor uns liegt, die Möglichkeit eines erneuerten, wahrhaftigen, frommen Lebens, so kann er nur mit den Worten Mea culpa gemacht werden. Wir sind schuldig geworden an Gottes Gebot, der Schöpfung, am Menschen; ein furchtbarer Haß auf den Menschen, die an Wahnwitz grenzende Sucht, ihm seine Krone zu nehmen und ihn zu vernichten, ist ein Kennzeichen der zertrümmerten Macht gewesen.

Wer seiner Schuld begegnet, kann sich wandeln; er kann wiedergeboren werden; wer ihr ausweicht, nicht. Wer sich zur Sühne entschließt, der weiß, daß ihm ein Wert eigen ist, den er erhöhen, aufs neue bewähren kann. Wer schuldig ist und nicht sühnt, wirft diesen Wert hinweg. Wir wissen, daß schwerlich eine Schuld begangen wird, die nicht weithin über die Welt sich verzweigt. Aber nicht darum geht es heute, sondern darum, daß im Bekenntnis, im Willen zur Erneuerung ein Anfang gemacht wird. Wer nicht gestorben ist in der vergangenen Zeit, wird in der beginnenden nicht leben. Die Not des Tages, Schmach und Erniedrigung dürfen uns nicht hindern, Einkehr zu halten bei uns. Wir müssen bei uns, in Wahrhaftigkeit, beginnen. Wohl drängen sich uns Vorwürfe auf die Lippen als Antwort auf die Vorwürfe der Welt. Wir untersuchen in dieser Stunde Recht und

Unrecht solcher Vorwürfe nicht. Wir hören die erschütternde Anklage der Gemarterten, Überfallenen, Vertriebenen und schweigen. Auch wären unsere Vorwürfe so machtlos, wie wir selber sind. Und so sprechen wir die Worte Mea culpa, die ja mehr als Worte sind: eine Haltung, die Bereitschaft, als Sühne das auf uns lastende und noch heranziehende gewaltige Leid zu tragen. Indem wir diese Haltung finden, werden unsere Kräfte wachsen. Ohne Haltung ertragen wir das Leid nicht. Unter der Gewalt der Schuld und des Leides sind wir noch einmal zu Brüdern geworden. Was die Zeit uns auferlegt, wird uns fester vereinen, als jede Macht es vermöchte. Denn nun ist es das Herz und die Not, die uns einen.

Aber wir wissen auch, daß niemand vor den Altar treten und die Worte „Mea culpa" hören kann, ohne einzustimmen. Indem wir diese Worte auf uns nehmen als das uns einende Wort, dürfen wir hoffen, daß die Welt ihnen antworte, sei es heute, sei es morgen. Unser Glaube an den Menschen ist durch die vergangenen Jahre nicht zerstört, er ist vielmehr bestätigt worden: der Mensch erhob sich gegen die seelenlose Macht des Versuchers; der Mensch wird heute oder morgen den Bruder verstehen, der seine Schuld bekannt hat und sie sühnen will. Denn dieser Geprüfte hat ein Wort zu sagen an alle, und als Sprecher dieses Wortes wenden wir uns heute, in der Tiefe der Not und Erniedrigung, an die Welt. Es ist eine todesernste Stunde, voll von Gefahren, voll von großen Verheißungen. Wir haben den Bösen gesehen und seine Macht und sind von ihm überwältigt worden. Nun aber sagen wir allen: Wachet! Werdet nicht schuldig wie wir! Erkennt die Gewalt der Anfechtung in der Geschichte, die der Mensch in seiner Hoffart nicht mehr erkennen und anerkennen wollte. Die Anfechtung wird wieder- und wiederkehren, in immer anderer Gestalt; sie kann über ein jedes Volk kommen, wie sie über uns gekommen ist. Der nur wird ihr widerstehen, der die Geister prüft, ob sie aus Gott sind, und bekennt, daß Jesus Christus im Fleische gekommen ist. Mit der ganzen Kraft unseres Herzens, christlicher Sorge für alle, um alle – welche Sorge auch in der Erniedrigung dem Christen als Last und Würde bleibt – bitten wir die Völker, unsere Schuld nicht zu vergrößern, nicht zu tun, was hier geschehen ist. Wir flehen so aus Liebe zu Gott und um der Völker selber willen; denn das Verbrechen am Menschen, dessen Zeuge wir geworden sind, wurde vom Bösen erdacht, der ein Menschenmörder ist von Anfang an. Er hat dieses Verbrechen in die Welt gebracht, damit es sich fortpflanze, um alle zu verderben. Viel furchtbarer als das Leid des Mißhandelten ist ja das Leid der Zerstörung, das an der Seele des Täters geschieht. Darum bitten wir in diesem Augenblick mit verzehrender Sorge alle, den Geist zu besiegen, der den Menschen verderben will...

Wir glauben, diese Mahnung unserem Volke schuldig zu sein und zugleich der Welt und den Toten allen. Das unsägliche Leid darf nicht verlorengehen für das Leben der Völker; die Gnade, die Gottes Barmherzigkeit in der Schuld verborgen hat, muß errungen werden. Es ist die Gnade der Wandlung, der Herzensveränderung, der Wiedergeburt, erneuter Einsicht in die Wirklichkeit unseres Lebens vor Gott, eines neuen Trachtens und Denkens. Wir glauben, daß die Stunde einer großen Gnade aufgegangen ist; wir wissen nicht, wie lange sie währt; wir verbergen uns die Schatten nicht, die uns bedrohen. Aber wir flehen noch einmal auf das inständigste die Gewissen, die Herzen, die Geister an, daß sie sich erforschen, erkennen, bekehren, ehe der Tag und seine Not die Menschen wieder ergreift und fortreißen will. Wir müssen fest geworden sein vor dem Kreuz dieser Zeit, eh wir beginnen zu arbeiten und zu wirken; und wir bitten die Völker der Welt, das Wort, das wir erlitten haben, auszunehmen im Herzen und mitzuhelfen, daß die Schuld sich nicht vergrößere, vielmehr der Mensch, wie Gott ihn gewollt, in seiner königlichen, verantwortungsschweren, furchtbar angefochtenen Freiheit geachtet werde; denn er allein wird auf dem Trümmerfelde bauen, eine gerechte Ordnung, nach der die Völker dürsten, herstellen können."

Aus: Badisches Landesarchiv, Handschriften-Abteilung, Karlsruhe

IV/2	Zum Text/ Problemfeldbeschreibung:	Die Fuldaer Bischofskonferenz vom 23. August 1945 bekennt sich dazu, daß „viele Deutsche, auch aus unseren Reihen" im Dritten Reich schuldig geworden sind.
	Stichworte:	Götzendienst, Krieg, Nationalsozialismus, Verbrechen, Partei, Gerechtigkeit, Schuld, Menschenrecht, Jugend, Gewissensfreiheit
	Vorlesealter:	ab 14 Jahren

Hirtenwort des deutschen Episkopats vom 23. August 1945 (Auszug)

„...Katholisches Volk, wir freuen uns, daß du dich in so weitem Ausmaße von dem Götzendienst der brutalen Macht freigehalten hast. Wir freuen uns, daß so viele unseres Glaubens nie und nimmer ihre Knie vor Baal gebeugt haben. Wir freuen uns, daß diese gottlosen und unmenschlichen Lehren auch weit über den Kreis unserer katholischen Glaubensbrüder hinaus abgelehnt wurden.

Und dennoch: Furchtbares ist schon vor dem Kriege in Deutschland und während des Krieges durch Deutsche in den besetzten Ländern geschehen. Wir beklagen es zutiefst: Viele Deutsche, auch aus unseren Reihen, haben sich von den falschen Lehren des Nationalsozialismus betören lassen, sind bei den Verbrechen gegen menschliche Freiheit und menschliche Würde gleichgültig geblieben; viele leisteten durch ihre Haltung den Verbrechen Vorschub, viele sind selber Verbrecher geworden. Schwere Verantwortung trifft jene, die auf Grund ihrer Stellung wissen konnten, was bei uns vorging, die durch ihren Einfluß solche Verbrechen hätten hindern können und es nicht getan haben, ja diese Verbrechen ermöglicht und sich dadurch mit den Verbrechern solidarisch erklärt haben.

Wir wissen aber auch, daß bei solchen, die in abhängiger Stellung waren, insbesondere bei Beamten und Lehrern, die Parteizugehörigkeit oftmals nicht eine innere Zustimmung zu den furchtbaren Taten des Regimes bedeutete. Gar mancher trat ein in Unkenntnis des Treibens und der Ziele der Partei, gar mancher gezwungen, gar mancher auch in der guten Absicht, Böses zu verhüten. Es ist eine Forderung der Gerechtigkeit, daß immer und überall die Schuld von Fall zu Fall geprüft wird, damit nicht Unschuldige mit den Schuldigen leiden müssen. Dafür sind wir Bischöfe von Anfang an eingetreten und dafür werden wir uns auch in Zukunft einsetzen.

Wir werden aber auch alles daran setzen, daß im Volke, insbesondere in der Jugend, die Gedanken von Gottesrecht und Menschenrecht, von menschlicher Würde und Gewissensfreiheit wieder fest wurzeln und daß von innen heraus einer Widerkehr solcher Zustände und eines neuen Krieges vorgebeugt werde."

Aus: L. Volk (Bearb.): Akten deutscher Bischöfe über die Lage der Kirche 1933–1945, Bd. VI, Mainz 1985

IV/3	Zum Text/ Problemfeldbeschreibung:	Mit der Stuttgarter Schulderklärung vom 18./19. Oktober 1945 bekannten die Mitglieder des neu geschaffenen Rats der Evangelischen Kirche in Deutschland (EKD) gegenüber Kirchenvertretern aus Ländern der Ökumene für die evangelische Christenheit und stellvertretend für das deutsche Volk die Schuld am Versagen von Kirche und Volk im Dritten Reich
	Stichworte:	Schuld, Rat der EKD, Ökumene, Gott, Frieden, Neubeginn
	Vorlesealter:	ab 14 Jahren

Die Stuttgarter Erklärung vom 19. Oktober 1945

Der Rat der Evangelischen Kirche in Deutschland begrüßt bei seiner Sitzung am 18./19. Oktober 1945 in Stuttgart Vertreter des Ökumenischen Rates der Kirchen:

Wir sind für diesen Besuch um so dankbarer, als wir uns mit unserem Volke nicht nur in einer großen Gemeinschaft des Leidens wissen, sondern auch in einer Solidarität der Schuld. Mit großem Schmerz sagen wir: durch uns ist unendliches Leid über viele Völker und Länder gebracht worden. Was wir unseren Gemeinden oft bezeugt haben, das sprechen wir jetzt im Namen der ganzen Kirche aus: Wohl haben wir lange Jahre hindurch im Namen Jesu Christi gegen den Geist gekämpft, der im nationalsozialistischen Gewaltregiment seinen furchtbaren Ausdruck gefunden hat; aber wir klagen uns an, daß wir nicht mutiger bekannt, nicht treuer gebetet, nicht fröhlicher geglaubt und nicht brennender geliebt haben.

Nun soll in unseren Kirchen ein neuer Anfang gemacht werden. Gegründet auf die Heilige Schrift, mit ganzem Ernst ausgerichtet auf den alleinigen Herrn der Kirche, gehen sie daran, sich von glaubensfremden Einflüssen zu reinigen und sich selber zu ordnen. Wir hoffen zu dem Gott der Gnade und Barmherzigkeit, daß er unsere Kirchen als sein Werkzeug brauchen und ihnen Vollmacht geben wird, sein Wort zu verkündigen und seinem Willen Gehorsam zu schaffen bei uns selbst und bei unserem ganzen Volk.

Daß wir uns bei diesem neuen Anfang mit den anderen Kirchen der ökumenischen Gemeinschaft herzlich verbunden wissen dürfen, erfüllt uns mit tiefer Freude.

Wir hoffen zu Gott, daß durch den gemeinsamen Dienst der Kirchen dem Geist der Gewalt und der Vergeltung, der heute von neuem mächtig werden will, in aller Welt gesteuert werde und der Geist des Friedens und der Liebe zur Herrschaft komme, in dem allein die gequälte Menschheit Genesung finden kann.

So bitten wir in einer Stunde, in der die ganze Welt einen neuen Anfang braucht: Veni, creator spiritus!

D. Wurm   Dr. Lilje   Dr. Heinemann   Martin Niemöller
Asmussen DD   Hahn   Smend D. Dr.   Lic. Niesel
D. Meiser   Held   Dibelius

Aus: E. Röhm/J. Thierfelder: Evangelische Kirche zwischen Kreuz und Hakenkreuz, Stuttgart ⁴1990, S. 152

IV/4	Zum Text/ Problemfeldbeschreibung:	In einem persönlichen Brief vom 23. 2. 1946 geht der spätere Bundeskanzler Konrad Adenauer deutlicher als die Fuldaer Bischofskonferenz auf die Schuld an den Verbrechen des Dritten Reichs ein.
	Stichworte:	Klerus, Schuld, Konzentrationslager, Nationalsozialismus, Recht, SS, Gestapo, Juden, Naturrecht, Menschlichkeit
	Vorlesealter:	ab 14 Jahren

Konrad Adenauer
zu Schuld von Volk und Kirche

„Nach meiner Meinung trägt das deutsche Volk und tragen auch die Bischöfe und der Klerus eine große Schuld an den Vorgängen in den Konzentrationslagern. Richtig ist, daß nachher vielleicht nicht viel mehr zu machen war. Die Schuld liegt früher. Das deutsche Volk, auch Bischöfe und Klerus zum großen Teil, sind auf die nationalsozialistische Agitation eingegangen. Es hat sich fast widerstandslos, ja zum Teil mit Begeisterung...gleichschalten lassen. Darin liegt seine Schuld. Im übrigen hat man aber auch gewußt – wenn man auch die Vorgänge in den Lagern nicht in ihrem ganzen Ausmaße gekannt hat –, daß die persönliche Freiheit, alle Rechtsgrundsätze, mit Füßen getreten wurden, daß in den Konzentrationslagern große Grausamkeiten verübt wurden, daß die Gestapo, unsere SS und zum Teil auch unsere Truppen in Polen und Rußland mit beispiellosen Grausamkeiten gegen die Zivilbevölkerung vorgingen. Die Judenpogrome 1933 und 1938 geschahen in aller Öffentlichkeit. Die Geiselmorde in Frankreich wurden von uns offiziell bekannt gegeben. Man kann also wirklich nicht behaupten, daß die Öffentlichkeit nicht gewußt habe, daß die nationalsozialistische Regierung und die Heeresleitung ständig aus Grundsatz gegen das Naturrecht, gegen die Haager Konvention und gegen die einfachsten Gebote der Menschlichkeit verstießen. Ich glaube, daß, wenn die Bischöfe alle miteinander an einem bestimmten Tage öffentlich von den Kanzeln aus dagegen Stellung genommen hätten, sie vieles hätten verhüten können. Das ist nicht geschehen und dafür gibt es keine Entschuldigung. Wenn die Bischöfe dadurch ins Gefängnis oder in Konzentrationslager gekommen wären, so wäre das kein Schade, im Gegenteil. Alles das ist nicht geschehen und darum schweigt man am besten."

Aus: K. Adenauer, Briefe 1945–1947 (= Rhöndorfer Ausgabe), Berlin 1983, S. 172f.

Zum Text/ Problemfeldbeschreibung:	Der württembergische evangelische Pressepfarrer Kurt Hutten nimmt in einem Aufsatz vom März 1946 ausweitend Stellung zu der Erklärung des Rats der Evangelischen Kirche in Deutschland vom 19. Oktober 1945 und zeigt auf, welche Konsequenzen sich daraus ergeben müßten für das Weiterleben von Kirche und Volk nach dem Zusammenbruch des NS-Regimes.	IV/5
Stichworte:	NSDAP, Konzentrationslager, Gewissen, Nürnberger Prozeß, Schuld, Entnazifizierung, Buße, Jesus Christus, Kreuz	
Vorlesealter:	ab 14 Jahren	

„Wer unter euch ohne Sünde ist..."

„Wir sind für diesen Besuch (Vertreter des Ökumenischen Rats) um so dankbarer, als wir uns mit unserem Volk nicht nur in einer großen Gemeinschaft der Leiden wissen, sondern auch in einer Solidarität der Schuld. Mit großem Schmerz sagen wir: Durch uns ist unendliches Leid über viele Völker und Länder gebracht worden. Was wir unseren Gemeinden oft bezeugt haben, das sprechen wir jetzt im Namen der ganzen Kirche aus: Wohl haben wir lange Jahre hindurch im Namen Jesu Christi gegen den Geist gekämpft, der im nationalsozialistischen Gewaltregiment seinen furchtbaren Ausdruck gefunden hat; aber wir klagen uns an, daß wir nicht mutiger bekannt, nicht treuer gebetet, nicht fröhlicher geglaubt und nicht brennender geliebt haben." – Das ist die *Erklärung des Rats der Evangelischen Kirche* vom 19. Oktober 1945.

„Hierzu möchte ich sagen: Ich war nie Parteigenosse und nie Militär; für das letztere konnte ich ja nichts. Aber ich habe den Krieg nicht gewollt und habe die KZ-Greuel nicht gekannt. Und selbst, wenn man davon gewußt hätte, so war doch kein Wort der Kritik möglich oder erlaubt. Aus diesen Gründen kann ich mich nicht persönlich schuldig fühlen. Eine ernste Kritik hätte nur einen KZ-Sträfling oder ein Todesopfer mehr bedeutet und hätte gar nichts geändert." – Das ist der *Brief* eines wackeren Mannes unserer Gemeinde, der in Ehren ergraut und immer ein treues Glied unserer Kirche war.

Was er schreibt, könnten viele schreiben: „Ich habe nichts mit dieser Sache zu tun; ich habe mich immer ferngehalten! Weshalb also mitschuldig?" Ich denke an die „Stillen im Lande", die aus dem Wort lebten und unbestechlich in ihrem Urteil blieben. An die Mütterlein, die nur ihrer Familie dienten. An die Bauern und Handwerker und Arbeiter, die sich außerhalb der politischen Organisationen hielten und nur ihrer Arbeit nachgingen. An die tapferen Beamten, die lieber auf Amt oder Beförderung verzichteten, als daß sie die Stimme ihres Gewissens verleugnet hätten. An die aktiven Kämpfer, die in Gefängnis und KZ litten, am Galgen und auf dem Schafott ihr Leben ließen. Sind sie und viele, viele andere auch mitschuldig?...

Wir lesen nun seit Monaten in jeder Zeitung die Berichte vom *Nürnberger Prozeß*. Anklage reiht sich an Anklage. Eine einzige Kette von Entsetzlichkeiten. Morde, nicht mehr nur am „laufenden Band", sondern in einer alle Dimensionen sprengenden Massenhaftigkeit. „Todesfabriken". Kalte, planmäßige Ausrottung ganzer Bevölkerungsschichten. Ein Denken, das im Menschen weniger als Vieh sah, nur noch eine Nummer, eine lästige Wanze, bestenfalls Rohstoff. „Verschrottung" von Menschen, deren „Schuld" darin bestand, daß sie einer anderen Rasse, einem anderen Volk, einer anderen Weltanschauung oder Religion zugehörten. Folterungen, wie sie nicht mehr ein entmenschtes, sondern nur noch ein verteufeltes Gehirn ausdenken kann. Es sieht aus, als wäre das deutsche Volk in eine einzige gigantische Mordmaschine verwandelt worden. *Gegen* seinen Willen! Die Zahl der unmittelbar an den Greueln beteiligten Urheber und Henker mag sehr bescheiden sein. Aber sie saßen an den führenden Stellen und sorgten durch das engmaschige Netz der Riesenspinne „NSDAP und ihre Gliederungen" dafür, daß der deutsche Mensch bis ins entlegenste Dorf ihren Absichten dienstbar gemacht wurde.

Und nun sind die Kulissen gefallen. Wir müssen sehen, was geschehen ist. Ich möchte den Schreiber des obigen Briefs und alle, die so denken wie er, fragen: „Leidest du unter dem, was in Nürnberg enthüllt wird?" Gewiß leidet ihr so schwer darunter wie ich. Ja, wenn das, was geschah, in einem fremden Volk, meinetwegen in Asien oder in einem längst vergangenen Jahrhundert geschehen wäre! Dann könnten wir es als eine schauerliche Entartung des Menschentums zur Kenntnis nehmen, uns an die Brust schlagen: „Ich danke dir, Gott, daß ich nicht bin wie dieser da!", oder bestenfalls beten: „Bewahre mich und mein Volk vor solchen Abgründen!" Aber es ist nicht in Asien und nicht im 5. Jahrhundert v. Chr. geschehen, sondern in Deutschland und heute. In *meinem* Volk und in den Jahren *meines* Lebens. Ich bin nicht nur Zuschauer, sondern Zeitgenosse und Volksgenosse. Darum ist es mir unheimlich nahe gerückt. Es „geht mich an"! Auch dann, wenn ich von alledem nichts gewußt habe! – Nun rechne ich damit, daß viele Leser diesen Satz ablehnen. Sie haben einen einwandfreien Fragebogen. Sie haben ihr Alibi erbracht. Sie haben nichts geahnt. Sie haben vielleicht dagegen gekämpft und Schweres erlitten. Also: nicht schuldig! Also: mich geht es nichts an! – Beiläufig: Ein Mann, der einige Jahre im KZ war und der beileibe kein Christ sein will, vielmehr seit langem von der Kirche getrennt ist, schrieb mir: „Das Wort mea culpa (das heißt meine Schuld) müßte man heute riesengroß über alle Straßen schreiben. Und wenn ich heute zweifellos dem Christentum beträchtlich näher gerückt bin, so hindert mich doch dieser Mangel an Schuldbekenntnis, mit ihm mich zusammenfinden zu können." Sollte uns das nicht zu denken geben? –

Aber zurück zu jenem: „Das geht mich nichts an!" Ein richtiger Standpunkt. Er kann gute Gründe für sich anführen: Ich war kein Handlanger, kein Mitwisser, also unbeteiligt. Aber: Ich war und bin Glied jener Gemeinschaft „deutsches Volk", in dessen Mitte das alles geschehen ist. Ich habe mich vielleicht gegen jene Mörder aufgelehnt und will auf keinen Fall etwas mit ihnen zu tun haben. Alles in mir empört sich gegen sie. Aber ich kann mich trotzdem nicht von dem Schrecklichen loslösen, sondern bin in einer geheimnisvollen Weise hineinverhaftet. Nicht im moralischen Sinn! In diesem Sinn ist tatsächlich der weitaus größere Teil des deutschen Volkes unschuldig. Aber in einem *religiösen* Sinn. Und zwar deshalb: Dieser furchtbare Ausbruch dämonischer Kräfte in unserem Volk ist das Ergebnis eines radikalen Abfalls von Gott. Eines Abfalls, der nicht erst in unserer Generation geschah, sondern in seinen Anfängen schon Jahrhunderte zurückliegt. Erst zeigte er sich in einem noch harmlosen Gewand. Dann verdichtete er sich, wurde immer kühner, drohender, entschlossener. Und nun erreichte er einen Gipfel, wie er in der bisherigen Geschichte unseres Volkes seinesgleichen sucht. Wir können letztlich diese ganze Zusammenballung von Verführung, Lüge und Terror der letzten zwölf Jahre nur unter dem religiösen Gesichtspunkt begreifen. Wo Gottes Majestät verdrängt wird, entsteht nicht herrenloses Land, sondern die Diktatur des Satans. Und der Mensch, der nicht mehr Gottes Knecht sein will, wird zum Sklaven der Dämonen.

Wir haben es erfahren, was eine solche Diktatur bedeutet. Aber warum war sie möglich? Warum konnte der Abfall von Gott in unserem Volk solche Ausmaße gewinnen? Das ist eine Frage an unsere *Kirche*. Und diese Frage schließt eine Anklage ein. Sie spricht von einem Versagen der Kirche. Ich muß es noch persönlicher fassen: Sie spricht von einem Versagen der Christen – von mir und dir. Nein, nicht *nur* von mir und dir allein und von der christlichen Generation der Gegenwart allein, ja nicht einmal von der deutschen Christenheit allein (wie der Abfall, so zieht sich auch das Versagen der Christen durch Jahrhunderte hindurch!), aber eben *auch* von mir und dir. Sie legt den Finger gerade auf jeden Punkt, der in der Erklärung des Evangelischen Rats genannt ist: „Wir haben nicht mutiger bekannt, nicht treuer gebetet, nicht fröhlicher geglaubt, nicht brennender geliebt."

Das ist unsere Schuld. Es ist keine juristische und keine politische und keine moralische Schuld. Aber es ist eine Schuld vor *Gott*. Wir haben den uns von ihm aufgetragenen Zeugendienst nicht so ausgerichtet, wie wir es hätten tun sollen. Und darum geht uns Nürnberg zutiefst an. Darum leiden wir unter dem, was dort enthüllt wird. Darum können wir kein Alibi vorlegen. Menschliche Fragebogen müssen sich auf die Schichten der Oberfläche beschränken. Der Fragebogen, den uns Gott vorlegt, geht in die Tiefe, und ihn müssen wir beantworten...

Da ist es um so nötiger, daß *ein* Ort in unserem Volk ist, wo bezeugt wird, daß man nicht so leichten Kaufs davonkommen darf. Und daß diese zwölf Jahre eine Lektion sind, die wir nicht vergessen oder überschlagen dürfen. Was sage ich: „Lektion"! Sie waren viel mehr – ein unerhörtes Handeln Gottes mit uns, ein schneidendes Nein, ein tödlich ernstes Ultimatum. Es geht dabei nicht nur um mein oder dein privates Seelenheil, ob wir dieses Ultimatum beachten oder in den Wind schlagen. Die Existenz unseres Volkes steht in Frage! Wir dürfen den entscheidungsschweren Charakter der gegenwärtigen Stunde nicht zerreden oder verkleinern.

Wenn du erklärst: „Ich habe mit der ganzen Sache dieser zwölf Jahre nichts zu tun", ergreifst du die Flucht. Und wenn die Kirche diesen Standpunkt teilte, wich sie dem fordernden Anruf Gottes aus. Dann wäre niemand da in unserem Volk, der Buße tut. Dann wäre, von ein paar Außenseitern mit einem zarten Gewissen abgesehen, das Volk sich in seiner Masse einig: „Jetzt sind wir entnazi-

fiziert und können unbeschwert und demokratisch weitermachen!"
Und Gott? Und sein Gericht, das immer noch über uns hängt?

Daß diese Stunde doch keine Kirche finden möge, deren Salz dumm geworden ist! Daß wir doch erkennen möchten zu dieser unserer Zeit, was unserem Frieden dient! Es hängt alles daran, daß wir uns unter die Schuld beugen. Noch einmal sei betont: das hat mit einem politischen Schuldbekenntnis nichts zu tun – für diese Frage ist nicht die Kirche, sondern der Politiker und Historiker zuständig. Es hat auch mit einer hündischen Selbstbespeiung oder vaterlandslosen Gesinnung nichts zu tun – die deutsche Ehre wurde von denen geschändet, die ein System des Terrors aufgerichtet haben, nicht von denen, die das als „Schuld" bezeichnen. Echte Würde wird durch ein offenes Ja zur eigenen Schuld nicht aufgehoben, sondern bestätigt. Nur der Pfauenstolz dürfte davon getroffen werden; und zu ihm ist uns sowieso alle Lust vergangen. Und wenn der Evangelische Rat von der Schuld der Kirche sprach, tat er dies endlich auch nicht aus Kriecherei vor den Siegern oder um bei den Kirchen des Auslands um Schönwetter zu bitten. Wohl, er sprach zu diesen Kirchen. Aber das war nicht ein theatralischer Akt mit Nebenabsichten, sondern ein Wort unter Christen. Und so ist es von den Christen des Auslands auch verstanden worden. Das Echo war rundum, aus Frankreich, der Schweiz, Amerika und andern Ländern: Wir nehmen dieses Bekenntnis der deutschen Kirchen mit Demut entgegen; wir wollen uns vor jeder Art von Selbstgerechtigkeit hüten; wir bekennen, daß wir uns selbst schuldig gemacht haben; wir wollen gemeinsam mit den deutschen Kirchen einen neuen Anfang machen.

Verheißungsvolle Stimmen! Schranken fallen. Der Bruder tritt zum Bruder. Und es könnte sein – Gott gebe es in Gnaden –, daß das Wissen um gemeinsames Versagen nicht lokal begrenzt bleibt, sondern wie eine reinigende Woge die ganze Weltchristenheit erfaßt. Es müßte Großes daraus entspringen.

Wir jedenfalls sind zur Buße gerufen. Nicht von den Nürnberger Richtern, sondern von Gott. Buße ist keine laute Sache. Sie gehört nicht auf die Märkte. Sie vollzieht sich im Gebet und in einem stillen, tiefen Hören. Sie ist der Anfang eines neuen Lebens – Umbesinnung, Umdenken, Hingabe im Gehorsam.

Soll es für unser Volk eine neue Zukunft geben können, dann genügt dafür nicht ein Wiederaufbau der Wohnungen, Fabriken,

Handelsbeziehungen, Parteien und Verfassungen. Das alles ist wichtig. Entscheidend aber ist, daß wieder ein fester, innerer Grund gelegt werde. An Gott ist unser Volk in diesen zwölf Jahren zerbrochen. Gott allein kann es wieder aufrichten. Wer aber glaubt, er könne unter Umgehung der Schuld zu Gott kommen, täuscht sich. Gott läßt seiner nicht spotten. Es ist eine strenge Tatsache: wer der Schuld entläuft, drückt sich vor Gott. Und eine Kirche, die diesen Weg ginge, bliebe ihrem Volk alles schuldig, was ihr heute aufgetragen ist. Sie wäre entsetzlich steril geworden. Und Christus müßte über ihr weinen: „Nun ist's vor deinen Augen verborgen."

War das nun eine harte Rede? Erhebt sich Widerspruch? Gut denn, so laßt uns noch ein Letztes bedenken. Gesetzt, du wärest in Ordnung. Und die Kirche auch. Aber da sind Menschen, ganze große Volksschichten, die nicht in Ordnung sind. Die „mitgemacht" haben. Was ist mit ihnen? Sollen, dürfen wir sie ihrem Schicksal, ihrem inneren Schicksal überlassen? Bei diesem Gedanken keift mir eine Stimme in die Ohren – aus den ersten Blättern der Bibel und aus grauer Vergangenheit herüber –, eine böse, wütende Stimme: „Soll ich meines Bruders Hüter sein?" So hat Kain geantwortet, als ihn Gott nach Abel fragte. Gott fragt auch uns, die Kirche, nach jenen, die sichtbar in den Schuldverhang hineingerissen sind. Wollen wir ihm auch antworten wie Kain? Kaltschnäuzig, erbarmungslos. Dann hätten wir keinen Funken von dem Geist der Bibel begriffen. Laßt uns die Bücher der Propheten lesen: Jesaja, Jeremia, Josea. Von Gott ergriffene Männer inmitten eines verirrten Volks. Haben sie einen Trennungsschnitt vollzogen? Sie hätten, menschlich gesprochen, allen Grund dazu gehabt. Denn sie wurden verlacht, verleumdet, als Volksverräter und Miesmacher gebrandmarkt. Aber sie haben nicht abgelassen zu predigen, zu drohen, zu locken, zu betteln. Sie standen in einer tiefen Solidarität zu ihrem Volk. Weil Gott es ihnen auf ihr Gewissen gebunden hat.

Und Jesus? „Und da er das Volk sah, jammerte ihn desselben" (Matth. 9,36). Hätte er sich jenes „Soll ich meines Bruders Hüter sein?" zu eigen gemacht, dann wäre nie ein Kreuz auf Golgatha errichtet worden. Nun aber steht es da – Denkmal einer Liebe, die sich nicht fröstelnd vor der Schuld verhüllt, sondern sich mit in sie hineinstellt, sie aufnimmt und leidend sühnt. Von dieser Liebe

Christi leben wir. Davon, daß „das Lamm Gottes unschuldig am Stamm des Kreuzes geschlachtet" wurde für unsere Schuld. Und wir wollten nun auf unserer weißen Weste beharren: „Soll ich meines Bruder Hüter sein?" Dann wäre jenes Blut auf Golgatha umsonst geflossen. Darf ein Christ, darf eine Kirche anders sprechen, als der Evangelische Rat gesprochen hat: daß „wir uns mit unserem Volk nicht nur in einer großen Gemeinschaft der Leiden wissen, sondern auch in einer Solidarität der Schuld"? Wer dagegen Einspruch erhebt, der möge sehen, wie er mit dem Mann am Kreuz zurechtkommt.

Genug. Der Leser verzeihe, daß das nun kein klar und gleichmäßig dahinfließender Aufsatz geworden ist mit wohlabgewogenen Gedankengängen. Er hat es wohl gespürt, daß da ein aufgerissenes Herz die Feder geführt hat. Ich konnte nicht anders über diese Sache schreiben. Denn – das darf ich jetzt noch verraten – im Grund war das alles viel weniger eine Auseinandersetzung mit da und dort laut gewordenen Stimmen als ein Zwiegespräch mit mir selbst, das heißt mit jenem Teil in mir, der sich allerlei guter und einleuchtender Gründe bedient, um vor der persönlich zugespitzten Schuldfrage ausreißen zu können. In diesen Gründen spricht der Versucher zu uns. Er war noch immer klug und wählt solche Worte und Motive, die ein lautes Echo in uns finden. Aber er führt nicht die Sache Gottes. Wir müssen ihm wehren. Das mag uns harte Kämpfe kosten. Aber wir werden gewiß auch – als Gemeinde und Kirche – etwas erfahren dürfen von jenem: „Und siehe, da traten die Engel zu ihm und dienten ihm."

Aus: K. Hutten, Die Presse als Kanzel? Stuttgart 1967, S. 32 ff.

IV/6	Zum Text/ Problemfeld- beschreibung:	In seiner Stuttgarter Rede vom 3. Juli 1946 „Der Weg ins Freie" bekennt sich Martin Niemöller zu seiner eigenen Schuld am Dritten Reich, nicht zuletzt wohl auch, um seinen Zuhörern das Bekennen der eigenen Schuld zu ermöglichen. Die Zahlen, die Niemöller hier für Dachau zitiert, sind – verglichen mit der offiziellen Dachau-Statistik – stark überhöht; dies tut jedoch seiner Argumentation keinen Abbruch.
	Stichworte:	Führer, Konzentrationslager, Dachau, Häftling, Kommunisten, Jesus Christus, Schuld, Recht, Partei, SS
	Vorlesealter:	ab 12 Jahren

Martin Niemöllers Schuldbekenntnis

Meine verehrten Anwesenden! Als ich vor einem Jahr aus der Gefangenschaft heimkehrte, habe ich dieses Spiel mitgespielt. Ich kam nach Hause, eigentlich nach den Nöten der allerletzten Wochen und den vielen Enttäuschungen mit sehr viel gutem Gewissen beladen. Ich hatte in meiner Tasche den Ausweis, daß ich vom 1. Juli 1937 bis 24. Juni 1945 als politischer Häftling und persönlicher Gefangener des Führers meiner Freiheit beraubt gewesen sei. Wer will mir denn eigentlich nachweisen, daß die Schuld, die jetzt von meinem Volk eingefordert wird, mich irgend etwas angeht? Schon stand ich in der Reihe und gab das Paket weiter. Ich habe das eine ganze Weile gemacht, kein schönes Spiel, aber ein notwendiges Spiel. Denn wenn man das Paket behält, es verbrennt einem nicht nur die Finger! Und dann ist mir eines Tages etwas widerfahren. Ich bin mit meinem Auto in der Nähe von Dachau vorbeigefahren. Meine Frau war dabei und sagte: „Könnte ich nicht einmal die Zelle sehen, wo du in den letzten vier Jahren gesessen hast?" Ich sage: „Ich will sehen, was sich tun läßt", und fuhr hin und bekam die Erlaubnis, mit meiner Frau den Zellenbau zu betreten und ihr die Zelle zu zeigen. Da geschah etwas. Als wir wieder herauskamen, führte uns der begleitende amerikanische Offizier eine Mauerwand entlang. An der war ich auch oft entlang gegangen. Drin war ein großes Tor. Das hatte ich nie offen stehen sehen. Diesmal stand es offen. Ich wußte, was dahinter war, und trotzdem trat ich ein. Ich stand mit meiner Frau vor dem Krematorium in Dachau, und an einem Baum vor diesem Gebäude hing ein weißgestrichenes Kistenbrett mit einer schwarzen Inschrift. Diese Inschrift war ein letzter Gruß der Dachauer Häftlinge, die in Dachau zurückgeblieben sind und am Ende dort von Amerikanern angetroffen und später befreit wurden. Es war ein letzter Gruß dieser Menschen für ihre ihnen im Tod vorangegangenen Kameraden und Brüder, und dort stand zu lesen: „Hier wurden in den Jahren 1933–1945 238756 Menschen verbrannt." Als ich es gelesen hatte, merkte ich, daß meine Frau ohnmächtig wurde und an meinem Arm zitternd hinsank. Ich mußte sie stützen, und ich merkte zugleich, wie mir ein kalter Schauer über den Rücken lief. Ich glaube, meine Frau wurde ohnmächtig, als sie diese Viertelmillionzahl las. Die hatte mich nicht bewegt. Denn sie sagte mir nichts Neues. Was mich in diesem Augenblick in einen kalten Fieberschauer jagte, das war etwas anderes. Das waren die anderen zwei Zahlen: „1933–1945", die da standen. Und ich faßte nach meinem Alibi und wußte, die zwei Zahlen, das ist der Steckbrief des lebendigen Gottes gegen Pastor Niemöller. Mein Alibi reichte vom 1. Juli 1937 bis Mitte 1945. Da stand: „1933–1945". Adam, wo bist du? Mensch, wo bist du gewesen? Ja, ich weiß, Mitte 1937 bis zum Ende hast du dein Alibi. Aber, du wirst gefragt: „Wo warst du 1933 bis zum 1. Juli 1937?" Und ich konnte dieser Frage nicht mehr ausweichen. 1933 war ich ein freier Mann. 1933 – in diesem Augenblick, dort im Krematoriumshof fiel es mir ein –, ja 1933, richtig: Hermann Göring rühmte sich öffentlich, daß die kommunistische Gefahr beseitigt ist. Denn alle Kommunisten, die noch nicht um ihrer Verbrechen willen hinter Schloß und Riegel sitzen, sitzen nun hinter dem Stacheldraht der neu gegründeten Konzentrationslager. Adam, wo bist du? Mensch, Martin Niemöller, wo bist du damals gewesen? so fragte Gott aus diesen beiden Zahlen. Und es fiel mir ein: die ganze Sache hat mir ja gar keinen Eindruck gemacht; irgendwo im Winkel des Herzens habe ich vielleicht gedacht: eigentlich sind wir doch auf diese Art und Weise die ganze Gottlosengefahr... losgeworden. Aber daß diese Menschen, die ohne Gesetz, ohne Anklage, ohne Untersuchung, ohne Urteil, ohne vollstreckbares Urteil, einfach ihrem Beruf, ihrer Familie, ihrem Leben weggenommen, der Freiheit beraubt wurden, daß diese

Menschen eine Frage Gottes an mich waren, auf die ich im Angesicht Gottes damals hätte antworten müssen, daran habe ich nicht gedacht. Ich war damals kein freier Mensch. Ich hatte mich damals bereits meiner wahren Verantwortung begeben. Und jetzt war der Steckbrief da, und diesem Steckbrief konnte ich nicht mehr ausweichen. Und ich habe an dem Tage, als wir später nach Hause kamen, das Kapitel Matth. 25 mit neuen Augen gelesen: „Ich bin hungrig gewesen und ihr habt mich nicht gespeist; ich bin durstig gewesen und ihr habt mich nicht getränkt; ich bin gefangen und krank gewesen und ihr seid nicht zu mir gekommen." Als Christ hätte ich 1933 wissen dürfen und wissen müssen, daß aus jedem dieser Menschenbrüder – mochte man sie Kommunisten heißen oder sonstwie – Gott in Jesus Christus mich fragte, ob ich ihm nicht dienen wollte. Und ich habe diesen Dienst verweigert und habe mich meiner Freiheit begeben. Denn ich habe mich meiner Verantwortung begeben. Und ich weiß, auch in späteren Jahren ist manches geschehen, wo ich persönlich ganz anders hätte hinstehen müssen und wo ich – wie schon im Jahre 1933 – mich auch schuldig gemacht habe an meiner eigenen Gemeinde. Denn damals hätte ich meiner Gemeinde sagen müssen: Was dort geschieht, ist nicht nur gegen alles Recht und Gesetz, das bei uns gilt, sondern was da geschieht, ist ein Anruf Gottes an euch, ob ihr eure Verantwortung sehen wollt oder ob ihr eure Freiheit jetzt preisgeben wollt, ein Anruf Gottes an euch, daß ihr euren kommunistischen Brüdern die von ihm geforderte und verlangte Antwort nicht schuldig bleibt. Wenn ich damals geschwiegen habe, so weiß ich heute nicht mehr, was aus diesem Schweigen alles vor Gottes sehendem Auge für Folgerungen gewachsen sind. Wie mancher Mensch mag sich darauf berufen: „Ich habe dich predigen hören: du hast mich 1933 und 1934 vor nichts gewarnt, und so bin ich in die Partei gegangen, so bin ich SS-Mann geworden; du hast mich nicht gewarnt."

Aus: M. Greschat (Hg.): Die Schuld der Kirche, München 1982, S. 201f.

Anhang

Stichwortregister

Die Ziffern bezeichnen die Nummern der Texte bzw. Dokumente.

Abendmahl 64
Abschied Dok. III/15
Altes Testament 13, 29, 52, 62, Dok. I/9
Amerikaner 107
Anfechtung Dok. IV/1
Angst 2, 26, 52, 65, 102
Anthroposophie Dok. III/8
Antisemitismus 2, 52, Dok. II/4, III/13
Arbeiter 3, 68
Arbeitsamt 63
Arbeitsdienst 16, 78, 103
Arbeitseinsatz 103
Arbeitslager 80
Arbeitslosigkeit 3
Arische Abstammung Dok. III/11
Arische Rasse 48
Auschwitz 97
Ausreise 55
Ausweisung 17

Barmherzigkeit Dok. III/6, IV/1
Bauern 54
Bauernführer 72
BDM (= Bund Deutscher Mädel) 16, Dok. II/10
Beerdigung 16, 82, 106
Befreiung 107
Behinderte 60, 68
Beichte 64
Bekennende Kirche (BK) 1, 8, 10, 12, 15, 17, 22, 27, 28, 33, 35, 36, 40, 41, 46, 54, 56, 58, 63, 76, 94, 113
Bekenntnis 16, 69, 100, Dok. I/1, I/3, I/8, I/9, I/16, I/17

Bekenntnisschule 3, Dok. I/11, I/16
Bekenntnistreue 39
Berufsverbot 111
Bespitzelung 8, 77
Bibel 13, 17, 21, 32, 75, 78, 79, Dok. I/3, I/17, III/15
Bibelfreizeiten Dok. II/10
Bibelstunde 75
Bibelwort 89
Bismarck Dok. II/1
Blut 72
Bonhoeffer, Dietrich 58, 88, 89, 90, 91
Boykott 46
Braunhemd Dok. I/10
Büro Grüber 87, Dok. I/13
Buße Dok. II/9, IV/5
Bußtag 51

Caritas 99
Christenlehre 76
Christenpflicht Dok. III/1
Christentum 72
Christlicher Frauendienst 21
Christliche Jugendgruppe 69

Dachau Dok. IV/6
Dankgottesdienst 57
Delp, Alfred 96
Demokratie 107
Deportation 61
Depressionen 90
Deutsche Christen (DC) 1, 5, 10, 12, 15, 18, 22, 23, 27, 28, 35, 36, 38, 39, 54, 111, Dok. I/3, I/8, I/10, I/12, I/17

Stichwortregister 413

Deutscher Gruß 5, 13
Deutschland-Lied Dok. I/10
Deutschnationale Volkspartei 3
Disziplinarverfahren 76
Dogmen 72

Ebenbild Gottes 6
Ehre 93
Ehrfurcht 9
Eidesverweigerer 39
Eigennutz Dok. I/2
Einberufung 75
Einquartierung 70
Einsamkeit 89
England Dok. III/1
Entnazifizierung 111, Dok. IV/5
Episkopat Dok. I/11
Erlöser Dok. II/7
Erntedankfest Dok. III/2
Erschießung 93
Erster Weltkrieg 11, 52
Euthanasie 68, 73, Dok. III/3, III/7
Evangelium Dok. I/7, I/8, I/15

Fähnleinführer 24
Fahne Dok. II/6, II/7, II/10
Familie 2, 94, Dok. III/15
Feuersturm 102
Flakhelfer 101
Flossenbürg 86, 91
Flucht 26, 53, 97, 99, 105
Flugblätter 41, 43
Folter 55
Frankreich 84, 85
Frankreichfeldzug 5
Frauen 85
Frauenverbände 21
Freundschaft 53
Frieden Dok. III/1, III/2, IV/2
Führer (s. a. Hitler, Adolf) 24, 25, 37, 39, 42, 45, 57, 70, 78,
Dok. I/8, I/11, I/12, II/1, II/3, III/1, III/2, III/12, IV/6

Galen, Clemens August Graf von 68, Dok. III/7
Gebet 57, 85, 91, 98, 102, Dok. III/14
Gebote Gottes 48, Dok. III/13
Gefängnis 35, 40, 46, 51, 56, 64, 84, 85, 88, 90, 92, 93, 94, 96, Dok. III/15
Gefängnispfarrer 92
Gehorsam Dok. III/14
Geiseln 84
Geisteskranke Dok. III/3
Gemeinde 8, 17, 108
Gemeinnutz Dok. I/2
Gerechtigkeit Dok. III/12, IV/2
Germanen Dok. II/1
Germanisierung 31
Gesang 15
Gestapo (= Geheime Staatspolizei) 8, 34, 35, 40, 41, 42, 43, 55, 60, 64, 67, 69, 77, 87, 90, 99, 112, Dok. II/10, IV/4
Gewissen 2, 11, 30, 53, 67, 78, Dok. II/4, II/8, III/3, III/12, IV/1, IV/2, IV/5
Gleichschaltung 42
Glocken 77
Glockenläuten 32
Gnade Dok. III/10, IV/1
Goebbels, Joseph 30, 37, 50
Götzenkult Dok. II/8, IV/2
Gottesdienst 12, 28, 36, 37, 38, 45, 87, Dok. II/2
Gottesfurcht Dok. III/5
Gotteslästerung Dok. II/1
Gottgläubigkeit Dok. III/5
Gottlosigkeit Dok. I/4, I/7, III/6
Graue Busse 73

Gröber, Conrad   99

Hakenkreuz   5, Dok. I/6, I/8, I/10, II/7
Halbjude   53
Hammer und Sichel   5
Haß   Dok. III/6, VI/1
Hausdurchsuchung   41
Heil- und Pflegeanstalt   73, Dok. III/3
Heiliger Abend   64, Dok. III/10
Heiliger Stuhl   Dok. I/16
Heilsgeschichte   Dok. III/13
Heimat   54
Heldenideale   44
Heldentum   Dok. II/8
Heuchelei   108
Hilfe   79, 80, 84, 85
Hindenburg   Dok. II/1
Hirtenbriefe   Dok. III/8
Hitler, Adolf (s. a. Führer)   18, 19, 114, Dok. I/8, I/12, I/14, II/17, III/9, III/12
Hitlergruß   77, Dok. I/10
HJ (= Hitlerjugend)   16, 19, 23, 32, 53, 62, 94, 107, Dok. II/6, II/7
HJ-Führer   75
Hochverrat   90, Dok. III/8
Hoffnung   90, 98
Hoffnungslosigkeit   80
Horst-Wessel-Lied   28, Dok. I/10, II/2
Humanität   Dok. II/9
Hungertod   97

Internierungslager   110
Invalidentransport   83
Israel   112, Dok. III/13

Jan, Julius von   51
Jesuiten   95, 96

Jesus Christus   6, 29, 49, 54, 64, Dok. I/8, I/9, I/17, II/1, II/2, II/7, II/8, II/9, III/6, III/13, IV/1, IV/5, IV/16
Juden   2, 3, 4, 6, 7, 11, 13, 25, 29, 38, 45, 47, 49, 50, 51, 53, 60, 61, 62, 63, 65, 87, 94, 99, 101, 107, 112, 114, Dok. I/1, I/2, I/3, I/4, I/5, I/9, I/13, I/15, II/1, II/4, III/11, III/13, IV/4
Juden und Christen   6
Judenchristen   87, Dok. I/15
Judendiskriminierung   49
Judenstern   87
Judenverfolgung   5, Dok. III/13
Jugendlager   32, Dok. II/10
Jugendverbände   30, Dok. I/16
Julfeier   31
Juli (20., 1944)   81, 92, 113, 114
Jungmännerkreis   75
Jungschar   24
Jungzugführer   24

Kain und Abel   66
Katholischer Bürgerverein   19
Kennkarten   63
Kinder   Dok. III/15
Kirchenaustritt   109
Kircheneintritt   109
Kirchengemeinderat   15
Kirchenkampf   39, 111
Kirchgang   27
Klassenhaß   Dok. I/12
Klassenkampf   Dok. I/1
Klepper, Jochen   Dok. III/11
Klöster   Dok. III/4
Klosterschwestern   61
Kolbe, Maximilian   97
Kommunisten   Dok. IV/6
Kommunistische Partei   3
Konfessionsschule   Dok. I/11, I/16

Konfirmandenunterricht 44
Konfirmation 18, 22, 25, 34,
    Dok. III/14
Krankheit Dok. III/7
Kreisleiter 14, 16, 21, 31
Kreuz 6, 49, Dok. I/3, I/6, I/7, I/8,
    II/5, IV/1, IV/5
Kriegsbeginn 56, 57
Kriegsgefangene Dok. III/3
Kritik 27, 66, 94
Kulturbolschewismus Dok. I/4
Kurrendesingen 71
KZ (= Konzentrationslager) 22, 26,
    48, 65, 77, 83, 86, 87, 94, 97,
    99, 107, Dok. I/14, III/3, III/12,
    III/14, IV/4, IV/5, IV/6

Laienspiel 69
Landsknechtslieder Dok. II/6
Landstreicher 66
Lebensmittelkarten 61
„Lebensunwertes" Leben 48, 66,
    Dok. III/7
Lehrer 76, 107, Dok. II/3
Leid Dok. IV/1
Leiden Christi 98
Lichtenberg, Bernhard 60
Lichtkind 31
Lieder Dok. II/6, II/7
Löhne 3
Losungen 105
Losungsbüchlein 58
Lüge 66
Luftangriff 102
Luther, Martin 50, 72, Dok. I/3, I/9,
    II/5

Maas, Hermann 47, 112,
    Dok. I/13
Macht Dok. IV/1
Manipulation 30

Marxismus Dok. I/1, I/3, I/14
Mayer, Rupert 95
Menschlichkeit Dok. IV/4
Mißtrauen 67, 77, 107
Mitwisser 65
Mitwisserschaft 81
Mord Dok. III/6, III/7
Moses 62
Mut 11, 68, 90, 95

Nächstenliebe 79, 80, 85, 99,
    Dok. II/1, II/4, II/9, III/13, III/14
Namensweihe 59
Nationalkirche Dok. II/8
Nationalsozialismus 14, 15, 27,
    60, 112, Dok. I/4, I/8, I/11, I/12,
    II/1, III/15, IV/2, IV/4
Naturgesetze Dok. III/5
Naturrecht Dok. II/8, IV/4
Neuanfang Dok. IV/1, IV/3
Neues Testament 6, 101, Dok. I/9
Neuheidentum 37
Nichtarier Dok. III/12, III/13
Nichtchristen Dok. III/13
Niemöller, Martin 58, 94, 110,
    Dok. IV/6
Norwegen 79, 80
NSDAP (= Nationalsozialistische
    Deutsche Arbeiterpartei) 1, 3,
    4, 5, 19, 20, 36, 46, 87, 110,
    Dok. I/1, I/2, I/5, IV/5
NS-Ideologie 109
NS-Schulungskurse Dok. II/3
NS-Volkswohlfahrt (= NSV) 110,
    Dok. III/4
NS-Weltanschauung 37
Nürnberger Gesetze 50
Nürnberger Prozeß Dok. IV/5

Obrigkeit 9, Dok. I/11
Ökumene Dok. IV/3

416 Stichwortregister

Österreich 44, 46, 48, 65, 66, 67
Opfer 82, 97
Ordensschwestern 73
Ordinationsgelübde 111
Ortsgruppenleiter 21, 107

Palästina 47
Pantheismus Dok. II/8
Papst 72
Paradies Dok. II/1
Parteien Dok. I/7, I/16
Parteigenossen 25, 108
Parteiprogramm (NSDAP)
   Dok. I/2, I/5
Paulus Dok. I/7, I/9
Pfarrernotbund 1, 10, 22
Pfarrhaus 53, 63, 70, 100
Pfingsten 100
Pflicht Dok. III/14
Pflichterfüllung Dok. I/7
Pietismus 27
Pimpfe 24, 31
Pogromnacht 112
Polen 57, 62, Dok. III/1, III/2, III/4
Politische Gefangene 78, 80
Politische Leiter 37
Posaunenchor 70
Positives Christentum 10, 12, 42,
   45, Dok. I/1, I/2, I/3, I/5, II/1
Predigt 12, 51, 56, 66, 68,
   Dok. I/17, II/2
Psalm 23, 80

Rache 84, Dok. III/10
Räumungsbefehl 105
Rasse 72, Dok. I/3, I/5, II/4, II/8
Rassenlehre 20, Dok. II/1
Ravensbrück 99
Recht Dok. III/3, III/13, IV/1, IV/4,
   IV/6
Redeverbot 34, 40

Reformation Dok. I/9
Reichsarbeitsdienst 102
Reichsbischof 39, Dok. I/8, I/15
Reichsjugendführer Dok. II/10
Reichskirche Dok. I/3, I/9
Reichskonkordat Dok. I/16, II/3
Reichskristallnacht 50, 51
Reichspressekammer 36
Reichsregierung Dok. I/17, III/12
Reichstagswahl 3
Religiöse Sozialisten Dok. I/6
Religionsfreiheit 36
Religionslehrer 37
Religionsunterricht 5, 7, 23, 37,
   42, 52, 76, Dok. I/16, II/3
Rettung 102
Richtstätte 91
Römer 13, Dok. I/8, I/11
Rom Dok. I/5
Rosenberg, Alfred 30, 46

SA (= Sturmabteilung) 11, 16, 38,
   45, 50, 111, Dok. I/10, II/2
Saarland 28
Sakramente Dok. I/1, I/5, I/17
Schikane 32
Schirach, Baldur von 30
Schlesien 87
Schneider Paul 16, 17
Schneider, Reinhold Dok. IV/1
Schuld 11, 110, 112, Dok. I/8,
   I/14, II/1, III/6, III/13, IV/1, IV/2,
   IV/3, IV/4, IV/5, IV/6
Schuldgefühl 67
Schule 52, Dok. II/5, II/9
Schulrat 52
Schutzhäftlinge Dok. I/14
Schweigepflicht 65
Seelsorge 11, 79, 80, 84, 85, 93
Sklavenarbeit 62
Sondergericht 48

Stichwortregister 417

Sonntag 24
Sozialdemokratie Dok. I/1
Sozialismus Dok. I/6
Sozietät 63
Spaltung (der Kirche) 10
SPD 1, 3, Dok. I/1
Spitzel 43
Sportpalastkundgebung 1, Dok. I/9
Spruchkammer 111
SS (= Schutzstaffel) 62, 64, 81, 85, 86, 94, 97, 107, Dok. II/2, III/3, IV/4, IV/6
Staat Dok. I/17, IIII/4, III/5
Staatsfeind 94
Staatskritik 94
Sühne 111, Dok. IV/1
Sünde Dok. I/17
Symbole Dok. II/5
Synagoge 50, 112
Synagogenbrand 50

Taufe 59, 74, 108, Dok. II/9, III/11
Taufspruch 105
Theologiestudium 78
Theodizee Dok. III/10
Trauung Dok. III/11
Treue 11, 17
Treueid (auf den Führer) 5, 39, 42
Tod 82, 83, 93, 96, 106, Dok. III/10
Todesstrafe Dok. III/15
Todesurteil 93, 96
Tora 112
Totenmesse 66
Trost 90

Überwachung 32
Ultimatum 84
Umkehr 114
Unterdrückung 107
Unrecht Dok. III/6, IV/1

Vaterland Dok. I/1, I/7, III/2, III/12
Verantwortung 107
Verbot 88
Verbrechen Dok. IV/1, IV/2
Vereidigung 86
Verfolgung 47, 112, Dok. III/12
Vergebung 114
Vergeltung Dok. III/10
Verhaftung 17, 55, 66
Verhör 69, 76
Verkündigung 34
Verpflichtung 78
Verrat 67
Versailler Vertrag 3, 5
Verschwörer 113
Vertrauen 9
Verwundete 105
Volk 72
Volksabstimmung 28, 46
Volksbefragung 33
Volkskirche Dok. III/4
Volkstum Dok. II/4
Vorbild 57
Vorsehung 29
Vorurteile 2, 61

Waffen Dok. III/2
Wahl 3, 33
Wahrheit 65, 68, 95
Warschau 57
Warthegau Dok. III/4
Weihnachten 31, 89, Dok. III/10
Weihnachtslieder 71, 102
Weihrauch Dok. II/7
Weimarer Republik 5, 19
Weltanschauungsunterricht 23
Wessel, Horst 16, Dok. II/7
Widerspruch 33
Widerstand 17, 68, 88, 92, 96, 113, Dok. III/15
Wiedergeburt Dok. IV/1

Wiedergutmachung 111
Willkür Dok. III/12
Wirtschaftskrise 5
Wurm, Theophil Dok. III/12

Yad-Vashem 112

Zensur 79
Zentrumspartei 3, 19, Dok. I/1
Zigeuner 13
Zivilcourage 2, 52
Zuversicht 90
Zwangsarbeit 112

Übersicht über den Einsatz der Texte in den Altersstufen

Die Altersangaben sind lediglich Anhaltspunkte. Sie variieren im konkreten Fall je nach dem Auffassungsvermögen der Kinder bzw. der Lerngruppe.

Texte möglich ab 8 Jahren:
70, 71

Texte möglich ab 10 Jahren:
7, 24, 40, 41, 43, 53, 59, 65, 66, 67

Texte möglich ab 11 Jahren:
42, 44, 50, 78, 102, 103

Texte möglich ab 12 Jahren:
2, 11, 13, 14, 15, 19, 20, 21, 23, 27, 28, 29, 31, 35, 36, 38, 45, 51, 55, 57, 58, 60, 61, 62, 63, 68, 69, 73, 74, 84, 85, 87, 89, 90, 92, 95, 97, 101, 104, 106, 109, 112, 115, Dok. I/13, II/6, II/7, III/1, III/9, III/10, III/14, III/15

Texte möglich ab 13 Jahren:
25, 32, 34, 47, 76, 100, 110, Dok. I/2, I/12, I/14, II/2, II/5, II/10, III/2

Texte möglich ab 14 Jahren:
1, 3, 5, 6, 8, 16, 17, 18, 22, 30, 37, 39, 46, 48, 52, 54, 56, 64, 72, 75, 79, 80, 82, 83, 88, 91, 93, 94, 96, 98, 99, 105, 107, 108, 111, 114, Dok. I/1, I/3, I/4, I/5, I/6, I/7, I/8, I/9, I/10, I/11, I/15, I/16, II/1, II/3, II/4, III/3, III/4, III/5, III/6, III/7, III/8, III/11, III/12, III/13, IV/1, IV/2, IV/3, IV/4, IV/5

Texte möglich ab 15 Jahren:
Dok. I/17, II/9

Texte möglich ab 16 Jahren:
Dok. II/8

Autoren- und Titelverzeichnis

                                                                                 Nummer

Behrend-Rosenfeld, Else, R.
    Deportation aus München 61
Berger, Peter
    Familienzwist 11
    Bericht des Kameraden A. über den Tod des Johannes Niermann . . 82
Bonhoeffer, Dietrich
    Von guten Mächten 89
Braun, Theo
    Die „neue Zeit" 24
    Ein Christenfest 100
    Lager unter Kontrolle 32
Bruder Mettel
    Ausweisung 17
Bruder, Otto
    Das Dorf auf dem Berge 12
Brückner, Christine
    Der Pfarrer 9
Büttner, Gerhard
    „Deutsch ist die Saar..." 28
Busch, Klaus
    Ausgetreten 109
    Heimliche Taufe 59

Claussen, Hans-Peter
    Bekenntnisgottesdienst vor verschlossener Kirchentür 36
    Im Kreis der Freunde wie ein Fremdkörper 1
Closset, René
    Geiseln werden erschossen 84
    Im Frauengefängnis 85
Delp, Alfred
    Im Angesicht des Todes 96
    Die höchste Religion 72
Dress, Susanne
    Begegnungen in Tegel 88
Engelmann, Bernt
    Man muß der Kirche mehr Rückhalt geben 22

Feldmann, Christian
  „Grob ist mir viel lieber, wenn es ehrlich ist" 95
Fischer-Hüllstrung, H.
  Bericht aus Flossenbürg 91
Flesch-Thebesius, Marlies
  Onkel Jakobs Rede 25
Franz, Helmut
  Den müssen die Ratten fressen 81
Franz, Katharina
  Taufbegehren 108
Frey, Karl
  Das versperrte Pfarrhaus 39
Friedlander, Albert H.
  Ein Gespräch im deutschen Wald 114
Friedländer, Saul
  Die Rettung eines Kindes 74

Grisebach, Agnes Marie
  Dorle 7
Grossmann, Kurt R.
  Begegnung mit Gertrud Luckner 99
  Kusine Eva 104
Grüber, Heinrich
  Invalidentransport 83

Haas, Dieter
  Ein aufregender Schulratsbesuch 52
Haas, Gerhard
  „Kleine" Kirche in „großer" Zeit 27
Hamm von Sahr, Marianne
  Ein Singabend und seine Folgen 21
  Parteischulung 20
Hampele, Walter
  Der Augapfel Gottes 13
  Nehmet, esset 101
Harig, Ludwig
  Seines Glaubens leben 18
Hassenkamp, Cäcilie
  Beerdigung verweigert 106
Haug, Martin
  Deutsche Evangelische Woche in Stuttgart 1936 34

Hermann, Maria
    Dazugehören? 23
    Ich hatte Angst um meinen Vater 14
    Ich werde Theologie studieren 78
Hermanowski, Georg
    Das Ermland: Von der Geschichte wenig verwöhnt 19
Hochgrebe, Volker
    Die Amerikaner kommen 106
Hornikel, Rudolf
    Erfahrungen eines Pfarrers 37

Jensen, Hans-Werner
    Verbrecher 56

Kempowski, Walter
    Julnacht 31
Kling, Heinrich
    Nun danket alle Gott 57
    Warum löscht denn keiner?! 50
    Wir waren keine Widerstandsgruppe 58
Kramp, Willy
    Ein Brief an Joël Pottier 113
Küenzlen, Walther
    Auch das gab es im Dritten Reich 43
    Religionsunterricht im „Löwen" 42

Lang, Ulrich
    Im Inferno von Heilbronn 102
Lange, Karl-Heinz
    Die Gemeinde half mit 35
Langgässer, Elisabeth
    Juden unerwünscht 49
Lauxman, Richard
    Zorn und Scham 62
Lehndorff, Hans, Graf von
    Christenlehre 76
    Der Jungmännerkreis unter „besonderer" Leitung 75
    Ein Glück, daß es die Losungen gibt 105
Lenz, Friedrich
    Als Pfarrer Oberscharführer der SS 86
    Entnazifizierung 111

Linck, Hugo
   Ein Brief aus Ostpreußen 54
Lilje, Hanns
   Weihnachten im Gestapo-Gefängnis 64
Loewenthal, Lise
   Es war doch alles Wahnsinn! 29

Maas, Hermann
   Heimkehr nach Zion 47
Marszalek, Jan
   Priester Jan Marszalek 98
Müller-Felsenburg, Alfred
   Ein gefährlicher Brief 60

Noack, Hans-Georg
   Die Predigt des Grafen von Galen 68

Petersen, Alfred
   Gegen die „Politik der Nadelstiche" 8
Petri, Dieter
   Der Judenknecht 45
   Wir reiten nicht auf Eseln... 44
Pfeiffer, Helmut
   Pfarrer Mörike vor dem Sondergericht 48
Pineas, Hermann
   Nun hatten wir mit einem Male alles 63
Poelchau, Harald
   Verurteilt zum Tod durch Erschießen 93
Prolingheuer, Hans
   Jetzt sind wir Juden dran! 4

Rapp, Paul,
   Julius von Jan 51
Recheis, Käthe
   Der Onkel aus Mauthausen 65
   Die Gestapo 67
   Kain, wo ist dein Bruder? 66
Rechlin, Eva
   Ungleiche Freunde 53
Rehmann, Ruth
   Der Pfarrer versteht die Welt nicht mehr 10

Richter, Hans Peter
  Großvater 2
Röhm, Eberhard/Thierfelder, Jörg
  Ein jüdischer Lügenpastor gehört nicht auf eine deutsche Kanzel! .. 38
Rommel, Kurt
  Kurrendesingen 71
Ross, Carlo
  Momentaufnahme 1939 55
Rupp, Anna-Maria
  Vater ist wieder zu Hause 70

Salzmann, Ursula
  Advent im RADWJ 103
Schlabrendorf, Fabian von
  Mit Dietrich Bonhoeffer im Gefängnis 90
Schliengensiepen, Johannes
  Frau Krauses Safe 41
  Frau Poppes Geistesgegenwart 40
Schneider, Margarete
  Am Grab des Hitlerjungen 16
See, Wolfgang/Klewitz, Hertha von
  Tochter eines Staatsfeindes 94
Seghers, Anna
  Das Versteck im Dom 26
Steinbauer, Karl
  Die über 99%-„Ja-Wahl" 33
Stiefvater, Hermann
  Schwere Zeiten 77

Thierfelder, Jörg
  Ein feste Burg ist unser Gott 15
  Seine erste Wahl 3
  Solidarität mit den Sternträgern 87
  Wider den Boykott 46
  Wo Radfahren ein Vergehen wurde (nach Theo Braun) 69
Thierfelder, Jörg/ Petri, Dieter
  Ein stadtbekannter Judenfreund 112
  Familie Müller 115
  Ich habe nur das Gute gewollt... 110
Tödt, Heinz Eduard
  Geschenktes Leben 30

Walk, Joseph
　...den böse Menschen getötet haben . . . .　6
Wartenburg, Marion Yorck von
　Der Gefängnispfarrer . . . .　92
Wölfel, Ursula
　Die grauen Busse . . . .　73
Wlodarski, Franz/Sobolewski, Josef
　Das Opfer . . . .　97

Zasselhaus, H.
　Besuch im Arbeitslager . . . .　80
　Im Zuchthaus . . . .　79
Zeller, Dankwart
　Ein ganz normaler Dorfpfarrer . . . .　5

Quellenverzeichnis

Folgenden Verlagen und Autoren danken wir für freundlich erteilte Abdruckerlaubnis:

Behrend-Rosenfeld, Else, R.
 Deportation aus München (61), aus: Else R. Behrend-Rosenfeld, „Ich stand nicht allein", Beck'sche Reihe Nr. 351, C. H. Beck'sche Verlagsbuchhandlung, München
Berger, Peter
 Familienzwist (11), (Titel redakt.), aus: P. Berger, „Im roten Hinterhaus" © Arena Verlag, Würzburg
Bericht des Kameraden A. über den Tod des Johannes Niermann (82), aus: Chr. Beilmann, Eine katholische Jugend in Gottes und dem Dritten Reich, Peter Hammer Verlag, Wuppertal, 1989
Bonhoeffer, Dietrich
 Von guten Mächten (89) aus: Dietrich Bonhoeffer – Maria von Wedemeyer, „Brautbriefe Zelle 92", C. H. Beck'sche Verlagsbuchhandlung, München
Braun, Theo
 Ein Christenfest (100); Die „neue Zeit" (24); Lager unter Kontrolle (32), aus: Theo Braun, „Entscheidung JA oder NEIN", Quell Verlag, Stuttgart – Rechte beim Verfasser –
Bruder, Otto
 Das Dorf auf dem Berge (12) – Auszüge aus: O. Bruder, „Das Dorf auf dem Berge", 1984, © Theologischer Verlag, Zürich
Bruder Mettel
 Ausweisung (17), (Titel redakt.), aus: Margarete Schneider (Hrsg.), „Der Prediger von Buchenwald", © 1981 und 1995 by Hänssler Verlag, Neuhausen-Stuttgart
Brückner, Christine
 Der Pfarrer (9), (Titel redakt.), aus: Chr. Brückner, „Überlebensgeschichten", Ullstein Bücher Nr. 3461, Frankfurt/M. 1978

Claussen, Hans-Peter
 Bekenntnisgottesdienst vor verschlossener Kirchentür (36); Im Kreis der Freunde wie ein Fremdkörper (1), aus: Wolfgang Prehn, „Zeit, den schmalen Weg zu gehen", Lutherische Verlagsgesellschaft, Kiel 1985
Closset, René
 Geiseln werden erschossen (84); Im Frauengefängnis (85), (Titel redakt.), aus: René Closset, „Er ging durch die Hölle", Bonifatius Verlag, Paderborn

Delp, Alfred
 Im Angesicht des Todes (96), aus: „Gesammelte Schriften", hrsg. von Roman Bleistein, Josef Knecht Verlag, Frankfurt, © Oberdeutsche Provinz SJ, München
Dress, Susanne
 Begegnungen in Tegel (88), aus: Bethge, „Letzte Briefe im Widerstand", © Susanne Dress

Engelmann, Bernt
 Man muß der Kirche mehr Rückhalt geben (22), (Titel redakt.), aus: B. Engelmann, „Wie wir die Nazizeit erlebten", © Steidl Verlag, Göttingen 1993

Feldmann, Christian
 „Grob ist mir viel lieber, wenn es ehrlich ist" (95), aus: Christian Feldmann, „Die Wahrheit muß gesagt werden", Verlag Herder, Freiburg 1987

Fischer-Hüllstrung, H.
Bericht aus Flossenbürg (91), aus: Wolf D. Zimmermann, „Begegnungen mit Dietrich Bonhoeffer – ein Almanach", Kaiser Verlag, München, © Wolf D. Zimmermann

Flesch-Thebesius, Marlies
Onkel Jakobs Rede (25), (Titel redakt.), aus: „Hauptsache Schweigen – Ein Leben unterm Hakenkreuz", © Radius Verlag, Stuttgart 1988

Franz, Katharina
Taufbegehren (108), (Titel redakt.), aus: K. Franz, „Die Tage nehmen ja zu. Ein Brief 1945", Flieber Verlag, Hattingen 1989

Frey, Karl
Das versperrte Pfarrhaus (39), aus: Evangelisches Gemeindeblatt für Württemberg 23/83, © Evangelische Gemeindepresse, Stuttgart

Friedlander, Albert H.
Ein Gepräch im deutschen Wald (114), (Titel redakt.), aus: Albert: H. Friedlander, „Ein Streifen Gold", Christian Kaiser/Gütersloher Verlagshaus, Gütersloh

Friedländer, Saul
Die Rettung eines Kindes (74), (Titel redakt.), aus: „Wenn die Erinnerung kommt", Deutsche Verlagsanstalt, Stuttgart, © editions du Seuil, Paris-Cedex

Grisebach, Agnes Marie
Dorle (7), aus: A. M. Grisebach, „Eine Frau Jahrgang 13", Quell Verlag, Stuttgart

Grossmann, Kurt R.
Begegnung mit Gertrud Luckner (99); Kusine Eva (104), (Titel redakt.), aus: „Die unbesungenen Helden", Ullstein Verlag, Frankfurt

Gruber, Heinrich
Invalidentransport (83), aus: „Zeuge pro Israel", Käthe Vogt Verlag, Berlin 1963

Hamm von Sahr, Marianne
Ein Singabend und seine Folgen (21); Parteischulung (20), aus: M. Hamm von der Sahr, „Von Deutschland nach Deutschland", Weidlich Verlag, Frankfurt

Harig, Ludwig
Seines Glaubens leben (18), aus: Ludwig Harig, „Weh' dem, der aus der Reihe tanzt", Carl Hanser Verlag, München/Wien 1990

Haug, Martin
Deutsche Evangelische Woche in Stuttgart 1936 (34), Evangelisches Gemeindeblatt für Württemberg 15/83, © Evangelische Gemeindepresse, Stuttgart

Hermanowski, Georg
Das Ermland: Von der Geschichte wenig verwöhnt (19), aus: Rolf Italaander, „Wir erlebten das Ende der Weimarer Republik", Droste Verlag, Düsseldorf

Hochgrebe, Volker
Die Amerikaner kommen! (107), (Titel redakt.) aus: Martin Greifenhagen, „Pfarrerskinder", Kreuz Verlag, Stuttgart, © beim Verfasser

Hornikel, Rudolf
Erfahrungen eines Pfarrers (37), Evangelisches Gemeindeblatt für Württemberg 50/83, © Evangelische Gemeindepresse, Stuttgart

Jensen, Hans-Werner
Verbrecher (56), Auszüge aus: Wolfgang Prehn, „Zeit, den schmalen Weg zu gehen", Lutherische Verlagsgesellschaft, Kiel 1985

Kempowski, Walter
  Julnacht (31), S. 147–148, aus: Kempowski, „Tadellöser & Wolff", © 1978 Albrecht Knaus Verlag GmbH, München
Kling, Heinrich
  Nun danket alle Gott (57); Warum löscht denn keiner? (50); Wir waren keine Widerstandsgruppe (58), (Titel redakt.), aus: Heinrich Kling, „Zeit mit Wunden – Bilder aus dem Dritten Reich", Ludwig Stark Verlag, Erdmannhausen
Kramp, Willy
  Ein Brief an Joël Pottier (113), aus: „Christen im Widerstand gegen das Dritte Reich", Burg Verlag, Sachsenheim

Lehndorff, Hans Graf von
  Christenlehre (76); Der Jungmännerkreis unter „besonderer" Leitung (75), (Titel redakt.), aus: Hans Graf von Lehndorff, „Die Insterburger Jahre"; Ein Glück, daß es die Losungen gibt (105), aus: Hans Graf von Lehndorff, „Ostpreußisches Tagebuch!", C. H. Beck'sche Verlagsbuchhandlung, München 1961 (Die Erstauflagen erschienen im Biederstein Verlag, München)
Lenz, Friedrich
  Als Pfarrer Oberscharführer der SS (86); Entnazifizierung (111), (Titel redakt.), aus: Friedrich Lenz, „Sagen Sie, Herr Pfarrer, wie kommen Sie zur SS?", Brunnen Verlag, Gießen
Linck, Hugo
  Ein Brief aus Ostpreußen (54), (Titel redakt.), aus: Hugo Linck, „Der Kirchenkampf in Ostpreußen", Rautenberg Verlag, Leer
Lilje, Hanns
  Weihnachten im Gestapo-Gefängnis (64), aus: H. Lilje, „Im finstern Tal", Laetare-Verlag, Nürnberg
Loewenthal, Lise
  Es war doch alles Wahnsinn! (29), (Titel redakt.), aus: L. Loewenthal, „Shalom, Ruth, Shalom", © Arena Verlag, Würzbüurg

Maas, Hermann
  Heimkehr nach Zion (47)
Müller-Felsenburg, Alfred
  Ein gefährlicher Brief (60), © beim Verfasser

Noack, Hans-Georg
  Die Predigt des Grafen von Galen (68), (Titel redakt.), aus: Hans G. Noack, „Die Webers, eine deutsche Familie 1932–1945", © beim Verfasser

Petersen, Alfred
  Gegen die „Politik der Nadelstiche" (8), aus: Wolfgang Prehn, „Zeit den schmalen Weg zu gehen", Lutherische Verlagsanstalt, Kiel 1985
Pfeiffer, Helmut
  Pfarrer Mörike vor dem Sondergericht (48), Evangelisches Gemeindeblatt für Württemberg 24/83, © Evangelische Gemeindepresse, Stuttgart
Pineas, Hermann
  Nun hatten wir mit einem Male alles... (63), (Titel redakt.), aus: Monika Richarz, „Bürger auf Widerruf", C. H. Beck'sche Verlagbuchhandlung, München
Poelchau, Harald
  Verurteilt zum Tod durch Erschießen (93), (Titel redakt.), aus: Harald Poelchau, „Die letzten Stunden", Verlag Pahl-Rugenstein, Röderberg-Bonn

Prolingheuer, Hans
Jetzt sind wir Juden dran! (4), aus: H. Prolingheuer, „Ausgetan aus dem Land der Lebendigen, Leidensgeschichten unter Kreuz und Hakenkreuz", Neukirchener Verlag, Neukirchen-Vluyn

Recheis, Käthe
Der Onkel aus Mauthausen (65); Die Gestapo (67); Kain, wo ist dein Bruder? (66), aus: Käthe Recheis, „Lena, Unser Dorf und der Krieg", Verlag Kerle im Verlag Herder, Wien
Rechlin, Eva
Ungleiche Freunde (53), (Titel redakt.), S. 207–214, aus: Eva Rechlin, „Keine Zeit für Träume", Löwes Verlag, Bindlach 1987
Rehmann, Ruth
Der Pfarrer versteht die Welt nicht mehr (10), (Titel redakt.), aus: R. Rehmann, „Der Mann auf der Kanzel – Fragen an meinen Vater", © 1979 Carl Hanser Verlag, München /Wien
Richter, Hans Peter
Großvater (2), aus: „Damals war es Friederich" – Rechte bei Richter-Erben
Ross, Carlo
Momentaufnahme 1939 (55), (Titel redakt.), aus: C. Ross, „Aber die Steine reden nicht", Georg Bitter Verlag, Recklinghausen

Schlabrendorff, Fabian von
Mit Dietrich Bonhoeffer im Gefängnis (90), aus: Wolf D. Zimmermann, „Begegnungen mit Dietrich Bonhoeffer – ein Almanach", Kaiser-Verlag, © Wolf D. Zimmermann
Schliengensiepen, Johannes
Frau Krauses Safe (41); Frau Poppes Geistesgegenwart (40), aus: J. Schlingensiepen, „Widerstand und verborgene Schuld", Peter Hammer Verlag, Wuppertal, 1976
See, Wolfgang/Klewitz, Hertha von
Tochter eines Staatsfeindes (94), (Titel redakt.), aus: Wolfgang See, „Frauen im Kirchenkampf", Wichern Verlag, Berlin 1986
Seghers, Anna
Das Versteck im Dom (26), (Titel redakt.), aus: A. Seghers, „Das siebente Kreuz", © 1951 Aufbau Verlag, Berlin
Steinbauer, Karl
Die über 99%-„Ja-Wahl" (77), © beim Verfasser
Stiefvater, Hermann
Schwere Zeiten (77), (Titel redakt.), aus: Hermann Stiefvater, „Heimatbuch Inzlingen", Waldemar Lutz Verlag, Lörrach

Tödt, Heinz Eduard
Geschenktes Leben (30), © Tödt-Erben

Wartenburg, Marion Yorck von
Der Gefängnispfarrer (92), (Titel redakt.), S. 82–85, aus: Marion Yorck von Wartenburg, „Die Stärke der Stille", Eugen Diederichs Verlag, München
Wlodarski, Franz/Sobolewski, Josef
Das Opfer (97), aus: Franz Xaver Lesch, „Pater Maximilian Kolbe – Leben, Wirken, Selig- und Heiligsprechung", Echter Verlag, © Deutsche Provinz der Franziskaner Minoriten, Würzburg
Wölfel, Ursula
Die grauen Busse (73), (Titel redakt.), aus: U. Wölfel, „Ein Haus für alle", Verlag St. Gabriel, Mödling

Zasselhaus, H.
Besuch im Arbeitslager (80); Im Zuchthaus (79), aus: H. Zasselhaus, „Ein Baum blüht im November", Lübbe Verlag, Hamburg 1974

Leider war es trotz sorgfältiger Recherchen nicht möglich, alle Rechtsinhaber ausfindig zu machen. Für Hinweise sind Verlag und Herausgeber dankbar.

Vorlesebuch Drittes Reich

Von den Anfängen bis zum Niedergang

Herausgegeben von Jörg Thierfelder und Dieter Petri

416 Seiten, gebunden

Das Ziel des Buches ist es, Entwicklungen, Maßnahmen und Auswirkungen der nationalsozialistischen Diktatur sowohl im persönlichen wie auch im öffentlichen Bereich deutlich zu machen. Menschen verschiedenster Alters-, Herkunfts- und Berufsgruppen berichten von ihren Erlebnissen und Verstrickungen in dem auf Unterdrückung, Gewalt, Verfolgung und Zwangsanpassung ausgerichteten NS-Regime.
Die 150 Geschichten, Berichte und Dokumente bieten eine umfassende Materialsammlung und begleitende Hilfe zum Einsatz im Religionsunterricht ab 10 Jahren, in der Gemeindearbeit und Erwachsenenbildung zu den Themen: Gewalt, Unterdrückung, Verfolgung, Rassismus, Schuld/Schuldverstrickung, Staat, Politik.
Den fünf Hauptkapiteln: Anfänge – vor 1933, Machtergreifung – 1933/34, Drittes Reich total – 1935–39, Krieg – 1939–45, Kriegsende und Nachkriegszeit – 1945/46 ist jeweils eine historische Einführung vorangestellt. Die einzelnen Geschichten bzw. Berichte sind mit einem Vorspann versehen, der einen raschen Überblick über Inhalt, Problemaspekte, Vorlesedauer und geeignetes Vorlesealter ermöglicht. Eine kommentierte Zeittafel sowie ein ausführliches Stichwortregister ergänzen das Werk.

Kaufmann · Butzon & Bercker